U0553335

呈献给读者的这本文集是『第四届中国土司制度与土司文化国际学术研讨会』的论文集

土司制度与土司文化论集

谢大研　马大正／顾　问
李朝晖
李世愉／主　编
莫增纯　韦　英
蓝佳珠　徐　毅／副主编

广西忻城·中国土司文化研究基地
研究丛书

SSAP
社会科学文献出版社
SOCIAL SCIENCES ACADEMIC PRESS (CHINA)

土司衙署全景图（蓝日福摄）

土司衙署外景（黄杰辉摄）

广西壮族自治区忻城县人民政府县长李朝晖（右）和中国社会科学院李世愉研究员（左）在研讨会上合影

研讨会现场

广西壮族自治区文化厅副厅长顾航（左二），忻城县人民政府县长李朝晖（左一），中华炎黄文化研究会常务副会长张希清（右一），中国社会科学院中国边疆研究所研究员马大正（右二）

序一

壮乡山歌迎嘉宾，土司文化显神韵。2014 年 8 月 20 ~ 22 日，由中国社会科学院历史研究所主办，忻城县人民政府等单位联合举办的第四届“中国土司制度与土司文化国际学术研讨会”在广西忻城县隆重召开。这是一件值得庆贺的大事，是忻城县文化事业繁荣发展的标志性事件。当这次会议的论文集即将付梓之际，心中不禁感慨万千。忻城县有全国最早列入国家级文物重点保护单位的土司文化遗产——忻城莫氏土司衙署。长期以来，忻城县历届领导班子都极为重视对土司遗址的保护，并组织力量开展对忻城土司资料的搜集、整理，以及对土司文化的研究，积极遵照党中央关于大力发展文化事业的指示精神，努力打造具有本地特色的土司文化。这一工作终于得到了学术界的高度赞扬和认可，能够把一个国际性的学术研讨会放在忻城这样一个县级单位召开，无疑是对我县的极大鼓励和支持。我们感谢中国社会科学院历史研究所对忻城县工作的支持，绝不能辜负中华炎黄文化研究会土司文化专业委员会在我县设立研究基地的殷切期望。

本次会议规模大、档次高、代表面广，来自中国大陆、台湾、香港以及美国、日本和韩国等地近 200 位学术精英及各地文化工作者欢聚一堂。明清史学家商传、李治亭等也到会支持。中国社会科学院历史研究所所长卜宪群，国际古迹遗址理事会副主席、中国古迹遗址保护协会副主席郭旃，中国文化遗产研究院院长刘曙光以及自治区文化厅副厅长、区文物局局长顾航等嘉宾参加会议并作重要讲话；来宾市委书记李志刚会见前来参加第四届“中国土司制度与土司文化国际学术研讨会”的著名专家学者。

中国社会科学院历史研究所所长卜宪群在会上对忻城县多年坚持土司文化研究给予充分肯定，对如何努力提升忻城乃至广西的地方核心文化品牌的影响力和竞争力提出宝贵的意见和建议。中国文化遗产研究院院长刘曙光在会议上指出，忻城莫氏土司衙署作为第四批全国重点文物保护单位，要做好土司衙署管理和保护工作，特别是按照文物保护法的要求，进一步挖掘深厚的历史价值和文化价值，让文物活起来。国际古迹遗址理事会副主席、中国古迹遗址保护协会副主席郭旃对申报世界文化遗产作重要讲话，对忻城县莫氏土司衙署申报世界文化遗产具有重要指导作用。中华炎黄文化研究委员会常务副会长张希清先生在会上宣布：在忻城县莫氏土司衙署设立中华炎黄文化研究会土司文化专业委员会研究基地，中国社会科学院历史研究所李世愉研究员为土司文化专业委员会主席团执行主席；土司文化专业委员会的成立将对土司文化研究和土司遗址申遗起到积极的作用。

本次会议是一次成功的会议，它不仅是一次学术盛会，更是一次学术普及，进一步掀起了我县对土司文化研究的热潮，深入探寻土司制度在中国历史上对边疆民族地区实施治理的成功经验和失败的教训，从而更加清楚地认识各民族的发展规律，对我们当今推行的民族区域自治政策具有现实意义。同时，这一研究热潮对进一步提升忻城县的文化软实力，促进文化繁荣、社会和谐以及土司文化旅游产业发展有积极的意义。

文化是民族的重要特征，是民族生命力、凝聚力和创造力的重要源泉，也是中华民族所共有的精神财富。这本论文集的出版正是这次会议的结果，也是土司文化研究成果的体现。这对于我县经济文化的繁荣发展，推进我县民族团结进步，都是一件功德无量的事。这是我们忻城土司文化研究基地成立后的第一个研究成果，也是我们计划编纂土司文化研究基地丛书的第一部，我期待有更多高水平的研究成果纳入我们的丛书。

是为序。

中共忻城县县委书记　谢大研

2015 年 10 月

序二

2014年8月，在广西忻城县召开的第四届“中国土司制度与土司文化国际学术研讨会”，是迄今为止规模最大、影响最大的一次关于土司问题的国际学术盛会。来自海内外的专家、学者及各方面人士近200人参加了会议，提交论文130余篇，代表了土司研究的最新成果。

长期以来，土司问题一直是一个关注度不高的学术领域，从1950年至1979年的近30年间，总共发表的学术论文不足20篇。自改革开放以来的30余年，土司问题的研究逐渐得到了学术界的重视，特别是土司制度中体现的“因地制宜”“因俗而治”的思想，对今天民族地区的建设和发展提供了重要的历史借鉴，因此更引起了许多地方政府的关注。进入21世纪后，这一研究有了快速发展，而随着土司遗址申遗活动的开展，土司研究更有成为显学之势，新成果不断涌现。从近几年的情况看，土司制度的研究已经超越学术研究的范围，以文化载体的形式与现实接轨，其社会意义得以大幅度提升。在这一过程中，许多地方政府做出了重要贡献，而广西忻城县则是其中更为突出者。因为忻城县有一座至今保存完整的土司衙署，被誉为“壮乡故宫”。这也是忻城县政府重视当地文化研究、发展的基础和根本原因。

1988年，广西民委、广西民族研究所联合在忻城举办有关土司制度的研讨会，集中探讨了广西土司的起源和形成，作用与流弊，扩大了土司研究的影响。在那个时期，这是很重要的一次学术会议。进入21世纪，忻城县在土司研究上更是走在了前面。2009年4月，忻城县人民政府聘请全国各地的专家、学者60余人在该县召开土司文化研讨会，比起以往多由省（区）内学者参加，专门研讨一地或某个土司的会议，这是第一次集全国学者，全面探讨土司制度、土司文化的研讨会，意义重大。与会者建议在忻城莫氏土司衙署建立中国土司文化博物馆，并努力筹建土司文化研究中心。会后又由忻城县政府编辑出版了论文集《土司文化探究》。这次会议标志着新一轮土司研究的起步，学术界将不会忘记忻城会议的开创之功。

受忻城会议的影响和推动，2010 年 8 月，中国社会科学院历史研究所和广西师范大学在桂林举办了“海峡两岸土司制度与边疆社会学术研讨会”，忻城县也是积极参与者。与会代表形成共识，决定定期召开全国性的土司问题学术研讨会，并积极筹建全国性的土司研究学术团体。现在，两个目标均已实现，全国性的土司研讨会已召开四届，第四届在忻城召开，这是对忻城县长期坚持土司研究的最好回报。同时，经上级批准，在忻城会议上正式宣布成立了中华炎黄文化研究会土司文化专业委员会。专业委员会的第一项工作就是批准在忻城县设立土司文化研究基地。

本次会议，忻城县人民政府投入了极大的精力，做了艰苦、细致的筹备工作，忻城县人民也表现出了极高的热情和关注度，使这次会议得以顺利召开。学者们从不同角度探讨土司制度及土司文化，既有对相关理论的探讨，又有对制度的研究，既有填补空白之作，又有配合申遗工作的论述。很多文章都能对当前紧迫的社会需求做出积极的回应，给人耳目一新的感觉。我们特别注意到，有一批中青年学者思想敏锐，勇于创新；更有一些地方文化工作者表现出对土司研究的热衷与成熟，令人欣慰。这次会议，忻城县的代表就提交了 6 篇论文，如忻城土司博物馆陈寿文先生提交的论文《西南地区土司遗产的保护与研究——以广西忻城莫氏土司为例》，充分体现了忻城县政府和忻城人民对保护土司文化遗产的重视。

本文集所选论文基本上可以反映本次会议在学术探讨中的几个主要方面，一是对土司制度的作用、历史地位做出的新的探讨；二是对土司制度及区域土司的深入研究；三是结合土司遗址申遗工作的学术考察。毫无疑问，本次会议取得的成果，必将产生重要的影响。

在我们充分肯定已取得成绩的同时，也应该正视目前研究中的不足，从而明确今后的努力方向。我们认为，今后的研究中应注意以下几个问题。一是要重视土司制度层面的研究。因为制度的研究是一切研究的基础，没有制度层面的研究，其他方面的研究难以深入。例如，没有对土司地区赋税制度，包括蠲免、减征、赈济政策的深入细致的研究，乃至数字统计，不可能对土司地区社会经济的发展做出正确、全面的评价。还有，近来人们关注土司文化，须知所谓土司文化是土司制度创建和推行过程中产生的一种特殊的历史现象，包括了诸多方面。脱离了土司制度的研究而谈土司文化是不可能深入的，也是难以令人信服的。二是要规范使用土司制度中的基本概念。如“土官”与“土司”，作为土司制度中的两个专用语，其本身是有一定区别的，但是作为中央政府任命的世袭地方官这一含义而言，二者是一样的，即无论文武土职，既可称“土官”，亦可称“土司”。我们不能把二者对立，更不能将土官制度与土司制度对立，或硬加区别。作为学术研究，必须强调在概念使用上的规范性。三是要避免土司研究的泛化。“土司制度”这一用语是近人概括提出的，但这一内容却是实实在在记载于元明清三朝的文献中，哪些地区有土司（或称土官），是何职衔，何时授职，何时废除，文献中记载得清清楚楚，不是我们可以提出个标准而任意增加的。例如，东北的羁縻卫所、内蒙古的盟旗制度，均不能列入土司范围。

我们提出这一问题是希望今后的研究更加注重科学性、严肃性，使土司研究健康发展，不断取得新的突破和创新成果，从而为今天民族地区构建和谐社会，促进经济、文化的发展提供历史借鉴和学术上的支撑。在本次会议的论文中，我们已经看到了这一变化，应该是一个很好的发展趋势。

最后，在本书即将付梓之际，我们要对忻城县人民政府在土司研究中付出的努力，以及他们对全国土司研究的鼎力支持，表示由衷的敬意和感谢。同时，希望忻城县的土司文化研究基地充分发挥其作用，更期盼忻城土司衙署作为拓展项目能够成为中国土司遗址的第二期申遗单位进入世界文化遗产名录。

是为序。

李世愉

2015 年 8 月于北京

目　录

土司制度历史地位新论

李世愉
（中国社会科学院历史研究所）

摘　要　土司制度在社会发展史上的地位与影响，为人类文明的传承与发展提供了一个范本，具体表现在：构筑了一种区域社会管理的新模式，体现了文化包容和管控的新实践，促进了女性社会地位的提高，使土司管理地区的生态环境得以保护。这是土司制度对人类文明的重要贡献。

关键词　土司制度　历史地位　新论

土司遗址的“申遗”活动方兴未艾。这一可喜现象表明，土司制度的研究已经超越学术研究的范围，以文化载体的形式与现实接轨，与人类文明的发展接轨，其社会意义得以大幅度提升。为了应对这种新的形势，我们有必要进一步拓展视野，站在一个新的高度去开掘这个课题的价值，将土司制度文化遗产与人类文明接轨，认真考虑土司制度对人类文明承续和发展的意义，以此揭示土司制度在社会发展史上的地位与影响，特别是它为人类文明的传承发展，提供了怎样的一个范本。

一　土司制度：区域社会管理的新模式

在全球化趋势的时代，如何保存各个民族、各个国家（地区）的特色，是一个值得认真探讨的问题。全球化是趋同，但求同必须建立在存异的基础上。在这一方面，土司制度和土司文化的研究可以提供某种借鉴，可以说土司制度的建立创造性地构筑了一种区域社会新的管理模式。

放眼世界历史，在人类文明史上，以大历史的维度而言，版图广袤的多民族国家都是短命的，例如罗马帝国、奥斯曼帝国等都是如此，只有中国是例外。这些帝国之所以短命，不仅在于帝国是以血与火的征服方式形成的，更由于帝国的统治者、帝国的主体民族，始终没有从制度设计的层面、从文化融合的层面，学会与被征服民族、边缘民族共存、共处，对于被征服地区只知道无休止地奴役和掠夺。这种统治方式，一方面不可避免地导致统治民族的蜕化变质，另一方面又必然激起被征服民族的对立与反抗，最终烽烟四起，貌似强大、不可一世的帝国，像狂飙一样，成为历史舞台上的匆匆过客。

中华民族的形成经历了漫长的历史岁月，而元明清三代承袭的近六百五十年时间，是中华民族形成的最后历史阶段，也是最关键的时段，在这个时期存续的土司制度，对于中华民族的形成起了积极作用，提供了一个多民族共处和发展的社会管理模式。

土司制度作为一项制度也好、政策也好，能推行并延续六百余年之久，说明这项制度不但有其历史合理性，而且有历史的必然性。其因果链，不能单纯从制度本身求解，而应该从更广阔的历史视野进行探索。

这个大视野，必须从元明清三个朝代的时代特征和历史特征着眼。

土司制度存续的元明清三个王朝，在中国历史上是一个特殊的时代。与先前的中国封建王朝相比较，有三点是值得注意的。

第一，三个朝代都处于社会转型期。中国封建王朝延续两千年，其间历史发展呈现明显的阶段性。自秦至清，秦汉至魏晋为一阶段，隋唐宋为一阶段，至元明清又为一阶段，无论是生产力发展、经济结构、社会分层、政治制度乃至文化思想等都自有特点。元明清三朝，中国封建王朝的经济无论广度还是深度都有明显提升，政治体制也更显成熟；然而从另一方面看，元明清三代又是封建王朝由辉煌走向衰亡的阶段，是中国向近代社会转型的历史时期。由此，在社会经济和人文层面显示了与此前封建王朝不同的一些历史特点。

元朝是中国历史上疆域最大的王朝，并奠定了明清乃至近代中国的行政格局。明朝出现资本主义萌芽，西方文明逐渐传入中国，中外交流、中西文化的碰撞日益频繁。有清一代，皇权至高无上，中央集权进一步强化。在封建王朝的末期，出现了康雍乾盛世，比较有效、妥善地解决了藩镇割据、外戚和宦官专权等封建王朝的痼疾，在治边和民族问题上，清朝也是处理得比较好的；与此同时，道光以后在西方列强的炮火下，丧失了历史潮流的主动权。

第二，三个朝代都是统一王朝，换句话说，中国的统一局面在这一时期延续了六百五十年之久，这在先前的历史上是没有过的。这一点，为土司制度的创立和发展提供了稳定的历史环境，它没有受到朝代更迭的影响而式微和中断。

第三，元朝与清朝都是边疆少数民族入主中原后建立的统一王朝。

元朝是中国历史上第一个由少数民族建立的大一统王朝。正像秦始皇第一个建立大一统封建王朝一样，元朝统治者在马上得之以后，由武功转换文治还需要有一个适应的过程，更需要有一个学习的过程。元朝虽然存续了不到一百年，在这一方面基本上还是合格的。相比于元朝统治来说，清朝统治者算得上是优等生。满洲贵族虽然自命为统治民族，但在文化上认同并认真吸收汉文化，最后不但在文化上趋向融合，在民族关系上也趋于同化。这种例子在中外历史上是很少见的。这一特点，在一定程度上有效地消弭了先前大一统封建王朝统治者对待边疆少数民族的大汉族主义的倾向，而这种根深蒂固的大汉族主义，常常是导致民族隔阂和民族冲突的重要原因。

上述三个历史特点，必然会对土司制度打上时代的印记。严格地说，由于社会转型的影响，反映在土司制度上，我们不能将其看作先前封建王朝治边政策和民族政策自然而然的承袭。元朝在西南地区实行的土司制度，实际上是直接沿袭蒙古帝国对待降附民族的自治政策。这种管理方式，保留了各民族原有的生产、生活方式，及其固有的社会组织结构，从而使中央政权与土司之间有一种相互的认同。明清在此基础上将这项管理制度进一步完善，其基本宗旨则没有明显的变化。从制度设计层面而言，土司制度与此前封建王朝的同类政策有着明显区别。

在元代以前，中原以汉族为主体的封建王朝，在处理与周边民族的关系方面，多采取和亲与羁縻的做法。

和亲谈不上制度，只是一种策略和手段，是中原王朝统治者为了摆脱被动局面，为了炫耀天朝威权而采用的权宜之计，在处理边疆和民族问题方面并没有形成一种稳定的、全局性的长效机制。有学者认为，清朝是封建王朝和亲史的顶峰。然而将有关资料整合就可以发现，和亲与联姻几乎都是满族和蒙古族之间的联姻，而满蒙两族在清朝建国的过程中就存在着一种特殊关系，这种关系在满族与其他民族、特别是西南地区民族的交往历史中是未曾有过的。

羁縻也是中原王朝统治者经常使用的一种政策。历隋至唐形成制度。唐武德二年（619），确立“怀柔远人，义在羁縻”的民族政策，“遐荒绝域刑政殊于函夏”。[①] 羁縻作为制度正式推行。唐太宗时又进一步完善，以边疆民族的首领为都督、刺史，管理府州的具体事务，并可以世袭。五代十国时期，中原战乱，羁縻府州一些土著首领相互攻伐，演变成独立王国。宋朝借统一之势，继续推行并健全羁縻政策：“树其酋长，使自镇抚”，甚至对“其有力者，还更赐以疆土”。宋代在西南部分地区也因袭此制，设置了羁縻州、县、峒。明代在边境部分地区设置羁縻卫所，性质与唐宋羁縻府州相似。

从历史的发展进程来说，土司制度与羁縻制度无疑有着某种借鉴和承续，然而我们也必须看到，两者之间也有着明显的不同。

其一，唐代羁縻府州制度遍设于东西南北各边疆民族地区，见于记载的羁縻府州有856个。涉及的边疆民族主要是突厥、回纥、党项、吐谷浑、奚、契丹、靺鞨、室韦、高句丽、西域诸族，以及羌，西南诸族、岭南诸族等，这些羁縻府州主要统辖于单于、安北、安西、北庭、安东、安南六大都护府，其重点在今天的新疆地区。安西、北庭都护府管辖西域各羁縻府州；安北、单于都护府管辖北疆的各羁縻府州；安东都护府管辖东北边疆的羁縻府州；安南都护府则辖有南疆各羁縻府州。土司制度则主要设于西南以及与西南边疆相邻的南方少数民族地区。

其二，唐代在众多的羁縻府州基础上设立都护府，由都护府直接管理，总统于唐王朝中央政府。职责是管理辖下的边疆民族，具有抚慰、征讨、叙功、罚过的职权。由此可知，当时对边疆少数民族实行的是朝廷（中央）—都护府—羁縻府州的三级管理体制。明清的土司均设在行省之内，实行的是朝廷（地方政府）——土司的两级管理体制。单就一省而言，采取的是土流并治，即在一省之中有土官和流官两种管理体制。

其三，一般来说，羁縻政策的原则是“附则受而不逆，叛则弃而不追”。[②] 对边疆少数民族地区实行的是一种消极的自治。土司制度则不同，它

① 《册府元龟》卷一百七十四。

② 《后汉书》卷八十六，《南蛮西南夷列传》。

完全纳入地方行政管理体系之中，实行严格的管理与考核，无论土司恭顺和叛逆，其管辖之地永远属于行省的性质是不变的。在解决西南边疆的民族和社会矛盾时，采取的是一种积极干预的政策，即在承认土司对辖地自治权的同时，极力维护中央对该地区的控制，保持边疆地区社会的稳定。

有清一代，虽然已是封建王朝末世，但清朝统治者为保持国家领土主权的完整，为推进中华民族的最终形成所做出的努力，还是值得肯定的。就西南边疆地区而言，唐代的羁縻制度堪称完备，但至其末世分崩离析，不但脱离中央控制，而且处于分裂状态。相比之下，清代西南边疆地区始终处于中央政府的有效控制之下，没有出现分离和独立的态势。这种历史格局的形成，与土司制度、与明清政府的积极干预政策有着密切关系。

与此同时，土司制度这种管理模式还具有以下两个特点。

其一，体制的稳定性。土司制度实行长达六百年，虽然经历三个朝代的更迭，这一政策仍得到有效的实施。

土司制度的制定和实施，其基本点在于维持边疆地区的社会稳定，而不在于领土、人口等方面权利的考量，其侧重点不在于掠夺和奴役。明清土司的承袭制度，对于稳定土司所辖地区的统治，乃至整个西南边疆地区的稳定起了重要作用。对此，以往的论述很多，这里需要着重提及的是清代在此基础上推行的分袭制度。雍正三年（1725）九月，吏部会同有关衙门议定："土司之许其承袭者，原因其祖父向化归诚，着有劳绩之故，今伊嫡长子孙虽得承袭本职，此外支庶更无他途可以进身，亦属可悯。嗣后，各处土司文武官员嫡长子孙，仍令其照例承袭本职。其支庶子弟中有驯谨能办事者，俱许本土官详报，督抚具题请旨，酌量给与职衔，令其分管地方事务。其所授职衔，视本土官各降二等，一体颁给敕印、号纸。其所分管地方视本土官，多则三分之一，少则五分之一。庶几本末各有条理，使势足相维而情更相安矣。"① 由此可见，除规定嫡长子孙承袭本职外，对于"支庶子弟中有驯谨能办事者"也有所安排，即由土官呈报，经督抚提请，由朝廷给与职衔，分管地方事务，只是在等级上与承袭者有所区别。这样做的目的是为了"本末各有条理，使势足相维而情更相安"。这种做法固然有封建王朝"众建诸侯而少其力"的考虑，但对于缓和土司内部的矛盾，维护土司地区的稳定还是有好处的。

① 《清世宗实录》卷三十六，雍正三年九月乙巳。

其二，政治运作的协同性。

土司制度的实施，从根本上来说，是符合当时、当地社会发展需要的，是符合该地区少数民族的根本利益的，不能将它看作是封建王朝统治者的单边行为。

中央赋与土司统治的合法性，允许世袭，授与相应的职衔及品级，颁发印信、号纸，土司则承认与中央政府的隶属关系（奉正朔、纳贡赋、朝觐、听征调）。土司制度推行时期，西南各民族的国家认同超过了以往任何一个历史时期。这充分说明，在土司制度运作的过程中，中央政府与该地区的少数民族（至少是上层统治者）之间，在某种程度上是存在一定的共济和协调的，否则，这一制度是不可能长期推行的。

就“申遗”而言，我们应该进一步认真思考这样一些问题：土司制度、土司文化研究的现实意义，这项研究对于现代社会的管理有什么值得借鉴的地方？它的核心价值表现在哪里？这些问题，前人从民族问题的角度、从边疆治理、从大一统与中央集权的强化等，已有不少论及。这些论述多有可取之处，但又不够具体，没有准确地体现元明清三代土司制度文化的历史特点。从历史与现实的交会来说，这一制度文化的意义和价值聚焦在这样一个交合点上，即这一历史时期西南边疆少数民族传统社会的转型问题，换句话说，我们原先论述的该地区的边疆问题、民族政策，必须放在当时当地社会转型的历史大背景、大视野中才能得出正确的认知。从这个特殊的时空维度引申出一系列重大问题：譬如，在社会转型时期如何保持边疆地区社会稳定、发展及长治久安的问题；少数民族如何在文化转型中保持本民族文化特色并融入中华民族大文化；先进文化的传入与地区民族文化的碰撞及管控；边疆少数民族社会管理模式与调整，等等。民族问题、边疆问题，在每一个封建王朝统治时期都会遇到，但在不同的历史背景下，这些问题的提出、它所追求的目标以及解决的途径是不同的，在社会变动特别是社会转型时期，这些问题的提出和解决途径表现得更为突出，无论从学术研究还是现实借鉴，具有不可多得的标本意义。

转型期面临的问题，是社会原有格局的打破，而新的格局尚待建立，其特征是社会的动荡，但其前提是社会由乱向治的发展；发展必须有序地进行，转型期的社会特征则是无序。乱与治，有序与无序，变动与稳定，始终是朝野，特别是占社会主导地位的群体所必须把握的。元明清三代在中国社会发展进程中处于一个大的历史转型期，西南土司地处边疆，少数民族聚居，经济和文化发展水平不一，与中原王朝的关系互有差异。在这样的形势下，西南边疆社会如何在稳定中求发展，并在发展中达到更高层次的稳定，这对于任何朝代都是一个难题。应该承认，土司制度的创立，就它所存续的历史时期而言，较好地解决了这个问题，至少提供了一种区域社会管理的新模式。它的运作，对于国家统一和稳定（领土主权的完整）、中华民族的最终形成、社会文明的进步、社会生产力的发展等基本方面，都起到了积极的推动作用。

二　文化包容和管控的新实践

文化差异以及随之而来的隔阂和冲突，往往是民族矛盾和冲突的深层次原因。如何处理好这一问题，常常成为保持少数民族聚居地区，特别是边疆多民族地区社会稳定的一个重要任务。土司制度的推行，在多民族文化共处与包容方面进行了新的实践，并取得一些新的经验。

元明清三代土司制度的推行有着不同的历史背景，其文化政策的制定与其目标设定也有着不同的特点。

以元朝而论，由于蒙古游牧民族的特性，以及元朝统治者狂飙式的武力征服，对于文化认同和交流没有予以过多或认真的关注，这也可以说是元朝存世短暂的一个重要原因。由反元起义而建立的明朝，在政权基础稳固后，开始重视民族地区的教化宣传，对于土司地区亦然，如办教育、行科举、选拔土司子弟进国子监深造（所谓“土官生”）等。清朝统治者在夺取中原地区统治权力时，曾为此付出过巨大的代价。及至制定土司地区的文化政策时，清廷吸取以往血的教训，一方面沿袭明制，通过教化的途径着力推行主流文化；另一方面则对风俗的变易采取十分慎重的态度，特别是不使用暴力和行政强制的手段改变西南边疆地区少数民族的文化传承，而是“因俗而治”，不大幅度地改变当地的文化传统。检阅史书，这类事例并不少见。

乾隆元年（1736）七月，广西右江总兵官潘绍周奏请禁土苗祭赛宰牛。乾隆帝认为奏疏建议“多有纷更不妥之处”“土苗宰牛乃其习俗，尤不当与民人一体严禁。此折着发与鄂弥达，令其议奏”。[①] 因为少数民族的

① 《清高宗实录》卷二十三，乾隆元年七月辛酉。

习俗与民人有别，不应该“一体严禁”。其后，西南边疆地区激烈动荡，战事频发。贵州布政使冯光裕条奏苗疆事宜时建议：“从容化导以变苗习。”乾隆帝下旨：

> 至云使其渐染华风，变为内地，朕意千百年之贵州总督皆似卿，则千百年之久安长治皆可保。若法待人行，则不若仍其苗习而顺导之，使彼知有恩而不忍背，有威而不敢犯，如是而已矣。何系区区古州之苗尽归王化，然后成一道同风之盛哉！①

乾隆帝一方面肯定冯光裕变更苗俗的积极性，但最终并没有接受他的建议，主张“仍其苗习而顺导之”，用不着“尽归王化”。这样因势利导，最终也能“成一道同风之盛”。这种指导思想终乾隆之世也没有改易。这一点，从乾隆四十五年（1780）两次否定臣下“番众薙发”的建议就可以清楚地看出。当年满洲贵族入关后，下令“薙发”，甚至“留头不留发，留发不留头”，激起汉族民众激烈反抗，以致血流成河。虽然事隔一个半世纪，但清朝统治者记忆犹新，即使在金川平定之后仍不愿意重蹈覆辙。当时，文绥等上“番众薙发”一折。乾隆在批示军机大臣等时明确指出“所办未免过当”。他认为：两金川等番众，自收服以后隶我版图，与屯土练兵一并遵例薙发，自属体制当然。至沿边土司番众，如德尔格、霍耳等处自可听其各仍旧俗，毋庸饬令一律薙发，更换衣饰。将来伊等轮班进京朝贡，衣服各别，亦可见职贡来朝之盛，何必令其换衣服以生其怨也。即现在收服之两金川等番众，亦止须遵制薙发，其服饰何妨听从其旧。又，况沿边土司番众何必更改服饰耶？②

两个月后，和珅在出行滇省路过湖南、贵州一带，看到当地苗民“尚沿苗俗，不行薙发”，与体制不协，奏请“应准其遵照内地一例薙发”。乾隆帝又批示军机大臣等，指示：“但已相沿日久，若一旦悉令遵制薙发，未免心生疑惧，办理转为未协。着传谕该督抚等，明白倡导，出示晓谕，所有各该省苗民，其有愿薙发者，俱准其与内地民人一例薙发，以昭一视同仁之意。”③ 即使是对宠臣和珅的建议，为了与体制相协调，乾隆的态度

---

① 《清高宗实录》卷二十九，乾隆元年十月。

② 《清高宗实录》卷一千一百零三，乾隆四十五年三月辛丑。

③ 《清高宗实录》卷一千一百零六，乾隆四十五年五月戊子。

也很明确，不应强制，而是“其有愿薙发者，俱准其与内地民人一例薙发，以昭一视同仁之意”。

应该肯定，这种对西南地区少数民族习俗和传统文化的包容态度，对于该地区的社会稳定，以及民族之间的共处，产生了积极且久远的影响。土司制度推行时期，尽管摩擦不断，但从整体来说，西南地区与中央王朝的关系是越来越紧密，在很大程度上得益于此。

总之，从体制层面上来说，土司制度的实施形成了一种长效机制，这就是土司制度延续六百余年之久的根本原因。我们今天也许可以说，土司制度并不是一种理想的社会制度，但可以肯定，它是最适合当时西南等地区少数民族社会实际的一种行之有效的制度。

三　土司制度与女性社会地位的提高

在人类社会发展的过程中，女性的作用和贡献是不容忽视的。近代以来，人们都把女性受教育的程度、从业状况，乃至在社会中的地位和作用视为衡量社会进步、人类文明的一个重要标志。我们看到，由于土司制度的特殊性，在西南地区推行土司制度的数百年中，女性的社会地位较之内地有了明显的提高，土司地区的女性发挥了重要的作用，在中国历史上留下了光辉的一页。

在传统的中国社会，女性的社会地位很低，她们只能从属于男性，至少在社会生活中她们不能参加科举考试，不能出仕做官。她们只能靠自己的丈夫或儿子得到朝廷的敕封。然而，在土司治理地区却另有一番情景：女性不仅可以做官，甚至在政治舞台上大有作为。应该说，这种情况是土司制度的推行在客观上形成的结果。从制度设计的层面上看，有两个因素促成了女性主政、任职的可能。土司是世袭地方官，土司制度的一个核心内容就是承袭制度的制定。明清的土司制度中都在土司承袭人的宗支嫡庶次序上做出了明确规定，即“土司亡故，或年老有疾请代”时，首先是“嫡子嫡孙承袭，无嫡子嫡孙，则以庶子庶孙承袭；无子孙，则以其弟或族人承袭，其土官之妻及婿有为土民所服者，亦准承袭”。[①] 这就从制度上为女性承袭土司之职打开了大门，为女性做官提供了机会和法律依据，此

① 光绪《大清会典》卷十二，《吏部》。

其一。同时，鉴于土司子弟年幼袭职，不谙政务，以致弊窦丛生，明清两代都对土司承袭的年龄有明确规定，即年满十五岁方可承袭。如应袭之人未满十五岁，允许其母或土舍护理[①]，即代行土司之职。这又为女性实际主持政务创造了条件，此其二。相比于封建王朝皇位继承制度而言，土司承袭制度显示了一种灵活性。在皇位承袭制度下，只要是有资格做皇帝的，无论年龄大小，都可以坐上皇帝的宝座。正是由于这种制度设计，使得土司制度推行的数百年中，西南地区出现了许多杰出的女性，她们参政理政，甚至实际职掌或代行土司之职。这一现象可以说是制度文化的一个亮点。

由于能够承袭土司或代行其职的女性，都是土民所信服者，说明她们有一定的能力及威望，又得到朝廷的认可，自然会尽职尽责，报效朝廷。

从文献的记载中，我们可以看到许多声名显赫的女土官，她们的事迹在民间流传很广，一直脍炙人口。元代建昌路（今四川西昌）女土司沙智，以治道立站有功，授虎符，至元二十一年（1284）授建昌路总管。明代贵州永西彝族女土官奢香，原为贵州宣慰使陇赞霭翠之妻，洪武十四年（1381），夫死子幼，代子袭宣慰使职。十六年，受贵州都指挥马烨挞辱，隐忍不叛。次年入朝诉马烨之罪，开国皇帝朱元璋亲慰之。归后表示愿“刊山开驿传，以谢朝廷信任”。遂修官驿大道，西至乌蒙（今云南昭通），北达容山（今贵州湄潭），在水西境内立龙场等九驿，连接湘、川、滇、黔交通要道，对沟通内地与西南边疆经济、文化交流起了重要作用。明廷封其为“大明顺德夫人”。这是因自己的功绩而非丈夫或儿子地位得以受封的少数民族女性。著名的瓦氏夫人，是明代广西归顺州（今靖西）土官岑璋之女，田州土官岑猛之妻。夫死后，摄州政，颇有政绩，嘉靖三十四年（1555），以近六十岁的高龄应征，领广西“狼兵”六千八百余人至苏州，隶俞大猷部，为参将，抗击侵略东南沿海的倭寇，在王江泾（今浙江嘉兴北）等战役中，联合湘西“土兵”，获得大捷，名声大震。明末清初著名的女土官秦良玉，四川忠州（今重庆忠县）人，文武双全，袭丈夫马千乘之职，任石砫宣抚使。善骑射，通词翰，所部“白杆兵”以善战著称。天启元年（1621），应明廷征调，北上与后金作战。据载“秦氏千里

---

① 万历《明会典》卷六，《吏部·土官承袭》；光绪《大清会典事例》卷589，《兵部·土司承袭》。

裹粮，急纾国难”“浑河血战，杀奴数千”。[①] 以至皇帝颁旨：“秦良玉奋勇讨贼，忠义可嘉。”[②] 后又参与平奢崇明之战，因功授都督佥事，充总兵官。

如果说在土司制度鼎盛时期的明代为女性提供了表演的舞台，那么至清代，在土司制度开始衰落的时期，女性任职的这一状况仍得以延续。这在清代的文献中是屡见不鲜的。如康熙五十七年（1718），四川巡抚年羹尧疏言：“河西宣慰司故土官蛇蜡喳吧之土妇工喀病故，并无应袭之人，请将蛇蜡喳吧嫡女桑结承袭。”[③] 兵部议覆同意，并由皇帝批准。这是女性担任宣慰司土官的事例。四川建昌道所属河东宣慰司自康熙四十九年（1710）归顺清政府之时，宣慰使安承爵已故，其后一直由其妇瞿氏掌印。至雍正四年（1726），建昌冕山营之金格、阿租等“煽众狂悖”，而瞿氏“纵逆不法”，雍正五年（1727）将河东宣慰司革除。[④] 次年，为便于管理凉山一带，又授瞿氏之女安凤英为长官司长官。[⑤] 至乾隆时，仍有“援革职河东宣慰司瞿氏之女安凤英另授长官司之例”[⑥] 的情况。这说明，清代女性除承袭、代理土司职务外，还有直接授职的。

从清代的情况看，土司地区上层女性，在边疆民族矛盾激化和对抗时，大多“能知大义”，顾全大局，为边疆社会安定做出贡献，因而受到清政府的表彰和奖励。如梭磨土妇卓尔玛在平定金川之战时表现就十分突出。乾隆三十八年（1773）谕军机大臣等：

> 梭磨土妇在三杂谷中行辈最尊，从噶克多听其指挥，该土妇自不为小金川流言所惑。据官达色报称，该土妇见伊时密告金川贼众逆谋，其心甚觉真切。自应予以奖励，着即晓谕该土妇：“以尔实心恭顺节次奏闻，大皇帝深为嘉悦，特加恩赏尔淑顺名号并彩缎四疋，用示优奖。”如此传谕，不特该土妇益当感恩图报，即其余土司等亦必共知激劝，冀得出力沾恩，亦属控驭番夷之一法。[⑦]

---

① 《明熹宗实录》卷九，天启元年四月己丑。

② 《明熹宗实录》卷十六，天启元年十一月丙辰。

③ 《清圣祖实录》卷二百八十，康熙五十七年七月辛未。

④ 乾隆《四川通志》卷十九，《土司》。

⑤ 《清世宗实录》卷六十六，雍正六年二月壬午。

⑥ 《清高宗实录》卷一百一十，乾隆五年二月甲申。

⑦ 《清高宗实录》卷九百三十八，乾隆三十八年七月戊辰。

乾隆四十年平定告捷，又因卓尔玛与其子土司斯丹巴又备牛五百头、酒一千篓，糌粑五百背呈送军营。官方将酒物酌留，牛只发还。乾隆帝以“梭磨土妇卓尔玛并伊子安抚土司斯丹巴恭顺可嘉”，加恩将斯丹巴赏给宣慰司之职，以示鼓励。乾隆五十七（1792）年，大兵进剿廓尔喀，护理庄浪土司印务的鲁孙氏呈称，愿赶办干柴十二万斤以备应用，并于十一月内，将所办干柴照数运至丹噶尔交纳。以至乾隆帝感叹道：“边徼土司系属女流，能知大义，甚属可嘉。”[①]

毫无疑问，元明清时期西南少数民族地区女性的社会地位有所提高，社会影响力也明显强于内地。虽然这里有各民族自身的特点，但是必须肯定的是，这与土司制度的推行有着必然的联系。

四　土司治理地区生态环境的保护

今天，人们已经越来越深刻地认识到，生态环境的保护对人类生存和可持续发展的重要性。以此，我们在重新审视土司制度的时候可以清楚地看到，在推行土司制度的西南少数民族地区，其生态环境的保护比内地要好得多。因此，谈到土司制度文化的核心价值，我们还应该发掘一下这一制度对于保护西南区域生态环境所起的作用。

西南土司地区，相对于内地和其他边疆地区，有着特殊的人文生态环境。一是该地区多为山区，地理形势错综复杂，交通不便；二是部族林立（推行土司制度后则是大小土司林立，如明代贵州定番州，即设有十七个长官司[②]），各自为政；三是以农耕为主的生产方式比较落后，一些地方还保留“刀耕火种”的方式；四是自然资源丰富，林木、矿产资源尤为丰富。在这样的人文与地理态势下，如果听任无序、过度的开发，必定导致当地生态环境的破坏，而一旦破坏则极难恢复，其后果不堪设想，必然累及该地区社会稳定。而元明清三朝存续的六七百年间，从整体来说，该地区并未发生灾难性的生态环境破坏，这是值得庆幸的，而这种局面出现的原因，与土司制度对于人文环境所具有的长效稳定机制是分不开的。具体来说，它与清政府对该地区有意推行的封闭和限制性的管理体制有着直接

① 《清高宗实录》卷一千三百九十四，乾隆五十七年正月丁丑。

② 《明经世文编》卷四百八十七，朱燮元：《水西夷汉各目投诚措置事宜疏》。

的关系。

毋庸讳言，封建王朝推行土司制度是有利益诉求的，即从该地区获取资源和经济利益。清人王履阶就明确指出：苗疆“林木不可胜用……苗铁固推重一时，铜银备国用，药饵资养生……征其物产，亦少助库藏于微芒”。① 但封建王朝的统治集团能否约束自己的贪欲，运用智慧，做到适度开发，则关系匪浅。在这方面，以明清两代比较，明代统治者做得不够好，而清代统治者要长进得多，这恐怕也是清廷汲取了明代的教训。

以土司地区的森林资源为例，对比一下明清两代对林木采伐和保护的实践，是很有启发性的。

西南土司地区森林资源丰富，品种名贵，是中国古代著名的林区。明初，为营建两京，曾从湖广、四川采办大木，数量较大。其后，嘉靖、万历年间，对西南土司地区林木的采伐数量更是猛增。播州产珍贵的楠木，明代在这里的采伐几乎是破坏性的。据道光《遵义府志》载，洪武、永乐时期均于此地采楠木，而在嘉靖二十六年（1547）为修宫中的三大殿，一次采木“共木板一万五千七百一十二根块”。至崇祯时，一次“采办大木通共二万四千六百一根块”。② 总之，明代对西南土司地区的森林资源保护不够。

清初以来，清政府出于稳定土司地区的考虑，兼及休养生息，不仅限制随意采伐林木，还积极推行植树造林政策。如顺治十二年（1655）规定：“民间树植以补耕获，地方官加意劝课，如私伐他人树株者，按律治罪。”康熙十年（1671）又规定：“民间农桑，令督抚严饬有司加意督课，毋废农时，毋废桑麻。”③ 尽管这是针对全国的政策，但在土司地区也是严格遵行的。至于专门针对土司地区的规定更是不少，如康熙二十六年（1687）谕工部：“四川楠木多产于崇山悬岩，采取甚难，必致有累土司，且来京甚远，沿途地方亦恐滋扰。着传谕四川巡抚免其解送。”④ 这与明代在四川大量采伐楠木形成鲜明对比。当然，其主要原因还在于怕扰累土司，旨在求得地方稳定，但毕竟对限制采伐楠木还是有益的。又道光十三年（1833）四川总督鄂山奏办土司地区事宜十款，其中一项即谈道：“汉

① 《小方壶斋舆地丛钞》第八帙，王履阶：《改土归流说》。

② 道光《遵义府志》卷十八，《木政》。

③ 光绪《大清会典事例》卷一百六十八，《户部·田赋·劝课农桑》。

④ 《清圣祖实录》卷一百三十，康熙二十六年四月己卯。

人向人夷地开设木笋等厂”，应“永行禁革，违者治罪。如遇官为采办木植，仍照常给与山价，着令土司办理，以杜衅端”。[①] 又是怕造成汉夷矛盾，故不许乱采林木。中央政令如此，地方政府同样重视森林植被的保护。云南景东县现保存一块清道光年间的原景东府禁止民人随意砍伐林木的石碑，其中还记载了保护森林的措施，并设有“林官”，作为专职管理人员。由于这些政策的推行，土司地区的森林资源得到了有效的保护。

在保护森林资源的同时，清政府还对土司地区的土地资源加以保护，限制内地民人随意在土司地区开垦荒地；对该地矿产资源加以保护，限制私人掠夺式的开采，特别严禁“汉奸”擅入苗寨，“开岩挖窖”；对水利资源加以保护，严禁在水道地区垦殖，严禁阻塞水道；同时也注意保护野生动物。云南在明代有贡象的传统，将捕猎之大象贡送京城。清顺治十六年(1659)，吴三桂也“贡象五”，世祖命免送京，云总督赵廷臣“因乞概停边贡，允之”。[②] 自是，云南很少贡象。

元明清时期，在推行土司制度的西南地区，其生态环境的保护总体来说还是好于内地，以致这一状况延续至今。这显然与土司制度的推行，与土司地区所形成的区域社会生态有着密切的关系。特别是土司治理地区相对的封闭性，以及与此相关的社会稳定性，无形之中起到了重要作用。

① 《清宣宗实录》卷二百四十六，道光十三年十二月庚戌。

② 《清史稿》卷二百七十三，《赵廷臣传》。

土司制度与元明清三朝治夷

方　铁
（云南大学西南边疆少数民族研究中心）

摘　要　土司制度肇始于元，完善及推广于明。清朝作大幅度的改革，在一些地区仍保留了土司。元明清三朝重视土司制度，缘于土司制度与南方类型蛮夷社会的内在机制暗合；进而形成元明清王朝治理蛮夷时注重了解统治对象社会的结构与文化的传统。另外，在预期目标、治策设计与施行效果方面，元明清三朝治夷也存在个性化差异。

关键词　土司制度　元明清　蛮夷

所谓土司制度，为元明清王朝在西南边疆及其他南方类型的蛮夷地区实行的一项统治制度。土司制度存在600余年，在实行地区产生重大而深远的影响。土司制度本质上是中原王朝统治边疆蛮夷的政治制度，随着时代的改变必然退出历史舞台。本文就此作一阐述。

一　土司制度仅施用于中原王朝统治下的蛮夷地区

与土司制度不同，元代以前中原王朝实行的羁縻治策，广泛应用于华夏以外广义上的夷狄。中原王朝自称“华夏”，视华夏以外的文明为“夷狄”或“蛮夷”。汉唐等王朝所称的“夷狄”或“蛮夷”，并非指某一民族或某一地域范围的民族群体，而是包括中原王朝边疆地区的本地民族以及同中原王朝有往来的邦交之国。土司制度的前身是羁縻治策。羁縻治策盛行于秦至宋代，以管控方面的宽松和随意、普遍施用于各地边疆为基本特点。汉唐等王朝实行的羁縻治策，如汉朝的边郡制度与唐朝的羁縻府州制度，既施用于边疆的蛮夷地区，也在王朝周边的地区推行。

唐末两宋时期，华夏周边的地区逐渐成为中原王朝疆域不可分割的部分，中原王朝与远方他国的邦交关系亦渐明确。继起的元朝从全国统一的高度，进一步明确了新的天下格局，内容大致是中国的边疆地区逐渐巩固和完善，成为拱卫国家的有力屏障；而中国周边的政治势力，则逐渐成为与中原王朝建立新型藩属关系的属国。

土司制度的初期形态是土官制度。在平定大理国的初期，元朝在云南地区推行北方常见的万户制度，但这一地区动乱不止。蒙古统治者借鉴允许降附者继任原职的传统方式，并吸收南宋在广西设土官管理的经验，在云南行省实行土官制度，并迅速获得成功，以后在情况类似的西南边疆推行土官制度。从元明清三代的情形来看，土司制度仅实行于南部边疆与其他南方类型的蛮夷地区；在北部草原以及其他边疆地区，中原王朝仍实行传统的万户制度。另外，元明清诸朝推行土司制度，只限于纳入中央王朝有效管辖的蛮夷地区，而对朝鲜、安南、缅甸等邻国，则与之建立新型的藩属国关系。另外，在实行的地域范围、中原王朝与地方政权的关系、实施统治的措施、统治的有效程度等方面，土司制度与前代的羁縻治策也有明显不同。

明朝对土官制度进行全面改造并进一步完善，由此形成更高层次的土司制度。土司制度与土官制度的主要区别，在于内容规定更为严格和规范，同时，土司制度被推广到与南部边疆情况类似的其他蛮夷地区。在施行的地域范围以及影响的广泛程度方面，土司制度也超过土官制度。进一步来说，元朝的土官制度，初期是作为统治边疆蛮夷的制度而设计，以后因与实行地区蛮夷社会的内在机制暗合，实践以后取得显著成效，乃作为统治和管理南方类型蛮夷的社会制度而普遍推广。

元朝的土官制度初期施用于云南、广西等南部边疆，明朝将之推广到包括湖南、湖北西部在内的其他南方类型的蛮夷地区。至于朝鲜、安南、缅甸等邻国，元明清诸朝不再以传统的羁縻治策应对，而是与这些邻国建立新型的藩属国关系。土司制度施用的范围趋于明确，是中原王朝在蛮夷统治制度方面的重大发展，同时土司制度有明确的针对性，是在实践中能取得显著成效的一个重要原因。

二 土司制度有特定的社会基础，仅适用于南方类型的蛮夷地区

土司制度的主要内容，是中原王朝对愿意接受统治的地方蛮夷首领进行任命，授予蛮夷首领相应的官职，并纳入国家吏治的体系管理。各级土司均有明确的职责和需要承担的义务。与内地官吏不同的是，经过朝廷的批准土司可以世袭，继任者可以是原有土司的嫡子，也可以是土司之妻或其他亲属。对级别较高的土司，朝廷允许统辖规定数量的土兵。土兵具备地方治安武装与服从征调国防军的双重职能，因此成为国家军队的有机组成部分。土司制度的这些特点，与前代的羁縻治策是不同的。

南方蛮夷地区的地形条件复杂，气候类型多样，山地占土地总面积的绝大部分。不同海拔高度的地区，往往有不同的生态环境与不尽相同的动植物资源，居住不同海拔高度地区的居民，由此形成对特定生态环境及所衍生的动植物资源的依赖关系。以共同血缘关系为基础形成的大小村落，又以地缘与族属方面的亲近关系为纽带形成更大的势力。南方蛮夷地区民族种类众多，内部结构复杂，这些蛮夷既杂居共处和相互依存，又常常为争夺有限的土地、水源、山林与矿藏等自然资源，以及发泄因复杂的历史纠葛而缔结的仇恨，相互间进行长期的对峙与争斗。

南方蛮夷社会普遍流行“打冤家”（械斗）的习俗。苗人或因睚眦之隙而杀人，被杀之家则举族为仇，必报仇而后已。有仇欲报而势所未能者，则植树标识，父子相传历久不忘，报仇后乃伐树削迹。古代流行这样的谚语：“苗家仇，九世休。”[①] 形容其仇恨之长远与难解。凉山彝族地区的家族械斗也极为严重，20 世纪 30 年代江应樑到凉山地区调查，他说大小凉山部落之间的关系，如不是亲戚便可能是冤家。凉山地区的彝族部落，平常虽以家庭为单位互不统属，而一旦有事，有亲戚关系的家族便迅速组合为一个庞大的团体，共同对付面对的敌人。[②] 南方蛮夷在遭遇外来压力时，普遍又解仇结盟联合抵抗；一旦压力消除，又恢复原有的矛盾与争斗，如此往复不息。南方蛮夷社会流行的械斗，目的并不是将对方置于

---

① （清）段汝霖：《永苗风俗十条》，载乾隆《永绥厅志》。

② 江应樑：《凉山彝族的奴隶制度 · 部落支派》，珠海大学出版社，1948。

死地，而是通过械斗调整其社会关系，在资源和利益分配方面维持相对合理的格局，并通过械斗的方式，对世代聚集的恩怨作某种程度的回应。

南方蛮夷社会的细胞，大致是以血缘亲族为基础的村落。凉山彝族的主体黑彝极为重视血族关系，其部落组织可以说是血缘亲族的结合，甚至部落的名称便是姓氏。黑彝等山地民族实行父子联名制，父亲名讳的下半段，必是儿子名字的上半段，以此明确亲族的血缘承继关系。孩子朦胧懂事，父亲便教其背诵数十代祖宗的名讳，至倒背如流方罢。两个不认识的黑彝相见，首先互相“盘根根”，即背诵祖宗的世系名讳，以识别彼此血缘关系的亲疏。在这样的情况下，在南方蛮夷地区，聚族而居的村落世代相沿，即便迁徙或改居他地，也依据村落成员的组成构成新的居住单位。首领对子民的世袭统领关系，更是蛮夷社会中最重要的关系，赖此南方蛮夷才能维持其势力，在错综复杂的社会关系及其争斗中得以生存。

土司制度之所以获得成功，一方面，缘于该制度抓住了南方蛮夷社会的症结。南方蛮夷社会构成及其顺利运行的关键，在于各级土司及其子民与土地、山林、水源等自然资源之间，存在紧密结合的关系。另一方面，土司与其子民又存在不可分割的联系，这种联系通过世代沿袭与统领的关系得以体现。唯有如此，在南方类型的蛮夷社会，在与其他地方蛮夷为争夺土地、山林、水源等资源进行的斗争中，以及因对外掳掠及械斗产生世代仇恨的社会环境中，各级土司及其子民方可立足，并借以保护自己和亲属的安全。由于朝廷授予土司合法的地位，土司接受朝廷的有效保护，各级土司必须为朝廷奔走卖命。若对朝廷不忠，若未能履行相应的职责与义务，朝廷随时可撤销涉事土司的官职。在明清两代的档案文献中，土司因此受罚乃至被撤销职位的记载屡见不鲜。通过土司制度，王朝统治者插手蛮夷社会内部的争斗与社会关系的调整，并切实掌握立废土司官职的权力，以对南方类型蛮夷实现有效的控制。

进一步来说，土司制度的普遍推行，减少了土司地区众多地方势力之间为争夺土地、山林、水源等自然资源，以及土司职位继承权等进行的争斗。对南方蛮夷地区的自然资源，可以实现相对合理的分配与使用；对南方蛮夷社会复杂的关系，还起到协调和制约的作用，使其可以实现相对的合理与稳定。应该指出，一方面，王朝统治者对南方蛮夷地区的社会机制不可能有本质上的认识，但因土司制度施行之后取得良好成效，乃得以完善和推广。另一方面，土司制度的成功也启发了王朝统治者，即治理不同地区的蛮夷，必须考虑其社会与文化方面的特点，基于其社会结构与文化传统制定的统治制度，方能切实奏效并具有长久的生命力。此即在全国蛮夷地区，元明清三朝实行不同统治制度的基本原因。

在非南方类型的蛮夷地区，上面所说的社会基础相对薄弱。如在蒙古草原，相对分散的随畜游牧是牧民主要的生产方式，牧民与草原的关系，主要是在广阔的地域范围迁徙和游牧，在居民与特定范围的土地、山林、水源等自然资源之间，基本上不存在世代相传的依赖关系。另外，北方游牧民族的社会细胞，是称为“落”的单个家庭或若干家庭的组合体，出于草原资源的利用不可过度、牧民习惯不断游牧等原因，各“落”之间通常距离数里之遥，“落”还随同放牧羊群处于经常迁徙的过程中。在北方草原，少见如同南方蛮夷地区常见的世代居住的村落，以及基于牢固的血缘关系、地缘关系而形成的复杂的社会关系。北方游牧社会流行重壮轻老的习俗，年轻彪悍便容易成为部落的首领，而部落乃至更大的势力因相互兼并而经常重组，其首领也如走马灯似的不断更换。因此，血缘与承继关系在北方游牧民族中相对淡薄。

由此可见，一方面，北方草原地区，在首领与下层牧民、草原具体地域等自然资源之间，并不存在类似土司地区三者紧密结合的关系。另一方面，草原地区的社会矛盾主要是外向型的，根据是游牧民族的社会经济是一种有结构性缺陷的经济，需要不断南下获取农业地区的粮食、布帛等产品作为补充。另外，游牧民族内部容易实现兼并与势力重组，使其内部矛盾较易得到解决。在气候恶劣的年份，草原游牧民族还需要南下避寒。在这样的情况下，北方游牧势力不断南下侵扰中原地区，便具有某种必然性。综上所述，中原王朝在北方草原地区无法推行土司制度，只能沿用传统的万户制度，或在万户制度的基础上做某些改变及调整。新疆、青藏高原等蛮夷地区的情形，与蒙古草原大体类似。

三　土司制度使中原王朝对土司地区的统治明显深入

土司制度的成功实践，使中原王朝得以实现对南方蛮夷的有效统治，其治理方式便是“以夷制夷”。土司制度的本质，是中原王朝认识到南方蛮夷种类和支系繁多，而且情况复杂多变，因此设法利用这些错综复杂的内部矛盾，以达到使南方蛮夷相互牵制与深入统治的目的。《明史·土司传》对此已有议论。其言：

> 迨有明踵元故事，大为恢拓，分别司郡州县，额以赋役，听我驱调，而法始备矣。然其道在于羁縻。彼大姓相擅，世积威约，而必假我爵禄，宠之以名号，乃易为统摄，故奔走唯命。然调遣日繁，急而生变，恃功怙过，侵扰益深，故历朝征发，利害各半。其要在于抚绥得人，恩威兼济，则得其死力而不足为患。①

“以夷治夷”，是历代统治者为应对夷狄梦寐以求的策略，但元代以前历朝施行“以夷治夷”很少获得成功。原因是元之前历朝的“以夷制夷”，施行对象主要是北部的游牧民族，做法多是中原王朝设法利用各游牧势力间的矛盾，支一派压一派，使其离心相攻，企望从中获益。但草原地区的形势复杂多变，旁观者很难操纵时局的变化。另外，北方游牧势力的崛起颇为迅速，其衰落离散也同样快捷。北部草原居于主导地位的势力，在历史上曾多次出现兴衰更替。中原王朝支持的某一游牧势力，有可能在形势变化后成为支持者的敌对面。南宋先后与金、蒙古实现联合，但最终被合作者击败的事实，便证明了这一点。

土司制度下的“以夷治夷”与前代不同。实行土司制度的元明清三朝，其“以夷治夷”主要是利用南方蛮夷的内部矛盾使之相互牵制。在南方蛮夷内部为争夺职位继承权、资源的占有以及因冤冤相报而出现的争斗中，中原王朝坐观成败，渔翁得利。中原王朝支持边疆蛮夷的方式，也由原来公开为某些政治势力撑腰，改变为以官职的授予及合法的承继为诱饵，驱使南方蛮夷首领为己尽忠，并在其与相关势力的争斗中，处于获得朝廷支持的有利地位。土司制度的成功施行，终于实现历朝梦寐以求“以夷治夷”的设想。土司制度在南方蛮夷地区普遍推行，也造成土官易于坐大、朝廷或难以置喙的情形，这是土司制度具有“双刃剑”复杂作用的另一方面。在土司制度施行的过程中，统治者为此甚感头疼，明清两朝对土司统治进行改土归流，与此颇有关系。

土司制度有羁縻治策难以企及的优越性，还表现在土司所掌握的大量

---

① 《明史》卷三一〇，《土司传》，中华书局，1974 年点校本。

土兵，既作为地方保安力量而存在，也可接受朝廷的调遣出征他地。朝廷对土兵的征调与使用有较严格的规定，并通过掌握土司职位世袭与否的批准权，力求削弱土司对土兵的控制，尤其是世袭土司对土兵的长远掌控。汉唐时边疆统治机构中由夷狄将帅掌握的军队，基本上是私人武装或雇佣兵，朝廷很难调动和指挥。若夷狄将帅坐大及天下形势剧变，夷狄将帅所掌握的私人军队，便可能成为挥向朝廷的利刃。

在土司制度之下，存在大量不同级别的土官。他们通常沿用传统的方式统治子民；但毕竟已是朝廷正式任命的官吏，在统治的成效与社会反响等方面，他们必然仰观朝廷的脸色。对土官的忠诚度、文化水平与行政能力等，朝廷均有明确的要求，并通过考核、监察、批准职位传承等方式，对土官进行遴选或淘汰，这是朝廷控制甚至取缔土司的终极武器。

大量土兵与土司的存在，缓解了朝廷对边疆的统治日益深入与派驻军队、官吏严重不足之间的矛盾，大幅度降低了国家治边的行政成本。元代以前历朝多有治边、营边得不偿失的议论，一些朝臣甚至暗指拓边、营边的热衷者为国之蠹虫。元明清三代见于记载的此类建议甚少，主要原因是土司制度所需的行政成本很低，国家还从土司地区不断获得收益。由于对土司地区的统治明显深入，朝廷通过较大范围的经济开发，从土司地区大量获取有色金属与林木等资源。土司地区的税收虽不足以与发达地区相比，但也减轻了国库支出的负担。

土司制度施用的对象是南方类型蛮夷整体。中原王朝通过授予国家官职控制其首领，依靠土司实现对南方类型蛮夷的有效掌控。中原王朝并不急于改变其社会结构与运行机制，对这一做法可视为“一国两制”或“一国多制”的前驱，可见中国历来有国家政体多样共存的传统。在南方类型蛮夷地区，受自然环境、动植物资源与生产方式多样化的影响，居民的种族、社会与文化不仅复杂多元，而且长期形成的传统与观念等根深蒂固，百姓习惯千百年来沿袭的生活方式，对首领极为恭敬甚至盲目遵从。土司制度获得成功，一个重要原因是朝廷实现对南方蛮夷首领的有效操控，却未在根本上触动其社会结构与运行机制，避免了可能招致的强烈反抗。

随着朝廷对蛮夷地区统治的深入，国家的意志与相关法令必然贯彻到基层；朝廷与土司对子民保守统治的矛盾逐渐凸显，激烈的纷争与变革由此而起。由此看来，土司制度注定是历史舞台上的过客，条件成熟时必将被其他制度代替。元朝在云南等南部边疆普遍推行土官制度。明朝明确划定实行土司制度的地域范围，驻扎卫所的农业地区通常不设土司，在少数地区则实行土流并治。在卫所地区与土司地区，不仅朝廷实行的管理方式有异，施行的效果与长远影响亦不相同。清朝则用大规模改流的方式，压缩实行土司制度的地域，仅在澜沧江以南的云南边疆，以及其他边远、荒瘠的地区保留了一些土司。

中原王朝施行土司制度产生的社会影响是多方面的，尤重要者有三。一是朝廷对南方类型蛮夷地区的统治得以加强，甚至深入前代难以企及的边远地区。二是通过大量兴办学校和批准土司职位传承等途径，培养了土司及其子民对国家的忠诚，为南部蛮夷地区最终成为王朝国家有效管控的区域，奠定了坚实可靠的基础。三是为全面、深入开发蛮夷地区创造了条件，使元明清成为这些地区发展最快的一个时期。

元代以前，南方蛮夷地区虽有一些内地式的教育，但兴办者主要是地方官吏或贬居其地的内地士人，由朝廷在蛮夷地区兴办正式教育，在这一时期尚未成为稳定的国策。元明清时期，朝廷对南方蛮夷地区实现了有效统治，发展学校教育成为巩固统治的一项措施。朝廷在这些地区推行土司制度，积极传播儒家文化，也是提高各级土官的素质、增强国家凝聚力的客观需要。元明清尤其是在明清两朝，对在土司地区发展教育可说是不遗余力，不仅收到明显的成效，还产生了极为深远的影响。

四　元明清三朝的土司制度存在个性化差异

元明清三朝治理边疆，在施治目标、治策设计、实行措施与取得成效等方面，都存在明显的差异，主要原因是元明清高层所具有的天下观、治边观以及胸怀和见识各不相同。换言之，元明清三朝实行土司制度，在预期目标、施行范围、实践效果等方面存在差异，反映出此三朝经营边疆地区，具有不同的思路、做法与风格。

元朝在南方蛮夷地区实行土官制度，并在实践中获得巨大成功，与其独到的天下观与治边观，对土官地区的蛮夷首领充分信任并大胆使用，以及在施政中奉行简便、随意的原则等有密切关系。土官制度肇始于云南地区。元朝经营云南的基点，主要是获取攻宋所需的人力资源和战争物资；统一全国以后，元朝以云南为进攻中南半岛的前沿阵地。因此，通过建立巩固的统治稳定云南地区，并从当地蛮夷中汲取人力补充军队，是元朝统治者最关心的问题，土官制度也应运而生。元朝统治的时间不长，中后期出现腐败，对土官制度未能做进一步完善。

明朝经营南方蛮夷地区的基本思想是尽量保持这一地区的稳定，以便集中精力应对北部蒙古势力的南下。其做法一是在上述地区大量驻扎军队。由于实行卫所制度，在南部边疆形成军事移民的浪潮。卫所主要驻扎在农业地区，遂使农业地区尤其是大中坝子发展的速度加快，由此推动了卫所驻扎地区内地化的进程。明朝做法之二，是在卫所驻地以外的区域（主要是蛮夷聚居的边疆与僻地）普遍推行土司制度。究其原因，一是元朝在这些地区实行土官制度已具备较扎实的基础；二是明朝尚不准备深入统治及开发这些地区，而是将土司制度作为控制其地蛮夷的权宜之策。在这样的情况下，明朝继承元代土官制度的基本内容，同时做进一步的完善与充实，由此形成堪称规范的土司制度，并将之推广到湖南、湖北西部、四川藏区与甘青藏区等其他南方类型的蛮夷地区。

明朝的土司制度存在不少问题，其中一些还相当严重。

第一，未能解决土司制度下土司容易成为割据、动乱根源的问题，而且因土司制度普遍推行、朝廷管理不善等方面，明代一些土司先后坐大、割据甚至叛乱，进而发展为严重的社会问题。洪武十八年（1385），云南麓川土司思伦发率兵15万进攻景东，拉开麓川土司多次叛乱，朝廷先后调集数十万军队征讨的序幕。平定麓川土司的反叛后，云南南部边疆仍纷争不止，中南半岛北部乃被缅甸洞吾王朝吞并，进而脱离明朝的版图。湖南、贵州等地的苗瑶土司也多次发动反叛。

第二，明朝统治云南、贵州、川西南等南部边疆，形成在边疆腹地大量设置卫所，在蛮夷地区则靠土司制度维持羁縻局面的不同模式，这两种模式产生的作用和影响大相径庭。边疆腹地因朝廷长期重视，内地人口大量移居垦殖，很快发展为经济兴盛、文化领先的繁荣之地，而置于土司管理之下蛮夷聚居的边疆和僻地，则长期滞留在封闭、落后的社会阶段。明朝统治的中后期十分腐败，官府应对边疆事务拖沓失当屡见不鲜，更使土司制度中消极、阴暗的成分积累发酵，最终形成难以收拾的局面。麓川事件及其影响长达60余年，其后中南半岛北部摆脱明朝的管控，与朝廷在土司问题上处置失当不无关系。

清朝统治者来自边疆地区，较少有“内华夏、外蛮夷”一类的观念，在治国的理念与治策方面，较之同为边疆夷狄的蒙元也更为高明。清朝治国具有全局观念，并将南部边疆视为帝国版图中亟待开发的部分。清前期内地人口大量增加，出现前所未有的增长高峰，于是出现大量流民携家带口、远赴边疆地区谋食的现象。清政府对此持默许的态度，实际上将南部边疆视为人口分流的潜在空间。清代南部诸省农业地区的人口已十分拥挤，于是出现内地移民大量移居边疆和僻地的情形。

清廷重视对西南诸省尤其是边疆与僻地的开发，开发活动在康雍乾时期达至高峰。在经营西南诸省的过程中清廷遇到一个棘手的问题，即在一些重要驿道所经之处，盘踞当地尚处于阶级社会初期的蛮夷，经常抢劫过往的行旅，严重影响驿路的安全。而一些富饶之地则为不法土司占有，长期荒芜得不到开垦。至于云南边境的一些土司，或与境外势力暗中勾结。云贵总督鄂尔泰在奏疏中说，在黔东南清水江流域，“苗患甚于土司”。地处苗疆中部的古州，左有清江可达湖南，右有都江可通广东，但因“苗患”严重，交通长期梗隔，其地几成化外，“如欲开江路通黔、粤，非勒兵深入，遍加剿抚不可”。东川一带则被土目盘踞，“膏腴四百里无人敢垦”。至于云南的镇沅、威远、元江、新平、普洱、茶山诸夷之地，“无事近患腹心，有事远通外国”。①

为夺回被土司或夷霸侵占的土地、道路等资源，扫清朝廷深入统治的障碍，消除影响边疆安定的隐患，将上述地区纳入法治管理的轨道，雍正帝委鄂尔泰为重臣，主持在西南诸省进行大规模的改土归流。总体上来看，雍正朝的改土归流并不是彻底取消土司制度，而是对其进行必要的调整与改革。改土归流以后，清朝仍在边疆和一些边远地区保留土司，使其继续发挥积极的作用。

清代土司地区也存在一些问题。实行改土归流后，废除土司地区的社会矛盾发生变化，从明代后期土司势力与中原王朝的突出矛盾，转变为社会下层同朝廷与官府间的矛盾。具体表现在以下方面：经过雍正朝的大规模改土归流，边疆和僻地的土地的所有权变更，出现本地民族与外来移民争夺土地的社会问题；原先在土司管辖下的蛮夷百姓，经过改土归流后成为国家的编民，虽然摆脱了土司的欺压，但随后被套上国家赋税征收的枷锁；改土归流以后，屡见本地民族受不法官吏和“汉奸”侵害的情形，在

① 《清史稿》卷二八八，《鄂尔泰传》，中华书局，1977。

一些地区还相当严重。

五　土司制度开创了因地制宜制定蛮夷统治制度的先河

元代以前中原王朝应对边疆蛮夷的方略，可称为“羁縻治策”。其时中原王朝的疆域尚不稳定，边疆的夷狄势力与中原王朝的邻邦亦难分辨，羁縻治策施用的对象乃较为笼统，大致包括边疆夷狄、邻邦势力等泛称“夷狄”的部分。这一时期中原王朝交往的对象，重点是北方草原的游牧势力，羁縻治策较多表现出王朝统治者的警惕与防范。在相当长的时期，中原王朝以羁縻治策为应对夷狄的基本方略，广泛施用于华夏之外的各类夷狄，同时缺少针对南北方不同特点制定的具体对策。从秦汉至唐代，基本上看不出羁縻治策发生了哪些明显的改变。

在元朝创建土官制度之前，历朝施用的羁縻治策虽有灵活、随意等特点，同时也存在明显的缺陷。为应对边疆及其以远地区的夷狄，汉朝在边疆地区设立边郡，唐朝在边疆广置羁縻府州，边郡与羁縻府州共有的一个特点，是委任边疆夷狄首领为边郡或羁縻府州的长官，但具体职责和承担义务并不明确，同时在履职考核、职位承继等方面也无具体规定，可说是赏予夷狄首领一顶漂亮但无用的乌纱帽。另外，历朝在边疆地区热衷于封官和赏赐，却忽视在边疆地区进行有深度的经营和有成效的开发。

羁縻治策的内容主要源自经营北部边陲的经验。元以前的中原王朝普遍重视防守北部边疆，派驻军队以及屯田的重点均在北方草原，对南部边疆的统治则不甚重视，由此形成了“重北轻南”的治边传统。羁縻治策的不少思想和策略，来自应对北部夷狄的经验总结，并不甚适合情况复杂多变、民族及文化多元的南部蛮夷地区。

如前所述，南方类型的蛮夷首领与其子民存在世代统属的关系，南方类型的蛮夷与赖以生存的土地、山林等自然资源之间，也有世代相传的紧密关系，南方类型蛮夷由此形成特有的社会结构与文化传统。基于上述认识，中原王朝的统治者制定并实施土司制度。由此可见，土司制度仅适用于南方类型的蛮夷地区。

与南方类型蛮夷地区相比，北部草原的情形明显不同，主要表现在以下方面。

其一，北部草原的自然生态环境、可利用资源和资源开发利用的形式相对单一，由此决定游牧社会具有游徙性、动荡性、内部易整合等特点。

其二，游牧民族的生产生活离不开草原，但草原这一自然资源缺少地域性的差异，长期放牧大群牲畜这一生产方式，又决定了牧民必须进行经常性、较长路途的迁徙，因此牧民不可能与固定地域的土地长期结合在一起。换言之，中原王朝控制游牧民族人口所具有的意义，显然大于对牧民与土地两者关系的掌控。

其三，北部草原长期处于阶级社会初期的军事民主制时期，掠夺、战争是日常生活的主题。北部草原长期实行万户制度，在万户这一统辖单位之下，分别设立千夫长或百夫长，依据管辖人口的数量分级进行管理，各级组织既是生产单位又是作战单位，平时各户牧民分散放牧，战时男子上马组成军队，在生产与战争间实现转换，颇为方便而快捷，万户制度显然更适合草原地区的游牧生活。

其四，游牧民族主要靠在广大草原游牧为生，游牧民族以“落”为社会的基本细胞，游牧民族内部的血缘关系与承袭关系相对淡薄，社会结构和社会关系亦较简单。因为流行逐水草游牧的生活方式，牧民的生产方式大致相同，游牧部落易于瓦解或重组；政治势力的整合崛起与衰落消亡也十分迅速。游牧部落易于瓦解及重组的特点，又使游牧社会的血缘关系、地缘关系与首领世袭关系，因不断遭受冲击而趋于瓦解。

至于新疆、青藏高原等其他蛮夷地区，虽具有不同于北部草原的特点，但游牧经济在社会经济中仍占有较大比重，社会结构与文化传统也类似于北部草原。清朝在新疆实行的伯克制度，以及在青藏高原施用的金瓶掣签制度，均是以传统的万户制度为基础，再结合本地特点做进一步改造的产物。这两种制度共有的特点，一是朝廷虽亦重视土地资源的占有以及分配，但仍以对所辖人口的管控为主。二是制定伯克制度与金瓶掣签制度，十分重视当地社会结构与文化传统的状况，可说是为当地夷狄量身定制。

北部草原的万户制度及其演变的过程，在施行地区产生广泛而深刻的影响。试举一例，流行部落迁徙以及政治势力经常瓦解和重组，给文化的积累与城镇的持续建设造成很大困难。王朝统治者在夷狄地区因此很难广建学校。游牧社会的血缘关系与承袭关系淡薄，夷狄首领的更替主要与地方势力的重组或崛起有关，而职位世袭的情形较少。缘由于此，为培养本土官吏及其子弟而开办学校，便不如土司地区那样迫切。由此导致实行万户制度的夷狄地区，与推行土司制度的南方蛮夷地区，在内地文化的传播与国家观念的塑造等方面，都存在不小的差距。

土司制度的建立与实施，使中原王朝确立了统治边疆蛮夷行之有效的制度。土司制度具有的特点，是由原先相对单一的简单规定，向不同的方向演变和发展，逐渐形成各具特点的统治制度。而这些统治制度得以产生和发展，是以不同蛮夷地区的以下状况为前提：自然环境的特点以及资源开发及利用的方式，当地的社会结构以及衍生的文化传统，蛮夷之间以及蛮夷内部复杂的关系。与统治者的上述认识相适应，明清时期在南方类型的蛮夷地区，实行土司制度；在北部草原等游牧地区，则由传统的万户制度发展为盟旗制度。在新疆等政教合一的沙漠绿洲地区，在万户制度的基础上演变形成伯克制度；在青藏高原地区，则由万户制度发展演变为金瓶掣签制度。

中原王朝统治边疆蛮夷，经历了从羁縻治策到土司制度的探索与进步。相关制度也从早期的简单混同，逐渐发展到后期的系统完整，同时针对不同的对象量身打造。土司制度的建立，标志着中原王朝统治蛮夷的制度出现多样化的改变，不仅在边疆及蛮夷聚居的地区，根据因地制宜的原则制定不同的制度；对蛮夷统治制度与藩属国制度，也确立明确区分的原则，这些都是有历史意义的进步。

土司制度的根本性质

——论多民族国家间接统治的必然性与普遍性

谢国先

（三峡大学民族学院）

摘　要　间接统治就是通过少数民族中的上层人物而对少数民族基本群众进行统治，是与国家派遣官员直接管理被统治民族相对而言的一个概念。在多民族国家内，间接统治是一种比较温和的民族政策，因而其施行比较容易为被统治民族所接受。中国元明清时期的土司制度历经数年而逐渐形成，是间接统治的一种完备的形式，可视为世界各国间接统治的代表样式。间接统治可以为直接统治准备条件，是自然的民族融合所必然经历的过程。当代世界中，民族关系的处理可以从历史上的间接统治情况中获得宝贵经验。

关键词　土司制度　性质　间接统治　必要性　普遍性

土司制度是元、明、清时期在中国西南边疆地区和南方少数民族聚居区普遍实行的一种民族管理制度。按照尤中先生的说法："它最基本的特征是：封建中央统治阶级在政治上利用各少数民族中旧有的贵族分子进行统治；经济上让原来的生产方式继续保留而通过当地贵族分子进行贡纳的征收。"① 一个多民族国家在民族差异较大的情况下实施的这样一种对各民族区别对待的行政管理制度，既能维护国家统一，又照顾到少数民族的特殊性，可见，这种制度有其进步作用的。因为，"如果不是采取实行土司

① 尤中：《中国西南民族史》，云南人民出版社，1985，第366页。

制度来进行统一的办法，那么，在当时，若非诛灭殆尽而统一，便只能是脱离封建王朝而分裂”。①

世界五大洲，多民族国家占多数，近邻如泰国、印度，远方有巴西、南非等。就连欧洲所谓的民族国家，如法国、德国、荷兰、葡萄牙等，也曾在非洲、亚洲、美洲占有殖民地。作为多民族国家的中国曾经实行的土司制度既然有其合理性，就不该是一种孤立现象。换句话说，世界上的多民族国家在对其少数民族进行管理时应该产生出与土司制度类似的做法。因此，我们不可拘泥于多民族国家民族政策中的特殊用语，而应该在世界各国的民族政策中看到与中国的土司制度相同的本质，从而为当今人类处理国内民族关系提供了有用的参考。

一　直接统治与间接统治

不论是就一个国家对不同地区的统治而言，还是就一个民族对众多民族的统治而言，我们都可以在统治方法上做出一个简单的区分：或是直接统治，或是间接统治。

直接统治和间接统治的差别，主要表现在三个方面。

首先，统治对象身份不同。直接统治是将统治对象纳入国家的一般管理模式进行管理，编入国家的户口管理系统，种地者完粮，经商者纳税，战时则不论农商均有义务为国从征，国家大兴土木时也要出力或出钱。间接统治则并未将被统治者编入国家的户口管理系统，被统治者也就没有或少有对国家承担的具体责任和义务。或者说，接受间接统治的对象仅仅是国家的准臣民。既是准臣民，身份就比臣民低，对国家义务既少，权利也少。

其次，统治者身份不同。直接统治是国家派遣官员组成地方政府对当地人进行管理，间接统治则是国家委任当地人中的首领对当地人进行管理。实施直接统治的官员只有一种身份，即他是政府的代表。实施间接统治的官员具有双重身份：他本来就是当地人的首领，后来又得到国家的委任，因此他既是统治对象的代表，也是国家这一抽象的统治者的代表。身份不同，地位也就不同。实施直接统治的官员任满后，国家派遣其他官员接替其职位，但实施间接统治的官员不仅享受职务的终身制，而且通常还

① 尤中：《中国西南民族史》，云南人民出版社，1985，第367页。

维持职务的世袭制。

最后，直接统治的对象通常认同国家的主流文化，但间接统治的对象未必认同国家的主流文化。实际上，正是因为少数民族保持其自身较为特殊的文化传统，国家才对他们实施间接统治。

一方面，间接统治与直接统治之间存在这些质的差异，二者不可混淆；另一方面，统治效果的量的积累通常会带来两种转化：间接统治或深入发展，向直接统治转化；或难以为继，向失去统治转化。

多民族国家对各民族进行直接统治须具备一些基本条件。

第一，较为温和的直接统治，基于各民族对国家的主流文化具备的相当程度的认同。如果一个民族的民族文化传统特别深厚，民族语言、民族宗教保存较好，民族意识特别强烈，民族自身的政治结构和经济形态与国家普遍状况差异很大，那么这个民族就不太容易接受国家统一的管理体系。

第二，较为激进的直接统治，即以强制方式实施的直接统治，基于国家强大的军事力量和经济力量。这种直接统治在全世界都曾经出现过，而且都以大量消灭被统治民族人口为代价。这样的直接统治其实未必出于统治者的初衷，乃是不得已的选择。更有甚者，如果将少数民族斩尽杀绝，则统治本身都不成立了。

因此，国家希望推行的直接统治指的就是较为温和的、被统治民族基本接受的一种统治方式，而不是靠武力加以实施和维持的一种统治方式。

生产力的发展是决定社会关系的根本力量。民族地区生产力提高，物质积累增加，将促进这些地区与外界的政治、经济和文化交流；学校教学不仅推广国家的共同语言，而且使国家意识形态逐渐渗透到少数民族中间，乃至成为其行为的指导思想。而这一切只会在一个较为漫长的过程中实现，间接统治正是加速这一过程中的有效形式。一个国家在对保持不同文化传统的民族实施直接统治之前，总会用一段间接统治的时期去创造直接统治所需要的基本条件。

因此，在世界上的多民族国家中，统治民族对被统治民族的管理必然经历一个间接统治阶段。

二　中国封建社会的土司制度是一种间接统治

中国对于土司制度的研究历史有百余年，成果很多，含论文、著作、史料整理、谱牒搜集等形式，其中论文近600篇。[①] 这些研究所涉及的方面非常广博，尽管在很多问题上尚未达成一致意见，但研究者尽可借助已有成果，深入探讨自己感兴趣的话题。

《明史·土司传》追溯土司制度的起源，认为汉代虽置都尉县属，但仍令诸蛮自保，这或许就是"土官、土吏之所始"。[②]

所谓土官，顾名思义就是土著官员，是封建中央委任世袭的少数民族首领作为他自己民族和地方群体的官员。元、明、清时期，这类土官从高到低有宣慰司的宣慰使、长官司的长官等不同名目、不同等级。土官是与外地派来且不可世袭的官员相对而言的一个名称。

中国封建中央王朝任命少数民族中原有的首领为土官对当地民族实施统治，从土官和他代表的少数民族来看，这种管理是一种民族自治；从以汉族为主体的统治民族来说，这种管理是一种间接统治。民族自治与间接统治的结合是土司制度的根本性质所在。

司马相如说："盖闻天子之于夷狄也，其义羁縻勿绝而已。"[③] "羁"是马笼头，"縻"是牛鼻绳。这话虽有大民族统治阶级把少数民族贬为牛马的嫌疑，但把统治者对待少数民族的态度说得很形象：对他们，就该像借助马笼头和牛鼻绳赶马、牵牛一样，只需借助其首领而对整个少数民族群体进行牵制、控制，不使其放纵失控则可。《明史·土司传》总结土司制度的发展时说："然其道在于羁縻。"[④] 羁縻二字说出了土司制度的要害。由汉及清，以羁縻为要义的间接统治是中国封建中央王朝对少数民族的主要管理方式。

元、明、清时期中国在西南和南方少数民族地区实行以土司制度为名目的这样一种间接统治，出于多种原因。

首先，当时的国内和国际形势需要土司制度。以明朝而论，元末中原战乱，民生凋敝，而江南相对安定，人丁兴旺。明朝建立后，北方蒙古贵族虎视眈眈。为了加强北方经济建设，增大防御力量，并且改变南北人口布局不合理的状况，洪武、永乐两朝在北方进行了大规模的屯田。明代三种方式的屯田——军屯、民屯和商屯，重点都在北方。实际上，北方少数

---

① 李良品：《中国土司研究百年学术史回顾》，《贵州民族研究》2011年第4期。

② 《明史》卷三一〇，《土司传》，中华书局，1974，第5345页。

③ 《史记》卷一一七，《司马相如列传》，中华书局，1959，第2322页。

④ 《明史》卷三一〇，《土司传》，中华书局，1974，第5345页。

民族对明朝政权的威胁不仅一直存在，还曾发展成皇帝被掳的事实。反观西南和南方，虽然民族众多，但其争斗多为自相残杀，最多危及地方，而难以患及腹地。所以，西南虽也有屯田，但以军屯为主，民屯和商屯极少。没有足够的汉族人口，就缺乏直接统治的群众基础。

其次，统治阶级的认识需要土司制度。朱元璋等人认识到少数民族自身有其特殊性，比如说，“自古云南诸夷叛服不常，盖以其地险而远，其民富而狠也”。[①] 又说西南少数民族“仰巢颠崖，俯饮川涧，兽形夷面，俗无伦理”。[②] 如果少数民族纯粹是愚昧无知，也许不难治理，但在朱元璋为代表的明朝统治者看来，“边夷土官，皆世袭其职，鲜知礼仪。治之则激，纵之则玩”。[③] 也就是说，管得紧了，就反叛滋事；一点不管，就目中无人。不论朝廷的这些认识是否准确，但它们决定了统治者对少数民族的管理方式，即“蛮夷之人，其性无常，不可以中国治之，但羁縻之足矣”。[④]

最后，西南和南方生产力和生产关系的发展水平需要土司制度。元、明、清时期，西南和南方少数民族地区生产力不发达，物质积累不丰富，阶级分化受到限制，社会生活中的血缘关系和地缘关系非常重要。少数民族的传统首领是在地方的历史发展中产生出来的，具有较为深厚的群众基础。民众在对外关系中把民族首领当作自己的代表，国家臣民的意识并不强烈。

一旦少数民族的国家臣民的意识得以确立，由间接统治转化为直接统治就是顺理成章的事情了。明代和清代在西南和南方地区改土归流，少数民族或愿意接受，或强烈反抗，根本差异就在国家观念的强弱。壮族土官沙源奉调由云南入贵州平叛，“方鏖战时，贼当阵向沙源等喊曰：‘土司一脉源流，何苦来寻我们，与汉人做奴才?’沙源大声应曰：‘我只知有朝廷，不知有土司’等语”。[⑤] 此为国家臣民意识强弱之范例。

当然，对少数民族地区实行间接统治或是直接统治，从根本上说，取决于封建国家对少数民族实施长期的具体管理的能力。封建国家一旦具备

① 《明太祖实录》卷二四二。

② 《明太祖实录》卷一九八。

③ 《明太祖实录》卷二三九。

④ 《明太祖实录》卷二三〇。

⑤ （明）朱泰祯：《水蔺乌三逆入犯大获全胜疏》，见（明）刘文征撰，天启《滇志》卷二三，古永继校点，王云、尤中审定，云南教育出版社，1991，第783页。

这种能力，就不会因为少数民族社会历史的特殊性任凭间接统治持续下去。这是由封建国家剥削人民的本性所决定的。清雍正年间在云南改土归流的历史，基本上就是一部杀戮的历史。历史上，强大的封建国家对弱小的民族群体为所欲为，不足为奇。

三 欧洲对其非洲、美洲等地的殖民管理也是间接统治

地理大发现之后，欧洲许多国家在非洲、美洲、亚洲、大洋洲建立了自己的殖民地。从 15 世纪起，欧洲人就开始有计划地勘察非洲海岸。19 世纪中期以后，欧洲人对于在非洲建立殖民地产生了兴趣，1884 年则开始瓜分非洲。到了 1920 年，除埃塞俄比亚、利比里亚和南非联邦之外，非洲其余地方均已成为比利时、英国、德国、法国、意大利、葡萄牙、西班牙等欧洲国家的殖民地或被保护国。

对于来自强大的异民族的征服和统治，少数民族也有各种不同的反应，奋起反抗则是其中最常见的一种。反抗可能招致更大规模的镇压，但有时反抗者宁愿丧失生命，也要维护独立。非洲东南尧人国王马琴巴 1890 年这样回答德国司令官的命令：

> 我已经听到你讲的话，但是我没有理由一定要服从你——我宁愿先去死……而决不拜倒在你的脚下，因为正和我一样，你也是上帝创造的……在我的国土上，我是素丹；在你那里，你是国土上的素丹。听着，我没有叫你必须服从我，因为我知道你是一个自由人……至于我，我不会向你屈服，如果你有足够的力量，那么你来杀死我吧。①

将新占领的土地上的少数民族斩尽杀绝，并不一定符合欧洲人的利益，因为人是劳动力，而劳动可以创造财富。于是，只要少数民族表示服从，欧洲人就设法寻找少数民族可以接受的统治方式，并愿意尊重传统，因俗而治。

---

① 联合国教科文组织编写《非洲通史》国际科学委员会：《非洲通史》第七卷，〔加纳〕A. A. 博亨主编《1880—1935 年殖民统治下的非洲》，联合国教科文组织出版办公室、中国对外翻译出版公司，2013，第 44 页。

中国封建中央王朝花费了一千年甚至两千年才将它们对自己国家的少数民族的主要管理方式从间接统治转化为直接统治。欧洲人突然登陆新的领土，要管理新的民族，除了间接统治之外，同样没有更好的方法。

> 虽然在非洲如何进行殖民统治起初并没有普遍公认的方法，然而大多数思路却集中在可以称之为联合行政管理的办法上（通常称为间接统治）。这种方法使非洲当权者在传统的或者欧洲人强加的政治任务中同殖民政府联合起来，但处于明显的从属地位。之所以普遍赞同这种广泛的统治原则，其原因是多种多样的。第一，19 世纪后期夺取殖民地的历史模式是一个构成因素，因为单是面积这一点，就给殖民统治增添新的问题。第二，对非洲内陆的渗透很快就使得可用于管理新占领地区的欧洲人人数无法跟上需要。而且，由于这种向非洲内陆的渗透扩展到了欧洲文化尚未触及的许多地区，于是，任何类型的直接统治都成了一种前所未有的尝试，因而不是马上就能行得通的。正如一些评论家早已指出的，主要由于这些情况，作为沿海小块领地特征的直接统治就让位给了在内地较大领地行之有效的间接统治。①

英国的卢加德勋爵这样解释他们对非洲的政策：

> 为了取得成功并促进人民的幸福和福利，各种机构体制和统治方法都必须深深扎根在他们的传统和成见之中。②

他甚至相信：

① 联合国教科文组织编写《非洲通史》国际科学委员会：《非洲通史》第七卷，〔加纳〕A. A. 博亨主编《1880—1935 年殖民统治下的非洲》，联合国教科文组织出版办公室、中国对外翻译出版公司，2013，第 283 ~ 284 页。

② 联合国教科文组织编写《非洲通史》国际科学委员会：《非洲通史》第七卷，〔加纳〕A. A. 博亨主编《1880—1935 年殖民统治下的非洲》，联合国教科文组织出版办公室、中国对外翻译出版公司，2013，第 284 页。

利用当地已有的机构体制是进行殖民统治的最好方法。[1]

法国的殖民部长乔治·格莱在1906年也说：

我们殖民政策的基本原则就是必须严格尊重被征服或被保护的民族的信仰、习惯和传统。[2]

间接统治并非统治者优先选择的统治方式，而只是在统治者因种种原因不能实行直接统治时不得不采用的一种统治方式。就欧洲人对非洲的统治而言，“19世纪盛行的同化政策或者直接管理政策的失败”才导致他们在20世纪全都采用“联合行政管理制度”[3]，即欧洲官员和他的欧洲部属与已经纳入殖民政府的非洲当局共同对当地居民进行管理。

的确，在黑非洲的各个殖民政权都依靠酋长（不论是传统的还是委任的），他们是行政结构的基本要素。法国殖民行政官员罗贝尔·德拉维涅简明地解释了这种制度的性质（从某个方面讲不仅适用于法属西非的情况），他写道：“任何殖民化都少不了土著人政策，任何土著人政策都少不了领土的控制，任何领土的控制都少不了在殖民政权同居民之间起着联系作用的本地酋长。”[4]

其实，建立殖民地的过程本身也是通过少数民族的首领才得以完成的。加拿大政府与印第安人签订的11个条约，涉及现在的艾伯塔省、不列

---

① 联合国教科文组织编写《非洲通史》国际科学委员会：《非洲通史》第七卷，〔加纳〕A. A. 博亨主编《1880—1935年殖民统治下的非洲》，联合国教科文组织出版办公室、中国对外翻译出版公司，2013，第287页。

② 联合国教科文组织编写《非洲通史》国际科学委员会：《非洲通史》第七卷，〔加纳〕A. A. 博亨主编《1880—1935年殖民统治下的非洲》，联合国教科文组织出版办公室、中国对外翻译出版公司，2013，第284页。

③ 联合国教科文组织编写《非洲通史》国际科学委员会：《非洲通史》第七卷，〔加纳〕A. A. 博亨主编《1880—1935年殖民统治下的非洲》，联合国教科文组织出版办公室、中国对外翻译出版公司，2013，第284页。

④ 联合国教科文组织编写《非洲通史》国际科学委员会：《非洲通史》第七卷，〔加纳〕A. A. 博亨主编《1880—1935年殖民统治下的非洲》，联合国教科文组织出版办公室、中国对外翻译出版公司，2013，第286~287页。

颠哥伦比亚省、马尼托巴省、萨斯喀彻温省和西北地区。1867 年，英属北美殖民地结成联盟、成立加拿大自治领时，上述地区大多属于鲁珀特之地和西北地区，由哈得孙湾公司控制。加拿大首任总理约翰·亚历山大·麦克唐纳的“国家梦想”就是要建立一个从大西洋到太平洋横跨北美洲北部地区的国家；这个国家从东到西由加拿大太平洋铁路连接起来。要实现这个梦想，加拿大政府就得在鲁珀特之地的南部地区（现在的艾伯塔、马尼托巴和萨斯喀彻温）殖民。

加拿大法律承认，欧洲人到来之前就居住在这片地区的第一民族拥有土地所有权。于是，从第一民族那里获得土地所有权，对于实现国家梦想就至关重要。这样就产生了一系列条约。政府为了让第一民族交出土地，答应给他们建立保留地，并为他们支付年金，提供农业或渔猎工具，而且第一民族仍旧享有在已经出让的土地上狩猎和捕鱼的权力。因为第一民族的各个部落并没有一个总代表，所以政府只能跟一个个部落单独签约。每项条约均说明某片土地为某个第一民族或某些第一民族所有。因为疾病流行、野牛锐减、威士忌成灾，第一民族人口大量减少。他们迫切需要从政府那里得到食品和工具等。所以，当政府向他们要土地作为回报时，他们几乎没有选择的自由。政府则采取一种“不服从就饿死”的胁迫政策。印第安人的酋长在征得自己部落人民的意见之后，代表部落跟加拿大政府周旋。可见，加拿大政府与印第安人签订土地条约的过程实际上是政府跟印第安人首领打交道的过程。如果没有这些酋长，加拿大政府根本没有能力直接从印第安人的基本群众手中获得土地。①

英国人在新西兰建立殖民地的情形同样如此。1840 年 2 月 6 日，几名英国殖民官员和 45 名毛利酋长在《怀唐伊条约》的毛利文译本上签字画押，毛利人同意将土地交由英格兰女王管理。后来，500 多位家族首领在英文副本上签字。② 尽管还有一些强大的酋长未在条约上签字，但条约本身使得殖民者索要土地的行为合法化并取得成功。

虽然欧洲人与其殖民地的关系并不等同于中国封建中央王朝与中国西

---

① John L. Tobias: “Canada's Subjugation of the Plains Cree, 1879 - 1885,” in Robin Fisher and Kenneth Coates, editors. *Out of the Background*: *Readings on Canadian Native History* (Copp Clark Pitman Ltd., 1988), pp. 190 - 210.

② 菲利帕·梅因·史密斯著《新西兰史》，傅有强译，中国出版集团、商务印书馆，2009，第 51 ~ 54 页。

南和南方少数民族的关系，但两者都涉及一种文化群体对另一种文化群体的统治，而且，统治者都没有把陌生的统治方式贸然强加于被统治民族身上，而是选用被统治民族的首领（不论他们原来有什么称号）作为媒介和工具（不论国家给他们什么称号），由这些媒介和工具代表国家对少数民族进行管理。

中国元、明、清的统治者给少数民族首领的官职是宣慰使、宣抚使、安抚使、长官司长官等，英国—埃及共管的苏丹给努尔人首领的官职是"政府任命的酋长"（government chiefs，a Government chief）。①

四　其他主体民族对少数民族的成功管理仍是间接统治

如果认为欧洲人对其海外殖民地采取间接统治的管理方式是特例，不足以说明问题，那么，历史上其他多民族国家对少数民族或属国的管理方式与我国土司制度的相似之处则更多。

18～19世纪的早期曼谷帝国包括今泰国、柬埔寨和马来半岛的大部分地方。1782～1809年国王拉玛一世执政，国家对核心区以外的地方实行间接统治的方针十分明显：

> 如果整体观察拉玛一世帝国的话，它的最明显的特点之一就是曾经有大量的权力中心存在。从外围往里看，我们首先遇到的是一圈半独立的统治者，他们定期向曼谷朝贡并且也经常向其他国家朝贡……第二层的王国，也许更恰当地说是公国，相对地整合到暹罗体系中。除了朝贡，他们还经常被要求向暹罗提供战争或者公共工程所需要的劳动力，以及进贡相对多的东西，有时候他们与暹罗皇族联姻，而且他们的内部事务有时候受到干涉……再下一层的王国由暹罗周边的大的地区中心组成，他们由昭披耶统治并且被认为是主要的半独立省份……第四层主要是一个呵叻高原现象……主要是通过接受小的统治者和他们小的村落联合体的顺从，承诺给予它们保护来换取他

① E. E. Evans-Prichard, *The Nuer: A Description of the Modes of Livelihood and Political Institutions of A Nilotic People* (Oxford University Press, New York and Oxford, 1969), pp. 180, 186.

> 们名义上的朝贡和必要时候的劳动力……在暹罗的体系内，它们的统治者被称为披耶而且等级为总督，但是他们的统治通常是世袭的。最后，王国的内部核心严格来说是由省组成的，由首都任命的官员来统治（尽管这些位置可能由一个强大的当地家族一代代传下去），并且中央政府通过国家的主要部门来管理它们。[①]

被统治民族保持半独立状态或自治状态，这种情况在非洲古国中也不少见。15世纪下半叶，阿卜杜拉领导的阿拉伯人在苏丹东部建立了阿卜杜拉比国。16世纪初，信仰伊斯兰教的黑人游牧民族丰吉人打败了阿卜杜拉比人，建立了自己的丰吉素丹国。丰吉素丹国把阿卜杜拉比国降为属国。“阿卜杜拉比谢赫（首领）在先前的领地上保持着实际上的自治，同时也成了丰吉人的封臣，并有着丰吉君主赐给其主要臣属的‘曼吉尔’（Māndjil）或‘曼朱卢克’（Māndjuluk）的称号”。[②]

16世纪，尼日尔河中游的桑海人建立了著名的桑海帝国。帝国境内有直接行政区和非直接行政区。直接行政区是被征服的地区，皇帝任命行政长官，而非直接行政区则像我国的土司地区：

> 非直接行政区包括附庸国或进贡国，其首领根据地方习俗产生，然后经阿斯基亚（1492年阿斯基亚王朝首任皇帝的自称，后指该王朝皇帝——引者）认可。但时有发生争当首领的纷争或反抗帝国权力的叛乱。在此情况下，阿斯基亚就要进行干预，强令该处接受他所指定的候选人。[③]

被统治民族向国家朝贡、他们的首领地位得到国家认可、国家在必要时可以更换被统治民族的首领……这些都与中国土司制度的情形完全

---

① 〔美〕戴维·K. 怀亚特：《泰国史》，郭继光译，中国出版集团东方出版中心，2009，第145页。

② 联合国教科文组织编写《非洲通史》国际科学委员会：《非洲通史》第五卷，〔肯尼亚〕B. A. 奥戈特主编《十六世纪至十八世纪的非洲》，联合国教科文组织出版办公室、中国对外翻译出版公司，2013，第150页。

③ 联合国教科文组织编写《非洲通史》国际科学委员会：《非洲通史》第四卷，〔塞内加尔〕D. T. 尼昂主编《十二世纪至十六世纪的非洲》，联合国教科文组织出版办公室、中国对外翻译出版公司，2013，第186页。

相同。

17 世纪的俄罗斯帝国在东扩过程中，同样对少数民族实行间接统治：

> 一旦俄国镇压了那些早期旨在复辟帝国的叛乱，俄国政府便对当地主要的少数民族，如马里人、楚瓦什人、切列米斯人、摩尔达维亚人和乌德穆尔特人采取宽容的政策。他们赋予了这些民族一个新的身份——“爱莎克人”，即缴纳贡品的人，意思是说他们不会沦为农奴或奴隶。政府要求官员不要给那些人增加痛苦，在收集贡品的时候对他们和蔼友善。①

然而，缴纳贡品实际上是一种经济剥削，也会遭到纳贡者的抵制。俄国政府于是利用其首领来控制少数民族：

> 俄国利用一切可以利用的力量，残酷镇压这些部落的抵抗和叛乱。从那以后，殖民者、后来的军政长官和他们的官员开始补选部落首领作为他们的代理商来收集爱莎克人质。直到上交完要求数量的毛皮，从每个部落抓来的人质才能被放回去。②

所谓“补选部落首领”是因为以前的部落首领或被镇压，或不符合俄国政府的要求。让这些补选出来的首领作为“代理商”去完成征收毛皮的任务，可以理解为间接统治的初级形式。俄国官员尽力避免疏远和激怒当地人。“在很大程度上，他们都没有触及当地人的信仰、传统和法律系统，虽然爱莎克人的税收不可避免地制造了一些紧张气氛”。③

对国内新纳入版图的少数民族实施间接统治，是多民族国家的一贯做法。这种间接统治持续的时间或长或短，往往都会向直接统治过渡。

---

① 〔英〕杰弗里·霍斯金：《俄罗斯史》（第 1 卷），李国庆、宫齐、周佩虹、郭燕青译，南方日报出版社，2013，第 135 页。

② 〔英〕杰弗里·霍斯金：《俄罗斯史》（第 1 卷），李国庆、宫齐、周佩虹、郭燕青译，南方日报出版社，2013，第 137 页。

③ 〔英〕杰弗里·霍斯金：《俄罗斯史》（第 1 卷），李国庆、宫齐、周佩虹、郭燕青译，南方日报出版社，2013，第 137 页。

五　间接统治对当代世界处理民族关系的启示

统治阶级对被统治的少数民族采取的不同政策，是为了实现不同的目的。这些目的可以概括为以下四种：消灭，同化，羁縻，共存。政策与目的的一致性使得我们有时可以同时在这两个意义上使用这些术语。如羁縻既是政策，也是这种政策所要实现的目的。

消灭是在生物学意义上减少乃至根除被统治的少数民族的人口，如欧洲各国在美洲、非洲等地就曾经实行过这种政策。

大民族统治阶级对弱小民族实行消灭政策，并非统治者天性残忍，而是因为弱小民族不愿臣服。历史上，统治者要实现对土地的占有和管理，却又得不到原住民族的许可，于是就只有征服。但遇到宁死不屈的民族，征服就不是精神意义的压服而表现为生物学意义上的消灭。

历史上，俄罗斯的大民族统治阶级对高加索地区的少数民族怀着非友即敌的态度。相应的民族政策就是“要么饮茶，要么拔剑”[①]，但最终还是选择了“拔剑”。今天有历史学家在总结19世纪中期俄国对高加索地区切尔克斯人和高加索人的军事镇压和强制驱逐时说：

> 总的来说，俄国当局近几个世纪以来在草原地区所采取的政策运转很好，但是这些措施却激起了山区民族的强烈抵抗，迫使俄国对山区民族采取了种族灭绝政策。俄国的这次胜利引发了现代历史上第一次大规模的驱逐离境，留下了持续的仇恨和对复仇的渴望，使得高加索地区成为俄国永久的伤痛。[②]

欧洲人对新大陆的征服同样伴随着消灭印第安人的行为。西班牙人胡安·德·奥尼亚特代表西班牙建立了新墨西哥省。印第安人要向领主进贡，要完成领主委派的任务，甚至要提供性服务。如果反叛，就会遭来镇压：

---

① 〔英〕杰弗里·霍斯金：《俄罗斯史》（第2卷），李国庆、宫齐、周佩虹、郭燕青译，南方日报出版社，2013，第225页。

② 〔英〕杰弗里·霍斯金：《俄罗斯史》（第2卷），李国庆、宫齐、周佩虹、郭燕青译，南方日报出版社，2013，第226～227页。

在建省的第一年年末前，印第安人奋起反抗，杀死了几名西班牙士兵，这使奥尼亚特勃然大怒。经过整整三天残酷屠杀，军队杀死了500名普韦布洛男人，还有300名妇女和儿童。幸存者则沦落为奴。为了彻底恐吓住印第安人，使他们再也不敢逃跑或反抗，在公开的宗教仪式上，所有25岁以上的普韦布洛男子都被砍断了一只脚。孩子们被从父母身边带走，统一交由天主教方济各会的传教士抚养。①

幸运的是，普韦布洛印第安人至今仍存，而有的印第安民族却彻底消亡了。在英国人建立的新英格兰，拒绝放弃土地的印第安人遭到殖民者的暴力驱逐。1636年，马萨诸塞的移民定居者控告一名佩科特人谋杀了一名殖民者，引起殖民者的烧杀和佩科特人的反抗。

血淋淋的惨痛经历，使佩科特幸存者深刻地洞悉英国殖民者的用意——“我们已经清楚地看到，他们最主要的目的就是要掠夺我们的土地，把我们彻底毁灭。”的确，殖民者俘获了绝大多数佩科特的幸存者，并把他们卖到百慕大群岛为奴。根据1638年颁布的《哈特福德条约》，佩科特民族被宣布不复存在。②

消灭异民族的最新且最著名的案例是20年前卢旺达对图西族人口的大屠杀。从1994年4月7日开始，到7月15日，差不多100天时间，大约80万~100万人被杀，受害者绝大多数是图西族人，还有少数同情图西族的胡图族人。直到卢旺达爱国阵线控制全国局势，大屠杀才被制止。③

这场仇杀的近因是一次谋杀。1994年4月6日，卢旺达总统哈比亚利马纳和布隆迪总统恩塔里亚米拉的飞机在卢旺达首都基加利附近被击落，两位胡图族总统遇难。许多胡图族人认为这是图西族策划的谋杀行为。4月7日，由胡图族士兵组成的总统卫队杀害了卢旺达女总理、图西族人乌

① 〔美〕乔治·布朗·廷德尔、大卫·埃默里·施：《美国史》（第1卷），宫齐等译，南方日报出版社，2012，第27页。

② 〔美〕乔治·布朗·廷德尔、大卫·埃默里·施：《美国史》（第1卷），宫齐等译，南方日报出版社，2012，第66~67页。

③ http://en.wikipedia.org/wiki/Rwandan_Genocide#UNAMIR；http://history1900s.about.com/od/rwandangenocide/a/Rwanda-Genocide.htm.

维林吉伊姆扎纳和3名部长。民间层次的屠杀同时展开。大屠杀的远因则是胡图族和图西族在历史上和现实中政治权利、经济利益等方面的尖锐矛盾。

同化是在文化意义上减少或根除被统治的少数民族的人口。这是古今中外普遍实行的一种政策。从语言和宗教入手同化少数民族，是大民族统治阶级的常用方式。

羁縻是放任被统治的少数民族在生物学意义和文化意义上独立存在而不加干预。它往往是在统治阶级尚无能力对被统治的少数民族加以根本改变时奉行的一种过渡性政策。一旦被统治的少数民族的生活方式与统治阶级的利益发生重大冲突且统治阶级具备对被统治的少数民族进行彻底改造的能力，羁縻政策就转化为消灭或同化政策。羁縻政策的表现形式之一就是中国的土司制度，也就是其他国家所称的间接统治。

共存是当代世界普遍实行的一种民族政策。它在现代民主和人权思想的基础上强调各民族平等生存的权利，倡导各民族在国家宪法框架内的自由发展。

消灭，同化，羁縻，共存四种政策组合成一条伦理学意义的善恶直线。善的一端是共存，恶的一端是消灭。采取消灭政策，就没有统治的基础和前提。同化、羁縻、共存均含有一定的统治形式。同化的典型做法是直接统治，即由国家派遣官员、就像管理自己民族的群体一样，管理异民族群体；羁縻和共存则不必直接统治，仅需间接统治，即由国家任命异民族中的首领按照其传统的方式或该民族可以接受的方式管理其土地上的人民。当然，即使是在羁縻和共存状态下，国家主流意识也会通过学校教育等手段向被统治的民族渗透。

对异民族进行直接统治的失败案例在历史上较为常见。清朝雍正年间鄂尔泰在云南东北部的改土归流便是一例。统治阶级以军事镇压扑灭了少数民族的反叛，并不能证明改土归流符合历史潮流，而只能证明丛林法则的胜利。

当代世界中，对异民族实施直接统治失败的例子则以图西族和胡图族的民族矛盾为典型案例。

胡图族从11世纪起在今卢旺达和布隆迪一带从事农耕，并建立了许多小国家。15世纪时从北方来了图西族牧民，分为9个氏族。到15世纪末，图西族的一支建立了一个具有中央权力机构的国家。[①] 在17～19世纪，从事游牧的图西族与从事农业的胡图族之间原有的贸易关系发展成更广泛的等级关系。在这些地区，每个国家“君主都对住地附近地区实行直接控制。对其他地方则任命酋长。酋长们往往是具有王族血统的王子，通常由当地最有影响的家族（农民或牧民）的代表加以辅佐。贡物以劳动或实物（牛、几筐粮食和盐、蜂蜜、武器等特殊产品）形式交给宫廷”。[②] 19世纪末，卢旺达和布隆迪成为德国殖民地。第一次世界大战结束后，国际联盟（联合国的前身）命令德国把卢旺达和布隆迪交给比利时。德国和比利时都对这片地方实行间接统治，即任用图西族国王和图西族官员管理当地事务。直到这个时候，胡图族和图西族虽有争斗，但矛盾尚可控制。从15世纪到欧洲人建立殖民地，再到1962年欧洲人离开，两族之间并未爆发种族灭绝式的大屠杀。欧洲人统治期间，先是德国人看中图西族人，后来又是比利时人青睐胡图族人，都为卢旺达的民族仇恨火上浇油。

1962年，卢旺达和布隆迪各自获得独立，但图西族和胡图族在这两个国家地位完全不同。就人口统计来看，20世纪90年代，两个国家的总人口都在700万左右，民族构成也大致相同：胡图族占85%，图西族占14%，特佤族（俗称俾格米人）占1%。

在卢旺达，胡图族从1962年起逐渐控制国家权力机关，废除了图西族建立的君主制，但境内外的图西族并不愿意接受胡图族的统治，并成立了秘密恐怖组织因叶兹，试图推翻政府，恢复图西族的君主制。在布隆迪，图西族在1962年以后仍是统治民族。胡图族多次发动反叛和政变，都被镇压，多达150万胡图族难民逃往邻国。胡图族和图西族对各种权力的争夺，是两个民族长期仇恨的真正原因。

多民族国家，权力分配是一个非常敏感的问题。各级权力机关中，各民族的代表份额既是一个象征，也具有实质意义。民族聚居地区的民族自治，是国家对少数民族实行间接统治的必要手段。强行在少数民族聚居区

① 联合国教科文组织编写《非洲通史》国际科学委员会：《非洲通史》第四卷，〔塞内加尔〕D. T. 尼昂主编《十二世纪至十六世纪的非洲》，联合国教科文组织出版办公室、中国对外翻译出版公司，2013，第472～475页。

② 联合国教科文组织编写《非洲通史》国际科学委员会：《非洲通史》第五卷，〔肯尼亚〕B. A. 奥戈特主编《十六世纪至十八世纪的非洲》，联合国教科文组织出版办公室、中国对外翻译出版公司，2013，第727页。

实施直接统治，实际上就是割断各民族发展的历史而强求一律，是封建帝王的独裁者思维的产物。当代多民族国家普遍实行多元文化政策，就是尊重各民族历史状况并顺应其现实要求的民族政策。任用各民族中的代表人物对各民族实施间接统治，这种经验在当代处理各种社会环境中的民族关系都有借鉴意义。例如，在世界性的大企业、大学校、大组织中，来自不同国家（民族）的成员如果尚未融合为一个共同的文化群体，那么各自国家（民族）的成员结合为小群体就是一个常见现象。最高管理层通过这些小群体中自然产生的首领或任命的首领来对其成员进行管理，就是一种有效的间接管理方式。

不论是在历史上还是在现实中，多民族国家对少数民族实施间接统治是各民族共同发展的必然要求，因此，间接统治就是一个普遍现象。尽管间接统治可能最终转化为直接统治，但这一转化应该在耐心寻求统治者和被统治者双方共同利益的过程中逐步完成。

共识缺失：土司研究泛化的成因

罗 中 罗维庆

（吉首大学 哲学研究所 武陵山研究院）

摘 要 因土司制度研究中一些基本概念的共识缺失，导致了土司研究的泛化。土司制度的基本特征是以本地性“立蛮酋、领蛮地、治蛮民”的治理方式而体现出来的自治权；土司制度实施的主要地域是我国西南地区；土司制度与扎萨克制度、羁縻卫所制度、僧官制度、土屯制度有根本性的区别，不能归纳为同一种制度。对土司制度的基本概念予以规范并达成共识，是土司制度研究的基础工作之一。

关键词 土司制度 基本特征 土司地域 制度特点

随着连续四届中国土司制度研究学术会议的召开，土司研究的领域及深度前所未及，出现了令人欣喜的局面。但受历史上土司研究领域内的一些基本概念没有形成共识的影响，随着研究的进展，对土司与土司制度、土司制度实施地域、土司制度与少数民族的传统政治制度及中央王朝在改土归流后对原土司地域所实施的一些政治和经济措施等方面，存在着不同的理解和观点，导致了土司研究的泛化。因此，就土司制度的一些基本概念深入探讨，以期达成共识，是土司制度研究领域的基础工作之一。

一 土司与土司制度

何谓土司？从字面意义来看，土司的“土”，其本义为地面上的泥沙混合物，引申有疆域、领地、本地、地方性等含义。土司的“司”，其本义为统治、主管、职掌、处理、操作等，引申有衙署、办公地之意。《礼记》曰："凡言司者，总其领也。"[①]《说文》曰："司，臣司事于外者。"[②]因"司"的含义，我国历史上一些封建王朝有将"司"与分管行政事务联系在一起，成为古代官署或职官的另称。如元明清三代主管检察刑法的肃政廉访使司被称为"臬司"，明代主管一省军政事务的都指挥使司被称为"都司"，明清时期主管一省民政与财务的布政使司被称为"藩司"等。同理，"土司"之称由来也应如此："土"指土人、土著，即当地土生土长的少数民族；"司"指职掌、管理或衙署，"土司"即土人执掌的自治管理机构。在民间习惯性的使用及学术研究中，"土司"具有官职、官员、官署的多种含义，既可单指，也可合称。

"土司"是在"土官"称呼的基础上出现的，两者在历史文献记载中常常相互替换使用。在现代土司制度研究中，"土司制度"与"土官制度"亦有并用的现象，没有形成共识的区分概念。但两者存在细微的差别，其相同之处是既可指职官系列中的这类官职，也可指担任这相应职务的官员。不同之处则是言"土司"还可指土官的衙署，而言"土官"则不具有"衙署"的含义。

在"官"或"司"前面加以标明身份的"土"，其初始原因应是统治者对新开辟疆域的众多族类不甚了解，泛称为"土人"而所为。但随着这种制度的健全与完善，土官或土司的称呼逐渐具有了与内地同名职官的区别性、置换少数民族首领传统名称的替代性、显示其职务为朝廷"命官"的正统性、处理本民族事务的自治性等因素，从而也体现出了这类职官或机构的特点和性质。"土官"（土司）与"汉官""满官""僧官"等名称的区别功能应是相似的；"土司制度"与"满洲八旗""蒙古八旗""汉军八旗"等制度名称的区别功能也应是相似的。

作为一种特殊的地方行政管理制度，土司制度具有典型的民族性。这种民族性是特指居于统治地位主体民族之外的少数民族而言。任何一个主体民族，如元时的蒙古族、明时的汉族、清时的满族等，都不会在本民族发源地、传统居住地或统治中心区即史称的"腹里"设立土官，建立非本族自治的土司制度的。这就决定了土司制度具有其本地性的"立蛮酋、领

---

① （唐）孔颖达：《礼记正义·曲礼》。

② （汉）许慎撰，（清）段玉裁注《说文解字注》，上海古籍出版社，1981，第429页。

蛮地、治蛮民”的基本特征。即由朝廷任命土生土长的蛮夷酋长担任世职，自治管理其传统领地，自行处置本地蛮属民众的军政事务。具有本地性才能称为“土”，具有蛮酋、蛮地、蛮民等要素才能体现“自治”。因此，土司制度的民族性主要体现在以下几点。

其一，土司建置仅设于边区、边疆少数民族传统生活区域内，不可能设在居于统治地位的主体民族统治中心区和传统居住区。设于内地不具有自治权的同名建置宣慰司、宣抚司、安抚司等，不能称为土司。

其二，土司职务应由本地的少数民族首领担任，军民同治，且职位、权力世袭。设于少数民族地区内的宣慰司等，如是由外来流官执掌的不能称为土司。

其三，土司应有范围明确的领地，拥有能控制其人身权利的相应属民，在其领地内可开设衙署，自行处置内部一切军政事务，具有一定的自治权。没有领地、属民和自治权，由本地“土人”担任的官职也不应称为土司。

其四，土司应是土司制度建置中的各级官员。设于边疆地区由流官执掌的府、州、县，其中由土人担任的僚属不应称为土司。由原土司改任的土屯、卫所等军职也是如此。因为他们不仅失去了原来的土司官职，更重要的是失去了自治权、领地和属民。如仍作土司看待，则是中央王朝将世袭性质的土司政权与流官性质的府县政权重复性地设于同一地域了，这显然是不可能的。

土司制度不是少数民族的传统政治制度，而是中央王朝在少数民族原有部落传统势力的基础上，将其酋长委以具有相应的职务和一定品级的官位，纳入国家统一的职官系列，授予一定的自治权力，“因俗而治”创造出来的一种新的管理制度。其职官名称、官员任免、管理方式、权力界定、辖地范围等均受中央王朝限定。相对于各少数民族原有的各具特色、各行其是，具有部落传统性质的政治制度而言，土司制度具有全国相对统一的名称整齐性、官职系列性及政务规范性。

在近来的土司制度研究中，有学者认为，凡符合“世有其地、世管其民、世统其兵、世袭其职、世治其所、世入其流、世受其封”这个标准的就是土司。[①] 这其实有一定的误判，因这个标准没有内地与边疆的地域性

---

① 成臻铭：《论土司与土司学——兼及土司文化及其研究价值》，《青海民族研究》2010 年第 1 期。

区别，没有主体民族与少数民族的民族性区分，没有意识到非主体少数民族地区的唯一性及与少数民族的必然联系性是土司设立的前提。如按此标准认定土司，那么元、明、清三代皇帝册封的由自己子孙或功臣所担任的王侯封地，都可归入土司之列了。该土司标准的认定，成为土司研究泛化的基础。

二 土司制度实施地域

不论元、明、清任何一个王朝，土司制度的实施都有其特定的地域，并非在主体民族之外的少数民族地区都实行土司制度，也并非中央王朝对少数民族的管理方式都是土司制度。对土司制度实施地域不同的确定，是土司研究泛化的又一成因。

在我国的史籍，尤其是官修正史的记载中，对于京畿、腹里、藩部、土司、外国等的地域划分非常清晰，一目了然。如清朝的内地（行省、土司）、关外（盛京、吉林、黑龙江）、藩部（蒙古、青海、西藏、新疆及黑龙江的布特哈）、属国（朝鲜、安南、缅甸）等。官方的地域划分应是我们确定土司地域的重要依据。

元代在北方、东北、西北不可能实行土司制度。元为蒙古人所建，在灭宋之前，蒙古已占领了东起兴安岭、西迄阿尔泰山，南达阴山各部的极其广阔的地区，新占领的地区远远超出了蒙古原居地的范围。为有效地控制这一庞大的国土，在这些新占领地区，成吉思汗实施万户制度，把地域及其人户赐予贵戚和开国功臣。万户、千户、百户首领均称为“那颜”，即蒙语“长官”之意，其名称即显示了对新辟地域的治理采用的是蒙古传统政治制度。其中的右手与左手两万户由成吉思汗直接统领。右手万户的各个千户分布在蒙古西部直到阿尔泰山地区；左手万户各千户则分布在蒙古东部地区直到大兴安岭一带。也就是说，从西到东的蒙古广阔国土上，实施的是蒙古传统制度“万户制”。

在这一广阔的地域中，被蒙古所征服的原“高句丽”“渤海大氏”“（辽）阿保机”“西夏”“畏兀尔”等国或族的属地，民族成分都比较单一，没有被称为“土人”的不明族类。包括蒙古在内的各族其实就是地地道道的“土人”。因而蒙古人不可能在自己已确立了万户制的领土内，又设立“土官”并给予其“自治”管辖的领地。宪宗三年（1253），蒙古为了南北夹击南宋，迂回取道西南地区，在占领了云南后，最初实行的政治制度也是万户制。共设置了十余个万户府，下辖各千户所、百户所，分别委任本地少数民族首领执掌。同时设立元帅府，由蒙古人任元帅统领蒙军进行监督。直至元朝建立，设立了云南行省后，才实行土官制。这也说明了蒙古在进入西南地区之前，不可能在其已辖地域实行土官制。作为明代土司专用的行政建置宣慰司、宣抚司、安抚司、长官司等，元代是作为抚慰性的建置设立于新开辟地区，除蛮夷长官司外，其他均非为土官所设。这些具有稳定性质名称的机构，据《元史》记载，元初除陕西行省仅有一宣慰司建制外，甘肃、岭北、辽阳、中书等行省及西域均无设置。但地处西南地区的湖广、四川、云南等行省中则设立颇多，并列目“诸部蛮夷”专记西南各少数民族，明确规定在西南夷诸溪洞各置蛮夷长官司，“参用其土人为之”，称之为土官。[①] 这也说明，元代土官的设置仅见于西南民族地区，不具有全国少数民族地区的普遍性。

明朝建立后，其正北方是势力强大的瓦剌、鞑靼；西北方是鞑靼土默特部、吐鲁番、哈萨克；东北方是建州女真、海西女真、北山女真。明王朝最大的外患即是长城之外及西域的这些游牧部落，其衰落与最后灭亡与他们息息相关。明朝在与这些族属或部落的对抗中处于守势，疆域不断内缩。《明史》记载：

> 明初封略，东起朝鲜、西据吐番、南包安南，北距大碛，东西一万一千七百五十里，南北一万零九百四里。自成祖弃大宁，徙东胜。宣宗迁开平于独石。世宗时复弃哈密、河套。则东起辽海，西至嘉峪，南至琼、崖，北抵云、朔，东西万余里，南北万里。[②]

西部边界由吐番退至嘉峪，东部边界由朝鲜退至辽海，领土内缩了一千七百余里，最后的实际控制区大致以长城为分界线。因此，明朝不可能也没能力在长城之外或西域地区设立土官或土司。

《明史》对行政区划的记载十分清楚。其《地理志》载：文职计有直隶、布政使司、府、州、县、羁縻府、羁縻州、羁縻县、编里；武职计有

---

① 《元史·百官七》，中华书局，1976，第 2318 页。

② 《明史》卷四〇，《地理一》，中华书局，1974，第 882 页。

都指挥使司、行都指挥使司、留守司、卫、所、守御千户所及边镇；土司计有宣慰司、宣抚司、安抚司、招讨司、长官司、蛮夷长官司等。土司与文职省、府等，武职与都司、卫所等截然分开，设置地域不尽相同：西南地区为土司；西北、正北、东北地区为羁縻卫所；吐番地区则采用界于卫所与土司之间僧俗结合的治理方式。不同的治理方式分布地域井然分明。

明朝土司的设置是因“西南夷来归者，即用原官授之。其土官衔号曰宣慰司，曰宣抚司，曰招讨司，曰安抚司，曰长官司。以劳绩之多寡，分尊卑之等差，而府州县之名亦往往有之”。[①] 强调的是对“西南夷来归者”设立土司。《明史·土司列传》所载湖广土司、四川土司、云南土司、贵州土司、广西土司等，均属西南地区，除此之外的地区无土司记载。

明朝在西北、北方、东北设置的是羁縻卫所而非土司。《明史·兵志》载：“羁縻卫所，洪武、永乐间边外归附者，官其长，为都督、都指挥、指挥、千百户、镇等官，赐以敕书印记，设都司卫所。”[②] 其设立之地强调的是“边外归附者”，与土司设立之地强调的是“西南夷来归者”有明显的地域区分。“边外”是指沿长城一线所设的辽东、蓟州、宣府、大同、山西、延绥、宁夏、固原、甘肃九个军事重镇的防线之外。在这沿边之地设置卫所而不是土司，是因为明王朝不可能在长城之外欲图复辟的蒙古地区或在长城之内已建立了省、府、县的汉族地区，去设立职官世袭、领地稳定、军民同治的土司建置。而单纯军事性质的卫所可随局势发展相应进退，这与当时“九边”地区的形势是相适应的。

东北地区设立的羁縻都司仅是奴尔干都司，羁縻卫所的设立较多，如斡难卫、坚河卫、哈剌孩卫、海剌千户所等。这些卫所大多因蒙古势力南下，明朝疆域的后缩而消亡。但有些则长期留存了下来，如后来发展成为后金的建州卫。建州卫主要是为约束女真人而设立的，当时女真人是逐水草而居。他们迁到哪里，便将卫所建制带到哪里。开始在今吉林东部，属于辽东都司管辖，后来迁至黑龙江北岸，归于奴尔干都司所辖。其后又几经迁徙，最后才定居于今辽宁新宾，重归辽东都司管辖，建州卫虽多次迁徙，由一卫变为三卫，但建州之名未变，他们迁到哪里，那里就成为建州。州名随人走，地域变换，州名不变，直至最后发展成为推翻明王朝的

① 《明史》卷三一〇，《土司》，中华书局，1974，第7982页。

② 《明史》卷九〇，《兵二》，中华书局，1974，第2222页。

后金。不论从其名称的属性或治理的方式来看，建州卫都不是土司。

明朝在其西北地区，即今甘肃、青海西部、新疆东部先后设立安定、阿端、曲先、罕东、沙州（内迁后该地改称罕东左卫）、赤斤蒙古、哈密羁縻七卫，以蒙古等族首领任指挥使等职，有的还封以王号。如哈密卫得以封忠顺王、忠义王两王，不可谓不重视。但七卫仍叛服无常。如安定卫指挥哈三孙散哥、曲先卫指挥散即思，在永乐二十二年（1424）联合袭杀明出使乌思藏的使节乔来喜与邓诚，夺其马匹、货物。沙州卫在洪熙元年（1425），劫杀西域亦力把里、撒马尔罕出使明朝的使者。正统元年（1436），赤斤蒙古卫指挥可儿即劫杀使臣二十一人，抢夺西域对明朝的贡物。成化二十二年（1486），罕东卫指挥把麻奔掠走吐鲁番使臣家属四百余人，仅使者脱逃幸免。宣德六年（1431），明朝因曲先卫劫杀路人，导致道途梗塞，因而对曲先卫用兵，诏令罕东卫从征，但罕东卫违令不至。正统四年（1439），沙州卫奉诏令去哈密卫索要逃犯，哈密忠顺王在接到诏令后，仍拒绝归还。[①] 全然不同奉令征调、按时朝贡、袭替必上京请旨的土司。《明史》把他们列于土司之外，说明了羁縻卫所不是土司。

赵尔巽在《清史稿》中，将羁縻卫所与土司混为一体，在湖广、四川、云南、贵州、广西等西南行省传统的土司地区之外，另加一甘肃土司，并明确曰："甘肃，明时属于陕西。西番诸卫、河州、洮州、岷州、番族土官，明史归西域传，不入土司传。实则指挥同知、宣慰司、土千户、土百户，皆予世袭，均土司也。"[②] 但据《明史·地理三》所载："河州。洪武四年正月置河州卫，属西安都卫。六年正月置河州府，属陕西行中书省。七年七月置西安行都卫于此，领河州、朵甘、乌斯藏三卫。八年十月改行都卫为陕西行都指挥司。九年十二月，行都指挥司废，卫属陕西都指挥使。十年分卫为左右。十二年七月，府废，改左卫于兆州，升右卫为军民指挥使司。成化九年十二月置州，属府，改军民指挥使司为卫"。[③] "洮州卫。洪武四年正月置洮州军民千户所，属河州卫。十二年二月升为洮州卫军民指挥使司，属陕西都司"。"岷州卫。洪武四年正月置岷州千户所，属河州卫。十一年七月升为卫，属陕西都司。十五年四月升军民指挥使司。嘉靖二十四年又置州，改军民指挥使司为卫。四十年闰五月，州

① 《明史》卷三三〇，《西域二》，中华书局，1974，第 8539 ~ 8567 页。

② 《清史稿》卷三四〇，《土司六》，中华书局，1977，第 14303 页。

③ 《清史稿》卷四二，《地理三》，中华书局，1977，第 1009 页。

废，仍置军民指挥使司”。[①] 显然这三州都属正规卫，并非羁縻卫，更不是土司。西番诸卫指吐蕃即今西藏、青海地区所设的卫所，《明史》载“俾因俗以治。自是番僧有封灌顶国师及赞善、阐化等王，大乘大宝法王者，俱给印诰，传以为信，所设有都指挥司、指挥司”。[②] 实行的是藏族传统的“僧官制”与朝廷所立的“卫所制”僧俗结合的政治制度。对于这些原属明代卫所之列的千户、百户等，《清史稿》虽将其归入土司之列，但也认定与土司有不同之处：“所辖虽号土民，与汉民无殊，钱粮命盗重案，俱归州治，土司不过理寻常词讼而已”[③]，根本不具有自治权力。对于北边蒙古诸部及西宁边外的青海额鲁特部，《清史稿》将其归入“藩部”，与土司有着严格区分。新疆地区即使在叙述元、明的沿革时，也无土官或土司设置。

三 非土司制度辨析

少数民族的传统政治制度，中央王朝对少数民族有一定关联的军政制度，改土归流后中央王朝在原土司地域所实施的一些政治和经济措施，是与土司制度研究相关联的重要内容。但因“广义”土司观念的影响，将这些制度或措施与土司制度混同一体，相互对接，使土司制度成为与少数民族有一定关联的各项制度的概括性总称。其实，土司制度与这些制度或措施有根本性的区别。

1. 扎萨克制度不是土司制度

“扎萨克”是蒙语的音译，意为“支配者”“尊长”。它来源于蒙古部落时期，后被满洲继承。清王朝时成为授予满族和蒙古族的爵位名称和对蒙古族实行的一种政治制度的名称。作为爵位，扎萨克由朝廷册封，其等级依次为汗、亲王、郡王、贝勒、贝子等。值得注意的是，作为爵位的总称“扎萨克”是蒙语，但等级中的称呼则为满语。如“和硕亲王”的“和硕”是满语“部落”之意；“多罗郡王”的“多罗”是满语“称美言辞”；“贝勒”即“管理众人”之意；“贝子”则是“贝勒”的复数。这种现象的出现，应该是满族将蒙古族的政治制度吸收后为己所用的结果，显

① 《清史稿》卷四二，《地理三》，中华书局，1977，第1011页。

② 《明史》卷九〇，《兵二》，中华书局，1974，第2227页。

③ 《清史稿》卷三四〇，《土司六》，中华书局，1977，第14306页。

示出了两族非一般族际关系可比的亲密性。

作为一种政治制度，清朝分蒙古族居住地区为若干旗，每旗置扎萨克一人，以蒙古贵族的王、贝勒、贝子、公、台吉、塔布囊担任。其中"公"指"镇国公""辅国公"，他们与亲王、郡王、贝勒、贝子一起统称为"王公"。"台吉"是蒙语"太子"，成吉思汗时为皇子的通称，清时成为成吉思汗后裔的通称。"塔布囊"是蒙语"驸马"之意，是与成吉思汗后裔女子结婚者的泛称。他们与王公一起属于贵族。扎萨克执掌一旗政令，并有台吉二至四人协理，其下属官有管旗章京、副章京、参领、佐领、骁骑校等。各旗由将军、都统节制，掌一旗政令，统领步众。在扎萨克的封地内，山川、河流、山林、牧地、田产均归其所有，且不向政府担负任何徭役、税赋。民众统归其管辖并交纳赋税，承担徭役，而且扎萨克对他们有生杀予夺之权。正是由于扎萨克制度与土司制度管理方式有相似之处，也许就成为将扎萨克制度归于土司制度的理由。但是，如果仅凭管理方式与土司相似就可以认为是土司制度的话，那么，清宗室爵位名称、等级与封地的管理方式与扎萨克亦完全一样，清王朝满族的政治制度岂不也是土司制度了。

2. 羁縻卫所不是土司制度

羁縻卫所在《明史·兵志》中记载得十分清楚：

> 羁縻卫所，洪武、永乐间边外归附者，官其长，为都督、都指挥、指挥、千百户、镇抚等官，赐以敕书印记，设都司卫所。

对于西北地区少数民族的归附，《明史·兵志》特别记载为："西北诸部，在明初服属，授以指挥等官，设卫给诰印。"① 明白地表述了明朝对西北地区诸部的服属，设立的是卫，授予的是卫所的指挥等职，而非土司的宣慰司、宣抚司职务。在南方还有"以土酋为千百户，土民为隘丁"的羁縻卫所，如明朝初年将土家族天平、麻寮两个长官司分别改设为添平、麻寮两个隘丁千户所，将其置于湖广都司九溪卫之下，用于防范容美土司与桑植土司。这两个千户所名称虽然改变了，但千户职务仍如长官司一样世袭。这也许就成为将羁縻卫所归于土司的原因。

① 《明史》卷九〇，《兵二》，中华书局，1974，第2227页。

卫所制度与土司制度是明代并行的两种制度。卫所是明代主要的军事制度，其职责是戍守与屯田。由中央五军都督府、省都指挥使司、卫、千户所、百户所、总旗、小旗一条直线垂直管理。士兵从军户中出任，军户全家应随士兵前往戍守之地屯田，世代从军，不许脱离军籍。卫所管理制度极为严格，大致来说是卫所管兵，五府领将，兵部掌调兵之令。没有兵部调令，卫所不许动用一兵一卒。卫所与府州并立，衙署既有同城而建，也有卫城、府城分建的。两者职责明确：卫所掌军、府州管民，双方各负其责，不能越权行事。土司制度也有自己的管理系统，明代明确规定武职土司由兵部管理，文职土司由吏部管理。《明史·职官五》所列武职系列有宣慰司、宣抚司、安抚司、招讨司、长官司、蛮夷长官司等，文职系列有土府、土州、土县等，分别统辖于兵部与吏部。一些羁縻卫所虽是从土司改制而成，但其职官名称及管理方式都已属于卫所系统。即使千户、百户等职具有世袭特权，但没有了领地和属民，行事也必须严格遵守卫所制度，毕竟从“民兵”改为“正规军”了。这种严格管理的单纯的军事制度，显然不应归类于军民共治具有高度自治权的土司制度。

3. 僧官制度不是土司制度

僧官制度是中国古代社会，朝廷任命僧官管理佛教僧尼事务的制度，起始于后秦。经两晋南北朝、隋唐、两宋辽金等历朝的不断改进与发展，到元明时得以系统化和严密化。元明时把僧司机构推行到青海、新疆、云南、西藏等边疆地区，从汉传佛教推行到藏传佛教中。明代建立了从中央到各府、州、县与行政体制相适应的四级僧官体系，分别称为僧录司、僧纲司、僧正司、僧会司，总领于礼部祠祭司郎官。僧录司掌管天下僧务，官职由礼部任命，有左右善世（正六品）、左右阐教（从六品）、左右讲经（正八品），左右觉义（从八品）各二人；僧纲司有都纲（从九品）、副都纲各一人；僧正司有僧正一人；僧会司有僧会一人。各司由僧录司统辖，分掌地方僧务。清代僧官制度，几乎完全承袭明制。所有中央和地方的佛教管理机构以及各级僧官的名称、人数、品秩、职事等都和明代基本相同。这种僧官制度显然与土司制度无任何相同之处。

即便是指藏区僧官制度而言，同样也不是土司制度。藏传佛教也称藏语系佛教，俗称为喇嘛教，与南传佛教、汉传佛教并称为佛教三大体系。藏传佛教在吐蕃王国松赞干布、赤松德赞、赤祖德赞在位之时，有一较快的发展时期，这三代赞普因其突出贡献被后世誉为“祖孙三王”。公元842

~978年，藏传佛教经过百年“灭法期”的黑暗年代后再次复苏，逐渐形成了宁玛、噶当、萨迦、噶举、格鲁等几大派系。1260年，忽必烈即帝位建立元朝后，萨迦派逐渐居于统领地位，第五代祖师八思巴被忽必烈封为国师，授以玉印，领总制院事，统领天下释教。1269年，八思巴又被忽必烈晋封为帝师。对藏族地区社会发展影响极为深远的政教合一制度，在元统治时期正式形成。鉴于藏传佛教的影响，朱元璋建立明朝后，希望通过传统宗教加强对藏区的控制，不仅大量封授各派宗教首领和僧官。还设置了众多羁縻性质的都司、卫所等军政机构，委任当地僧俗首领担任官员，“多封众建，因俗以治”。藏区大小僧俗首领凡来南京请封，朝廷多授以指挥同知、佥事、宣慰使同知、副使、元帅、招讨、万户等职，以及国师等封号，形成具有藏区特色的僧官制度。明太祖时封号未设任何标准，基本上是根据求封者的诉求而封授，受封人员以俗官为主而僧官为辅。永乐年间，明对藏区僧官制度予以系统化，僧官分教王、西天佛子、大国师、国师、禅师、都纲、喇嘛等，每级依受封者的身份与地位授予。明朝时藏区大宝、大乘、大慈三大法王及阐化、赞善、护教、辅教、阐教五大教王及各政教势力的各级首领的分封，基本上都在永乐时期完成。三大法王的封号由师徒或转世相传承。五大教王及灌顶国师等的承袭和替代，都必须遣使或亲自入朝将原颁诰敕和印信上缴，经批准后受赐新的诰敕和印信，袭职手续才告完成。诸王的承袭一般由朝廷遣专使往封。明朝在藏区所封的“王”，既是掌管一方的地方首领，又往往具有佛教僧人的身份。大国师、国师、禅师等僧职亦有品位，分别为四、五、六品。清朝时期继续对藏传佛教高僧，特别对格鲁派大活佛授予如达赖、班禅、章嘉和哲布尊丹巴等至高无上的僧职头衔，在藏传佛教界形成了具有广泛影响并制度化的活佛系统。活佛通过“转世”方式承继，1193年，藏传佛教噶玛噶举派的创始人都松钦巴大师，在其临终之际，嘱咐门下弟子他将转世。后人遵循他的遗言，寻找并认定了转世灵童，藏传佛教活佛转世制度自此开始。15世纪初，宗喀巴创建了新兴的势力强盛的格鲁派，格鲁派沿用了噶玛噶举派的活佛转世制。1578年，格鲁派的第三世活佛索南嘉措被蒙古部落首领俺答汗赠以“圣识一切瓦齐尔达喇达赖喇嘛”的尊号，这是格鲁派佛教首领称为“达赖喇嘛”的开始。1792年，清王朝正式设立用金瓶掣签的方式来认定藏传佛教最高等的大活佛转世灵童，并一直沿用到现在。从藏传佛教的僧官制度形成和发展来看，与土司制度显然不能归为同一类型。

4. 土屯制度不是土司制度

土屯制度是清王朝在改土归流的基础之上，改土为屯、汉番分治而出现的。土屯是相对绿营兵的汉屯而言，为安置“降番”而设立的。其方式是废除原有土司，以寨为基本单位设立土屯，按绿营兵制设立土守备、土千总、土把总、土外委等职。土守备是一屯的最高统治者，一般由原土司担任，其余由头人、土舍、土目等担任，原土司所辖土民则成为屯兵，屯兵以上职务统称为土弁。土屯制度与土司制度的最大区别是废土设屯后，土司原有领地一律收归朝廷所有，分配的土地只有使用权，没有所有权，禁止买卖。土地按照土屯弁兵的等级高低予以分配，都应交纳粮赋。也就是说，土司制度是中央王朝间接管理的民族地区，军民自治。土屯制度是中央王朝直接经营的民族地区，垂直管理。

在《大清会典》中，土屯制度的一些官职被列入“土司”条：

> 凡改土归流，土司倾心向化，率属内附，由督抚疏请改隶民籍者，授以守备或千总、把总之职，准其世袭。[①]

见于《大清会典》中除明代的土司官职外，还有游击、都司、外委、指挥同知、指挥佥事、千户、副千户、百户、副百户、百长等。[②] 这一系列官职，因由原“土司”担任，其职务前都加上了一个“土”字，以示区别。但此时的这类土司，除其子可袭职之外，已无任何自治权、领地和属民，实际只是流官执掌的行政或军事机构中的僚属，其名称已不具有地方政权的含义。仅是土司制度废除后，由土司向流官过渡的一种措施，并非是一种政治制度。忽视土司制度与这种过渡措施的区别，是土司研究泛化的一个重要因素。

土司制度的基本概念并不限于此，本文仅是抛砖引玉的一个尝试。有学者倡导建立土司学，有关土司与土司制度基本概念的厘清与形成共识，实为建立土司学须认真实施的基础工程。

---

① 乾隆《大清会典》卷六二，《兵部・武选清吏司》“土司”条。

② 光绪《大清会典》卷四五，《兵部》。

中国土司国家认同的逻辑起点与利益法则

彭福荣

（长江师范学院　乌江流域社会经济文化研究中心）

摘　要　土司是中国特殊的历史、政治事象，西南、中南和西北等地的历代土司认同元明清等朝的逻辑起点是王朝国家的存在。而寻求与保有利益的工具性动机是历代土司认同王朝国家的根本原因，即经济利益是物质共赢，政治统治是权益交集，土兵武装是利益保障，文化变革是利益维系。

关键词　土司　国家　认同　利益

中国自古就是一个统一的多民族国家，元明清等朝续接王朝国家的统治，因集权统治能力而影响有限、拥“天下一国”政治理想而行政管控成本高昂，根据云南、贵州、广西、四川、湖南、湖北、重庆、西藏、青海、甘肃等民族地区资源丰富、环境闭塞和少数民族的政治、经济及文化发展滞后等特定条件而实行土司制度，中央政府授予少数民族首领职衔，让历代土司对领辖地区、对领所隶土民进行世袭统治。作为一种特殊统治方式，土司是王朝国家的地方民族政权，是羁縻统治传统的延续和体现。土司政治的实质是王朝国家“以夷制夷”“因俗而治”的权宜之计，是国家权力下渗延伸、中华民族“多元一体”和中国“多元同创”历史进程的产物。在大一统历史框架内和地方行省管理模式下，王朝国家与历代土司长期进行利益博弈，元明清等朝通过土司职衔任授升迁、民族地区经济开发、土兵武装组建征调、文化教育等来凸显国家在场；历代土司心向王化而遵行土司制度，履行政治统治、朝贡纳赋、保境安民、护国固疆、社会管控和文化变革等义务，不断沉积和转化其国家认同的因子，边缘民族完成国家整合与认同建构，强化国家与土司、中央与地方、中原与边疆、汉族与少数民族及少数民族内部的政治、经济、文化联系。在国家权力向民族地区下渗延伸的过程中，历代土司认同元明清等朝代表的国家统治，带动各族土民融入王朝国家政治共同体，实现国家对民族地区和各族土民的政治统治、军事管控、经济开发、社会发展和文化变革，客观上使不同民族参与到中华民族“多元一体”和中国“多元同创”的历史进程。其后明清两朝以“改土归流”而裁革部分土司和废止土司制度，民族地区和少数民族最终实现了与全国政治、经济、文化的全面一体化。因此，站在大一统的历史基点来观察中国土司问题，发现历代土司与元明清等朝存在王朝国家政治共同体的体认关系，既符合国家认同的一般规律，也有因王权带来的特殊属性。现不揣浅陋，拟就中国土司国家认同发生的逻辑起点、利益原理等略作探讨，敬请方家指正。

一　逻辑起点

“国家”作为阶级矛盾不可调和的产物，是人类历史发展到一定阶段而出现的大于家庭、超越血缘、权力最高的政治共同体，其暴力性、抽象性权力机构属性使其具有阶级统治和社会事务管理等职能。国家由单一或多民族构成，内部划分为统治者与被统治者等阶级阶层；统治阶级在法律上代表全体国民，进行阶级统治和社会管理，利用国家权力保障社会成员或群体的生存要求和希冀权益；具有统一整体的文化语言认同、垄断的暴力工具和清晰明确的领土、人口与主权，在政治、经济、法律、社会和文化及利益等方面具有明显的统一性①，心理希冀和现实获取的利益状况影响并决定着人们对国家的态度，甚至引发危机。认同是精神性归属情感和实践性行为选择相统一的专门术语，国家认同系社会成员或群体在处理政治问题与国际关系时确认其具体国家身份的精神性归属和实践性行为，维系着国家的存在和发展，事关国家安全、领土完整和社会稳定，因全球化发展与民族主义兴起而成为政治文化研究的热点问题。作为中国特殊的政治、历史现象，土司因元明清等朝对西南、中南和西北等民族地区和少数

① 钱雪梅：《从认同的基本特性看族群认同与国家认同的关系》，《民族研究》2006 年第 6 期。

民族创新、推行土司制度而出现，少数民族首领基于寻求与保有利益的工具性动机而认同王朝国家，在大一统历史框架内和地方行省管理模式下，对中央政府的权威体制、法律制度及意识形态等产生一致的归属性情感和表现在政治、经济、军事和文化等领域的实践性行为，逻辑起点是王朝国家的客观存在，历代土司处于特殊的区位。

（一）王朝国家是土司国家认同发生的逻辑起点

中国自古就是一个统一的多民族国家，中华民族及先民很早就有国家观念，炎黄是中国史的开端[①]，华夏国家和民族从春秋战国就开始了一体化进程，国和国家等语词在我国古代典籍中出现甚早，但长期处于封建主义国家或王朝国家的历史阶段。[②]

中国王朝国家的具体化为秦汉至明清等前后续递的封建王朝，朝代更迭是中华民族及先民的不同成员在大一统历史框架内争夺国家正统的结果，深重灾难和曲折发展使中国在民族融汇与文化整合基础上，于近现代完成了从王朝国家向民族国家的转型，多民族在“多元一体”进程中认同具体王朝代表的国家大统，“地方社会完成了与国家整合的转变”[③]，实现“从传统帝国向民族国家的转型”[④]，中华民族“多元一体”的进程就是中国“多元同创”的过程，国家认同与民族认同的同一性使“忠君爱国”思想出现[⑤]，皇帝是王朝国家最高主权的象征，人们因王权独尊而想象国家统治权力的必然性与合法性，产生和接受国家是帝王私产、国家与君主等同、爱国即忠君等传统观念。

在中国王朝国家时代，以皇帝为中心的中央政府不断强化对西南、中南、西北等民族地区和少数民族的国家影响，元明清等朝两度“以少治多”的历史事实对中华民族“多元一体”和中国“多元同创”的进程具

① 傅正：《中国史叙事之争与国家认同困境》，《文化纵横》2014 年第 1 期。

② 国家有城邦—帝国—封建主义国家—主权国家的形态变化和基督教普世世界国家—王朝国家—民族国家的演进阶段，具体参见赵可金《全球公民社会与民族国家》，上海三联书店，2008，第 232 ~237 页。

③ 科大卫：《国家与礼仪：宋至清中叶珠江三角洲地方社会的国家认同》，《中山大学学报》1999 年第 5 期。

④ 程农：《近代中国的民族国家认同问题与辛亥革命》，《历史教学》1992 年第 7 期。

⑤ 李禹阶：《民族认同与国家认同——论华夏社会中民族、国家意识的同一性》，《重庆师院学报》（哲学社会科学版）1999 年第 2 期。

有相当的意义，是我国向民族国家演进中的重要历史阶段。元明清等朝续接国家统治，中央政府囿于国家集权统治能力有限、行政管控成本高昂、国家权威影响不足等特殊状况，在大一统历史框架内和行省管理模式下，根据民族地区和少数民族社会、经济和文化等发展滞后的状貌，延续“以夷制夷”“因俗而治”的羁縻传统策略，创新、推行和完善具有历史意义的土司制度，通过职衔承袭、朝贡纳赋、土兵征调和崇儒兴学等方式，将西南、中南、西北等地的少数民族纳入王朝国家政治共同体，土司得成“王臣”，民族地区得入“王土”，各族土民得为子民。

根据土司制度规约，各少数民族首领出于寻求和保有利益的工具性目的，认同元明清等朝代表的国家大统，成为职衔品级不等的大小土司，成为王朝国家时代统治领隶的各族土民，在政治统治、朝贡纳赋、保境安民、护国固疆、社会管控和文化变革等中，借王权来确认和提升自身地方统治权力的合法性，巩固土司政治，博取更多物质资源和拓展生存空间，谋求更多统治利益。在王朝国家与历代土司的博弈中，谋求利益最大化的共同目标促进国家权威下渗延伸，推进经济开发而变革土司政治基础，朝贡纳赋体现向化忠君，征调土兵以保境安民、护国固疆，崇儒兴学而认同共享中原文化、儒家道德伦常。因此，元明清等朝是中国王朝国家的重要组成部分，是中华民族“多元一体”和中国“多元同创”历史图景的基本板块，是土司政治得以发生和延续的重要历史背景，更是历代土司国家认同得以发生的重要逻辑起点。

（二）历代土司处于王朝国家的中间圈层

中华民族经历漫长的“多元一体”进程，秦汉至明清成为中国王朝国家的具体表征，古代不同民族生息在王朝国家远近不同、亲疏有别的空间，形成华夏居中、“蛮夷”围绕的分布格局，共同创造了王朝国家。在王朝国家大一统历史框架内，王权与领土、人民等紧密结合，被统治阶级当作皇室家族的私产而传递轮换，形成了“天下一国”的政治理想，视“天下”为法理上的国家疆域即“王土”，各级官僚和各族首领得为“王臣”，宾服四方民众以成子民。“至汉代，产生了包括边疆民族地区的‘古之戎狄，今为中国’的‘中国’观念。唐代之后，宋、辽、金前后并立，后来元灭金、南宋、西夏，天下一统，均自称为中国正统，融入了‘中国’，参与了‘国家’建构”。[①]

中华民族在追求天下一统的过程中，王朝国家的治统由秦汉而明清前后续递，以帝王血缘亲疏远近为基础，以帝都王畿为中心，形成了同心圆状貌的国家内部政治秩序及地理空间分布，具有独特时空延展的差序特征。[②] 中央政府长期由于政治体制、历史记忆、民族构成、区位偏远和交通闭塞等原因，无法对西南、中南和西北等民族地区进行直接统治，不得不利用少数民族首领世袭传承土官土司，实现国家的间接统治。“到宋以后，这些‘政权’以形形色色的方式，与帝国的‘间接统治’机构相接触，在元、明土司制度及清‘半流半土’制度下谋取自己的地位与空间。其谋得的地位，使自身与更强大的文明体结合；而其谋得的空间，使自身保持着某种‘自治性’”。[③]

王铭铭等“三圈理论”为认识我国的国家与政治、历史与民族等问题提供了较新的视角，认为古代中国“核心圈”是指王朝国家编户纳税、文治教化的汉人城乡地区，存在中央与地方、国家与家族的博弈，是被文明化的“熟地”；“中间圈”主要是指西南、中南和西北的云南、贵州、广西、四川、湖南、湖北、重庆、西藏、新疆、青海、宁夏、甘肃等地，王朝国家所建城镇与元明土司衙门并存，“半编户格局”的土司地区不被国家直接统治而与之保持礼物上下流动的朝贡关系，“扮演着推进核心圈文明体系的角色”，文化上介于文野之间而“半生半熟”。“外圈”是上述两圈外的伸缩区域，远至边界广阔的“荒服”，丁口模糊而难编户，王权能

---

① 常宝：《“寻找国家”：清末民国时期蒙古地方精英国家认同的演变与形成》，《社会科学战线》2011 年第 8 期。

② 中华民族在中国独特同心圆分布状貌的时空延展差序特征渐为专家学者发现并实现了理论创新，为解决中华民族“多元一体”和中国民族国家构建等现实问题上提供了理论钥匙。费孝通《亲迎婚俗之研究》深入搜集、整理全国 15 个省份 207 个地方的地方文献，绘成近代亲迎婚俗地理分布图，提出亲迎区、半亲迎区及不亲迎区同时并存的理论主张，又从“影响亲迎区域的地理和社会背景以及亲迎婚俗的传播角度”进行分析。具体参见赵旭东、齐钊《费孝通的“三区论”与王铭铭的“三圈说”的比照》，《开放时代》2010 年第 7 期。此后，王铭铭先生也较早关注古代中国独特的同心圆差序格局，将自秦汉而明清等朝体现羁縻统治传统的土官土司政治纳入学术讨论的视野，为历代土司的国家认同研究选题提供了逻辑前提。

③ 王铭铭：《中间圈——“藏彝走廊”与人类学的再构思》，社会科学文献出版社，2008，第 157 页。

及而略有所记，文化未经王化而界于“生”“野”之间。① 民族地区相对元明清等朝汉人聚居、编户控制、科举教化的核心圈，处于王朝国家的中间圈层，有多民族“混杂”居处，城镇卫所和土司衙门并存，属于半编户状态，保持朝贡纳赋的上下流动关系，文化独特而“半生半熟”。相对“外圈蛮夷”，历代土司及土司地区又是更为偏远民族地区及少数民族的“核心圈”，各族土司长期推进国家文明体系建设，营造具有国家象征的官方寺庙，举行或表演官方仪式，代表国家对土民实行间接统治。

因此，元明清等朝延续了王朝国家的治统，在“大一统”历史框架内和地方行省管理模式下，中央政府通过土司制度实现了对西南、中南和西北等民族地区和少数民族的政治统治、经济开发、社会管控和文化变革；各族历代土司处于王朝国家的中间圈层，出于利益博弈而认同元明清等朝，通过政治归附与职衔承续、经济开发与朝贡纳赋、自拥土兵与奉命征调、以文化民与崇儒兴学等方式履行王臣义务，客观促成国家权力的下渗延伸、民族地区与少数民族的全面发展，推进了中华民族“多元一体”和中国“多元同创”的历史进程。

二　利益法则

国家认同是社会成员或群体在他国存在前提下，构建和确认自身国家身份和认知国家状貌的心理过程，表现为对国家的政治权威、法律制度、历史记忆、文化传统、道德伦理的理解与赞同、支持与追随和护卫与发扬②，是精神性归属和实践性行为的统一体，利益是其中影响最大的核心因素。利益是整合国家政治共同体的根本性因素，国家为追求统治利益最大化而有自身的政治目标和发展逻辑，社会成员或群体有生存发展的基本需要和最大利益的获取希冀。因此，国家必须通过合法政治权力，采取有效措施和手段，突出和扩大国家与社会成员或群体认可或期待的利益重合区域，最大范围、最大限度和最为持久地形成合作共赢的利益群体，完成国家认同的构建和巩固。中国土司的国家认同是指我国西南、西北和中南

① 王铭铭：《王铭铭“三圈说”——另一种世界观，另一种社会科学》，《西北民族研究》2013 年第 1 期。

② 解志苹、吴开松：《全球化背景下国家认同的重塑——基于地域认同、民族认同、国家认同的良性互动》，《青海民族研究》2009 年第 4 期。

等地的少数民族首领出于寻求与保有利益的工具性目的，认同元明清等朝代表的国家统治，在大一统历史框架内和地方行省管理模式下，通过土司制度对国家的政治权威、法律制度及意识形态等产生精神性归属情感和表现在政治、经济、军事和文化等方面的实践性行为，王朝国家与历代土司结成了最大程度的利益共同体，元明清等朝续递国家统治并与各族历代土司形成利益博弈关系，利益在历代土司国家认同的构建中发挥根本性作用，寻求、保有和扩大彼此统治利益贯穿了国家构建的始终。

（一）经济利益是土司国家认同的物质追求

以皇帝为中心的中央政府制定、创新国家制度来促成和深化历代土司的国家认同，目的在于延展疆域、扩充人口和征收赋税，实现天下一国的政治理想。西南、中南和西北等地的少数民族首领回应元明清等朝的经略举措，为寻求和保有利益而认同王朝国家，通过土司制度来谋求经济利益以巩固土司政治，利益博弈使双方逐渐结成紧密的经济关系和共同的经济生活，使国家与土司、中央与地方、中原与边疆、汉族与少数民族形成良好的交往交流交融关系，是为中华民族“多元一体”和中国“多元同创”的物质条件。

1. 王朝国家的经济利益追求与认同建构

在中华民族“多元一体”和中国“多元同创”的过程中，王朝国家在大一统历史框架内形成了“天下一国”的政治理念，努力拓展疆域版图，整合天下万民到国家政治共同体，以编户齐民方式征收财赋税收，夯筑王朝社稷的经济基础。西南、中南和西北等民族地区和少数民族处在王朝国家的中间圈层，界于华夏“核心圈”和“蛮夷外圈”之间，是隔离“蛮夷”民族袭扰中原的战略屏障。因此，元明清等朝通过土司制度，将历代土司和各族土民纳入国家政治共同体，少数民族首领成为“王臣”，民族地区成为“王土”而并入国家版图，各族土民成为皇帝“子民”，为编户齐民以征收财赋税收奠定了前提。事实上，经王朝国家长期的大力经营，民族地区和少数民族的封建地主经济基本确立，明清两朝的“改土归流”将历代土司领辖土地和领隶土民彻底纳入国家的直接统治，根据人口和土地来征收财赋税收，维持国家统治和王朝社稷。

应该指出，元明清等朝对民族地区和少数民族的利益诉求着眼长远，充分保障历代土司的经济利益，允其对领辖地区山林、土地和人口的世有权利，渐进式达成国家的经济利益目的。为诱导政治归附和认同国家，元明清等朝要求历代土司朝贡纳赋，又实行“礼尚往来、薄来厚往”的政策优待，对民族地区及少数民族的经济利益诉求有情感地由宽而严、数量自少而多的变化。此外，元明清等朝长期奉行低财赋税收政策，还以战争、灾荒、功绩等缘由减免赋税，体现了王朝国家对边远民族的关照，也是中央政府为强化历代土司国家认同而采取的物质利益手段。

中国的西南、中南和西北等民族地区是王朝国家与“蛮夷”民族的战略屏障，元明清等朝通过土司制度让历代土司间接统治领隶的各族土民，“蛮不出峒、汉不入境”的民族隔离政策有效地阻止了少数民族对国家统治秩序的冲击，为汉区经济发展提供了有效保障，也阻止了因汉族人口迁入民族地区而造成劳动力流失，保证经济发展所需的人力资源。因此，元明清等朝以土司制度强化了对民族地区和少数民族的经略管控，在不断内化“半生半熟”少数民族的同时，在王朝国家的边缘地带构筑地理、政治、军事、社会、文化的护卫屏障①，降低了“外圈蛮夷”对中原王朝核心地区的侵扰风险。此外，王朝国家为强化对西南、中南和西北等地边疆民族的军事管控而致力于道路交通建设和移民屯垦。水陆通道的开辟，强化了元明清等朝与民族地区和少数民族的经济文化联系，使之成为国家转输财税粮草、历代土司朝贡纳赋及汉区生产技术传播和作物品种推广的通道，日渐把边疆民族纳入中华民族共同的经济生活。移民屯垦开发了民族地区的土地资源，带动了汉区生产技术和作物品种向少数民族的传播，为王朝国家谋求更多经济利益作了基础性准备。

2. 历代土司的经济利益追求与认同建构

我国西南、中南和西北等民族地区独特的环境资源和元明清时期少数民族的经济发展状况是土司认同王朝国家的历史前提，土司社会由于自然环境、人力资源、生产方式、劳动工具和发展状况等的制约，对王朝国家具有越来越大的依赖性，市场与物资、生产技术与劳动工具等都对历代土司和各族土民从事经济活动具有很大的吸引力，资源开发是夯筑土司政治经济基础的直接手段，是为历代土司认同王朝国家的重要原因之一。因此，历代土司的国家认同主观上是出于工具性目的，即西南、中南和西北

---

① 葛政委：《影响容美土司国家认同的因素分析》，《三峡大学学报》（人文社会科学版）2014 年第 3 期。

等地的少数民族首领在大一统历史框架内和地方行省管理模式下认同元明清等朝，借以参与到更大生存空间，争取分配更多的物质资源，成其寻求或保有统治利益的手段和工具，其中就包括根本性的经济利益。

元明清等朝的民族地区和少数民族处于中原农耕文明板块的边缘，险山恶水与路途遥远而导致开发不足，河流密布与沟壑纵横而导致交通落后，物产资源丰富却开发利用不足，尽管战略地位重要，复杂的地势地貌和封闭的人文环境却是民族交往、交流和交融的障碍，“瘴疠”“瘟疫”、险山恶水及天高地远等客观状况使少数民族社会、经济和文化的发展长期滞后，人力资源贫弱而生产力水平低下，原因是技术和工具落后。王朝国家由于集权统治能力有限、国家权威影响不足和行政管控成本高昂等原因，依据民族地区特定历史条件而实行以封建领主制经济为主要基础的土司制度，把历代土司和各族土民整合进王朝国家政治共同体，环境资源及其开发利用是土司国家认同得以发生的物质基础和重要条件。因此，民族地区和少数民族的物产资源与山货特产等具有相当的经济价值和文化意义，是历代土司展现地域特色、表达王臣忠顺、换取物质财富等的重要对象，但由于区位、民族、历史、交通等原因而仰赖王朝国家的市场、人口和技术来促进经济开发，迫切需要与王朝国家、中原地区和广大汉民发生物资与技术的交换，才能谋取更多的物质利益以巩固土司政治，维系地方统治权威，故经济利益追求是历代土司认同王朝国家的心理动因之一。

在拓展疆域、宾服四方的同时，元明清等朝为节约国家治理成本，通过土司制度来充分尊重和保障少数民族首领的经济利益，允准土司拥有“世有其地、世有其民”的特权，同意其把领地山川、草木和人口世代传承；与此相应，中央政府也多不据官制而给予土司相应品级的俸禄，让其依靠各族土民耕作官田、役田和民田的收获及劳役来维持土司统治。① 因

① 《明太祖实录》卷一六七“洪武十七年（1384）闰十月乙未”条记载：明初云南大小土司分为“世袭者”和“选用者”两种，国家对世袭土司或不资俸禄。“世袭者世居本土，素有储蓄，不资体禄养廉可也”。对此，《明太祖实录》卷一五〇“洪武十五年十二月癸巳”记载：明朝中央政府“以故元平章月鲁帖木儿为建昌卫指挥使，赐以绮衣、金带，月给三品俸，赡其家。土官例无俸，此特恩也”。另《明宣宗实录》）卷五八“宣德四年九月癸丑”亦称，“土官例无俸给……臣父祖旧有田地、房屋、水磨，今悉为人占据，乞令还臣，以代俸禄”，明帝以国家免除公卿租税以使其耕作自给，再次提到“土官无俸”事。《明英宗实录》卷二七“正统二年二月壬戌”条载，“给陕西河州等八卫备边土官俸”，称“旧制，土官不给俸。至是，选调赴边策应，遂暂给之。如汉官制”。

此，民族地区的经济开发是土司政治的基础，土司吸纳、鼓励汉区商贾、百工进入领地以带动生产技术传播和劳动工具革新，促进经济开发和活跃市场，通过抢占和盘剥土民劳动成果来支付家庭宗族的开销，维持土司政权的运行，完纳国家财赋税收及支持国家建设，在表现国家认同的同时又巩固了土司政治的物质基础。由于汉区商贾和百工的进入带动民族地区的物种传播、技术改进和土地开辟，各族土民改造自然和社会的能力得以提升，生产成效更趋明显，促进了民族地区的经济发展，巩固了土司政治的物质基础，为历代土司朝贡纳赋储备了物资，客观上加快了边疆边缘族群融入中原文化的进程，为明清等朝实行改土归流做了物质准备。

根据元明清等朝的土司制度，朝贡纳赋是土司的义务，用以显示国家的政治统治和土司的臣服忠顺，具有重要的政治意义，也是历代土司谋取经济利益、累积资财的重要途径。元明清等朝为体现天下一统和国家权威，规定了土司朝贡纳赋的义务，向土司收取数量不等的税粮①，为鼓励和诱导土司积极向化、认同王朝国家，中央政府对历代土司的朝贡纳赋给予“礼尚往来、薄来厚往”的优待，在朝贡纳赋和征收赋税时予以减免，形成了上下往来的官方贸易关系，成为土司汇聚财富的重要路径。《明太宗实录》卷二百三十三“永乐十九年正月丙子”条记载：永乐十九年，礼部尚书吕震上蛮夷来朝赏例：“三品、四品，人钞百五十锭，锦一段，苎丝三表里。五品，钞百二十锭，苎丝三表里。六品、七品，钞九十锭，苎丝二表里。八品、九品，钞八十锭，苎丝一表里。未入流，钞六十锭，苎丝一表里。”② 除可观的直接收入外，历代土司借贡赋等机会走出民族地区，目睹王朝国家社会、经济与文化的发展状况，汉区先进生产技术和民众平日的经济生活，参与交换山货特产等活动，也进一步激发其开发领地的愿望，促进民族地区和少数民族的经济发展。

（二）政治利益是土司国家认同的权益诉求

元明清等朝续接王朝国家统治，通过土司制度把各地土司和各族土民

---

① 历代土司多按例朝贡，贡纳物品多西南等民族地区和少数民族所产的银两、马匹、米粮、楠木等特产风物。清代土司朝贡除珍奇贵重之物亲身赴京外，多由地方行省集中解送或折银完纳，从实物贡纳转向折银解送。土司为履行王臣义务而将土民的生产成果以赋税方式输入国库，数额经历了最初轻征薄赋到等同汉地的发展过程，日渐成为国家财政的来源，也表现了历代土司对国家的忠顺与认同。

② 《明太宗实录》卷二三三，“永乐十九年正月丙子”条。

纳入国家政治共同体，拱卫王朝社稷的同时，实践着“天下一国”的政治理想。历代土司依托土司制度，推动国家权力向民族地区和少数民族下渗延伸，借封建王权来确认和提升自身地方统治权力的合法性，巩固土司政治地位。因此，王朝国家通过土司制度与历代土司形成政治权益的双向共赢，是为土司国家认同得以发生的政治动机。

1. 国家权力下渗延伸与认同建构

我国西南、中南和西北等民族地区处在偏远的中间圈层，底蕴深厚而民族众多，具有重要的地缘政治价值，秦汉至明清等朝无不高度重视其战略意义，着意推动国家权力下渗延伸以实践天下一统的理想。秦汉而唐宋等朝续递国家统治，在大一统历史框架内，视“天下”为国家疆域，用文德教化宾服四方，努力推进国家权力下渗延伸，长期在西南、中南和西北等地设郡置县和募兵屯田，不断强化王朝国家的政治影响、军事管控和文化变革，中央政府和地方政权共同持续行使民族地区的军政管理职能，努力把边疆民族整合到国家共同体。元明清等朝在历朝经营基础上，以皇帝为中心的中央政府由于集权统治能力有限、行政管控成本高昂及国家边疆安全维系等原因，基于民族地区和少数民族的发展实际，在大一统历史框架内实行地方行省管理体制，创新、推行和完善土司制度，以“土流参治”“土流并治”等形式整合地方、民族的军政资源，置设万户府、总管府、元帅府、宣慰司、宣抚司、安抚司、长官司、土知府、土知州、土知县等品级有差、数量众多的文武土司，对西南、中南和西北等民族地区和少数民族进行国家整合，在延展疆域的同时，使历代土司及各族土民认同王朝国家政治共同体，成为“王臣”和“子民”，实现国家的政治统治、经济开发、社会管理和文化变革，推动国家权力向下渗透延伸，起到“固疆护国”“安边治民”作用，实践着“天下一国”的政治理想，客观促进和深化中华民族“多元一体”和中国“多元同创”的历史进程。

2. 地方统治权力巩固图谋与认同建构

中华民族经历漫长的“多元一体”过程，西南、中南和西北等地的不同民族主要分布在王朝国家的中间圈层，各有具体的人文环境、生存方式、文化传统、历史记忆、风俗习惯，在发展壮大的过程中内部分化成若干阶级阶层，精英分子在族群内外发挥组织引领的作用。由于王朝国家集权统治能力与国家权威影响有限和民族地区与少数民族的政治体制、历史记忆、民族构成、区位偏远和交通闭塞等具体条件，秦汉而唐宋等朝推行

"以夷治夷""因俗而治"的羁縻统治，利用少数民族首领担任世袭土官，把各民族纳入王朝国家的有效管辖。随国家疆域延展、集权统治强化和管控能力提升，元明清等朝续接国家大统，延续羁縻政治传统，在大一统历史框架内和地方行省管理模式下创造性地推行土司制度，让数量众多、品级有差的历代土司代表国家对西南、中南和西北等民族地区实行政治统治、军事控制、社会管理和文化变革，视各族土民为皇帝子民，创新并完善国家治理制度和体系，使国家、土司和土民逐渐结成相互理解、认同的政治、经济、文化共同体。①

依托土司制度，土司地方统治权力的合法性获得了王朝国家的确认，使之能参与分配、共享和竞争更大的生存空间和更多的环境资源；土司通过谨遵职衔承袭制度、积极朝贡纳赋、奉调军征立功等方式获得土司职位和提升职衔，使民族地区的土司政治更加稳固；崇儒兴学、入学赴考等举措使土司族裔提高自身统治才能，进一步扩大土司家族的统治利益，逐渐凭借才华袭职土司，或跻身国家各级官吏。从客观效果看，历代土司认同元明清等朝代表的国家大统，成功实现了对民族地区和少数民族的政治统治、社会管控、军事征调和文化变革，促成了民族地区稳定发展与经济开发，推进了民族教育与文化创新，缩短了和中原地区与中原文化的差距，其中土司及其族裔获益颇多。

（三）土兵武装是土司国家认同的利益保障

由于土司制度的施行，土兵概念就从本地军队指向土司麾下耕种兵田、服从兵役的农奴，直接听命于土司并接受国家调遣，是土司压制土民反抗、维持统治秩序、争权夺利仇杀的工具，也是国家拱卫社稷、抵御敌国、固疆护国的力量。国家被想象成为充满矛盾和权力关系的多面体，内部势力敌友关系的转换关节很大程度是利益的获取与否。元明清等朝的土兵武装事关王朝国家和历代土司的利益，因共同政治利益而结成官军与土兵的联合，成为达成各自目的的重要手段，故组建、利用土兵武装以保障土司国家认同得以发生的重要原因。

1. 土兵是国家利益的保障

作为超越血缘、族群和个体的政治共同体，王朝国家必须尽最大可能

---

① 杨庭硕、杨曾辉：《论中国土司制度与西方殖民活动的区别》，《贵州民族研究》2014年第3期。

和限度地为最广大的社会成员或群体提供生存发展之必需和保障现实或希冀的权益，军队是坚强柱石，承担对外征御敌国、护国固疆和对内拱卫社稷、维持统治的职能。依据土司制度，土司作为军政统一的地方民族政权，在大一统历史框架内和地方行省管理模式下，对民族地区和少数民族实行间接的国家统治，其麾下私人性质的土兵武装是获取地方统治利益和实现国家最高利益的有力支撑，能在维持土司政治和履行征调义务的同时，维护国家统治、保护国家利益和拱卫王朝社稷，是元明清等朝实现国家最高利益的保障和手段，即被王朝国家用来抵御外来入侵、镇压土酋反叛和农民起义，充当统治阶级的打手。①

西南、中南和西北等地的历代土司位在王朝国家中，是防止"蛮夷民族"进袭的战略屏障，承担应对"外圈蛮夷"冲击、反抗和侵扰元明清等朝的职能和义务。"容美土司的国家认同行动在很大程度上受到这种区域族群关系的影响，促使其只能向东而不是向西"。② 土兵在"征缅""抗倭"等行动中是御敌、固疆护国的力量，也具有类似鄂西唐崖土司"楚蜀屏翰"的政治和军事价值。另随国势消长和矛盾变化，原本主要负责保境安民的土兵也要追随土司，卷入元明清等朝的阶级斗争，成为维持国家统治、拱卫王朝社稷的工具，是朝代更迭中阻碍历史前进的消极力量和统治阶级的帮凶。唐宋时期的云南南诏、大理，贵州罗氏鬼国、罗殿国、播州杨氏、思州田氏，湖南靖州杨氏及广西诸蛮等地方势力叛服无常，对王朝国家具有重大威胁，故迫切需要对其加以积极经营和利用，使之成为抵御敌国进袭、维持边疆稳固、拱卫社稷安定的倚重力量。因此，元明清等朝允准土司将管领的各族土民组建土兵武装，让其平时农耕生产，战时追随土司征战，发挥保境安民、拱卫社稷的历史作用。

2. 土兵是土司统治利益的保障

元明清等朝续接国家大统，在大一统历史框架内和地方行省管理模式下推行土司制度，历代土司及各族土民被整合到国家政治共同体，在地缘上是王朝国家的支撑。根据元明清等朝的土司制度，西南、中南和西北等地的各族土司，通过对土地等生产资料的绝对占有和家族、宗族等血缘亲情来强化内部关系，被允准利用各族土民组建土兵武装，因跻身"王臣"

---

① 李良品：《土司时期西南地区土兵制度与军事战争研究》，重庆出版社，2013，第22页。

② 葛政委：《影响容美土司国家认同的因素分析》，《三峡大学学报》（人文社会科学版）2014年第3期。

而被赋予军事征调义务。

各族土民平时耕种生产，其劳动成果和定期劳役是民族地区土司统治的物质基础。历代土司通过元明清等朝的民族隔离政策禁止土民进入或侵扰汉区，确保经济开发所需的人力资源。土兵在履行保境安民国家义务的同时，能有效管控民族地区的社会秩序，为经济开发提供相对稳定的环境和空间，进一步巩固土司统治，使生产生活秩序和民族社会稳定得到有效保障。在追随土司奉调出征的过程中，士兵征御敌国、固疆护国和拱卫社稷来履行“王臣”义务，土司则在效忠纳诚的同时以战功获得土司职衔升迁，进一步扩大自身统治利益。因此，各族土民以农奴身份被组建成土兵武装，是历代土司履行征调义务、谋求和维系统治利益的基础和手段，成为民族地区保境安民、社会管控、维持统治的基本力量。但是士兵也曾因土司权力利益争斗仇杀而产生消极影响，他们是土司统治利益的保障力量。

（四）文化变革是土司国家认同的利益维系

发达中原文化与朴野地域民族文化形成了二元结构，国家与土司之间就变革文化以谋求、扩张各自统治利益达成了共识，双方根据元明清等朝的土司文教制度推进文化变革，把认同共享中原文化作为目标，从精神、心理和文化层面促成和深化王朝国家认同。元明清等朝秉承“天下一国”的政治理想，为巩固统治地位而继续在大一统历史框架内和地方行省管理模式内推行“崇儒兴学”的土司文教制度，不断强化对西南、中南及西北等民族地区和少数民族的中原文化传播和儒家道德伦常教化，意图通过“以文化民”策略，使中华民族不同成员认同共享中原文化，构筑王朝国家认同的文化基础，凝结中华民族“多元一体”与中国“多元同创”的文化血脉，达成“天下一国”的政治理想。少数民族首领深感地域文化、民族文化的朴野及难以维系土司政治和管控民族社会，历代土司为巩固自身统治而认同元明清等朝，通过崇儒兴学、读书赴考等方式融入主流文化，认同、共享和传播中原文化，变革历史悠久、底蕴深厚的地域文化和民族文化。

1. 国家崇儒兴学的目的在于以文化民和培养人才

国家认同的实质是政治认同，需靠文化认同来长期实现①，文化认同

① 常建华：《国家认同：清史研究的新视角》，《清史研究》2010 年第 4 期。

具有心理基础和精神保障的意义。“中原文化有着很强的辐射力和影响力，边远民族跨越万水千山阻隔表达慕义归化之情，学习与效仿中原文明”。[①] 秦汉而明清等朝续递国家统治，秉承“华夷之别”、“夷夏大防”、“华夷之辨”和“内诸夏而外夷狄”等传统观念，在大一统历史框架内，主张“用夏变夷”“以文化民”，通过中原文化传播和儒家道德伦常教化来变革朴野的地域文化、民族文化，认同共享中原文化以从精神和心理上完成和巩固王朝国家整合，实现其“天下一国”的政治理想。“历代王朝都意图将儒家伦理教化和汉文化植入少数民族文化，通过文化共享实现对少数民族的思想控制和文化认同，进而促进民族认同和国家认同”。[②] 因此，元明清等朝推行土司文教制度，通过历代土司在西南、中南和西北等地倡导崇儒兴学和推进读书赴考等措施，强化中原文化传播和儒家道德伦理教化，推动民族地区学校教育的发展，促成不同民族对中原文化的认同共享，培养、选拔少数民族人才，变革地域文化和民族文化，巩固了历代土司和各族土民的国家认同，从文化角度实践“天下一国”的政治理想，实现王朝国家统治利益最大化。

2. 土司兴学读书是为变革民风和巩固统治

西南、中南和西北等地自然环境独特而人文底蕴深厚，夏、蛮、夷、狄、戎等民族众多又长期各有生存时空，具体的生产生活方式形成独特地域文化与民族文化，其耕作方式、文化生活、政治形态及典章礼仪方面与华夏民族存在明显的差异性。元明清等朝的土司界于王朝国家“化内”“化外”之间，中央与地方的关系复杂微妙，地域文化、民族文化朴野深厚又特色鲜明，相对于高度发达的中原文化则处于“半生半熟”的状态，无法强力维系民族社会的稳定，无力从精神和心理层面维护土司政治与谋求更多统治利益。因此，历代土司通过认同元明清等朝，积极落实国家崇儒兴学的文教制度，能融入主流文化和意识形态，推动中原文化传播，深化儒家道德伦常对少数民族的影响，振兴少数民族教育，培养和选拔封建人才，变革地域文化和民族文化，从精神、心理层面强化民族社会管控，提高土司统治水平和谋求地方统治利益。

---

① 岳小国、陈红：《不被“整合”的向心力——民族走廊“国家化”研究》，《青海民族研究》2013 年第 2 期。

② 周妮：《从“蛮”到“士大夫”——土司文化中的国家认同》，《文化月刊》（下旬刊）2014 年第 1 期。

结　语

历史的经验值得借鉴，通过上述分析，我们可以看到，促成中华民族的繁荣团结和现代中国的国家认同，必须充分考虑各族人民所在区位与环境资源、文化传统与发展状况，大胆进行制度创新和完善国家治理体系，最大限度地满足多方的政治、经济、文化等利益诉求。

改土归流后湖广土家族地区的士绅培育与社会控制研究

郗玉松

（遵义师范学院历史文化与旅游管理学院）

摘　要　雍正时期，湖广土家族地区相继完成了改土归流。改土归流后，流官们积极培育士绅，实施教化，士绅阶层的兴起加强了湖广土家族基层社会的控制。改土归流后，“皇权始下于州县”，土家族地区的士绅与州县官积极合作，士绅维护了地方社会的稳定，积极经办公益事业、赈济灾荒，以自己的言行表率乡里。到19世纪中后期，作为州县官和土民的“中介”，土家族地区的士绅权威日重。

关键词　流官　士绅培育　社会控制

我国西南贵州、云南、广西、四川、湖南、湖北等少数民族地区自元代以来就实行土司制度。土司制度是中央政府对上述地区实行的一种特殊的统治制度，朝廷封授少数民族部族首领土司职位，土司对朝廷承担一定的赋役，并按照朝廷的征发令提供军队。土司是指由当地少数民族首领组成世袭的宣慰司、宣抚司、安抚司、长官司等，虽然接受中央封赐的官爵名号，但其管辖范围内的土地和人民均归其所有，实际上属于割据一方的地方政权。随着社会的发展，土司制度越来越成了当地生产发展和社会进步的障碍，不利国家和民族统一。雍正时期推行的改土归流政策，就是革除土司，并在这些地区分别设置府、厅、州、县，并派“流官”管理地方。湖广土司的改土归流均在雍正时期，“雍正年间，施南、容美、永顺、保靖先后纳土，特设施南一府，隶北布政使，永顺一府，隶南布政使。两府既设，合境无土司名目”。[①]

改土归流后，湖广土家族地区设立府、州、县代替了原来的土司统治，清王朝在鄂西设施南府并辖恩施、利川、来凤、宣恩、建始、咸丰六县，设鹤峰州辖长乐、长阳两县。在湘西设永顺府辖永顺、保靖、龙山、桑植四县。流官进入湖广土家族地区，对于他们而言，新开辟地区的基层社会管理并不容易，他们对此也有清醒的认识：“郡（永顺府）为苗疆而有军户、民户、客户半相错处……以治苗疆常法治永顺尚不可，况以治内地者治之？”[②] 流官首先推行保甲制度，迅速建立起基层社会的管理体制，确保土家族基层社会的稳定。之后，他们开展教化，儒家思想逐步渗透于土家族乡土社会，并积极培育士绅阶层，士绅阶层的兴起对湖广土家族基层社会的重建产生了重要影响。

由于传统中国的政治权力只达到州县一级，在地方权力与乡村社会之间，存有很大的权力真空，这一权力真空正是由地方士绅们所填补，形成一个具有自治性质的“士绅社会”。土家族地区的绅士培育始自清代雍正改土归流之后，流官在各府、州、县创办府学、县学、义学、书院，培育士绅，以维护地方。经过数十年培育，土家族地区出现了“选举贡均已有人，厥后人文蔚起，月异而岁不同”的局面。且土家族读书成名者众，“邑自乾隆三十七年，初设学官，始定学额。在三十七年以前，学附恩施，其成名者土童十之八九，客籍十或一二焉”。[③]

一　学额增设与湖广土家族士绅阶层的培育

土司统治时期，中央王朝为加强对土司的控制，规定不经过学习的土司子弟不准承袭，《明史·湖广土司传》载：明弘治十四年（1501），明孝宗规定土司职官子弟，凡要承袭土职者，必须入学。不入学者，不准承袭。这样的规定在客观上加强了汉文化在土家族地区的传播。但土司掌握了教育的权利和受教育权，他们采取愚民政策，虽建有书院等学习场所，却只允许土司及贵族子弟入学。

改土归流初期，进入到土家族地区的流官积极推行保甲制度，用保甲

① 《清史稿》卷五一二，《土司一》。

② 同治《永顺府志》《卷首·序》，同治十二年（1873）增刻本。

③ 同治《来凤县志》卷二八，《风俗志·士习》。

长作为官府和土民沟通的中介，土家族地区逐渐趋于稳定。为执行清政府的文化教育政策，从思想上控制土民，流官们设置府学、县学，鼓励开办义学、书院，目的是培养官府需要的人才，为实现清政府的统治服务。经过数十年的教化，土家族地区逐渐形成了士绅阶层。

雍正七年（1729），设置永顺府，下辖永顺、保靖、龙山和桑植四县，以永顺为附郭县。雍正十一年（1733），永顺府设立府学，建府学署。“府学宫在府署西北，雍正十一年，知府袁承宠建”。四县各设县学，“雍正十一年，题定府学设教授一员，四县学各训导一员”。并在永顺府设考棚一座，“照例岁科两试，府学各取进十二名，四县学各取进八名，武童三年一试，照文童额数取进”。[①] 府学、县学岁、科两次考试，府学每次录取十二名，县学每次录取八名，武童三年一次考试，名额与文童相同。嘉庆、咸丰时期，永顺府和施南府、鹤峰州所辖各县的学额均有增加。如永顺府所辖龙山县，“岁科试进文生员各八名，岁试额进武生员八名，额设廪生六名，增生六名。三年一贡，遇恩诏即以正贡作恩贡，次贡作岁贡”。另外，永顺府从乾隆末年，开始增广学额，“乾隆六十年，奉恩诏增广学额一次，文武各三名；嘉庆元年，奉恩诏增广学额一次，文武各三名；嘉庆四年，奉恩诏增广学额一次，文武各三名；嘉庆二十五年，奉恩诏增广学额一次，文武各三名；道光元年，奉恩诏增广学额一次，文武各三名；咸丰元年，奉恩诏增广学额一次，文武各三名；咸丰九年，捐输军饷，奏请恩诏增广永远学额文武各一名，又增广一次文武学额各二名；同治元年，奉恩诏增广学额一次，文武各三名；又捐输军饷，奏请恩广学额一次，文武各二名；同治四年，捐输军饷，奏请恩广学额一次，文武各一名；同治七年，龙山弁勇捐输饷项，奏请恩广学额一次，文武各五名”。[②] 嘉庆时期的白莲教起义和太平天国农民运动的领袖石达开所率起义军都曾在湘鄂西交界地带长期活动，永顺府、施南府及所辖州县在对抗这两次战争中均发挥了重要作用，或捐款捐物、设卡堵截，或募勇动员，冲杀陷阵。清政府多次增广学额，以示奖励。清朝中期以后，土家族地区各府县普遍增广学额，培育士绅阶层。

流官执行民族教育政策，在录取名额的分配上，一般为“土三客一”，

---

① 同治《永顺府志》卷五，《学校》。

② 光绪《龙山县志》卷五，《学额》。

“其府学额数于各县内取拨，桑植县有慈利县归并户口，酌定八名内各取二名，其余六名俱取土民。永、保、龙三县亦多取土童，少取客童”。并对土客界定：“详定在前朝入籍者为土，在本朝入籍者为客，以土三客一为率。”① 改土归流后，“蛮不出峒、汉不入境”的民族隔离政策被废除，大量的客民进入土家族地区，许多州县的客民竟然超过了土民。为对土家族实施教化，在录取生童时，执行“土三客一”的录取政策，并严禁冒籍。

设置府学、县学之前，清政府鼓励在永顺府设置义学，“雍正七年奉部咨查，永顺新辟苗疆，应先设立义学，择本省贡生生员令其实心教诲，量予廪饩”。永顺府所辖四县均设置义学，“乾隆五年，详准永顺府属之永顺县设义学三处，保靖县设义学四处，龙山县设义学二处，桑植县设义学三处”。②

对于义学师资经费，清政府给予支持，各义学“每年赴藩库领银给铺师各一十六两”。除此之外，流官多方筹集办学经费，永顺县“将麻阳坪河内官鱼潭岁收租课，河长四十余里，内有鱼潭十余处，本系土司取鱼之处，今定网户岁纳课银十二两，给资各义学膏火”。③ 桑植县“将巴耳壁、寨湾两处官山可耕之土约三百余亩，应纳租银四十一两零，除完粮七钱外，交书院馆师二十四两，……，余十七两零解司”，“知县赵民牧捐置水田一处，在东门外一处，在先农坛旁又塘一口，共计一十二亩零。每年租息给资膏火”。乾隆二十五年，新司城义学倒塌，署通判李宏照禀将土司旧署西宅第二间改为义学，“知县顾奎光议将营泛箭道旁官田二十三坵，岁租八石，拨作膏火”。④

至同治年间，永顺府所辖四县，培育进士一名，“进士黄晋洺，原名中瓒，永顺县人，同治乙丑科进士，现官翰林院检讨”。⑤ 举人二十八名，贡生（恩贡、拔贡、例贡、优贡、岁贡）五百余名，其余诸生（廪生、附

---

① 同治《永顺府志》卷五，《学校》。

② 同治《永顺府志》卷五，《学校》。

③ 乾隆《永顺县志》卷二，《学校志 · 义学》。

④ 同治《永顺府志》卷五，《学校》。

⑤ 顾廷龙主编《清代朱卷集成》第 27 卷，台北成文出版社，1992，第 141 页。黄中瓒条：黄中瓒，派名毓瓒，字瑟庵，行二，道光己丑年十月初八日吉时生，湖南永顺府永顺县优贡生，内阁中书。乙卯考取本省优贡；辛酉考取咸安宫教习；辛酉中式顺天乡试举人，复试第一等；壬戌考取内阁中书。

生、增生、监生、武生）更多。施南府的情况与永顺府相近，从顺治到道光年间，施南府培育出两名进士，“康熙丙戌，陶仁明（建始人）；嘉庆己卯，李耀瑚（利川人）”。十八名举人，贡生若干。[①]

除进士和少数举人在外任职，多数举人、生员均在地方，他们对土家族社会产生了重要影响。

二 士绅的社会职能

作为官府和基层社会的中介，士绅的职能覆盖着广泛的领域，他们重要的社会职能包括了筹划和领导地方公共事务的运作，健全并经营宗族机构，组织指挥地方的武装，在与官府交往中代表地方和宗族利益，等等。流官在土家族地区兴办教育、培育士绅的主要目的是执行清政府的民族教化政策，用儒家思想教化土民，从而在思想上和行政管理体系上实现与中原地区的“一体化”。土家族地区士绅最重要、最直接的社会职能表现在对白莲教、石达开起义军的作战中，他们利用自身的威望和社会资源，积极进行社会动员，募集资金，招募兵勇，甚者设卡堵截，带兵上阵冲杀。对维护土家族区域的社会稳定，士绅发挥了重要作用。除此之外，他们作为地方的精英，用自己的示范教化土民，表率乡里。他们热心兴办土家族地方公共事业，参与赈灾救荒，在官府和土民的交往中，积极发挥其中介作用。

（一）维护地方稳定

嘉庆时期的白莲教起义和咸丰时期的石达开起义均波及湘鄂西地区，并在永顺府龙山县和施南府来凤县进行过激烈的战斗。从正史资料看，起义爆发后，清政府调集大军，镇压了起义军。如白莲教起义爆发后，清政府甚为震惊，调集陕甘总督宜都、湖光总督毕沅、湖北巡抚惠龄等负责围剿义军，又调集直隶古北口提督庆成、山西总兵德龄率兵两千，协同作战。[②] 清代中期以后，清军的战斗力已大大减弱，遇战事，将领则“拥兵自卫，或命将弁堵剿，将弁亦不向前”。[③] 当时流传“贼至兵无影，兵来贼

① 道光《施南府志》卷二三，《选举》。

② 王戎笙等编《清代全史》第六卷，辽宁人民出版社，1991，第244页。

③ 张鹏展：《练乡勇校军需疏》，载贺长龄辑《皇朝经世文编》卷八九。

没踪，可怜兵与贼，何日得相逢！”“贼来不见官兵面，贼去官兵才出现”。[①] 这是清代中期后，清军作战情况的写照。白莲教义军则妇女儿童齐上阵，作战勇敢，他们善于利用地形，多次重创官兵。

从地方志记载的资料可以发现，地方士绅武装在镇压起义军、维护地方稳定中发挥了重要作用。他们募集资金、招募乡勇、设卡堵截、固守城池、上阵冲杀，他们熟悉地形和作战情况，采取的作战方式与官军相比更有针对性、灵活性。他们在镇压义军、维护社会稳定方面起了关键作用。

嘉庆元年（1796）二月，白莲教起义军攻打龙山县城，“白莲教匪攻龙山县城，知县林龙章督勇击之，贼退踞来凤。五日贼掠招头砦，绅士王冈锡、刘士武等率乡勇击走之，斩首三百余人。明日，邑人晏多略击贼于都车坝，贼败走，乘夜遁入来凤”。[②] 在《龙山县志》中对于这次战斗有更详尽的描述：“嘉庆元年二月辛卯，白莲教匪攻龙山城，知县林龙章督勇击之，贼退据来凤。先一年苗变，龙山汛兵皆调征三厅，无留者，城故单空，贼警至，龙章止居民毋他，徒捐俸募勇丁，暂守城，而邑监生黄之翰、民晏多略各出资集乡勇应之，龙章令训导许忠锴、典史王谦分领其众，屯四城上，部署周严，人心大定。时白莲教由四川入湖北边境，乙未，贼掠招头寨，绅士王冈锡、刘士武等率乡勇击走之。招头寨，他砂里地也。素殷富，贼恣欲之，乘夜自来凤出绕城而南，急驰七十里，掠其地。王冈锡等率乡勇击之败，斩首三百级，余贼弃所掠物回窜。”[③] 绅士积极募集资金、招募乡勇、带兵作战，在战斗中发挥了重要作用。

白莲教义军转战来凤，来凤县令也是依靠绅士的力量进行抵御，“国朝嘉庆元年，白匪扑入来凤，知县康义民督率绅士设卡防堵”。[④]

宣恩县的绅士在这次战乱中亦发挥了重要作用，“宋永炣字文奇，国学生。嘉庆元年，教匪窜入东乡晒坪，（宋永炣）捐银三千两，招募乡勇五百名，命五子宏增随县主苏公于洛堵御。二日，贼畏有备，不敢入，城赖以全”。宋永炣在与白莲教的斗争中，捐献白银三千两，招募乡勇五百名，除招募乡勇、捐资平叛外，还命自己的儿子宋宏增上阵冲杀。“宋宏增字退莽，邑增生，文奇之五子也，性聪明，多才艺，兼长医术堪舆。嘉

① 《清史稿》卷三五六，《谷际岐传》。
② 同治《永顺府志》卷六，《兵事》。
③ 光绪《龙山县志》卷七，《兵防下》。
④ 同治《咸丰县志》卷一二，《武备志》。

庆元年，来风莲匪猖獗，捐资募勇，堵卡龙山鹿皮坝，与贼战，拿获贼目胡正中，抢获旗帜、刀锚并大炮二座，当事保奏，准以知县尽先选用，加五品顶戴蓝翎”。其余诸生亦捐助款物，以身任事，对平息叛乱，均发挥了重要作用。“唐廷拔，邑诸生，嘉庆元年，白莲教匪滋事，捐助军饷，兼守办粮台，议叙军功”，“唐开源，邑武生，嘉庆元年，白莲教匪滋事，捐助军需，兼守炮台，议叙军功，以把总用”。[①]

或许从建始县三位绅士在对抗白莲教义军中的表现能进一步说明绅士在平叛中的作用，他们或募资练勇，上阵抗敌，与官军遥相呼应。或为官军充当向导，献计献策，或为官军置办粮草，保障物资供应。他们在平叛白莲教起义中都发挥了重要作用，“王士绂，建始县恩贡生，嘉庆二年，白莲教匪入境……檄充大军向导，围贼芭叶寨，威勇侯额深器之，贼平，论功议叙知县。所上破贼七启遗稿，散佚，士林惜之”。“庞澧昌，建始县恩贡生……嘉庆初，白莲匪盘踞县境，澧昌集团练勇，与大军相犄角，贼平，议叙功授六品职”。“柳荣湘，建始痒生，因事被褫。嘉庆二年，贼扰建境，居民逃避。大军至，粮无所出，奉谕采买，毁家购粮，厚值偿之，粮络绎不绝。军赖以济，家遂落。额侯以其功，复依项给六品衔”。[②] 建始县三位绅士有一定代表性，他们代表了地方绅士面对地方义军的态度，有钱出钱、有力出力、献计献策、不遗余力。战后，他们都获得了出仕的机会。

绅士之所以积极参与到地方社会的维稳中，一个原因就是绅士地位得到社会的承认，“绅为一邑之望，士为四民之首”，是对绅士社会地位的认定。“一得为此，则免于编氓之役，齿于衣冠，得以礼见官长，而无笞捶之辱……非必其慕功名也，保身家而已”。[③] 绅士的地位在社会中得到认可，自然不允许外来的力量颠覆既有的秩序，他们的利益已经和清政府牢牢地捆绑在一起。当面对白莲教和石达开起义军的入侵时，他们迅速自发组织起来，捐资募勇，甚至不惜牺牲自己和家人的性命，对抗起义军。

土家族地区绅士捐资募勇对抗起义军的另一个重要原因就是对现实的考量。白莲教和石达开义军进入龙山、来凤等县，首要目的就是要补充军需，土家族地区的绅士依靠社会政治资源和自身数年经营，不少绅士家族

---

① 同治《宣恩县志》卷一七，《选举志》。

② 光绪《施南府志续编》卷九，《人物志》。

③ 顾炎武：《亭林文集》卷一。

已经壮大，成为当地的富家大户，自然就成为义军的抢劫目标，绅士捐资募勇、上阵杀敌的动力在很大程度上就是保护自己家族的财富。从捐款数量来看，很多绅士家庭已经相当富有，如上文中提到的宣恩县国学生宋永炣，他在与白莲教的斗争中，捐献白银三千两，招募乡勇五百名。咸丰县的杨胜忠，“嘉庆元年，来邑教匪突起，残贼焚掠，时承平百余年。遽闻大变，杨峒地方尤密尔，日夜烽燧告警，游民奔窜，先生率子侄佃户百余人，往罗锅平等处设卡堵御”。[①] 杨胜忠率子侄佃户百余人堵御义军，其家族势力应非常强大了。

绅士积极对抗义军、维护地方稳定的动力亦来自绅士追求功名的心理需求，地方社会中的生员为下层绅士，通过科举考试晋升为中上层绅士的概率太小，几乎没有机会出仕为官。“邑聚千数百童生，擢十数人为生员；省聚万数千生员，而拔百数十人为举人；天下聚数千举人，而拔百数人为进士；复于百数进士，而拔数十人入翰林”。[②] 读书的一个很重要的诱因就是可以通过科举考试而获得做官的机会。然而，政府为学子提供的官职非常有限，大部分生员、举人没有机会入仕为官。而有军功的下层绅士却能获得外出做官的机会，在这样的背景下，他们全身心地对抗起义军，似乎就不难理解了。上文中提到的杨胜忠，“率堂兄占魁捐资募勇前往，与官兵营得胜坡先后奋击（贼）十余次。凯旋后，督宪毕奏赏一等军功，以知县尽先选用，家居表率族邻，仪型乡里”。“杨胜岳，知列邑痒，屡试优等……嘉庆元年，来邑教匪滋事，募勇于璇坨、罗锅坪等处日夜防堵，咸赖以安。后大兵进剿，随翼长何进逼贼巢，虽亲冒矢石，未尝妄戮一人。事平，蒙制军毕奏赏一等军功以府经历，不论双单月选用，十八年，铨贵州思南府经历”。“王伟，字辅臣。恩贡生……贡后，以军需防堵，功保知县，以直隶州升用，谒选入都铨粤令”。[③] 这些地方生员，通过抗击义军，以军功铨选得以出任知县等官职，实现了读书人追求的“修身、齐家、治国、平天下”的人生理想。

来凤县“邑自嘉庆丙辰白匪之变，贤豪辈起”。“迨后七十年而发匪乱作，邑灾殉城，居民逃窜，凶逆之众，焚杀淫掠，盘踞县城几半载。来邑之祸亦云极矣！其时，义勇之士、慷慨从事者固不乏人，而智、仁、勇、

---

① 民国《咸丰县志》卷八，《人物志》。

② 梁启超：《饮冰室文集》之三，台湾中华书局重印本，第33页。

③ 民国《咸丰县志》卷八，《人物志》。

利四里绅首尤能顾年（念）桑梓，同心保卫，或请兵入援，或助饷捐资，或连营以拒贼，或分兵以守隘。莫不奋不顾身，奔走竭蹶。于干戈抢攘之中，县境得以无恙，公德所垂岂不足光昭简册哉”。[①] 爆发于清代中期的两次战乱，清政府式微，给了地方绅士崛起的机会。他们以此为契机，捐资募勇，防城守隘，逐渐在基层社会的舞台上展示出力量。

（二）经营地方公益事业

士绅阶层真正的价值在于对地方基层社会的领导和控制。士绅本质上是属于地方基层社会的，他们在公共事务中发挥着重要作用，为官府分忧。在客观上，士绅热心于公益事业，能够造福土民，同时，他们借此在乡村社会中树立自身的威望。土家族地区士绅参加公益事业的方式是通过捐款捐物，修桥补路，设置义渡等解决困扰地方急需解决的交通问题；修建寺庙，提供民间信仰的祭拜场所；捐田地解决义学、书院的膏火等办学经费问题。

捐资修城墙。对于县城、府城的城墙，一旦落成后，清政府几乎不再拨款维护。维修的费用主要靠地方官从养廉银中支出及从民间募集。民间募集的主要对象就是地方绅士，在清代，恩施城多次维修维护，主要靠绅士募集资金并监管维修事项。“恩施为附郭首邑，县城即郡城也……道光五年，署知府孙仲清捐廉，倡率士民捐资重建，西北两楼补修，西北隅倾圮数处，甃砌周环雉堞石碑。道光十一年，知县姒朝绾捐廉补修，并劝邑绅捐钱助修。咸丰二年，知府何大经知县任海晏劝捐兴修，重建西门城楼及屋三楹，周环雉堞皆加青石覆之。十年，署知府黄益杰饬绅劝捐修理坍塌挫裂凡六处。同治二年，署知县翁键谕绅劝捐修理三处”。“鼓楼在城内府署左……同治乙丑，知府夏锡麒捐廉倡率士民锐意成之，派邑绅董成厥事，是年夏，即有尹寿衡南宫之捷，自此人文蔚起，贤良之贻泽孔长矣”。[②] 清代，地方官员视养廉银为自己的财产，且用途较多，修补城池，他们只会象征性的“捐廉”，绝大多数的款项来自以绅士倡导的民间捐款，且维修城墙的整个过程都要绅士参与监管。

府县设置书院，绅士捐资助修，并捐膏火田作为日常经费。“白岩书

① 同治《来凤县志》卷二八，《风俗志·士习》。

② 同治《恩施县志》卷二，《建置志》。

院，在城东门外，道光十八年，知县易学超改建，云从书院名，邑绅张廷辉捐工赀并膏火田”。[①] 在要求设置考点、增广学额等方面，地方绅士积极参与，咸丰县杨胜忠为赴省城申请建考棚、增学额而捐银数百两，“杨胜忠……乾隆丙戌，六邑先辈公请建棚，广学额，捐数百金，为赴省公费。题准后，又命其弟与子侄合力厥事，士林至今称之。先生少聪慧，早岁游痒，旋食廪饩”。事成后，又到恩施监修考棚，“乾隆三十八年，先生奉父命往施监修考棚三载，又创建本县学宫。捐资出力，人皆敬服”。[②] 湘西的绅士亦积极倡办书院，捐献膏火田，“罗正寿，保靖县人，性倜傥，好施与，每遇修路建桥、施棺拯溺，以及舍宿负全婚姻皆乐捐之，值乙卯苗变，遣长子经纶捐赀募勇，以卫乡间，迨傅道患均田养勇、立书院、筹膏火，又首捐附郭腴田数十亩，为一邑倡。胡大志，保靖县庠生，秉性刚直，行事务持大体，尝捐田亩以充崇文书院膏火，知府戴求仁以志培棫朴表其门。宋正，保靖县监生，急公尚义，尝与侄大方捐田数十亩，以佐书院膏火，人咸德之”。[③]

绅士积极参与地方建设，热心地方公益事业，修建桥梁，疏通道路，创设庙宇，“秦朝品，邑庠生……创修紧要桥梁道路约数十余处。西北江上流多水患，东自土老坪而北，西自桐车坝而下，春夏水涨，石桥辄垌塌，不便行人，先生勉为其难，岁修每独任之，数十年如一日，又应募培修庙宇多所”。[④] “裕后桥，城东七十里，道光二十六年，武生宋朝武建。永保桥，城西南九十里，保靖要道，同治九年，监生曾福寿倡修。安定桥，城北三十里，道光二十四年，举人胡光国，州同衔胡光照同建”。[⑤] “许德新，恩施监生。尝捐资五百串修压松溪石路，共三十里有奇。又捐田一区，价值一千六百串，取租生息为屯埠上渡口义渡，每岁春修船、秋修桥之资。行人颂之”。[⑥] 即使是地方官府设置的救生局，也依靠地方绅士经理。“于顺江滩，信坪滩，龟背滩，绕矶笼滩，茨滩，凤滩各设救生红船二只，水手四名，委员督绅坐滩梭巡救溺，府城设立总局，以董其成，

① 光绪《龙山县志》卷五，《书院》。
② （民国）《咸丰县志》卷八，《人物志》。
③ 同治《永顺府志》卷八，《人物》。
④ （民国）《咸丰县志》卷八，《人物志》。
⑤ 同治《永顺府志》卷三，《津梁》。
⑥ 光绪《施南府志续编》卷九，《人物志》。

至今商民称便”。[①]

绅士不仅自己捐款捐物，作为“四民之表”，他们倡导捐款捐物、兴修工程，民间踊跃于地方公务，出钱力者甚多，工程易于完成。如力不能及，士绅还会利用自己的威望，力劝地方富豪捐款来实现自己的愿望，完成自己想做的公益，“钟大伦，字理堂，郡诸生，性方重有识略，私居必肃容仪，每经市，人皆望而敬之……邑书院建立，久多倾败，膏火不给，道光丙戌，大伦劝富室张廷辉捐赀重修，而身董其役，数月落成，规制拓于前，并劝捐膏火田千余亩，延聘院长，备立规条，而时稽其勤惰，每课终日监视，严钞袭假代之罚，士亦无敢犯者，文风日起”。[②]

（三）赈灾救荒

湖广土家族聚居区的永顺府、施南府、鹤峰州等地，土地贫瘠，“司中地土瘠薄，三寸以下皆石，耕种只可三熟，则又废而别垦。故民无常业，官不租税”[③]，并时常发生水灾。灾荒导致土地荒芜、粮食歉收，灾民处于饥饿威胁之下，引发社会危机。绅士参与社仓、义仓日常经营，遇有灾荒，则捐款和谷米，赈济灾民。官府赈济是救济灾荒的主体，绅士倡导的民间赈济成为其有力的补充，两者的共同目的在于维持地方社会的稳定。清代中期以后，政府的收入常常不够支出，给予赈济的款物不足，经常给予的优惠政策只是免于当年的田赋，而灾荒中的土民却生活于水深火热之中，不及时赈济，就会爆发社会动乱，绅士领导的民间赈济的作用日益凸显。

土家族地区的社仓、义仓多由官府倡办，绅士经管，永顺府的府义仓由官员捐谷，官府投资买谷，交给绅士经营，“府义仓，同治九年知府魏式曾捐廉买谷一百石，永顺县知县唐庚捐谷一百石，前任永顺县知县胡启运捐谷五十石，府经历王恩照捐谷二十五石，府教授丁振声捐谷六石，署永顺县训导刘华锳捐谷七石，永顺县典史周兰捐谷十二石，共三百石。饬救生局买谷七百石，共本谷一千石，分储府仓三廒，派令绅士经理，每年夏间开仓平粜，秋熟后买谷还仓”。[④] 保靖县义仓主要靠城乡绅士捐谷，

---

① 同治《永顺府志》卷一，《关隘续编》。

② 光绪《龙山县志》卷一四，《人物》。

③ 高润身主笔《容美纪游注释》，天津古籍出版社，1991，第89页。

④ 同治《永顺府志》卷四，《仓储续编》。

“知县汤铸铭适奉上宪札催举行义仓，即行谕令城乡绅士，实心劝捐，得十六都士民捐输谷共二千四百石”。[①] 桑植县新司城义仓的积谷是官方倡导，绅士捐谷，并设七处水田，所收租谷皆入义仓，由绅士经管，“新司城社仓额，储谷二百三十四石二斗，一义仓原储谷六千一百一十六石，系道光二十六年，知县朱世熙奉文督绅捐备。咸丰初，售谷二千一百七十石，置当水田七处，岁收租谷二百零五石，派绅耆经管”。[②] 出现灾荒，官府依靠绅士查点受灾情形，利用官府的常平仓积谷和官督绅办的社仓、义仓积谷赈灾，“据外塔卧、外颗砂两保绅民禀报，沿河低处田亩亦多被淹，业经督饬公正绅耆，将车窝、勺哈、外塔卧、外颗砂四保被水穷民，动用积谷赈贷”。[③] “远乡绅士闻郡城水灾，或持鸡豚，或操蔬米，以来慰问，犹有古恤患之风”。[④]

遇有灾荒，绅士自发赈灾的主要手段主要包括平粜、借贷、煮粥济民等方式。嘉庆十八年癸酉秋，螟伤稼。十九年甲戌，饥，邑中富绅设局平粜，乡民咸资荞麦度活。[⑤] “秦朝品，邑庠生，家称富有，性喜施乐善……年饥，必赴市观米价，稍昂，则遍假诸邻，减价售之，风潮遂因以平”。“刘正方，岁贡生……光绪中叶，邑地以瘠薄，叠遇歉岁，先生捐资设粥厂，食流氓及本境极贫之户，全活无算，所著救荒十二策，上诸当道，多蒙采行”。“邵秋湖，字晓泉，太学生……吾地频年歉收，道馑相望。因罄其历年所积，慨然捐谷百余石，约里中同志数人董其事，常年则贷于次贫者，薄取息，责必偿，极贫者赈之，荒年则全数赈济贫民。丙寅丁酉间，谷尽。又独捐百余石，分别赈贷，亦如前，合十余年。计其所全活救济者，不下千余人”。[⑥] “龙麟铨，建始监生，每逢歉岁，常减省衣食，以赒邻里”。[⑦]

即使官府倡导的赈灾，也往往依靠绅士来协助实施，“邓家燕，四川成都县举人，乾隆中为保靖令，□稚最久，慈惠甚着。值戊戌岁饥，道殣

① 同治《保靖县志》卷三，《食货志·仓储》。
② 同治《桑植县志》卷二，《风土志·积储》。
③ 同治《永顺府志》卷一一，《檄示》。
④ 同治《永顺府志》卷一一，《艺文》。
⑤ 同治《保靖县志》卷一一，《祥异志》。
⑥ （民国）《咸丰县志》卷八，《人物志》。
⑦ 同治《施南府志》卷二五，《人物志》。

相望，家燕倡率邑绅煮粥济活无算”。[①] “二十九年己酉春夏，苦，二麦无收，大饥。五月饥，道殣相籍，民间多食椿叶及剪草充饥者，邑令黄其表开仓平粜，邑富绅多设厂施粥”。[②]

（四）表率乡里

绅士除有“四民之首”的称号外，尚有“齐民之表率”“百姓之观瞻”“庶民之坊表”的美称，承担了“一乡之表”“四民之望”的重任。官方给予绅士这些称号的目的是通过绅士的表率作用，以推行官方倡导的儒家思想伦理道德和价值观。

“仁爱”是儒家伦理学说中的核心思想，从这一核心思想出发，儒家提出了一系列道德规范，如忠诚、孝义、节烈等。清代土家族地区的方志中都有对土民品行的记录，按照儒家的忠诚、节孝等观念记录土民的思想、言行，尤其是对绅士品行的记载尤为详细，目的是通过记录绅士的言行，达到其表率乡里的目的，为推行官府的价值观念服务。

在对抗白莲教和石达开义军的过程中，土家族地区的绅士自觉地与清政府保持一致，不管他们是忠于君、忠于朝廷还是忠于道，在面对义军时，一直与“贼”势不两立。恩施县“列文冠者数百人，可谓盛矣！由是而诸生慕实学，崇正轨，家弦户诵。丙辰岁，邪逆倡乱，远近骚然，无一青矜为其所惑。文生黄万全竟以骂贼死烈，受朝廷奖祀”。[③] 恩施县的数百名绅士在抗击白莲教义军中，没有一人“为其所惑”。绅士率乡勇抗击白莲教义军，被擒后亦保持气节，与“贼”势不两立，骂“贼”求死。“周莲，利川庠生，幼敏悟力学，弱冠有声黉序。咸丰壬戌年，发逆入境，莲骂贼遇害”。[④] 在他们的带动下，土民也积极参与到对抗白莲教义军中。“黄万全，邑生员，嘉庆二年，率乡勇剿贼，被擒，骂贼，死。黄振万，邑人，嘉庆二年，同万全率乡勇剿贼，骂贼，死”。[⑤]

儒家伦理思想的一个显著特色就是诚信精神，讲究诚信，就是守信用、重承诺。地方志中多处记载了地方绅士的诚信事迹，如“覃尚科，字

---

① 同治《永顺府志》卷七，《名宦》。
② 同治《保靖县志》卷一一，《祥异志》。
③ 同治《恩施县志》卷十，《艺文》。
④ 光绪《施南府志续编》卷九，《人物志》。
⑤ 同治《恩施县志》卷九，《人物》。

贵良，诸生，性诚孝……同治二年，贼警如前，县城闭，附近居民争援梯入城，尚科缀其后，及堞，有凶徒某阻不内，尚科力求入，某怒掀梯倒，尚科随而颠至地，幸不创损。尚科怡然弗愠，时年已八十矣。尚科先于来凤某肆购物，值钱数十文，未及偿而贼至，及事平，尚科往偿时，计簿已毁矣。某肆主惊且喜曰，何诚厚如此哉，年八十六无疾而卒”。[①]

儒家伦理思想重视孝道，主张以孝立人、以人立德、以德立国、以国立天下。讲究“百善孝为先”，认为孝是一切善行的根源和力量来源，行孝道是各种美德的起点。土家族地方志中均设有专节记录孝友，以弘扬孝文化。而在这些孝友记录中，超过三分之二是绅士的孝行。绅士作为“四民之表”，在官府提倡的孝行中起表率作用。官府推行孝文化，目的是以孝为教，发挥孝文化的社会道德教育功能。提倡孝文化中的顺从观念，“张庆霈，字春帆，邑诸生，廷辉仲子也。性温厚，事父母愉色柔声，未尝有几微迕事”。提倡孝行，在物质生活上要赡养父母，在精神上要发自内心的尊敬父母。“陈兆麒，字仁圃，诸生，父老患风痹卧不起，所遗污床褥，则躬为浣易之，日三污三浣，不以为嫌。父母没，庐墓三年，至老孺慕不衰，或为子孙言及父母，行实即哽咽不能卒语”。[②]

从改土归流到19世纪中后期的一百余年里，土家族地区经历了改土初期的震荡后，流官在土家族地区积极推行保甲制度，培育绅士，“皇权下于州县”，基层社会趋于稳定。嘉庆初的白莲教起义和太平天国的石达开义军均进入该地区活动，他们选择了该地区的原因包括土家族地区山高路险林密，易于与官军周旋；地方民众易于发动，可以联合抗清等。然而，经过清政府数十年教化，土家族地区与内地趋于“一体化”，在面对不安定的社会因素时，土家族区域的士绅倡导民众与官府一起抵御义军，这是两次义军虽在土家族区域活动，均没有长期立足的原因。值得一提的是，在发动民众与官府一起抗击义军的过程中，土家族地方士绅势力增大，在民间与官府的事务中，增强了自身威望，掌握了话语权。《龙山县志》中记载了一个叫刘文达的生员，“嘉庆元年，白莲党寇龙山，文达尝勒乡勇助守，战屡有功，诸大帅就询方略，俱倚畀之。时邑人多为邪教所惑诱者，有同姓某或诉其党于贼，知县林龙章将斩之，且并坐其家十数人，然

① 同治《龙山县志》卷一四，《人物》。
② 同治《龙山县志》卷一四，《人物》。

某诚为忌者诬，未尝与贼通也。文达急见龙章，请释之，不从。则率乡勇要而请之，乃释”。[①] 宣恩县生员刘文达要求知县释放嫌疑犯，知县不从。刘文达则纠集乡勇，向知县施压，知县被迫释放嫌疑犯，这在之前是不可想象的。改土归流之初，流官在土家族地区设置府学、县学时，均照例在学校明伦堂左设置卧碑，刊刻御制卧碑文，作为生员守则，其中明确规定生员“不可干求官长”“凡有司衙门不可轻入”“不可干预他人词讼”[②]等。士绅参与地方公务，在民间威望日重。麻光裕在对抗白莲教起义时，“屡战屡胜，阃帅诧其能，由是兴山、竹山、长阳、巴东共十数州县俱与之，偕其所至处，贼窃遥相谓曰‘麻老虎’至矣，辙委器械去，无敢战者”。[③] 麻光裕只是以甲长的名义练乡兵，在对抗白莲教义军时，竟能统率十州县之兵，其势力日益增大，官府也要倚重他。两次战乱，湖广土家族地区的绅士都积极参加到对抗义军的战争中，他们的权势日重，干预公务，甚者与地方官叫板，连湖广巡抚胡林翼亦感到无奈“自寇乱以来，地方公事，官不能离绅士而有为”。[④]

到19世纪中期，在土家族乡村社会中，士绅阶层依靠文化教育的优势而成为“一乡之望”。对于乡民纠纷、民间诉讼事件，民众一般不会到州县报官，而是听由地方绅士裁决。“陈之洁，字湘田，诸生，开达有气介（节），里人咸敬服之。遇有争质，一言立解，悍族狡徒皆为敛迹，或听其规劝改行为善良……知县某亢直有威棱，人不敢犯，之洁会坐讼、比对簿，陈辨慷慨，盛气轩驾，无所挠曲。某反喜其才干，为礼敬焉”。[⑤] “袁大发……为人正直，排难解纷，一方赖以无讼。年八十五卒”。[⑥]“徐国典，字征五，郡庠生……邑俗故好讼，出其公事余暇，劝息两造执争，保全身命者二三百户。垂老杜门养病逾十年，远近有争讼不休，为府县所未断结者，相约踵门求一言剖判寝息，其忠信明决类如此”。[⑦] 绅士在民间威望日重，即使是官府不能断结的案件，绅士“一言剖判”，民众相信绅士甚于

① 同治《龙山县志》卷一四，《人物》。

② 同治《永顺府志》卷五，《学校学署》。

③ 同治《宣恩县志》卷一八，《人物志》。

④ 胡林翼：《麻城县禀陈各局绅筹办捐输情形批》，载《胡文忠公遗集》，近代中国史料丛刊续编第34辑，台湾文海出版社，1985，第4298页。

⑤ 光绪《龙山县志》卷一四，《人物》。

⑥ 光绪《施南府志续编》卷九，《人物志》。

⑦ （民国）《咸丰县志》卷八，《人物志》。

官府。对于民间的纠纷，绅士往往“一言立解”。

总之，士绅拥有文化知识，在农耕文明时代，他们是保障社会延续和稳定发展的基础。通过长期参与地方公务，特别是参与对抗白莲教和石达开义军，到19世纪中期以后，土家族地区的士绅已经取代了保甲长，成为乡土社会的权威。对于文化教育的垄断，使得士绅阶层在乡村基层社会中集教育文化、宗教祭祀、军事防务等社会职能与权力为一体，成为土家族乡土社会的实际领导者。州县官要顺利完成清政府的各项任务，就必须与士绅阶层开展合作。“官与民疏，士与民近。民之信官，不若信士……境有良士，所以辅官宣化也”。[①]

清代，湖广土家族地区基层社会稳定并延续发展的根源在于州县官善于与地方精英之间的协调，州县官和地方基层社会中间的利益冲突都会以最低限度的纠纷来解决。清代中期以后，白莲教和石达开的义军相继在湖广土家族地区活动，在对抗义军的过程中，清政府出于王朝利益的考虑，允许地方精英募勇集资，镇压义军。作为地方精英的绅士阶层在镇压两次义军中发挥了主导作用，清王朝暂时度过了危机，得以继续生存。而由此也导致了官方权力的下降和绅士权力的扩张，绅士主导的团练开始取代保甲的职能，基层社会的权力逐步落入绅士之手。湖北沔阳县知县李辀曾无奈地指出：“官不过为绅监印而已。”[②]

---

① 李燕光：《清代的政治制度》，载明清史国际学术讨论会秘书处论文组编《明清史国际学术讨论会论文集》，天津人民出版社，1982，第257页。

② 李辀：《牧沔纪略》卷下。转引自王先明《近代绅士——一个封建阶层的历史命运》，天津人民出版社，1997，第63页。

土司制度：国家权力在西南土司地区的延伸

李良品　赵　毅
（长江师范学院乌江流域社会经济文化研究中心
四川师范大学文学院）

摘　要　明清统治者出于国家权力向土司地区延伸需要，要求各地土司必须在国家制定的土司制度框架内接受地方长官的约束，履行驻防、守御的职责，随时备征调。明清时期中央政府治理土司的主要策略有五：一是在制度设计上彰显约束之策，二是在承袭问题上显示驾驭之权，三是在执行过程中实施监督之术，四是在统治手段上采取“恩威”之计，五是在目标设定上达成土流一体。明清时期西南地区各地土司促进国家权力延伸的举措主要是从政治、经济、军事、文化教育等方面控制辖区内民众，为国家权力在西南土司地区的延伸奠定了坚实的基础。

关键词　土司制度　国家权力　西南土司地区　延伸

元明清时期的土司制度，不仅是封建王朝在我国西南、中南及西北等边疆民族聚居地区和杂居地带实行的封闭自治的政治制度和管理制度，而且是一种“国家在场”的制度，它体现了国家政治的强性控制和国家在土司地区的乡村社会中始终占据主导性地位，国家权力在土司地区乡村社会的不断延伸。

一　国家权力通过土司制度延伸至土司地区

明清统治者出于国家权力向土司地区延伸需要，要求各地土司必须在国家制定的土司制度框架内接受地方长官的约束，履行驻防、守御的职责，随时备征调。[①] 这些规定充分体现了国家权力对土司地区的强制介入和在民族地区乡村社会的不断延伸。

（一）土司承袭制度

明清时期西南民族地区土司的承袭制度，从国家强制介入及有效控制角度看，主要包含两个方面的内容。

1. 授职

明初，西南民族地区土司只要是“来归者”，中央政府皆“用原官授之”。并按其对明王朝的“忠勤”情况，决定授予职官的大或小。如《明史》载，洪武十五年（1382）置建昌卫指挥使司，“元平章月鲁帖木儿等自云南建昌（当时建昌隶属云南）来贡马一百八十匹，并上元所授符印。诏赐月鲁帖木儿绮衣、金带、靴袜，家人棉布一百六十匹、钞二千四百四十锭。以月鲁帖木儿为建昌卫指挥使”[②]；“洪武元年，大兵下广西，右江田州府土官岑伯颜遣使赍印诣平章杨璟降。二年，伯颜遣使奉表贡马及方物，诏以伯颜为田州知府，世袭”。[③] 清政府为有效控制土司，其授职等有必要的补充。《大清会典事例》载，“德尔格忒宣慰司……于雍正七年（1729）归诚，授宣抚司职。于雍正十一年（1733）加授宣慰司，改称今名，另给印信号纸，每岁认纳贡马十二匹，每匹折银八两，青稞一千五百斗，每斗折银一钱，狐皮十二张，每张折银五钱”。[④]

2. 承袭

明清中央政府对土司的承袭，作了“承袭人范围”和“承袭的办法”等一系列规定。第一，“承袭人范围”。《明史》载：“其子弟、族属、妻女、若婿及甥之袭替，胥从其俗。”[⑤] 这就是明朝廷规定的土司承袭人范围具体情况为：父死子继、兄终弟及、叔侄相立、族属袭替、妻妾继袭、玄媳继职、子死母袭。清代对承袭规定更严格、具体和明确。据《大清会

---

① 李世愉：《略论土司制度与改土归流》，马大正主编《中国古代边疆政策研究》，中国社会科学出版社，1990，第468页。

② 《明史》卷三一一，《四川土司一》，中华书局，1974，第8016～8017页。

③ 《明史》卷三一八，《广西土司二》，中华书局，1974，第8244～8245页。

④ 《大清会典事例》卷五八六，《兵部·土司授职一》。

⑤ 《明史》卷七二，《职官一·兵部》。

典》载：土司亡故或年老有疾请代，“准以嫡子嫡孙承袭；无嫡子嫡孙，则以庶子庶孙承袭；无子孙，则以弟或其族人承袭；其土官之妻及婿，有为土民所服者，亦准承袭”。[①] 对破坏宗支嫡庶次序袭替的土司，要给予处分。“如宗派冒混，查出参究”“承袭之人，有宗派不清、顶冒、陵夺各弊，查出革职，具结之邻封土官照例议处”。[②] 明清中央政府对于土司承袭的规定得到了各地土司的回应并基本上按照这些规定执行，如四川石砫马氏土司的历代传承世系表现为嫡长子承袭、叔侄相传、子幼母袭、兄终弟及、族属袭替五种形式。[③] 第二，“承袭的办法”。在土司的承袭中，为了防止作弊假冒，明朝廷制定了一些办法。如“洪武二十六年定，湖广、四川、云南、广西土官承袭，务要验封司委官体勘，别无争袭之人，明白取具宗支图本，并官吏人等结状，呈部具奏，照例承袭”；又“天顺二年奏准，土官病故，该管衙门，委堂上官体勘应袭之人，取其结状宗图，连人保送赴部，奏请定夺”。[④] 清代对于土司的承袭方法规定得更加明确、具体，“顺治初年，定土知府、同知、通判、知州、州同、州判、吏目、知县、县丞、主簿、典史、经历、知事、巡检、驿丞等文职承袭，由部给牒，书其职衔、世系，及承袭年月于上，名曰号纸。其应袭职者，由督抚察实，先令视事，令司府州邻封土司具结，及本族宗图，原领号纸咨部具题请袭。又定，凡承袭之土官，嫡庶不得越序，无子许弟承袭，族无可承袭者，或妻或婿为夷众信服者，亦许承袭，子或年幼，由督抚题明注册，选本族土舍护理，俟其年至十五岁时请袭”。[⑤] 承袭条例还规定：第一要有当地官员的查核和作保；第二要有土司的“宗支图本”。如无“宗支图本”，则不准承袭。预定土司承袭人，其目的在于对土司加强管理。有的土司妻妾甚多，子孙甚众，常因争袭纷争、仇杀。为此，明朝廷又制定了预定土司承袭人的办法。

（二）土司职衔制度

土司职衔制度包括十分丰富的内容，概括起来，主要有三个方面。

---

① 光绪《大清会典》卷一二，《吏部》。

② 光绪《大清会典事例》卷五八九，《兵部·土司承袭》。

③ （清）王槐龄：《补辑石砫厅新志》，清道光二十三年刻本。

④ （明）申时行：《明会典》，中华书局，1989，第31页。

⑤ 光绪《大清会典事例》卷一四五，《吏部·土官承袭》。

1. 职衔

在明清土司制度中，最关键的要素是土司职衔的确立。土司职衔的确立，是土司制度成熟的标志。翻检历史文献，我们就会清楚地发现，明清时期西南民族地区各级土司的职衔和品级规定得十分清楚。诸如宣慰使、宣慰使司同知、宣抚使、安抚使、招讨使、土通判、长官司、土知府、土知州、土知县、土县丞、土巡检、土千户、土百户等。在这些不同的土司名称中，中央政府又将其分为文、武两个系统。明代文职土司有军民府、土知府、土知州、土知县等不同名称；武职土司有宣慰司、宣抚司、安抚司、招讨司和长官司等不同名称，还有番部都指挥使司、卫指挥使司、万户府、千户所、蛮夷官、苗民官、千夫长、副千夫长等名称。清代文职土司另有土典史、土驿丞等无品级的土司；武职土司另有百长、土舍和土目不入品级的土司。

2. 衔品

土司的衔品，即土司的品级。《明会典》对“土官资格”记载如下：宣慰使司宣慰使为从三品，宣慰使司同知为正四品，宣慰使司副使、宣抚司宣抚为从四品，宣慰使司佥事、宣抚司同知为正五品，土知州、招讨使司招讨、宣抚司副使、安抚司安抚为从五品，土通判、长官司长官、招讨司副招讨、宣抚司佥事、安抚司同知为正六品，土州同知、安抚司副使、长官司副长官为从六品，土知县、安抚司佥事、蛮夷长官司长为正七品，宣慰司经历司经历、招讨司经历、蛮夷长官司副长官为从七品；土县丞、宣慰使司经历司都事、天全六番招讨司都事为正八品，土知事、宣抚司经历司经历为从八品，土宣抚司经历司知事、宣慰司知事为正九品，宣慰使司儒学教授、宣慰司毕节仓大使、巡检司巡检、千户所吏目、安抚司吏目、招讨司吏目、宣抚司吏目为从九品。[①] 清代土司的品级略微有点变化，据《大清会典事例》之“土官品级”规定：“正三品，甘肃土指挥使；从三品，宣慰使司宣慰使，甘肃土指挥同知；正四品，宣慰使司同知，甘肃土指挥佥事；从四品，宣慰使司副使，宣抚使司宣抚使；正五品，宣慰使司佥事，宣抚使司同知，甘肃土正千户；从五品，宣抚使司副使，安抚使司安抚使，招讨使司招讨使，甘肃土副千户；正六品，宣抚使司佥事，安抚使司同知，招讨使司副招讨使，长官司长官，甘肃土百户；从六品，安

① （明）申时行：《明会典》卷一〇，《资格》，中华书局，1989，第64~67页。

抚使司副使；正七品，安抚使司佥事，长官司副长官，蛮夷官，苗民官，千夫长，副千夫长；土官中土舍头目，无专职品级。”① 土官品级的规定虽同于流官，但实际并不相同。如遇犯罪，流官可以降级减少俸禄抵罪，而土官是“自食其土”，无俸禄可减，只得输米赎罪。清政府规定：土官凡有钦部案件奏销钱粮迟误之处，均照流官例处分，但土官不食俸，如遇到罚俸降俸降级等事，均按其品级计俸罚米，每俸银一两罚米一石，移储附近常平仓，以备赈荒。②

3. 信物

明清时期中央政府一经给土司除授，朝廷即赐予诰敕、印章等信物，作为中央政府任命朝廷命官的凭证。

第一是诰敕。诰敕是朝廷授予土司的任命书。据《明会典》载：“凡诰敕等级，洪武二十六年定，一品至五品皆授以诰命，六品至九品皆授以敕命。”③ “凡土官，无封赠父祖例，止与本身诰敕。成化以来，该抚按衙门，查勘无碍，奏请，兵部覆题，亦准封赠。嘉靖元年奏准，长官司长官敕命，准照土官资格，六品封赠，正长官，作正六品。副（长官），从六品”。④ 即土司武职招讨使以上是授予诰命，武职长官司长官是授敕命。敕命犹如近代所说的命令。明、清两代封授六品以下的官职，朝廷都要下达一道敕命。

第二是印章。印章是中央政府授予土司一定权力的象征。据《明史》卷七十二载：正三品以上官员为银印，从三品以下则为铜印。因此，除极少数的土指挥使赐予银印外，西南民族地区其他各地土司均是赐予铜印。只是铜印有大小、厚薄之分，而按其品级分别赐予。如《大清会典事例》载：“杂谷厅所属梭磨宣慰司，即梭磨长官司，其长囊索沙加布，于雍正元年归诚，授职长官司职，以不能约束郭罗克土目，于雍正七年降副长官司，后于乾隆十四年改授安抚使，四十年改授宣慰司，另给印信号纸。”⑤

综上所述，明清时期的土司职衔制度已基本完备，西南民族地区土司与其他地方的土司一样，均享受上述各种应有待遇。

① 《大清会典事例》卷五四二，《兵部》。

② 《大清会典事例》卷五八九，《兵部·土司议处》。

③ （明）申时行：《明会典》卷六，中华书局，1989，第31页。

④ （明）申时行：《明会典》卷一二二，《诰敕》，中华书局，1989，第630页。

⑤ 光绪《大清会典事例》卷五八七，《兵部·土司授职二》。

（三）土司贡赋制度

明清中央王朝对西南民族地区的治理实施土司制度，朝贡纳赋制度是土司制度的主要内容之一。明初和清初，西南民族地区各地前朝土司在归附中央王朝后，必须向中央政府朝贡纳赋。土司在向中央政府朝贡之后，皇上对朝贡土司均有数量不定的回赐。因此，龚荫先生说："朝贡，象征着土官土司对中央王朝的臣服，纳税，意味着土官土司地区归属中央王朝的版籍。"① 如《明会典》载：洪武十六年，置长河西等处军民安抚使司。每年一贡，给与勘合，于四川比号，雅州入境。每贡止许五六十人，多不过一百人。方物该守关官员辨验，申送都布按三司，审实起送。后改升宣慰司。弘治以来，人数渐多。嘉靖二年（1523），题用弘治以前例，不许过一千人。隆庆三年（1569），定三年一贡，每贡一千人，内五百人全赏，五百人减赏，于全赏内起送，八人赴京，余留边听赏。② 至于给回赐的问题，在《明会典》有载："长河西：正统初，赏赐宣慰司自来进贡者，宣慰使，钞一百五十锭，彩缎四表里。指挥佥事，钞一百锭，彩缎二表里。俱纻丝衣一套，靴袜各一双。袭职进贡赏同。"③《大清会典事例》"土司贡赋"载："乾隆二年谕，向来四川土司，旧有贡马之例，其不贡本色而交折价者，则每匹纳银十二两。朕因四川驿马之例，每匹止给银两八两，独土司折价较多，蛮民未免烦费，比降谕旨，将土司贡马折价，照驿马之数，裁减四两，定为八两，以示优恤。至广西土司，每三年贡马一次，亦系折价十二两，所当一体加恩，使土司均沾惠泽，着照四川折价之例。每马一匹，减银四两，定为八两，永着为令。"④ 土司所缴赋税是明清财政收入的一种重要手段，具有强制性和无偿性的特点。因此，明清时期中央王朝对此高度重视。

（四）土司奖惩制度

明清时期中央政府对西南民族地区土司与流官一样，有考核，中央政府根据考核情况分别予以奖惩。

① 龚荫：《中国土司制度》，云南民族出版社，1992，第 40 页。

② （明）申时行：《明会典》卷一〇八，《朝贡四·西戎下》，中华书局，1989，第 581 页。

③ （明）申时行：《明会典》卷一一二，《给赐三·外夷下》中华书局，1989，第 596 页。

④ 光绪《大清会典事例》卷一六五，《土司贡赋》。

1. 奖赏

明清中央政府对土司中“安抚夷民”“完纳钱粮”“擒捕盗贼”成绩突出者，“出征打仗”立有军功者，均要给予奖赏。《大清会典事例》载：“顺治初年，定土官效力勤劳，并投诚之后，能杀贼拒逆，平定地方者，督抚具奏，优加升赏。康熙十一年题准，地方官征解钱银全完者，督抚奖赏银牌花红。二十二年议准，滇黔土官，无论逃人逃兵叛属，擒获六十名者，加一级，数多者递准加级，不及六十名者，督抚量加奖赏。”雍正时又规定，凡“土官土目，有随师效力应议叙之人，止就原职加衔，如宣慰使司，宣抚使司，安抚使司，则有各司使副使同知佥事等衔；招讨使司，副招讨使司，长官司，则有招讨使长官副长官衔；指挥使司，则有指挥使同知佥事正千户副千户百户等衔；照原官品级以次升授递加，至宣慰使指挥使而止，如有余功，准其随带，仍令本职管事，及袭替时，亦止以原世职承袭”。此外，对立下军功者有奖，雍正五年（1727）覆准：“各省土官，有实心效力，擒获奸匪者，照内地文武官擒获盗首之例，加级记录，其立有军功，奉法守职者，均照原题以次加衔，赏给朝衣。”乾隆二十九年（1764）奏准：“不拘本省邻省之凶手盗首，逃匿土司地方，该土司能查解五名以上者，记录一次；十名至十四名者，记录二次；十五名者，加职一级；三十名者，加职二级。如一年不敷议叙之数，准并次年按算议叙，不准三年合算。”① 此奖励条例为两方面内容：一是奖励忠于职守，很有劳绩者；二是奖励立有军功，“保列出众者”。同时，对功劳卓著的土司或加职、加级；甚至对有特大功劳的土司，还赏给虚衔、官品顶戴、名号等。② 这些举措实际上是中央政府笼络土司的一种有效方法。

2. 惩罚

明清中央王朝对土司进行考核后根据情况予以惩罚，除“反叛必诛”外，还有其他处理办法。第一是革降。所谓革降，也就是将违法土司裁革或降职。如《大清会典事例》载峨边厅：“道光十四年在十二地相连之曲曲乌设立夷长二人，夷目二人，分守定界，于木城冈地方稽查夷汉出入，十五年将原设夷目隘把，概行革除。”③ 又载：“康熙八年覆准，野苗掳掠百姓，该管土官隐讳不报者，降二级留任。十年题准，土官互相残杀能自

---

① 光绪《大清会典事例》卷五八九，《兵部・土司议叙》。

② 龚荫：《中国土司制度》，云南民族出版社，1992，第 176 页。

③ 光绪《大清会典事例》卷五八七，《兵部・土司授职二》“峨边厅”条。

悔过和息者免议。十一年题准土官吓诈部民，恣意侵害者革职。”[①] 明清时期，像这样处罚土司的情况还有很多。第二是迁徙。所谓迁徙，就是把有罪土司迁徙到其他地方安置，以达到削弱其势力的作用。清政府规定："凡土司有犯徒罪以下者，仍照例遵行外。其改土为流之土司，本犯系斩绞者，仍于各本省分别正法监候。”在具体处理过程中，云南迁往江宁，贵州迁往山东，广西迁往山西，湖南迁往陕西，四川迁往浙江。[②] 可见，明清中央王朝为了维护其在少数民族地区的统治，对于违法的土司，坚决绳之以法。这表明，明清两代较元代对土司的控制又有所加强。

上述这些制度不仅包括中央王朝管理土司的制度，而且包括土司约束周边土司的制度和土司治理家族村社的制度。这就形成一个“国家在场”的管理土司的体系。在这个体系中，既有中央政府利用各种制度有效控制西南民族地区各土司，完成国家权力不断向土司地区乡村社会的延伸，又有各地土司与中央王朝的博弈、互动，以及通过积极贡赋、踊跃征调土兵、创办教育等形式，以彰显西南民族地区乡村社会对国家权力延伸的回应。

二　明清时期国家权力向土司地区延伸的主要举措

明清时期中央政府在处理内地与“四夷”时，国家权力延伸的趋势趋于相同，也就是说：“地方政治制度的基本事实是在成文制度方面，国家行政权力的边陲是县级，县以下实行以代表皇权的保甲制度为载体，以体现族权的宗族组织为基础，以拥有绅权的士绅为纽带而建立起来的乡村自治政治。”[③] 这就是学术界经常提及的“王权止于县”。但是，在实行土司制度的少数民族地区，在国家政权建设方面则并未形成这样的格局，是“王权止于土司”的局面。[④] 正因为如此，明清中央政府在完善土司制度后，则一改过去安抚政策为对土司的驾驭，企图以加强对土司的控制，牢

① 光绪《大清会典事例》卷五八九，《兵部·土司议处》。

② 光绪《大清会典事例》卷七四一，《刑部·名例律·徒流迁徙地方一》。

③ 于建嵘：《岳村政治——转型期中国乡村政治结构的变迁》，商务印书馆，2001，第41页。

④ 洪涵：《国家权力在民族地区的延伸——以云南德宏傣族土司制度为例》，《云南民族大学学报》（哲学社会科学版）2011年第2期。

固掌握对边疆地区的统治权。[①] 明清时期中央政府治理土司的主要策略表现如下。

（一）在制度设计上，彰显约束之策

这就是说，各级各类土司必须受地方文武长官的约束，这就把土司的自主权压缩得很小。从隶属关系看，“隶验封者，布政司领之；隶武选者，都指挥领之”。也就是说，属于文职者如土知府等，由地方行政长官约束；属于武职者，如宣慰使、安抚使等，则由地方军职长官约束。所谓受地方长官约束，也就是不仅要听从指挥，定期向该管长官汇报情况，而且还要随时备征调。

明清时期西南民族地区实施土司制度的地方，按照一般惯例，土司的级别表面很高，但实际上土司是“见官小一级”，由此，从中央到西南民族地区的土司辖地就形成了“中央——行省——地方机构——土司机构”的政治组织架构，在土司地区的“王权”是否“止于县”还难以得出结论。因为这里的情况十分复杂，从四川秀山杨氏土司的置废看，秀山杨氏四大土司的隶属关系并不是一成不变的。在洪武年间“更定蕃国朝仪”所列土司名目中，秀山杨氏四大土司均榜上有名。在“永乐定制”中将秀山下杨氏土司原属酉阳宣抚司的麻兔长官司改归贵州铜仁府，新增地坝副长官司属酉阳宣抚司。又将原属酉阳的邑梅司改属重庆卫，将邑梅长官司直属重庆卫，而石耶长官司、地坝副长官司属酉阳宣抚司领属，仍属重庆卫管辖，平茶长官司直属四川布政司。[②] 另据学者研究表明，今云南省德宏地区土司往往是向大理府、昆明府、永昌府、龙陵厅、腾越厅等“汇报工作”。如明朝弘治年间芒市二世上司之弟放双法因兄占妻而至“腾越州”诬告其兄与思氏政权勾结密谋复国，“腾越州”处死其兄。后南甸土司又为此写文书上达“大理府”，说明兄占弟媳的实情及兄冤死的情况，大理府颁发号纸令放双法袭土司位。又如清嘉庆年间，土司放双法被崩龙族打败逃至龙陵厅，龙陵厅则备文上达永昌府和云南省。[③] 这些说明，西南民族地区土司的隶属关系虽然十分复杂，但必须接受地方文武长官的约束确

① 李世愉：《清代土司制度论考》，中国社会科学出版社，1998，第12～16页。

② 重庆市民族宗教事务委员会：《重庆民族志》，重庆出版社，2002，第47～48页。

③ 方一龙：《芒市历代土司简史》，参见《德宏傣族社会历史调查》（三），云南人民出版社，1987，第4页。

是毋庸置疑的。

（二）在承袭问题上，显示驾驭之权

关于土司承袭事，明初沿元制隶吏部，洪武二十年，改以府、州、县等官属吏部验封司，宣慰、招讨等官隶兵部武选司。并规定，土司“袭替必奉朝命，虽在万里外，皆赴阙受职”。[①] 在新土司袭职过程中，明政府还有一些具体规定，如应袭者必须年满 15 岁，未及者必须暂令“协同流官管事”；准备袭职者，必须先“申报抚按勘明”，还须有同族保结，待该管衙门查明情况属实后，再由布政司“代为奏请”。批准后，应袭者还要赴京受职，换取号纸。弘治年间又规定：“以后土官应袭子弟悉令入学，渐染风化，以格顽冥。如不入学者，不准承袭。”由此可见，明代对土司的管理制度十分严格，这使得土司诚惶诚恐，唯命是从。这充分显示了明中央政府对土司的驾驭之术。

（三）在执行过程中，实施监督之术

中央政府在各地土司衙门安插流官，以便随时对土司进行监视、制约。这些安插在土司衙门的流官均属佐贰官，实际上是中央政府设在土司身边的耳目，他们可以随时将土司的情况向地方长官汇报。尽管这些流官职低位卑，但仍不失为对土司的一种钳制力量。

（四）在统治手段上，采取“恩威”之计

“恩威并施”“剿抚并用”作为一种统治土司的手段，明清封建统治者都曾采用，而对西南民族地区尤多施用。清政府在对西南民族地区继续实施土司制度的过程中，同样是“恩威并施”，如在承袭制度方面，既严格了袭替次序、袭职年龄、承袭程序，又严禁地方官从中勒索；在贡赋制度方面，既严格征收，加强监控，但又较内地赋税为轻。同时，在加强种种限制的过程中，又有“法外施恩”的情况。如土司的奖惩制度、对革除土司的处理制度，更是奖罚分明，把“恩威”二字有机地联系在一起，即使心存异志的土司感到清政府的威严而多有收敛，又使俯首帖耳的土司体会到朝廷的恩惠而更加恭顺。从而保证了国家权力对土司的绝对控制及对西

---

① 《明史》卷三一〇，《土司传·序》，中华书局，1974，第 7982 页。

南民族地区的有效统治。[①]

（五）在目标设定上，实施土流一体

清政府对西南民族地区治理的最终目的是要实现与内地的一体化。要实现西南民族地区与内地的一体化，首先要解决土流一体化的问题。这是清代土司制度发展的总体趋势。鉴于这种指导思想以及清代土司制度的由盛而衰，所以，雍正为了防止土司坐大、难以收拾的状况，雍正四年（1726），云南总督鄂尔泰奏请“改土归流”，对包括西南地区在内的各地土司采取一系列的约束、抑制、打击、革除措施。这些办法，旨在限制、打击和瓦解土司，最终实现改土归流。[②] 正是鉴于此，到清朝光绪年间，虽然西南民族地区土司数量仍有600余家，但实力强大的土司已基本被消灭或已改土归流，基本上实现了国家权力在土司地区延伸的目标。

三 明清时期西南地区各地土司促进国家权力延伸的举措

明清时期西南地区大多数的土司辖区，各地土司主要依托宗族组织，通过制定族规、家规和家训以及建家庙、修族谱、置族田、设义学等方式，树立和扩大威望，在土司地区的乡村社会治理中发挥重要作用。同时，各地土司为了积极配合国家权力在土司地区的逐渐延伸，他们充分运用社会控制的理论，采取多种控制手段，以实现国家权力在土司地区延伸的目标。从现有的历史文献资料看，各地土司主要从政治、经济、军事、文化、教育等方面控制辖区内的民众，以达到社会治理的目的。

（一）政治制度控制

政治制度虽然是地方社会控制的核心内容，但是，这种控制仍然是一种国家在场的地方社会控制。如果离开了国家场域这个基本前提，任何土司都不可能有效实施社会控制。如在黔西北的水西地区，水西安氏土司控制辖下民众主要依靠家支制度、九扯九纵制度、则溪制度治理地方和控制

---

① 李世愉：《清代土司制度论考》，中国社会科学出版社，1998，第166～171页。

② 侯绍庄等：《贵州古代民族关系史》，贵州民族出版社，1991，第241～242页。

乡村社会在土家族地区，各大姓土司则是通过确立等级制以控制麾下小头目及辖下土民。如各土司通过设置把总、管家、总管、把目、家政等官职以及土司内部的营、旗等军事组织，使这一职官体系成为一个严密的等级体系，以此达到实际控制。

（二）经济控制

土司在乡村社会控制中，由于经济成为保障政权的重要基础，加之土地所有权是乡村社会经济的命脉，所以，土地所有权的控制是土司控制乡村社会的重要内容。如水西安氏土司利用土地所有制以分封的方式实现其社会控制。此外，各地土司还通过贡赋与地租控制辖地民众。如水西安氏土司时期的“红白扯手”名目繁多，诸如“送礼”、“送新”和“认主”等。主人家有婚丧嫁娶等大事，必须赠送各种礼品，谓之“送礼”。一切土地出产的新作物，必须先给主人尝新，称为“送新”，主人家添丁，必须备礼上门恭贺，叫作“认主”。此外还有所谓“大派”“小派”等杂项负担。[①] 上述情形都是各地土司强力控制乡村社会民众的具体体现。

（三）军事控制

在土司时期的社会控制中，各地土司往往以军队或者军事制度等内容来实现统治权威，治理社会。如水西安氏土司政权主要通过“军政合一”的“则溪”制度予以实施，每个则溪之主既是行政长官，也是军事长官，还是土司的宗亲，这三重结合使军事控制权始终掌握在水西土司政权的内部。无论是对民众、还是对土目，都有很强的控制力，这就实现了当地民众“只知土司不知皇帝”。据有关文献记载，自清初川西德格土司形成文字的法律颁布后，被历代土司、头人、寺庙奉为至上法规，在执行法规、判决案件的过程中，对犯罪的量刑，则根据康区普遍流行的习惯法，制定成民事、刑事及有关军事混合的 13 条成文法规，其主要内容包括叛国罪、逃亡罪、欠债、抗差案、杀人罪、伤人罪、盗窃罪、妇女不贞案、诬良为盗、离婚案、强奸罪、渎神罪、逮捕人犯规等。[②] 这些条款，对该土司辖区内的每个民众均适应，这能有效地控制该地区。这是利用成文法控制民

---

① 王明贵、王继超主编《水西简史》，贵州民族出版社，2011。

② 史继忠：《明代水西的则溪制度》，云南大学 1981 硕士学位论文。

众。在川西农牧区的土司，针对土民和土兵的“习惯法”主要内容有八条：第一是反对土司、头人或不堪忍受土司头人的压迫而外逃的百姓，皆以“政治犯”论处；第二是杀人须赔偿命价法；第三是偷盗、抢窃赔偿法；第四是非婚生育和奸情惩治法；第五是抗拒乌拉差徭处罚法；第六是对打猎、伤生等行为的处罚；第七是渎神罪惩治法；第八是损坏他人器物赔偿法等。[①] 这些习惯法虽然不完全是军事法规，但与土司兵密切相关，与军事制度有千丝万缕的联系。又由于土司时期各地民众均有充当土兵的义务，故对土司地区的民众都适用。

（四）文化教育控制

文化教育控制是一种非强制性控制，与政治、法律等硬控制相比，文化教育控制有其自身的优势。明清时期西南民族地区乡村社会中，一切文化教育都是为统治阶级服务的，必须符合统治阶级的利益和意志。明清时期西南民族地区土司在这方面或垄断文化精英阶层或垄断教育受众面或利用宗教信仰麻痹民众等举措，以最终实现对民众思想的控制。

总之，元明清时期土司制度的确立，使国家及土司的统治在当时当地获得了合法性，实现了国家权力在土司地区乡村社会的延伸。无可否认的是，土司虽然与国家政权之间存在着冲突与博弈，但是，在多数情况下，国家政权与土司政权之间是一种认同、互动、和谐的关系；必要之时，国家政权与土司政权之间均会做出一定的调适，这为国家权力在西南土司地区的延伸奠定了坚实的基础。

---

① 史继忠：《明代水西的则溪制度》，云南大学1981年硕士学位论文。

清朝民族“大一统”观与在西南边疆的实践

于爱华
（云南师范大学）

摘　要　纵观历史，历代封建王朝皆面临着严峻的“边患”问题。西方殖民者入侵前，封建王朝的“边患”，归根结底都是民族问题，即如何处理与边疆民族关系的问题。清朝是中国历史上疆域形成的重要时期，即使是在西方列强的强势入侵之下，清朝疆域基本变动不大。这与清朝统治者在民族“大一统”观指导下，成功地处理边疆民族问题有着直接的关系。在西南边疆地区，清朝统治者着力解决土司问题，为西南疆域的稳定发挥了重要作用。

关键词　清朝　“大一统”　土司　西南　改土归流

按照马大正先生的观点，中国疆域的形成经历了形成、发展、奠定和变迁四个重要时期，而清朝则是中国疆域的集大成者，最终奠定了中国的疆域。[①] 中国疆域的最终形成定格于清朝，与统治者成功处理边疆民族问题有着直接而必然的联系。纵观中国古代历史，“边患”层出不穷，并成为中原王朝统治的最主要威胁。能否成功解决“边患”，成为王朝能否长治久安的根本。明朝以前的封建王朝坚持“华夷之辨”的边疆民族观，斥“夷狄”为异类，严加防范，这也是明朝以前的历代封建王朝未能真正解决边患问题的根源所在。清朝立国，民族观发生深刻变革，由“华夷之辨”到“华夷一统”的民族观的转变，对清朝“边患”问题的解决起了

① 马大正：《中国疆域的形成与发展》，载《中国边疆史地研究》2004 年第 3 期，第 3 ~6 页。

重要作用。清朝将“华夷一统”的民族观推行到边疆地区，逐一解决各种边疆民族问题，并取得了不同成效。

在西南边疆地区，在“华夷一统”民族观的指导下，统治者着手解决土司问题。一方面，对土司进行严格管控；另一方面，对较大土司或者地处重要战略地理位置的土司全部革除，进行“改流”。清朝在西南地区的这一行动，成功解除了西南边疆危机，为西南疆域的稳定和发展发挥了重要作用。

一　清朝民族“大一统”观的形成与发展

“大一统”一词始见于《春秋·公羊传》,《春秋》记载:“（鲁隐公）元年，春，王正月。”对此《公羊传》解释道:“元年者何？君之始年也。春者何？岁之始也。王者孰谓？谓文王也。曷为先言王而后言正月？王正月也。何言乎王正月？大一统也。”“大一统”作为儒家提出的政治主张，最通俗的解释为:“天无二日，土无二主，家无二尊，以一治之也，即大一统之义也。”即统一于一个政权，一个主之下。中国历史上具有“大一统”的传统，但这种传统主要限于疆域的一统，对于处理中原和边疆民族间的关系，则未能很好地践行。历代封建王朝在处理民族关系上，往往不能脱离“华夷之辨”的窠臼，这在边疆民族关系的处理中出现不少问题。按照李治亭先生的观点，清朝以前的历代封建王朝正是未能处理好边疆“华”和“夷”的关系，恪守“华夷之辨”观念来解决边疆民族问题，导致边疆民族危机一直存在，尤其以“三北”边患问题最为典型。“清朝统治者锐意改革，以民族‘大一统’观念取代了以往的华夷之辨。以这种新型民族观念为指导，清朝很好地解决了中国北方的边患问题，促进了中国政治与国土疆域的空前统一”。[①] 事实上，清朝的这种民族“大一统”观，不仅很好地解决了历代封建王朝所面临的“三北”边患问题，且在西南地区也有很好的践行，对西南疆域的形成及边疆的稳定发挥了重要作用。

清朝民族“大一统”观的形成，经历了一个发展完善的阶段。努尔哈赤在世时，曾采取诛戮汉人，抚养满洲的政策。皇太极即位后立即改变这

① 李治亭:《清代民族“大一统”观念的时代变革》,载《社会科学辑刊》2006 年第 3 期，第 162 页。

种民族政策，认为满汉之人应同等对待，并提出了将满洲、蒙古、汉人视同一体。顺治帝为清入关后第一帝，他坚持皇太极“满汉一体”的思想，说：“历代帝王，大率专治汉人。朕兼治满、汉，必使各得其所，家给人足。”[①] “天下一统，满、汉无别”。[②] “方今天下一家，满汉官民皆朕臣子”[③]，“满汉官民，俱为一家”。[④]“不分满汉，一体眷遇”。[⑤]

康熙时，民族“大一统”观得到进一步发展。“朕统御宇内，率土生民，皆朕赤子。一夫所失，朕心悯焉！虽穷乡异域之民，亦必抚养，俾以安和，各得其所”。[⑥] 即阐述了这种观点。康熙三十一年（1692）宣布废弃沿用已久的长城，这一举措很好地诠释了“华夷一统”的民族观。北方游牧民族和汉族的地理分界线被打破，汉族和北方少数民族融为一体。

雍正朝，民族“大一统”观得到极大发展，雍正帝在《大义觉迷录》中多次阐释这种观念。“自古中国一统之世，幅员不能广远，其中有不向化者，则斥之为夷狄，如三代以上有苗、荆楚、猃狁，即湖南、湖北、山西之地也，在今日而目为夷狄，可乎？至于汉、唐、宋全盛之时，北狄、西戎世为边患，从未能臣服而有其地，是以有此疆彼界之分。自我朝入主中土，君临天下，并蒙古极边诸部落俱归版图，是中国之疆土开拓广远，乃中国臣民之大幸，何得尚有华夷中外之分论哉”，“本朝之为满洲，犹中国之有籍贯，舜为东夷之人，文王西夷之人，曾何损于圣德乎”。[⑦] 在雍正十一年（1733），雍正帝再次阐释了“大一统”论，“夫中外者，地所划之境也；上下者，天所定之分也。我朝肇基东海之滨，统一诸国，君临天下，所承之统，尧舜以来中外一家之统也；所用之人、大小文武，中外一家之人也；所行之政、礼乐征伐，中外一家之政也。内而直隶各省臣民，外而蒙古极边诸部落，以及海，梯航纳贡，异域遐方，莫不尊亲，奉以为主。乃复追溯开创帝业之地，目为外夷，而竟忘天分之上下，不宜背谬已甚哉！”[⑧] 乾隆帝也阐述了类似的观点，“东夷西戎，南蛮北狄，因地而名，

---

① 《清世祖实录》卷九〇，顺治十二年三月壬辰。

② 赵尔巽：《清史稿》卷二四五，中华书局，1977。

③ 《清世祖实录》卷三九，顺治五年六月辛亥。

④ 《清世祖实录》卷一五，顺治二年四月辛巳。

⑤ 《清世祖实录》卷七二，顺治十年二月丙午。

⑥ 《亲征平定溯漠方略》清刻本。

⑦ 雍正《大义觉迷录》，载《清史资料》（第四辑），中华书局，1983。

⑧ 《清世宗实录》卷一三〇，雍正十一年四月己卯。

与江南河北，山左关右何异？孟子云，舜为东夷之人，文王为西夷之人。此无可讳，亦不必讳”。[①] 从以上阐述中我们可以看出：清朝统治者眼中的“天下”，其范围已经远远超出了前人的窠臼。“天下”不仅仅是汉人所统治的地理范畴，而是已经扩展到边疆少数民族的统治区域。这对中国边疆的发展和疆域的最终形成，产生了非常重要的影响。

如果说，清朝以前的历代统治者严格“华夷之辨”，严格限制汉族和边疆民族间的地理疆界，以确保自身政权安全的话，那么，清朝统治者的做法则大大前进了一步，清朝的“华夷一统”的民族“大一统”观，则延伸到了边疆民族地区，要求打破汉族和边疆民族间的地理界线，实现真正的、完全意义上的一统。正是在这样一种观念的指导下，清朝不遗余力、大刀阔斧地解决边疆问题，把郡县制深入推进到边疆地区，一如内地，直接纳入国家管理，废其世袭制，国家直接派官治理。

二 清朝民族“大一统”观在西南边疆的实践

清朝的“大一统”思想，除了清初消除吴三桂分裂割据势力外，最主要的表现就是对西南广大土司的管控。在清朝“大一统”思想的指导下，对西南边疆危机的处置就是消除分裂势力、维护边疆稳定为核心。清朝民族“大一统”观在西南边疆的践行，主要是把中央的政令推行到边疆地区，使边疆与中原的体制趋于一体化。在西南地区主要表现为大规模的“改土归流”，以及对未改流地区土司的管控。

（一）西南边疆危机与“改土归流”

清朝立国，面临严峻的边疆危机。统治者一直致力于解决各种边疆危机，在东北地区面临的是沙俄对边界的蚕食，在北方地区有强大的蒙古余部，在西北地区有准部的强大军事威胁，在东南沿海统一了台湾。在西南地区，清朝同样面临严峻的边疆危机。虽然西南地区边疆危机不如东北、北方、西北以及沿海地区那样棘手，但由土司管控的广大西南地区，仍然给清王朝的西南边疆造成不小的边疆危机。

对土司所造成的边疆危机，清朝西南官吏曾进行过实地调查，并一一

① 乾隆《大清会典》卷八〇，《理藩院·典属清吏司》，清刻本。

列举了土司所造成的危害，归纳起来主要有以下三点。

1. 土司残暴，矛盾尖锐

在“改土归流”前，有大量记载土司残暴的事例。“云南土官多半豪强，所属苗众悉听其指挥，残暴横肆，无所不为”。① 云南巡抚鄂尔泰认为，“土司肆虐，并无官法，恃有土官、土目之名，行其相杀相劫之计。汉民被其摧残，彝人受其荼毒，此边疆大害，必当剪除者也”。② 雍正五年，湖北布政使黄焜折奏称：“今日之土司，无异古之封建。但古制公、侯不过百里，今土司之大者延袤数百里，部落数万余，劫寨抢村，挟仇构衅，恃强点悍，欺压平民，地方官置若罔闻，莫之敢指。”③

发展到了清朝时期，土司力量壮大，且横行，导致了夷、汉矛盾尖锐。雍正二年（1724），云贵总督高其倬在奏疏中说：“云南近边一带，土目强横，鱼肉乡民，宜惩一警百，以示劝戒。”④ 这些土司目无王法，平日霸产劫财，焚杀奸占，无所不为。

2. 目无法纪，不受管控

在“改土归流”前就有官吏指出，土司“凶恶习惯，可以威制，似难以恩化，不改土归流，终非远计”。雍正帝曾指出：“朕闻各处土司鲜知法纪，每于所属土民多端科派，较之有司征收正供，不啻倍蓰，甚至取其马牛，夺其子女，生杀任情，土民受其鱼肉，敢怒而不敢言。”⑤ 雍正四年七月九日，鄂尔泰所奏《擒制绩恶土官事》一折，开篇就言：“窃以为滇黔大患，莫甚于苗猓，苗猓大患，实由于土司”。雍正四年九月十九日，《剪除夷官，清查田土，以增租赋，以靖地方事》一折中说：

> 苗猓逞凶，皆由土司；土司肆虐，并无官法，恃有土官土目之名，行其相杀相劫之计。汉民被其摧残，夷人受其荼毒。此边疆之大害也，当剪除者也。

---

① 《朱批谕旨》第25册，雍正四年十一月十五日鄂尔泰奏。

② 鄂尔泰：《奏报剪除彝官清查田土折》，《雍正朝汉文朱批奏折汇编》第8册，江苏古籍出版社，1991。

③ 黄焜：《奏陈阿尔泰台站安兵等管见四条折》，《雍正朝汉文朱批奏折汇编》第9册，江苏古籍出版社，1991。

④ 《云贵总督高其倬奏：为奏闻土目罪恶事》（雍正二年十一月初十日），《雍正朝汉文朱批奏折汇编》第3册，江苏古籍出版社，1989，第981页。

⑤ 《清世宗实录》卷二〇，雍正二年五月辛酉。

> 云南土官多半强豪所属，苗众悉听其指使。残暴横肆，无所不为，其土官懦弱者，凶恶把目为害尤甚，不但目无府州亦并心无督抚，及至事大经官或欲申理夷等，暗行贿赂，捏详结案，上司亦不深求，以为镇静而刁抗不法，任拘不到者，又复不可奈何，隐忍了事。

云南巡抚鄂尔泰认为：“云贵大患，无如苗蛮，欲安民必先制夷，欲制夷必改土归流”；目前无人敢入土目盘踞之地，如东川一带“文武长寓省城，膏腴四百里无人敢垦”；云贵川桂四省相连地带土司势力猖獗，有事诸省相互推诿，治理不易深入；滇南澜沧江内外诸夷“无事近患腹心，有事远通外国”，由元迄明“代为害”。并且认为这种状况必须改变，“必能所向奏效，实云贵边防百世之利”。①

3. 贡赋不输或较少

《为剪除夷官，清查田土，以增赋税，以靖地方事》折，称：“若不改土归流，将富强横暴者渐次擒拿，懦弱昏庸者渐次改置，纵使田赋兵刑，尽心料理，大端终无就绪。”② 雍正四年二月二十四日鄂尔泰连奏两折，其中《遵旨覆奏事》一折说：“土司虽依例输粮，其实占据私享者不止十数倍，而且毒派夷人，肆顽梗故。欲靖地方，须先安苗猓；欲安苗猓，须先制土司；欲制土司，须先令贫弱。臣方思设法鼓舞，济以威严，俾各土司自报田亩，按则升增。”③

雍正四年三月二十日《敬陈东川事宜仰祈圣裁事》一折言道：

> 东川府距云南省城四百余里，方隅广阔，土地肥饶。昔遭流寇蹂躏之后，缘半未开辟，兼之土人凶悍，专事劫掠川民，不肯赴远力耕，滇民亦不敢就近播垦。故自改土归流以来，历今三十年余载，风俗仍旧，贡赋不增，该府每年征折等银止三百余两，俸工兵饷不敷，悉赴成都支领，往返维艰，以天地自然之利致为荒芜不治之区，良属可惜。④ 况寻甸、禄劝、沾益三州之民时遭东川土人之害，劫抢牲畜不一而足，及至赴官告理备文关提，川省官例问土目火头，土目火头

① （清）魏源：《圣武记》卷七，《雍正西南夷改流记上》。

② （清）魏源：《圣武记》卷七，《雍正西南夷改流记上》。

③ 《朱批谕旨·鄂尔泰奏折》，雍正四年二月二十四日折。

④ 《朱批谕旨·鄂尔泰奏折》，雍正四年三月二十日折。

> 惟就中攫利，曲为隐蔽，经年累月竟不拿解一犯，洵为滇省之累……乌蒙土府与东川接壤，骄悍凶顽，素称难治。不惟东川被其掳，凡滇、黔、蜀接壤之处，莫不受其荼毒，而且产富田肥，负固已久，若不早图，终为日患。[①]

雍正朝在西南地区的“改土归流”前对西南地区所做的大量实地调查，认为西南地区的土司肆意残暴，目无王法，对中央贡赋较少，等等。实际上，透过这样一些现象，我们会发现，土司的残暴、不受中央控制、横行，以及贡赋少等问题，皆是由于几百年以来土司不受中央管制已经形成一股强大势力，中央王朝对土司的约束力和控制力不够，无法深入对土司地区的统治。也就是说，土司地区虽然在形式上隶属中央王朝，但实际上则是游离于中央王朝统治的。关于土司的弊病，时人刘彬在《永昌土司论》中一针见血地指出：土司制度名为羁縻，实为“天地间之缺陷”，认为以土司为藩篱的想法不切实际，“所谓藩篱者，乃边境之外者也。岂有在内地者而亦藉以为藩篱乎!”[②] 在清朝民族“大一统”观的支配下，解除土司西南“藩篱”，实现“华夷一统”的边疆统治势在必行。

据乾隆《云南通志》卷二十四《土司》载，云南共有土司 169 家，有些是承明旧制，有些是清初新承认的。清朝立国后，对原有的土司基本上予以保留。清朝立国后就着手解决边疆问题，而西南边疆的首要问题是土司问题。清廷对西南土司主要是“改流”，而对未能改流的土司，则实行严格管控，使之纳入封建国家行政管理轨道之中，实现对土司的真正统治。

清朝的改土归流从顺治十六年云南元江土司改流拉开序幕，雍正朝达到高潮，整个改流一直持续到清末。据龚荫先生的统计：清末，四川尚存土司 150 余家，但有实际权力的不过五十几家，而且不少是小土司，其权力已经被清政府设置的各种行政机构所取代，其土职名存实亡，还有些是没落、老疾、绝嗣，其职也是徒有虚名。而云南经改流后，土司仅剩 22 家，这些土司大多势弱，有的徒有虚名而已。清初伊始，贵州有土司 170 余家，清末仅存 54 家及一些土弃、土目等，也是大多势弱、名存实亡。[③]

---

① 《朱批谕旨·鄂尔泰奏折》，雍正四年三月二十日折。

② 转引自李世愉《清代土司制度论考》，中国社会科学出版社，1998，第 46 页。

③ 龚荫：《西南诸省土司设置及演变概说》，《民族研究》1993 年第 1 期。

（二）清廷对未改流土司的严格管控

清王朝对西南土司的控制，在《大清会典事例·吏部·土官承袭》、《大清会典·吏部·凡土官之职》、《大清会典·户部·土司贡赋》、《大清会典·兵部·土司》以及《清实录》中均有大量记载。清朝对西南土司的控制主要包括承袭、奖惩、明令、教化等几个方面。

1. 严格承袭程序及资格审查

清政府为加强对土司的管控，严格规定土司承袭事宜。对土司承袭资格人有明确规定："准以嫡子嫡孙承袭，无嫡子嫡孙则以庶子庶孙承袭，无子孙则以弟或其族人承袭。其土官之妻及婿有为土民所服者，亦准承袭。"顺治初年规定："凡承袭之土官，嫡庶不得越序，无子许弟承袭，族无可袭者，或妻或婿，为夷众信服者，亦许承袭。"对于一些特殊情况的承袭，亦有明确规定，如"土官病故，其子病废不能承袭者，准与孙袭"。"土官年老有疾，请以子代者亦准"。乾隆三十三年（1768）准奏，"如实系土官身故乏嗣，除笃疾残废及身有过犯与苗民不肯悦服之人例不准承袭外，其承继之子仍论其本身支派。如非挨次承袭者，不准承袭"。对土司后嗣年幼无法袭职者，清王朝规定："如有子而年幼，或其族或其母能抚孤治事，由督抚拣委，至其子年及十五再令承袭"，对"承袭之人，有宗派不清、顶冒、陵夺，查出革职；具结之邻封土官，照例议处"。在年龄方面规定，"土官子弟年至十五，方准承袭。未满十五岁，督抚报部，将土官印信事务令本族土舍护理，俟承袭之人年满十五，督抚题请承袭"。

同时，对承袭人进行严格审查，"由督抚具题，将该土官顶辈宗图、亲供、司府周邻印甘各结及原敕印，亲身赴部，由部核明，方准承袭"。"凡土司承袭，由承袭之人将原土司申报的宗派支系图、本人亲自写的申报资料、地方官批准的文件、邻近土司开具的证明，以及原领号纸，详报督抚，由督抚具题请袭。然后应袭之人还要亲身赴京至吏部或兵部，由该部核明批准后才可以承袭，换给新号纸"。[①] 特别强调"不得以亲爱过继为词"。[②] 如果承袭人有僭越、冒混、过继及乞养异姓等违规行为，一经查出将被参究。清朝政府实际把土司的承袭权牢牢控制在手中。史料载："凡

① 李世愉：《清代土司制度论考》，中国社会科学出版社，1998，122页。

② 嘉庆《大清会典》卷一二，《土司承袭》。

土官之职，皆给以号纸，土府州县则加以印。”[①]《清实录》载：康熙元年九月，平西王吴三桂疏言：“云南土司倾心向化，大则抒忠献土，小则效职急公，勤劳既著，劝励宜先。查滇志可据，忠悃有凭者，文职五十六员，武职十六员，请敕部给与号纸。”[②]《清史稿》载，康熙四十八年，孟连宣抚司“定为经制宣抚，颁给印信号纸”。[③] 凡颁号纸，皆“书土官之职，并载世系及袭职年月土官职者，先缴其原领号纸，改给新号纸”。[④]

2. 奖惩分明

土司不再是不受控制的个体，土司的行为受到中央王朝的严格管控。土司犯法一样受到制裁，这样就把土司纳入国家法制轨道内。

“有功则叙，有罪则处”[⑤]，清代对土司奖惩分明。在处罚方面大概有以下几种情况：土官吓唬欺诈其部民；土官纵容其辖境内的民众为盗；土官在处理抢劫或侵犯城池等事件中失职；土官对“野苗掳掠百姓”隐讳不报……凡属这些土官，朝廷将给予“杖责”“罚俸”，重者“降调”“革职”，甚至“治死罪”。“应降调三级以内者皆降一级留任；五级以内者，皆降二级留任；革职者，降四级留任”。康熙年间还做了特别规定：“土官不食俸，如遇罚俸降俸降职等事，均按其品级计俸罚米，每俸银一两，罚米一石。”雍正二年（1724）谕四川、陕西、湖广、广东、广西、云南、规划走督、抚、抚镇等，如有土司“不改前非，一经发觉，土司参革，从重究拟”。[⑥]

清代土司的主要职责有“抚夷民”、“完钱粮”、“擒盗贼”以及“各征调”等内容[⑦]，朝廷对土司的奖励规定甚细：“经征钱粮，一年内全完者，督抚奖以银牌红花；能严行钤束，擒剿盗贼，一应案件于一年内全完者，加一级，完结过半者，督抚嘉奖；军功保列出众者，加衔一等，头等者加一级，二等者记录二次，三等者记录一次；凶犯盗首讨逆土官境内，一年内查解五名以上者记录一次，十名以上者记录二次，十五名以上者加

① 光绪《大清会典》卷一二，《吏部·验封清吏司》。
② 《〈清实录〉有关云南史料汇编》，云南人民出版社，1984，第574页。
③ 《清史稿》卷五一四，《土司王·云南土司》，中华书局，1977，第14240页。
④ 嘉庆《大清会典》卷九，《吏部》。
⑤ 嘉庆《大清会典》卷九，《吏部》。
⑥ 《清世宗实录》卷一九，雍正二年五月辛酉。
⑦ 程印学：《清朝经营傣族研究》，中央民族大学2005年博士学位论文。

职一级，三十名以上者加职二级。如不足五名者，准并次年查解之数积算。”[①]“土官有军功者各就原品级以次递加。指挥使以下，由百长以次递加，至指挥使而至。宣慰使等三司，各由佥事递加至该司使，副招讨使加至招讨使，副长官加至长官。其加至长官司，准加安抚使或招讨使，安抚使、招讨使准加宣抚使，递加至宣抚使而至”。[②]

3. 明令行为

为了有效地控制土司，清朝政府对土司行为有严格规定。康熙二十五年（1686）规定：土司若有“不遵约束，肆行抢夺，无故侵扰内地居民者，该督抚等一面题明情由，一面发兵剿灭”，要求各地督抚对无故侵扰邻地的土司要“一面题明情由，一面发兵剿灭”[③]，雍正十三年规定：“土官、土人因公远赴外省，许呈明该管官转报督抚，给咨知会所到地方之督抚查核，于事竣日，给咨知会本省督抚；均计程立限，毋许逗留。有不行申报、擅自出境者，土官革职，土人照无引私渡关津律仗八十。若潜往外省生事为匪，别经发觉者、除实犯死罪外，徙罪以上，皆照军人私出外境掳掠，不分首从，发边远充军律治罪。”[④]

为防土官雇用幕僚（包括汉人）为虎作伥，清廷还作了专门规定，“凡土官廷幕，将姓名、年籍通知专辖州县，确加查验，人果端谨，实非流棍，加结通报，方准延入。倘文物土官私聘土幕，不通知州县查验，照违令私罪律，罚俸一年。若知系犯罪之人，私聘入幕，并延请复纵令犯法者，照职官窝匿罪人例革职。土幕私就，饬令专辖州县严加驱逐。如有教诱犯法，视其所犯之轻重，俱照匪徒教诱犯法加等例治罪”。[⑤]

此外，清廷还明确规定，土官受流官节制：“凡镇臣所驻地方，境内土司应属其统辖。”[⑥] 如云南“丽江府，土府也有同知掌府印的，知府则木氏世袭，见同知甚恭，称‘公祖’，自呼曰‘治晚生’，景东、蒙化、永宁三郡皆然”。[⑦]

---

① 光绪《大清会典》卷一二，《吏部·验封清吏司》。
② 光绪《大清会典》卷四七，《吏部·验封清吏司》。
③ 光绪《大清会典》卷一四五，《土官承袭》。
④ 光绪《大清会典事例》卷五八九，《土司议处》。
⑤ 光绪《大清会典事例》卷五八九，《土司议处》。
⑥（清）陈鼎：《滇黔纪游》，《云南》，乾隆刻本。
⑦ 嘉庆《大清会典》卷三七，《兵部》。

4. 儒学教化

清政府规定土司必须入学，接受儒家经典的熏陶，用儒家思想来感化和教导土司。

清顺治十五年（1658），贵州巡抚赵廷臣在《广教化疏》中提出："今后土官应袭，年十三岁以上者，令入学习礼，由入学起送承袭；其族属子弟愿入学者听补廪、科贡，与汉民一体仕进，使明知礼义之为利，则儒教日兴，而悍俗渐变矣。"[①] "顺治十八年，题准云南省土司应袭子弟，令各学立课教训，俾知礼义，俟父兄谢事之日回籍袭职。其余子弟并令课读，该地方官择文理稍通者并送提学，考试入学应试"。[②]

清政府采取以上措施对土司进行严格管控，通过对土司继承、奖惩以及行为的明确限制，辅以儒学教化，进一步规范和加强对土司的管控。比之元明，清朝土司的权力已经被大大压缩，甚至徒有虚名。

三 清朝民族"大一统"观在西南边疆实施的成效

（一）解除边疆危机，构筑新的防御体系

西南地区大规模的改土归流，有效地解除了西南边疆危机，改流后西南地区再也没出现像明朝那样对边疆及中原王朝统治构成巨大威胁的麓川土司势力。在改流的地区实现了清政府完全有效地管辖，而在未能改流的土司地区，也已完全纳入清朝中央政府的有效管理之中。

在重要地区实现改流，并在西南地区设置新的西南边疆防御线。《清史稿·兵志》下的《边防》条，明确指出广西、云南属于中国西南边防区。在广西与越南谅山、高平、宣光等接壤处，清廷设隘所 109 处，分卡 66 处。顺治十七年在滇南设临沅镇，派驻绿营兵于阿迷州、蒙自县等沿边地区；在滇西南设永顺镇（辖永昌、顺宁、大理三府，蒙化一厅以及楚雄府之姚州），驻永昌，辖兵 2400 名。雍正七年，设普洱府及普洱镇将，标兵 3200 人，分防各路。乾隆三十二年，以木邦为通缅甸要路，并九龙江、陇川、黑山门各隘，咸以兵驻守。而云南省控制全边，重在腾越，清廷于

① 赵廷臣：《广化教育疏》，乾隆《贵州通志》卷三五，《艺文》。

② 蔡寿福主编《云南教育史》，云南教育出版社，2001，第291 页。

杉木笼、干崖二处各增将弁营汛，与木邦相通之龙陵，原驻兵1500人，因其南部之三台山尤为扼要，亦增设弁兵。以顺宁一路旧有之额兵，分驻缅宁，与永顺右营协同防守。至此，以上各个隘所、协营，互相呼应，初步形成了一条东起广西，经云南开化府、经临安府、普洱府、顺宁及永昌府，达于腾越州数千里的边防线。为了严密边防，清廷还规定，“总督、提、镇大员，每年酌赴腾越边外巡阅一周”，以确保边界的安全。可见，清廷在西南区域的边防意识，已经大大高于之前历代。

“苗疆多与邻省犬牙错”，是封建统治的薄弱地区，而诸土官“境土相连，世戚亲厚”。[①] 一旦发生争斗，如乌蒙、东川，便出现“滇兵击退，而川省令箭方至”[②] 的现象，结果难免形成“四川总督之统治力，既以辽远，不能实施；而云贵督抚，又以职权不属，听其跋启”的局面。[③] 再如澜沧江中下游地区，与缅甸、老挝相邻，地方辽阔，土司“无事近患心腹，有事远通外国，自元追明，代为边害”。[④] 因此，土司为乱，影响波及数省，危害国家的安定。清朝“改土归流”后瓦解了土司势力，打破了土司“无事近患心腹，有事远通外国”的现状，对边疆的稳定发挥了重要作用。

（二）调整西南行政区划，实现边疆一体化统治

“改土归流”后，西南地区再未发生过严重或者较大的战事，基本稳定了清朝在西南地区的统治。中原王朝直接派驻流官进驻，且把未能改流的土司也划归至流官统治之下，将其纳入国家管理体系，土司的行为和权力受到严格控制，标志着元明以来的松散而“游离”于中原王朝“统治”的土司区一跃而为中原王朝直接而紧密的“统治”体系中，实现了与内地的一体化统治。原先由土司所控制泛化的“天下疆域”也被纳入王朝实际控制的国家行政区划。西南地区的“改土归流”在当时被认为是王朝版图的又一次扩张，当时明确纳入王朝版图的有：黔省边界生苗区、云贵川广及楚省各大土司、越嶲卫官马厂、桑植土司、贵州安顺府生苗及仲家、琼州府属生黎、盐营所属木里、琼山儋州归化、湖广忠峒等15土司。到乾隆时期，继续有不少“疆域”被纳入清朝“版图”，如四川雷波卫番民、四川三齐36寨番民以及

① 《明史》卷三一〇，《土司传》。

② 《清史稿》卷二八八，《鄂尔泰传》。

③ 印鸾章：《清鉴》卷六。

④ （清）魏源：《圣武记》卷七，《雍正西南夷改流记上》。

四川大小金川地区。至此，西南区域独立的土司辖区已经不复存在，“天朝尺土俱归版籍，疆址森然，即岛屿沙洲，亦必划界分疆各有专属”。[①]“有大狱讼，皆决于流官，见流官与乡保无异，苗民亦且轻之”。[②] 可见，留存的土司，权力大大压缩，且受流官节制。“至百夷及川广云贵各省土官，今既改置州府，或仍设土官，皆隶版图”。[③] 明白宣示，被保留下来的土司，其辖下的领土已经归入中原王朝的版图，不再是改流前与中原王朝保持朝贡关系的藩属。

在“改土归流”过程中，还对西南地区行政区划进行了调整。雍正五年三月二十日，鄂尔泰在《敬陈东川事宜仰祈圣裁事》一折中说：“东川去成都二千八百余里，一切事宜俱有鞭长不及之势，即上年十月内乌蒙土府禄王钟之叔禄鼎坤统众攻打东川村寨，东川知府周彬虑川省远不可对恃，具报滇省，经前督臣高其倬发兵应援，始获解散，解散之后而川省所发令箭方到府。是川省之无济于东川，而东川之无益于川省也。臣按稽志图，博访舆论，若得东川府改隶云南，声教易及。……如蒙圣恩，允东川归滇，卑臣指令将备先怀以德，继畏以威，然后徐议改流，不二三年间或可一举大定。”清世宗答应其所请，朱批：“所奏甚合朕意，东川归滇……”雍正四年鄂尔泰再次上疏请求将乌蒙、镇雄二府划归云南：“乌蒙改流后，镇雄改流更易，但所虑者一经改流，善后事宜大须调剂，岳钟琪驻扎陕省，鞭长不及。即川省抚提二臣恐闻见不确，亦难遥度……或准两府改归云南，卑职就近料理，或乌蒙事定仍隶四川。”雍正同样答应了鄂尔泰所请，朱批：“自然就近归滇为是。”[④] 将东川、乌蒙、镇雄划归云南管辖，将原属四川的遵义府划归贵州，这种行政区划的调整，更加有利于对西南地区的管理和控制。

经过“改土归流”后，嘉庆末，四川共设府十二，直隶州八，直隶厅五，屯务厅一；贵州共有府十二，直隶州一，直隶厅三；云南共有府十四，直隶州四，直隶厅四。[⑤] 清朝在四川、贵州、云南政权机构的设置是

---

① 《清史稿》卷一三七，《边防》。

② 《清史稿》卷一三七，《边防》。

③ （清）魏源：《圣武记》卷七《西南夷改土归流记上》。

④ 见《朱批谕旨·鄂尔泰奏折》，雍正五年三月二十日。

⑤ 《嘉庆重修一统志》卷三八三。

完善的严密的，从形式上看，它与内地没有少数民族的其他省是完全一致的。[①] 改土归流后，对西南地区进行新的行政区划的设置，未改流土司地区，也分别划属就近的府、州、厅管辖。“改土归流”后，大量土司被革除，大批汉族移民进入西南边疆地区，并与当地的少数民族融合，这对西南边疆的巩固和稳定发挥了重要作用。

① 尤中：《清朝对西南民族地区的设置和经营》，《云南社会科学》1993年第3期，第69页。

清代西南边疆地区“汉奸”问题述论

黄　梅
（云南大学　人文学院历史系）

摘　要　在清代出现的“汉奸”一词，作为官方语言初指进入西南边疆地区的不法汉人，此后指称范围有所扩大，亦指损害国家利益的中国人。改土归流后，“汉奸”的不法行为造成西南边疆地区的动乱和汉夷矛盾的加剧，成为西南边疆地区亟待解决的重大问题。清政府制定了一系列防止“汉奸”产生和作恶的措施并取得了一定的成效，但清政府以汉夷隔绝为出发点，因而未能彻底解决“汉奸”问题，但其处理“汉奸”举措的得失也可为当今民族关系的处理提供借鉴。

关键词　清代　西南边疆　“汉奸”　危害　治策

自雍正朝在西南地区大规模改土归流起，“汉奸”问题就引起了清朝统治者的高度关注，在雍正朝大规模改流结束后，治理“汉奸”更取代治土人成为清统治者安定西南边疆的关键举措。要了解清政府的治边政策，对“汉奸”的研究是一个必不可少的环节。学界对清代“汉奸”的研究主要集中在鸦片战争后，对鸦片战争前“汉奸”的研究则较少，这一状况也导致学界对“汉奸”一词的产生过程和含义不能形成正确全面的认识。近年已有一些学者开始关注清代前期的“汉奸”问题并进行了相应的研究。吴密的《清代官书文档所见汉奸一词指称及其变化》[①] 和《“汉奸”考

① 吴密：《清代官书文档所见汉奸一词指称及其变化》，《历史档案》2010 年第 1 期。

辨》[①] 两篇论文对“汉奸”一词的产生时间及在清代不同时期含义的演变作了梳理。方铁先生在其《西南边疆汉族的形成与历朝治边》[②] 一文中指出元明清时期西南地区汉族移民的构成由此前的大姓为主转变为以落籍或流寓各地的百姓为主，“汉奸”相应成为清王朝治理西南边疆地区的重点。

本文在已有研究成果的基础上，充分利用《清实录》和雍正、乾隆两朝奏折中的相关史料，探讨了清代西南地区“汉奸”问题的产生和演变过程，详细论述了“汉奸”在西南地区的危害，并对清政府治理“汉奸”的对策进行了深入分析。

一 清代西南边疆地区“汉奸”问题的产生和演变

“汉奸”一词在《辞海》中解释为“原指汉族的败类。现泛指中华民族中投靠外族或外国侵略者，甘心受其驱使，出卖祖国利益的叛徒”。作为在被广泛使用的“汉奸”定义，这一界定忽略了“汉奸”一词的历史演变过程，并未能真正概括“汉奸”一词的全部内涵。只有对“汉奸”一词的产生过程进行研究，才能完整理解“汉奸”一词的内涵，客观分析历史发展过程中的“汉奸”问题。

（一）西南边疆地区的“汉奸”现象于明代已显现

研究“汉奸”问题的产生和演变，首先就要明确“汉奸”一词的产生时间和背景。

“汉奸”一词究竟于何时产生，这一问题在学术界仍有争论。《古今汉语词典》[③] 中以《玉照新志》第三卷所载的“桧既陷此，无以自存，乃日待于汉奸戚悟室之门”为例，来说明“汉奸”一词的产生时间，认为“汉奸”一词在宋代已出现。然而王柯经过对诸多版本的《玉照新志》进行考证后，证明该书中并无“汉奸”一词。[④] 王轲认为“汉奸”一词最早出现于康熙中期，见于贵州巡抚田雯《黔书》中的记载：“苗盗之患，起于汉奸。或为之发纵指示于中，或为之补救弥缝于外，党援既植，心胆斯张，

① 吴密：《“汉奸”考辨》，《清史研究》2010 年第 4 期。

② 方铁：《西南边疆汉族的形成与历朝治边》，《中国边疆史地研究》2012 年第 4 期。

③ 商务印书馆辞书中心编《古今汉语词典》，商务印书馆，2000。

④ 王柯：《“汉奸”：想象中单一民族国家话语》，载《二十一世纪》2004 年 6 月号。

跋扈飞扬而不可复制。当事者非畏贼而偷安，即养贼以自重，甚至勾为利，其事之坏，大抵然也。”[①] 吴密经过进一步考证，提出“汉奸”一词最迟在明末产生。[②] 崇祯四年闰四月，兵部尚书杨嗣昌上《酌采水西善后疏》，制定了处理贵州水西地区土司叛乱和仇杀的十五条措施，第十二条提到：“前件看得遐荒万里，未沾圣化，易动难静，自其恒态，而又有汉奸拨之，则鹿骇豕突，便难为端。”[③] 可见关于“汉奸”一词产生的确切时间学界尚无定论，目前有据可考的最早时间为明末。

研究“汉奸”一词的产生时间，必须要把“汉奸”现象的出现和“汉奸”词语的产生时间加以区分。虽然在提出的时间上有差异，但杨嗣昌的《酌采水西善后疏》和田雯的《黔书》中“汉奸”词语的含义是相同的，都是指在西南边疆地区挑唆夷民进行不法行为的汉人，此含义所涵盖的汉奸现象在明代已经显现。《明会典》中已有多条处置在边疆地区违法汉人的律例，如“川、广、云、贵、陕西等处，但有汉人交结夷人，互相买卖借贷，诓骗财物，引惹边衅，及潜住苗寨教诱为乱，贻害地方者，除真犯死罪外，俱问发边卫永远充军”[④]，“若汉人投入土夷地方，冒顶夷人亲属头目名色，代为奏告报仇占骗财产者，问发边卫充军”。[⑤] 这些法规证明了明代汉人在西南边疆地区不法行为的严重性，其已引起政府的高度关注并以立法的形式加以治理。

但“汉奸”一词在明代虽已出现，只是极少量的见于大臣的奏折中，并未成为官方语言，也未被大量使用。在《明史》、《明实录》和《明会典》中均未出现“汉奸”一词。明朝是汉人建立的朝廷，出于对华夏文化与汉民族的自信和维护，应不愿使用“汉奸”这一从字面意义上有损汉人形象的词汇。

（二）“汉奸”一词自雍正朝起成为官方语言，指称范围也不断扩展和变化

直至清雍正朝，“汉奸”一词才在官方文书和档案中被大量使用并成

---

① 田雯：《黔书》，《四库全书》集部，别集类，《古观堂集》，卷三八。

② 吴密：《“汉奸”考辨》，《清史研究》2010 年第 4 期。

③ 杨嗣昌：《酌采小西善后疏》，《续修四库全书》集部，别集，第一千三百七十二卷，《杨文弱先生集》，卷一三。

④ 万历《明会典》卷一六七，《律例八・兵律二・刑部九》。

⑤ 万历《明会典》卷一六九，《律例十・刑律二・刑部十一》。

为官方语言。一方面是由于清代进入西南边疆地区的汉族移民数量不断增加，使得有影响边疆稳定行为的汉人数量不断增加；另一方面也由于清朝是满人建立的朝廷，因而不会对使用“汉奸”一词有太多禁忌。

《清实录》作为清代官修史书，资料大多来自上谕、朱批奏折、起居注和其他原始档案，可信度较高。通过对历朝《清实录》和《宣统政纪》中“汉奸”一词的出现次数和频率的统计，可全面了解“汉奸”一词在清代官方使用的情况。

年号	出现次数	起止年限	频率（年/次）
顺治	0	顺治元年（1644 年）至十八年	0
康熙	0	康熙元年（1662 年）至六十一年	0
雍正	20	雍正元年（1723 年）至十三年	1.54
乾隆	132	乾隆元年（1736 年）至六十年	2.2
嘉庆	39	嘉庆元年（1796 年）至二十五年	1.56
道光	348	道光元年（1821 年）至三十年	11.6
咸丰	20	咸丰元年（1851 年）至十一年	1.82
同治	1	同治元年（1862 年）至十三年	0.09
光绪	10	光绪元年（1875 年）至三十四年	0.29
宣统	0	宣统元年（1909 年）至三年	0

1. 从表中可见，“汉奸”一词在《清实录》中最早出现于雍正朝

雍正朝在西南地区进行了大规模改土归流和开辟苗疆的举动，“汉奸”一词也随之被大量使用，而且使用范围完全是在西南地区。雍正二年（1724）的上谕中首先关注了“汉奸”主文在土司地区的危害：“然土司之敢于恣肆者，大率皆汉奸主文指使，或缘事犯法，避罪藏身；或积恶生奸，依势横行。此辈粗知文义，为之主文办事，助虐逞强，无所不至，诚可痛恨。嗣后督、抚、提、镇宜严饬所属土官，爱恤土民，毋得肆为残暴，毋得滥行科派。倘申饬之后，不改前非，一经发觉，土司参革，从重究拟；汉奸立置重典，切毋姑容宽纵，以副朕子惠元元，遐迩一体之至意。”① 在雍正朝改土归流的过程中，对处置“汉奸”极为重视，“汉奸”

① 《清世宗实录》卷二〇，雍正二年五月辛酉。

这一词的含义也有扩展。雍正四年贵州长寨仲苗阻建营业房一事平定后，鄂尔泰在审理主犯后指出“大抵抗拒建营之罪始于川贩，成于仲苗，而拨制于汉奸”。[①] 雍正五年鄂尔泰再次上奏“查边境逞凶，莫如顽苗，而顽苗肆恶，专仗汉奸”。[②] 这些奏折和上谕中的所指称的“汉奸”是在西南边疆地区教唆土司和夷民作乱的汉人。

2. “汉奸”一词在乾隆、嘉庆和道光时期更频繁地出现在皇帝的上谕和西南地区各督抚大臣的奏折中，指称范围也有更大的扩展

云贵总督张允随在乾隆五年（1740）上奏滇省有“土棍、汉奸，当未垦之时从未过问，一俟夷民力耕成熟，即出名报垦，告争不休”。[③] 广西巡抚托庸在乾隆九年上奏广西西北苗民地方“内地汉奸，往往欺凌勒诈苗民，以致激成事端。据柳州府知府谭襄世等，查获贡生唐代荣、马玉彩，生员苗庭等，或假借公事，派诈苗猺，或包揽词讼，逞强武断。又革兵张上才、革役陶略、李老四、刘英等潜入苗寨，勒诈扰累”。[④] 这些奏折中的“汉奸”指的是通过非法途径侵占夷民财产、欺凌勒索夷民的汉人这一层含义。

乾隆年间，安南常年内乱，一些中国人也潜入安南参加叛乱活动，广西巡抚杨锡绂上奏拿获“在安南附逆为匪之黄汉，及在内招人出安南为匪之周道南、抱重、亚项等人”。[⑤] 这一奏折中所指的“汉奸”是在藩属国为匪的中国人。乾隆二十三年（1758）至四十六年间，缅人常年窜入普洱府和永昌府沿边土司地方烧杀掳掠，部分流寓缅甸的中国人也参与其中，或为缅方带路，或潜入内地打探消息，还有一些江楚商人和边境夷民私自贩卖货物至缅甸和购买缅甸货物，这些人也都被称为“汉奸”。

因而乾隆时期使用的“汉奸”一词除延续了雍正朝的含义外，又增加了二层含义：一是通过非法途径侵占夷民财产、欺凌勒索夷民的汉人；二

---

① 《云南总督臣鄂尔泰谨奏为钦遵圣谕事：雍正四年十一月十五日已将各寨仲苗安插事宜》（雍正四年十二月二十一日），张书才主编《雍正朝汉文朱批奏折汇编》第八辑，江苏古籍出版社，1989，第 699～700 页。

② 《云贵总督臣鄂尔泰谨奏：为覆奏事》（雍正五年正月二十五日），张书才主编《雍正朝汉文朱批奏折汇编》第八辑，江苏古籍出版社，1989，第 923～925 页。

③ 《云南巡抚臣张允随谨奏：为请听滇民垦辟弃土，以资民食事》（乾隆五年闰六月二十二日），《宫中档乾隆朝奏折》，台北故宫博物院 1982 年编。

④ 《清高宗实录》卷二二七，乾隆九年十月癸酉。

⑤ 《清高宗实录》卷一九九，乾隆八年八月己卯。

是协助藩属国损害中国利益的中国人，既有汉人，也有边疆少数民族。因而乾隆时期“汉奸”一词已不再局限于对汉人的指称，也指称损害国家利益的夷民。

嘉庆朝和道光二十年前的“汉奸”主要指的是在西南边疆地区通过高利贷等途径盘剥夷民田地财产的汉人。贵州巡抚冯光熊在嘉庆四年提出安定苗民地方的关键举措是严禁“汉民重利盘剥”“加利放债、算及锱铢”而危及夷民生计的行为。[①] 御史杨殿邦在道光六年（1826）也上奏云南边衅多因“沿边夷地，多有江广州黔客民在彼盘踞，大开烧锅，重利盘剥”。[②] 因此道光二十年前“汉奸”一词的使用范围仍主要是在边疆民族地区，指在云南、贵州、广西、海南和台湾地区教诱夷民作乱和重利盘剥夷民的汉人。

3. 鸦片战争后“汉奸”一词在国内边疆地区的使用频率大为下降，主要用于指称与外国侵略者有关联的中国人

“汉奸”一词在道光朝使用最为频繁。在道光二十年前，“汉奸”一词出现了89次，主要还是用于指在西南地区影响边疆稳定的汉人。从道光二十年至二十二年，“汉奸”一词出现了243次，道光二十二年至三十年出现了16次。第一次鸦片战争期间是“汉奸”一词使用频率最高的时期，道光帝痛批“汉奸”“弃中国父母坟墓，惟利是图”，为“天下忘本之人”“如毒药蛇蝎”。[③] 与外国人勾结贩卖鸦片，在外国船只上工作，教授外国人汉文，为贪利接济外国人水米及透露消息的沿海民人，都被称为“汉奸”。

咸丰年间的“汉奸”一词主要还是用于中外关系范畴。同治年间“汉奸”一词只出现一次，指的是参与甘肃回民起义的汉人。光绪年间“汉奸”也主要指与外国人勾结损坏国家利益的中国人，使用地区也从沿海扩展至云南、四川等地。

（三）清代“汉奸”词语的使用特点

通过对清代“汉奸”一词使用过程的分析可得出如下结论：（1）“汉奸”一词的使用范畴是从国内扩展至中外关系范畴。“汉奸”一词首先是

① 《清仁宗实录》卷四七，嘉庆四年六月。

② 《清宣宗实录》卷九五，道光六年二月辛未。

③ 《清宣宗实录》卷三三八，道光二十年八月癸亥。

在国内使用，而且主要是在中国西南边疆地区。鸦片战争后，“汉奸”一词则主要用于中外关系范畴。(2)“汉奸”并非专指汉人。乾隆朝时即已指称损害国家的利益的夷民，鸦片战争期间的“汉奸”也不是特指汉人，而是指损害国家利益的中国人。(3)“汉奸”的危害有被夸大的成分。从国内范围看，统治者将西南地区少数民族反抗斗争的根源主要归于“汉奸”挑唆和盘剥，而不考虑统治阶级自身腐败因素的影响。在反对帝国主义侵略的斗争中，清政府也同样将失败的原因过度归结于“汉奸”。(4)“汉奸”一词有被滥用的倾向。除进入边疆地区放高利贷和欺诈夷民的汉人外，在边疆地区开发资源和从事贸易的汉人也多被称为“汉奸”，鸦片战争期间为外国人工作的水手和保姆等人也被称为“汉奸”，而不区分其行为是否真正有害。

需要特别指出的是，清代“汉奸”的认定有很大的随意性，并非主要依据律法，而多是由皇帝按其主观意愿来认定。在作为清代基本法典的《大清律例》中，用来定罪“汉奸”的律例只有两条：一是“内地汉奸潜入粤东黎境放债盘剥者，无论多寡，即照私通土苗例，除实犯死罪外，俱问发边远充军，所放之债不必追偿”①；二是“台湾流寓之民，凡无妻室者应逐令过水，交原籍收管。其有妻子田产者如犯歃血订盟、诱番杀人、捏造匿名、揭帖强盗、窝家造卖赌具、应拟斩绞军流等条。除本犯依律例定拟外，此内为从罪轻之人并教唆之讼师塯应审明逐令过水。其越界生事之汉奸，如在生番地方谋占番田并勾串棍徒包揽偷渡及贩卖鸦片烟者亦分别治罪逐令过水。”② 可见清代经法律认定的“汉奸”罪只有两种：一是在广东黎民聚集地区放高利贷；二是在台湾越过政府划定的番界，在生番地界内帮助番民偷渡和贩卖鸦片，这远不能涵盖《清实录》中所记载的“汉奸”行为。

对清代“汉奸”一词内涵演变的研究，证明了现代人所熟知的吴三桂从清代官方视角来看并不是“汉奸”，其所作所为也不在清朝皇帝认定的“汉奸”行为之列，因而其“汉奸”帽子是现代人用现代“汉奸”概念追溯其行为后而给其扣上的。由于史料的缺乏，本文研究的只是“汉奸”一词在官方的使用情况，而不能充分研究“汉奸”一词在民间的使用情况。

---

① 《大清律例》律一四九，《户律·钱债·违禁取利》。

② 《大清律例》律二二五，《兵律·私出外境及违禁下海》。

“汉奸”一词或许在民间早已流行和使用，只是尚未成为官方语言。从清朝统治下的绝大多数汉人的立场出发，吴三桂投降清军，杀害永历皇帝，理所当然是汉人中的奸徒或败类，所以也不排除清代民间可能早已流行对吴三桂的“汉奸”称谓。

因此尽管“汉奸”一词产生的确切时间目前尚无定论，但“汉奸”一词在清雍正朝开始流行和大量使用则是无可争辩的事实。在对清代“汉奸”一词含义进行充分研究的基础上，本文重点研究雍正元年至道光二十年这一时段的“汉奸”危害和治策，并从治策的矛盾性中分析清代“汉奸”问题难以解决的原因。

二 “汉奸”的危害

对“汉奸”的危害，雍正、乾隆、嘉庆和道光四位皇帝均有共同认识。雍正认为“朕思苗猺本属蠢然无知，其肆恶抗横、扰害地方之处，俱系汉奸从中勾引”。[①] 乾隆皇帝也认为夷民作乱的原因主要是“汛防兵卒，遇野蛮愚弱易欺，恣意凌虐，逼以人理之所不堪，汉奸从而勾结教诱，遂致啸聚荒箐”。[②] 此后的嘉庆、道光两位皇帝在西南边疆地区发生动乱时，都首先要求查明有否“汉奸”参与并严惩。嘉帝庆指出，“夷民滋事，总由汉奸多方盘剥，并从中簸弄”。[③] 道光帝也多次训谕大臣：历来夷民起衅“大率皆汉奸盘剥教唆，书吏勒收苛索所致”。[④] 清代前期“汉奸”在西南地区产生的主要危害可归结为以下四方面。

（一）充当主文，把持土府事权，主使土司不法行为

进入土司地区的汉人中有一部分略通文字，能为土司代办与官府的文件来往事项，这些人为土司充当主文并把持了土府的决策权，成为土司叛乱的主使者。

---

① 《云贵广西总督臣鄂尔泰谨奏：为奏明事》（雍正七年正月二十五日），张书才主编《雍正朝汉文朱批奏折汇编》第十四辑，江苏古籍出版社，1989，第448页。

② 《云贵总督臣张允随谨奏：为钦遵圣训，恭折奏复事》（乾隆十三年闰七月三十日），《宫中档乾隆朝奏折》，台北故宫博物院1982年编。

③ 《清仁宗实录》卷三五三，嘉庆二十四年正月乙卯。

④ 《清宣宗实录》卷一八七，道光十一年四月辛卯。

雍正四年（1726）者乐甸土司因土民告发而主动提请改流，鄂尔泰奏明："该长官司刀联斗昏庸乖戾，受汉奸把目主使，为害地方，民夷怨恨"①，明确指出了"汉奸"把目是者乐甸土司作恶的主使。

在乌蒙和镇雄两土府的改土归流过程中，两土府的"汉奸"主文把持土府事权，相互勾结，唆使土府武力抗拒改流。乌蒙土府禄万钟年幼无知，所有土府之事皆听主文刘建隆主使。雍正四年，川陕总督岳钟琪请旨参革乌蒙土府禄万钟，提审土府。禄万钟母子本无抗拒言辞，后在主文刘建隆唆使下以"牌内止提达木一人，并无禄万钟、禄鼎坤等，且无革职摘印拘审字样"为借口而拒不赴审。② 继而乌蒙"汉奸"刘建隆、杨阿台在"镇雄之范掌案、纽纽巴"的协助下，带领夷兵"二千余人进攻鲁甸"，又派兵截杀投诚的禄万钟叔禄鼎坤，以坚定夷众反叛的决心。在被官兵击溃后，刘建隆等带领土府禄万钟母子逃逸，将财物尽行搬走，并指使手下送信于镇雄土府陇庆侯联络共同投往四川。"而镇雄怙恶不悛，土府陇庆侯年才十五，皆由范掌案、纽纽巴等为之主使"。③ 在禄万钟逃窜后，"陇庆侯与其母禄氏同主文王之瑜、胡掌案、雷主文、周维藩、胡阿备、王票儿、王双庇等带领兵马多人先后脱逃"。范掌案、纽纽巴将禄万钟接到白水江后，将两土府由盐井渡送往四川筠连县。④ 两土府在四川投出，"汉奸"主文对"所有抗拒官兵、勾通作恶、唆使逃匿等情，皆历历供认"。⑤

除主使土司反对清政府的改土归流外，"汉奸"主文也是土司间相互仇杀的挑唆者。四川布政使李如兰在乾隆十一年（1746）上奏"川省西南一带土司，每因细事，同类残杀。虽各土司野性不驯，实系汉奸主文播弄"。⑥

---

① 《云南巡抚管云贵总督事臣鄂尔泰谨奏：为剪除夷官，清查田土，以增租赋，以靖地方事》（雍正四年九月十九日），张书才主编《雍正朝汉文朱批奏折汇编》第八辑，江苏古籍出版社，1989，第115页。

② 《云贵总督臣鄂尔泰谨奏：为钦遵圣谕事》（雍正四年十二月二十一日），张书才主编《雍正朝汉文朱批奏折汇编》第八辑，江苏古籍出版社，1989，第708页。

③ 《云贵总督臣鄂尔泰谨奏：为钦遵圣谕事》（雍正五年正月二十五日），张书才主编《雍正朝汉文朱批奏折汇编》第八辑，江苏古籍出版社，1989，第923~925页。

④ 《云贵总督臣鄂尔泰谨奏：为钦遵圣谕事》（雍正五年二月初十日），张书才主编《雍正朝汉文朱批奏折汇编》第九辑，江苏古籍出版社，1989，第69页。

⑤ 《云贵总督臣鄂尔泰谨奏：为钦遵圣谕事》（雍正五年五月初十日），张书才主编《雍正朝汉文朱批奏折汇编》第九辑，江苏古籍出版社，1989，第779页。

⑥ 《清高宗实录》卷二六五，乾隆十一年四月乙未。

（二）教唆和策划土司及边界夷民叛乱

除少数“汉奸”担任主文外，大部分“汉奸”充当了土司叛乱的教唆者和参与者的角色。在雍正八年（1730）乌蒙土酋禄鼎坤的叛乱中，“汉奸”与禄鼎坤结为兄弟，参与叛乱，“代传木刻”“屡经擒获”并严惩。[①]乾隆元年（1736），云南孟连土目刀贺白在“汉奸”王斯盛等的挑唆下杀害被推举抚孤的土目刀派烈，挟制年幼待袭的土司刀派春。[②]乾隆十六年，贵州大定府属悦服里土目安永兴病故，其弟安永甸为争承袭，贿赂大定府已革兵房书办龙世瑾，冒用头人王庆元之名赴大定协“捏造报呈”，称“滇省之东川、乌蒙、镇雄及黔省之威宁四夷府土目前来安葬。闻其来场者大则或带兵三千，小则带兵千余，枪刀器械无人不备。土目姻亲甚多，所来目兵不至八九万人，亦有五六万人之多，兼之土目安思孝与安思仁素有仇隙，来场定必相杀，又现有安永甸控安永志霸业，亦必来场相斗”，企图挑动官府出兵而乘机窃取承袭权。此事经云贵总督臣硕色责成大定府知府查明真相而未得逞，但“流言传播，惊骇愚民”。[③]嘉庆二十二年（1817）临安府夷首高罗衣集众万余人，“抢掳江外土司地方，复率抢渡，窥视内地”，多名附从叛乱的“汉奸”获“伪封官职”，“汉奸”章喜被封为军师。[④]

在改土归流后的边疆地方，夷民的外出劫杀行为也多由“汉奸”教唆所致。道光七年（1827），川省越嶲厅属下夷民因“收成歉薄”而在“汉奸”唐添贵教唆下“抢捆汉民妇女，辗转售卖”。[⑤]道光十二年，越嶲厅土司马林为抵制改流与“汉奸”朱士陇、黄大五伙同滋事，挑唆附近野夷外出焚抢，并进攻清溪县城杀死官兵十多名。[⑥]道光十八年，“雷波马边厅等处穷夷，近因播种失时，潜至沿边一带，抢掠居民粮食牲畜”，官兵拿获

---

① 《云贵广西总督臣鄂尔泰谨奏：为官兵报捷，恢复乌蒙事》（雍正八年十月十七日），张书才主编《雍正朝汉文朱批奏折汇编》第十九辑，江苏古籍出版社，1989，第299~305页。

② 《署理云南总督云南巡抚臣张允随谨奏：为奏闻事》（乾隆三年二月十二日），《宫中档乾隆朝奏折》，台北故宫博物院1982年编。

③ 《云贵总督臣硕色谨奏：为奏闻事》（乾隆十六年十一月十一日），《宫中档乾隆朝奏折》，台北故宫博物院1982年编。

④ 《清仁宗实录》卷三二八，嘉庆二十二年三月己未。

⑤ 《清宣宗实录》卷一二二，道光七年七月戊辰。

⑥ 《清宣宗实录》卷二三二，道光十三年二月己未。

多名“汉奸”并就地正法。[①]

（三）参与藩属国家危害中国利益的活动

在乾隆二十三年（1758）至五十三年缅甸和清政府长期的战争和对峙中，不少流寓缅甸的中国人参与了缅人对中国外边土司地区的焚掠活动。乾隆三十年，贼匪数千人进入普洱府车里地方，在“橄榄坝、整控、小猛仑等处扎营”并攻入猛笼，查明“贼众虽有数千，而勾引胁从厂棍、‘汉奸’，亦多杂入其内”，从中拿获为缅匪充当奸细的猛腊摆夷一人，该夷人“随同莽匪到处放火抢掠”，并听令扮作缅甸僧人进入内地打探消息。[②] 大理府民人施尚贤在赴缅甸孟艮贸易被俘后投靠缅人，被封为“喇鲊细利大头目”，跟随缅人到普洱府土司地方“焚掠”，在被缅人派入内地打探消息时被擒。[③] 乾隆三十二年，清军大举进军缅甸，木邦夷人在“汉奸”的教唆下实行“坚壁清野之狡计”，将粮食全搬走。[④] 另有腾越州籍民人尹士宾、李万全“久居阿瓦，为缅匪所信用，并受贼显职，为贼主谋”，“汉奸”吴满大被缅匪任命领兵头人。[⑤]

在乾隆三十三年（1768）颁布禁止内地商民赴缅贸易的禁令后，中缅贸易基本中断，新街、蛮暮等主要集市已无交易，只拿获二起较小的私贩案件，即乾隆三十五年查获私买缅盐的遮放夷民三人[⑥]，乾隆三十八年在陇川盘获雇用脚夫企图将“丝布、针线、毡片”等货物私贩缅甸的“和顺、矣乐二乡民人尹德隆、刘应凤、李周林、许尔凤、黄得沛”五人。[⑦] 这些违反禁令与缅甸贸易的夷民和汉民均被定为“汉奸”。

---

① 《清宣宗实录》卷三一一，道光十八年六月甲午。

② 《云贵总督臣刘藻谨跪奏：为奏明微臣到普日期及攻剿情形事》（乾隆三十年十二月初九日），《宫中档乾隆朝奏折》，台北故宫博物院1982年编。

③ 《云贵总督臣刘藻、云南提督臣达启谨跪奏》（乾隆三十年十二月十九日），《宫中档乾隆朝奏折》，台北故宫博物院1982年编。

④ 《云南巡抚臣鄂宁谨奏：为查明具奏事》（乾隆三十二年十二月二十三日），《宫中档乾隆朝奏折》，台北故宫博物院1982年编。

⑤ 《云贵总督彰宝谨奏：为遵旨切实根究，并严加刑讯，备录供情，据实复奏事》（乾隆三十九年四月初七日），《宫中档乾隆朝奏折》，台北故宫博物院1982年编。

⑥ 《为拿获违禁贩买边外夷盐之犯，请旨即行正法，以昭炯戒事》（乾隆三十五年三月二十日），《宫中档乾隆朝奏折》，台北故宫博物院1982年编。

⑦ 《署云贵总督臣彰宝谨奏：为敬陈今冬各关巡防情形事》（乾隆三十八年十二月十八日），《宫中档乾隆朝奏折》，台北故宫博物院1982年编。

（四）重利盘剥和欺凌夷民，侵占夷民田地

乾隆年间“汉奸”在经济上侵犯夷民利益的手段主要是通过假供争讼侵占夷人和土目的田地。张允随在乾隆五年（1740）上奏滇省“可辟之土、可垦之荒”经历任督臣劝谕后已“遍行开挖播种”，至乾隆年间“已鲜遗弃”，只有“山头地角不无零星未耕之处”，小民往往因担心不能承担粮课而不愿开垦，又加上有一群恶棍、“汉奸”在土地未开垦时从不过问，一旦夷民开为熟地后则出名报垦，与夷民争告诉讼，“愚夷畏怯，虽有零星可耕之土，亦任其荒芜而莫敢垦辟”。[①] 改土归流后，汉民大量进入原土司辖地以租种土司和夷民田地为生，其中也有不法汉人妄图非法获得租佃土地的所有权。如云南镇雄州在雍正五年（1727）改土归流时“凡夷目田地俱免其变价，准令照旧招佃，收租纳粮，不使‘汉奸’觊觎，夷情帖服”。改流十余年来，夷目感恩而安分守己，反有刁猾“汉奸”见夷目软弱而想骗取夷目田产，捏造假供词到官府报案，被查出后又使用至邻省呼冤的方法要挟云南省地方官员。[②] “汉奸”的这些假供争讼行为影响了边疆地区荒地的开垦和夷民生活的稳定，并进而影响到边疆地区的安定和发展。

除假供争讼外，嘉庆和道光年间“汉奸”侵害夷民利益的手段主要以更隐蔽的贸易手段为主。川、黔、粤各省流民“赴滇、黔租种苗人田地，与之贸易，诱以酒食衣锦，俾入不敷出，乃重利借与银两，将田典质，继而加价作抵，而苗人所与佃种之地，悉归客民、流民。至土司遇有互争案件，客民为之包揽词讼，借贷银两，皆以田土抵债”。[③] “汉奸”以带有欺骗性质的交易行为侵占了夷民赖以为生的田地，影响了夷民的正常生活，夷民为夺回田地而进行斗争也影响到了周围人民的生命财产安全。

嘉庆二十二年，卓秉恬奏明四川雷波一带夷民经常滋生事端的原因是“汉租夷地，日事盘剥，穷夷积怨”，“汉奸与熟夷兴讼，汉奸则贿通书差

---

① 《云南巡抚臣张允随谨奏：为请听滇民垦辟弃土，以资民食事》（乾隆五年闰六月二十二日），《宫中档乾隆朝奏折》，台北故宫博物院 1982 年编。

② 《云南巡抚臣张允随谨奏：为请听滇民垦辟弃土，以资民食事》（乾隆五年闰六月二十二日），《宫中档乾隆朝奏折》，台北故宫博物院 1982 年编。

③ 《署云南总督云南巡抚臣张允随谨奏：为奏明事》（乾隆七年二月十七日），《宫中档乾隆朝奏折》，台北故宫博物院 1982 年编。

兵丁变乱曲直”。[①]“因江西湖广等处汉人，在夷地贸易，取利甚为刻苦”，高罗衣得以借夷民希望驱逐汉人的心理聚集万余人发动叛乱。[②]

道光元年（1821），云南永北厅土目因“将地土典给汉民，被其盘剥”，聚集附近摆夷和猓猡千余人焚烧村寨，“杀伤种山汉民甚多”。[③]广西庆远等府因“土官往往典卖田产，久未撤归，遂至土官日贫，土民日刁，兼之汉奸从中主唆，控案纷繁”。[④]贵州兴义苗民因“汉奸盘剥”而“生计日益不支”。[⑤]川省越巂厅熟夷因“田土悉给汉民耕种，久之汉民据为己有，夷民生计日蹙”，熟夷为抢回田地而在汉奸的教唆下四处焚杀滋事。[⑥]

“汉奸”危害形式的变化也是西南地区汉夷对立关系进一步强化的表现。在改土归流过程中，“汉奸”如果从土司的立场出发还有帮助土司维系统治和抵制改流的作用，双方还有一定程度上的一致利益的话，在改流后“汉奸”欺凌夷民和侵占夷民田地的危害行为中，“汉奸”与夷民之间已是完全的对立关系，“汉奸”成为影响少数民族人民生活和边疆稳定的恶性因素。

三 治理对策

从追求西南边疆地区稳定的立场出发，雍正、乾隆、嘉庆和道光四朝皇帝均支持对“汉奸”立重典以严惩，并制定了一系列预防“汉奸”产生和作恶的措施。

（一）严密缉拿，从重究拟

因“汉奸”危害极大，为绝奸宄以防未来，历朝对拿获的“汉奸”均处于重刑。贵州长寨苗人为阻建营房抗拒官兵一案内有“川棍李奇、杨世臣、汪子谦”及贵州武举厉绍远和州役黄应甲，以上人等均为“汉奸”，

① 《清仁宗实录》卷三三〇，嘉庆二十二年五月戊午。
② 《清仁宗实录》卷三二九，嘉庆二十二年四月辛卯。
③ 《清宣宗实录》卷一三，道光元年二月辛卯。
④ 《清宣宗实录》卷六二，道光三年十二月壬寅。
⑤ 《清宣宗实录》卷一〇六，道光六年九月丙午。
⑥ 《清宣宗实录》卷二三二，道光十三年二月己未。

系“凶苗主谋”，全部依法处决。[①] 鄂尔泰认为乌蒙、镇雄两府“汉奸、恶目人等恶贯已盈，自绝于天，不能见几于早，既已蹈苗民逆命之罪，岂能免防风后至之诛？故虽献上归印，难赎前愆”，只有将“两地汉奸、恶目人等尽法惩治”，“绝其根株”，才能彻底根除后患。[②] 因而主使镇雄、乌蒙叛乱的主文刘建隆、王之瑜和范绍淹均被依法处决。[③] 在雍正八年（1730）乌蒙叛乱中，鄂尔泰“复严缉汉奸，密拿奸细，皆已屡经擒获，讯问确供，并得贼内情形，随皆枭示”。[④] “汉奸”龙世瑾为帮安永甸谋取承袭，“捏造谎词，呈请动发官兵”，乾隆帝亲自批示“若仅照寻常律例问拟，未足以示惩创而靖苗疆”，饬司道“将该犯从重究拟，以肃法纪”。[⑤] 嘉庆年间参与叛乱的伪军师章喜则被处以凌迟之刑。[⑥]

对滋事脱逃“汉奸”的严密缉拿也是惩处“汉奸”的关键。孟连土目刀贺白在乾隆三年（1738）主动赴威远投诚，被押往省城监禁，但参与滋事的“汉奸”仍“未免构扇”，经总督庆复下令，“汉奸”王斯盛等在乾隆五年被诱擒，孟连地方始“拔本塞源，可以永靖”。[⑦] 道光十三年（1833），车里宣慰司土司刀绳武在“汉奸”的挑唆下带领手下土练与土舍刀太康攻斗而危害地方安定。道光帝谕云南督抚大臣等“附和土司刀绳武之汉奸、夷奸，帮唆肇衅，情殊可恶。虽据截获王瀛等数犯解省审办，此外恐尚有倖逃法网，匿迹潜踪，必须密速访拿，从严究办”，通过对滋事“汉奸”的“密查严办”达到“以净根株”的目的。[⑧]

---

① 《云贵广西总督臣鄂尔泰谨奏：为奏明事》（雍正七年正月二十五日），张书才主编《雍正朝汉文朱批奏折汇编》第十四辑，江苏古籍出版社，1989，第448页。

② 《云贵总督臣鄂尔泰谨奏：为钦遵圣谕事》（雍正五年三月十二日），张书才主编《雍正朝汉文朱批奏折汇编》第九辑，江苏古籍出版社，1989，第236页。

③ 《云贵广西总督臣鄂尔泰谨奏：为奏明事》（雍正七年正月二十五日），张书才主编《雍正朝汉文朱批奏折汇编》第十四辑，江苏古籍出版社，1989，第448页。

④ 《云贵广西总督臣鄂尔泰谨奏：为官兵报捷，恢复乌蒙事》（雍正八年十月十七日），张书才主编《雍正朝汉文朱批奏折汇编》第十九辑，江苏古籍出版社，1989，第299～305页。

⑤ 《云贵总督臣硕色谨奏：为奏闻事》（乾隆十六年十一月十一日），《宫中档乾隆朝奏折》，台北故宫博物院1982年编。

⑥ 《清仁宗实录》卷三二八，嘉庆二十二年三月己未。

⑦ 《清高宗实录》卷一一二，乾隆五年三月丙辰。

⑧ 《清宣宗实录》卷二五二，道光十四年五月癸未。

（二）严格保甲制度，禁止汉民私往夷地

通过严格稽查而禁止汉民私入夷地是清政府清理“汉奸”的主要措施，保甲制度是这一措施的具体施行方式。

云贵总督鄂尔泰在雍正五年（1727）指出，黔、粤、四川三省边界未设营汛之寨本只为苗民聚居之地，不许汉民居住，但汉人多以贸易为名进入苗寨与夷人杂处并勾结犯事。为解决这一问题，鄂尔泰提出两条具体对策：（1）奏请制定规约严行禁止汉民进入夷寨，并将规约普遍通告汉民和夷人，使“夷民毋得容留汉民，汉民毋得擅入”。（2）制定严格的保甲制度，要求“乡保、头人自应稽查地方，邻佑自应首告，使皆各有责成，违者并坐”。①

针对云南汉夷杂处、夷民居住分散和外省流民众多的情况，云贵总督爱必达和云南巡抚刘藻在乾隆二十三年（1758）提出了因地制宜的详尽保甲制度：在市镇与汉人杂处的夷人“应一体编入保甲之内，毋庸分别”；“依山傍谷、自成村落”的夷民居住分散，经常迁徙，且语言不通，由原设的“火头、寨长、目老、叭目等”充任保长之职，由各头目编造人口清册送于州县，“有出入往来，迁移增减”等“于册内随时填注，按季轮换，以备稽查”，“如夷人内窝藏来历不明之人，及容留汉奸潜匿者，许其赴官禀报，倘敢扶同狗隐，查出究革”；土司管辖之地的保甲由土司负责办理；沿边土司地方连接外域，不与内地一体编甲，令各土司自行稽查备造清册，并交所管知府处，每季出具“无容留匪类、汉奸及外夷窜入切实印甘各结”；对流动性较强的外省民人责成专人办理保甲，“厂地民人宜责成厂员稽查”，“盐井地方宜责成提举、大使”，“流寓客民宜责成客长管束”。②这一保甲制度充分体现了因地、因人而治的特点，对夷民和流民均进行了充分稽查和有效管理。

为禁止中国人偷往缅甸贸易，云南地方督抚在乾隆三十三年至四十六年制定了严格的盘查制度，在内地通往土司地方和沿边通道同时设卡稽查，尽可能杜绝“汉奸”的偷越行为。根据腾越州及永昌沿边一带绵亘千

① 《云贵总督臣鄂尔泰谨奏：为覆奏事》（雍正五年正月二十五日），张书才主编《雍正朝汉文朱批奏折汇编》第八辑，江苏古籍出版社，1989，第923～925页。

② 《云贵总督臣爱必达、云南巡抚臣刘藻谨奏：为钦奉上谕事》（乾隆二十三年五月二十八日），档号0219－021，微缩号01－032－0608，中国第一历史档案馆藏。

里、通往外域地方小路众多的情况，云贵总督彰宝在乾隆三十五年奏请只有在“内地综汇扼要之处再设总卡严行稽查，不许伊等前赴土司地方”才能有效禁止江楚客民私往缅甸贸易。① 乾隆四十二年又准阿桂和李侍尧所奏，在永昌府至腾越州所需经过的潞江等处“特派员弁专司稽察（查），遇有江楚客商到关，即驱令北回。如有脱漏出口，查出严参。至向来久在近边居住之人，若忽令逐回，亦恐不无滋扰。请令照依内地保甲之例，但就现在各户编造名册，嗣后只许渐减，毋许增添，仍不时委员前往稽查。如此，则内地民人自可永杜越界之弊”。②

嘉庆帝在临安善后事宜的办理中要求，“除旧住各户责令土司等严行稽查外，此后汉民不准私入夷地。贸易者亦发给腰牌，勒限回缴。如逾期不回，查拿治罪”，并要求云南省督抚官员“当行不以实，持之以久，以期绥安夷众，永靖边疆”。③ 因川省越巂厅经常发生边衅，道光十三年（1833）实行了禁止汉人居留夷地措施：“凡住居夷地之汉民，即属善良，亦递回原籍。责成土司土舍，各谕所部，毋许容留一汉民。熟夷如有不遵，惟土司等是问。并饬营汛弁兵严加逻守，绝汉民潜入之路。”④

（三）将稽查和捉拿“汉奸”列入土司与流官考成

为了保证保甲制度的有效实行，清朝统治者将保甲制度的实施效果与土司和流官的考成结合起来。

鄂尔泰在雍正五年（1727）奏请将拿禁“汉奸”一事列入对土司和流官的考成中，并制定了提高土流官员捉拿“汉奸”积极性的考成办法。旧的考成之法为“拿获川贩十五名，准予记录一次”。但川贩“汉奸”多分散藏匿于不同村寨，一次擒拿十五人的标准较难达到，即使前后合计擒获川贩“汉奸”超过十五人，但多为地方自行处理了结而不上报吏部，“故虽有鼓励之典，而踊跃效力之员甚少”。为改变这种状况，鄂尔泰提出了新的考成办法：“嗣后凡有擒获川贩汉奸，审明实有通同苗夷劫杀案件，

① 《署理云贵总督臣彰宝谨奏：为严禁汉奸偷越出口，立法稽查，以重边防，仰祈睿鉴事》（乾隆三十五年三月三十日），《宫中档乾隆朝奏折》，台北故宫博物院 1982 年编。

② 《臣阿桂、臣李侍尧谨奏：为奏复事》（乾隆四十二年三月二十五日），《宫中档乾隆朝奏折》，台北故宫博物院 1982 年编。

③ 《清仁宗实录》卷三五三，嘉庆二十四年正月乙卯。

④ 《清宣宗实录》卷二四〇，道光十三年七月甲戌。

每擒获一起，即加记录一次，一切劫杀等事俱不得外结。有能告首川贩汉奸情实罪当者，其应加记录之官，每获一人，赏出首人银五两，但不得挟仇射利，如虚，反坐。将不待三年，而川贩汉奸或可绝迹矣。”此考成之法获得雍正“甚合情理”的赞许。①

雍正朝的考成办法主要是侧重于对有功官员的奖励，乾隆十四年（1749）兵部又议定了对失职官员的惩处规定，“汉奸潜入土蛮地方，文武各官如失察者，该管官降一级调用，该管上司罚俸一年。徇纵者，该管官革职，失察之上司降一级调用，兼辖之上司降一级留任，统辖之上司罚俸一年”。② 乾隆皇帝对缉拿“汉奸”有功的流土官员也给予重赏，乾隆三十一年拿获“汉奸”施尚贤的土目杨虎、冶靖被赏给土千总职衔。③

嘉庆帝则主要强调了对沿边地方土司掌寨的考成，训示临安江外夷民责成土司掌寨严密稽查，因“土司掌寨耳目最近，着即责令该土司等督同村寨伙头、招坝等，仿照保甲之法，设立户口清册，取具连环保结。按季呈报州县官查核。如有窝留匪类，将该土司掌寨等分别斥革迁徙，以专责成”。沿江渡口“责令各土司掌寨等、派拨土练常川驻扎。如有汉奸匪徒私行越渡，立即拿报究办，倘有疏漏，查参重惩”。④

（四）对土司聘用主文和延幕进行严格控制

针对“土司之敢于恣肆，大率皆汉奸主文指使”的情形，乾隆年间对土司延请主文和聘用土幕均做出了限制性规定。

云南永北镇总兵马化正在乾隆六年（1741）上奏：“滇南土司主文，多系外省流民，略识字句，假行商名色，出入夷方，巧言煽惑。一经延作主文，遂任其指使；及酿成事变，则脱然远飏。请延请主文，必先报该管官，择土著之行止端方者，取结转报督抚。如果能辅导土司，六年地方无事，照有司衙门吏攒例，给与八品顶（戴），不则拿究。事起而飏，坐家属、邻右。庶责成专而奸萌戢。”⑤ 此奏议经云贵总督庆复酌定办法：“凡

① 《云贵总督臣鄂尔泰谨奏：为覆奏事》（雍正五年正月二十五日），张书才主编《雍正朝汉文朱批奏折汇编》第八辑，江苏古籍出版社，1989，第923～925页。

② 《清高宗实录》卷三六三，乾隆十五年四月庚子。

③ 《大学士管云贵总督臣杨应琚跪奏：为查明土司、土目功过，酌请分别劝惩，以整边境事》（乾隆三十一年十月二十七日），《宫中档乾隆朝奏折》，台北故宫博物院1982年编。

④ 《清仁宗实录》卷三五三，嘉庆二十四年正月乙卯。

⑤ 《清高宗实录》卷一三五，乾隆六年正月乙未。

所延主文及在署办事书识，将姓名开送管辖衙门，遇有更换，随时申报。如敢簸弄土司，滋扰地方者，立即严拏，照书役无文作弊例从重治罪。其有能秉公安静者，酌量奖励。”此具体办法在云南实行，乾隆十四年又下旨“川陕事同一体，请照此办理”。[①] 这一规定改变了以往土司自由聘用主文的状况，要求土司聘用和更换主文必须报官府备案，并对主文功过的奖惩做出了明确规定。但马化正所提主文应从土著中选聘的建议并未被采纳，庆复所酌定奏议中对主文的奖惩力度也较马化正所奏为轻。

清政府在乾隆三十年（1765）又颁行有关土司聘用延幕的具体律例，从延幕任职资格、土官私聘延幕的处罚和延幕违法行为惩治三方面对土官聘用延幕进行了严格管理。官府从选用延幕环节即加以控制，从源头上消除了有犯罪行为的人担任土官延幕的机会，要求“凡土官延幕，将姓名年籍通知专辖州县，确加查验，人果端谨，实非流棍，加结通报，方准延入”。为确保聘用办法的切实施行，官府对土官私聘行为做出了明确的处罚规定，若土官“私聘土幕，不通知州县查验”者，“照违令私罪律罚俸一年”；“若知系犯罪之人，私聘入幕，并延请复纵令犯法者，照职官窝匿罪人例革职”。“对土幕私就，饬令专辖州县严加驱除。如有教诱犯法，视其所犯之轻重，俱照匪徒教诱犯法加等例治罪。若败露潜逃，即行指拿重惩，以示警惕”。[②]

（五）停止将遣犯安置于偏远夷民聚集地区

刑部于乾隆元年（1736）议定将免死盗犯“分发云、贵、川、广极边烟瘴地方”，于乾隆二年又议定“嗣后九项遣犯[③]，有妻室子女者佥发宁古塔、黑龙江等处，给与披甲人为奴；如无妻、子之遣犯并其余各项遣犯人民，遵照乾隆元年定例，改发云、贵、川、广，分别极边、烟瘴与烟瘴稍轻地方安插”。因滇、黔两省地处极边且多为新定之地，“苗猓杂处，秉性凶顽，素非安分”，若再与遣发凶徒共居并处，难“保无暗行勾结，妄生事端”，随着遣犯数量的不断增加，夷汉勾结作乱的隐患也在增加，云南

---

① 《清高宗实录》卷二六五，乾隆十一年四月乙未。

② 光绪《大清会典事例》卷五八九，《兵部四十八·土司·议处》。

③ 注：九项遣犯为民人有犯强盗情有可原免死减等者、强盗行劫数家止首一家者、伙盗供出首盗所在即时拿获者、窃盗临时拒捕杀人为从者、偷刨坟墓二次者、并未卖身旗下谎称卖身者、民人谎称旗下逃人者、民人假称逃人具告行诈者、民人卖逃买逃者。

巡抚张允随据此在乾隆五年上疏，提出不再将九项内遣犯发往滇、黔两省。[①] 这一奏议经刑部议定为九项遣犯“其查无妻室者，如系强盗免死及窝留强盗三人以上之犯，分发云、贵、川、广极边烟瘴地方。其余查无妻室，并别项遣犯之有妻室者，俱发云、贵、川、广烟瘴少轻地方”。[②] 张允随将九项内遣犯停发滇、黔省的建议虽未被采纳，但刑部也参考张允随的建议而将九项遣犯根据罪名轻重而分别发遣于不同地方。

但随着大规模汉族移民进入云南边远山区，“汉奸”危害性也更多地显现出来。乾隆二十三年（1758）刑部对云南可发放遣犯的地区有了明确限定，议定“曲靖府之宣威州，东川府之会泽县，昭通府之大关同知、鲁甸通判、镇雄、永善、恩安三州县，镇沅府并所属之威远同知、恩乐县，普洱府之思茅同知、宁洱县，顺宁府并所属之缅宁通判，丽江府并所属之中甸同知、维西通判，广南府之宝宁县，开化府之文山县，永昌府之腾越、保山二州县，暨永北府，以上二十二处，均以夷疆咨送刑部律例，馆编为定例之后，凡遇遣犯，概停分发”。[③] 因此自乾隆二十三年始，所有遣犯，不论罪名轻重，一律停发云南边远夷民聚集地区，以防止内地遣犯教唆夷民叛乱。

（六）颁行保护夷民田地所有权和利益的措施

云南总督张允随较早指出“夷人别无生业，以田地为命，一旦欲夺其命，保无意外之虞”[④]，奏请通过“严禁豪强首争”以保护弱小夷民的利益[⑤]，对租佃后企图通过不法手段侵占夷人田地的佃户加以“惩创”，防止众多“外省流民佃种夷田者”再“群相效尤”。[⑥]

针对“汉奸”以欺诈盘剥手段侵占夷民田地的情况，道光年间制定了

---

① 《署贵州总督云南巡抚臣张允随谨奏：为敬陈末议事》（乾隆五年九月二十八日），《宫中档乾隆朝奏折》，台北故宫博物院1982年编。

② 光绪《大清会典事例》卷七四一，《刑部·名例律·徙流迁徙地方一》。

③ 《云贵总督臣吴达善、云南巡抚臣刘藻跪奏：为遵旨议奏事》（乾隆二十九年三月二十七日），《宫中档乾隆朝奏折》，台北故宫博物院1982年编。

④ 《署云南总督云南巡抚臣张允随谨奏：为奏明事》（乾隆七年二月十七日），《宫中档乾隆朝奏折》，台北故宫博物院1982年编。

⑤ 《云南巡抚臣张允随谨奏：为请听滇民垦辟弃土，以资民食事》（乾隆五年闰六月二十二日），《宫中档乾隆朝奏折》，台北故宫博物院1982年编。

⑥ 《署云南总督云南巡抚臣张允随谨奏：为奏明事》（乾隆七年二月十七日），《宫中档乾隆朝奏折》，台北故宫博物院1982年编。

一系列保护夷民利益和田地所有权的措施，主要是允许夷民赎回为抵债而典卖的田地、命令民人退还强占的夷地和禁止汉民继续承买夷地。道光二年（1822）颁行了处理“汉苗交涉田土事件”的具体措施，下令对汉苗之间的田土交涉“查明实系盘剥准折，利过于本者，令苗人照原借之数赎回；其出价承买，如田浮于值，以汉民应得田土若干，划分执业，余田断还苗民耕种，俟备价取赎时，全归原户”。① 道光十二年在处理广东和广西两省瑶人滋事的善后事宜中，要求“民人侵占猺业者，查明退还”②，瑶民田地“从前售卖民人者，听其照旧执业，契限已满，仍准猺户备价收赎。嗣后猺人产业，只准与猺人互相买卖，不准民人契买，违者田产断归猺人执管，不追原价”。③ 道光十三年在川省越嶲厅夷乱平息后，为防止再生边衅而实行清划地界的办法，将该地汉民所种夷地“强占者勒令退给，佃种者饬予赎还。如垦荒已久，搭棚造屋，已成村落，未便迁移，应即断为汉界，毋许汉民再行进占”。④

为禁止“汉奸”在田地交易案件中的争讼和包讼行为，道光帝下令广西和广东两省“一切猺人词讼及民猺互控词讼，均责令就近审讯”，以防止书吏勒索和“汉奸”包讼⑤；云贵两省的“田土案件，如有汉人霸占苗业及夷苗诬控平民，务当公平听断，治以应得之罪，毋得任听胥役诈索，客民唆讼，以杜侵越而靖边陲”。⑥

四 结语

“汉奸”问题的发展演变反映了清代西南边疆地区汉夷地位的变化，由以前的夷强汉弱变为汉强夷弱，并相应导致清政府治边的重点由改土归流前的治土人转为整治“汉奸”。虽然清朝统治者为治理“汉奸”制定和施行了一系列相关措施和律法，但“汉奸”问题在雍、乾、嘉、道四朝一直延续，长期禁而不绝，这种状况与清代统治者的治边思想是密切相关

① 《清宣宗实录》卷四〇，道光二年八月庚午。
② 《清宣宗实录》卷二二六，道光十二年十一月辛丑。
③ 《清宣宗实录》卷二二二，道光十二年闰九月庚寅。
④ 《清宣宗实录》卷二四〇，道光十三年七月甲戌。
⑤ 《清宣宗实录》卷二二二，道光十二年闰九月庚寅。
⑥ 《清宣宗实录》卷三一六，道光十八年十一月戊午。

的。清代统治者继承了中国传统的“守中治边”和“守法四夷”的治边思想，在边疆蛮夷地区主要实行羁縻治策，羁縻治策下重稳定轻发展的思想使得清朝统治者不可能实行彻底地根治“汉奸”之策。

随着汉人移民大量进入西南省份，各地腹里和城镇中心的土地基本已被开垦完毕，后续进入的移民开始向山区和边远地区转移，改土归流也为汉人移民进入边远地区提供了条件。土地是农业社会最重要的经济资源，是人民生活的根本依靠。汉人移民的大量进入造成了汉人移民与当地夷民之间争夺有限土地资源的矛盾和斗争。边疆地区的长期封闭状态造成这些地区的少数民族人民文化素质低，对外界了解较少，改土归流中对土司和夷民的镇压也增加了夷民对官府的畏惧心理，使得进入边疆地区的一些汉人有机会通过争讼、高利贷和欺诈等手段侵占少数民族人民的土地。

为了维护边疆稳定，汉族移民改变边疆地区社会经济状况的行为多被清朝皇帝定为“汉奸”行为。从维护边疆稳定的立场出发，清政府没有因势利导地发挥汉族移民进入边远地区的积极作用，而是实行将汉夷分离的隔绝治策。为了杜绝“汉奸”而禁止汉民进入夷界和与夷民贸易的做法，使得边远地区经济落后和人民文化水平低的状况无法得到改变。

“汉奸”危害的持续与清政府在西南边疆实行的保守文教政策密切联系。虽然清政府在西南地区兴办学校和义学，但涉及面较小，作用有限，大量的苗倮均属“蠢然无知”，使汉人更容易对其欺骗和教唆。清政府中的一些督抚大臣已经看到了在夷人地区发展教育是根除“汉奸”的关键，广东按察使潘思榘在乾隆六年（1741）提出在黎族地方设义学，“择本地贡生、生员中品学兼优之士教之，资以膏火。有识字成诵者，量加奖劝，能文章应试者，许考试。则黎人薰沐教泽，愈知安分守法，土棍汉奸，末由欺诈”。[①] 乾隆十四年，湖南巡抚开泰提出“建学延师，设法奖励”是“安定苗疆的关键治策”。这些建议遭到了乾隆皇帝驳斥，乾隆提出，“各省苗民番蛮，均属化外，当因其俗，以不治治之”，反对在边疆民族地区发展教育，认为“苗蛮正宜使其不知书文，惟地方官防御不严，致汉奸窜入其地，教之生非，于是有戕其同类。侵及边境之举，今若更令诵习诗书，凿其智巧，是非教之使为汉奸乎”。据此而认为解决“汉奸”问题的关键“惟在封疆大吏，知内外之辨，适轻重之宜，规其远大，示以威信。

① 《清高宗实录》卷一三七，乾隆六年二月乙丑。

勿徇属员之请而冒昧生事，勿因细微之过而责望太深，固我疆围，绥怀异域，如是而已”。[1] 可见乾隆皇帝仍把边疆少数民族地区视为异域，认为边疆的作用主要是“固我疆围”，只需实行“治又相对不治”的绥怀政策即可，不必如内地一样深入统治和发展。而且发展教育只会让夷民因有知识而成为“汉奸”，所以只要通过实行严格的查禁“汉奸”政策来维持边疆的藩篱作用即可。

乾隆皇帝对边疆地区施行的羁縻政策在清代帝王中是具有代表性的，根据《清实录》所载，嘉庆时期未再有以在苗倮地区发展教育为解决“汉奸”问题对策的奏议，道光年间也只在广西贺县猺匪之乱平息后，根据“猺人性多愚拙，易于煽惑”的情况，“着就各冲设立义塾，于附近绅衿中择延品端学正之士，以四子等书训课猺童”，“数年之后，果能读书向义，酌量奏明，设立猺童学额”。[2] 可见道光皇帝虽同意在贺县设立义学，但对设立义学产生的效果仍持谨慎态度。

清政府将禁止汉民私入夷地作为治理“汉奸”的主要对策，为维护边疆的稳定而不愿彻底清厘“汉奸”。乾隆十四年（1749）金川之役后，乾隆在分析“汉奸”的危害时指出，“凡诸蛮启衅，多由伊等煽诱而成”，但又担心彻底清查“汉奸”使土司惊惧，“汉奸”为求生而更多滋事，因而反对地方官想藉机廓清“汉奸”的行动，认为“番酋无所知识，不免闻风疑惧。而汉奸往来日多，已成锢习，一旦俾无所容，亦必藉端挑构，恐三五年后又复不宁。是以除奸而反以长奸。欲息事而反以滋事”，所以防范“汉奸”的对策应是在番地“或严其疆域，或稽其出入。随时留心，设法整理，于休养抚字之中寓防微杜渐之意，使番民相安，萌蘖不作，斯为国家久远之计也”。[3]

边疆地区社会经济的发展和少数民族文化水平的提高是解决“汉奸”问题的根本对策。清代统治者实行的解决“汉奸”问题的政策实为舍本逐末，统治者为追求边疆的稳定而推行的愚民政策使得“汉奸”问题无法从根本上得到解决。禁止汉民私入夷地和禁止汉夷贸易的政策，虽然在一定程度上发挥了保护少数民族利益和维护边疆稳定的作用，却也使西南边疆地区更封闭和落后。

---

① 《清高宗实录》卷三三八，乾隆十四年四月辛卯。

② 《清宣宗实录》卷二二六，道光十二年十一月辛丑。

③ 《清高宗实录》卷三三五，乾隆十四年二月乙巳。

鸦片战争爆发后，中外矛盾的激化使国内矛盾退居次要地位，“汉奸”一词的指称也发生了重要变化，由主要指称通过违法手段危害少数民族利益的汉人和危害国家利益的中国人转为指称出卖国家利益的中国人，但矛盾的转移并不等于矛盾的消除和解决，也不表明西南地区汉夷对立关系的结束。以史为鉴，清政府解决“汉奸”问题的得失对当今民族关系的处理也有一定借鉴作用。

播州土司、永顺土司和唐崖土司文化中的国家认同观念初探

陈季君　宋　娜
（遵义师范学院　历史文化与旅游管理学院）

摘　要　作为西南土司的典型代表，播州土司、永顺土司和唐崖土司既有独特的民族文化内涵，也具有相互关联、趋同相近的代表性政治文化特征，这种文化上的同一性主要体现在国家认同观念，土司文化中的国家认同观念，对多民族统一国家的建立起着重要的作用。

关键词　播州土司　永顺土司　唐崖土司　国家认同

播州土司遗址、永顺土司遗址和唐崖土司遗址作为土司文化的系列遗存，见证了历史上曾经昌盛一时的土司制度，展示了13~20世纪中国西南地区土司社会的政治经济、社会生活、文化特征等。随着申遗而开展的遗址开发、文献整理、科学研究等学术活动，使得这三大土司的学术研究成果日趋丰富起来。

播州、永顺与唐崖土司遗址分处黔北、湘西、鄂西地区，远离中央政府的统治核心，各自具有浓郁的民族文化特征。元代开始在西南地区开始实行土司制度，纳入了中央王朝的管理体系，随着历史的发展，形成了独特的土司文化，这种文化杂糅了民族文化、乡土文化、家族文化、儒家传统文化，表现出鲜明的伦理政治特征，使得不同地区的土司文化虽分属不同的流域圈，具有独特的民族文化内涵，但是也具有相互关联、趋同相近的代表性政治文化特征。土司文化的价值观念中包含着家族本位观念、礼治观念、国家认同观念等，具有明显的儒家伦理文化的核心价值观，具有

文化上的同一性。本文旨在通过分析比较播州土司、永顺土司和唐崖土司的遗址文化，揭示不同地区的土司对中央王朝、中原文化的认同与交流方式，探讨它们的国家认同观念在政治、文化上所呈现出的趋同倾向。

一　以身份职权认同确立国家认同

土司都是借助中央政权来进行身份认定，从而确立自己权力的合法性，提高其统治权威。中央王朝并不直接统治这些边疆地区，土司在其辖境内世代传袭，自行管理民族事务，具有相当大的独立自主性，形成小范围的“家天下”政治格局。比如，“在土司制度建立初期的元代，土家族地方政权与元政府交往不多，两者关系较为松散。明初，土家族豪酋对明政府采取不合作态度，在朱明王朝武力震慑下，这种情况才有所改变”。[①]可见，由于元明时期国力强盛，土司一方面迫于强大的军事压力，不得不臣服于中央政府；另一方面得到中央政府的册封，有强大的皇权作为后盾，借以提高自己在本地区的威信。基于此，土司往往主动寻求中央政府的册封和授职，并积极地朝贡纳赋、征调平叛，在政治上尽可能地靠近中央政府，以中央权威加固自身的统治地位；同时，册封则进一步确定中央政府和土司地区的“君臣之位”。

在有关播州的历史文献中，自唐时杨端入播始，杨氏二十九世中杨汉英乃是写入正史列传中的第一人，《元史·杨赛因不花传》载：

> 杨赛因不花，初名汉英，字熙载，赛因不花，赐名也。其先，太原人。唐季，南诏陷播州，有杨端者，以应募起，竟复播州，遂使领之。五代以来，世袭其职。五传至昭，无子，以族子贵迁嗣。又八传至粲，粲生价，价生文，文生邦宪，皆仕宋，为播州安抚使。至元十三年（1276），宋亡，世祖诏谕之，邦宪奉版籍内附。[②]

可见，从元代开始，播州土司的政治影响逐渐扩大，在播州土司的家族传记《杨氏家书》中，描述杨邦宪降元时“捧诏，三日哭，奉表以播

① 段超：《元至清初汉族与土家族文化互动探析》，载《民族研究》，2004 年第 6 期，第 98 页。

② 《元史》卷一六五，《列传第五十二·杨赛因不花传》。

州、珍州、南平三州之地降”① 的情景，彼时主播的杨邦宪对宋亡仍心有戚戚焉。邦宪归顺元朝不久病故，杨汉英承袭父爵时，年方五岁，其母田氏代掌政柄，至元二十四年由于族中结党构乱，其母贞顺夫人田氏被杀，“汉英衰绖入奏。上诏捕贼，至益州，戮以徇”②，杨汉英在其地位岌岌可危之际，通过皇权的介入，争取到了官方的支持，沉重打击了宗族中的反对势力，从而巩固了在播州的统治地位。

可见，土司作为中央政府任命的世袭地方官，是受到国家保护的。可以说，地方上武力较量的结果，不再是羁縻土官产生或继承的方式，传统的成王败寇的运作机制时有失灵，中央王朝的权威影响着地方权力角逐的最终结果。正是由于元朝皇帝大力扶持杨汉英，使得杨汉英在家族权力的斗争中处于有利地位。因此，杨汉英主播时期，对元朝十分恭顺任事，如至元二十七年，元廷诏告各郡县呈上计文书，以推行行省郡县制，播州邻近之地均拒命不行事，惟杨汉英拥护，马上括户口租税籍以进上。对杨汉英的政治举动，元廷十分赞赏，至元二十八年升播州安抚司为宣抚司，授杨汉英军民宣抚使。此后播州杨氏与元、明两朝的关系一直相当融洽，元亡明兴，播州宣慰使杨铿及时主动向新的封建朝廷纳土称臣，并积极向中央王朝纳贡，《明实录》中有关播州土司朝见和贡献方物的记载颇多，统计次数如表1：

表 1

年号	朝贡次数	年号	朝贡次数
洪武	20	天顺	3
建文	1	成化	12
永乐	15	弘治	11
洪熙	2	正德	9
宣德	12	嘉靖	18
正统	16	隆庆	3
景泰	3	万历	10

可见，播州土司即使身在偏远之处，但是每逢政权更迭，均主动归附中央政府，且按例朝贡，遇边疆有事亦奉调出征、平息内乱，通过一系列

① （明）宋濂：《杨氏家传》，《宋学士文集》卷三一，四部丛刊本。
② （明）宋濂：《杨氏家传》，《宋学士文集》卷三一，四部丛刊本。

的政治活动，使得播州土司的身份认同愈加强烈，“溥天之下，莫非王土；率土之滨，莫非王臣”的国家观念，亦沉淀在播州土司历史文化之中。

永顺彭氏土司，早在唐末即以溪州之役，确认了其政治地位和管辖领地，为彭氏在溪州八百余年的统治奠定了基础。13 世纪，蒙古大军横扫南中国，在强大的武力威慑下，彭思万率众降服，《元史·世祖本纪》载，至元三十年：“永顺路彭世强等九十人……各授蛮夷官，赐以玺书遣归。”[①] 彭世强的率先归附，使得元朝对永顺彭氏礼遇甚高，《明史·地理志》载：“元至元中置永顺路，后改永顺保靖南渭安抚司”[②]，可见元廷审时度势，权衡之下，很快便将永顺路改为安抚司，于湘西诸土司之中，地位颇高。

元明鼎革之际，永顺土司于洪武二年归附明朝，朱元璋初授彭天宝为“安抚使”，洪武四年（1371）为稳定湘西的政治局势，升永顺为宣慰司，领三州六长官，成为湘西土司的主要组成部分，洪武二十七年，在“更定藩国朝贡仪”的记载中，大部分土司已经湮没无闻，永顺彭氏是湘西土司中幸存的两家之一。

有明一代是永顺彭氏发展的鼎盛时期，其军事和经济实力非常雄厚，军事方面，其土兵多次听从朝廷调遣，东征倭寇，北抗满洲，史载：“（嘉靖）三十三年冬，调永顺、保靖兵协助剿倭寇于苏松。明年，永顺宣慰使彭翼南统兵一千，致仕宣慰使彭明辅统兵二千，会于松江。时保靖兵败贼于石塘湾，永顺兵邀击，贼奔王江泾，大溃。”并称：“倭为夺气，盖东南战功第一云。”[③] 经济方面，香港学者谢晓辉从彭氏献木角度出发，认为永顺彭氏的财富因大木开采而大增，据统计，仅正德、嘉靖年间，永顺彭氏所贡大木就达七百余根，如表 2 所示[④]：

表 2

时间	献木者	献木品质及数量	材料来源
正德十年	彭世麟及其子明辅	大楠木三十，次木二百根	《明武宗实录》卷一百三十二，正德十年十二月丁丑条

① 《元史》卷一七，《本纪第十七·太祖本纪》。

② 《明史》卷四四，《志第二十·地理五》。

③ 《明史》卷三一〇，《列传第一百九十八·土司》。

④ 谢晓辉：《联姻结盟与谱系传承——明代湘西苗疆土司的变迁》，载《中国社会历史评论》2012 年第 13 卷，第 306 页。

续表

时间	献木者	献木品质及数量	材料来源
正德十三年	彭世麟及其子明辅	大楠木四百七十根	《明武宗实录》卷一百六十，正德十三年三月癸亥条
嘉靖四十二年	彭翼南	献大木三十根	《明世宗实录》卷四百九十三，嘉靖四十二年二月辛卯条；同下
嘉靖四十四年	彭翼南	献大木	《皇明诰封昭毅将军授云南右布政使湖广永顺彭侯墓志铭》，隆庆二年

这些楠木体积巨大，按照朝廷严苛的标准进行挑选，从道路崎岖的武陵山区辗转运送到北京绝非易事，这一方面说明永顺土司经济实力之雄厚；另一方面也说明彭氏勤于职责，自觉遵守朝贡礼仪，承认君臣主从关系，心悦诚服地臣事明朝，直至清代改土归流，永顺土司自请改流，其恭顺的态度使得清廷对彭氏的处置非常宽松，末代土司彭肇怀被授苗疆参将，赐爵“拖沙喇哈番”并世代承袭。永顺彭氏在以时朝贡，保疆固土等方面的表现，说明在明尊卑，知礼仪，恪守为臣之节的过程中，融入了“华夷一统”的国家观念。

唐崖覃氏土司历史上在鄂西地区也有较为强大的势力。元时覃氏第一代覃启外送“明玉珍置安抚司，授安抚使之职”[①]，至明代洪武七年(1374) 其子覃值什用奉旨平蜀，因冒微功，降为长官司长官，“洪武七年四月，改唐崖安抚司为长官司”。[②] 作为战斗力颇强的一方豪强，唐崖覃氏对于国家权威的认同主要体现在：服从朝廷征调、率兵出征，据《覃氏族谱》记载，在明中后期平定“奢安之乱”的军事活动中，天启元年(1621)，覃鼎奉调征讨重庆，协助巡抚朱燮元平定樊龙、樊虎的叛乱，因战功升宣抚司。天启二年，覃鼎再讨水西安邦彦。天启三年征讨永宁奢崇明、奢世辉，“军威显赫，血战报捷”，功受平西将军。天启四年，朱由校为表彰土司覃鼎的战功，赐建“荆南雄镇”牌坊。[③]

“荆南雄镇”牌坊是唐崖王城最具标志性的建筑，是王城的起始，显

① 龚荫：《中国土司制度史》，四川人民出版社，2012，第 987 页。

② 《明史》卷四四，《志第二十 · 地理五》。

③ 覃氏族谱复印件（民国六年抄本）。

示唐崖土司对朝廷恩赏之重视，以标示着土司权力的正统性。在等级森严的封建社会，牌坊的建造有着严格的制式，只有帝王神庙、陵寝才能够用“六柱五间十一楼”，而“荆南雄镇”牌坊四根石柱、共三开间，是一般臣子所允许的建造规格。“荆南雄镇”牌坊横额两面分别书写“荆南雄镇”和“楚蜀屏翰”八个阳刻大字，“荆南雄镇”说明唐崖乃扼守荆江南部的重要门户，“楚蜀屏翰”则表明唐崖土司乃国家重臣的重要地位，《诗·大雅》云：“价人维藩，大师维垣。大邦维屏，大宗维翰。”屏翰即屏障辅翼，《明史·张翀传》曰：“国家所恃为屏翰者，边镇也。”再一次说明了唐崖土司地位之重要。此牌坊位处唐崖王城的显赫之处，不仅是唐崖土司意欲宣扬自己的功德，更是为了彰显了唐崖土司在明代国家边镇中的重要地位。从唐崖土司一系列的军事行动中，不难看出，覃氏对国家礼制和政令的严格遵守。雍正十三年，唐崖土司与忠峒土司等十五个土司自请改流，可见唐崖覃氏强烈的国家观念一以贯之。

二　以文化认同加深国家认同

国家认同是族群认同和文化认同的升华，西南诸地土司所辖疆域，基本上都是少数民族地区，播州杨氏治下有苗族、仡佬族，永顺土司、唐崖土司则是土家族的首领。中原王朝自古以来便有华夷分野的观念，《左传·定公十年》：“中国有礼仪之大，故称夏；有服章之美，谓之华。”孔子作春秋大义，提倡华夷之辨，不强调以种族为标准，而以文化礼义作量度。如楚国自称蛮夷，其后文明日进，中原诸侯与之会盟，则不复以蛮夷视之；而郑国本为诸夏，如行为不合礼义，亦视为夷狄。若夷狄向慕中国，能行礼义，则褒扬而进之。

正是在这样的文化观念中，中央王朝将教育视为政治教化的最佳手段，《礼记·王制》谓：修其教不易其俗，齐其政不易其宜。郑玄注云：“教谓之礼义，政谓之刑禁。”① 中国古代社会是以伦理为内核的，表现在伦理政治方面，最重要是一种德性权威，这种权威往往需要内植于人心，外推于政治，才能保障政治框架和社会秩序的稳定。这一点明太祖朱元璋领悟颇深，洪武十五年，贵州普定军民府土官者额朝参辞归时，太祖特下

---

① 《十三经注疏》，中华书局，1980。

诏谕：

> 王者以天下方家，声教所暨，无间远迩，况普定诸郡，密迩中国，慕义来朝，深可嘉也。今尔既还，当谕诸酋长，凡有子弟，皆令入国学受业，使知君臣父子之道，礼乐教化之事，他日学成立而归，可以后使土俗同于中国，岂不美哉！[①]

在朝廷的大力推动下，西南诸地土司也自觉接受中原文化，在儒家思想的熏陶中，礼治与等级观念逐渐渗入土司制度与文化中，文化认同的升华便是国家认同的进一步加深。

在文化认同方面，较之其他西南土司，播州杨氏走在了时代的前列，播州地理位置优越，地处黔北，毗邻巴蜀，故能得儒家教化风气之先。播州文教之兴始于杨氏土官第十一世杨选。南宋之前，播州地区由于地远山险，加之境内罗闽、僚人内斗不断，故文教“盖蔑如也”，《遵义府志》纂修人郑珍、莫友芝对此评述曰：

> 遵义自晋以后，经六代不见天日；隋末唐初，开山峒、招豪长，始稍稍木剪矣。柳刘有兴化才，而未果至其地，不旋踵。杨氏逐之南诏，出五代之乱以入于宋。据宋文献，南渡以前，上下州不相能。闽罗诸蛮僚世世构杀，亦不暇修文矣。选始嗜读书，岁致四方贤士以十百计，轼益留意艺文。由是蛮荒子弟多读书，攻文字，土俗大变。至粲乃建学养士，价乃以取播士请于朝，而每岁贡三人。然则天荒之破，杨氏之功也。[②]

杨选作为当地的最高长官，对士人贤者非常重视，史载：“（选）性嗜读书，择名师授子经，闻四方士有贤者，厚币罗致之，岁以十百计。益士房禹卿来市马，为夷人所劫。转鬻者至再，选购出之，迁于客馆，给食与衣者数载。属岁大比，选厚馈，遣徒卫送还，益竟登进士第。”[③] 杨选的这种文化姿态，不仅赢得了上层士大夫的赞叹，而且树立了修文兴教的社会

---

① 《明太祖实录》卷一五〇。

② 道光《遵义府志》卷三二，《土官》。

③ 宋濂：《杨氏家传》，《宋学士文集》卷三一，四部丛刊本。

风向标。及至其子杨轼亦“留意艺文，蜀士来依者愈众，结庐割田，使安食之。由是蛮荒子弟多读书攻文，土俗为之大变”。杨氏第十三世杨粲，“幼而熟习儒家经典，尤精《大学》，曾掩卷而叹云：‘此非一部行程历乎？必涉历之至乃可尔！’……复大修先庙，建学养士，作《家训》十条，曰尽臣节，隆孝道，守箕裘，保疆土，从俭约，辨贤佞，务平恕，公好恶，去奢华，谨刑罚，论者多之”。[①] 杨粲主播近三十年，施政宽和简要，喜儒而好礼，社会稳定，文化教育发展，史称“播州盛世”。第十四世杨价则“好学，善属文。先是，设科取士未及播，价请于朝而岁贡士三人”。[②] 在杨氏土司的努力下，自此，播州的士人阶层终于有机会走入国家政治视野，知识精英的文化拓展越来越向中原核心文化圈靠拢，在这一过程中，异民族的儒家文化同化亦在不断加深。杨氏十五世杨文则开历史先河，“建孔子庙以励国民，民从其化”。[③] 孔庙之修建，乃贵州之首创，标志着播州成为黔北地区儒家文化传播的核心地区，播州杨氏也成为当地士大夫的精神领袖，拥有文化权力的最高地位。虽然自第二十四世土司杨辉之后，由于土司的日益骄纵，轻贱文人，禁锢文教，播州文教处于短暂的沉寂时期，但是并不妨碍播州文化传播区域的形成，儒家文化的深化趋势仍在不断推进。

从整体上看，对于播州儒家文化的发展和传播，杨氏家族颇有功焉！明代学者宋濂曾在杨氏家传引史官之语曰：

> 播州本夜郎、且兰、西南隅故地，夷獠错居，时出为中国患。杨端藉唐之威灵帅师深入，遂据其土。五传至昭，子中绝，而贵迁以同姓来为之后，又三传至文广，威警德怀而群蛮稽首听命，益有光于前人，又三传至选，留意礼文，尊贤下士，荒服子弟皆知向学，民风为之一变。又二传至粲，封疆始大，建学造士，立家训十条以遗子孙。其子孙亦绳绳善继，尊尚伊洛之学，言行相顾一如邹鲁之俗。诚哉斯言！[④]

① 宋濂：《杨氏家传》，《宋学士文集》卷三一，四部丛刊本。
② 宋濂：《杨氏家传》，《宋学士文集》卷三一，四部丛刊本。
③ 道光《遵义府志》卷三一，《土官》。
④ 宋濂：《杨氏家传》，《宋学士文集》卷三一，四部丛刊本。

湘西土司的文教事业发展鼎盛时期主要是在明代，如前文所述，明太祖立国不久即诏令土司子弟必须入国学受业，否则不准承袭。明太祖洪武二十八年，朱元璋诏谕礼部："边夷土官，皆世袭其职，鲜知礼仪，治之则激，纵之则玩，不予教之，何由能化。其云南四川边夷土官，皆设儒学，选其子孙弟侄之俊秀者以教之。"[①] 孝宗弘治十四年（1501），明政府又重申，"土官应袭子弟悉令入学，渐染风化，以格冥顽。不入学者，不准承袭"。[②] 明王朝秉持移风善俗，应以礼为本、以教为先的政治思路，在土司上层强制普及儒家教育，在这种大环境下，此前实行"蛮不出峒，汉不入境"的湘西土司，也开始建立书院，大力办学。

文教之兴，使得土司地区社会上层的儒家素养显著提高，如明正德年间，永顺土司彭世麒著有《永顺宣慰司志》，对其世职、山川景物等都有记载，这部著作是永顺历史上第一部地方志书，乃是研究湖广土司制度的重要著作之一。彭世麒之子彭明道"不慕荣利，隐居于白竹山，著有《逃世逸史》"，史载彭明道"工诗画"[③]，其艺术造诣颇高，作为权贵子弟，彭明道的超然物外，很有几分魏晋名士之遗风。再如明武宗正德年间，永顺土司彭明辅曾就学于辰州，是辰州卫学学生，接受汉家礼仪习俗教育，史载彭明辅"以辰州学生炎嗣宣慰使，从征十余次，颇以礼法自守，诸峒翕然向慕"。[④] 现存于土司城的若云书院则是永顺土司彭元锦所建，彭元锦自幼就学于酉阳，"儒学有才名"，明神宗万历十五年（1587年）在老司城建若云书院。让其子弟入书院就读，聘樊子珍、张天佑等为教谕，若云书院遂成为土司子弟接受儒家教化的专门学校。

上述列举虽未能对永顺土司进行全面考察，但是从历史文献的记载以及现存的土司城遗址考察中，可以看到永顺土司的文化修德的确获得较大的提高，民族上层人士，对儒家文化都保持着一种崇敬的态度，在与外界士人的交往中，亦不再封闭在狭窄的土司地区，文化视野的开阔，也使得永顺土司与中原核心文化圈愈加靠拢。

唐崖土司是我国西南民族地区以武功著称的土司之一，故此，无论是文献记载还是遗址文物，多表现其卓越的战功，如张王庙里的石马做张口

---

① 《明太祖实录》卷二三九。

② 《明史》卷三一〇，《列传第一百九十八·土司》。

③ 同治《永顺县志》卷三六。

④ 《天下郡国利病书》卷七七，《湖广六》。

嘶鸣、提腿前行状，执辔武士，头着盔帽，身着铠甲，佩剑抱伞，侍立马前，显示出唐崖土司出巡时的昂扬之态。从其王城遗址遗存中，也不难看出儒家文化的濡染，老城司建筑风格固然保留了土家族固有的民族特色，同时杂糅了大量的汉文化因子：老司城前临朱雀，后倚玄武，左视青龙，右仰白虎，是中国传统风水理论的实践运用，体现了以内驭外的政治思想；鼎盛时期建老城司有三街十八巷三十六院，分行政区、生活区、文教区、祭祀区等，有官言堂、书院、存钱库、左右营房、跑马场，花园和万兽园等一应俱全，共占地1500余亩。专门为土司子弟学习汉文化而设立的书院，说明唐崖土司学习汉文化的风气比较浓厚。覃氏宗祠、墓葬的存在，昭示着唐崖土司以宗法家庭为基础的宗族观念，而“荆南雄镇”牌坊乃为唐崖覃氏军功赫赫而立，表彰其忠勇护国之懿行，种种迹象都表明，唐崖土司对汉民族忠、孝、节、义等儒家思想的深度接受和认同。

综上所述，虽然中央王朝对西南土司推行文教的初衷是“以夏变夷”，但是西南土司在与中原文化不断融合过程中，也逐渐提升了自身的儒家文化素养，而儒家的核心价值观念便是“仁”与“礼”，所谓“道之以政，齐之以刑，民免而无耻。道之以德，齐之以礼，有耻且格”，让臣民明尊卑、别等级，如此便可以崇皇权、抑权臣，以礼治柔缓的方式建立严格的封建等级制度。可以说，经过儒家文化的长期浸染，土司文化中对中央王朝的臣服和忠顺已经深入骨髓。在清廷的改土归流中，自请改流的土司占相当大的比例，实际上，探究其深层原因不仅在于当时清政权的强悍有力，还在于各地土司对儒家文化的深度认同和融合，也使得土司华夷一统的国家观念空前加强，文化认同进一步黏合了中华各民族的关系，这使得西南土司的国家认同感进一步升华，十分自觉地维护国家大一统。

三　结语

总之，土司文化是一种多元一体的文化形态，其中的文化内涵丰富而深刻，民族文化、乡土文化、政治文化等均包含其中，这些属性决定了土司文化具有家族认同、民族认同、国家认同等文化多向性。实际上，土司文化的国家认同观念主要体现在土司上层的“家国同构”的政治实践中，而且土司文化中的国家观念，在中央政权与土司地方势力的博弈中，随着各方的政治、军事力量的消长，也在不断地摇摆与反复，而文化层面的国家认同，也仅仅面向土司社会上层人士，对于下层民众则实行愚民政策，这也是土司制度本身的弊端之一。史载：土家族地区“自署其子弟为酋长……禁部中夷人，不许读书识字，犯者罪至族”。[①] 因此土司文化中的国家认同主要体现在土司社会上层的身份认同和文化认同中。随着清廷改土归流的推进，从清康熙年间开始废除了这一陋规，各地均设立学校，如《贵州通志·学校志》载：“清康熙四十四年议准，贵州各府州县设立义学，将土司子弟送学肄业，以俟袭替。其族属人等并苗民子弟愿意入学者听，亦令入学。该府、州、县复设训导，躬亲教谕。又题准，贵州仲家苗民子弟一体入学肄业，考试仕进。”土家族地区也打破了土司时不准土民读书识字和“违者罪至族”的禁令，清政府在土家族地区广泛兴办学校，府设府学，县立县学，一时书院、学宫纷纷应时兴起，“文治日兴，人知向学”。[②] 改土归流后，随着各民族人民社会交流的增加与活动半径的扩大，各原土司地区下层民众的国家认同感得到空前加强，民族融合的广度与深度也达到了新的高峰。

---

① （明）沈德符：《万历野获编》，《土司》卷三〇。

② 周兴茂：《土家族的学校教育与儒学传统》，载《民族教育研究》2003 年第 5 期，第 83 页。

湘黔滇古驿道开通对元代湖广土官社会的影响

成臻铭　张　科

（吉首大学中国土司历史文化研究中心；青海民族大学民族学与社会学学院）

摘　要　本文探讨了湘黔滇古驿道的开通，对元代湖广土官社会的影响。其影响主要表现在：新添葛蛮安抚司的领地范围得到极大拓展，而沿途土官社会问题却迅速暴露出来，致使社会骚动不安，由此带来土官机构的变化。

关键词　湘黔滇古驿道　元代　湖广　土官社会　影响

清朝乾隆时期所编纂的正史与湖南地方志在诠释元代湖广行省的土司时，流行新添葛蛮安抚司控制今湖南酉水流域和澧水流域的说法，被嘉庆《龙山县志》、同治《保靖县志》、光绪《湖南通志》、光绪《桑植县志》，以及民国时期所编纂的《清史稿》等史志反复引用，一直左右着某些学者对这一区域史的看法。对此，笔者曾发表专文予以讨论，认为新添葛蛮安抚司位于今贵州一带，并未以酉水、澧水流域为其势力范围，控制这一区域的充其量也只是思州宣抚司。[①] 由于笔者在撰写该文的时候并没有观照贵州一带的交通以及相关的方志，因而，相关区域史并未得以完全澄清。基于此，本文以西南边疆为视域，拟从元早期（1279～1307）、元中期（1308～1323）和元晚期（1324～1367）社会治理方面做一区域总体史观

① 参见拙文《论湖南元明时期的土司——兼与新添葛蛮安抚司在湖南论者商榷》，载《民族研究》1996年第5期。

察，试图还原历史真实。

一 湘黔滇古驿道开通对元早期湖广土官社会的影响

元早期，湘黔滇古驿道得以开通。湘黔滇古驿道开通前和开通后，湖广土官社会发生了前后迥然有别的剧烈变化。

（一）湘黔滇古驿道开通前湖广土官的设置及地方事件

湘黔滇古驿道开通前，湖广行省在水东、洞庭湖流域和乌江中游地区等地，设置了大量的土官机构。这些土官机构有八番顺元宣慰司及其属司新添葛蛮安抚司，以及其东部的思州宣抚司、南部的思明路、西部的曲靖宣慰司和北部的播州宣抚司等司、路机构。这些司、路机构如思州宣抚司，与怀德府、永顺路（永顺安抚司）和澧州路为邻。

1. 水东地区新添葛蛮安抚司的设置

据清人编纂的方志追记，早在南宋末年，沿边溪峒经略使宋都胜去世后，其孙子宋提承袭其职，被荣升为巴蛮都总管。宋提死后，其子宋朝美袭职为巴蛮都总管，并累官至新添葛蛮军安抚司[①]，“化导夷俗，卒致醇美，西南称之”。[②]

进入元朝以后，至元十六年（1279），“世据罗番”的罗番葛蛮军安抚使龙罗笃前来归附，元朝设置八番宣慰司以统领之。当时除罗番葛蛮军安抚司龙氏，程番程氏、金石番石氏、卧龙番龙氏、小龙番龙氏、大龙番龙氏、洪番洪氏、方番方氏、卢番卢氏“八番”或“八姓”归附元朝外[③]，今贵州腹心地带绝大部分土官仍“依险自保，时降时叛，多未附”的状态。在元军压境的情况下，至元二十年，南宋时期的军民千户宋添富以及水西首领阿里降附元朝，“仍袭世官”。[④] 受归降形势所迫，至元二十八年十一月“乙卯，新添葛蛮宋安抚率洞官阿汾、青贵来贡方物”，十二月，“立葛蛮军民安抚司”。[⑤] 当时，葛蛮军民安抚司治所设于新添城，领长官

---

① 乾隆《贵州通志》卷二〇，《名宦》。

② （民国）《开阳县志稿·土司》。

③ 《新元史》卷五一，《地理六》。

④ （民国）《开阳县志稿·土司》。

⑤ 《元史》卷一六，《世祖十三》。

所二百三十三，治今贵州贵定、龙里一带，隶属湖广行省顺元路管辖。据《新元史》补述："乙卯，新添葛蛮酋来贡方物，增中外官吏俸。戊午，金齿蛮酋阿腮入觐。"[①] 从上述史实来看，包括新添葛蛮安抚司在内的元朝八番顺元宣慰司辖境的诸蛮夷官和土官的归附，存在一个由被迫归附、朝贡到主动招附诸蛮的过程。如新添葛蛮安抚司因朝贡而设置后，就主动要求招服诸蛮。这在《元史》之中有所反映：至元二十九年正月，"从葛蛮军民安抚使宋子贤请，诏谕未附平伐、大瓮眼、紫江、皮陵、潭溪、九堡等处诸洞猫蛮"。[②] 由此可见，新添葛蛮安抚司奉诏招抚诸蛮，主要集中于八番顺元宣慰司辖境。

2. 澧水、沅江流域之抚慰型机构的设立

北宋开宝五年（972），地处澧水流域的车溪峒被改为柿溪州宣抚司（治今湖南桑植上洞街乡政府一带），以土酋向克武为柿溪州宣抚使。南宋高宗绍兴三十年（1160），"改荒溪为桑植司"，管辖上桑植和下桑植。

进入元朝后，至元十二年，沅水中下游设置常德府安抚司、澧州安抚司和沅州安抚司。其中，澧州安抚司辖澧阳、石门、安乡三县及慈利、柿溪二州，常德府安抚司辖武陵、沅江二县和桃源、龙阳二州，沅州安抚司辖卢阳、黔阳、麻阳三县。至元十三年，潭州、宝庆府、澧州、沅州、靖州、衡州、道州、永州、郴州、武冈军等地分别设置安抚司。[③] 至元十四年，改澧州安抚司为澧州路总管府，独立于湖南道宣慰司之外，直属湖广行省。[④] 至元十五年，澧州路一带设置湖广桑植等处地方军民宣慰使司和柿溪宣抚司，湖南道宣慰司移驻衡州路。当时的湖广桑植等处地方军民宣慰使司，因巴蜀盘龙洞主向嗅发之子向思胜奉命来桑植征苗，招抚五十二处土酋、苗酋归附之后率领土苗酋"入朝服化"而设。该司治所设于老司城（今桑植县沙塔坪乡官屋场），管辖今桑植县陈家河、凉水口、五道水等地，下治朝南安抚使，龙潭、安定、化被、美坪四州及戊戍、芙蓉、神旗三长官司，兼辖思州三里下军民。而柿溪州位于今湖南桑植县的内半县，其析自慈利西境，区分上、下桑直等处。至元十六年，彭思万进京朝

① 《新元史》卷一二，《世祖六》。

② 《元史》卷一七，《世祖十四》。

③ 《元史》卷六三，《地理六》。

④ 《明史》卷四四，《地理五》。

见，归附元朝，被授予武德将军。[①] 至元十八年，湖南道宣慰司及荆湖北道宣慰司合并之后，移驻潭州。[②] 至元三十年夏四月，设置永顺路，永顺路彭世强等九十人被授为蛮夷官，“赐以玺书遣归”。[③]

透过上述正史与方志可见，湘黔滇古驿道开通前，湖广行省之澧水流域业已呈现外来势力进入的情景。

3. 涪陵江中游之土官机构的设置

宋高宗时，由于恩州彝把苗崇范纤纠合唐、冉四姓进犯川东，因而，陕西咸宁县进士张恢统兵进据恩州三十六洞及龙泉坪一带。张恢之子张焕因退敌有功，被授为恩州宣抚同知，之后，张焕四世孙张坤义又被元政府授为沿河佑溪长官司长官。[④] 宋朝的恩州就是元朝的思州。这则材料表明早在南宋时期，思州田氏聚居地已有外姓落户担任世官的情形。

进入元朝以后，至元十五年，知思州军民事田谨贤归附元朝，元朝于此地设置万户府，不久又改万户府为思州军民安抚司。至元十七年，升思州安抚司为思州宣抚司[⑤]，三月，思州宣抚司与播州宣抚司率部进攻镇远、黄平，企图使用武力强行夺回二城，结果遭到四川行枢密院副使李德辉的镇压。此时的思州宣抚司，曾一度向东北方向拓展势力。据载：“元至元中，置永顺路……南渭、保靖、感化等处置蛮夷长官，属思州安抚司”[⑥]；“施溶州、腊惹洞、麦著黄峒、驴迟峒、施溶峒在元则属思州”。[⑦] “元置五寨长官司，属思州安抚司”。[⑧] 元早期，思州宣抚司已将势力推进到包括酉水、辰水在内的沅江流域。此时的思州司控制 94 处地方。这些地方包括：镇远府、楠木洞、古州八万洞、偏桥中寨、野鸡平、德胜寨偏桥四甲等处、思印江等处、石千等处、晓爱泸洞赤溪等处、卑带洞大小田等处、黄道溪、省溪坝场等处、金容金达等处、台蓬若洞住溪等处、洪安等处、葛章葛商等处、平头著可通达等处、溶江芝子平茶等处、亮寨、沿河、龙泉平、佑溪、水特姜、杨溪公俄等处、麻勇洞、恩勒洞、大万山苏葛办等

① 乾隆《永顺府志》卷九，《土司》。

② 《元史》卷六三，《地理六》。

③ 《元史》卷一八，《成宗本纪一》。

④ 《宋史》卷四九三，《蛮夷一》。

⑤ 嘉庆《思南府志·沿革》。

⑥ 乾隆《永顺府志》卷一。

⑦ 乾隆《永顺府志》卷九。

⑧ 道光《凤凰厅志》卷一。“五寨”具体指宋沱洞、乌引洞、芦荻洞、村望洞、白崖洞。

处、五寨铜人等处、铜人大小江等处、德明洞、乌罗龙干等处、西山大洞等处、秃罗、浦口、高丹、福州、永州、乃州、銮州、程州、三旺州、地州、忠州、天州、文州、合凤州、芝山州、安习州、茆惸等团、荔枝、安化上中下蛮、曹滴等洞、洛卜寨、麦着土村、衙迪洞、会溪施容等处、感化州等处、契锄洞、腊惹洞、劳岩洞、驴迟洞、来化州、客团等处、中古州乐墩洞、上里坪、洪州泊李等洞、张家洞。[①] 从今云贵高原东缘和南缘的山水形势来看，它基本囊括了涪陵江、沅江和融江交界之地，介入了其东北部永顺安抚司、辰州路、东部沅州路、靖州路、西南部八番顺元宣慰司、南部庆远南丹安抚司、西部播州宣抚司的势力范围。这在很大程度上，反映了思州司军事扩张的能力。

4. 九溪十八峒反元事件

九溪十八峒在《元史类编》中有所记述："洞蛮以南，外连黔蜀皆有之，各自立为君长。元初，播州杨氏、田州岑氏、安定向氏、容美田氏之属多以其众归附，诏赐虎符印敕，或称长官，或称宣抚、宣慰，俾得以王官旌节，统摄其部落。"[②] 从这则材料可见，九溪十八峒分布于湖广行省东至辰州路、沅州路、靖州路，南至田州路，西至播州宣抚司，北至四川行省容美峒宣抚司的云贵高原及其北缘、东缘和向南延伸地带的广阔地域，其集中分布地即为思州司的辖区。

元朝建立后不久，就开始了对九溪十八峒的经营。至元十二年十二月己亥，朝廷接受佥书四川行枢密院事昝顺的建议，诏令招抚久"有向化之心"的绍庆府（今重庆彭水县）、施州（今湖北恩施市）、南平及蛮族首领吕告、马蒙、阿永等，一并招抚"未知逆顺"的播州安抚使杨邦宪、思州安抚使田景贤，给他们以世袭封爵的优待。[③] 至元十五年，四川行枢密院副使李德辉击败南宋军队，攻克重庆，占领了绍庆、南平、夔州（今重庆奉节县）、施州、播州"山壁水栅"等军事据点。十二月庚辰，思州安抚使田景贤、播州安抚使杨邦宪不仅请求元世祖降诏归还被元军占领的南宋政府所借的镇远、黄平两城，而且向元朝政府提出要撤出在思州、播州城中骚扰民众的元军，结果遭到了拒绝。[④] 这就留下了九溪十八峒叛乱的

① 《元史》卷六三，《地理六》"思州军民安抚司"条。

② （清）邵远平撰《元史类编》卷四二。

③ 《元史》卷八，《世祖本纪五》。

④ 《元史》卷一〇，《世祖本纪七》。

隐患。至元十六年一月，叉巴、散毛等四洞首领归附元朝[①]；三月，思州宣抚司与播州宣抚司率部强攻镇远、黄平，企图从元政府手中夺回二城，结果遭到四川行枢密院副使李德辉的奉命镇压。与此同时，罗氏鬼国首领阿察率部造反，元政府急调阿里海牙率领云南、湖广、四川等省军队三万人，兵分三路前往镇压。远在播州主持思播战事的李德辉，力主对罗氏鬼国“以抚代剿”。[②] 七月，元世祖敕亦来率领元军一万人进入罗氏鬼国，进行迫降活动。九月，阿察被迫投降，罗氏鬼国改为顺元路宣抚司，以阿察之弟阿里为宣抚使。十月己卯，考虑到“罗氏鬼国土寇为患，思、播道路不通”的现实情况，元政府调兵一千人，着手开通后来被称为“湘黔滇古驿道”的蛮区道路。[③] 就在这一年，元政府的“以抚代剿”取得了成效。据《元史》载，“至元十六年，潭州行省遣两淮招讨司经历刘继昌招降西南诸番，以龙方零为小龙番静蛮军安抚使，龙文求卧龙番南宁州安抚使，龙延三大龙番应天府安抚使，程延随程番武盛军安抚使，洪延畅洪番永盛军安抚使，韦昌盛方番河中府安抚使，石延异石番太平军安抚使，卢延陵卢番静海军安抚使，罗阿资罗甸国遏蛮军安抚使，并怀远大将军、虎符，仍以兵三千戍之。是年，宣慰使塔海以西南八番、罗氏等国已归附者，具以来上，洞寨凡千六百二十有六，户凡十万一千一百六十有八。西南五番千一百八十六寨，户八万九千四百。西南番三百一十五寨，大龙番三百六十寨”。[④] 西南八番、罗氏等国经过招抚，处于元政府的统治之下。

至元十八年，施州大小盘等峒起兵反叛。为此，元政府一方面派遣石抹按只率领蒙古、汉军三千人前往施州进行镇守[⑤]；另一方面又于这一年的闰八月升思州宣抚司为宣慰司，使之兼管内安抚使，对施州大小盘等峒实行军事观察。[⑥] 至元十九年二月壬子，元朝调集亦奚不薛[⑦]及播、思、叙三州军队征服缅甸国。九月，叉巴洞向世雄兄弟及散毛诸洞发动叛乱，四川行省不仅征调亦奚不薛等处军队出征，而且派遣亦奚不薛首领率军招抚，结果导致亦奚不薛军就地哗变。至元二十年六月辛亥，在四川行省参

---

① 《元史》卷一〇，《世祖本纪七》。

② 《贵州通志·前事志七》。

③ 《元史》卷一一，《世祖本纪八》。

④ 《元史》卷六三，《地理六》“八番顺元蛮夷官”条。

⑤ 《元史》卷一五四，《石抹按只传》。

⑥ 《元史》卷一一，《世祖本纪八》。

⑦ “亦奚不薛”在彝语中意为“水西”。

政曲立吉思等[①]率领大军压境的情况之下，亦奚不薛军民千户宋添富与顺元路军民总管兼宣抚使阿里等人被迫投降，罗氏鬼酋长阿利等人随同班师回的元军向朝廷说明原委。与此同时，原来起兵反元的向世雄被授为叉巴诸洞安抚大使及安抚使，升顺元路宣抚司为顺元路宣慰司，以节制九溪十八峒的州县和总管府。[②] 七月丙寅，升亦奚不薛宣抚司为亦奚不薛宣慰司，并设置亦奚不薛总管府，任命阿里为宣慰使兼总管府总管。[③] 在具体治理的过程中，元政府将亦奚不薛之地一分为三，设土官治理，还增派守军开通云南驿路，进而形成“四川行省讨平九溪十八峒”之后的“以其酋长赴阙，定其地之可以设官者与其人之可以入官者，大处为州，小处为县，并立总管府，听顺元路宣慰司节制”的治理格局。[④] 可见，在反叛与平叛之间，所波及的九溪十八峒竟然涉及元朝湖广行省、四川行省、云南行省之交的云贵高原及其周边地区。

正是由于元政府这种在云贵高原腹心地区事权集中的结果，导致了蛮族更大规模的反抗。至元二十一年七月，叉巴、九溪蛮（今重庆酉阳县）、散毛（今湖北来凤县）、大盘蛮尚木的世用等发动反元起义。一时之间，施州、黔州、鼎州、澧州、辰州、沅州等地的蛮族群起响应，镇远镇婺州白崖洞、楠木洞蛮族首领甚至率部攻打辰州。暴动发生后，元政府调集湖广行省和四川行省的军队，在四川南道宣慰使李忽兰吉、参政曲里吉思、佥省巴八、左丞汪惟正率领下，分兵进行镇压。其中，曲里吉思、汪惟正率军出击黔中，佥省巴八率军出击思、播，都元帅脱察率军出击澧州，李忽兰吉率部自夔门相机会合。最后，宣武将军、管军总管塔海贴木儿与曲里吉思一道，擒获众多的蛮族首领，再次平定了九溪十八峒的叛乱。[⑤] 之后，“改思、播二州隶顺元路宣抚司，罢西南番安抚司，立总管府”[⑥]，并在包括婺州白崖洞、楠木洞在内的镇远镇设置一府九州，改镇远镇为镇远府，白崖洞为施溶州。[⑦] 至元二十六年，元政府改八番宣慰司为八番罗甸宣慰司，任命监察御史、云南行省理问、领云南王府事的斡罗思为嘉议大

① 《元史》卷一二，《世祖本纪九》。
② 《元史》卷一二，《世祖本纪九》。
③ 以上均见《元史》卷一二，《世祖本纪九》。
④ 《元史》卷一二，《世祖本纪九》。
⑤ 《元史》卷一三五，《海塔贴木儿传》。
⑥ 《元史》卷一三，《世祖本纪十》。
⑦ 《新元史》卷五一，《地理志》。

夫、宣慰使。斡罗思任职以后，平定境内诸蛮的叛乱，“乃立安抚司等司以守焉”。[①] 至元二十八年，“从杨胜请，割八番洞蛮，自四川行省隶湖广行省”，斡罗思平定境内杨都要等叛乱，被提升为中奉大夫，受赐虎符。[②] 此时，会溪施溶等处、拉儒鲁达诸洞依然隶属于思州军民安抚司管辖。至元二十九年三月，元世祖采纳中书省臣“亦奚不薛及八番、罗甸暨各设宣慰司，又复立都元帅府，其地甚狭而官府多，宜合二司帅府为一”的建议，撤销了八番罗甸宣慰司和顺元等处宣慰司的建制，组建八番顺元等处宣慰司兼都元帅府，诏令亦奚不薛与四川行省所辖的思州、播州同隶湖广行省，罗甸还隶云南行省，任命八番罗甸宣慰使斡罗思为八番顺元等处宣慰使、都元帅，佩三珠虎符。[③] 由此可见，在平定九溪十八峒起义过程中，思州宣抚司和播州宣抚司隶属于八番罗甸宣慰司，归属湖广行省管辖。

（二）湘黔滇古驿道开通及其社会影响

至元二十九年，湘黔滇古驿道全线开通。它一方面改变了元早期驿道沿线“水东”土官社会政治布局；另一方面因大军过境而酿成新的有碍社会稳定事件。

1. 湘黔滇古驿道的开通

湘黔滇古驿道开通于元早期，其自东向西贯通湖广行省的常德路、辰州路、沅州路、思州宣抚司、八番顺元宣慰司和云南行省的普定路、普安路、曲靖路、中庆路、威楚路、大理路、南甸府、镇西路、普光路，是湖广通往云南的重要军事要道。该驿道之湖广段被称为湘黔古驿道，贵州通往云南段被称为滇黔古驿道。滇黔古驿道在贵州贵阳以西一分为二，其经黔西北的一支连通僰道，经黔西南的一支则贯通云南行省的上述诸路。[④] 元至元十六年十月己卯，在“罗氏鬼国土寇为患，思、播道路不通”的情况之下，元政府调兵一千人开通蛮区道路。[⑤] 至元二十年六月辛亥，元政府将亦奚不薛之地一分为三之后，增派守军开通云南驿路。这两次行动，

① 《元史》卷一三四，《斡罗斯传》。

② 《元史》卷一三四，《斡罗斯传》。

③ 《元史》卷一七，《世祖本纪十四》。

④ 杨正泰撰《明代驿站考》（增订本），上海古籍出版社，2006，第 117、125、126、127 页。

⑤ 《元史》卷一一，《世祖本纪八》。

可谓是元政府开辟湘黔滇古驿道之始。之后，湘黔滇古驿道的开通，逐步提上了元朝地方政府和中央政府的议事日程。《经世大典》记载：

（至元二十七年）四月，四川行省备右丞耶律秃满答儿言："窃见乌蒙迤北，土獠水道险恶，覆坏船只。黎雅站道烟瘴生发，所过使臣艰难，人马死损。本省南接云南所管普安路，见立马站，东建辰、沅、靖州站赤，已尝令总把孟皋直抵云南、湖广两省立站地界，相视得普安路迤东罗殿、贵州、葛龙俱系归附蛮夷，隶属四川省管下，可以安立四站。接连湖广省所辖新添地面安立一站，至黄平、镇远通辰、沅、靖州常行站道以达江陵路。观其山势少通，道经平稳。又系出马去处，比之黎雅、乌蒙驿路捷近二千余里。如将云南站道改由江陵路通行，若有纲运辎重物货依旧由乌蒙水站递送，四川站赤稍得苏息。却以黎雅等处置闲铺马五百余匹，站户五千余丁屯田纳粮，或充盐夫办课，诚为便益。"①

（至元二十八年）三月十七日，云南行省言："中庆经由罗罗斯通接成都，陆路见立纳怜等二十四站。其相公岭雪山、大渡河毒龙瘴气，金沙江烟岚。自建都、武定等路分立站赤，夏月人马，不能安止。中庆至乌蒙路结吉旧路，陆站一十一所，山路修阻，泥潦难行。江河险恶，船只不可进。本省差官历视，得中庆由必胖至乌蒙结吉站，路平且近，可设七站预为措置定立外，土獠蛮道通乌蒙地面，华帖、监井、必撒、老雅、乙抹分立陆路四站。又接连叙州管下庆符县合立陆路一站，无问冬夏，使臣驰驿前来云南，别无烟瘴险阻，比之纳怜旧站便捷多矣。俟开通之后，却将大渡河、罗罗斯旧立纳怜站赤约量存留，实是便益。得此，都省照的二十七年四川右丞耶律秃满答尔所言之事，并令撒里蛮剌臣等关，按图呈走前事。奉旨若曰：既图中道，可依所议安立之，都省钦依，移咨各省施行。"……六月七日，丞相完泽等奏："云南驿站台官张闾尝上言别有便道，因改立站。云南省官也先不花等却言无益，以此奏遣普颜怯里迷失往视其地。今回称张闾所言立站之地险恶，马匹丧损，已复旧道立站，讫奉旨准。"②

① 《永乐大典》卷一万九千四百十八，《经世大典　站赤三》。
② 《永乐大典》卷一万九千四百十九，《经世大典　站赤四》。

从上述两则材料来看，开辟湘黔滇古驿道，最初是由云南驿站台官张闾提出的。由于云南行省反对，因而才改由四川行省上奏，再由中央政府派员进行实地考察、绘图，最后由元世祖批准。四川行省之所以建议在僰道之外另辟新的驿道，是因为僰道的一些路段旅途艰险，且距离遥远。而从普安路途经罗殿、贵州、葛龙、新添、黄平、镇远、靖州、沅州、辰州抵达江陵路的湘黔滇古驿道，地势平坦，且距离要比僰道近两千余里。与此同时，开通湘黔滇古驿道，可以减轻僰道的运输压力。

湘黔滇古驿道设计经元世祖批准后，全线施工。经过为期近一年的开工建设，至元二十九年，连接中庆与大都的这条“西南大通道”得以开通。这条驿道自西向东连通云南行省的中庆、杨林、马龙、曲靖、塔剌迷、普安、普定，湖广行省的贵州、葛龙、麻峡、黄平、偏桥、镇远、沅州、辰州、常德，然后自南而北连通湖广行省的澧州，河南江北行省的公安、江陵、荆门、襄阳（汉江流域）、谷城，陕西行省的商州（汉江流域的丹水）、蓝田、长安（今陕西西安）、华阴、潼关，河南江北行省的河南府路、郑州，中书省的卫辉、彰德、邯郸、顺德、真定、保定、遂州、涿州、大都。[①] 其中，从普安到黄平途经毛口、普定、饭笼（清末改称为天龙驿，又称天龙屯堡）、威清、贵州、龙里、新添、麻峡等驿站，从镇远至常德途经晃州、便水、沅州、罗旧、卢阳、寺前、山塘、辰溪、马底、辰州、官庄、桃源、高都等驿站。这条古驿道在元明清时期，一直影响着云南、贵州、湖广三大土司区的交通格局。

2. 驿道开通对新添葛蛮安抚司行政格局的影响

湘黔滇古驿道开通之初，新添葛蛮安抚司在“水东”地区异常活跃。至元二十九年正月乙巳，葛蛮军民安抚使宋子贤提出要招抚平伐、大瓮眼、紫江、陂陵、潭溪、九堡等蛮族，结果得到了朝廷的准许。[②] 之后，他深入麦新溪一线以及唐朝贞观年间所设的宾化县故地进行招抚，并在这些地方设置了必化州、瓮城都乐长官司、瓮城土巡检、昔不梁骆杯密纲等处长官司、落暮长官司等机构。[③] 至元三十年，新添葛蛮安抚司招抚光州、

① （元）熊梦祥撰《析津志·天下站名》；《永乐大典》卷一万九千四百二十三，《经世大典站赤八》。

② 《元史》卷一七，《世祖本纪十四》。

③ （民国）《贵定县志稿·贵定建置沿革考》，见黄家服、段志洪主编《中国地方志集成》第27册，巴蜀书社，2006。

蛮州，分别设置光州长官司、葛蛮雍真等处长官司。大德元年五月，元政府给葛蛮安抚司颁发驿券一份，允许使用沿途驿馆，结果招致了内附的“平伐酋领”不满。随之，他们请求改隶于亦乞不薛宣慰司，得到了允许；接着，“平伐九寨来降”，归附元政府，元政府则在此地设立了平伐长官司。[①] 从上述三个案例来看，湘黔滇古驿道开通之后，新添葛蛮安抚司曾被元朝皇帝授权从事招抚蛮族酋领的活动。其招抚之法是深入蛮族聚居区实地进行说服，先预设机构与职官，然后往来于驿道之上进省进京申报备案。

就是通过采取上述这样的异地招抚方式，新添葛蛮安抚司的领地范围得到极速拓展。《永顺府志》载：“慈利在元贞元年升为州，又置柿溪州（今桑植县上下峒司地），又有上桑直、下桑直，置蛮夷长官司，属葛蛮安抚司”；“元时，有上桑直、下桑直宣慰司使，属葛蛮安抚”；“元至元中，置永顺路，后改为永顺宣抚使。……南渭、保靖州属葛蛮安抚司（三溪省地），隶湖广行省”；“元至中……南谓州、白崖、保靖州等处属葛蛮安抚司”。[②] 从这四则材料透出的时间信息来看，新添葛蛮安抚司深入澧水和酉水河谷实地招抚上桑直、下桑直、南渭州、保靖州、白崖洞的具体时间，当在至元至元贞年间。它显然发生于湘黔滇古驿道开通之后。

《元史》记载，就在湘黔滇古驿道开通之初的大德元年左右，新添葛蛮安抚司实地招抚了131处地方。笔者以“等”字为标识对这131处地方进行重新标点，发现仍有51处。

> 新添葛蛮安抚司（大德元年，授葛蛮安抚驿券一）。南渭州、落葛谷鹅罗椿等处，昔不梁骆杯密约等处，乾溪吴地等处，哝耸古平等处，瓮城都桑等处，都镇马乃等处，平普乐重墺等处，落同当等处，平族等处，独禄、三陂地蓬等处，小葛龙洛邦到骆豆虎等处，罗月和、麦傲、大小田陂带等处，都云洞、洪安画剂等处，谷霞寨、剌客寨、吾狂寨、割利寨、必郎寨、谷底寨、都谷郎寨、犵狫寨、平伐等处（大德元年，平伐酋领内附，乞隶于亦奚不薛，从之），安剌速、思楼寨、落暮寨、梅求望怀寨、甘长寨、桑州郎寨、永县寨、平里县

① 《元史》卷一九，《成宗本纪二》；乾隆《贵州通志》卷二十一，《土司》。

② 乾隆《永顺府志》卷一、卷九。

寨、锁州寨、双隆、思母、归仁、各丹、木当、雍郎客都等处，雍门犵狫等处，栖求等处仲家蛮，娄木等处，乐赖蒙囊吉利等处，华山谷津等处，青塘望怀甘长不列独娘等处，光州、者者寨、安化思云等洞，北遐洞、茅难思风北郡都变等处，必际县、上黎平、潘乐盈等处，诚州富盈等处，赤畲洞、罗章特团等处，福水州、允州等处，钦村、硬头三寨等处，颜村、水历吾洞等处，顺东、六龙图、推寨、橘叩寨、黄顶寨、金竹等寨，格慢等寨，客芦寨、地省等寨，平魏、白崖、雍门客当乐赖蒙囊大化木瓜等处，嘉州、分州、平朱、洛河洛脑等处，宁溪、瓮除、麦穰、孤顶得同等处，瓮包、三陂、控州、南平、独山州、木洞、瓢洞、窖洞、大青山骨记等处，百佐等处，九十九寨蛮、当桥山齐朱谷列等处，虎列谷当等处，真滁杜珂等处，杨坪杨安等处，棣甫都城等处，杨友阆、百也客等处，阿落傅等寨，蒙楚、公洞龙木、三寨猫犵剌等处，黑土石、洛宾洛咸、益轮沿边蛮、割和寨、王都谷浪寨、王大寨、只蛙寨、黄平下寨、林拱章秀拱江等处，密秀丹张、林种拱帮、西罗剖盆、杉木箐、各郎西、恭溪望成崖岭等处，孤把、焦溪笃住等处、草堂等处，上桑直、下桑直、米坪、令其平尾等处，保靖州、特团等处。①

从该资料来看，包含有犵狫、仲家蛮、赤畲、寨蛮等诸多民族群体的51处地方，是由新添葛蛮安抚司自主上报给元政府的名称，它自西而东分布于湖广行省八番顺元宣慰司、思州宣抚司、靖州路、辰州路（含永顺安抚司）、澧州路的境内。② 这些地方恰恰又是湘黔滇古驿道穿越的高原、山地和河谷地带。正是由于其以八番顺元宣慰司为中心跨越行政区呈长条形地分散分布，因而，就构成了新添葛蛮安抚司特有的“飞地”现象。这种“飞地”现象的产生，与新添葛蛮安抚司在驿道沿线逐年招抚活动的累积存在必然联系。它为我们进一步观察元早期各司、路、府、州等行政区管理的松散度以及历史时期与经制郡、府、州、县、峒“异地同名”的羁縻行政区的产生原因，提供了重要的参照系。

其实，对于《元史·地理志》所记的新添葛蛮安抚司的上述131处地

---

① 《元史》卷六三，《地理志六》“新添葛蛮安抚司”条。

② 谭其骧主编《中国历史地图集》（第七册），中国地图出版社，1982，第32、33页。

方，民国人柯劭忞曾试图予以澄清。据《新元史》所见，这些地方75.8%属于平伐等处军民安抚司，18.4%属于新添葛蛮军民安抚司，3.6%属于永顺保靖南渭三州安抚司、独山等处诸军民司、播州司和桑直县安抚司，2.1%属于八番顺元宣慰司和平越指挥司。[①] 显然，柯氏在归类时并未考虑到新添葛蛮安抚司在湘黔滇古驿道开通后沿途招抚诸蛮的因素。不仅如此，即使是清朝和民国时期贵州当地的方志编纂者，亦忽略了古驿道开通后新添葛蛮安抚司曾采取招抚的手段变湘西土官区为“飞地”的事实，认为新添葛蛮安抚司仍辖及湘西诸县。在他们的叙述中，存在类似说法，“考元史地理志……西则新添安抚司，今之贵定诸处”[②]；“是时，湘西龙山、保靖、桑植诸县，皆新添葛蛮安抚司辖地”；“新添司地辖及湘西焉”。[③] 这些说法表明，位于贵州省“贵定诸处”的新添葛蛮安抚司，长期以湘西诸县为行政区。类似说法有违历史真实，这自不待言。笔者曾多次深入到永顺老司城进行实地考察，借助口述史以及湖南方志得知这里流行着老司城“上管云贵两省，下管津岳长沙”的传说。该传说虽夸大其词，但从老司城以湘黔滇古驿道的辰州、澧州为出口终端的事实以及分布马坊口、马屎坝、马屎铺、马蹄湖、走马坪、马洞等事实来看，其言并非毫无根据。

综上所述可见，湘黔滇古驿道开通之初，新添葛蛮安抚司以招抚为名在驿道沿线的山地河谷开辟了大量的“飞地”。不过，由于这些“飞地”属于其他行政区，且并不与新添葛蛮安抚司的领地毗连，因而，其相互之间的行政隶属关系极难维持。

3. 驿道开通对沿途土官社会稳定的影响

湘黔滇古驿道的开通大大加强了沿途土官社会的开放程度，同时，也使土官区一系列潜在的社会问题迅速暴露出来，致使九溪十八峒地方社会骚动不安。

(1) 行政隶属关系的调整引起地方骚乱。

湘黔滇古驿道开通之后，接踵而来的就是地方行政隶属关系的调整。这在《元史》和《辰州府志》之中有所反映：

---

① 《新元史》卷五一，《地理志六》。

② 靖道谟：《贵州考》，见乾隆《贵州通志》卷二三，《师旅考》。

③ （民国）《开阳县志稿·土司》。

八番顺元蛮夷官。至元……三十年，四川行省官言："思、播州元隶四川，近改入湖广，今土人愿仍其旧。"有旨遣问，还云，田氏、杨氏言，昨赴阙廷，取道湖广甚便，况百姓相邻，驿传已立，愿隶平章答剌罕。①

（至元三十年）夏四月……斡罗思请以八番见户合思、播之民兼管，徙宣慰司治辰、沅、靖州，常赋外，岁输钞三千锭，不允。光州蛮人光龙等一十二人及邦崖王文显等二十八人、金竹府马麟等一十六人、大龙番秃卢忽等五十四人、永顺路彭世强等九十人、安化州吴再荣等一十三人、师壁散毛洞勾答什王等四人，各授蛮夷官，赐以玺书遣归。②

至元三十一年，江南湖北道肃政廉访司佥事张经上言："宜将又巴怀德府一府九州，拨隶湖广行省，于会溪设立宣抚司，禁约省民、洞蛮，止于会溪交易，仍于治边隘寨设立巡检司"。又言："沅州正冲、八番、思播系边远重地，宜依旧为路，兼管靖州，仍于南州沅边诸寨设立巡检，及镇守辰、沅、靖上均州万户府官三员，各分镇守"。诏从之。③

从上述三则材料来看，新隶属于湖广行省八番顺元等处宣慰使都元帅府的思州宣抚司和播州宣抚司，因湘黔滇古驿道开通后的便利而不愿意回隶四川行省管辖。元中央政府十分看重当地蛮族的归附，不太理会八番顺元等处宣慰使斡罗思提出的欲将整个贵州高原及周边地区置于八番顺元等处宣慰使都元帅府管理的计划，他们不想过多地改变地方原有的路级行政区的管理格局。正是由于基于驿道沿线设置交易市场的考虑，因而，元世祖才同意将四川行省怀德府的一府九州拨归湖广行省管辖，并在辰州路的会溪设立宣抚司进行管理。以此观之，前述新添葛蛮安抚司控制"飞地"，在元政府看来应属于法外行为。

辰州路会溪一带行政建制的这种局部调整，引发了酉水、澧水流域地方社会的骚动。至元三十一年，紧邻会溪的施溶州发生土知州田万顷发动的叛乱，辰州明溪首领鲁万丑率众响应，九、十月间，湖广行省刘国杰率

① 《元史》卷六三，《地理六》"八番顺元蛮夷官"条。
② 《元史》卷一七，《世祖本纪十四》。
③ 乾隆《辰州府志》卷一二，《备边考》。

领的大军遭到鲁万丑三千人的轮番阻击，最后以千户崔忠、百户马孙儿战死的代价攻入鲁万丑的巢穴桑木溪，并在施溶州歼灭鲁万丑的残部，将鲁万丑俘获并斩首。[①] 与此同时，溪州刺史彭胜祖率部生擒田万坝（田万顷）以及羊峰的什用亚、王香等叛首。[②] 在西水流域骚乱期间，元贞元年（1295），澧水流域荒溪州的向思胜等人乘机控制上桑植、下桑植二蛮夷长官司[③]，并将荒溪州治所从地势偏僻的桑植坪（今湖南省桑植县芭茅溪乡桑植坪村）迁至“老司城”（今桑植县沙塔坪乡茶盘口“官屋场”）。

（2）地方告官引发并促成了土官区吏治的整顿。

由于湘黔滇古驿道的开通，中央政令容易被湖广边远之地更多人知晓，因而，地方官违规操作之事往往受到地方人士的控告，受到元政府的查核。元贞元年五月丁卯，八番宣慰使斡罗思因违反朝廷法令而受到他人控告，被迫逃回京师。[④] 之后，何宣慰替代斡罗思，推行善政。[⑤] 元贞二年三月，由于亦乞不薛宣慰司（治所在今贵州大方县）理政有失公允，元成宗“诏云南行台检劾亦乞不薛宣慰司案牍”。[⑥] 这就是说，地方告官所引发的先是元政府对土官区官员行为的审查，然后是地方人事的变动。其目的很明显，就是要求在土官区推行善政。

（3）大军过境引起地方冲突事件。

因为湘黔滇古驿道是西南边疆沟通中原最为便捷的交通要道，所以，军政人员以及商旅在这条“西南大通道”上往来格外频繁。特别是大军过境，沿途需要征调“民夫”、供应饭食以及军需物资，很容易引起地方冲突事件。大德元年，八百宣慰司（治所在今泰国清迈，俗称“八百媳妇国”）叛乱，元朝派出大将野先不花率军征讨，结果无功而返。大德四年十二月，朝廷采纳湖广行省右丞刘深的建议，“调湖广、云南兵二万”[⑦]，取道雍真、乖西，经顺元路军民宣抚司远征八百宣慰司。然而大军过处，

---

① 《元史》卷一六二，《刘国杰传》。

② （明）刘继先撰，游俊笺证《历代稽勋录笺证》“忠襄公”条，贵州人民出版社，2013，第18页。

③ 乾隆《永顺府志》卷一。

④ 《元史》卷一八，《成宗本纪一》。

⑤ 据乾隆《贵州通志》卷七，《邱墓》载：“元何宣慰墓，在府（贵阳府）城东一里，逸其名，为八番顺元宣慰使，有善政。”

⑥ 《元史》卷一九，《成宗本纪二》。

⑦ 《元文类》卷四一，《经世大典序录·招捕》，转引自《元史》卷一三二《校勘记》。

沿途征调“民夫”与军需物质，致使蛮民不堪其扰。大德五年五月壬戌，刘深率军由顺元进入云南，云南行省右丞月忽难调集蛮民供应饭食。宋景阳十六世孙、大平伐宣抚使宋隆豆之兄、云南宣抚同知、葛蛮雍真等处土官宋隆济（水东宋氏旁支）煽动其部众说：“官军征发汝等，将尽剪发黥面为兵，身死行阵，妻子为虏。”众人信以为真，于是附从他发动叛乱，与张禧所部展开激战，并且杀掉了张禧。[①] 六月壬辰，宋隆济率领苗僚、紫江蛮四千人攻占杨黄寨，进攻贵州（今贵州贵阳）[②]，杀死了知州张怀德，进而控制贵州、唻耸波壅城都朵[③]、新添、播州广大地区，致使达鲁花赤也思干被迫隐身于底窝杨苦寨（今贵州息烽县境）。[④] 八月，云南行省亦奚不薛总管府蛇节（奢节）摄事，起兵响应宋隆济。十一月丁未，朝廷诏令湖广行省平章刘二拨都（刘国杰）及指挥使也先忽都鲁率兵偕杨赛因不花等一万人[⑤]、八剌及阿干塔赤率兵五千人，征讨宋隆济。在此种情况下，宋朝美的后裔、宋隆济的族侄、曾竹蛮夷长官宋阿重（宋阿蛮）害怕受到牵连，进京陈报叛乱原委及平叛之策。元成宗赐名宋阿重为宋安仁，钦赐袭衣，授予顺元宣抚司同知之职。[⑥] 刘二拨都平叛大军抵达之后，宋景阳之三从兄弟宋景通的十六世孙、宋都带的儿子、白马宣抚使（管辖后来谷龙长官司东江一带）宋光与其子宋万元奉命平乱，在乌江南岸大败折节。大德六年正月，由于平叛大军屡攻贵阳不克，因而，叛乱波及湖广行省的整个中西部地区及云南行省的东部地区。秋九月，杨赛因不花率部反击，将战争推出播州境外，并在蹉泥大败叛军[⑦]，也蒲甘卜也因杀敌有功而“受上赏”。[⑧] 直到此时，“为人所讼、惧罪逃还京师”的原八番顺元宣慰使斡罗思[⑨]案真相大白，本人获得重新启用，“授通奉大夫、罗罗思宣慰使，兼管军万户，进正奉大夫”。[⑩] 大德七年正月，折节乞降，在墨特川被

---

① 《元史》卷一六五，《张禧传》。

② （民国）《贵定县志稿·贵定土司》，民国《开阳县志稿·土司》。

③ 《新元史》卷五一，《地理志》。

④ 《新元史》卷五一，《地理志》。

⑤ 《元史》卷一六五，《杨赛因不花传》。

⑥ 乾隆《贵州通志》卷二〇，《名宦》。

⑦ 《元史》卷一六五，《杨赛因不花传》。

⑧ 《元史》卷一二三，《也蒲甘卜传》。

⑨ 《元史》卷一八，《成宗本纪一》。

⑩ 《元史》卷一三四，《斡罗思传》。

就地擒杀。[①] 夏四月，宋隆济在墨特川遭到白马宣抚使宋光所部重创。之后，其族侄、曾竹蛮夷长官宋阿重一路追击宋隆济，先后深入乌撒、乌蒙和水东等地招谕木楼苗僚，最后在木楼苗僚聚居区生擒了宋隆济。[②] 十二月戊子，因平叛有功，"增诸将秩，赐银、钞等物有差，其军士各锡钞十锭，放归存恤一年"。[③] 战争结束之后，元政府废除了亦奚不薛总管府的行政建制，在宋隆济故地设置靖江路总管府（治所在今贵州开阳县境），分别授予阿屋、宋阿重为顺元宣抚使和靖江路总管。宋阿重死后，其孙子蒙古歹承袭其职，他因功而晋升为昭勇将军、八番顺元等处宣慰司都元帅、镇国大将军兼四川等处行中书省参知政事等职。同时，考虑到湖广行省顺元路、思州、播州等地深受战乱祸害，宣布免去顺元路、思州、播州等战区"一年税粮"。[④] 大德八年正月庚申，"以云南顺元同知宣抚事宋阿重生获其叔隆济来献，特升其官，赐衣一袭"；五月"己巳，以平宋隆济功，赐王脱脱、亦吉里带、平章床兀而等银钞、金币、玉带，及大理、金齿、曲靖、乌撒、乌蒙宣慰等官银、钞各有差"。[⑤] 由上可见，元早期宋隆济、蛇节（奢节）之所以发动波及湖广行省西部地区的抗元暴动，是因为湘黔滇古驿道开通之后元军过境引出的各种摊派所致。

至于元军出征"八百媳妇国"的缘由以及引发元军与湘黔滇古驿道沿线土官冲突的具体原因，在元人佚名所撰的《招捕总录》中，有着详尽地记述：

> 八百媳妇。大德元年，八百媳妇国与胡弄攻胡伦，又侵缅国。车里告急，命云南省以二千或三千人往救。二年，与八百媳妇国为小车里胡弄所诱，以兵五万与梦胡龙甸土官及大车里胡念之子汉纲争地相杀，又令其部曲混干以十万人侵蒙样等，云南省乞以二万人征之。
>
> 宋隆济。大德五年，雍真葛蛮土官宋隆济叛。初，朝廷调湖广、云南兵二万征八百媳妇蛮，湖广兵命左丞刘深等领之，取道顺元、八番进讨，又令云南左丞月忽乃招答剌罕军入境调用，命新添葛蛮军民

---

① 《元史》卷一六五，《杨赛因不花传》。
② 《新元史》卷五一，《地理志》。
③ 《元史》卷二一，《成宗本纪四》。
④ （明）陈邦瞻《元史纪事本末》卷八，《西南夷用兵》。
⑤ 《元史》卷二一，《成宗本纪四》。

宣慰司自琅诩驿，经平坝蛮峡，至顺元哝箨翟化，斟酌日程，分六处安营，备馈运丁夫马匹。俟月忽乃至点视，而雍真葛蛮、乖西等部当出丁夫马百匹。五月二十四曰，文书至，隆济乃言猫人犵狫，谓官欲髡其发，印记面送军，三四年不返，宁死不往，虽就寨见杀可也，以此观之，夫不可差。同官雍真、总管府达鲁花赤也里干曰："然则，起尔宋氏尽行。"隆济曰："吾往诉之。"宣慰司遂行。六月十七曰，隆济、构木娄等族作乱，其侄腊月、宋六分、靳斤等告也里干，使为备，也里干遂避于底窝杨黄寨。明日，隆济率腊月弟小奴部、家童农、洛中段、刺答、洛忙冲等，约五百人，攻杨黄寨，烧雍真总管廨舍。腊月、奴都保葛海又来报，隆济以一弩二矢，与阿昔长官为号，纠其同叛。又有紫江贼，助兵四千，破杨黄寨，也里干走，掠去总管府印，杀也里干奴阿麻、妻忙葛农等。是日，龙骨长官阿都麻，杀生祭鬼，誓众应隆济，亦谓官拘壮士，黔面髡发充军，或杀虏我家亦不可知，宁死不离此土，各负长刀赴乱。二十日，又胁底窝总管龙郎，与古龙阿马都所部不这、罗鬼、阿开、阿娇等犵狫，抵阿寨，拒落邦札佐长官司止十里，声言欲攻札佐。二十一日，破底窝寨，又欲攻陇儿寨于迷乐桥。二十二日，自贵州至新添界哝箨陂，北至播州界刀坝水，及卜邓加鹤鸣翟瘊，皆被焚劫。又遣中火紫江直猫，胁巡检倘答邓同叛。二十七日，劫顺元母告之地官牧拟进御马，寻攻贵州，杀散普定龙里守仓军，烧官粮，杀张知州。七月十日，梁王下令湖广、云南、四川三省会兵诛捕。八月，云南平章床兀儿入顺元，与贼战，数败之。然水西、水东蛮俱叛，床兀儿遣人招水西土官之妻蛇节，不出。蛮人洛暮报云："者阿池言蛇节已反，统青衣破军围贵州甚急。"又有三家猫箐蛮坐草敌官军，败之。十一月，诏"宋隆济妄说惊扰事端，纠合蛇节及罗鬼酋长阿女等，相扇作乱，特遣湖广行省平章政事刘二拔都（刘国杰）、指挥使也先忽都鲁，率兵及思播宣慰赛因不花等土兵，与四川、云南省分道并进，别敕梁王提兵进讨。悔罪来归者，复其官爵，能杀贼酋或禽献者赏，执迷不悛，剿除，一切事宜，并从刘二拔都等区处。"十五日，隆济党校曲旁等攻贵州，床兀儿掠得阿容者，言始因征八百媳妇人夫马匹，亦奚卜薛之子目，人马不办，官锁其项，目耻忿，与隆济议，纠合阿八、阿纳、许波、泥帖等反，乌撒总管那由言："尔兵若破贵州，鸭池之事容易，我将图之。"

遣其族阿雄、阿行、头佐助兵。行省令土官普利买马助军，普利称军马价不用琤，非金不可，观望不肯买。是月，土官乌犀叛，行省讨之，败走禄丰寨，劫梁王位财琤。①

从上述大德元年至大德五年所发生之事可见，元军之所以出征“八百媳妇国”，是因为“八百媳妇国”在小车里的诱使下与车里、缅国与蒙样等发生边界之争。边界之争发生之后，车里向云南行省、云南行省向中央政府请求派兵救援和征讨。在这种情况下，元成宗才从云南、湖广两省抽调兵员前往征讨“八百媳妇国”。其中，从湖广行省派出的一支军队由湖广左丞刘深率领，取道湘黔滇古驿道开赴“八百媳妇国”进行征讨。在湖广行省军队前往征讨途中，新添葛蛮军民宣慰司以及雍真葛蛮土官、亦奚卜薛土官需要提供丁夫、马匹等运输资源。然而，由于运马难以采购，丁夫从征日期不可预知，因而当地土官宋隆济、蛇节、阿女等人散布谣言，拒绝配合应调从征，遂导致湖广行省军队与地方土官之间的冲突事件发生。冲突事件发生后，元成宗为了让各地土官明白土官义务之所在，增派大军围剿，这就酿成了元早期的地方重大事件。这同时也说明，在元政府对西南边疆土官的治理体系中，有着十分严格的土官越界侵夺和拒不履行土官义务的制度限制。

二　湘黔滇古驿道开通对元中晚期湖广土官社会的影响

虽然宋隆济、蛇节、阿女等人的抗元行动被镇压下去了，但是，它仍给元中后期“水东”土官社会带来了极度不稳定。由于“水东”地域社会的不稳定，因而，新添葛蛮安抚司在湘黔滇古驿道开通之初以招抚为名开辟于古驿道沿线山地河谷的“飞地”，因无法维持隶属关系而迅速消失于历史的尘埃之中。

（一）驿道开通对元中期湖广土官社会的影响

平乱之后的元中期，无论是“水东”地区还是澧水、沅江流域，区域

① （元）佚名撰《招捕总录》“八百媳妇”“宋隆济”条。

社会极度不稳定。

第一是“水东”地区的不稳定。至大三年（1310）正月，湖广行省乖西带蛮阿马等发动万人大叛乱。叛乱发生后，元政府枢密院急调万户移剌四奴在云南行省、四川行省的军队以及湖广行省思州宣慰司、播州宣抚司土兵配合下，率领一千元军前往镇压。[①] 至大四年，播州宣抚司南部的卢崩蛮入侵内地，播州宣抚使杨赛因不花在与恩州宣慰使田茂忠平乱过程中病死。[②] 十一月，元政府设置乖西军民府（治所在今贵州开阳）。皇庆二年（1313），隶属播州宣抚司管辖[③]，之后将其降为长官司，由管番民总管管辖。延祐五年（1318）二月丁卯，云南行省、四川行省奉命归还顺元宣抚司的领地，五月辛酉朔，为表谢意，顺元等处军民宣抚使阿画派遣洞蛮酋之子黑昌进贡方物。[④] 初步解决叛乱与平乱引发的后遗症之后，八番顺元宣慰司内部又起事端。至治二年（1322）十二月，“庚辰，葛蛮安抚司副使龙仁贵作乱，湖广行省督兵捕之”。[⑤]

第二是澧水、沅江流域社会的动荡不安。至大三年夏四月，四川行省夔州路容米洞（今湖北鹤峰县）官田墨发动叛乱，他不仅掠劫周边人口，而且杀害驻守当地的千户及戍卒八十余人。[⑥] 为了平息叛乱，改永顺保靖南渭安抚司为永顺等处军民安抚司，管领上溪州、田家洞一带[⑦]，由永顺路原下溪州刺史彭胜祖担任军民安抚使，并派遣安抚副使梓材前往容米洞进行招抚。[⑧] 这就在沅江上游的酉水流域出现了最早的一批土司。元仁宗延祐二年（1315）开始，辰州路、沅州路、常德路、澧州路等地陆续发生了蛮首吴千道、贞公等人发动的叛乱。当地土官相续配合元军，追捕叛首。[⑨] 延祐七年二月，永顺等处军民安抚司改为永顺安抚司，仍由彭胜祖

① 《元史》卷二三，《武宗本纪二》。

② 《元史》卷一六五，《杨赛因不花传》。

③ 《元史》卷二四，《仁宗本纪一》。

④ 《元史》卷二六，《仁宗本纪三》。

⑤ 《元史》卷二八，《英宗本纪二》。

⑥ 《元史》卷二三，《武宗本纪二》。

⑦ 乾隆《永顺府志》卷一、卷九，同治《桑植县志》卷八。

⑧ 《元史》卷二三，《武宗本纪二》。

⑨ 《元史》卷二五，《仁宗本纪二》卷二七，《英宗本纪一》卷二八，《英宗本纪二》卷二九。

担任安抚司[①]，继续追捕叛首。

（二）驿道开通对元晚期湖广土官社会的影响

到了元晚期，湘黔滇古驿道穿越的“水东”地区、澧水和沅江流域以及涪陵江中游的土官社会随着时局的变化，处于风雨飘摇之中。

1. 人祸天灾使“水东”地区的土官陷于疲于应付的窘境

由于八番顺元等处宣慰司都元帅府与新添安抚司处于湖广、云南、四川交接地带，且有湘黔滇古驿道相通，因而，他们在元晚期除要积极配合元政府的“应调从征”以及招抚和防范境内蛮族外，还要时刻应对周边叛乱势力的骚扰。这就使其处境艰难，势力逐渐衰弱。

以下史实，基本能看出这两个土官机构所面临的窘境。泰定元年（1324）春正月戊申，在八番顺元等处宣慰司都元帅府的招抚下，八番生蛮韦光正等人以及杨、黄五种人率领管内民众二万七千户归附元朝，被授为长官司长官。[②] 结果事隔五年，就遭到了境外反抗势力的报复。天历二年（1329）春正月，播州杨万户充当四川行省的叛军向导，向八番顺元等处宣慰司都元帅府发起进攻，乘机占领了乌江北岸的广大地区。八番元帅脱出在元军配合下，才在乌江北岸的乌江峰一带击败入境骚扰的叛军。[③] 事隔一年，至顺元年（1330）二月，云南发生诸王秃坚和万户伯忽等人发动的叛乱，他们攻陷仁德府，进攻马龙州，自命云南王。叛乱发生后，八番元帅完泽被迫率领八番答剌罕军一千人、顺元土军五百人“应调从征”。五月，枢密院分兵征讨八番、乖西得苗阿马、察伯秩等一万人的附从叛乱之后，给顺元宣抚司答剌罕军“人赐钞五锭”，由他们开赴云南征讨大理段氏。[④] 抽调大量八番顺元宣慰司兵员进入云南之后，新添安抚司难以维持境内的农业生产秩序，被迫向湖广行省申诉自己面临的困境。十一月中旬，“新添安抚司雍河寨主，诉他部瑶、僚蹂其禾，民饥，命湖广行省发钞二千锭，市米赈之”。[⑤] 从这则材料来看，新添葛蛮安抚司内外民族关系

---

① （明）刘继先撰，游俊笺证《历代稽勋录笺证》“忠襄公”条，贵州人民出版社，2013，第 18 页。

② 《元史》卷二九，《泰定帝本纪一》。

③ 《元史》卷三三，《文宗本纪二》。

④ 《元史》卷三四，《文宗本纪三》。

⑤ 乾隆《贵州通志》卷二三，《师旅考》。

极为紧张，达到了难以调和的地步。至顺二年五月，秃坚、伯忽等人发动的叛乱被平定。此时，曾经呼应秃坚、伯忽叛乱的八番、乖西蛮官阿马路为求得元政府的谅解，进贡方物。[①] 秃坚、伯忽等人的叛乱，曾给湘黔滇古驿道的食盐运输造成了不小的损失。十一月，据云南行省奏称，云南盐由于伯忽叛乱，不能运达立亦奚不薛宣慰司，致使该司所牧国马每月上寅日无盐可食，“马多病死”，只好改道四川行省运盐接济滇马。[②] 尽管如此，土官承袭仍不受影响。元统二年（1334）夏四月乙丑，顺元等处军民宣抚使、八番等处沿边宣慰使伯颜溥花承袭父职。[③] 之后，八番顺元宣慰司和新添葛蛮安抚司在饥荒与地方割据势力的交替作用之下，逐渐退出历史舞台。后至元五年（1339）十一月，八番顺元等处发生饥荒，朝廷被迫拿出钞二万二十锭前往赈济。[④] 至正十七年（1357），明玉珍为首的地方割据势力控制重庆及其周边区域，新添葛蛮安抚司基本上也与元政府失去联系。至正二十八年，伴随着明太祖朱元璋建立明朝与推翻元朝的统治，新添葛蛮安抚司迅速解体、消失。[⑤] 这样一来，一度将势力沿着清水江、都柳江东扩到今湖南会同、靖县、通道一线，南扩到都柳江以南的从江一带，统辖八个州、一个县、一百二十二个蛮夷长官司的新添葛蛮安抚司[⑥]，结束了其历史使命。

2. 澧水、沅江流域的土官应变与土官机构的变化

元晚期，湘黔滇古驿道穿越的澧水、沅江流域土官社会极不平静。这里先有容米洞蛮、鹅梯寇、澧州峒酋的“蛮变”，后有朱元璋与陈友谅军事冲突的波及。在这一过程中，设置于澧水、沅江流域的土官，被迫顺应时局的变化而卷入军事漩涡之中。

具体而言，泰定元年（1324），“容米洞蛮田先什用等九洞为寇，四川行省遣使谕降五洞，余发兵捕之”。[⑦] 后至元元年（1335）春，向思胜之孙向仲山奉调征讨鹅梯寇（聚居于今湖南省桑植县陈家河新街乡），准袭湖

---

① 《元史》卷三五，《文宗本纪四》。

② 《元史》卷三五，《文宗本纪四》。

③ 《元史》卷三八，《顺帝本纪一》。

④ 《元史》卷四〇，《顺帝本纪三》。

⑤ 《明一统志》卷八八，《新添卫军民指挥使司》。

⑥ 龚荫：《西南诸省土司设置及演变概说》，载《民族研究》1993 年第 1 期。

⑦ 《元史》卷二九，《泰定帝本纪一》。

广桑植地方等处军民宣慰使司之职，分管上桑直、下桑直等处。[①] 在此期间，彭胜祖乘机控制保靖州、南渭州，进而改永顺军民安抚司为永顺保靖南渭安抚司。[②] 之后，北方爆发的韩山童、刘福通红巾军大起义，间接地波及南方澧水、沅江流域的土官社会。至正十一年（1351），永顺保靖南渭安抚司改为永顺等处军民安抚司[③]，随之于夏四月改为宣抚司，由彭万潜担任宣抚使[④]，并改属下之保靖州为保靖安抚司。至正十四年，“澧州峒酋向思永与夏克武连兵劫石门县。邓均忠率义兵击杀之，事闻，封均忠为八番顺元等处宣慰司”。[⑤] 邓均忠之所以受到元朝政府的如此重用，是因为他曾率兵对抗过红巾军，又在平定向思永、夏克武之乱时曾用火牛三百破敌，有“邓牯牛”之称。至正二十年五月，陈友谅、明玉珍分别于太平、重庆建立大汉、大夏政权。之后，永顺等处军民宣抚司彭万潜接受大夏政权的印信，追随明玉珍。至正二十三年，朱元璋与陈友谅在鄱阳湖展开决战，保靖安抚司彭世雄、彭万里父子与元昭信校尉田儒铭、南渭州知州彭万金等一道率领一万土兵，配合朱元璋保卫应天府，彻底击败陈友谅。至正二十四年二月，朱元璋攻克武昌，全歼陈友谅部。随后，派遣湖广平章杨璟进军澧阳（今湖南石门）三江口，招抚追随陈友谅的麻寮、添平、慈利土官。十二月，慈利安抚司覃垕归附朱元璋，被升授为慈利宣抚司（治所在今湖南省慈利县柳林乡永安村“覃家城”）。[⑥] 在此期间，田儒铭沿着湘黔滇古驿道深入思州宣慰司东部和南部边境，招服中林验洞、竿子、五寨、头提溪、平头、万山、都平峨夷等处苗人。[⑦] 至正二十六年二月，朱元璋承认保靖州军民安抚司与桑植安抚司，并且设置白崖（洞）安抚司，以田万顷后人田健霸担任白崖（洞）安抚使。

3. 思州宣慰司内部发生分裂

作为涪陵江流域控地面积最广的土官，思州军民宣抚司甚至长期控制沅江上游的广大区域。不过，如前所言，自从湘黔滇古驿道开通后，思州

---

① 同治《桑植县志》卷八。

② 乾隆《永顺府志》卷九、卷一二。

③ 《明史》卷三一〇，《湖广土司》。

④ （明）刘继先撰，游俊笺证《历代稽勋录笺证》“忠靖公”条，贵州人民出版社，2013，第18页。

⑤ 《澧州志林》，转引自光绪《湖南通志》卷八三。

⑥ 《朱元璋系年要录》；同治《直隶澧州志》卷九。

⑦ 《凤凰田氏宗谱》；道光《凤凰厅志》卷一，《废土司考》。

宣抚司辖地变成了包括新添葛蛮安抚司在内的众多土官机构的争夺对象，其驿道沿线布满了其他土官机构开辟的“飞地”。正是由于湘黔滇古驿道开通后，思州宣抚司的战略地位日益重要，因而，泰定四年（1327）思州军民宣抚司被升格为思州宣慰司。然而，重庆大夏政权建立后，思州宣慰司内部发生了分化。至正二十三年（1363），镇远府同知田茂安因不满宣慰使田仁厚归附朱元璋，分割思南、镇远之地奉送给大夏政权，被明玉珍授为思南宣慰使司。思州宣慰司被分割后，至正二十五年，思南宣慰司宣布归附朱元璋。而思州宣慰司田仁厚，则升为思南镇西等处宣慰使司，掌控原二府十县三十四州二十长官司。①

① 《明史》卷三一六，《贵州土司》。

“杨保”名义演变考

曾　超

（长江师范学院学报编辑部）

摘　要　“杨保”名称的出现当与唐代中晚期边地军事设置“堡”相关。杨端进入播州后，征服当地僚人，得到僚人信服，“堡主”演变为“保主”，杨氏及其部分随征将士成为“杨保主”，僚人及部分随征将士成为“杨保子”；播州杨应龙被平定以后，明朝对播州进行处置，将播州一地民众笼统称为“杨保”。在杨氏主播期间，播州的改土归流，杨氏存在着“本土化”“播州化”“夷化”“蛮夷互化”的过程，因之，“杨保”也就存在多重民族属性。

关键词　播州　杨保　名义

“杨保”是研究播州土司不可回避的一大问题，它的含义是什么？它是一个人名还是一种称谓？还是一种民族族称？它的民族属性是什么？它与中晚唐边地政治军事有无关系？有何关系？我们认为“杨保”一名有着具体而丰富的含义，其形成和发展经历过一个长期的演变过程，并与晚唐以后中央与地方的关系密切相连。

一　中晚唐边地军政与“堡主”

“杨保”一名的形成当与中晚唐边地军政相关，对此我们不能不考察中晚唐边防形势的变化及其军事体制的演变。中唐以后，唐王朝边防形势发生了巨大的变化，吐蕃崛起于西陲，后突厥复兴于朔漠，回纥代后突厥而隆兴，奚、契丹活跃于东北，渤海立国于海东，南诏勃兴于西南。为积极应对边防形势的变化，唐玄宗前期励精图治，革新内政，造就了“开元之治”的盛世国力。“武皇开边意未止”，唐玄宗命王忠嗣、哥舒翰等与吐蕃角逐于河陇，命高仙芝远征大勃律，命安禄山、史思明与奚、契丹鏖战于范阳、平卢与河东，命李宓、鲜于仲通、杨国忠与南诏大战于苍山洱海，唐玄宗开边取得了一定的战果，但也留下了惨痛的教训：唐蕃战事绵延胶着，安史阴蓄异谋，回纥桀骜不驯，南诏与唐和战不定。“渔阳鼙鼓动地来”，安史之乱使唐王朝痛失政权主导地位，地方藩镇势力悄然坐大，边庭局势更发生了重大的变化，在唐宣宗大中（847～860）以前，边庭威胁主要来自吐蕃，大中以后主要来自南诏。

随着唐代政治、军事的变化，特别是边防局势的变化，唐代的军政体制和边防军事设施也发生了重大的变化，《新唐书·兵志》云：“盖唐有天下二百余年，而兵之大势三变：其始盛时有府兵，府兵后废而为彍骑，彍骑又废，而方镇之兵盛矣。”就军事体制而言，唐前期推行府兵制，《新唐书·兵志》云：“初，府兵之置，居无事时耕于野，其番上者，宿卫京师而已。若四方有事，则命将以出，事解辄罢，兵散于府，将归于朝。故士不失业，而将帅无握兵之重，所以防微渐、绝祸乱之萌也。”唐中期是彍骑制，但为时短暂。唐代中晚期是方镇兵。《新唐书·兵志》云：“及府兵法坏而方镇盛，武夫悍将虽无事时，据要险，专方面，既有其土地，又有其人民，又有其甲兵，又有其财赋，以布列天下。”其实，不管是彍骑，还是方镇兵，均为募兵。

就边防军事设施而言，主要体现在军事防御体系的设置上。《新唐书·兵志》云：

> 夫所谓方镇者，节度使之兵也。原其始，起于边将之屯防者。唐初，兵之戍边者，大曰军，小曰守捉，曰城，曰镇，而总之者曰道：若卢龙军一，东军等守捉十一，曰平卢道；横海、北平、高阳、经略、安塞、纳降、唐兴、渤海、怀柔、威武、镇远、静塞、雄武、镇安、怀远、保定军十六，曰范阳道；天兵、大同、天安、横野军四，岢岚等守捉五，曰河东道；朔方经略、丰安、定远、新昌、天柱、宥州经略、横塞、天德、天安军九，三受降、丰宁、保宁、乌延等六城，新泉守捉一，曰关内道；赤水、大斗、白亭、豆卢、墨离、建

康、宁寇、玉门、伊吾、天山军十，乌城等守捉十四，曰河西道；瀚海、清海、静塞军三，沙钵等守捉十，曰北庭道；保大军一，鹰娑都督一，兰城等守捉八，曰安西道；镇西、天成、振威、安人、绥戎、河源、白水、天威、榆林、临洮、莫门、神策、宁边、威胜、金天、武宁、曜武、积石军十八，平夷、绥和、合川守捉三，曰陇右道；威戎、安夷、昆明、宁远、洪源、通化、松当、平戎、天保、威远军十，羊灌田等守捉十五，新安等城三十二，犍为等镇三十八，曰剑南道；岭南、安南、桂管、邕管、容管经略、清海军六，曰岭南道；福州经略军一，曰江南道；平海军一，东牟、东莱守捉二，蓬莱镇一，曰河南道。[①]

在唐王朝的军事防御体系中，最为有名的就是天宝十节度。据《资治通鉴》的记载，天宝元年（742），全国的边防体系被整合、规范为十大节度，其中范阳节度使“临制奚、契丹”，治幽州，统辖经略军、静塞军、威武军、清夷军、横海军、高阳军、唐兴军、恒阳军、北平军，管兵91400人。平卢节度使“镇抚室韦、靺鞨”，治营州，统辖平卢军、卢龙军、榆关守捉、安东都护府，管兵37500人。河东节度使“防御突厥”，治太原府，统辖天兵军、大同军、横野军、岢岚军、云中守捉及忻州、代州、岚州三州郡兵，管兵55000人。朔方节度使“捍御突厥”，治灵州，统辖经略军、丰安军、定远军、东受降城、中受降城、西受降城、安北都护府、单于都护府，管兵64700人。河西节度使“断隔吐蕃、突厥”，治凉州，统辖赤水军、大斗军、建康军、宁寇军、玉门军、墨离军、豆卢军、新泉军、张掖守捉、交城守捉、白亭守捉，管兵73000人。安西节度使，又称四镇节度使、安西四镇节度使，“抚宁西域”，治龟兹城，统辖龟兹、焉耆、于阗、疏勒四镇，管兵24000人。北庭节度使，“防制突骑施、坚昆”，治北庭都护府，统辖瀚海军、天山军、伊吾军，管兵20000人。陇右节度使“备御吐蕃”，治鄯州，统辖临洮军、河源军、白水军、安人军、振武军、威戎军、莫门军、宁塞军、积石军、镇西军、绥和守捉、合川守捉、平夷守捉，管兵75000人。天宝十三年（754）又于鄯、廓、洮、河四州西境增置宁边、威胜、天成、振威、神策、金天、武宁、曜武八

① 《新唐书》卷五〇，《兵志》，中华书局，1975。

军。剑南节度使“西抗吐蕃，南抚蛮僚”，治益州，统辖团结营、天宝军、平戎军、昆明军、宁远军、澄川守捉、南江军及翼州、茂州、维州、柘州、松州、当州、雅州、黎州、姚州、悉州等州郡兵，管兵30900人。岭南五府经略使“绥静夷僚”，治广州，统辖经略军、清海军，直辖广管诸州、兼领桂、容、邕、安南四管诸州郡兵，管兵15400人。[①] 在安史之乱后，节度使之设置遍及于内地。

综观《新唐书·兵志》和《资治通鉴》，我们可以发现：第一，唐王朝在周边已经建立起严密的备御四夷的军事防控体系，每个节度使均有自己的重点防御对象和目标。第二，每个节度使均掌控一定的兵力“以备不虞”。第三，每道均有一定的军事布防。总体曰道，依次为节度使、军、守捉、城、镇。其实，唐王朝的军事布防体系远不止于此，其他尚有戍、堡、寨（砦）等。每一层级均有自己的最高统帅，如节度称为节度使、军为军使、守捉为守捉、城为城主、镇为镇将、堡为堡主、寨为寨主等。

唐代黔中为道，属边远少数民族地区，亦有不少军事布防的设置。宋沿唐制，就在播州地区建有不少军事设置，体现出承前启后的连续性。据禹明先考证：宋王朝曾在今习水县东部和桐梓县北部交通要道上的一些村落中设置寨堡。致和时又在溱、播等州境内广置寨堡，用城墙和木栅把这些村落封固起来，名曰“防盗贼”，实则是对黔北人民的监视和封锁。这些寨堡至今有据可查的有遵义寨、吼滩寨、荣蛇寨、扶观寨、安远寨、博望寨和白锦堡、白岸堡、丽皋堡、思义堡、安定堡、寿山堡、鹿个堡、仁怀堡和石粉栅等。[②] 因此，杨保之“保”最早当为“堡”，杨保主之“保主”当为“堡主”，当时边地军事设置的“堡主”当为“杨保”之远源。

二　杨端入播与“（杨）堡主”

唐中期及其以后，在边地对唐王朝威胁较大的边患有二，即吐蕃和南诏。大体而言，唐宣宗大中以前，主体为吐蕃；安史之乱以后，“平时安西万里疆，今日边防在凤翔”[③]，吐蕃占据河陇数十州，严重威胁到唐王朝

① 司马光：《资治通鉴》，中华书局，1956。

② 禹明先：《宋代播州杨氏军制考》，《贵州文史丛刊》2000年第3期。

③ 白居易：《新乐府》。

的政治中枢，极大地破坏了唐王朝的关中本位政策[①]，故唐王朝为了应对吐蕃的军事威胁，重建边防体系，并为之专门建立了防秋兵。[②] 到大中三年（849），张义潮率瓜、沙等三州七关之民归唐，唐王朝乘机收复安史之乱期间被吐蕃攻占的边地，吐蕃威胁消失。大中以后，西南地区的南诏却成为唐王朝最大的威胁，为此，唐王朝也专门建立了防冬兵加以防范。

唐宪宗元和十一年（816）南诏出兵攻占安南都护府（今越南北部）边境。唐穆宗长庆二年（822）南诏派兵攻入黔中。唐宣宗大中八年（854）南诏攻陷安南都护府。唐懿宗咸通元年（860）以后，南诏对唐王朝的军事行动更为频繁，“咸通以来，蛮（南诏）始叛命，再入安南、邕管，一破黔州，四盗西川”。[③] 咸通元年（860）至唐僖宗乾符元年（874）南诏就曾两次进兵安南都护府和邕管。正是在这种大的历史背景之下，杨端登上了播州历史舞台。

杨端，山西太原人，乾符元年，杨端应募进入河东军队。乾符二年，唐王朝应高骈之请，罢止河东兵，杨端乃帅其乡人上请于朝，入川，而西川战情缓和，乃领军折而向东南，进入播州。《宋濂全集·杨氏家传》云：杨氏“其先太原人，仕越之会稽，遂为其郡望族。入播始祖端，唐末寓京兆。南诏陷播州，端以乾符三年应募将兵复播州，随有其地”。[④] 杨端交结播州当地土著豪族，击退闽蛮与南诏兵，并与南诏纳款结盟。后“谕以威德，縻以恩信，蛮人怀服”，乃长据播州，并获得播州刺史、武略将军之职。后杨端逐步巩固、拓展其势力，取得了播州的长久统治权。

《宋濂全集·杨氏家传》云：“（杨）端与舅氏谢将军，诣长安上疏请行，上慰而遣之。行次蜀……诣泸州、合江，径入白锦。”[⑤] “‘白锦堡’是播州杨氏的发祥地。杨端初入播州时，所据不过现遵义县一隅之地，非有全部播州。首先，杨端是以高遥山一带地区为立脚点，‘据险为寨’，逐步向外扩张，故才把所居据点命名为‘白锦堡’”。[⑥] 可见，白锦堡的出现与中晚唐边地军事设施的产生毫无二致，因军事而产生，因军事而存在。

① 陈寅恪：《唐代政治史述论稿》，三联书店，2001。

② 曾超：《试论唐代防秋兵的地位及其影响》，《内蒙古大学学报》（人文社会科学版）2003年第2期。

③ 《新唐书》卷二二二，中华书局，1975。

④ 宋濂：《宋濂全集·杨氏家传》，浙江古籍出版社，1999。

⑤ 宋濂：《宋濂全集·杨氏家传》，浙江古籍出版社，1999。

⑥ 章光恺：《播州杨氏族属初探》，《贵州文史丛刊》1982年第4期。

由此，杨端也就成为名副其实的白锦堡最高军事统帅——堡主。因白锦堡的堡主姓杨，自然也就成为“杨堡主”。

三 僚人社会与“杨保（主、子）”

“杨堡主”更多地具有军事属性，但还不是“杨保主”。从“杨堡主”到“杨保主”的演变与转换则与播州的少数民族社会有着密切的关系。

早在西汉以前，于巴蜀以西、以南的包括后世播州在内的广大西南地区，生息繁衍着众多的少数民族，被统称为“西南夷”。对此，司马迁《史记》卷一百一十六《西南夷列传》有详细的记载。到魏晋六朝时期，李寿“引僚入蜀”成为汉唐间西南民族之大事，对西南历史、民族关系影响至大。① 李膺《益州记》云：“李雄据蜀，李寿从牂牁引僚入蜀境，自象山以北，尽为僚居。”② 宋郭允蹈《蜀鉴》卷四称：“（李）寿既篡位，以郊甸未实，都邑空虚，乃徙傍郡户三丁以上实成都，又从牂牁引僚入蜀境。自象山以北，尽为僚居。蜀本无僚，至是始出巴西、渠川、广汉、阳安、资中、犍为、梓潼，布在山谷，十余万家。”③ 《华阳国志》卷九谓：“蜀土无僚，至是始从山出，自巴至犍为、梓潼，布满山谷，大为民患。”④ 延及唐宋时期，僚人成为整个云贵高原最大的土著，田曙岚更认为：“在整个云贵高原，继濮人之后，在这里生息、活动的土著，全部都是僚人。”⑤

杨端入播后，其势力相对弱小，对杨端威胁最大的主要有三，其一是南诏；其二是受南诏扶持的闽族或闽蛮；其三是南广溪峒诸蛮，特别是播州土著僚人。杨端要在播州站稳脚跟，谋求发展，进而成为播州的主宰就必须取得播州土著的支持和拥护。而在僚人社会中，“唯豪家能服僚者名为保主”。⑥ 杨氏在播州的发展过程实际上也就是杨氏由“杨堡主”到“杨保主”的演变过程。在杨端时期，虽然取得了部分土著豪族臾、蒋、

---

① 谭红编著《巴蜀移民史》，巴蜀书社，2006，第 88 ~ 104 页。
② 李膺：《益州记》，http：//blog. sina. com. cn/s/blog_ 4aefe2a90100n0oq. html。
③ 郭允蹈撰，赵炳清注《〈蜀鉴〉校注》，国家图书馆出版社，2010。
④ 常璩撰，刘琳注《华阳国志注》，巴蜀书社，1985。
⑤ 田曙岚：《试论濮、僚与仡佬族的相互关系》，《思想战线》1980 年第 4 期。
⑥ 李吉甫著，贺次君校《元和郡县图志》卷九，中华书局，2008。

黄三氏的信任和支持，但鉴于罗闽势大，大部分土著豪族仍然处于观望状态，有时甚至成为杨氏的对立面，对此《杨氏家传》记载说：

> 太师生牧南，既嗣世，痛父业未成，九溪十洞犹未服，日夜忧愤，其子部射逆其志，选练将卒伐罗闽。时罗闽附南射，部射深入，闽匿将士绝其后，部射力战死，其子三公抱父尸不去，闽执之以归。牧南卒，三公幽于闽半载，会阿永蛮酋长黑长与闽有连，语之曰：杀其父而囚其子，人弗为也，盍归诸？闽不答，黑定怒，夜以一牝马窃载与俱归，且发兵纳三公界上。三公遣卫兵檄召谢巡检，谢帅彝獠逆之，会济江，獠忽怀异志，引舟岸北，呼谢曰：'为我语若主，当免我科赋，否则吾不以舟济'。三公怒，瞋目视舟，嘘者三，舟奔而前，三公遂涉，彝獠争持牛酒为谢。三公剪帛系獠颈，吸水喷之，帛成蛇形，獠伏地哀祈，誓输赋，不敢反。三公复喷之，帛如初。[①]

这段史料告诉了我们众多的历史信息：第一，敌对势力的强大。播州杨氏在发展过程中，除南诏外，最强的对手就是罗闽，还存在一些离心势力，其一是僚人的反复无常；其二是家族的内部纷争。以致播州杨氏第二代杨牧南"忧愤而卒"，第三代杨部射"力战而死"，第四代杨三公"战败被俘"。第二，僚人的桀骜无常。《家传》云："獠忽怀异志。"《贵州通志》引《嘉靖通志》说："施秉县，黎平潭溪司之杨黄，皆思播流裔。"[②]《黔南职方纪略》谓："播州杨氏散居在贵州者曰犵。"[③]"犵"是称僚人，即仡佬。元周致中《异域志·下》獠条："牂牁……打牙者谓之打牙仡佬，种类甚多，不可以人事处，张犵难服。"[④]王兴骥对此评述说："'张犵'是指僚人性格乖决，后便以民族性格来概称其族。"[⑤]因其如此，能服僚人者，方可得到僚人支持和拥护，方能成为"保主"。"保"含有"保护"之意，"主"含有"主人"之意，"保主"就是能够"保护僚人的主人"。第三，杨氏成为"保主"的过程是一个杨氏与僚人的利益博弈过程。杨三

① 于敏中：《摛藻堂四库全书荟要》，台北世界书局，2005。
② 《贵州通志》，清乾隆七年刻本。
③ 罗绕典：《黔南职方纪略》，台北文海出版社，1970。
④ 周致中：《异域志·下》，http://blog.sina.com.cn/s/blog_70f887a00102eezh.html。
⑤ 王兴骥：《播州杨氏族属探研》，《贵州文史丛刊》1990年第4期。

公济江，僚人即要求“当免我科赋，否则吾不以舟济”，这实际上是杨氏与僚人的一种利益博弈，免其“科赋”，成为盟友、朋友；不免其“科赋”则成为敌人。第四，杨氏成为“杨保主”历经数世方功成名就。从杨端算起，历经数世，至杨三公时期，杨氏采用巫术的手段，“瞋目视舟，嘘者三，舟奔而前”“三公剪帛系獠颈，吸水喷之，帛成蛇形”“三公复喷之，帛如初”体现出超常的神性，方赢得僚人的信服、支持和拥戴，“彝獠争持牛酒为谢”“獠伏地哀祈，誓输赋，不敢反”。至此，杨氏完成了从军事属性的“杨堡主”到行政属性的“杨保主”的转换，与此相对应，广大的僚人则演化为“杨保子”。

“杨堡主”转化为“杨保主”后，“杨保主”得到播州地域广大百姓的充分认可，这从各地遗留的地名得到充分的证明。如《兴义府志》载安南县淳德里有“杨保寨”，其他带有“杨保”的地名殊多。“《平远州志》中有杨保峒，今织金县以那村有杨保村，《平越直隶州志》有大、小羊保寨，上、下杨保寨，在今凯里福泉、凤冈县有杨保湾、杨堡屋基、杨保盖等地名，桐梓县马综苗族乡有杨保沟（遵义郊野里坝也有此地名），水有杨保水，仁怀中枢区有杨鱼现等名”。[①] 这些地名，一方面，反映了杨氏势力的壮大与扩展；另一方面则反映出“杨保主”得到播州地域百姓的高度肯定。

“杨保主”首先应当指播州杨氏，但绝非杨氏一族，而是以杨氏为首的政治军事集团。在整个集团中，杨氏是整个集团的最高军事、行政首领，相当于“大保主”“总保主”“都保主”。这一集团的其他姓氏亦可称“保主”，如何乔新《勘处播州事情疏》[②] 就载有黄保、义保、九保、小进保、人朱保、元保等，但总体则称为“杨保”。除杨氏外，这一集团还包括有其他不少“杨保”姓氏。《遵义府志》载有唐代入播七姓：杨端、罗荣、令狐镐、成展、杨威、郑开龙、安增。[③] 民国《瓮安县志》[④] 卷十七载有除杨氏外的令狐、成、赵、犹、娄、宋、韦、谢八族。谭其骧《杨保遗裔》列有唐代入播七大姓：罗氏、郑氏、安氏、令狐氏、成氏等；同入播八姓：赵氏、犹氏、娄氏、梁氏、韦氏、谢氏、令狐氏、成氏；土官土

① 王兴骥：《播州杨氏族属探研》，《贵州文史丛刊》1990 年第 4 期。

② 何乔新：《勘处播州事情疏》，明万历四十五年刻本。

③ 郑珍、莫有芝修；遵义市志办整理，《遵义府志》，1986。

④ 《瓮安县志》，民国四年刊本。

目六姓：王氏、何氏、宋氏、骆氏、冉氏、袁氏；奏民七姓：田氏、张氏、卢氏、谭氏、吴氏等；土著氏族二姓：任氏和穆氏。① 王兴骥称入播七姓当为田氏、卢氏、袁氏、张氏、谭氏、罗氏、吴氏。与杨氏同入播的令狐、成、赵、犹、娄、宋、韦、谢八族即为“九种”。② 总之，除杨氏外的“杨保”姓族很多，如播州长官司王氏。“王梦麟《谱》序云：同太原嫡系入播者，有一祖震孙，总重庆兵马钤辖与余玠掎角保障川东，当即播州长官王氏祖”。③ 播州长官司何氏，“《采访册》云：何中立，字大本，临江新喻人，唐僖宗时官司马，挂大将军印，平播有功，终于播，墓在府治东四十里清乘桥上流五里何家寨”。④ 播州千户长官宋氏，“唐乾符间有真定宋宣为节度使、丰城侯、副都元帅，征播有功，留守其地……管辖沙溪等里”。⑤ 瓮水长官司犹氏，“犹崇义，太原人，其先姬姓……崇义仕唐为都总管。会南诏叛，陷播州，久弗能平。僖宗乾符三年下诏募晓勇士将兵讨之。太原杨端应募，率其族人令狐、成、赵、犹、娄、宋、韦、谢八族，崇义其一也。既平播，授端播州安抚使。崇义亦留其地，设司江界河，隶属播”。⑥ 桐梓令狐氏、成氏，《遵义府志》载：“《采册》：唐僖宗乾符三年，南诏陷播……成展救封中军右护卫将军总领镇戎侯平播，奏凯旋师，子孙世居桐梓涧坝村。故曰桐梓县令狐、成姓最繁，即其裔。”⑦

“杨保子”最早是以杨氏为首的政治军事集团所征服的僚人，而随着社会的发展和演进，则逐渐演变为“杨氏播州统治范围内的广大土民”。⑧ 故李化龙《播地善后事宜疏》强调：“今应将播之旧民号‘杨保子’者，查果真的……”⑨

在“杨堡主”下，杨氏虽为最高军事统帅，但与广大土民之间的关系相对平等，杨氏不仅与之缺乏行政隶属关系，反而对其有所依赖；而在“杨保主”之下，于军事之外，更加上了一种行政依附关系。随着杨氏在

① 谭其骧：《播州杨保考》，《贵州民族学院学报》（社会科学版）1982 年第 1 期。
② 王兴骥：《播州杨氏族属探研》，《贵州文史丛刊》1990 年第 4 期。
③ 郑珍、莫有芝修；遵义市志办整理，《遵义府志》，1986。
④ 曹学佺：《蜀中广记》卷三七《边防七上川东》，台湾商务印书馆，1986。
⑤ 郑珍、莫有芝修；遵义市志办整理，《遵义府志》，1986。
⑥ 《瓮安县志》卷一七，民国四年刊本。
⑦ 郑珍、莫有芝修；遵义市志办整理《遵义府志》，1986。
⑧ 周必素：《播州“杨保”名称含义再析》，《贵州文史丛刊》1995 年第 2 期。
⑨ 李化龙：《平播全书》，大众文艺出版社，2008。

播州统治地位的确立，以杨氏为首的政治军事集团成为“杨堡主”，而广大土民则成为“杨保子”，相互之间是一种统治与被统治的关系。[①] 即使原属“杨保”的统治集团，也在历史发展的过程中，处于“变异”之列，由原来的“杨保主”演变为“杨保子”。何乔新《勘处播州事情疏》就载有杨纲曾“买得土民吴庆、长寿、黄保、福僧、义保、九保、小进保、大朱保、元保”等。“阉割为火者”“在家使唤”。黄保、义保、九保、小进保、大朱保、元保等可能原属“杨保”，后来因各种因素而降格为“杨保子”，成为播州杨氏的统治对象。

四 杨应龙之叛与“杨保（人）”

明穆宗隆庆五年（1571），播州土司杨烈死，杨应龙请袭职。杨应龙成为播州第二十九代土司，也是播州历史上最后一位土司。明神宗万历元年（1573），明王朝给杨应龙宣慰司敕书。万历十四年，杨应龙献大木七十，材美，赐飞鱼服。万历十八年，贵州巡抚叶梦熊上疏弹劾杨应龙“凶恶”诸事，巡按陈效更是历数杨应龙有二十四大罪。因当时防御松潘，正调播州土兵协助防守，故四川巡抚李化龙上疏请求暂免勘问杨应龙，希望其立功赎罪，为国效力。万历二十七年明王朝痛下决心，平定播州。总督李化龙移驻重庆，征兵15省，调集24万大军征剿杨应龙。万历二十八年二月十二日誓师，分八路并进，每路3万人。六月四日，攻克海龙屯，杨应龙同爱妾阖室自缢，且自焚。平播之役，自出师至平定，百十有四日，八路共斩级2万余人。十二月，明神宗受俘于午门。万历三十一年，讨平播州余逆，分播州地为二，以遵义、桐梓、绥阳、仁怀四县与正安州属蜀为遵义府，以余庆、瓮安、湄潭三县与黄平州属黔为平越府。[②]

在平定播州杨应龙之叛后，对播州进行善后处置，“杨保”始正式出现于明廷平播后的一些著述中，首见于明李化龙《平播全书》卷六《播地善后事宜疏》云：“今应将播之旧民号‘杨保子’者，查果真的，无论原业肥瘠。俱人给田三十亩……其原非播民，凡不能为杨保语者。无问曾否寄住，皆不得妄认。”其他如郭子章《黔记》载：“杨保，性奸狡，其婚姻

① 周必素：《播州“杨保”名称含义再析》，《贵州文史丛刊》1995年第2期。

② 罗宏梅、徐钰：《黔北杨氏土司历史沿革考》（三），《遵义师范学院学报》2012年第3期。

死丧颇同汉人，死丧亦有哀悼之礼。龙泉、遵义一带为多。”[①] 还有诸葛元声《三朝平播录》云：“其人民有九种十三姓杨保子等。”[②] 黄尧承《外南苗蛮图说》云：“杨保苗，播州宣慰使杨氏之裔。”[③] 清代田雯《黔书》、乾隆《贵州志稿》、嘉庆《清一统志》、同治《石阡府志》等均称：“杨保，播州之裔。”

对于“杨保”，学术界进行了一定的探究，最早是谭其骧，写有《播州杨保考》的长文，对播州杨氏相关问题考证精详，对学术界影响颇大，他把“杨保”当作播州杨氏的代名词。[④] 其后，学者们对之进行了深入的考察。禹明先认为“杨保”是“杨氏白锦堡保聚流民”之意。“杨保子”泛指“杨氏白锦堡保聚下来的流民”，其中“子”为古汉语名词之后的缀词，是外地人对土著民族的称呼，常带“子”。[⑤] 王兴骥认为杨氏取得播州统治权后，成为最高统帅，因称为“杨保主”，又称为“杨保子”，将“杨保主”和“杨保子”相互等同，以后逐渐去掉“主”和“子”而泛称为“杨保”。[⑥] 周必素认为“杨保”一名是伴随杨氏取得播州的统治地位而出现的，又叫“杨保子”，是杨氏播州统治范围内的广大土民，他们居于社会的最底层。“杨保主”则是指播州统治者杨氏。“杨保主”与“杨保子（杨保）”是统治与被统治的关系。[⑦]

其实，仔细探究平播著述对杨应龙之叛处置的文义，明王朝将当时整个播州之人称为“杨保”。对其处置，则进行了细分。具体地说：（1）播州杨氏。属于“杨保”的“杨保主”及其族人遭到毁灭性的打击，杨应龙与爱妾自缢，杨应龙尸首“剖其尸，以盐实之”，解京师“验明正身”，其妻子被俘，其宠妾、儿女、军师、近属共约70多人被长途押送至北京，其族人5500多人被远迁“闽广”。李化龙《平播全书》载：“系杨氏族人，除剿杀外，有杀不尽者，迁之闽广地方，不复令得留播地，使后人有兴复之议。”（2）“为贼用力者”。其主体为“杨保”政治军事集团中支持杨应龙叛乱或受杨应龙胁迫而被迫为杨应龙效力的部分“杨保”。这部分人在

---

① 郭子章：《黔记》，明万历刻本。
② 诸葛元声：《三朝平播录》，台湾文海出版社，1967。
③ 黄元操：《贵州苗夷丛考》，1935年手抄本。
④ 谭其骧：《播州杨保考》，《贵州民族学院学报》（社会科学版）1982年第1期。
⑤ 禹明先：《杨保名称及其含义》，《遵义市志资料选辑》，1990年1~2辑。
⑥ 王兴骥：《播州杨氏族属探研》，《贵州文史丛刊》1990年第4期。
⑦ 周必素：《播州“杨保”名称含义再析》，《贵州文史丛刊》1995年第2期。

平播战争之中，被生擒的杨氏“贼首”1200人，斩首22600人，基本上被“荃夷蕴祟，已无遗种”。如何中立后裔青山何氏第十八代何汉良，于明万历十四年（1586）袭任播州长官司长官。次年，奉令朝觐，进献马匹，受到明神宗奖赏。后其叔祖何恩率奏民七姓宋世臣等控告杨应龙造反，何汉良被杨应龙降为吏目，并胁迫他反叛明庭。万历二十七年六月二十一日，何汉良奉令，领叛兵攻打綦江，全歼守军3000多人，“投尸蔽江，水为赤”，影响极大，全国震动。在叛乱平定后，何汉良、妻田氏、其子何仲被押送赴京，全家遭诛。[①]（3）支持明王朝的部分“杨保”。主要包括播州属下各司土官、投降夷目、七姓奏民（曾数奏杨应龙罪恶）。因他们对平播有功，在改土归流中皆得安插。如因何恩等平播功，何恩、何思、何慇、何懃等青山何氏十兄弟子女和少部分宗亲得以幸存和安置，青山何氏还痛失爵位，以致明青山《何氏族谱》极为哀叹，云：“朝庭（应为‘廷’，编者注）停袭设流，更播州为遵义军民府，而吾家之恩袭顿止。呜呼！我始祖忠勤王国，佑启后人，殊知其恩袭失于吾辈哉。”（4）杨保子。他们居于“播地”，数量众多，有共同的语言“杨保语”，受“杨保”的“保护”和“管辖”，是“杨保”政治军事集团的被统治者。在平播战争中，被招降的男妇就有12万人。对于广大的“杨保子”来说，明王朝在区别真假“杨保子”之后被限量给予部分土地进行安置，李化龙《播地善后事宜疏》“限田制”文就称：“播土旧民，自逆酋倡乱，大兵征讨之余，仅存十之一二，遗弃田地，多无主人，册籍不存，疆界莫考。复业之民，往往冒认隐占，原少报多占者。……果真的。尚有异省流徙，假播籍而希冒，今应将播之旧民号。其原非播民‘杨保子’者，查凡不能为杨保语者，无间曾否寄住皆不得妄认。”

五　杨氏“夷化”与“杨保（族）”

关于杨氏（端）的祖籍，主要有三说，其一是山西太原。主要见载于南宋嘉定初年撰成的《杨粲墓志》[②]、元朝大德七年（1303）程钜夫撰写

---

① 李正烈：《明代播州杨氏七百余年土司政权》，http：//bbs. tiexue. net/post_ 4287030_ 1. html。

② 谭用中：《杨粲墓及其出土碑志考》，《贵州民族研究》1982年4期。

的杨氏《忠烈庙碑记》[①] 和明代宋濂《元史·杨赛因不花传》。[②] 其二是浙江绍兴。主要见载于南宋咸淳时撰成的《杨文神道碑》。[③] 其三是江西鄱阳。主要见载于明代人曹学佺《蜀中名胜记·绥阳县》所引《古迹考》。

关于播州杨氏的族属，主要有五说，第一是宋濂等的汉族说；第二是谭其骧的倮罗族即彝族说[④]；第三《贵州古代史》的苗族说[⑤]；第四是章光恺的僰人——白族说[⑥]；第五是王兴骥的僚人——仡佬族说。[⑦]

陈寅恪云："种族之分，多系于其人所受之文化，而不在其人所承之血统。"[⑧] 其实，对于播州杨氏的族属问题，我们应当将其放到中国传统的"华夷观""夷夏观"中加以考察。在中国历史上始终存在着"蛮夷汉化"和"华夏夷化""蛮夷互化"的问题。当周边少数民族进入中原大地，经过"汉化"过程，接受华夏—汉族文化，少数民族即可变为华夏—汉族。当华夏—汉族进入周边少数民族地区，经过"夷化"过程，接受少数民族文化，华夏—汉族即可变为少数民族。当少数民族进入另一少数民族地区，经过"夷化"过程，接受少数民族文化，原少数民族即可变为新的少数民族。"蛮夷汉化"和"华夏夷化""蛮夷互化"，例证极多。如魏晋六朝时期的"五胡"的最后结局是"蛮夷汉化"；江西彭氏入主湘西成为土家族土司是"华夏夷化"；"庄蹻王滇"，变服从俗是"蛮夷互化"。

事实上，杨端入播，不管其祖籍何地，不管其原有民族属性为何，但是从其入播开始，它就面临着一个重要而棘手的问题：如何在播州生存、发展和壮大的问题。而要解决这一问题，就要适应播地环境，适应播地的民风民俗，就要"本土化"或"播州化"，杨氏从军事性质的"杨堡主"向军事、行政性质的"杨保主"的转变，正是适应僚人社会发展的结果。因此，从杨端入播开始，播州杨氏也就开启了"本土化""播州化""夷化"的过程。

---

① 程钜夫：《雪楼集》，台湾商务印书馆，1986。

② 宋濂：《元史》，中华书局，1977。

③ 贵州省博物馆：《遵义高坪"播州土司"杨文等四座墓葬发掘记》，《文物》1974 年第 1 期。

④ 谭其骧：《播州杨保考》，《贵州民族学院学报》（社会科学版）1982 年第 1 期。

⑤ 周春元等：《贵州古代史》，贵州人民出版社，1982。

⑥ 章光恺：《播州杨氏族属初探》，《贵州文史丛刊》1982 年第 4 期。

⑦ 王兴骥：《播州杨氏族属探研》，《贵州文史丛刊》1990 年第 4 期。

⑧ 陈寅恪：《元白诗笺证稿》，上海古籍出版社，1978，第 308 页。

贵州是我国著名的少数民族聚居区，生活着苗、彝、侗、仡佬、水、土家等少数民族。中国在明清时期，许多古代民族脱离其母体，逐渐形成演变为我们今天的少数民族。历史上，播州杨氏在其发展过程中，在杨应龙之叛后的处置，播州杨氏迁徙或被迁徙到各地，贵州博物馆藏《杨氏族谱》载：

> ……尔时本地十三支，支支分脉说明白，十三代上分一支，十五代上六支列，二十三代又分三，二支堪作人中杰，二十六代分一支，奉命遂将凯里灭。爱祖一支镇凯里，荫袭宣抚世为业。还有镇远与黄平，处处世荫是嫡脉。绥阳螺水共仁桐，镇场车水总族阅。蒲江正安同哑水，高坪湄潭三渡列。平远王凤南山是，杨梅春台龙泉坪。仁怀并同刀靶水，郑家场内邦乎业。安远将军分夜远，崇善名佑蒲江籍。迁来鼎山与元田，生子奇孟将军职。祖妣蒲氏生三子，朝文朝武及朝禄。文祖分居水牛湾，星显二子接嗣族。武祖分居龙村湾，觉辉觉联承祖业。禄祖分居杨家湾，昙昊晟子多发蓄。而今各处分支坐，共族同祖休分别。此是分脉称序根，传与后人永为例。

从这篇序歌可以看出，在杨氏主播期间，其势力遍及凯里、镇远、绥阳、仁怀、桐梓、泥潭及平远（今织金）等县。因此，播州杨氏在"夷化"过程中，不仅存在"夷化"问题，而且存在"蛮夷互化"问题。由此，播州杨氏也可能出现多种民族属性。如：（1）转窝子。"遵义各属极僻所在，今尚有杨保数家，皆与汉人雇佣，淳朴不知犯法……俗以其老籍，谓之转窝子"。[①]（2）苗族。"黄平县山凯的杨姓就自称是杨端的后代，是汉人，迁到黄平后接受了一些苗族风习，故被认别为苗族"。[②]（3）仡佬族。"普定县补依区的龙姓穿青人，共有十七八户，百余人，说他们原不姓龙而姓杨，是从遵义（播州）迁到普定的，这个情况只在家族内传，不能对外人讲。他们的祖先曾经是皇帝（或大官），后犯罪而被杀，故逃到此地避难。因当时是见姓杨就杀，所以不敢姓原姓，而以祖宗的最后一个字为姓，故为龙姓。其习俗与双坑仡佬族相似。因是逃难到此，人

① 郑珍、莫有芝修；遵义市志办整理，《遵义府志》，1986。

② 王兴骥：《播州杨氏族属探研》，《贵州文史丛刊》1990年第4期。

数又少，很快吸收附近的习俗而融合于其中。他们在遵义有许多亲戚，常去探亲访友”。[①]（4）闽广遗裔后人。

需要说明的是，在杨应龙之叛被平定后，“杨保”是作为播州一地之民出现的，有时甚至被当作“杨保族”对待，它不仅包含“杨保主”，也包括“杨保子”；在“杨保主”中，因“杨保主”是一个行政军事集团，因此不仅存在“都保主”杨氏，也存在其他“杨保”姓族。同播州杨氏一样，随着社会的发展，也存在一个“夷化”和“蛮夷互化”的问题。

① 王兴骥：《播州杨氏族属探研》，《贵州文史丛刊》1990 年第 4 期。

试论清雍正时期南丹土司续存的原因

莫艳婷
（河池学院　政治与历史文化学院）

摘　要　雍正四年至九年，清廷对云南、湖广、贵州、广西推行大规模的改土归流政策。但在南丹州，由于经济条件尚未发展成熟，且出于对广西改流顺序与轻重缓急差异的考虑，结合当地特殊的地理位置、南丹州在位土官的本分与顺从，及对当地土兵牵制地方动乱的需要，清廷尚未对南丹州实行改土归流。

关键词　清代　雍正时期　南丹土司　续存

雍正四到九年（1726～1731），在云南、湖广、贵州、广西推行了改土归流政策。其范围之广、规模之大、影响之深，都是前所未有的。然而，在这一时期，南丹州作为广西的土司之一，并未改变现状。那么是由于它自身的特性、历史地位、制度管理的特殊性呢还是什么原因，以及它又将面临怎样的历史安排，这些内容均未见专门论述。本文试图对南丹土司进行考察，掌握南丹土司的概况、历史地位及续存的原因，以期为南丹地方史的深入研究起到抛砖引玉的作用。

一　南丹州及土官沿革

南丹州在今南丹县，治今南丹县城。南丹州东靠思恩县，西依那地州，南接河池、那地二州，北接荔波县，西北与贵州罗斛厅独山州为邻。南丹古代称溪峒，是少数民族聚居的地方。两汉时属牂牁郡母敛县。唐代称羁縻蛮州、福州，属江南西道。宋为南丹州，属宜州；至大观元年

（1107），曾一度升为观州；至绍兴四年（1134），废观州。仍改南丹州，属宜州。元代为南丹州，属宜州。明至清雍正九年（1731）为南丹州，属庆远府。[①] 雍正十年南丹州改称南丹土州，归河池州承审。光绪三十一年（1905）改土归流，实行弹压制。[②] 宋至清代，在原有羁縻制度的基础之上，清廷以土司制度来管理南丹地方政治、军事与经济等事务。莫氏是影响南丹最深、统治历史最长的宗族，土官从宋开宝七年（974），莫洪□纳土归宋，至清代光绪三十一年的最后一位土司莫泌，共 31 世袭，历经 931 年。

二　雍正时期的南丹州土司概况

（一）莫氏土官及其承袭

雍正时期，清廷对南丹州仍采取“以夷制夷”“以蛮攻蛮”的管理办法，只要地方上层人物忠于朝廷，按期进贡，朝廷便允许土官世袭。这一时期，南丹州土官世袭依然维持原有依据即宗法制度：父死子袭。在众子中，以长子为合法继承人；若土官无子，则“兄终弟及”；若无兄弟则叔侄继位。按《河池地区古代志书》称：“莫我谦（大经子）字益公，号损斋，八岁丧父，祖母杨氏协助州事，我谦事祖母孝。值官族莫大忠叛乱，颠沛中励志勤学。康熙五十四年（1715 年）谦袭职。”[③] 又《矩鹿宗支南丹知州官谱》（转引《清高宗实录》）称：“乾隆七年（1742 年）九月即上奏声言‘病废’，退出官场。”[④] 可见，莫我谦从康熙五十四年至乾隆七年，跨越整个雍正时期，在南丹做了二十多年的土官。

（二）土司人员及州同

南丹实行土司制，其职官设置也是在不断变化的。“清雍正四年南丹土州设职官 38 人”。[⑤] “土州设有差班、刑房和饼房。差班看守监牢、拘提

---

① 《南丹县壮族社会历史调查》，1957 年 6 月、1958 年 4 月。

② 广西壮族自治区南丹县地方志编纂委员会：《南丹县志》，广西人民出版社，1994。

③ 莫梦兰：《河池地区古代志书整理汇编》，河池地区地方志指导小组办公室出版，1989。

④ 《清高宗实录》卷一七五，乾隆七年九月乙亥。

⑤ 广西壮族自治区南丹县地方志编纂委员会：《南丹县志》，广西人民出版社，1994。

囚犯，刑房听理诉讼，判断刑狱，兵房负责缉拿盗匪、维护州内治安”。[①]同年，南丹开始设州同。[②]州同即清代知州的佐官，属于直隶州，相当于同知，从六品官。据雍正八年财政支出称：“详定每年征收俸米192石，支给土州知州俸粮，对土役则分别工务繁简，援以田亩。南丹州的汉官同额编俸银60两，养廉银120两；书办以下勤杂12人，年支工食银共90两。”[③]可见，雍正时期，在南丹州设有土官，土司管理中设有不同的职务，分别掌管不同事务。同时还设立有州同这一流官，并享有相应的俸禄。在土官管制下的土兵与州同的关系上，从雍正七年，调土兵之令中可以看出：“令南丹州调拨土兵一百名，东兰州调拨土兵一百名，那地州调拨土兵一百名，委员踏勘形势，在于要隘处所分布驻扎。遴选谨慎头目带领，听本府同知，并德胜镇巡检调遣巡防。”[④]该时期南丹州土兵需服从庆远府、德胜镇巡检调遣。

（三）调整军事驻防

雍正七年，清廷对柳庆军事驻防做了调整，时“副将潘绍周因柳庆二府汛广兵单，防哨难周，详请题奏改柳庆协为庆远协。撤回原防罗城左营弁兵；移河池营于宾州（今宾阳县），改为宾州营，以三里营属焉；撤回原驻柳州右营弁兵驻扎河池，分防思恩（今环江）南丹州等处。庆远协右营在南丹州下设六寨（今南丹县内）汛千总一员，分防兵一百。者扛（今南丹县）汛外委一员，分防兵三十九名。三厂（今南丹县内）汛把总一员，分防兵五十名”。

（四）矿禁事件

“南丹”因南方之丹砂而得名，盛产有色金属，以锡的储量最丰富，有丹池成矿带，史称“丹池矿区”。宋明时期，均由中央王朝主持对丹池矿区进行开采。清初至雍正年间，丹池锡矿有矿工两万人，私开矿洞四十余处，政府屡禁不止。[⑤]《粤西琐记》中道：“粤西共有数十厂，惟南丹厂

---

① 〔日〕谷口房男、白耀天：《壮族土官族谱集成》，广西民族出版社，1998。

② 广西壮族自治区南丹县地方志编纂委员会：《南丹县志》，广西人民出版社，1994。

③ 同上。

④ 莫梦兰：《河池地区古代志书整理汇编》，河池地区地方志指导小组办公室出版，1989。

⑤ 《清世宗实录》卷八五，雍正七年八月丁卯。

最旺，采获无数，直至康熙年间之石灰窑采。”又说“呈报开采纷然接踵，地方官役，役于三场事务者，日不暇给”。可见，当时丹池锡矿开采的繁忙景象。雍正初期，丹池采矿，政府屡禁不止。南丹州在孟英山附近各山开新山、水龙、北乡等厂也遭政府关闭，矿工被驱散。时任广西提督田峻于雍正五年（1727）上奏朝廷，提出“严行驱逐，不如明会开采……如矿砂未尽，则照例抽收，至矿尽山空，则利徒不驱自散矣”。但此建议遭到雍正皇帝的严旨斥责：“使其自散，可笑之论。今日虽不扰民，可保他日不滋事乎？……此等事务须筹划万全而行，方无后悔，切勿多事，致损国威。”于是，“两广总督孔毓珣遵照皇帝面谕，派标员会同提臣田峻所派的守备，同河池州、河池营派遣的差弁以及南丹州土知州莫我谦，共同前往南丹矿区，把万余矿工驱散”。[①] 于是便有了雍正五年九月二十九日，两广总督孔毓珣的折奏：“南丹锡厂共井矿四十余处，矿徒及住家开铺人等约有万余人，晓谕之后……陆续搬散净尽。”[②]

三　雍正时期南丹州土司续存的原因

（一）雍正改流顺序及轻重缓急的差异

雍正四到九年，正值清廷对西南土司地区进行大刀阔斧的改土归流措施。但就整个西南土司地区看，这一时期的改土归流主要针对四川的东川、乌蒙与镇雄土府、云南的镇沅、威远、元江、思茅、普洱等地；贵州的古州、广顺州之长寨等地；湖广的施南、容美和永顺土府等地。具体就广西土司而言，雍正五年红水河流域泗城土知府以罪革职，泗城土府改土归流，设立东兰州，隶庆远府；割南盘江北的原泗城土府给贵州；思陵州八达寨土目颜氏，思明土府八达、邓横二寨土目改土归流。雍正七年，东兰土州韦朝辅，因以东院内六哨立州而降为土州同。思（恩）城土州亦被改土归流。[③] 此间，龙州、归顺等土州也被改土归流。到乾隆时，广西较大的府、州、县、峒均裁革土官，壮族土司尚存二十六个土州、四个土县和四个土巡检。这些土州中就有南丹。可见，这一时期，主要对分布在南

① 《朱批谕旨》第24册，广西提督田畯奏及朱批。

② 《朱批谕旨》第3册，雍正五年九月二十九日孔毓珣奏。

③ 《广西通志》卷六〇，《土司二》附“改流之土司”。

丹西边的泗城土府、东兰土州和西隆土州，以及广西西南部的归顺州和思明土府实行改土归流，而并非把改流的重点放在当时与黔粤交界，且相对安定的南丹州。而正是由于在改土归流中采取了因地制宜的措施，及其执行的先后顺序与轻重缓急的差别，为南丹州土司赢得了续存的时间。

（二）特殊的地理优势

自古以来，南丹就是通往中国南北方的交通要道。从汉朝始，中央王朝就开始在南丹修建古道。至北宋初已建成宽约 5 尺，由州间驿道连成，从今贵州经南丹通往柳州、宜州。宋南迁后，北方马源断绝，此路与唐代“牂牁道”被用作买马道，分别在宜州（今宜山）与衡山寨（今田东县平马镇）设立马市，采购贵州和云南大理马匹，往返均走此道。清乾隆年间对该道几经修扩，成为封建王朝规定的黔滇朝贡必经的古道干线。此干线也是南丹赴省城（今桂林）的通道，经过县境约 90 公里。[①] 可见，历年南丹古道主要用于买马、朝贡及通往省城的主干道，并由官方主持修扩，南丹具有独特的地理优势。同时据《广西通志》称：“南丹州：蛮峒错杂，控据咽喉，称为行要。西北两边界，连贵州，为郡西之保障，是全粤之藩篱也。”[②] 可见南丹州民族成分复杂，且西北部接连贵州都匀府，北部接连贵州独山州及荔波县，这些地方均是由广西北上通往贵州及其他地方的必经之路。雍正七年在南丹州与贵州都匀府、荔波县邻近边境上分别设立二哨，一驻扎六寨，一驻扎者扛村。[③] 这有利于稳定南丹州局势，在一定程度上为清廷成功扫除贵州生苗、平古州逆苗提供了兵力与物资支持，同时也反映了清廷避免深入苗疆，腹背受敌的军事策略。而在南丹州西一百二十里的巴峨寨，山峰危峭，斜接泗城、思恩，为边境要塞。[④] 可见，在广西境内，跨土司区域中，南丹州作为当时改流对象的西隆州、泗城土府的邻近土司，它的保留从某种意义上来说，对后两地的顺利改流也起到一定保障作用。

---

① 《南丹县壮族社会历史调查》，1957 年 6 月、1958 年 4 月。

② 嘉庆《广西通志》卷三《郡县沿革》。

③ 乾隆《庆远府志》卷五《武备志》。

④ 乾隆《庆远府志》卷五《武备志》。

（三）在位土官的本分及顺从

雍正时期，广西土司改土归流的原因多为土司贪婪、土司有罪，或土司内乱，及土司叛变。而在这一时期，南丹州土官为莫氏第二十二世莫我谦承袭。我谦在位的二十多年里，“抚恤州民，建立义学，择土民子弟教之，自后入胶庠，贡成均者累累。雍正八年，调征古州（今三江县）[①] 逆苗。乾隆五年，调征白土（今河池市）瑶贼蓝明返等。又调征义宁（今临桂县）逆苗石金元等。以功加衔一等，又加三级纪录八次”。[②] 史料证明，当时在位土官莫我谦对南丹州的社会、民情及教化治理成效显著，并在协助清廷征苗的过程中获得良好战果。又“据两广总督孔毓珣奏折，曾派标员会同提臣田峻所派的守备，同河池州、河池营派遣的差弁以及南丹州土知州莫我谦，共同前往南丹矿区，把万余矿工驱散”。[③] 可见在对朝廷的派遣上，莫我谦积极配合，并参与地方矿业治理。在位土官的本分及顺从，为确保雍正对广西改流时期，南丹州土司的续存提供了重要的主观条件。

（四）出于土兵牵制地方动乱的需要

雍正七年，副将潘绍周因柳庆二府，汛广兵单，防哨难周，详请题奏该柳庆协为庆远协，下设天河汛、德胜汛与龙门汛（今宜山县北牙乡）等。在处理德胜三巢杀掳案件中，因“三巢、龙门、平林、都亮绵亘二百余里，三巢与龙门山势险恶，易于藏奸”。德胜汛难捕缉于事后，“责令南丹、东兰、那地三土州土兵合力擒捕。令南丹州调拨土兵一百名，东兰州调拨土兵一百名，那地州调拨土兵一百名，委员踏勘形势，在于要隘处所分布驻扎……遴选谨慎头目带领，听本府同知并德胜镇巡检调遣巡防，专管弹压督辑首恶蛮党。一有警息，立刻应援，不待犁庭扫穴”。[④] 因此，在一定程度上，雍正未对南丹州进行改流，而在当地及其周围相应土州保留驻兵，以及按照相关要求调拨当地土兵，并听从庆远府和德胜镇巡检调遣巡防，专门查办缉拿首恶蛮党。这一策略既为他专办南丹州附近土司改土

① 〔日〕谷口房男、白耀天：《矩鹿宗支南丹知州官谱》，载《壮族土官族谱集成》，广西民族出版社，1998。称古州为今贵州省榕江县，文中暂采用后者看法。

② 莫梦兰：《河池地区古代志书整理汇编》，河池地区地方志指导小组办公室出版，1989。

③ 《朱批谕旨》第3册，雍正五年九月二十九日孔毓珣奏。

④ 乾隆《庆远府志》卷五，《武备志》。

归流之事提供了相对稳定的局部空间环境，同时又为推进广西其他地方的改土归流、镇压地方叛变提供了足够的兵力。

(五) 被削弱的新兴商业

南丹储藏着朱砂、锡、银等丰富的矿产资源，并在很早就由官方进行开采。因盛产矿物，往来商贩较多，吸纳外地人来当地做矿工及从事其他相关工作，南丹与外地的矿产交易频繁。雍正时出于长远筹划，对南丹矿业的管理实行禁止开采的办法，原因是担心他日矿工滋事，同时更是为了防止人口流动增强，难以控制地方，同时也为防止当地百姓，因开矿拥有巨大财富或私铸银币，动摇当地政权稳定，进而影响西南地区的改土归流。而自明代后期开始，到清朝初期，丹池矿区之锡矿业，由本地或外地商人开办，自由雇用劳动力，生产过程中出现"凿者、挖者、捶者、洗者、炼者、奔走者而挑运者、董事者、帮闲者，每厂不下数百人"[①] 的分工现象，矿产品作为商品出售[②]，可见资本主义在当地已萌芽，而雍正时的禁矿政策扼制了南丹州商业发展，在某种程度上，也维护了南丹州土司制度赖以存在的经济基础。因此，南丹州土司得以续存。

虽然在雍正四年至九年，清廷已具备了强大的政治、军事及经济实力，为对西南地区的改土归流提供了充足的条件，但由于南丹州经济条件尚未发展成熟，清廷出于对广西改流顺序及轻重缓急差异的考虑，结合南丹州特殊的地理位置，当时在位土官的本分与顺从及对当地土兵牵制地方动乱的需要，使南丹州在这一声势浩大的西南改土归流时期得以延续。但在随后的年代里，由于南丹州莫氏宗族内部分支、土官子弟争夺世袭权而内斗不止、土官无子嗣及当地经济迅猛发展等原因，从而导致了南丹州最终在光绪三十一年也走上了改土归流的历史道路。

---

① (清) 沈曰霖:《粤西琐记》，上海书店，1994。

② 政协南丹县委员会编《南丹文史》第九辑，1998。

试论播州土兵的用兵特点

陈　旭

（遵义师范学院　历史文化与旅游管理学院）

摘　要　本文着重论述了播州杨氏土兵的用兵特点，即据险而守、马步合用、惯用奇兵、重视盟誓。这显然与播州特殊的自然环境及民族习俗有关，也是深入研究土兵制度必须关注的问题。

关键词　播州　土兵　用兵特点

土兵制度是土司制度中的一个重要内容。然而由于各土司地区自然环境的不同，各民族习俗的差异，以至各地区土兵在很多方面也表现出诸多的不同，不仅土兵的数量、装备上相差悬殊，战斗力大不相同，就是在用兵特点上也有各自的特色。本文以播州杨氏土兵为例，试述播州土兵的用兵特点。

一　据险而守

据险而守的思想在播州杨氏所辖土兵的历史上有悠久的传统。在“唐末南诏叛陷播州，久弗能平”的背景下，杨氏第一世首领杨端为平定该地便采取了“径入白锦军高遥山，据险立寨。结土豪臾、蒋、黄三氏，为久驻计”的办法。第十二世为杨轸，史载他，“尝病旧堡隘陋，乐堡北二十里穆家川山水之佳，徙治之。按穆家川，即今府治白绵堡”。[①] 第十五世为杨文，据《杨文神道碑》载：

---

① 道光《遵义府志》卷三一，《土官》。

制使□君王介□命建阃，时蜀事转亟，君条陈保蜀三策，献之制使曰："连年虏寇如蹈无人之境，由不能御敌于门户故也。莫若进司得阆之间，节次经理三关，为久驻计，此为上策。今纵未能□，莫若于诸路险要去处，众□筑城以为根柢，此为中策。至于保一江以自守，敌去敌来，纵其所之，此为下策。若夫意外之忧，近年西蕃部落为贼所诱，势必绕雪外以（图云南），以并吞蛮部，阚我邕广，窥我沅清，则后户斡腹为患。"不□数十语，实切于今日料敌之奇策。蜀相前后连筑诸城，若兵若民，始有驻足之地，君发明之力居多。

盖自累年以来，谍者屡报鞑虏有斡腹之谋，先攻大理，由善阐、特磨以寇邕筦。十余年间□□□朝□议，欲设备广西□□□□□者不一□□门□道取沅靖之说。岁甲寅，谍者又报："鞑虏已破大理，将□道□攻南播，以捣我沅靖。"予正居军席，谓此路无瘅，心甚忧之。犹幸有杨君父子，忠孝夙著，必能护此一方。遂亲作御鞑四策，一曰待敌，不可劲战；二曰保山险，不可散居平地；三曰用夜劫，不可昼战；四曰收聚粮食，毋以资敌。其□则以诸国唇齿相依，利害相关，平日不可各分彼此，缓急必须相为之救援。□闻镂此榜文，首以达之思、播二郡，又遍及诸蛮部。□杨君智识过人，深以此说为□，见之施行。且用心结约诸蛮部，使不为鞑用。

令漕宪赵定应、幕参冉从周，深入诸蛮宣布上意，兼授以杀贼方略，始得贼虏盘泊大理情状。自是置定北诸仓，以储军□，创安南诸寨，以扼贼冲。申儆军实，遴选人材，除械器，明间谍，护斥堠、常如虏至。

吕公与杨君相会，面言当为申进行，行下□闻，置一城以为播州根本，我且驻黄坪以蔽沅靖。于是□龙岩新城。①

可见杨文很重视据险而守之法，并为此想出了辅助战守的各种策略，甚至对南宋末年重庆抗元山城防御体系的建立有重要影响。

"龙岩新城"即海龙屯也，为播州之最险要据点。海龙屯约始建于南宋宝祐五年（1257）。南宋末年，蒙军由云南挥师东进，抵罗氏鬼国境，

① 《杨文神道碑》，见贵州省博物馆《遵义高坪"播州土司"杨文等四座墓葬发掘记》，《文物》1974 年第 1 期，第 69～70 页。

直逼播州。土官杨文动员军民伐木通道，在龙岩山修建营垒、关隘、楼宇，储备粮草和军需，以求自保。其后曾不断修葺、扩建。明万历二十四年（1596），杨氏三十世杨应龙起兵反明，调集八万役夫工匠，历时四年。又在城内新建楼房、家庙、仓库、兵营等，自诩为“万世之根本”，遂成一设施齐备、粮草充足的军事堡垒。此外，《两朝平攘录》云：“（杨应龙）自己日夜督工修理海龙囤（现均写为海龙屯）。此囤周匝危崖，四壁辛绝，飞鸟不能度，猿狖不能攀，乃播州第一险囤，杨首恃此为退路，止有囤前一条小路。又造极险九关，一曰海门，二曰飞凤，三曰海道，四曰铁铸，五曰飞虎，六曰飞龙，七曰朝天，八曰太平，九曰海源。囤后二关，一曰万安，一曰永清。囤上有十数里宽田地，起造楼阁营房，储蓄粮米，堆积檑木炮石，色色齐备，以防不测。”[①]《临皋文集》载：“狡酋滔天所凭恃海龙一囤，前有三十六步之云梯，后有二十四山之峻岭。彼且以为兔窟，为虎嵎。”[②] 当明军占据邻近之三圆山欲从后攻海龙屯时，杨应龙又“于城头架起敌楼，城脚安放钉板，沿途暗布铁菱角等件，昼夜防守”。[③]《读史方舆纪要》也说到海龙屯之险要：“四面斗绝，后有侧径，仅容一线。杨应龙倚为天险，于囤前筑九关，以拒官军。”同书又载海龙屯被攻克的经过：“万历二十八年（1600），官军克播州，进围海龙囤。囤前陡绝，飞越难至，诸将以劲兵壁其间，而并力攻囤后。别将徐成夺据凤凰嘴，贼奔土城，官军毁城而入，贼进据月城，因纵火焚其土城。月城二楼，四面奋击，遂克之。”[④] 海龙屯被明军攻破方毁于战火，海龙屯如此难攻，足见历代播州杨氏对此屯经营力度之大。

当时明朝的监军杨寅秋也记载进军播州的各处险要时容易遭到其上播军滚木、礌石、弩箭的攻击，非常凶险。他说：

> 渡河以来，深入贼阻，所备尝皆世上未曾闻之惊恐、未曾见之险恶。卧薪枕戈，贼且守且冲，几不免于毒弩、滚石，为贼陷者数矣，赖天地祖宗之灵于六月初五日连克二城，次早黎明遂破贼囤，罪人斯

---

① （明）诸葛元声：《两朝平攘录》卷五，《播上》。

② （明）杨寅秋：《临皋文集》卷三，《答云南陈毓台中丞》，文渊阁四库全书，集部1291册，第696页。

③ （明）李化龙：《平播全书》卷五，《叙功疏》。

④ （清）顾祖禹：《读史方舆纪要》卷七〇，《四川五》。

得，详在塘报中。十二日班师，幸已生还，主恩亲恩差足报塞。痛定思痛，潸然泪下。从此便当披发入山，不复问人间事矣！①

他提到万历二十八年（1600）二月攻打养鸡城："初七日，会蜀之左监军登养鸡城，督兵与贼对打。铳炮、火器交发，城上擂石如雨，弩无虚发，两兵损伤亦不少矣。"② 他还提到攻打海龙屯前各关之难："业已进铁柱关，进退无门，经飞龙、飞虎关下。贼弩石俱发，齐喊直突。徼天之灵，策马直上陡坡，即陈总兵营旁稍避之。乃披毡按辔行水沟中，乱木横倒直竖，随行被箭伤、石打。贼急欲射我，为马走快，射中大刀手，而马夫之米袋箭镞且十余矢。吁，亦危哉！"③ 在另一书信中，他说到此事："比抵后囤，经铁柱、飞龙关，去数十步，几为贼生得。去三尺，几为贼射。大刀手朱国太在马前，一箭贯肘。马及米袋，箭中如猬。跨马深涧中，涧皆巨木横倒直竖。贼惧我有伏兵诱之，不敢穷追，区区乃得抽身奔入吴广营中。"④ 监军高折枝也说海龙屯后据高设险难攻，《平播日录》载："后墙三重，第一重最坚且高，上有女墙如内地然。贼凭女墙遍置，数人一发大弩。而我师攻贼，率林立墙下，贼每发弩必伤我师。乃我师方举炮张弓，贼已悉伏女墙，莫可奈何！"⑤ 此外，播州土兵据险而守之法，还颇见记载。《平播全书》载明代万历中期娄山关的防守说："娄山关万峰插天，深谷绝地，黑箐蔽日，乔木连云，中间一路才可数尺。狡酋复砌石为垒，架木为楼，重设木关一十三座。关楼之上堆积滚木、梭镖、礌石，下列排栅数层。仍用合抱大木横截路中，挖深壕、陷坑，内安竹签以断路傍。自谓百险俱备，我兵必不能破。"⑥ 杨应龙在播州境内也多设陷阱，李华龙曾说："播贼十险路多挖断，乂为嗛坑，上覆以土，卜安竹签。宜询问向导而进，无堕其计。或用水牛前行，亦可。"⑦

据险而守的思想在实践上确实被播州土兵运用到了极致，若只是对付冷兵器为主的敌对势力的侵犯，就有很好的防守效果。即便面对火器颇多

① （明）杨寅秋：《临皋文集》卷三，《黔中与弟贞叔书》，第 707～710 页。

② （明）杨寅秋：《临皋文集》卷三，《征播与子嘉祎》。

③ （明）杨寅秋：《临皋文集》卷三，《征播与子嘉祎》。

④ （明）杨寅秋：《临皋文集》卷三，《黔中与子嘉祚》。

⑤ （明）高折枝：《平播日录》，《皇明修文备史》。

⑥ （明）李化龙：《平播全书》卷五，《叙功疏》。

⑦ （明）李化龙：《平播全书》卷一二，《陈总兵》。

的明军，据险而守的战法也能大大延缓各险要据点被攻破的时间。

二　马步合用

唐末杨端入播之时就已经开始使用马兵，史载："唐乾符三年（876），南诏叛，陷播州，诏募六郡良家子。端得异梦，遂决策，挈马兔走合江。"[①] 若从杨氏家族墓群出土之石刻像和陶俑人像观察，则马兵应该在历代播州土兵中都有使用。当杨氏臣服于元、明中央王朝之时，常有贡马之事，则其用马兵于战斗不难推测。第十一世为杨选，史载当时播州多马用于交易："益士房禹卿来市马，为夷人所劫，转鬻者至再，选购出之，迁于客馆，给食与衣者数载。属岁大比，选厚馈，遣徒卫送还益，竟登进士第。"[②] 第十五世为杨文，杨文之前的历代播州土兵用兵时马步合用的战法因文字史料少存而难稽，自杨文开始频见马步合战之法的直接记载。据《杨文神道碑》载："嘉熙间（1237～1240），虏酋达罕举兵饮江，制使彭君大雅调播军戍江面，君即禀命忠显，委总管赵暹领步骑三千，拒虏于石硐峡。"又载："淳祐戊申（1248），制□□威，步骑三千，由硐门出雪外，遇虏于□州之马鞍山。□三战三捷，擒贼酋秃懑于大渡河。"又载："淳祐壬子（1252），虏酋铁骑火鲁赤寇蜀，嘉定为四川巨镇，顺势□□帅急调其军赴援，君选马步五千，委总管田万部□从间道攻凌云，播军周夜杀贼过江。"又载："宝祐乙卯（1255），大宝李公曾佑宣（威）蜀道，贼酋买住解□分道入寇，自乌蒙渡马湖、入宣化，宣阃札调我军助□。君委其弟大声，提步骑五千赴□，出奇九战九捷，立获阿狸等人。"[③] 当杨文统治之时，被征调最为频繁，是由宋与蒙古战事激烈的大背景所促成的。若非中央王朝改朝换代和周围地区偶然性的动荡，和平时期播州军队被调发从征之事相对较少。第十六世为杨邦宪，史载他："倜傥有大节，好书史，善骑射。"杨邦宪之"善骑射"，也是延续了播州军队的传统。第二十一世为杨铿，史载："（洪武）十四年（1381），遣使赍敕谕铿。比闻尔听浮言生

---

① （明）瞿九思：《万历武功录》卷五，《播酋杨应龙传上》，续修四库，史部436册，第336页。

② 道光《遵义府志》卷三一《土官》。

③ 《杨文神道碑》，见贵州省博物馆《遵义高坪"播州土司"杨文等四座墓葬发掘记》，《文物》1974年第1期，第69～70页。

疑贰，令大军南征，多用战骑，宜率兵二万、马三千为先锋，庶表尔诚……二十年（1387），征铿入朝，贡马十匹。”[①] 此处“马三千为先锋”，当为使用马军之意。

《平播全书》中之《报播酋屯兵疏》载万历中期杨应龙使用马兵：“据南川县申称，本月初三日三鼓时分，据邓坎村党正李芳等走报，本月初三日早杨应龙差娄国、娄政等统苗数千余、马兵百余至邓坎村安攘关扎住，闻言欲打劫邓坎并南川等情……又据南川县申报，据指挥唐宗舜报称，杨应龙差苗兵数千、马兵二百余前来东乡村住扎，闻言欲劫虏东乡南川等情。”[②]《叙功疏》载平杨应龙时三月初一日的某次遭遇战，刘綎所部即“夺获战马十一匹”。又载：“一贼骑坐黑马，头顶红盔，身披锁子铜甲，统老虎军突出迎战。”又载杨应龙的部下郭通绪“及见我兵挑战，骑马横槊飞冲前来。应科等引兵佯败，通绪追赶出垭，伏兵突起，急回奔垭。被广兵鸟铳打倒骑马，通绪复跃上别马，伏兵攒枪刺死，传首辕门”。在《叙功疏》中还载：“初八日黎明，酋验海青、四明玉顶大马，手提偃月刀，亲督朝栋、杨明等拥众三万突来冲营。张黄盖二把于高阜，遍山搭起帐房，其势张甚。”[③] 《平播日录》载，播将杨珠成功袭击桑木关时，“预置阵关下，待我兵。我兵分趋东西两山，用连枝火弩射之。贼前列皆马兵，衣绵甲，蒙毡衫。火箭及身，不伤。贼扬扬曰：‘试再发几筒’！有火药把总武定邦者谓射手曰：‘盍少下射’？于是火箭皆中马，马惊群跳，马上贼多滚落。又为甲毡束，遂不能动。我师乘之，贼奔。”[④] 杨寅秋也记载杨应龙之马兵有绵甲护体，他说：“狡酋之长技毒弩难当，骑兵冲突难御，即骑自头至尾皆披厚绵。”[⑤] 可见，播州土兵在马上冲锋者多披戴头盔或绵甲或毡衫或铜甲等，并用偃月刀、“槊”之类的长武器。马兵之数量虽然不如步兵，但皆是播州土兵中的精锐，战斗力最强。

有关播州土兵的步兵阵型和武器特点，在史料中所见明代万历时期的状况为最详。万斯同《明史》载明代西南土兵及其用兵之法云：

---

① （清）郑珍：道光《遵义府志》卷三一，《土官》，第681~700页。

② （明）李化龙：《平播全书》卷一，《报播酋屯兵疏》。

③ （明）李化龙：《平播全书》卷五，《叙功疏》。

④ （明）高折枝：《平播日录》，《皇明修文备史》。

⑤ （明）杨寅秋：《临皋文集》卷三，《上总宪温一斋》。

> 是外西南边服之兵，亦往往而有。蜀曰川兵，黔蒙氏兵，粤西瓦氏、东兰、那地、南丹归顺诸州俱曰狼兵。狼兵为尤悍，然不易得真狼也。惟土官亲行部署，始出。其制兵大约如秦法，尚首功。部署之，令将千人者得以军令临百人之长，长百人者得以军令临十人之长。一人赴敌，则左右呼而夹击，而一伍皆争救之。否则一人战殁而左右不夹击者，骈斩矣。一伍赴敌，一队不夹击者，亦如之。其论功行赏之法，战殁受上赏。当临敌跃马前斗因而摧敌破阵，虽不获级而能夺敌之气者，受上赏。斩级者，论首功以差。斩级而能冠所同伍者，辄以其人领之。故其兵可死，而不可败。田州岑氏之兵七人为伍，每伍自相为命。四人主击刺，三人主割级，所获级七人共分之。狼兵性贪，故旧制调征狼兵经过之处，毋许入城。邑楚九溪苗兵，即永顺、保靖兵也。永为上，有钩、镰、矛、弩诸技，天下莫强焉！其法每司立二十四旗，旗十六人，合之则三百八十四人。每旗一人，前次三人横列为重二，又次五人横列为重三，又次列七人重四，又列七人重五，余俱置后助欢呼为声。若前却，则二重居中者更进，两翼亦然。其选兵法，檄下则宣慰吁天，祭以白牛，置牛首及金于几。令曰："谁为勇者？予此金啖之"。以牛首已汇而收之，更盟而食之，树为长，即每旗十六人者是也。其选募精，其节制严，故战不可败。其调法必分保、永为二班更调，人给一金。计所调兵若干岁，须金若干，则先以三分之一给诸兵道里费，庶不烦有司而徒无稽滞。其督法则统以宪臣，宣慰主禁令，调官主聚泊。泊则视官搴旗，舣舟如鱼贯然。诘朝即行，无登岸。其赏法有功者人与三十金，面给之，毋与土官侵匿，而后赉其主者，优以官。比归护之，宪臣仍前。成化中，湖广按察使陶鲁请立赏罚之法以励之。土官能躬率兵斩获多者，以次递迁职。①

这里虽然没有直接说到播州土兵的特点，但是可做宣慰所统土兵被明朝调遣之情形的参照。

当万历中期李化龙进军播州时，曾从贵州左监军报道称得知缉获“杨酋老虎兵”刘奇才、刘恩供称：“（杨应龙）另以兵十名立为一队，内三名

① （清）万斯同：《明史》卷一一七，《乡兵》，续修四库，史部326册，第91~93页。

用长枪，三名用弩，三名用扁刀，一名用斩马刀或捞钩。另总用兵一百名，披虎皮，常川教演，惊吓马军。”① 两相比较，杨应龙的播州军队在以步兵十名立为一队，有长枪、弩、扁刀、斩马刀、捞钩等长短冷兵器配合，与苗兵之“钩、镰、矛、弩诸技”似乎差别不是太明显。只是，似无“邑楚九溪苗兵”“每司立二十四旗，旗十六人”的组织法，倒是与粤西的有“十人之长”的“狼兵”组织法类似。无论一队十名步兵列为几重，应该与“邑楚九溪苗兵”司旗组织法的战斗力差不多。

三　惯用奇兵

在“唐末南诏叛陷播州，久弗能平”的背景下，第一世杨端为平定该地便采取了据险立寨的办法，后“蛮出寇，端出奇兵击之大败，寻纳款结盟而退”。至于杨端所出“奇兵击之”的具体经过，可惜史载不明。第六世为杨昭。他曾用设伏的办法平定内乱，史载：“既嗣世，二弟先、蚁各拥强兵，先据白锦东遵义军，号下州。蚁据白锦南近邑，号杨州，昭不能制。未几蚁称南衙将军，举兵攻先，且外结闽兵为助。谢巡检子都统谓昭子贵迁曰蚁召仇雠，而贼同气，罪不容于死，盍讨之。遂大发兵，设二伏于高遥山，要其归而击之。闽大溃，赴水死者数千，蚁亡入闽。”杨昭能够取得此次大胜，就是用了设伏的办法。第十四世为杨价，他曾用“奇兵击东”获捷，史载：“蜀警又急诏价以雄威军戍夔峡，价分署所部屯泸渝间，遣奇兵击东，遂以捷多迁武功大夫、阁门宣赞舍人。”② 末代土司杨应龙用兵对抗李化龙之明军时，曾以乔装打扮为明军之法在乌江大胜该路明军。当时播兵为取胜，令众兵尽作水西土兵打扮，冒称陇澄部兵前来会哨，永顺土兵不知是播兵，反与歃血盟誓，各换旗帜号头，又令一百土兵与播兵先行。约行三四里，播兵当即杀此一百人，复赶回将后二百人俱杀死。又将永顺土兵服色、包巾换穿，打起旗号，连夜走至乌江明兵大营。先令播兵五名手持令箭，口称水西王把事差来陈守备营中会哨。明将陈云龙方欲审问，播兵已到前冲击，合营明兵措手不及。永顺土兵虽号有万，但先日出哨各半未回。当时迎敌战，少不胜多，且播兵皆水西土兵打扮。

① （明）李化龙：《平播全书》卷九，《行道镇破酋狡计》。

② 道光《遵义府志》卷三一，《土官》。

而别一支播兵又从刀靶、水包出，所执旗号又永顺也。明军愈加慌乱，莫测敌情，遂各退奔。坝阳兵继奔，争先过河。及过河半，又有一播兵走过浮桥砍断桥缆，于是数千人皆败没于乌江。参将杨显，守备陈云龙、白明逵、阮仕奇，湖广领兵指挥杨应芝，生员杨续芝，把总张一仕、贾文忠、张翱等明将皆死。[①]

当然，若是把惯用夜战也视作奇兵的一种，则尤其需要着重阐述此点。播州土兵历来喜用夜战之法。第四世为杨实，史载："闻宋太祖受命，即欲遣使入贡。会小火杨及新添族二部作乱，实同谢巡检讨之。夜薄贼营，尽歼其众。实伤流矢，病创卒。"[②] 虽然杨实战死，然而"夜薄贼营"的战法却取得了大胜。第九世为杨文广，史载："初西平猺视诸苗尤桀黠难制，文广偕成忠夜入其栅擒获之。寻数其罪，贷焉。"杨文广率军夜袭"西平猺"，就轻易取胜。第十世为杨惟聪，史载："光荣弟光明怼惟聪，暮夜以兵劫之。惟聪出御，光明败奔蜀。"此战虽为播州统治集团的内乱，但可见播州统治集团之人惯用夜战。第十五世为杨文。据《杨文神道碑》所载杨文所强调的"御鞑四策"之三便是"用夜劫，不可昼战!"[③] 当万历中期杨应龙起兵对抗明朝时，曾屡次用夜战袭击。有明军设备周密而未胜者，《叙功疏》载："二十九日酉时，哨报杨应龙挑选上刻老虎兵并各关苗贼四五万，令男杨朝栋、总管杨珠等统领。分为三路，一由松坎，一由鱼渡，一由罗古池，约会三鼓劫营，天明堂堂大战。总兵刘綎连夜密传各营整备军火器械，分布奇正。令徐珊陈策等引兵一万伏于罗古池以待松坎贼兵，令王芬引兵一万出营外鸳鸯埋伏以待鱼渡贼，兵俱要衔枚静伏专听号炮，令周敦吉引兵一万专备分投接应。三月初一日丑时，杨朝栋等果来冲营。号炮一鸣，伏兵齐起。綎知贼势重大，亲统守备周以德，千把总刘可春、王珠、包正龙、曹柏、胡清、何成、雷震、龙马、禹卿等各家丁、日本降夷，与贼血战。从丑至未，鏖战数百合，贼遂奔溃，我兵大获全胜，追逐五十里。"又载："是日（四月十二日），逆酋遣心腹头目许瑶、赵天泽赴营诈降，欲作内应。当时审明斩首，随令冉御龙伏兵四山，急防劫营。待至三更，酋遣总管杨珠等果率恶苗数千袭劫酋营，伏发斩级五

---

① （明）诸葛元声：《两朝平攘录》卷五《播下》。

② 道光《遵义府志》卷三一，《土官》。

③ 《杨文神道碑》，见贵州省博物馆《遵义高坪"播州土司"杨文等四座墓葬发掘记》，《文物》1974年第1期，第69～70页。

颗，众苗惊退。冉御龙全兵冲出，追至海龙坝。”又载：“（五月）二十一日贼夜窥石硅营，伏兵斩级一十六。”当明军攻海龙屯后部之土城时，又载：“本夜（五月二十九日）一更时分，复来劫营，用大铁矛钩搭排栅，坚不能找。我兵从栅内乱放箭铳，将贼伤死无数。直至天明，方散。”① 有明军设防不严而大败者，《两朝平攘录》载：“初三夜贼乘王芬新营未定，亲领贼数万直劫其营。我兵不意，人马溃乱。于是王芬不及乘马，挺身立斗，遂被杀死。守备陈大纲、天全招讨杨愈、叙南卫百户聂儒、督阵旗牌郝大仁皆死于贼，营兵二千余人所存无几。比及綎知之，急提兵赴援。贼见援兵至，方退。”② 明朝总兵刘綎一时轻敌，不注意扎营时的距离，竟被杨应龙夜袭吃掉两千人，此后进兵不再冒进，表现得更为谨慎。所以当时总督李华龙说万历时期播州土兵的战法道：“贼用兵好伏兵于数十里之外，乘夜突冲，人不及备。凡进时，夜营宜慎防。”③ 时监军杨寅秋也提及杨应龙之军队擅长夜战，他说：“酋之狡计，专于半夜，或质明，或四十里外，装伏卷甲而进，袭我营垒不备。”④

兵者，诡道也。惯用奇兵有助于播军用兵时的取胜，常收事半功倍之效，自然其指挥者乐此不疲了。

四 重视盟誓

播州军队用兵时重视盟誓，一般要杀牛歃血同盟，发兵时还有祭旗的仪式。这显然与民族习俗有关，播州地方首领杨氏因事而盟誓之习，屡见于记载。当杨端开创攻取播州之时，史载，“蜀蛮出寇”，“端出奇兵击之大败，寻纳款结盟而退”。当第三世杨三公时，史载：“三公遣卫兵檄召谢巡检，谢帅彝獠逆之，会济江獠忽怀异志引舟岸北，呼谢曰：‘为我语若主，当免我科赋，否则吾不以舟济。’三公怒瞋目，视舟嘘者三，舟奔而前，三公遂涉。彝獠争持牛酾酒为谢，三公剪帛系獠颈吸水噀之，帛成蛇形。獠伏地哀祈，誓输赋，不敢反。三公复噀之，帛如初。”第十二世为杨轸，其兄杨焕为杨氏家族之近亲。杨氏内部有自杨先开始割据于下州的

---

① （明）李化龙：《平播全书》卷五《叙功疏》。

② （明）诸葛元声：《两朝平攘录》卷五《播上》。

③ （明）李化龙：《平播全书》卷一二《陈总兵》，第700页。

④ （明）杨寅秋：《临皋文集》卷三《上总宪温一斋》，第689～610页。

杨焕，史载："轼之幕官犹泳从容白曰：'骨肉相残，彝狄之俗也。上下杨其初由一人而分，干戈日夜相寻，孰若讲信修睦复兄弟之亲乎'？轼欣然曰：'吾有志久矣，子为我往说之'。泳至下州，焕顿颡受命，遂盟而还。"第十四世为杨价，史载："孟珙宣抚荆湘，余玠制置西蜀，皆倚价为重，上屡下诏褒美之。价指天誓曰：'所不尽忠节以报上者，有如皦日！'"[①] 以上播州地方首领因事而盟誓之事，多非用兵之时的记载，唯有明代万历年间方详，然明代之前可推测其俗已存。

下面来看万历年间播州土兵作战时之歃血同盟之俗。《两朝平攘录》载："杨酋调取各巡警，俱穿大红服色赴州，宰杀牛马猪羊。将綦江拿来五司七姓本头枭示，歃血同盟，各要纠结十三姓苗夷及九股恶苗一百九十八寨，共兵十万，以为党援。"[②]《申严东南四道堤备》载："本年九月初二日，据贵州思石兵巡道呈思石守备杨惟中报称：'酋于地名高崖都上坝修建营房二百余间，聚扎多兵。杨应龙调取各巡警赴州，宰牛马猪羊，将綦江拿来五司七姓本头枭示，歃血同盟。声言要攻龙泉思石一带地方，势甚危急'。又报：'于八月初一日祭旗，初三日发兵。'"[③]《塘报夷情》载："据向导李瑕报称杨应龙唤取各夷头、巡警、苗獠家小上州，八月初六日点兵，初八日歃血酒，估木刻。"又载："据把总冉文灿报称，杨酋差夷目罗阿宾等夷，都引屯包，搜家小上囤。八月初八日，剁牛歃血。"[④]《攻克娄山、崖门等关四报捷音疏》载："审据生擒何应儿等吐称，头目郭通绪久将马鞍山一带夷民妻子拘在小水田晏山囤，约六七千余人。杀牛祭旗赏军，要与官兵对敌。"[⑤]"歃血酒""歃血同盟""剁牛歃血""杀牛祭旗"即为其证。

自唐至明杨氏家族所控制的播州土兵，敢战斗，不畏死，军事力量是较强的。杨氏得以世据播州之地，不被其他势力吞灭，并经常协助中央王朝出兵出境作战，必然有其过人之处。除兵力强盛之外，其用兵特点也有重要作用。这其实也多反映了西南地区土司军队的普遍特点。只是由于地理条件和时代的限制，播州军队未见使用象兵的记录，对火器的掌握也还不太擅长。

---

① 道光《遵义府志》卷三一，《土官》。

② （明）诸葛元声：《两朝平攘录》卷五，《播上》。

③ （明）李化龙：《平播全书》卷八，《申严东南四道堤备》，第 472 ~ 473 页。

④ （明）李化龙：《平播全书》卷七，《塘报夷情》，第 403 ~ 405 页。

⑤ （明）李化龙：《平播全书》卷四，《攻克娄山、崖门等关四报捷音疏》，第 153 ~ 165 页。

明代云南改流归土初探

刘祥学　邹　映

（广西师范大学历史文化与旅游学院）

摘　要　明洪武年间，中央开始在云南推行改土归流政策，但在改土归流的过程中，也同时出现了改流归土的有趣历史现象。究其原因，既与其当时交通条件所限，以及明朝本身的统治力量不足，实行"以夷制夷"之策密切相关，也有时机不成熟的因素，即明代云南社会经济、文化发展状况还不具备大规模改土归流的条件。改流归土不一定是历史的倒退，而是边疆民族地区历史发展的重要过程，它为后世治边提供了宝贵的经验。

关键词　明朝　云南　改流归土　治边

土司制度由秦至宋代在少数民族地区所推行的羁縻制度发展而来，正式形成于元，发展成熟于明，清雍正之后开展大规模的改土归流，才使土司制度最终淡出历史舞台。作为中国古代王朝治理少数民族地区而制定实施的一项特有政治制度，土司制度历来是西南民族史及地方史研究不可或缺的一项内容。众多学者对此进行了深入的研究，并取得了极为丰硕的成果。从现有研究成果看，绝大多数学者专注于历代王朝的改土归流研究。但改土归流从实施到最终完成，经历了较长的历史时期，其间还存在着较大的反复性。在改土归流的同时，也还存在着一些改流归土的有趣现象。迄今为止，虽然一些学者已注意到这个问题，并做了初步的研究，如覃成号的《广西"改流复土"浅语》一文①，蓝武的《认同差异与"复流为

① 载《广西民族研究》1993年第1期。

土”——明代广西改土归流反复性原因分析》[1]，等等。对明清时期广西地区的改流归土现象，从不同角度进行了论述。但相较而言，对云南地区的改流归土问题，学者们的关注尚不多。在此，笔者拟根据相关史料对明代云南地区的改流归土问题作一专门探讨。

一　明代云南的行政设置与改土归流

云南是明朝统一时间较晚的地区。明洪武十四年（1381）秋，为统一云南，明太祖朱元璋以傅友德为主帅，率蓝玉、沐英等率军三十万进兵云南。先是消灭了盘踞昆明的梁王统治势力，接着消灭了大理总管段世，顺利地将云南纳入明朝的统治版图之中。

为巩固明朝对云南的统治，安定西南边疆，明朝统治者一方面对原有政区进行了必要的调整，另一方面则继续推行元朝的土司制度，实行“以夷制夷”政策。

从行政区的设置与调整情况看，洪武十五年（1382）刚平定云南，即将元时的云南行中书省，改置为云南承宣布政使司，设云南都指挥使司。其下设大理、永昌、姚安、楚雄、武定、临安、腾冲、普安、仁德、澂江、广西、元江、和泥、柔远、芒施、镇康、南甸、麓川、镇西、平缅、丽江、北胜、曲靖、乌撒、芒部、乌蒙、东川、建昌、德昌、会川、柏兴、普定、云远、御里、孟杰、木按、蒙怜、蒙莱、木孕、孟爱、通西、木来、木连、木邦、孟定、谋粘、蒙光、孟隆、孟绢、太公、蒙庆、木兰五十二府，此外有州六十三，县五十四，两个千户所，六个蛮部，建立起一整套的政区构架。[2] 其设置的基本原则是，以昆明为中心的腹心地带，设府直接控制；而在云南的西、南、北部边境地区，则在元代的基础上，通过设立宣慰司、宣抚司、御夷府等统治机构，实行间接统治。至永乐时期，总共在沿边地带建置了十个宣慰司，二个御夷府，后来又分设宣抚司。所谓“大理、临安以下，元江、永昌以上，皆府治也。孟艮、孟定等处则为司，新化、北胜等处则为州，或设流官，或仍土职。……盖滇省所属，多蛮夷杂处，即正印为流官，亦必以土司佐之”。[3]

---

① 载《广西民族研究》2010 年第 3 期。

② 《明太祖高皇帝实录》卷一四三，洪武十五年三月己未。

③ 《明史》卷三一三，《云南土司》。

为加强对云南少数民族地区的统治，明廷还不时对一些行政区划予以调整。如史载“广邑州，本金齿军民司之广邑寨，宣德五年五月升为州，八年十一月直隶布政司。正统元年三月徙于顺宁府之右甸”。[①]

为了尽快稳定云南的局势，明廷封声威颇隆的沐英为黔国公，长镇云南。“诸土司之进止予夺，皆咨禀”[②]，赋予其很大的权力。明太祖还十分注重官吏的选任，“择名臣重望者镇其地”[③]，“以潘原明署布政使司事，与梅思祖同心抚辑，民夷安之”。[④] 此外，对于主动归附的土司，明廷常赐给诰敕、冠带，有的赐以米、绸等物品，同时采取减免赋税等措施，多方加以笼络。如永乐九年（1411）时，溪处甸长官司副长官自恩来朝，向明廷贡马及金银器，获得了明朝的赐赉。自恩因而上言称：“本司岁纳海贝巴七万九千八百索，非土所产，乞准钞银为便。”但户部以洪武年中早有定额，不同意折输。明成祖得知后，下诏曰：“取有于无，适以厉民，况彼远夷，尤当宽恤，其除之。”[⑤]

由于措施得当，明廷对云南的统治很快稳定下来。明初时，云南境内的土司，最初其升袭渠道有序畅通，因而也较为有利于对他们的笼络。但随着国家承平日久，制度完善，土司升迁的程序日趋复杂，“凡事必与太监抚、按、三司会议后行，动多掣肘，土官子孙承袭有积至二三十年不得职者。土官复慢令玩法，无所忌惮；待其罪大恶极，然后兴兵征剿，致军民日困，地方日坏”。[⑥] 此外，明廷对于土司既重视对其加以笼络利用，又在军事上多方加以防范。出于加强对少数民族土司控制的目的，明廷常在土司的统辖地盘的险要之处，设置卫所、修筑城堡、派兵镇戍，对土司的割据统治构成严重的威胁。一些土司因而走向了反叛明朝统治的道路。在这样的情况下，明廷通过强大的军事力量，实施武力镇压，废除土司，实施改土归流。

---

① 《明史》卷四六，《地理七·云南》。

② 《明史》卷三一三，《云南土司》。

③ （明）焦竑：《国朝献征录》卷一〇二，《云南布政使署云南布政司潘原明传》。明万历四十四年徐象樗曼山馆刻本。

④ （明）焦竑：《国朝献征录》卷一〇二，《云南布政使署云南布政司潘原明传》；《明太祖文集》卷八《谕征南将军》对此亦载：“今将军等率精兵前进，不逾百日而取之，若非名臣重望者守之，愚下之辈未可托也，今特命汝南侯梅思祖、平章潘允明二大臣暂署云南承宣布政使司布政使，事定之后，除官替回。”

⑤ 《明史》卷三一三，《云南土司》。

⑥ 《明史》卷三一三，《云南土司》。

从洪武年间开始，明廷即在云南一面设立土司，一面又以种种借口在云南推行改土归流政策。据史料记载，明代早在洪武二十八年（1395）时，就已开始了改土归流活动。越州的彝族土知州阿资自洪武二十年（1387）起，就不断掀起反明叛乱，明将傅友德、沐英等数次遣兵进讨。至洪武二十八年时，将阿资剿灭，于其地置越州卫，率先完成改土归流。至崇祯末年时，云南各地共有20多个土府先后被改流。引发土司改流的原因，不外乎土司反叛朝廷、内部争袭、土司相互争战、土司绝嗣等几种。

二　明代云南地区的改流归土现象

虽然随着明朝统治的稳定，自明初开始即以强大的政治、军事实力做后盾，在云南地区推行改土归流政策，但仔细考察明代改土归流的过程，即可发现一个有趣的历史现象，那就是明代在云南地区强力推行“改土归流”的同时，也同样存在“改流归土”的反复现象，可谓是历史的逆发展。这一现象颇值得引起学者的关注，并重新审视历史上的改土归流政策。

考诸史籍，明代云南地区的改流归土，始于明初，迄于明末，没有中断过，但相对集中于明中后期的嘉靖、万历年间。

广南土府。当地壮族侬姓土酋，为宋代侬智高的后裔。元代曾于此设立广南西路宣抚司，初领路城等五州，后只领安宁、富二州。事实上，此二州也是滇东南地区壮族最为集中的区域，当地的侬氏土司一直保留较强的割据状态。洪武十五年时，随着明朝大军入滇，侬氏土司主动归附，明廷遂将广南西路宣抚司改为广南府，以土官侬郎金为同知。为加强对滇东地区的控制，明廷采取设卫、筑堡，逐步深入的策略，将明朝的军事力量渗透于侬氏土司辖地。先是洪武十七年，西平侯沐英奏“近者发兵捕讨普定，蛮寇已平。今复已师，剪除广南维摩余孽，以通田州粮道，巡抚临安而还”。明太祖得知战报，十分高兴，曰：“英能如是，朕无南顾之忧矣。”① 洪武二十八年，明廷又命都指挥同知王俊率云南后卫官军至广南，筑城建卫，以加强对侬氏土司的监控。“郎金父贞佑不自安，结众据山寨拒守。俊遣人招之，不服，时伏草莽中劫掠，觇官军进退。俊乃遣指挥欧庆等分兵攻各寨，自将取贞佑；又以兵扼间道，绝其救援。诸寨悉破，众

① 《明太祖实录》卷一六九，洪武十七年十二月甲寅。

溃，贞佑穷促就擒，械送京师。降郎金为府通判”[①]，而以指挥欧庆署卫事。显然，经过洪武年间的征剿，明廷将广南土府改流，开始实行土流并治。但明英宗正统年间，侬郎举之子侬胤祖因随明军征讨麓川土司有功，明廷以其为广南府同知。[②] 其后，明神宗万历七年（1579）时，“以土官侬文举屡立战功，实授同知。先时广南府土官侬郎举以从征麓川功，升同知，死无嗣，四门舍目共推侬文举署事，屡立战功。至是，实授同知”。[③] 可见，明英宗正统年间，广南府改流复土即已完成。

阿迷州，为明代临安府属下土州。洪武十六年时，当地的彝族土官普宁和赴京朝觐，明朝授予其阿迷州知州之职。但在成化年间，因内部争袭而被革除土职，改以流官担任。对此，史料有载“初，临安阿迷州土官普柱，洪武中为土知州。后设流，录其后觉为东山巡检，既而以他事废。正德二年以广西维摩、王弄山与阿迷接壤，盗出没，仍令普觉后纳继前职”。[④] 其明代正德以前的世系为普宁和——普救——普誓——普宁——普哲正妻沙保——普哲次女沙虚——普显宗——普柱——沙费——普明，故史料又载，“故男普柱，正德（按：系正统）八年袭。故，并无嫡庶弟侄儿男。正妻沙费，成化元年奏袭。查勘。十八年，弟普明奏袭，查系争袭，不明行勘，未报文选，司缺冊内。成化十二年十二月除流官杜参”。[⑤] 阿迷州改土归流时间为成化十二年（1476），仅过三十年即改流复土。

宁州土知州，其先祖为元时普捷，曾任旬町路宣慰司，“明初开滇有弄甥者迎师有功赐姓禄，授土知州。沿至普奉，以专横伏法遂降州”。[⑥] 但至明正德年间，复又改土归流，《明史》称：“宁州旧设流官，正德初，土

---

① 《明史》卷三一三，《云南土司》；《明太祖实录》卷二四二，洪武二十八年闰九月己未条亦载王俊：“乃遣指挥同知欧庆等分兵攻各寨，自将取贞佑。又以兵扼间道，绝其救援。于是诸寨悉破，贼众溃散，贞佑穷蹙就禽，械送京师。因命庆署卫事镇守。”关于侬郎金的结局，史料记载不一，（明）佚名《土官底簿》卷下《广南府同知》条称，“洪武十七年，任本府土官同知，顽拗不服粮差，官军剿杀间逃亡”。又载洪武“十九年，男侬真祐袭。二十九年又为开设广南卫，守寨，不服，官军擒杀。永乐六年，侬郎金赴京自首，比先诈死逃匿，首要改过自新，钦蒙放去辽东住坐。因有土人何安等人保举，明成祖始以其孙侬郎举袭广南府通判一职。”

② （明）佚名《土官底簿》卷下，《广南府同知》：“故男侬胤祖袭，征进麓川有功，升本府同知。”

③ （清）嵇璜：《续文献通考》卷二四二，《四裔考》，文渊阁四库全书本。

④ 《明史》卷三一三，《云南土司》。

⑤ （明）佚名：《土官底簿》卷上，《阿迷州知州》，文渊阁四库全书本。

⑥ 雍正《云南通志》卷二四，《土司》，文渊阁四库全书本。

官禄俸阴贿刘瑾罢之。遂交通弥勒州十八寨强贼为乱，为官军捕诛，其子禄世爵复以罪谕死。抚按请仍设流官，从之”。[1] 至嘉靖元年（1522）时，始复设宁州流官知州，掌州事，以土知州禄氏专职巡捕。万历年间，禄绍先因从征陇川岳凤有功，得以再次恢复土知州之职。[2]

安南司长官司，正德八年（1513），蒙自土舍禄祥争袭父职，鸩杀其嫡兄禄仁，“安南长官司土舍那代助之以兵，遂称乱，守臣讨平之。事闻，命革蒙自土官，改为长官司为新安守卫御千户所，调临安卫中所官军戍之”。[3] 但至万历四十三年（1615），那氏因参与平定交南叛乱，立有战功，“擒交南伪胜智侯，生获阮为美等，因以安南司地界之，令阻截交路。天启二年，奉调征剿，给印掌管”[4]，从而又恢复了土司统治。

元谋县土知县，史称“元谋土官阿吾，元土知县广哀之子。本僰夷种，天兵南下，于金马山归命，遂令招谕县民，得世袭土知县。（嘉靖中）以设流革除”。[5] 万历三十五年，“其裔吾大用于安铨、凤朝文之变，有杀贼功，至天启中有大用曾孙必奎以从讨安效良，累功守备，后复叛，斩之”。[6] 从史料记载看，元谋土县似乎有个短暂的复土经历。道光《云南志钞·土司志下·武定直隶州》有载：“大用孙以三百众同官兵恢复县治，复有功。……孟才屡有讨贼功，而酬之甚薄，仍为土巡捕而已。然夷人不知巡捕卑，仍以土知县视之。”

元江府土知府那氏，本元朝元江路，洪武十七年时，以土官那直来朝贡象，遂封那直为元江知府。至嘉靖三十二年，“那鉴争立，篡杀为乱，布政徐公樾率诸路兵讨之，鉴毒江上流，人马饮之辄死，师少却，纵象马蹦我兵，徐公中流矢卒。鉴惧而自杀。遂革其官，收印信，令临安卫指挥一人往署之”。[7] 但在万历十三年时，“以元江土舍那恕招降车里功，许袭

---

① 《明史》卷三一三，《云南土司》。

② 雍正《云南通志》卷二四，《土司》，文渊阁四库全书本。

③ 《明史》卷三一三，《云南土司》；毛奇龄：《蛮司合志》卷九，《云南二》，清西河合集本。

④ （明）刘文征：《滇志》卷三〇，《羁縻志·土司官氏·临安府》，云南教育出版社，1991，第977页。

⑤ （明）刘文征：《滇志》卷三〇，《羁縻志·土司官氏·临安府》，云南教育出版社，1991，第982页。

⑥ 雍正《云南通志》卷二四，《土司》，文渊阁四库全书本。

⑦ （明）刘文征：《滇志》卷三〇，《羁縻志·土司官氏·临安府》，云南教育出版社，1991，第983页；《明史》卷三一四，《云南土司二》。

祖职，赏银币”。[①]

云龙州土知州段氏，万历四十二年，“嘉龙妻纵虐，失夷心，其叔父土舍段进忠谋夺其职，计诱漕间夷杀嘉龙而篡之，巡抚沈儆炌檄兵备熊鸣歧擒斩嘉龙，奏改知州为流官”。[②] 天启年间，因为段嘉龙之子段采从军征剿，立下战功，明廷给其“冠带钤束夷众”。[③]

孟养，元属云远路，洪武十五年，改为云远府。洪武十七年，改孟养军民宣慰使。正统年间，“宣慰刀玉宾败于麓川思任，因内奔，故绝，司废”。[④] 由于麓川思氏土司反叛，明英宗命兵部大臣王骥率明军征讨，其后，“骥还兵，其部众复拥任发少子思禄据孟养地为乱。骥等虑师老，度贼不可灭，乃与思禄约，许土目得部勒诸蛮，居孟养如故，立石金沙江为界，誓曰：‘石烂江枯，尔乃得渡。’思禄亦惧，听命，乃班师”。[⑤] 其后至万历十七年，“思明子思远贡象进方物，钦赏金币，授宣慰”。[⑥]

孟琏长官司，原属麓川平缅宣慰司，后隶孟定府，明成祖永乐四（1406）四月设立，命刀派为长官，赐给冠带、印章，隶云南都司。明英宗正统四年（1439），麓川土司思任发反叛，攻破孟琏。明廷平定麓川后，曾予以恢复。嘉靖年间，孟琏与孟养、孟密诸部仇杀数十年，长官司因而被废。万历十三年，平定陇川之乱后，复设“称猛脸云”。[⑦]

三　明代云南改流归土的原因分析

从历史发展的角度看，改土归流无疑是明代云南地区历史发展的大势，而改流归土只是历史发展中的一个曲折。曾有学者专门作过研究，明代在云南地区改土归流的土司，或认为有 28 家，或认为有 24 家。而从统计来看，明代云南地区改流归土的也有 8 家，比例在 1/3 ~ 1/4 之间。这充

① 《明史》卷三一四，《云南土司二》。

② 道光《云南志钞·土司志下·大理府》；（清）万斯同：《明史》卷四一一，《土司传》，清钞本。

③ 道光《云南志钞·土司志下·大理府》。

④ （明）刘文征：《滇志》卷三〇，《羁縻志·土司官氏·孟养军民宣慰使》，云南教育出版社，1991，第 987 页。

⑤ 《明史》卷三一四，《云南土司二》。

⑥ （清）顾炎武：《天下郡国利病书·云贵交趾·孟养军民宣慰使司》。

⑦ 《明史》卷三一五，《云南土司三》。

分说明了明代西南地区改土归流的艰巨性与反复性。其中的原因，笔者认为主要有如下几个方面。

第一，从明朝治边的总目标来看，明朝在云南地区“改流归土”也是出于稳定与巩固西南民族地区统治的需要。

明朝统一云南后，十分注意推行“以夷制夷”之策，封赐少数民族首领，在民族地区推行土司制度。其目的就是希望借助土司的影响力，尽快巩固对云南的统治。推行土司制度，是在明朝政治、军事力量有限的情况下，通过民族地方头领，实行间接统治，本质上是一种权宜之计。主要是土司具有极强的独立性与割据性，与明朝加强中央集权统治是背道而驰的。如明代云南的土司中，麓川的思氏土司、丽江的木氏土司、车里的刀氏土司以及明末王弄山的沙氏土司等，辖地数百里，拥兵数万，甚至数十万，实力极为雄厚。他们割据一方，骄横无比。土司之间或为争袭职位，或为争夺地盘，不时争战，严重威胁到明朝对云南的统治。因此，为消除土司的威胁，明朝除了利用土司间的矛盾，相互制衡外，还开展针对性的军事行动，坚决镇压土司的反叛活动，成功之后即改土归流。然而改土归流毕竟触动了土司的根本利益，不可避免地要遭到他们的强烈反抗。如果改流之后，统治并不能实现稳定，这时候及时调整统治政策，实行战略迂回，改流归土也不失为一项明智的选择。因此，从这个意义而言，改土归流与改流归土，都是为了加强对民族地区的统治。

第二，受交通条件所限，明朝对云南民族地区统治并不能深入。

云南地处青藏高原南缘与云贵高原西南缘，地形崎岖，交通十分不便，这为割据力量的产生提供了得天独厚的条件。交通的不便，也深刻地影响到明朝对云南的统治，那就是较难将统治力量延伸到边远的土著民族聚居区域之中。

洪武二十八年，越州和广南府土酋同时发动叛乱，明朝在镇压叛乱后，即对它们进行改土归流。但其后不久，明朝即恢复了广南府世袭土酋的统治。史载：

> 土官侬郎恐，元时为宣抚。有二子，长不花，次祯祐。不花生侬郎，天兵南下，归附，授土司同知。死无嗣，祯祐袭，后以他事罹罪死。洪武二十九年，镇守臣请官其子侬郎举，高皇帝曰：“侬祯祐犯事，在大赦之前，饶他。儿子侬郎举，土人你们即保他，也好。吏部

行文书，着他知道。等他来朝时，与他官职。”至仁庙时，镇臣具疏再请，得旨：“准国公说，着依郎举做广南府通判职事。”郎举死，子胤祖袭。正统中，以征麓川功，升同知。[①]

明太祖朱元璋之所以同意恢复广南府世袭土酋统治，表面上看是因为依祯佑犯事在大赦之前，且得部属保举。其实，还有更深层次的原因，那就是明朝统一云南后，统治并不稳定。各地土司对新王朝持猜疑、观望态度，一些土司则起来叛乱。这时明王朝既需要以武力震慑，也需要对土司采取安抚，以使之服从明朝的统治。越州在曲靖府南十五里，是扼守曲靖东南的交通要地。[②] 曲靖府西至云南府二百九十里，是中原进入云南的咽喉之地。史载：“明初洪武十五年，改曲靖军民府。领州四县二。府东连贵州，南通交广，北届川属，西上滇藩，为四达之卫。而其系于云南也，犹人之有头目，然曲靖一破，而云南之全壤必不支矣。”[③]

云南府是明朝在云南的统治中心，为能稳定在云南府的统治，明朝需要对越州直接控制，故在镇压越州阿资叛乱后，随即设卫戍守，主要是出于加强对其他土司震慑目的。而广南府地处滇东南，与广西、越南交界，远离明朝在云南的统治中心，道路艰险不通，流官不愿到此任职，明初力量有限，无法对其全面控制。故明初时派流官对广南府进行直接有效地统治，本身存在较大的难度。甚至在明末时，流官亦惧入广南土司之地。对此，史料称“道险多瘴，知府不至其地，印以临安指挥一人署之。指挥出，印封一室，入取，必有瘟疠死亡。万历末，知府廖铉者，避瘴临安，以印付同知依仕英子添寿。添寿死，家奴窃印并经历司印以逃，既而归印于其族叔依仕祥”。[④] 在这样的情况下，恢复土司的统治，实属无奈之举。故当依氏部属保举依郎举时，明成祖只好顺水推舟准许恢

① （明）刘文征：《滇志》卷三〇，《羁縻志·土司官氏·广南府》，云南教育出版社，1991，第983页。

② （清）顾祖禹：《读史方舆纪要》卷一一四，《云南二》，第4613页载：“废越州：在府治南十五里……至元十二年改越州，隶曲靖路。洪武末废州，改置越州卫。”

③ （清）顾祖禹：《读史方舆纪要》卷一一四，《云南二》，第4612页。

④ 《明史》卷三一三，《云南土司》；《明武宗实录》卷三二，正德二年十一月癸卯条载：“巡抚云南右副都御史吴文度奏，阿迷州东山口与广西维摩等府州王弄山等长官司接境，宣德间设巡检司，以土官簇人普觉为巡检，后因罪废。止委官署印，屡致盗起，乞以州民普纳继任前职，吏部请移文，文度裁酌，送部除授，或地方有警，即授以冠带，令其莅事从之。利用土司的目的十分明显。”

复侬氏的土司通判之职。

第三，出于招抚少数民族，笼络土司，实现“以夷制夷”的政治军事目的。

对于边远地区的土司，明朝的实力有限，难以直接控制。尤其是明中叶后，云南地方土司不断掀起反叛明朝统治的斗争，疲弱的明王朝穷于应付，不得不借助于土司的力量，予以镇压。对于在平定土司叛乱中，立有战功的土司，就成了明廷着意加强笼络的对象。在明朝财力困窘，捉襟见肘的情况下，恢复改流的土司就成了一种现实的选择，主要目的还是为了希望通过以夷制夷，尽快使云南民族地区的统治稳定下来。如正统十四年（1449），王骥三征麓川，控制孟养、孟密。明军退兵后，思禄复据孟养。王骥考虑明兵疲惫，无力剿灭，只好与其约誓退兵。万历时，更以孟养土司立有军功，授予宣慰之职，恢复其土司统治。其实，由于孟养，地处云南西部与缅甸交界的山区，民风彪悍，明廷如欲直接控制，委派流官治理，必须派重兵把守。但在蒙古势力南下的情况下，明朝面临极大的政治、经济与军事压力，根本无力对孟养进行直接控制。维持、恢复孟养的土司统治地位，也是一种笼络策略。再如阿迷州土知州普氏，于成化十二年（1476）因内部争袭被废，朝廷改派流官。正德二年（1507），明朝恢复普氏对阿迷的统治。“因与广西维摩王弄山接壤，寇盗出没，仍令普觉后纳继前职”。[①] 这里的“寇盗”，主要是指安南司和维摩州在改土归流后为夺回统治权而进行叛乱的安南司贵族和维摩州资氏。明朝在当时对阿迷州改流归土，其用意很明显，就是以夷制夷，让阿迷牵制安南司贵族和维摩资氏叛军，以维护中央在当地的统治。安南司在正德八年因内部争袭遂叛乱，而被改土归流。但安南司贵族并不甘失势，不时反叛。至万历三十八年，王弄山土目沙源，因抗击原安南司贵族扰政有功，明朝委任其为王弄山副长官司。万历四十三年建水土酋刀琪勾结交趾兵入侵，王弄山土司又率土兵堵截，并斩伪侯伯三人，朝廷因此以原安南领地界之。孟琏长官司的恢复，亦是在明廷衰弱的情况下，出于政治上的笼络需要。

第四，改土归流能否成功，既取决于中央王朝的政治、军事实力状况，同时也取决于明代云南民族地区社会经济、文化发展与国家认同等条件是否成熟。

---

① （明）刘文征：《滇志》卷三〇，《羁縻志·土司官氏·广南府》，第981页。

明代，云南民族地区的社会、经济、文化方面发展水平远远落后于内地汉族地区，云南各民族地区的社会经济、文化发展也存在较大的差异性。在边远的民族地区，汉文化未能有效渗透，土司世代统领，具有强大的政治与社会影响力。当地的民众缺乏忠君思想，而只有服从本民族土司的观念，民众的国家认同观念还在形成之中。汉“夷”之间存在的隔阂短期无法消除，当地的少数民族民众往往只服从本民族的土司，流官在短时内还无法得到接受。改流之后，流官却无法到职治理，职位形同虚设，发挥不了应有的作用，自然也就实现不了加强统治的目的。这以元江府最为典型。史称：“那鉴争立，篡杀为乱，布政徐公樾率诸路兵讨之。……鉴惧而自杀。遂革其官，收印信，令临安卫指挥一人往署之，而印犹悬那氏之家，每官书移白，指挥取其印，必以夷兵蜂拥至环伺之，署讫，复拥去。”[①] 广西府的维摩州亦是如此。弘治六年（1493），明廷因其绝嗣乘机对其改流，当地土司资氏旁支不服叛乱，使明廷所派流官形同虚设。“维摩州土官资氏，领州事。设流官后，资高、资今相继作祟，州治为虚。”[②] 武定州军民府在隆庆元年（1567）改流后，“每朔月，夷目辈咸稽首于幕府，知府刘寅坐厅事见之，惧其为后患也”。[③] 在严重缺乏互信，统治力量又较为有限的情况下，流官惶惶不可终日。又如安南司在正德八年（1513）改土归流后，当地土司不甘丧失特权，一直没有放弃过夺回统治权的斗争，这也严重威胁到明王朝在当地的统治。因此，从改土归流的过程看，明廷将内地的流官统治机制推广到云南民族地区，也需要有一个接触、排斥到逐渐接受的过程。这个过程的长短，取决于当地民族的国家认同程度。诚如天启《滇志》所载：“今莲花滩之外即交荒外，而临安无南面之虞者，以诸甸为之蔽也。唯是流官惮瘴，久不履其地，诸酋不袭而自冠带，且始相犄角，而渐相倾危，遂日寻干戈。”[④] 说流官“惮瘴”当然是一种借口，主要还是无法得到当地少数民族民众认同的缘故。从云南改流归土的土司的地理分布看，都属远离明朝在云南的统治中心，汉文化传播力道较弱，国家认同观念还不强的区域。

第五，恢复土司统治以卫边防。

---

① （明）刘文征：《滇志》卷三〇，《羁縻志·土司官氏·广南府》，第983页。
② （明）刘文征：《滇志》卷三〇，《羁縻志·土司官氏·广南府》，第981页。
③ （明）刘文征：《滇志》卷三〇，《羁縻志·土司官氏·广南府》，第982页。
④ （明）刘文征：《滇志》卷三〇，《羁縻志·土司官氏·广南府》，第977页。

由于明代中后期，统治日趋腐朽，国力衰弱，内忧外患交织。云南边疆地区的统治也面临外族入侵的现实威胁。云南改流归土的土府，不少与周边诸国接壤，其中广南府、临安府的安南司均与越南接壤，孟琏与老挝交界，孟养则与缅甸交接。万历四十三年（1615），明廷把原属安南司的领地，一部分划归王弄山副长官司的目的，就是“令阻截交路”。[①] 又如明廷从正统十四年（1449）默认思禄对孟养的统治，到万历十七年授思氏为孟养宣慰，其中一个重要的原因，就是意图借助思氏土司戍守边防。明中叶，孟琏与孟养、孟密诸部仇杀数十年导致土司废弃，明廷并未乘机改流，相反却在万历十三年，平陇川宣抚司叛乱后，重新恢复土司的统治，就是出于借助孟琏土司刀氏戍守边防的目的。

四　余论

从社会发展总趋势的角度看，明代云南地区的改流归土，无疑属历史发展的逆流。长期以来，受人们线性思维的影响，常给改土归流以正面积极的评价，而对改流归土评价不高，这是不正确的。深入分析明代云南民族地区的实际，便不难发现，改流归土不一定就是历史的倒退，而只是明廷维护云南地区统治的一种权宜之计、一种手段。是在推行改土归流过程中，遇到障碍后一种策略性调整。改土归流与改流归土，本质上都是为了加强对云南民族地区的统治。

推行改土归流后，如果不能有效调适民族地区矛盾，统治就无法稳固。明廷利用土司以维护在云南的统治，自然就成了十分重要的选项。尤其是在边远的山区和边境地区，其政治、经济、文化条件与内地差异较大，明廷的控制力较弱，改流之后，并不能实施有效的统治。以致地区社会长期动荡不安，中央所派流官形同虚设，发挥不了作用。对民族地区的社会经济和文化的发展，以及国家统一局面都十分不利。在这样的情况下，明朝对这些地区进行改流归土，可谓是明智之举，是在特定历史条件下的产物，同时也是土司制度还有一定生命力所导致的。因而是合理的但不一定是必然的。其重要意义在于为后世治边，在云南推行改土归流，提供了经验借鉴。

---

① 雍正《云南通志》卷二四，《土司》，文渊阁四库全书本。

论雍正朝对广西泗城的改土归流及黔粤划界事宜

黄禾雨

（浙江财经大学）

摘　要　雍正朝在广西改土归流中泗城的规模和影响最大。它是在雍正帝的大力支持下，由云贵总督鄂尔泰统筹指挥，滇、黔、粤西三省大员通力合作的一次有组织、有策略的改流。改流的目的，是为结束广西势力最大又长期肆虐不法的土司政权，划分黔、粤疆界，促进西南地区的稳定和发展。改土归流的手段是以武力震慑土司，以宣传动员土民，力求以较小的代价完成改土归流。改流的善后措施完备妥当，缓急适宜，未造成被参革土司的反抗和被改土归流地区的动荡。

关键词　雍正　广西　泗城　改土归流

雍正时，在西南地区进行了大规模的改土归流，其中，泗城改流是雍正朝广西改流中规模和影响最大的一次，但相关研究成果寥寥。本文试图通过系统爬梳雍正朝汉文朱批奏折、《清世宗实录》、《清史稿》和《广西通志》等文献，还原泗城改流的历史原貌。

一　泗城改流的背景和原因

“泗城府，古百粤地，宋置泗城州，元属田州路，明隶思恩府”。[①] 清

① 《清史稿》卷五一六，《土司五》，中华书局，1977，第47册，第14297页。

顺治、康熙初年，广西政局动荡，战事频仍。为巩固统治的需要，清王朝对向化来归的土司均准其仍袭世职，给与印信，设佐贰杂职进行辅佐。顺治十五年（1658），泗城土官岑继禄以从征滇黔有功，升为泗城军民府土知府，添设流官同知、经历、教授等官。[①] 在进剿吴三桂时，岑继禄身为向导，再立一功，时称“兵力之锐甲两江”。[②] 在封授土司的同时，清王朝对不法和绝嗣的土司亦实行改土归流。康熙年间，先后将镇安土府、思明土州、陀陵土县和安隆、上林两长官司改流。雍正元年（1723），广西南宁、太平、庆远、思恩四府辖有土府二，土州二十九，土县四，土巡检、长官司十四，通计四十九属。[③]“土府二”，即为泗城土府和思明土府。

雍正二年，广西提督韩良辅奏报泗城土司岑齐岱不法，称：“粤西各土司中，其官之昏愚贪暴，民之困苦颠连，从来如是，非一朝一夕之故也……如思明土知府黄晟、泗城土知府岑齐岱、龙州土知州赵殿灯、思陵土知州韦世革、忻城土知县莫振国、兴隆长官司韦绍岳、永顺长官司邓朝宸，此土司之中不肖者也。”[④] 对于韩良辅严惩土司的主张，雍正帝告诫其须谨慎行事，朱批云：

> 土官相袭已久，若一旦无故夺其职守，改土为流，谁不惊疑。其有贪暴昭著者，该督抚照例严加训饬，若有犯法抗拒者，即行剿灭，则言正理顺。若有大逆不道，明正其罪，而再议改土为流，还当斟酌。岂可生事，无因而举此无益之事也。[⑤]

可见，虽然岑齐岱被韩良辅划入不肖土司之列，但因雍正帝对待土司采取教谕为主的怀柔政策，故当时未对泗城大动干戈。

雍正三年，雍正帝谕各省督抚：

> 疆界所关，诚为至重，从来两省交壤之地，其界至多有不清，

---

① 《广西通志》卷六一，《土司》。

② （清）金鉷：《广西通志》卷四，《图经》。

③ 《广西总督孔毓珣奏覆粤西设官管见折》（雍正元年九年二十八日），中国第一历史档案馆编《雍正朝汉文朱批奏折汇编》第 2 册，江苏古籍出版社，1989，第 37 页。

④ 《广西提督韩良辅奏陈抚绥边民劝惩土司折》（雍正二年八月十三日），《雍正朝汉文朱批奏折汇编》第 3 册，第 447 页。

⑤ 同上。

云、贵、川、广等处为尤甚。朕深知此弊，今特降谕旨与各省督抚，其共矢公心，勿存私见，详细清查。如与邻省地界有不清者，则两省各委实在贤员公同勘定。[①]

接到谕旨后，广西提督韩良辅将滇、黔、粤西三省疆界不清，蛮夷混杂，秩序混乱的情况和加强控制、划定疆界的建议奏折上报。称："滇、黔、粤西，俱苗夷杂处之区，圣化涵濡数十年来，俱各相安无事。惟黔之安笼，滇之广罗、广南，粤西之泗城、镇安、安隆、上林等协营，为三省交界之处，层峦叠嶂，绵亘无际，侬、俍、仲、倮巢穴其间。每与邻省睚眦小怨，辄互相仇杀不已。"[②] 此奏折反映泗城因地处三省交界，蛮夷肆行，尤难管控的情况，实为泗城改流埋下了伏笔。雍正帝阅奏后十分重视韩良辅反映的问题，当即颁发谕旨，令云贵总督高其倬、广西巡抚李绂、署贵州巡抚石礼哈、广西提督韩良辅对滇、黔、粤西三省接壤地区各营汛悉受安笼镇节制一事悉心商酌，各出所见，详议具奏。[③]

雍正四年二月，时任云南巡抚管云贵总督事的鄂尔泰提出改土归流的设想，认为"欲靖地方须先安苗猓，欲安苗猓须先制土司，欲制土司须先令贫弱"。[④] 鄂尔泰改流的主张得到雍正帝的支持，自雍正四年至九年，在他的统筹指挥下，西南地区进行了大规模的改土归流，史称"蛮悉改流，苗亦归化，间有叛逆，旋即平定"。[⑤] 雍正四年九月，鄂尔泰将地处川、滇、黔交界的乌蒙、镇雄二土府定为改流的目标，认为此二府"若不改土归流，三省交界均受其扰"。[⑥] 十一月，鄂尔泰在上奏乌蒙、镇雄改流具体实施策略的奏折中，建议将广西泗城土府改流，他的理由是：泗城土府逞顽肆虐，势埒罪均。云、贵、川、粤四省劫杀之案，多由乌蒙、镇雄、泗

---

① 《谕各省督抚共矢公心详细清查邻省及州县地界》（雍正三年三月十五日），中国第一历史档案馆编《雍正朝汉文朱批谕旨汇编》第3册，广西师范大学出版社，1999，第372页。

② 《广西提督韩良辅奏承整饬滇黔粤西三省界地营汛以绥地方折》（雍正三年五月十三日），《雍正朝汉文朱批奏折汇编》第5册，第31～33页。

③ 《谕着云贵总督高其倬等详议将滇黔广西三省接壤地区各营汛悉受安笼镇节制等事》（雍正三年六月二十一日），《雍正朝汉文朱批谕旨汇编》第3册，第415页。

④ 《云南巡抚鄂尔泰奏遵旨覆议滇省田则增减之法折》（雍正四年二月二十四日），《雍正朝汉文朱批奏折汇编》第6册，第847页。

⑤ 《清史稿》卷五一二，《土司一》，第47册，第14206页。

⑥ 《云南巡抚鄂尔泰奏遵旨商酌安顿东川乌蒙地方等事折》（雍正四年九月十九日），《雍正朝汉文朱批奏折汇编》第8册，第114页。

城三郡酋虏诸凶所为。总以逼近临疆，沿成恶习，杀人掳人，越境以逃，缉人拿人，隔省无法，幸而擒获，赏牛赏马，视人命为泛常，一或潜踪，移咨移关，目官府为故事。凡此，卷牍从集如山，故三土府不除，则四省界难靖。雍正帝赞同鄂尔泰的建议，认为“所论甚是”。[①] 雍正五年二月，雍正帝正式同意泗城改流。[②]

韩良辅与鄂尔泰均提出对泗城改流的建议，雍正帝为何表现出前后两种截然不同的态度？

其一，是因为二人提议泗城改流的时机不同。韩良辅在雍正二年提出泗城改流，此时雍正帝登基伊始，其施政重心在巩固政权和稳定地方上。虽然雍正帝久闻“各处土司鲜知法纪，每于所属土民多端科派，较之有司征收正供不啻倍蓰，甚至取其马牛，夺其子女，生杀任情，土民受其鱼肉，敢怒而不敢言”[③]，但由于政治局势所限，此时雍正帝对西南诸省土司主要采取怀柔笼络政策。鄂尔泰在雍正四年提出泗城改流，此时雍正帝已经解决了允禩集团等内部斗争，皇位得以巩固，开始着手加强中央政府对西南地区的管控和治理，并尝试解决西南地区长期存在的一些复杂、严重的社会问题。对云、贵、川、粤四省划分疆界和归并事权的工作进入雍正帝治理西南的议程。鄂尔泰提出将地处滇、黔、粤西三省交界，又长期肆虐不法的泗城改流的建议与雍正帝的总体计划不谋而合，因此在第一时间获得批准。

其二，是因为雍正帝认同了鄂尔泰所言泗城改流的必要性。鄂尔泰切中要害地指明了泗城改流的原因：第一，泗城土府地处滇、黔、粤西三省交界，“西南接滇，西北介黔，万山叠峙，四面皆蛮”[④]，蛮夷犯案，无所顾忌，归属不清，责任不明，以致案牍难结。为缉拿越境案犯，惩治不法土司，堪明三省边界，归并各方事权，正是雍正帝下决心对泗城改流的关键。第二，泗城土司承袭数百余年，举动仪从盛于制抚，而富饶强悍复倍于乌蒙、镇雄。岑映宸倚赀交结，藐视流官，夷民受其鱼肉，边境肆其凭

---

① 《管云贵总督事鄂尔泰奏议乌蒙等三十一府以靖云贵川粤四省边界折》（雍正四年十一月十五日），《雍正朝汉文朱批奏折汇编》第8册，第452页。

② 《清世宗实录》卷五三，雍正五年二月丙戌条，中华书局，1985，第7册，第811～812页。

③ 《清世宗实录》卷二〇，雍正二年五月辛酉条，第7册，第326页。

④ 《广西通志》卷九，《沿革》。

陵。若不及时惩创，使归法度，目今虽无能为，日后必将贻患。[①]

其三，是因为雍正帝认为由鄂尔泰坐镇，统领滇、黔、粤西三省大员酌商料理，泗城改流定能一举成功。雍正五年正月，韩良辅上奏反对鄂尔泰泗城改流的建议。雍正痛斥韩良辅的错误认识，明言其小知小见，不堪料理泗城改流的重任，要求他与鄂尔泰悉心商酌，不可固执己见。[②] 雍正五年二月，雍正帝谕内阁："若泗城土司怙恶不悛，有应行用兵之处，交与鄂尔泰调度，广西巡抚、提督、总兵官俱听鄂尔泰节制。"[③] 由此可见，雍正帝是在充分信任的前提下，任命云贵总督鄂尔泰统领滇、黔、粤西三省大员对泗城进行改流的。

二　泗城改流的经过和结果

从雍正四年十一月，鄂尔泰上奏建议雍正帝将泗城改流，到雍正五年六月，鄂尔泰按兵安笼镇，岑映宸上缴印信、号纸，请求免死存祀，仅用时 8 个月，清廷未费一兵一卒就将当时广西地区势力最大的泗城土府改流。雍正帝对泗城改流之易大感意外，认为"此皆上天神明，圣祖在天之灵赐佑之所致。朕实心诚感幸焉"。[④] 实际上，泗城改流的大功告成与雍正帝的统筹部署，鄂尔泰的灵活策略，滇、黔、粤西三省大员的通力配合密不可分。

雍正四年十一月，鄂尔泰上奏建议先将乌蒙、镇雄两土府改流，随后与广西督、提诸臣会审合剿，将泗城改流。并请雍正帝密颁谕旨，令广西督、提先事预谋，同心协力。[⑤] 雍正帝在接到鄂尔泰关于泗城改流的奏折后，准其所请，将奏折密谕韩良辅，命令广西做好准备。雍正五年二月，韩良辅回奏："今幸邻省督臣同心共绥边境，又蒙天语教诫谆切，臣倍增

---

① 《云南总督鄂尔泰奏报泗城土府事宜折》（雍正五年五月初十日），《雍正朝汉文朱批奏折汇编》第 9 册，第 771 页。

② 《署广西巡抚韩良辅奏进泗城地图并恭缴朱批折》（雍正五年二月初二日），《雍正朝汉文朱批奏折汇编》第 9 册，第 9 页。

③ 《清世宗实录》卷五三，雍正五年二月丙戌，第 7 册，第 811 ~ 812 页。

④ 《两广总督孔毓珣奏覆广西南丹土州矿徒散尽缘由折》（雍正五年九月二十六日），《雍正朝汉文朱批奏折汇编》第 10 册，第 737 页。

⑤ 《管云贵总督事鄂尔泰奏议乌蒙等三十一府以靖云贵川粤四省边界折》（雍正四年十一月十五日），《雍正朝汉文朱批奏折汇编》第 8 册，第 452 页。

踊跃，敢不万分缜密，竭力预为料理准备。俟云南督臣到日，会同审究，面商改土为流之策，庶几不致贻误。”① 雍正帝认为韩良辅奏折中有许多识见浅鄙之闲论，但肯定了他欲亲至滇省与鄂尔泰面商和进呈泗城土府地图的做法。

同月，雍正帝对泗城改流的人事任命和分工做出总体部署，谕内阁：

> 前鄂尔泰曾奏称：广西泗城土司，甚属不法，素为民害，请敕令广西巡抚、提督惩治。朕曾降旨询问韩良辅，据韩良辅奏请：欲往云南与鄂尔泰面加商酌。朕思此事甚有关系，非韩良辅与鄂尔泰面议不可……李绂、甘汝来相继为广西巡抚，着二人前往广西办理土司之事……韩良辅前往云南与鄂尔泰会商时，着李绂一同前往。将副将张杰调至省城署理广西提督。李绂一到，同韩良辅即起身赴滇，韩良辅起身后，巡抚印务着甘汝来署理……若泗城土司怙恶不悛，有应行用兵之处，交与鄂尔泰调度，广西巡抚、提督、总兵官俱听鄂尔泰节制。②

由此可见，在人事任命和分工上，雍正帝认为要顺利实现泗城改流，划分黔、粤疆界的目的，必须令三省大员合作，同时归并事权。他要求已赴京任职的李绂、甘汝来返回广西办理土司之事，并命令韩良辅、李绂赴黔与鄂尔泰当面商酌，将三省交界一切事宜讲明，齐心料理，并强调广西大员必须听命于云贵总督鄂尔泰。这体现出雍正帝对于泗城改流的总体部署和高度重视。

雍正五年闰三月，鄂尔泰奏报泗城改流的思路和手段：一是重视前期调查，向黔、粤两省官员了解泗城的具体情况。他先札致韩良辅，望详细告知泗城形势；再于赴黔会勘黔、粤边界之机，接见边界附近干员，并札嘱安笼镇臣蔡成贵，下令各自访查密报，从而得以明晰泗城形势之大略。二是强调同心协力，实力虚心，熟筹妥议。他札致韩良辅，相约于贵州安笼镇适中地方面议泗城事宜，并先以大意相商略，只为斟酌划一，慎重料理；又令贵州各署官员密报泗城形势，而后根据获得的信息迅速做出对策，密札蔡成贵勿失机会，更谕黔员暗差干役潜入泗城造势，告知土民改

---

① 《署广西巡抚韩良辅奏进泗城地图并恭缴朱批折》（雍正五年二月初二日），《雍正朝汉文朱批奏折汇编》第9册，第8～9页。

② 《清世宗实录》卷五三，雍正五年二月丙戌，第7册，第811～812页。

流后陋额苛派一概减免。三是做好战略部署，务期减少损失，事半功倍。他明言：兵乃凶器，不得已而用之，古有成训，岂可少有孟浪。针对泗城改流，他提出了两套方案：计策一，乘黔、粤两省会勘边界，明委泗城土知府岑映宸与泗城同知，并田州土知州赴黔办理诸务。此计是将岑映宸调离巢穴，令其势穷。与田州同来，是为使泗城不疑。若泗城疑不肯来，即是违抗，勒兵擒治，名正言顺。同时，派黔员潜入泗城对土民进行宣传，称改流是要出民汤火，以求得土民的支持。他预言：如此计得行，则事不劳而定。计策二，泗城土知府违抗，倘必须用兵，则计划酌派官兵，委蔡成贵总统擒治，并调田州土司岑应祺带领土兵作为前导。①

雍正五年四月，广西巡抚韩良辅赴安笼与鄂尔泰会商边境机宜。韩良辅查明当时岑映宸在者芒、者相地方会勘边境，距安笼三四日之程。认为若照鄂尔泰之计策一，借会勘、会审为名，檄调泗城土知府和田州土知州同赴鄂尔泰驻扎地方听候调遣，或可不疑，便可据案审理，不烦兵力。针对岑映宸生疑所采取的应对计策，韩良辅认为：一是自己仅带四五十兵役仆从，取道泗城地方。料岑映宸见此阵容，必不惊疑。俟其出迎之时，同行亦甚省力。二是倘或岑映宸抗违不遵，则四路官兵久已密为预备。自己即于泗城地方暂驻，立即通知鄂尔泰飞檄调集，照乌蒙、东川之成法改土为流。渠魁授首之役，将余党一一拘齐审究，其余土目、土兵则宣之以皇恩，胁之以兵力。雍正帝朱批云：“总与鄂尔泰商酌，你识见较他不啻霄壤，虚心斟酌料理。然一己之见亦不可隐而不言，总着他称悉知道了，听他立主意，实力行之。”②

雍正五年五月，鄂尔泰再次奏报泗城改流的准备情况：一是密札黔省提镇及附近文武各员，或嘱侦探，或令计诱，各与细商机策。又获泗城土知府差有土役，越境拿人，侵占疆界，劫杀不休的罪证。据此，鄂尔泰更是下定决心将泗城改流，称：

> 泗城土府地方二千余里，承袭数百余年，举动仪从盛于制抚，而富饶强悍复倍于乌蒙、镇雄……臣为封疆大计酌量轻重，故于诸土司

---

① 《云南总督鄂尔泰奏报料理黔粤边境事宜折》（雍正五年闰三月二十六日），《雍正朝汉文朱批奏折汇编》第9册，第519～520页。

② 《广西巡抚韩良辅奏报交送抚篆并赴安笼会议边境机宜折》（雍正五年四月初八日），《雍正朝汉文朱批奏折汇编》第9册，第601～602页。

> 事，宁刻毋宽，不敢少有隐讳，实非敢于好事，非敢越俎以自取嫌怨也。今仰赖圣天子仁威，略加震叠，遂尔敛踪，虽增卡设汛亦不过探听风声，决不敢别施伎俩。臣料土知府岑映宸必当审时度势，缴印献土，必不肯蹈乌、雄之覆辙，自取殄灭。兵可毋用，或能了事。伏念圣主于乌蒙之役，缘系创举，则调以审图，勿令预觉。于泗城此举，缘有近事，则明喻用兵惩治。着臣调度，随机握要，至无定而至有定。

二是粗定于五月十六日自贵阳起程前赴安笼，亲自坐镇指挥泗城改流。①

雍正五年六月，鄂尔泰奏报泗城改流未费一兵一卒即告大捷。具体过程是：首先，鄂尔泰见岑映宸聚兵江北，以震夷民，乃下严旨称将亲自调度，用兵惩治。岑映宸听闻风声遂连夜撤兵，四顾差探。此恐吓之计策实抢占先机，不啻甲兵数万，已使岑映宸心惊胆裂，自知无所逃遁。其次，鄂尔泰决定乘此战机，于六月初二日亲赴安笼坐镇，就近急图。续密札韩良辅，令其由泗城至安笼，并明檄泗城土知府同往。至安笼后，岑映宸意在辩诉，仍妄希苟全。后见大势已去，遂具详呈，恳请从宽。数日始上缴印信、号纸，求免死存祀。② 至此，泗城改流在鄂尔泰周密筹划、审时度势、计出完全的统筹部署下大功告成，最终应验了他“兵可毋用，或能了事”的预想。

三　泗城改流的善后措施及黔粤划界

在将泗城土知府岑映宸参革之后，鄂尔泰又与韩良辅、李绂熟商酌议，制定了周密的善后措施，并获得了雍正帝的鼎力支持。

第一，安插土司。对土司岑映宸，革去世职，改设流官知府，岑映宸妻子家口一并解至原籍浙江余姚安插。③ 对土司宗支及土目，因岑氏经过

---

① 《云南总督鄂尔泰奏报泗城土府事宜折》（雍正五年五月初十日），《雍正朝汉文朱批奏折汇编》第9册，第769~771页。

② 《云南总督鄂尔泰奏报泗城改土归流事宜及韩良辅李绂等官箴折》（雍正五年六月二十七日），《雍正朝汉文朱批奏折汇编》第10册，第81页。

③ 《清世宗实录》卷六〇，雍正五年八月癸卯，第7册，第920页。

数百年繁衍，人口众多，势不能尽行迁置，夷目中良顽不齐，亦未便尽行究治。遂委派田州土知州岑映祺在泗城遍行晓谕，大张告示，历数土府罪状，并宣布宗族概不波累，对从前助恶夷目，已往免究，后犯必诛。对前来投首的土府亲族及土目，俱面加开示，喻以利害，各给赏绸缎、银牌等物，并立即放归。土司宗支和土目皆能解悟，感泣领受，对妥善安置、概不波累的善后政策表示支持。鄂尔泰又查明岑映宸之弟，武举岑映翰年次居长，人亦柔善，且曾两次会试，颇见世务，恳请雍正帝赏给顶戴，准其奉祀，只令约束岑姓，不许干涉地方，从而使地方更可宁贴。雍正帝认为鄂尔泰此举“妥协是当之极。宽恕以观其后，伊亦必自务保全，自然无事。如果再为不法，将来处治亦不难矣”。准其所请，赏给武举岑映翰八品顶戴，令其仍居泗城，量给田产奉祀，不得干预地方生事。①

第二，划分疆界。泗城改流后，清朝统治者按照分而治之，加强治理的原则，重新划分了黔、粤边界。雍正帝准鄂尔泰所请，以红水河为界，江以南属之广西，江以北属之贵州。凡广西西隆州所属罗烦、册亨等四甲及泗城府所属上江、长坝、桑郎、罗斛等十六甲，俱在江北，割隶贵州，其地南北约三百里，东西径六七百里，势既辽阔，民复凶悍，于泗城对江之长坝地方建设州治，添知州一员、吏目一员、学正一员管理之。东北罗斛四甲与贵州定番、永宁二州相连，土苗凶顽，山溪尤险，于罗斛甲地方设州判一员分理之。西隆州所割四甲距长坝窎远，于册亨甲地方设州同一员分理之。②

第三，任用流官。鄂尔泰认为“新定地方，流官最关紧要，自应拣调贤员，责成专理”。③ 泗城改流伊始，鄂尔泰举荐泗城同知刘兴第出任泗城知府，评价其虽系特用之员，任同知仅数月，上府非所辖。及经面询，历言土府情状，流官习气，无不恳切详尽，质之粤抚二臣皆称其廉能，或可胜泗城知府之任。④ 刘兴第任泗城知府未满一年，即遭到泗城协副将王大绶的揭发，称其擅发谕单，依照土例催收年例站银，致土民不甘，具词控

① 《云南总督鄂尔泰奏报泗城改土归流事宜及韩良辅李绂等官箴折》（雍正五年六月二十七日），《雍正朝汉文朱批奏折汇编》第10册，第82页。

② 《清世宗实录》卷六〇，雍正五年八月癸卯，第7册，第919页。

③ 《云南总督鄂尔泰奏报审办禄万钟等乌镇案犯等情折》（雍正五年五月初十日），《雍正朝汉文朱批奏折汇编》第9册，第777页。

④ 《云南总督鄂尔泰奏报泗城改土归流事宜及韩良辅李绂等官箴折》（雍正五年六月二十七日），《雍正朝汉文朱批奏折汇编》第10册，第83页。

告，又借先农祭品名色，按亭科派。署广西巡抚阿克敦接到王大绶的举报后，不敢姑容刘兴第的科派行为，立即将其革职题参。因平乐府知府胡醇仁历俸颇深，年力精壮，办事谨慎，阿克敦遂请调补胡出任泗城知府。[①] 胡醇仁任泗城知府未满半年，即由广西巡抚金鉷题报病故。雍正帝对此特颁上谕：

> 胡醇仁居官廉洁，实心任职，今因办理苗疆军饷，身染瘴疠，以致病故，深可悯恤。着该抚将公用银赏给一千两付胡醇仁亲属，为伊归榇之费。泗城府员缺甚属紧要，该抚既称题补不得其人，着总督鄂尔泰于云贵属员内拣选，或将知府调补或将应升人员提补，其所遗之缺着一并拣选具题。[②]

可见，土府虽经参革，流官的选任却着实让清政府煞费苦心。

第四，设置营汛。雍正帝认为在新定地方添兵设防，“不可惜此小费，当谋一劳永逸，万不可将就从事”。[③] 雍正五年，因泗城协向日所设官弁，仅仅驻守泗城内哨、外哨，而在泗城接壤贵州苗疆数百里之区域，并无一兵防汛，导致边界秩序混乱。雍正帝从鄂尔泰所请，将泗城协副将裁去，改设右江总兵官，添设左、右两营游击各 1 员，左营游击兼管营中军事，驻扎皈乐地方，右营游击驻扎百色地方。每营添设千总 1 员、把总 2 员。泗城协原设守备、千总、把总，仍照前驻扎，共设兵 1600 名，属右江镇管辖。[④] 雍正七年，因广西右江镇左营游击、守备同总兵所驻扎之皈乐地方形势低洼，微有烟瘴，兼非适中扼要之区，而百色地方人烟稠密，实为黔、滇之门户。雍正帝从鄂尔泰所请，将右江镇总兵官及左营游击弁兵等移驻百色，留左营守备 1 员、把总 1 员、兵 150 名驻皈乐。右营守备亦撤回百色，移右营游击带千、把总各 1 员，拨原防百色汛兵 100 名，合泗城旧设兵 278 名，驻泗城府治。[⑤]

---

① 《署广西巡抚阿克敦奏请选补泗城府知府折》（雍正六年三月二十五日），《雍正朝汉文朱批奏折汇编》第 12 册，第 52 页。

② 《广西通志》卷一，《训典一》，广西人民出版社，1988，第 1 册，第 45 页。

③ 《云南总督鄂尔泰奏覆乌蒙镇雄二府底定情由并筹善后等事宜折》（雍正五年三月十二日），《雍正朝汉文朱批奏折汇编》第 9 册，第 236 页。

④ 《清世宗实录》卷六〇，雍正五年八月癸卯，第 7 册，第 920 ~ 921 页。

⑤ 《清世宗实录》卷八八，雍正七年十一月甲戌，第 8 册，第 179 页。

第五，安抚土民，清查户口钱粮，革除陋规。雍正五年八月，广西巡抚韩良辅委派泗城理苗同知刘兴第署理泗城府印篆，会同贵阳府同知黄世文，泗城协副将王大绶，楚姚镇标游击洪鸾协同合作，安抚土民，清查户口钱粮。① 十二月，雍正帝下谕旨革除泗城陋规，称："泗城前系土府，是以有三年土贡之例。今既改土归流，自有应纳赋税。嗣后悉照例征输钱粮，不许借土贡名色，重累小民，着将土贡等物豁免。"② 雍正六年二月，两广总督孔毓珣奏称："据黔、粤委员并泗城知府刘兴第等册报，泗城户口已清查完毕。泗城田土有私田、官田、官庄之别。官田、官庄已清查完毕，内除留给武举岑映翰的祭祀田、原土知府眷口、族目、久工、各役的田地外，余者变价充公。民间私田各亭设一田清查，每年每白酌征银二钱。"③ 后刘兴第借清丈钱粮滥行科派被革职，广西布政使郭鉷又委派左江道阎纯玺继续查丈泗城私田，并派思明土府同知顾延琮，土田州知州岑应祺一同协理。④ 七月，鄂尔泰建议泗城丈量一事似断不应轻举，缘人心未定，遽绳以官法，旧主未忘，复增以新怨。⑤ 雍正七年，雍正帝对广西巡抚金鉷所奏泗城府雍正六年的额征钱粮和五年的缺欠租谷，均予宽免。并要求金鉷与云贵广西总督鄂尔泰会商，遵旨办理好泗城钱粮。

结　语

综上所述，雍正朝对广西泗城的改土归流是在雍正帝的支持下，由云贵总督鄂尔泰统筹指挥，滇、黔、粤西三省大员通力合作的一次有目的、有组织、有策略的改土归流。同时，泗城改流也是雍正帝治理和开发西南地区重要的一步。泗城改流的目的：一是，清政府为划清黔、粤边界，进一步深入和强化对西南地区的控制，实现更大程度的大一统。二是，为结

---

① 《广西巡抚韩良辅奏报赴黔会商边境事宜告竣缘由折》（雍正五年八月十九日），《雍正朝汉文朱批奏折汇编》第10册，第441页。

② 《广西通志》卷一，《训典一》，第1册，第44页。

③ 《两广总督孔毓珣奏报清查广西泗城户口田土事宜折》（雍正六年二月初六日），《雍正朝汉文朱批奏折汇编》第11册，第598页。

④ 《两广总督孔毓珣奏遵旨与鄂尔泰会同泗城官庄田地变价充公事宜折》（雍正六年六月二十八日），《雍正朝汉文朱批奏折汇编》第12册，第779页。

⑤ 《云南总督鄂尔泰奏报商酌征收归黔之泗城江北地方银粮情由折》（雍正六年七月二十一日），《雍正朝汉文朱批奏折汇编》第13册，第23页。

柬泗城土府这一广西势力最大而又长期肆虐不法的土司政权，震慑其余土司，促进区域社会的稳定和发展。

泗城改流预先做了充分的计划和准备。雍正帝亲自进行人事部署，命令三省大员听命于鄂尔泰统筹指挥。鄂尔泰重视调查研究，听取多方意见，并从实际情况出发，提出泗城改流的总体计划和战略方针，坚决执行，成效显著。三省大员向鄂尔泰详细汇报、献计献策、酌商妥议、实心办事，值得肯定。泗城改流的手段是以武力震慑土司，以宣传动员土民，力求以较小的代价完成改流。泗城改流的善后措施完备妥当，缓急适宜，未造成被参革土司反抗和被改流地区的动荡。曾经称霸一方的泗城土府既经改流，对广西其他土司收到了“以儆其余”的良好效果。终雍正一朝，“粤西各属土职之为患者少，版目、所目之为害者多”。[①] 故雍正朝广西的改流是“先改土司，次治土目”[②]，次序有别，重点突出，促进了广西社会的稳定和经济的发展。

① 《云南总督鄂尔泰奏报巡查广西所见沿途城池营伍土官彝情暨田粮水利河道等情折》（雍正八年正月十三日），《雍正朝汉文朱批奏折汇编》第17册，第696页。

② （清）魏源：《圣武记·西南夷改土归流记》，中华书局，1984，第290页。

明清时期土家族地区“自置土司”研究

莫代山
（长江师范学院　乌江流域经济文化研究中心）

摘　要　明清时期，鄂西南、渝东南、湘西等土家族地区都有自置土司。从产生途径看，可分为强宗大族自置、土司侵占自置和土司分化自置三种。自置土司模仿合法土司对辖区进行社会治理，与合法土司消极互动，同时对中央政府的军事征调等格外积极，部分自置土司还因各种原因得到中央政府承认。

关键词　明清时期　自置土司　原因　类型　关系

土司制度源于羁縻之治。随着中央王朝集权的不断强化和对少数民族地区统治的深入，羁縻统治的具体表现形式也在不断地发生变化。元王朝在总结历代羁縻政策基础上，为了有效地管控少数民族地区，创立了“蒙、夷参治”之法，将官员分为“流”和“土”，正式开创了土司制度。元代对土司的任命、承袭、升迁、惩处、赏赐和义务等都有成惯例的做法。到明代，土司制度日臻完善，明王朝对土司的授职与承袭、升迁与惩罚、义务与监控等都做出了明确的制度规定。

据《明史·地理志》统计，明朝中央政府在现土家族地区共设置过60个土司，其中鄂西南31个、黔东北6个、渝东南6个、湘西17个。清朝建立后，土家族地区的土司设置发生了较大变化，一些土司的级别发生了变化，一些土司因未及时归附而被裁撤，还有一些《明史》未见记载的土司出现。据《清史稿》统计，清初土家族地区共设置有土司48个，其中鄂西南21个、黔东北4个、渝东南6个、湘西17个。但是，笔者在翻阅各种文献时发现有数十个未在上述范围，却自称土司的自置土司。这些自置土司在一定区域内行使着与合法土司相同的权利，对地方社会影响深远。可惜的是，或由于史料严重不足，或由于忽视，学界对于这类土司鲜有探讨。本文试图通过族谱、地方志和碑刻等资料，进行初步研究。

一 “自置土司”基本情况

（一）地域分布

从现有资料来看，明清时期湘西、渝东南、鄂西南等土家族地区都有“自置土司”存在。

湘西地区。今龙山县三元乡、石羔乡，在明代属永顺宣慰司所属施溶州管辖，嘉靖年间开始，此地有一“马罗洞长官司”。此土司正史无载，但乾隆《永顺县志》有简单介绍，并将其记为“自授”①、“自添”②，说明此土司是真实存在的。今龙山县西南，原为保靖土司两江口，永乐年间，保靖副宣慰大虫可宜杀宣慰彭药哈俾，宣德四年（1429）大虫可宜被囚死狱中，但大虫可宜后代仍占据保靖司大江、小江14寨地自立。正统十四年（1449）时，大虫可宜之孙因从征被授“两江口长官”，但因为两江口之地割据自保靖宣慰司，故明廷一直没有给其颁发印署。③ 从土司制度层面来说，其也属于自置土司范畴。今桑植县西北，曾由柿溪宣抚司管辖。据《桑植县志》载，明宣德年间，宣抚田仕金三子田仲贤、田仲爵、田仲贵争袭，明廷于宣德四年废柿溪宣抚司，改为上、中、下三峒长官司，命兄弟三人分管土民，分纳粟粮。④ 此事《清史稿》载为“上下峒长官司，明置宣抚司，复改为长官司，而分其地为二。清康熙二年，向九鸾、向日葵归附。二十一年，给九鸾上峒长官司印，日葵下峒长官司印”。⑤ 则柿溪宣抚司仅分为上、下峒长官司，并无“中峒长官司”一说，可知此“中峒长官司”为自置。另，乾隆《永顺县志》载：“桑植司有土知州三，曰安定、龙潭、化被，长官司六，有名无地，皆土司自置。”⑥

---

① 乾隆《永顺县志》，巴蜀书社，1992，第109页。
② 嘉庆《龙山县志》卷一〇。
③ 《明史》，卷三〇〇，《湖广土司》，上海古籍出版社，1991，第874页。
④ 乾隆《桑植县志》卷二。
⑤ 《清史稿》卷五一二，上海古籍出版社，1991，第1629页。
⑥ 乾隆《永顺县志》，巴蜀书社，1992，第114页。

渝东南地区。明初，酉阳宣慰司领有邑梅、平茶、石耶、地坝四长官司。但酉阳土司的有效管辖范围仅限于酉西，酉东地区则因为有史以来都是苗族聚居区，虽名义上属酉阳土司统治，但酉阳土司无法对之实行真正管理，从而形成了权力真空。明初，从江西等地迁徙而来的白、田、彭、蔡、马、李、何、鲁等姓氏结成同盟，并奉白象为头领“赶苗夺业”，最终统一了整个酉东地区，在酉阳形成了“东白西冉”的权利格局。后白象自立为“独立长官司”，白氏土司也一直管理酉东，直至清初改土归流。[①]此“独立长官司”为自置土司无疑。今黔江区金洞乡，民间普遍存在着一些关于“京洞土司”的传说，且土司衙署遗址遗迹尚存。另渝东南《何氏族谱》《冉氏族谱》均载有酉阳土司发动的“灭州夺印”之战，新修《黔江县志》也载有“京洞州”条目。[②]可与民间传说相互印证，可见“京洞土司”一说有相当的可信性。

鄂西南地区。同治《来凤县志》载，今来凤县漫水、百福司一带，曾有卯峒、漫水、百户三土司。三土司皆为向氏，“系出将军向宠，蜀汉时，分镇荆南，历传至元，世授军民宣抚使。明初，以兵三千从中山王徐达扫除群雄。洪武六年，仍授世袭军民宣抚使”。[③]道光《施南府志》也有类似记载。新中国成立后，来凤县史志工作者在田野工作时，收集有《卯峒司志》一书，详细介绍了卯峒土司的政治、军事、自然地理、风俗等各方面情况。以上资料足以证明三土司的存在。但对这三个土司，正史中没有任何提及，可知为自置。今利川市西北，明末曾有一沙溪土司，《施南府志》载其为明天启年间因从征贵州阳雀寨功所置[④]，但正史无载，疑为自置。另道光《施南府志》载，改土归流后忠峒、高罗、木册、东乡、忠建、施南、石虎七土司地置宣恩县[⑤]，以上七土司中，除石虎土司外，其余六土司《明史》《清史稿》都有记载。可知此石虎土司为自置。今宜昌市长阳县，白沙坪镇《田氏族谱》载有玉江土司、资丘镇《田氏族谱》载有麻栗土司，渔峡口镇《覃氏族谱》载有施都土司。以上三土司正史无载，且

---

① 四川黔江地区民族事务委员会编《川东南少数民族史料辑》，四川民族出版社，1996，第324～326页。

② 四川省黔江土家族苗族自治县编纂委员会编《黔江县志》，中国社会出版社，1994，第55页。

③ 同治《来凤县志》卷二七，来凤县志办公室翻印点校本，1981，第239页。

④ 道光《施南府志》卷二，鄂西自治州史志办翻印点校本，1986，第20页。

⑤ 道光《施南府志》卷二，鄂西自治州史志办翻印点校本，1986，第19页。

《资丘刘氏族谱》曰："俍山半瘠，土司事于局中，皆非素封"[①]，说明这三个土司属自置。今恩施、建始清江以南至巴东县野三关以南的大部分地区，在明末清初被容美土司私占，容美土司私设土司进行管理，据《百顺桥碑文》，计设有马老头、大龙坪、连天关等正副长官司 17 个，大里土知州 1 个，南团等千户 3 个，支柘坪百户 1 个，五花寨等参将 4 个，蛮红洞洞长 1 个。[②] 这些土司均没有得到明清朝廷的承认，属自置土司无疑。

（二）特点

因湮没、新产生或最终得到中央政府承认，明、清时期土家族地区自置土司数目不尽一致。但总体来说，自置土司普遍具有以下特征：一是地理位置多处合法土司交界地带或土汉交界地带。自置土司所在地或具有山大人稀、交通条件极为不便的特点，或具有少数民族情况复杂、难于管理的特点，或具有与汉地直接相连、属汉土冲突第一线地区的特点。在这些地区，合法土司因能力或意愿等原因不能直接管理，属权力相对真空地带，自置土司才可乘机自立。独立、卯峒、漫水、马罗洞、沙溪等土司均属此类。二是所辖领土面积普遍较合法土司要小很多。如长阳县内的玉江、麻栗、施都三土司，所辖之地均不过今一村之地。容美土司所设之 27 个土司中，寨垅司、玛瑙司、蛮红峒等都不过今一村之地。两江口土司所辖也不过大江 7 寨。而桑植土司所设的安定、龙潭、化被三土知州和六长官司甚至只有名而无地。

二　自置土司的类型

（一）强宗大族自置型

土家族地区自古即有强宗大族，先秦时期廪君蛮巴、覃、相等五姓即活跃在清江流域；秦汉时期板楯蛮罗、龚、朴等七姓也是一方豪强；到两晋南北朝时期，冉、向、田、覃等姓氏逐渐在整个区域占据主导地位；此后，不断有外地宗族因各种原因进入本地区，并发展为新的强宗大族。强宗大族由于人口众多，对各自地方的社会、经济、文化和日常生活等各方

① 《资丘刘氏族谱》，同治六年刻本。

② 祝光强、向国平：《容美土司概观》，湖北人民出版社，2006，第 195～197 页。

面都发挥着至关重要的作用，当时机成熟时，自置为土司也是可以理解的事情。

马罗洞首任土司田滋，原为施溶州舍把、“飞”字旗旗长，同时担任巡边总管，只因“诸邻交睦，边民爱戴”，遂在“飞”字旗属地擅自建立了土司政权。[①] 田氏为施溶州土著大姓，自宋代以来一直占据社会领导地位，且舍把、旗长一职一般由田氏担任。田滋之所以能够“边民爱戴”，与其宗族地位有着必然的联系。独立长官司白氏，虽然是洪武三年（1370）才入酉东，但与其一同进入的田、彭、何、鲁、石、元等六姓结成同盟关系，成为地方一方豪强。因此才会有“驱逐蛮夷”，最终导致“大小二江之民不服土司控御，愿立我祖白象为独立长官”[②] 的情况发生。另来凤县境内的百户、卯峒、漫水三土司，虽族谱记为元代即设置军民宣慰司，明初设为宣抚司，恐属族人夸大其词，未可尽信。比较合乎逻辑的解释是，三土司是在明末世乱时期开始兴起、壮大，并由土酋自立为土司的。实际上向氏有史以来即属今百福司、漫水一带豪强。属此类型的还有长阳县地玉江、麻栗土司，施都三土司以及今咸丰县境内的活龙、苍浦二土司。

（二）土司侵占自置型

土司侵占非土司地区，多发生于朝代更替之际。元明之交，部分势力强悍的土司就开始四处侵占土地。如容美土司，于元末明初时期相继把麻寮土司管辖的家乡寨、五里、白崖和水泬源、通塔坪占为已有，又侵占了长茅司以南、菩提隘以西，包括五峰、下洞等诸多小土司辖地，辖区面积因此扩大一倍。明末清初时局动荡之际，土司侵占行为更为明显，又分为侵占汉地和卫所辖地两种情形。

明初，中央政府为了监督、管控土司，在土家族地区设置了羊山、大庸、崇山、施州、九溪五卫，平添、麻寮、大田等九所，这些卫所与围绕土家族地区周边所设立的其他卫所彼此呼应，共同构成了针对土家族土司的军事控制网络。在正常年代里，这些卫所都能较好地履行职责，但到乱世时节，卫所不仅不能有效管控土司，反而成为土司侵占对象。如大田军

---

① 乾隆《永顺县志》，巴蜀书社，1992，第 109 页。

② 四川黔江地区民族事务委员会编《川东南少数民族史料辑》，四川民族出版社，1996，第 325 页。

民千户所，设置于明洪武十四年（1381），位于渝、鄂边区，为管控散毛、镇南、大旺、施南等土司而设。但该所所辖土地在明末被诸土司侵占大半。同治《咸丰县志》载，崇祯末年散毛司霸占屯堡、清水堡、蒋家坝等地，腊壁司霸占小车沟、唐家沟、万家屯、野猫屯，施南司霸占龙坪堡、白沙溪、小关、大岩坝、石虎关、张角铺、土鱼塘、三佛坝。[①] 其中施南司霸占的小关、石虎关等地就自置有石虎土司。容美土司也曾有过霸占卫所土地的记录，今五峰县的长茂司地区，原名为长茅关，属长阳县地，明廷设指挥一员，以镇压土司为己任。明天启年后，此地为容美土司所并，自设指挥使司，隶五峰司。

除了侵占卫所辖地，土司对汉地的侵占也很频繁。今渝东南彭水县郁山镇一带，自古产盐，明末清初就曾被鄂西、渝东南诸土司多次侵占。民国《彭水概况》称其，“自甲申后窃掠邑境，习以为常”。崇祯十七年（1644），忠路土司即“劫掠郁民千余而去”，顺治四年，酉阳、忠路、唐崖、大旺等土司占据采芹城，直到康熙四十三年忠路土司还袭占了安乐坝等地。[②] 但在土家族诸土司中，侵占汉地最多的还数容美土司，对所侵占的土地，容美土司自置小土司进行管辖。如玛瑙寨垅长官司，位于今鹤峰下坪乡的马老头村和栗子坪寨垅村，是明末时期容美土司侵占清江以北地区后自置土司，以刘氏为长官并世袭。[③] 容美土司辖下与此类似的自置土司共有 27 个。

（三）土司分化自置型

明清两朝对土司承袭有明确规定。《明史》卷七十二载：“其子弟、族属、妻女、若婿及甥之袭替，胥从其俗。”一般情况下，土司实行的都是“父死子继”的嫡子继承制，在无子的情况下，也可以“兄终弟及”、“妻妾继袭”或者“族属袭替”。但是，由于各土司子嗣往往众多，在某些特殊情况下，往往发生争袭的情况[④]，并容易导致土司发生分化，产生自置土司。如上述中峒土司，即是由柿溪土司分化而来，且未得明廷承认。而

---

① 鄂西土家族苗族自治州民族事务委员会编《鄂西少数民族史料辑录》，内部资料，1986，第 165 页。

② （民国）柯仲生：《彭水概况》，1940，第 43 页。

③ 祝光强、向国平：《容美土司概观》，湖北人民出版社，2006，第 124 页。

④ 莫代山：《明清时期土家族土司争袭研究》，《贵州社会科学》2009 年第 6 期。

桑植土司下属有土知州三、长官司六，但明政府均没有承认，入清后也没有得到清王朝的授职，且有名无地，只能理解为桑植土司为了平衡宗内利益之争，而私立名号。

三　自置土司的社会治理

明清时期，土司除对中央王朝有守境、奉征调和贡赋税等义务外，还必须在承袭、入汉学等方面受到中央王朝的制约。在土司辖区内，土司是辖区土地的名义拥有者，享有充分的自治权。自置土司虽未得到中央政府的承认，但他们或是大土司自立的宗支，或是土司宗支从内部脱离而自立，抑或是土酋因势力强盛而自立。这些自置土司对土司社会结构和社会治理方式无比熟悉，因此，往往模仿土司对辖区进行社会治理。从现有文献看，主要表现在以下几方面。

一是自置土司都设置有土司衙署。如京洞土司衙署遗址位于今黔江区金洞乡金洞村一组，现称为衙门田，尚存石磉磴一个，农民犁田时还不时翻出碎瓦残砖。[①] 卯峒土司不同时期曾在老司城、天井坝、截盗河和水护坪四处地点建立土司衙署。[②] 独立长官司衙署位于酉阳灵姑老寨。白溢寨土司帅府遗址，又名寨洞，位于五峰县采花乡白溢寨海拔 2160 米的白岩处，明末清初土司唐镇邦为田双云营建。土司衙署是土司居住和发布政令的地方，并设有监牢等强力机构。如酉阳“独立长官司”不仅设置有土牢，还有夹棍板子，“外制夹棍板子，土牢拘禁，野民感畏交集，无不悦服”。[③]

二是自置土司依托宗族进行社会管理。白象自立为独立长官司后，即分派其兄弟白麒常驻衙署西部荷叶坪，白麟留守河东一带，三房子孙相互配合直至改土归流。[④] 卯峒土司内部权力架构更为复杂，其中权司、总理、中军为最高等级官员，第二等级为中军，中军下设有五营，每营都设有总

---

① 黔江区政协文史委员会编《黔江文史资料》，内部资料，1988，第 43 页。

② 张兴文等：《卯峒土司志校注》，民族出版社，2001，第 7 页。

③ 四川黔江地区民族事务委员会编《川东南少数民族史料辑》，四川民族出版社，1995，第 325 页。

④ 四川黔江地区民族事务委员会编《川东南少数民族史料辑》，四川民族出版社，1995，第 326 页。

旗。以上官员只能由土司兄弟子侄担任。只有总旗以下的旗长、旗鼓、千总、把总这些职位，异姓才有资格担任。另卯峒土司宗支共有五房，五房下面还设有佥事、巡捕、署事、马杵等职位，这些职位也都由各房直系亲属担任。[①]

三是自置土司大多有自己的土兵。卯峒土司设置有五营，实行的是寓兵于农的兵制，“惟农力穑，兵则捍卫，分之为二，舍之则一。盖司内之兵农，异各而同实者也”。[②] 独立长官司从嘉靖二年（1523）召集田、彭、何、鲁、吴、石六姓“充丁服役”，万历四十七年（1619），白再连、白再浩率司内土兵随酉阳土司一同援辽，战殁。[③] 绝大多数明代自置土司的土兵都有曾跟随明廷征战的记录，如中峒土司曾于嘉靖三十四年（1555）随桑植土司调征倭寇。[④] 为获得明廷承认，两江口长官司曾于正统、成化、弘治年间数次被征调，并屡立战功。

四是部分自置土司很注重辖内农桑和文化发展。为广开财源，卯峒土司向那吾在司内发布《广垦殖告示》，要求属民“凡有业之家，务相其有水处，概行开垦成田；即属汉地，亦须遍行耕种。且丧麻之蓄，贵取不尽而用不竭”。为督促庶民，还特别设置了农官，“以省勤惰，查其荒芜”。向同廷不仅分成人和蒙童两种类型在司内及新寨、江口设置了三所学校，而且还发布了《广修学舍告示》，所求辖地内“就近修设，俾成人、小子，各得其所”。[⑤] 在此影响下，司内覃家营、截盗河又开设了两所学校。沙溪土司黄楚昌见清初时诸司争并，且“民鲜知礼”，袭职后，“设官学，公余与多士讲肆，多所成就”。[⑥]

四　自置土司与合法土司、中央政府的关系

自置土司或环处诸合法土司之间，或处汉土交界之地，且未得到朝廷承认，为了生存，不得不审时度势，处理好与其他土司及中央政府关系。

---

① 张兴文等：《卯峒土司志校注》，民族出版社，2001，第 35 页。

② 张兴文等：《卯峒土司志校注》，民族出版社，2001，第 35 页。

③ （清）冯世瀛、冉崇文等：《酉阳直隶州总志》，巴蜀书社，2009，第 409 页。

④ 龚荫：《中国土司制度》，云南民族出版社，1992，第 1215 页。

⑤ 张兴文等：《卯峒土司志校注》，民族出版社，2001，第 35 页。

⑥ 鄂西土家族苗族自治州民族事务委员会编《鄂西少数民族史料辑录》，内部资料，1986，第 154 页。

（一）与合法土司的关系

一是自置土司需要在一定范围内得到各合法土司的默认。如漫水土司，同治《来凤县志》载其与卯峒、百户土司同宗。明太祖时，与荆南十八土司“换印信，各司其土”。[①] 亦即得到鄂西南十八个土司的承认。如柿溪土司将其辖土裂分为三，分置上峒、中峒、下峒三长官司，且上峒、下峒二长官司还得到了明廷的承认，这一做法必然要得到其上司桑植土司的首肯。又如容美土司于明末清初自置的数十个土司，不仅要得到容美土司的确认，还要得到周边相邻的桑植土司、东乡土司等的尊重，否则不可能维持数十年之久。

二是自置土司要通过婚姻等形式寻求合法土司的庇护。独立长官司白氏与保靖彭氏土司和酉阳土司冉氏长期保持婚姻关系，白氏在入酉阳后四代人均娶彭氏为妻，在立足之后，又世代与冉氏联姻。对此，白氏《南阳氏族谱》记为“土司势孤，因与我祖联姻，永远和好，世代亲睦”。酉阳土司第22代司主冉奇镳之妻白氏夫人还曾于万历、天启年间分别被征调“援辽”和平定“奢安之乱”[②]，与秦良玉并称为土家族女英雄。卯峒土司东与永顺土司接壤，西、南与酉阳土司接壤，为了维持关系，长期与此二土司联姻。《卯峒司志》有载的14个土司夫人中，4个来自永顺彭氏，7个来自酉阳冉氏，对此族谱记为“当时雄视一方者，东莫如永顺，南莫如四川之酉阳，虽属婚媾，亦即仇雠”。[③] 又如两江口土司自保靖土司分立出来后，为求自保，与永顺土司联姻，正德十四年（1519），永顺土司彭明符助两江口土舍彭惠以兵力与保靖土司彭九霄“往复仇杀”[④] 等。

三是自置土司要抵御合法土司各种形式的侵占。万历年间，永顺土司与百户司合兵一处，意图吞并卯峒土司，卯峒土司因此丢失了绝大部分辖地，“维时，论土地则仅弹丸，编烟户不过数十”。后在司主向明廷的领导下转弱为强，经过数次大战方才收复新寨、两江口等要地。[⑤] 嘉靖四年

① 同治《来凤县志》卷二七，来凤县志办公室翻印点校本，1981，第242页。

② 四川黔江地区民族事务委员会编《川东南少数民族史料辑》，四川民族出版社，1996，第443页。

③ 四川黔江地区民族事务委员会编《川东南少数民族史料辑》，四川民族出版社，1996，第132页。

④ 《明史》卷三一〇，《湖广土司》，上海古籍出版社，1991，第874页。

⑤ 张兴文等：《卯峒土司志校注》，民族出版社，2001，第143～144页。

(1525)，永顺、保靖两土司意图吞并独立长官司，白氏在酉阳冉氏帮助下进京御控，方才躲过一劫，“永顺、保靖强征我大、小两江入楚，我祖不服，随带把总何茂开进京御控……绘图审讯，判明疆界，立碑为定，自消争夺……由是大小两江始归川省”。[①] 而明永乐十一年（1413）京洞土司何氏被酉阳第 12 代土司冉兴邦所灭，原因也是因冉兴邦时酉阳土司实力大增，向四周扩张领土。

（二）与中央政府的关系

一是自置土司为求得中央政府的承认，在征调、贡赋等方面格外积极。在笔者收集的自置土司资料中，有大量被征调立功的记载。在征两广、倭寇、播州杨应龙、奢安之乱、贵州苗叛、援辽、镇竿苗、平定大小金川、江津苗等明朝大小战役中，都有大量自置土司参战。如据咸丰县《秦氏族谱》载，活龙土司从明洪武年间开始，就分别奉调参与了平向天福叛乱、平蜀、讨四川江津亶甫之乱、安邦彦叛乱、奢从明之乱、守夔州等多次战役。《明史》明确有两江口土司彭武“正统中随征有功”、彭世英“从征贵州”[②] 的记载。除征调外，自置土司还想通过向朝廷贡赋方式得到承认，有的自置土司还因此受罚。如卯峒土司向景春曾于嘉靖十一年（1532）进贡两次[③]，两江口长官彭胜祖于明成化十五年（1479）违例进贡，众官商议觉得“宜逮问”，明宪宗仅“命镇巡官谕之”。[④]

二是中央政府对自置土司名义上严格禁止，但实际上是放之任之。对于鄂西南土家族地区自置土司现象，明廷早有发觉，《明实录》有“施州卫所辖十四土司官舍应袭俱令赴部，迩因卫官交通奸徒诱引，率皆私擅名号、无所顾忌，请严行抚按守臣访治，凡诸土司应袭官舍必先白该道院，始许理事”[⑤] 的记载。《明史》有“其擅立名号者，请严治，并令兵巡道每岁经历施州，豫行调集各官舍奖谕，令赴学观化”[⑥] 的规定。但是，土家族土兵作战勇猛，且自置土司为了获得承认又踊跃参与各种军事征调，

① 四川黔江地区民族事务委员会编《川东南少数民族史料辑》，四川民族出版社，1996，第 336 页。

② 《明史》卷三一〇，《湖广土司》，上海古籍出版社，1991，第 874 页。

③ 张兴文等：《卯峒土司志校注》，民族出版社，2001，第 137 页。

④ 《明史》卷三一〇，《湖广土司》，上海古籍出版社，1991，第 873 页。

⑤ 《明穆宗实录》卷五三，台北中研院，1982 年翻印本。

⑥ 《明史》卷三一〇，《湖广土司》，上海古籍出版社，1991，第 873 页。

在明末乱世动荡之际，明廷不得不睁一只眼闭一只眼，对自置土司行为放之任之。

三是个别自置土司还因为各种原因最终获得了中央政府的承认。早在明正统年间，两江口就因为战功被授予“两江口长官司”，只是因为保靖土司的反对而没有得授印署。此后，两江口又多次被明廷征调，且与保靖土司连年仇杀。最终，在正德年间由都御史吴廷举勘处，令保靖土司彭九霄出价购买两江口故地大江右五寨，但仍在大江左二寨设立了大喇巡检司，由两江口原土司彭惠以土舍名目协理巡检事宜。[①] 两江口也正式得到明廷承认。清王朝建立后，一些自置土司因为归附时间较早、态度较诚恳，也得到了清廷的承认，从而转为合法土司。如卯峒土司、沙溪土司、漫水土司，早在康熙四年即归附清廷，分别得授长官司、安抚司、宣抚司，实现了由自置土司向合法土司的过渡。

四是在雍正年间土家族地区大规模改土归流过程中，所有自置土司都与合法土司一同改土归流。容美土司所私设的 27 个土司，在康熙三十年（1691）后，逐步被原所属县收回。百户土司，与鄂西十八土司一道接受改土归流，其土司还被迁移安置在孝感县。[②] 酉阳独立长官司“清政敷布四方，人治概归酉阳（县）统属，（酉阳）土司亦卸其权，我族惟有虚卸而已”。[③]

① 《明史》卷三一〇，《湖广土司》，上海古籍出版社，1991，第 874 页。

② 同治《来凤县志》卷二七，来凤县志办公室翻印点校本，1981，第 244 页。

③ 四川黔江地区民族事务委员会编《川东南少数民族史料辑》，四川民族出版社，1996，第 326 页。

清代的边境土司与边疆秩序的维护

——以云南孟连土司为个案的分析

张　宁
（复旦大学）

摘　要　本文以孟连土司为中心，从孟连土司与王朝中央以及地方官员的关系、与周边土司及政权的关系、与领地内傣族和山地民族的关系三个层面来展现王朝权力在当地的运作，说明了清王朝在孟连土司地区的秩序维护受到诸多因素的影响，其中充满了变数，只能是一个动态的平衡。

关键词　孟连土司　王朝权力　边疆秩序

维持边疆秩序的稳定是一个国家边疆治理最重要的目的，因为边疆稳定关系着国家政权的稳定。本文关于孟连土司的个案研究是在区域视角下通过剖析国家制度在边疆区域的具体运作，阐明清王朝权力在孟连地区的存在所受到的多种影响因素，进而说明王朝对于边疆秩序管控的复杂性。

孟连土司位于云南西南部，西邻缅甸，在清代的辖境东到澜沧江，北到小黑江，南至缅甸丙海山，卡瓦山①，相当于今天云南省澜沧、西盟、孟连三县。孟连土司辖区地理形势闭塞，北部和东部都有江河（小黑江和澜沧江）与内地隔开；西部又有更为原始的卡瓦大山，山中有强悍的佧佤族，几乎独立于各方势力之外。在清初，周围的车里、威远、猛缅、猛猛等土司将孟连土司与云南省流官政区隔离开来。这样封闭的地理形势削弱了清王朝和缅甸两大政权对孟连土司的控制力。孟连土司辖区的交通也不

① 尤中：《中国西南边疆变迁史》，云南教育出版社，1987，第263～270页。

利于外部势力的进入，到民国年间，还有这样的描述：

> 万山丛中，道路崎岖，一遇天雨，泥深数尺，虽牛马亦不能通行，因之行旅往来，皆在冬春两季，一至夏秋，不惟商旅裹足，即县署居民，亦皆关门□□，度其鹿豕生活，彼此不通往来，似此一年之间，竟以半年光阴掷之虚耗。[①]

当地的气候则是中原王朝进入这一地区的传统性障碍，“澜沧为著名瘴乡，人多视为畏途，来此做工者，即所谓走夷方、下坝子之徒”。[②] 这样，辖区的地理区位、气候、交通造就了孟连土司对其两端的强大政权——清王朝和缅甸都有相当的独立性。

中原王朝在这一地区的设置始于元代，元朝在这一地区设置木连路军民总管官府和银沙罗甸宣慰司。到明永乐四年（1406），孟连头目刀派送遣使进贡，明朝始割孟定土司设孟连长官司。后麓川土司强大，兼并诸司，孟连土司叛归麓川，正统年间“三征麓川”之后，再次归附明王朝。嘉靖年间“孟连与孟养、孟密诸部仇杀数十年，司废”[③]，孟连土司与明王朝的关系再次中断。万历十三年（1585），平定陇川岳凤之乱，孟连土司归附，复设孟连长官司。明末，为缅甸所侵，孟连土司附缅。清代以前中原王朝对孟连土司控制很薄弱，进入清代以后，虽然控制力有很大加强，但王朝对其始终没有像对内地土司那样的绝对控制力。

孟连土司是典型的边境土司，它为我们研究清王朝对于西南地区边疆秩序的维护提供了一个很好的个案，而且清代关于西南边疆的文献资料的丰富程度足以支撑这一个案研究。下面我们就以孟连土司为个案展开论述。

一　从脱离到内附

明末，中原王朝衰弱，云南沿边许多土司被缅甸新崛起的东吁王朝所

① 熊光琦：《开发澜沧全部与巩固西南国防之两步计划》，《云南边地问题研究》下册，云南省立昆华民众教育馆，1933，第22页。

② 熊光琦：《开发澜沧全部与巩固西南国防之两步计划》，《云南边地问题研究》下册，云南省立昆华民众教育馆，1933，第20页。

③ 《明史》卷三一五，《云南土司·三》，中华书局，第8142页。

击破，一些土司被缅甸直接兼并，如明代的三宣六慰中，有五个宣慰司被缅甸兼并；一些土司不得不暂时臣服于缅甸，向缅甸进贡，如车里土司对缅甸进贡“花马礼”，接受缅甸的册封。[①]

在缅甸王朝的连年攻扰之下，孟连土司也未能幸免，“内孟琏长官司原系属夷，颁有印信，岁输差发，后因莽酋（作者按：莽酋即缅甸国王莽氏）猖獗，遂尔外附”[②]，“天启二年（1622）三月，阿瓦破之（作者按：孟连土司），会洞吾伐阿瓦，阿瓦乃退”。[③] 当时，孟连土司也要向缅甸进贡“花马礼”。[④] 此时的孟连土司已脱离中原王朝控制，主要受到缅甸的影响。

顺治十八年（1661），清军底定全滇时，处于偏远地带的孟连土司同明末被缅甸兼并的诸土司一样，没有主动归附清军，这可以从成书于康熙三十年（1691年）的《云南通志》看到。在康熙《云南通志》的土司志中列出当时未归附的明代诸土司，注明“以上诸土司旧志所载，本朝未经授职，附录备考”[⑤]，而孟连土司就在其中。

当时孟连土司与缅甸的关系，清王朝很清楚，“云南孟连土司地方，逼近永昌，属隶缅国”[⑥]，但清王朝为什么对孟连土司服属缅甸的行为采取放任的态度？这与当时清王朝国内形势有关。清王朝立国初期，在解决了永历皇帝的残余势力之后，在西南主要执行一种安边保疆的政策，以维持西南边疆稳定集中精力解决国内其他更为迫切的事务。[⑦] 在安边保疆的政策下，清王朝对于明末以来在云南所形成的边疆形势采取默认的态度。这样，对孟连土司外属缅甸的纵容也在情理之中。当时缅甸东吁王朝也开始衰落，停止了对外的大规模征伐，它对孟连土司的影响力在减弱。所以，孟连土司在此时应该具有很强的独立性，如果没有强大的政治和军事压迫，它是希望一直维持现状的。

---

① 杨煜达、杨慧芳：《花马礼：16～19世纪中缅边界主权之争》，《中国边疆史地研究》2004年第2期。

② 《神宗实录》万历十四年三月癸卯，《明实录》第55册，第3130页。

③ （明）刘文征撰，古永继校点，天启《滇志》，云南教育出版社，1991，第992页。

④ 杨煜达、杨慧芳：《花马礼：16～19世纪中缅边界主权之争》，《中国边疆史地研究》2004年第2期。

⑤ 康熙《云南通志》卷之三七，《土司》，国家图书馆藏民国本，无页码。

⑥ 《朱批鄂太保奏折》（原抄本）第四卷，国家图书馆缩微中心，2005，第144页。

⑦ 杨煜达：《清朝前期（1662～1765）的对缅政策与西南边疆》，《中国历史地理论丛》2004年第1期。

孟连土司在康熙四十八年归附清王朝，根据《清史稿》记载，康熙四十八年，孟连土司“刁派鼎贡象，归附，授宣抚司世职”。[①] 这一事件也得到《孟连土司亲供册》的证实。[②] 为什么孟连土司在康熙四十八年时突然归附，史料中没有明确记载，我们只能从一些间接史料中找到蛛丝马迹。

根据孟连土司自述的傣文史料记载，当时孟连土司境内著名的募乃银厂，开采正旺，云南省地方官员贪图募乃银厂矿税，主动“派人送委任书，给刀派鼎（作者按：孟连土司）继位”，并要求孟连土司缴纳矿税。[③] 而汉文史料中正好也有对此事的记载，“其（作者按：孟连土司）地募乃银场，旺盛三十余年，故汉人络绎而往焉。先是，署总督张文焕遣辕下官去，意有所在，刀酋设等限而见之，且席之地，如待下属礼，又缚数人于前斩之以示威，各与以酒，各给银一饼，曰：‘好归，毋再来也。’差归，陈状，文焕遂不复言募乃矣”。[④] 由此我们可以得知康熙四十八年孟连土司的内附可能是由云南少数地方官员的逐利行为促成的，而不是孟连土司的主观意愿。此时王朝对孟连土司仍然没有管控能力，“该土司止上差发银四十八两，交永昌府转解，此外一切公事，即奉牌谕，亦不遵照”[⑤]，孟连土司对王朝的内附仅是名义上。

孟连与王朝关系疏远的状况在雍正滇南的改土归流期间开始改变。雍正年间，澜沧江以东哀牢山区和车里土司普洱地区改土归流，这样一来，孟连土司隔澜沧江与改流区域直接相接。当时鄂尔泰不惜代价地镇压哀牢山和车里土司境内的民族叛乱，《清史稿》这样描述当时情景：

> 雍正六年（1728 年），鄂尔泰先檄车里土兵截诸江外，官兵各持斧锹开路，焚栅填沟，连破险隘，直抵孟养，据蛮坡通饷道；其六茶山巢穴四十余寨，乃用降夷向导，以贼攻贼，于是深入数千里，无险不搜。

---

① 《清史稿》卷五一四，《土司三・云南》，中华书局，第 47 册，第 14266 页。

② 方国瑜主编《云南史料丛刊》第十三卷，云南大学出版社，1998，第 157 页。

③ 云南省少数民族古籍整理出版规划办公室编《孟连宣抚史》，云南民族出版社，1986，第 9 页。

④ （清）倪蜕辑，李埏校点《滇云历年传》，云南大学出版社，1992，第 616 页。

⑤ 《朱批鄂太保奏折》（原抄本）第四卷，国家图书馆缩微中心，2005，第 144 页。

清军如此深入地剿捕活动对孟连土司造成很大的冲击，于是“孟连土司献银厂”。①

雍正八年，云贵总督鄂尔泰奏报云南孟连土司“情愿自雍正七年始，每年纳厂课银六百两，以充兵饷”，鄂尔泰以“边外酋长为应律以恭顺，原不必科其钱粮，但土夷重财，即所以重礼，若无些须上纳，转难以示羁縻”②，批准缴纳。雍正皇帝批示：“每年六百两，为数太多，著减半收纳，以昭柔怀至意。”③ 雍正在滇南地区的改土归流使得孟连土司与王朝的改流区域仅有一江之隔，孟连土司此时摄于王朝的强大势力，不得不主动向王朝靠拢。随后，孟连的内部争袭事件使王朝有机会插手孟连土司内部事务，孟连土司逐渐产生了对王朝权力的依赖。

雍正十年，孟连土司刀派鼎病故，正妻狼氏无子，妾木氏生子派春，年甫八岁，据众土目公举孟连土司之弟勐览头目刀派烈抚孤，出具甘结，呈请将派春承袭。但到了乾隆元年（1736），刀派烈被应袭土司刀派春之舅刀派佑袭击杀害，刀派烈之子刀派永向云南地方官员求助，但刀派佑声称是因为抚孤刀派烈毒死前土司刀派鼎，谋权篡位，才将刀派烈杀害。乾隆四年，王朝徼调双方到昆明对质审问，刀派佑自愿认罪伏法，王朝将刀派佑羁留昆明，待刀派春长成胜任土司再行放回。但随后几年，以刀派佑之子法朗募为首的孟连河西土目和以刀派永为首的河东土目，仇怨未释，仍然争杀不断，应袭土司刀派春没有任何威信和势力，只能避居募乃银厂，刀派春只能请求王朝再次介入。乾隆九年，王朝派人召集敌对双方互相赔偿损失消除仇怨，并派兵到募乃护送刀派春回孟连驻地，扶持土司正式袭职，这场长达十几年的土司争袭事件才告结束。④

在这次争袭事件中，孟连土司刀派春完全依靠王朝力量承袭土司职位，这使得王朝权威在孟连土司内部得到空前提高。孟连土司也因此对清王朝产生了依赖感，从这以后，孟连土司与王朝建立了基本稳定的隶属关系。

---

① 《清史稿》卷五一四，《土司三·云南》，中华书局，第47册，第14257页。

② 《朱批鄂太保奏折》（原抄本）第三册，国家图书馆缩微中心，2005，第144页。

③ 《世宗宪皇帝实录》雍正八年九月壬辰，《清实录》第8册，第7305页上。

④ 《张允随奏稿》中记述了几乎整个事件的处理过程（《云南史料丛刊》第8卷第571～573页、658～660页、663～662页、718～719页）；其他记载还见于《清高宗实录》乾隆五年三月丙辰、乾隆六年二月乙丑。

孟连土司从与中原王朝脱离的独立状态到主动向清王朝归附并建立稳定的隶属关系，在这一过程中，清王朝势力向滇南的延伸起到了关键作用，孟连土司争袭为王朝进一步加强其在当地的影响力提供了契机，个别地方官员的逐利行为也是王朝权力在边疆存在的一种形式，对加强王朝在边疆的影响起到部分作用。当王朝势力在滇南削弱时，孟连与王朝的关系会出现相反的走向，这在1856～1873云南回民起义期间表现最为突出，孟连土司与王朝的关系一度中断，因为战后岑毓英的奏折有这样的记载，"干崖、陇川、南甸、孟连各宣抚使、遮放、盏连各副宣抚使、芒市安抚使，皆未照卯占袭，甚至如孟连、勐卯二处，杳无音问"。[①]

二　错综复杂的利益网络

滇缅边界的各傣族土司与缅甸、暹罗之间以及各土司之间都存在密切关系，他们根据各自的利益或相互对立战争，或进行政治联姻，这种错综复杂的关系构成了王朝权力之外另一个复杂的利益网络。

处于滇缅边区的孟连土司是王朝势力延伸的边缘地区，明王朝对于这一地区控制很松散，因此这一地区受缅甸影响很大。在明代后期，孟连土司与很多滇缅边区的土司一样被迫臣服于缅甸，向缅甸进贡并接受缅甸册封，如孟连应袭土司刀派功称，"缘孟连始祖罕把法系缅甸国王第十子，每遇故替，必将缅国所赐象只及金银镶刀盒等物交还，复赐新物"。[②] 到清代，缅甸对于孟连土司的影响依然很大，孟连土司仍延续着明代形成的与缅甸的传统交往关系。

孟连土司与缅甸王朝交往的重要内容之一就是向缅甸进贡"花马礼"。花马礼，所谓花即是花银，马即是马匹，也就是每年给缅甸王朝送一定数量的银和马匹作为代表的礼物。在清代，孟连土司长期保持着对缅甸王朝进贡"花马礼"，如在乾隆中缅战争前夕，缅甸派人到孟连来索贡，当时孟连应袭土司刀派先的供述："有莽子数十人送伊兄刀派新来连坐索礼

---

① （清）岑毓英：《岑毓英奏稿》第一册，广西人民出版社，1989，第394页。

② 《木匪节略》，军机处录副奏折7643—32，中国第一历史档案馆藏，转引自《花马礼——16～19世纪中缅边界主权之争》，载《中国边疆史地研究》2004年第2期。

物”，孟连土司为避免麻烦，向其送了马匹银两，故暂时没有受到骚扰。[①]乾隆中缅战争以后，这种关系仍然延续，如傣文史料《孟连宣抚史》中记载，“孟连不仅欠缅甸的贡银，也欠天朝的贡银。缅甸在年关时节来催逼，每户‘哈曼’（即五钱银），没有办法”。[②]为了免受缅甸的骚扰抢掠，“花马礼”成为孟连等滇缅边界土司应对缅甸势力的一种策略，等于花钱免灾。[③]

孟连土司与缅甸王朝另一重要交往方式是接受缅甸的册封授职。历史上，中央王朝对于傣族土司的册封成为其统治权威的重要来源，但是在中央王朝册封的同时，往往还存在着缅甸王朝的册封授职，缅甸的册封对这些土司的权威也有一定影响。缅甸要求云南沿边土司进贡并给予册封的传统来源于明朝后期缅甸东吁王朝对这些土司的征伐，到清代，孟连土司仍然延续着接受缅甸册封授职的传统，我们在傣文史料中可以看到很多关于孟连等土司进贡缅甸王朝接受册封授职的历史记载。例如傣历一一七九年（1817）孟连土司去世，“车里、孟连、景栋（作者按：景栋即当时的缅属孟艮土司）头人又派他两兄弟（作者按：孟连土司两个儿子）去拿大印，哥哥召顿去勐安瓦（作者按：当时缅甸都城阿瓦），弟弟召砍梭去昆明。这时召砍梭上去到勐戛（作者按：勐戛即威远厅所属勐戛土司，去往昆明要经过威远厅），就做了当地的姑爷了。召砍松去到勐安瓦，得了大印，时在（傣历）一一八〇年（1818），得印后即回孟连当土司”。[④]由于缅甸的册封对于土司巩固自身政权是有利的，所以他们经常是很乐意接受这种册封，例如车里土司刀士宛于乾隆四十二年袭位，到乾隆五十五年，缅甸派人招士宛，“士宛甚喜，乃派诏蕴至缅，请求缅王委给刀士宛为缅方宣慰使，缅王许之，并发委状”。[⑤]

王朝对于孟连等边界附近土司与缅甸的这些交往实际上是很清楚的，

---

① 故宫博物院故宫文献编辑委员会编《宫中档乾隆朝奏折》，第27辑，乾隆三十年十二月二十七日云南巡抚常钧奏折。

② 云南省少数民族古籍整理出版规划办公室：《孟连宣抚史》，云南民族出版社，1986，第22页。

③ 杨煜达、杨慧芳：《花马礼：16～19世纪中缅边界主权之争》，载《中国边疆史地研究》2004年第2期。

④ 《孟连傣族历史》，载中国科学院民族研究所云南民族调查组、云南省民族研究所合编《云南省傣族社会历史调查材料：孟连沧源和金平傣族地区》（九），1963，第9页。

⑤ 李拂一译《泐史》，《云南史料丛刊》第五卷，云南大学出版社，1998，第587页。

如云贵总督鄂尔泰在雍正八年的奏折中讲到，“该土司（孟连土司）虽内输厂课，仍外属缅酋，未经颁给印信，与内地各土司不同”[①]，这里的“外属缅酋”应该是向缅甸进贡并接受缅甸册封的事件。王朝对此之所以采取默认的态度，从根本上是由于王朝对边境地区的控制力尚不足以完全保护土司地区免受缅甸经常性的骚扰。[②] 例如，嘉道年间缅甸和暹罗的战争波及边境地区的车里和孟连两土司，缅甸会经常性的入境骚扰，但王朝应对乏力，这使得车里等土司地区长期的动乱。[③] 因此，王朝只能在保证边境土司归属的前提下默认土司对缅进贡。

傣族土司与其周围土司贵族之间存在着经常性的联姻通婚关系，人类学家埃德蒙·利奇在其《缅甸高地的诸政治体系》中认为掸人（傣族）王族之间通婚是政治性联姻，这种联姻可以为袭职的新任土司赢得外部势力的支持，或者是结成政治联盟。[④] 孟连土司与周边的车里、孟艮[⑤]、耿马等土司都有联姻通婚关系，尤其是车里、孟连、孟艮三土司频繁的联姻关系，如 1864 年、1870 年、1888 年孟连与孟艮土司连续进行政治联姻，这反映了历史上孟连与孟艮土司联姻关系的频繁程度。[⑥] 在不断的政治联姻下，孟连土司和周围的土司经常保持政治联盟的关系，这种政治联盟关系是维持和稳定土司统治的一个重要因素，如“嘉靖十九年（1540），王叔刀派汉，杀害孟连第十一世傣王刀强真篡位自立，因勐允等地的召勐不服刀派汉，为了扫平障碍，孟连土司刀派汉请孟艮月出兵增援。于是，孟艮出动兵马二万、大象十只，在刀派汉的率下围攻勐允”。[⑦] 孟艮土司帮助孟连土司巩固了其统治地位。

这种政治联姻关系，代表着土司之间相互的援助责任。嘉庆十年（1805）孟连土司出境援助孟艮土司抗击暹罗戛于腊的攻击，结果身死境

---

① 方国瑜主编《云南史料丛刊》第八卷，云南大学出版社，1998，第 658 页。

② 余邦定：《中缅关系史》，光明日报出版社，2000，第 195 页。

③ 道光《普洱府志》卷一三，《武备志》，国家图书馆馆藏，无页码。

④ 〔英〕埃德蒙·R. 利奇：《缅甸高地诸政治体系》，杨春宇、周晓红译，商务印书馆，2011，第 206 ~ 209 页。

⑤ 在清代，孟艮是缅属土司。

⑥ 召罕嫩：《孟连与孟艮的关系》，载德宏州傣学学会编《中国·德宏·云南四江流域傣族文化比较国际学术研讨会论文集》，德宏民族出版社，2005，第 132 ~ 138 页（作者为孟连土司贵族的后代）。

⑦ 召罕嫩：《孟连与孟艮的关系》，载德宏州傣学学会编《中国·德宏·云南四江流域傣族文化比较国际学术研讨会论文集》，德宏民族出版社，2005，第 132 ~ 138 页。

外，丢失大印。[①] 傣文史料中这种记载更多，如傣历一一九五年（1833）孟连和蕣冷发生战争，孟连不敌，车里土司帮助孟连土司抵抗，事后孟连土司重金答谢。[②] 与境外土司联姻意味着，对外的政治义务，虽然清朝政府已经有了近代民族国家的边界意识，对土司有严格要求不许越境滋事，但边境土司对此并不理解，边境土司与境外土司的联姻往往会给王朝带来麻烦。土司之间的政治联姻还会导致土司内部争袭的产生，会威胁到土司统治的稳定，有时还会引入境外势力介入争端，从而给中央王朝带来麻烦。例如雍正十年（1732）孟连争袭中河西土目引入孟养兵将土司代办刀派烈杀死，孟连土司夫人就来自孟养，河西土目是土司夫人之弟。

由以上我们可以看出，边疆土司作为利益主体，在边地复杂的政治生态中，为维护自己的利益，必然结成复杂的关系网络。这种关系网络，不能简单用现代国家观念去理解。实际上是与当时边地复杂的地理环境、历史渊源和政治形势相关的。这种状况体现的是王朝对边疆控制的不足。王朝对孟连土司种种行为的态度体现了王朝对西南边疆的一贯战略思考：以边疆的稳定为本。在这种关系并未实际损害到这一基本战略追求的时候，条件未成熟则采取暂时的容忍态度。

三　坝区与山地：族群间的秩序

滇西南地区民族成分复杂，有摆夷（傣族）、倮黑（拉祜族）、窝泥（哈尼族）、卡瓦（佤族）、蒲蛮（布朗族）、崩龙（德昂族）等多个民族，这些民族按居住地的地形和生产生活方式可分为两类，即坝区民族和山地民族，坝区民族主要是傣族，其他民族基本上是山地民族。

傣族主要生活在坝区，以种植水稻为生。傣族社会发展水平较山地民族要高，基本上已经进入封建领主制社会，形成了一套比较成熟的政权组织方式，出现傣族小邦国。孟连土司就是典型的傣族土司，其政权组织方式遵循傣族传统的封建领主制。孟连土司在辖区内，被称为“召贺罕”，意为“金色王宫之王”，他在辖区内是至高无上的王，辖区全部土地归其所有。除了直辖一部分村寨外，孟连土司会分封自己的亲信到各地进行统

① 《仁宗睿皇帝实录》嘉庆十年七月癸亥，《清实录》第 29 册，第 31169 页下。

② 《孟连傣族历史》，载中国科学院民族研究所云南民族调查组、云南省民族研究所合编《云南省傣族社会历史调查材料：孟连沧源和金平傣族地区》（九），1963，第 10 页。

治，分封一般以坝子为单位，一个或几个坝子称为一个“勐”，这个坝子及其周围地区就成为被分封贵族的领地。通过这种方式，孟连土司实现了对辖区内傣族的统治，这也是傣族土司统治本民族的一般方式。[①]

山地民族主要生活在山区和半山区，除了一部分窝泥采用梯田种植水稻外，其他民族很多都采用刀耕火种的方式种植一些旱稻或旱谷，一些民族还兼及采集、狩猎等辅助生产方式，例如澜沧县糯福地区布朗族，“过去都是山地，没有水田，人们以种植旱稻为主，实行刀耕火种，每片旱谷地耕种 1 年后即抛荒 12 年，待树木成林再行砍种，以保持地力。”[②]

山地民族与坝区傣族在生产方式上多有互补，这就形成了他们之间相互依存的关系，云南民族史研究学者苍铭对此有这样的表述：

> 由于边疆民族生态分布的差异和文化的差异，使民族间在生产上有着自然的分工，自然分工又使不同民族有着相互可供交换的特色产品。这种差异和自然分工，又可归结为山地和坝区的差异和自然分工，表现为山地民族和坝区（低地）民族经济上的相互需求和依存关系。[③]

对于山地民族来说，主要是去交换坝区傣族所生产的粮食，因为农业技术的落后，导致农产品不能供给全年食用，例如澜沧县拉祜族所在的山区，“本类地区每年至少有 80% 的人口缺粮 6 个月。在缺粮期间，采集野生植物便成了获得食物的重要来源。拉祜族农民在追述新中国成立前的生活状况时常说：‘我们过去的生活，就是追山和找蜂子’”。[④] 在这样的情况下，山地民族要靠与坝区傣族的交换才能满足生存需要，另外，还要交换傣族地区所产的盐、农具等生产生活必需品。坝区的傣族所需的青靛、茶叶、山货以及畜牧产品则需要从山地民族那里获得。这样，就形成了一种互通有无，相互依存的关系。不过，从总体上来说，山地民族对于这种与坝区的物质交换的依赖要更强。

因此，面对傣族更为成熟和强大的政权组织，山地民族只能在政治上

---

① 晓根：《中国少数民族行政制度》，云南大学出版社，1999，第 368 ~ 375 页。

② 《澜沧县糯福区布朗族社会历史调查》，载《布朗族社会历史调查》（三），民族出版社，2009，第 39 页。

③ 苍铭：《云南边地移民史》，民族出版社，2004，第 152 页。

④ 《拉祜族简史》编写组：《拉祜族简史》（修订版），民族出版社，2008，第 57 页。

屈服于傣族土司，向傣族土司缴纳一定贡赋，来维持两者间的政治经济关系。例如，新中国成立后的社会历史调查中记载孟连土司向下辖的糯福拉祜族村寨收取贡赋有：门户钱每户半开 1.5 元；火炉钱，每户半开 0.5 元；山水钱，每户半开 0.5 元。[①] 而孟连土司则利用倮黑原有的基层社会组织将其纳入自己的封建领主制统治之下。

关于倮黑社会组织形式比较确切的记述是50年代民族调查资料，据此我们可以了解倮黑最基层的社会组织形式。倮黑最原始最基层的是卡些卡列制度，“卡”是拉祜族早期社会组织的基本单位，原意是由血亲组成的大家庭公社，后来逐渐演变成地缘聚落的名称，“卡些”是地缘聚落村寨的行政首领，即头人，“卡列”是卡些的副手，“卡些卡列”掌管村寨的政治经济大权，处理对内对外各种事务。最初卡些卡列制度仅是一种社会组织管理制度，政治统治的作用很小，卡些卡列由全体村寨成员选举产生，无任何特权，但后来在土司或政府的强大外部压力作用下，卡些卡列被纳入封建领主制统治体系中，成为土司统治的工具。[②]

孟连土司将境内倮黑所处的山区分为若干个“圈”，“圈”设有傣族的召圈（圈官）管理。新中国成立初期，在澜沧县糯福地区的拉祜族聚居区保留着完整的“圈”的行政管理体系，“糯福地区属孟连九圈中的圈海，由傣族贵族召圈海管辖”[③]，孟连土司用傣族的称号加封拉祜族的头人，改卡些为“先”（或布格），数寨或十数寨设一大卡些，傣称“先弄”（“先”为伙头，“先弄”为大伙头），这些人物都由拉祜族群众选举本族之人，由土司加以委任，数个“先弄”之上设一“波郎”（圈官），由傣人充任，再上即为孟连土司。[④] 土司加封的这些拉祜族头人主要工作是替土司向各拉祜族村寨征收山水银和贡赋。这样就形成了土司——召圈——先弄（大卡些）——先（卡些）的统治层级，通过这样的政权层级孟连土司将拉祜族的卡些卡列纳入自己的封建领主制统治系统之内。

孟连土司这种内部统治秩序也不是一成不变，到嘉庆年间，孟连土司境内的山地民族倮黑（作者按：拉祜族）发生大规模集体暴动，使孟连土

---

① 政协澜沧拉祜族自治县委员会：《拉祜族史》，云南民族出版社，2003，第 150 页。

② 晓根：《中国少数民族行政制度》，云南大学出版社，1999，第 331 页。

③ 《拉祜族简史》编写组：《拉祜族简史》（修订版），民族出版社，2008，第 60 页。

④ 《澜沧县糯福区糯福寨拉祜族社会调查》，载《拉祜族社会历史调查》（一），民族出版社，2009，第 28 页。

司的内部统治秩序崩溃。嘉庆年间，孟连土司境内倮黑暴动，主要在于王朝的驱赶围堵政策压缩了倮黑等山地民族的生存空间，而导致倮黑向孟连土司境内迁徙，并与土司争地，最终发生矛盾与对抗。在嘉庆年间倮黑的暴动中，为对抗强大的王朝和土司势力，倮黑通过改造传入的佛教建立了政教合一的政治组织，根据人类学学者马健雄对拉祜族佛教组织的研究，"拉祜族的宗教运动不仅广泛的将各村寨动员起来，同时村落头人'卡些'也能够在'佛'的名义下将社区组织起来，动员起来的不仅是政治能力和军事抵抗，村落秩序也在神权之下得以建立。以木嘎河谷为例，南栅佛祖帕的弟子被派到木嘎设立'勐糯佛'，并担任'库'（相当于乡长），勐糯佛房的和尚'帕'又训练出学生，教他们学'佛字'和'佛理'，派到各村作为佛房的管理人，因此佛房的教育体系也提供了整合意识形态的机制和组织的可能。村长卡些是全村各户的代表以占卜的形式在佛房选举出来的。""这种南栅佛祖帕——勐糯佛（库）——村佛房及村长（卡些）的三级佛区政教体制，不仅在税收、军事及日常生活中具有管理权威，而且在'佛'的名义下，社会秩序和文化意义的解释体系也得到不断的重建和诠释"。①

倮黑原有基层的"卡些卡列"社会组织被纳入拉祜化的佛教组织系统，村寨头人向佛教领袖"佛爷"负责，土司对于倮黑头人的管辖被佛教组织系统所替代，土司完全失去了对山地民族的控制力。此后，倮黑不仅脱离了孟连土司的势力，还通过佛教组织把原来分散的村寨势力组织起来形成一股强大势力，逐渐可以与土司抗衡，这就打破了王朝在滇西南边疆原有的统治秩序。

从嘉庆元年到嘉庆十八年倮黑利用佛教的统一组织发动了多次的暴动，其中嘉庆十八年是规模最大的一次，孟连土司的统治到了崩溃的边缘，王朝不得不插手帮助土司恢复秩序。在镇压了倮黑暴动以后，王朝开始任命倮黑土目，责令他们服从土司管辖，但这种管辖仅是名义上的。从这以后，滇西南以倮黑为首的一些山地民族脱离了王朝的控制，成为王朝边疆秩序的巨大隐患，这也是王朝在1888年将孟连土司辖区改土归流的直接原因。

孟连土司作为王朝的代言人，在对辖区内的傣族实行直接有效管理的

① 马健雄：《哀牢山腹地的族群政治——清中前期"改土归流"与"倮黑"的兴起》，《中研院历史语言研究所集刊》，第七十八本，2107。

同时，通过改造和利用以倮黑为代表的山地民族原有的基层社会组织，实现了对他们的间接管理。但孟连土司对领地内的这种统治秩序不是绝对化的，不仅境内像拉祜族这样的山地民族可能由于社会组织程度的提高而脱离土司管辖，而且就是土司本民族傣族的统治也会出现内部争袭现象，这些都是边疆秩序稳定的隐患。

结　论

本文以孟连土司为中心，从三个层面展现了清王朝权力为维护滇西南边境的统治秩序在当地的具体运作方式。

第一，孟连土司与中央王朝以及地方官员的关系，这在某种程度上说是一种下级与上级的关系，在这一关系中起决定作用的是滇西南地区王朝势力的大小。孟连土司是王朝势力延伸的最边缘区域，当地的地理区位、自然环境以及交通使得孟连土司具有很强的独立性，王朝对它始终没有绝对的控制权，它对王朝也就没有绝对的效忠。王朝通过征收矿税和差发银、插手土司争袭等方式加强王朝在当地的权威，以维持孟连土司对王朝的向心力。

第二，孟连土司与周边土司及政权的关系，这是作为边境土司的一种对外关系。孟连土司作为利益主体在边地构建的复杂利益网络，事实上对王朝在边地的实际控制存在着影响。在不触及王朝核心利益的前提下，这种关系事实上被容忍。但是，当边地的变动影响到土司的角色扮演，从而触及王朝核心利益的时候，王朝对边地的政策就需要重新评估，并采取相应措施。

第三，孟连土司与领地内傣族和山地民族的关系，这是孟连土司对内的统治秩序，起到王朝边疆统治代理人的角色。孟连土司对内的有效统治是王朝维持边疆秩序稳定的重要基础。

孟连土司的个案表明王朝边疆秩序的维护受到多种因素的制约，每一因素的变动都可能对王朝边疆的稳定产生影响，王朝对边疆的控制充满了变数，只能维持在一个动态平衡之中。通过对孟连土司的个案分析我们可以看出王朝对特定边疆区域控制的复杂性和特殊性，启示我们要对王朝同样的制度、政策如何作用于特定边疆地区，及其在不同地区产生效果的差异性及其机制作进一步的研究。

忻城莫氏土司传袭探析

韦嘉雅
（广西忻城县土司博物馆馆员）

摘　要　广西忻城莫氏土司始于元，兴于明，灭于清，莫氏土司是原住民族的土官。了解其产生的根源和传承史，对鉴往知来、借古鉴今有着一定的现实意义。

关键词　莫氏土司　产生　传承

广西忻城莫氏土司统治，应从明初莫保被委任为协理县事开始，到清光绪三十二年（1906）最后一任土司莫绳武被革职，实行改土归流，改由上级机构派“弹压”官来主持县政止。莫氏土司共世袭二十一世，统治忻城达四百多年。忻城莫氏土司曾为国家统一、社会和谐、民族团结发挥了不可替代的作用。

一　忻城莫氏土司族源问题

关于莫氏土司的族源问题，长期以来存在两种意见。一种认为是外族迁入，一种是原居住民族。

（一）持外族迁移的观点

持外族迁移的观点，主要是莫氏土官、官族及其后裔，其理由如下。

（1）土司莫景隆于乾隆九年（1744）编撰的《忻城莫氏宗谱》载：“裕定公讳保，协理忻城始祖也，原籍江南苏州府太仓人，生而奇俊，有志略，好善乐施，每倾囊济人危急，元至正年间，粤西蛮寇犯边，奉命随征，设计擒贼，著有功绩，授千户，屯于庆远宜山之八仙。明洪武初年，罢管兵官，籍其屯为民，遂偕子孙亲丁数人移居忻城界。”① 显然莫氏宗谱认定其始祖莫保是江南人。

（2）1936 年编纂《续修莫氏族总谱》是在乾隆九年所修的《忻城莫氏宗谱》和嘉庆年间的抄谱的基础上编写的。修新谱时还注意到史实的翔实，如发现《忻城莫氏宗谱》和抄谱所记载史实不大相符之处，皆一并记录下来，如书中说：“故今日所续修新谱，不敢遗抄本旧谱而不录，爰摘其事近于实留于刻本旧谱所载，并存以备后来有所考证，用以寄慕于追远云。”② 由此看来，忻城莫氏官族不大可能出现故意伪造祖先原籍和族属的现象。

（3）土司莫景隆于乾隆九年编撰的《忻城莫氏宗谱》载：“明宣德二年忻城瑶贼不靖，劫村庄，攻县治，官解民舍多成灰烬。县宰苏宽不事事，獞佬韦公泰相议曰：‘势迫矣，非莫保之孙未易灭此’，遂公举敬诚为土官，流官苏宽为监军。”③ 从此也可看出，如果莫敬诚也是壮人的话，就不会把韦公泰叫“獞佬”，因为“獞”是带有拿别的民族不当人看的犬字旁。

（4）忻城莫氏官族的祖宗牌位也写明为中原汉族。如厅堂神龛上的对联：“祖自江南源远流，孙从岭右世泽长”；“派衍江南延祖德，祥开芝地发孙支”，横额“钜鹿堂”。这清楚表明了他们的祖先是来自江南。

（二）认为莫氏土司原居住民族的理由

1. 两宗谱说法矛盾

清乾隆九年编的《忻城莫氏宗谱》和民国二十五年（1936）的《续修莫氏族谱》对莫氏土司的原籍及迁来粤西后的始祖及所在地方的说法有矛盾，混淆不清。

《忻城莫氏宗谱》说：“裕定公讳保，协理忻城始祖也，原籍江南苏州府太仓人……元至正年间，粤西蛮寇犯边，奉命随征……临终时，命子若孙扶归葬江南。”④《续修莫氏族谱》说：“远祖讳亮公。世居江南太仓州

① 乾隆九年《忻城莫氏宗谱》，刻本，第 4 页。

② 《续修莫氏族谱》，1936 年刻本，第 13 页。

③ 土司莫景隆于乾隆九年（1744）编撰的《忻城莫氏宗谱》刻本，第 6 页。

④ 土司莫景隆于乾隆九年（1744）编撰的《忻城莫氏宗谱》刻本，第 4 ~ 5 页。

白米巷，迄移籍来粤，开族于忻，实自公始，惟是其详无可考。据抄本旧谱推测，大概时在元初亮公由吴来粤也……寿终七十有五，初葬八仙岩。”[①] 一说始祖元至正年间莫保随征来粤，一说莫保祖莫亮元初移籍来粤西，一说莫保死后“扶梓归葬江南”，一说归葬宜山县木菜村八仙岩，等等。此外，自江南苏州府太仓州随征来粤，到底在何战役，随谁而来，却没说清。这些对其先祖来粤都是事隔二三百年之后的一种追忆之作，令人难以置信。

2. 经查证，太仓无莫姓记载，莫保来自江南太仓州与史实不符

为弄清忻城莫氏土司的来历问题，忻城县政协曾给江苏太仓县政协去函调查。1990 年 5 月 20 日，太仓县回函说：“（1）元至正间，太仓未定州，属昆山州地。至正十七年始立太仓卫，至明弘治十年建太仓州，领崇明，建苏州府。（2）查太仓志‘坊巷条’，无白米巷。水利卷有白米蹤（涂松到归庄），未闻有莫姓。（3）查太仓州志人物卷，无莫姓记述。”这表明了莫氏祖先不是江南人。

3. 从史籍资料记载来看

从隋朝至明朝千余年间，广西中部和西北部地区是莫氏族人的主要分布区。

《宋史》载，“开宝七年（974），南丹州酋帅莫洪普奉表求内附”，以后不断向宋朝进贡方物，朝廷赐给牌印，“刺史，世代沿袭”。[②]“乾道年间（1165～1173），宜州蛮莫才都为乱，朝廷谕‘降才都’”。[③] 宋绍圣年间（1094～1098）在今忻城县城关镇大韦村刻的摩崖《西山功德记》，有载：“募莫诱众缘各施一缗，省命工匠于此岩镌石佛圣像一尊……信善弟子徐多、欧阳留、廖诚、吴天锡、韦肯、莫全整、莫休、徐晟、蒙想、蒙靖、吴黄、莫佛丑、葛语、莫拗。”信善弟子共 14 人，其中莫姓就有 4 人，证明在宋代忻城县就有了许多莫姓人。

《元史》载：“至元二十八年（1291）南丹州莫国麟入觐，授国麟安抚使，三珠虎符”。[④]“至正二年（1342）庆远路莫八聚众反，攻陷南丹，左

---

① 1936 年莫氏官族莫萱莛编撰的《续修莫氏族谱》第 11 页。

② 《宋史》卷四九四《蛮夷二》。

③ 《宋史》卷四九五《蛮夷三》。

④ 《元史》卷一六《世祖本纪》。

右江等处，命脱脱赤颜讨平之”。[1]

《明史》载：“洪武二年（1369），行省臣言：‘庆远府地接八番溪峒，所辖南丹、宜山等处，宋、元皆用其土酋安抚使统之。天兵下广西，安抚使莫天护首来款附，宜如宋、元制，录其以统其民，则蛮情而服，守兵可减。”[2] 遂改庆远府为庆远南丹军民安抚司，以莫天护为同知。洪武七年（1374）置南丹州，隶庆远府，以莫天护为知州。

由此可以看出，从宋朝至明朝初年，莫氏族人在广西中部和西北部地区不但活动频繁，人数众多，而且势力强盛。元末明初走上忻城历史舞台的莫氏土官，正是生存在历朝莫姓人分布最集中的地方，我们没有理由说莫姓不是广西人而是来自江南太仓州。

4. 从对壮族地方神——莫一大王的尊奉上看

“莫一大王”是广西壮族的地方神。传说古代南丹有个莫一大王的人，生有12只眼睛，能呼风唤雨，曾降服过12个小龙王，消除水患，并为当地人办了许多好事。他想在南丹一带建立一个王国，在莲花山修建金銮殿。事传到京城，皇帝派兵来镇压，后来，莫一大王被皇帝派人抓住，并被挖掉12只眼睛，丢到河里去。莫一大王虽然死了，但南丹、庆远一带的壮族人民对莫一大王非常崇敬，把他当成心目中的英雄供奉在神台上，编故事、山歌颂扬他。忻城莫氏土司以及一般的人民百姓，与南丹的莫氏土司和百姓一样，都尊奉莫一大王。而《宋史・蛮夷二》对南丹莫氏祖籍早已作出土著的结论，忻城莫氏的祖籍似乎也毋庸置疑了。

归纳以上两种说法，就可看出，前一种说法认为忻城莫氏土司祖先是江南人，其理由似牵强附会，难以令人信服，持这种观点的主要是莫氏官族和民间的口头传说。后一种说法认为忻城莫土司是壮族，其理由是较为充分的，和历史事迹较为相符，这也是当今学术界的主要观点。

二　忻城莫氏土司的产生

在唐以前，忻城尚无建置。从唐初贞观（627～649）初年置芝州开始，到明朝初的七八百年间，忻城建制多有变迁，是州县与羁縻州县并

① 《元史》卷四一《顺帝本纪》。

② 《明史・广西土司》卷三一七，《广西土司一》。

存，流土多次反复。从明弘治九年（1496）以后到清光绪三十二年（1906），忻城土县由莫氏土司统治，忻城县建置稳定，未改变。忻城县莫氏土司能长期统治忻城并使忻城社会保持基本稳定，这和它产生的历史背景有着紧密的联系。

（一）地理位置特殊，军事战略位置重要，是兵家必争之地

全国重点文物保护单位——莫土司衙署东、西辕门门楣浮雕“庆南要地”和“粤西边隅”，这八个大字点明了莫氏土司统治时期，忻城就是庆远府南边重要的阵地。据《忻城莫氏宗谱》载，忻城土县“西三十里至罗墨渡红水河隔岸止，接思恩上林蓝迦村交界，西南四十里至定南村红水河隔岸止，接思恩府上林思吉镇腾怀村交界”。[①] 据《迁江县志》载：“洪武初，马平之三都，上林之八寨，迁江三贺水诸峒，资贼窍发，调兵征剿。”[②] 忻城土县之西为八寨之北，忻城土县之西南为八寨之东北，忻城土县北接庆远府，红水河以南是八寨义军活动频繁地区。在中国历史上，八寨义军是一支活动时间长，跨越元明清几个朝代的农民起义军。红水河就是庆远府御敌的天然屏障，不需要重兵把守，只要有一小部分兵力监视八寨义军的活动情况，一旦有战事，就可以随时调遣兵力，采取军事行动。因此，明王朝除了派南丹、河池、田阳、田东土兵到上林、迁江等地屯兵戍守外，还需要在忻城这个战略重地设置土县，建立土兵屯田戍守军事防御机构，屯戍土兵，平时务农，战时为兵，既能监视西部和西南部的八寨农民起义军的活动，又能起到稳定社会的作用。这既大幅度地降低了中央王朝治边的行政成本，又达到了其巩固统治地位的目的，因此，在庆远府忻城地区设置忻城土县是战略的需要。

（二）德高望重和有地方管理经验使莫氏重新被推上历史舞台

据《忻城莫氏宗谱》载：“裕定公讳保，协理忻城始祖也……元至正年间，粤西蛮寇犯边，奉命随征，设计擒贼，著有功绩，授千户，屯于庆远府宜山县之八仙。”[③] 明洪武初年，明太祖废除粤西庆远宜山之八仙的千户所，莫保被罢管兵官，籍其屯兵为民。于是莫保率其子孙，亲丁数十

① 土司莫景隆于乾隆九年（1744）编撰的《忻城莫氏宗谱》刻本，第138页。

② 黄旭初主编《迁江县志·列传》，成文出版社有限公司，1967。

③ 土司莫景隆于乾隆九年（1744）编撰的《忻城莫氏宗谱》刻本，第4页。

人，移居忻城。忻城设流官知县，流官莅政后，因不通壮、瑶等少数民族语言，不熟习地方风俗，无法体察民情，威不服众。当时，县境内的土民聚众时有发生，地方不安宁。由于莫保曾经是八仙屯千户，协理忻城县事，他谙熟风土民情，凡民间应酬，官场往来均能以诚相待，以义相恤，深受官民的拥戴；同时也具有比较丰富的地方管理经验，因而得到了当地民众的支持和推举，对莫氏家族来说，这是东山再起的极好时机，他不负众托，竭力前往说服调和，地方摄其威德，心悦诚服，地方一时安定平静。明王朝为巩固统治，稳定社会，于是就顺从民意，颁给印信，准予世袭。

（三）县境内的农民起义为莫氏土司重新崛起提供平台

自从莫保当上忻城县副理之后，忻城社会基本保持稳定，他在鼓励子孙努力耕种的同时，经常告诫他们不要忘记：莫氏家族曾是江左巨族，要想方设法恢复官职，光宗耀祖。明宣德二年（1427），忻城县民谭团聚众举事，致使县境骚动，流官知县苏宽究治不力，壮族头人韦公泰等人相议，认为情形急迫，“非莫保之元孙，未易灭此祸患于朝夕”。[①] 莫保玄孙莫敬诚瞅准时机，凭借着平时积累下来的威望，带着土兵深入壮村瑶寨平息动乱，保一方的平安，得到民众的拥戴，明王朝嘉奖，授予世袭土官，实现了祖辈改流复土的夙愿。自此，忻城县出现了土官和流官并存的统治局面。

弘治九年，两广总督邓延赞认为“一邑二令，权不相统”，而流官僦居府城，不莅政，白白耗费俸饷。因此，疏奏朝廷，请革任上流官丁学隆，命土官莫鲁接县印，专司忻城县事。朝廷应许，遂改忻城县为土县，由莫氏世袭为土知县。

三 莫氏土司世系传承

忻城土知县的承袭是按朝廷规定进行的，前后共二十一世，经明清两朝，持续统治忻城四百多年。现将各世土司世袭情况叙述如下。

一世莫保，生活于元末明初时期。元至正年间，因有战功，授千户于庆远宜山八仙屯。明洪武初年，被罢管兵官，籍其屯为民，遂移居忻城县

① 土司莫景隆于乾隆九年（1744）编撰的《忻城莫氏宗谱》刻本，第6页。

境，以耕种为业。不久，忻城内乱，地方不宁。流官知县未能戡乱，民众举荐莫保为副理，前往说服平息，保一方之平安，显其威望与能力。著有《力田箴》。

二世莫敬诚，莫保之玄孙。正统年间，莫敬诚奉檄平息忻城县境瑶壮农民造反和宾州八寨农民造反有功，授世袭土知县，协理忻城县事。

三世莫凤，是世袭土官莫敬诚之独子。正统年间代父征八寨、大藤峡农民起义。天顺七年（1463）始授世袭土官，给官带，但未实授。后病逝于军中。

四世莫鲁，莫凤之独子。成化二年（1466）世袭父职时，知县丁学隆僦居庆远府，不管事，县事由莫鲁主持，二者权不相统，徒费俸禄。因此，弘治九年（1496），总督邓廷瓒奏于朝，革流官职，将忻城县降为土县，莫鲁任世袭土官，任职期间，地方平静，勤于治理，百姓叫好。著《官箴》《分田例议》二则。

五世莫继清，莫鲁长子，授职期间，循其父“仁民爱物，为官根本”遗训，细心勤政，对恶人谆谆劝谕，社会出现安定的局面。

六世莫廷臣，莫继清长子。在嘉靖元年（1522）袭职。经五世为官经营，家资丰隆，但仍提倡节约，重视文教，延名师，教子侄，刻祖宗业绩置于堂前，以示垂训，诗书之声“渐出蛮乡”。

七世莫应朝，莫廷臣长子。嘉靖十五年（1536）袭父职。应朝自幼丧父，由其母教养，刻苦攻读。承袭后，治政有方，执法严而不酷，宽中有度。

八世莫镇威，莫应朝长子。万历三年（1575）袭父职。因率兵平息农民起义有功，官升从四品，获奖金帛、黄伞及黄金等，并将同其和窑灰等地划归忻城管理。万历十年后，建县衙、三清观、劝农停车所、桥百余座，重视教育。著《训阴官》《协剿八寨记》等。

九世莫志明，莫镇威长子。莫镇威致仕后，于万历十一年（1583）以嫡长子承袭。任职后，奉令调土兵参与平息东兰、武鸣地、恭城、府江、思明府等地农民起义，因功受嘉奖，给金帛等物。

十世莫恩光，莫志明嫡长子。万历三十三年（1605）袭职。时尚弱冠，不善理事，由其祖父莫镇威、父莫志明提携处理政事。莅任未几，病故，未娶，无嗣。

十一世莫恩辉，莫志明嫡次子。明万历三十三年（1605）以“兄终弟及”例袭土官职。他不守族规，私娶民女麦氏为妻。族人莫付稳等以麦氏出身卑微为由，纠众攻掠衙署，城陷署毁，杀恩辉之子莫昂。由此，导致莫氏土司百余年的争袭内讧。

十二世莫恩达，莫志明继室慕氏所生。万历四十三年（1615）以“兄终弟及”例袭土官职。袭职以宽厚之态治政，获得十几年的社会安定。

十三世莫猛，莫恩达长子，崇祯十一年（1638）以嫡长子承袭。清顺治九年（1652），献图纳土，清朝仍准世袭。是年十二月，原代理土官莫恩胜不服而聚众反叛，攻破衙署，杀莫猛及长子宗昌、次子宗启，年仅3岁的季子宗诏由乳母巧藏而幸免于难。莫猛遇难时38岁，莫氏土官再次陷入内讧。

十四世莫宗诏，莫猛季子，其父遇难时仅3岁，靠母舅永定土官韦世兴护养成人。康熙元年（1662）莫宗诏回县莅政。康熙六年（1667）率土兵平定外八堡叛族余党，县境逐步稳定。建城墙、修庙宇等。著《遗训》《建关帝庙序》《重修城隍庙序》《独正山诗》等。

十五世莫元相，莫宗诏长子，康熙二十四年（1685）以嫡长子袭职。袭职时，内讧基本平定。为睦族匡政，以法治政，著有《劝官族示》。此外著有《黄竹岩记》《翠屏山赋》《过斗二隘诗》等。

十六世莫振国，莫元相长子，康熙五十三年（1714）袭职，任职期间，奉檄征讨上林、宜山等地农民造反，均告捷记功。为革除各种陋俗，建义学三间，订《教士条规》悬于署外，让邑人观诵，以期感化。著有《西山记》《迎晖楼文》《游西山寺诗》等。

十七世莫景隆，莫振国长子。雍正七年（1729）袭职。乾隆初年，奉调征剿农民造反，立军功。建莫氏土司祠堂；编纂《忻城莫氏宗谱》、协助庆远府修纂《庆远府志》。乾隆二十六年清廷授予文林郎。著有《芝州家训》《祈雨文》《青鸟山赋》等。

十八世莫若恭，乾隆二十四年（1759）五月，袭父职。生子世卓，早逝未袭。

十九世莫世禧，莫若恭叔公莫际隆之孙，堂弟若俭之子。若恭断嗣，以世禧入继大宗，于嘉庆四年（1799）承袭土官职，在位16年，因庸碌无为而被免职。无子，以胞叔武生若嵩之孙昌荣入继。

二十世莫昌荣，系莫景隆胞弟峻隆之曾孙，莫世禧之侄，世嘻之长子，道光初年袭土官职。咸丰、同治年间，率土兵镇剿会党有功，以军功钦加知州衔，赏戴花翎。重修土司衙门、土司陵园、编纂《忻城莫氏宗谱》，请社会名流为土司衙门、祠堂题联，光耀祖业。

二十一世莫绳武，光绪五年（1879）承袭土官职。光绪三十二年（1906）被革职，追回原赐号纸和土官印信。

忻城莫氏土司的传袭史，是壮族土司制度的一部简史，它经历了确立、巩固、衰败、复兴和废除等五个阶段。第一阶段为莫氏确立在忻城统治时期。从一世祖莫保开始到二世祖莫敬诚止。这个阶段，始祖莫保于明初被罢免管兵官为民，旋因平“寇”有功，升为忻城县副理后，莫氏经过了几代人的努力，玄孙莫敬诚积极响应中央王朝的征调，带领土兵征剿农民起义有功，得到皇帝的信任，授予世袭土知县职，忻城县进入了土流合治的局面。第二阶段为巩固发展繁荣时期，从四世莫鲁开始到九世莫志明止。这一阶段，由莫鲁独任土官后，确立了莫氏家族统治忻城的大权，成为一方的土皇帝。莫氏土司推行适合于当时社会生产力发展的政治和经济措施，为当地民众做了很多的实事，如注重农业生产、建劝农停车所、带领民众织锦、重视教育和建设桥梁等，使忻城社会出现了“松岭不惊花下犬，彩江常放月中舟”[①] 的社会安定局面；还多次得到上峰的嘉奖，拓宽县域等，是莫氏统治忻城发展繁荣时期。第三阶段为权欲膨胀时期。这个阶段是从十世莫恩光到十三世莫猛止，这是忻城莫氏土司内部争斗，骨肉相残的最为黑暗时期，前后动刀枪 15 次，长达 106 年。其统治政权濒临崩溃，也是忻城莫氏土司削弱的开始。第四阶段为复兴时期。从十四世莫宗诏到二十世莫昌荣止。这个阶段，莫氏土司吸取了前人的“争权内斗，骨肉相残”导致统治政权濒临崩溃的教训，通过编纂《族谱》、修建祠堂、建立义学和制定各种法规等措施，加强对晚辈的“忠孝”教育，以团结为重，重振忻城，重振莫氏家族，使忻城出现了较长时间的政局稳定和经济繁荣新局面。第五阶段为莫氏土司的废除时期。光绪三十二年，莫绳武因治理地方不力，犯案被告，被革职，追回原赐号纸和印信。至此，忻城县以流官治理，结束莫氏土官统治忻城达四百多年的历史。

四 结语

忻城莫氏土司是原住民族土官，忻城莫氏土司走上历史舞台，不是一

---

① 土司莫景隆于乾隆九年（1744）编撰的《忻城莫氏宗谱》刻本，第 15 页。

个偶然的事件，而是顺应历史发展的必然结果，是我国历代封建王朝对少数民族地区实行“羁縻制度”的产物。忻城莫氏土司之所以存在400多年的时间，自有其存在的合理性。一是能够和中央王朝保持良好的关系，即使其权力发展到最巅峰的时候，也不像其他土司因为势力强大了就和中央王朝进行对抗，而且每一任土司还随时听从中央王朝征调，并且受到了中央王朝的肯定和嘉奖，对维护祖国边疆和稳定两广地区的社会起到重要作用；二是在土司内部建有相对稳定的制度；三是和其他兄弟民族间和睦相处，不因为势力强大了就征服相邻土司；四是重视县境内的经济建设，推行了适合于当时社会生产力发展的很多实事，使忻城社会经济稳定发展，为土司统治打下坚实的基础。

忻城莫氏土司是广西土司制度的一个缩影，是处理中央与地方政权关系的一面镜子，从民族大融合来讲，是沟通汉族与西南少数民族联系的纽带和桥梁，在历史上曾发挥积极作用，同时亦产生消极负面影响。其进步作用至今仍可为我们的地方民族自治和开展民族团结进步教育提供借鉴。特别是忻城莫氏土司坚持民族和谐团结，对国家忠贞不贰的精神，今天仍具有非常重要的现实意义。

明嘉靖时期永顺土司寿命短的原因探究

——以《历代稽勋录》资料为中心

瞿州莲
（吉首大学历史与文化学院）

摘　要　本文利用《历代稽勋录》，对明嘉靖时期永顺土司寿命短的原因进行了探究，主要原因在于土司奉征调在广西作战中感染了瘴病，而在当时的医疗条件下，这成为致命性的疾病。对土司寿命及死亡原因的探讨，可以使我们对土司社会状况有一个更加细微的解读。

关键词　嘉靖　永顺土司　寿命短　原因

永顺彭氏土司系西南民族地区的大土司之一，在民间留存的家谱、碑刻、民间传说等资料较多。在永顺县档案馆存有《历代稽勋录》一书，系嘉庆十二年（1807）彭肇植传抄的，《历代稽勋录》系孤本。该书为明嘉靖至万历年间人刘继先所著，对永顺彭氏历代土司效忠朝廷的史实进行了详细的记录，尤其是为明代永顺土司十一位土司的祖先事迹做了“稽勋”，记载最为翔实，正文部分还对每代土司的生辰和在任的时间都做了十分清楚的记载，这对于我们研究永顺彭氏土司的年寿问题提供了极为珍贵的第一手资料。本文即从《历代稽勋录》的资料分析入手，钩沉该书中有关彭氏土司年寿资料，结合实地田野调查中获得的民间碑刻、家谱等土司遗迹遗物等资料，采取历史人类学方法，对明嘉靖时期永顺土司的年寿状况及其死亡原因进行探究。旨在对明代永顺土司的社会生活有更为细微的解读，进而可以对永顺土司的内在结构和实质进行一定揭示。

一 《历代稽勋录》反映的明代永顺土司年寿状况

我们本次所发现的《历代稽勋录》系由成书于明万历年间刘继先所做的《历代稽勋录》的“原本”和成书于清嘉庆十二年（1807）彭肇植的《历代稽勋录》的“传抄本”所构成。该书的写作目的是为永顺土司歌功颂德，因而对永顺宣慰司彭氏土司的世系及其先祖和后嗣活动的历史作了比较全面的记载，尤其是对正式当上永顺土司的第十五代土司彭天宝到第二十五代土司彭永年十一位土司的记载，按照简历、考证或者稽勋编目撰写，是本书记载的重点。对每代土司特别是对土司的出生、即任、死亡、享年、葬地等，都有较确切的记载。譬如：忠贵公“讳翼南，字晋卿，号北江，忠庄公之次子也。公生于嘉靖丙申年六月初一日，至嘉靖三十三年即任，辖三州六司，至隆庆元年六月十一日卒，在任十四年，寿三十二岁，葬地名聚龙湖。寻迁葬本司雅草坪”。[①] 这就为我们了解土司的年寿状况，提供了方便。现根据《历代稽勋录》对明代十一代土司的生平事迹记载，整理出了每代土司的出生、死亡、即任、在任、寿命等具体时间及埋葬情况，现将明代永顺十一代土司的年寿情况列入表1。

表1 明代永顺十一代土司年寿情况

单位：年

姓名	出生	死亡	即任	在任	寿	葬地
彭天宝	元至治三年（1323）	建文四年（1402）	洪武二年（1369）	34	79	雅草坪
彭源	元至正十五年（1355）	永乐二十二年（1424）	永乐九年（1411）	14	69	雅草坪
彭仲	洪武四年（1371）	宣德九年（1434）	永乐十六年（1418）	14	63	雅草坪
彭世雄	永乐八年（1410）	天顺五年（1461）	正统元年（1436）	26	51	雅草坪

① （清）彭肇植：《历代稽勋录》，《忠贵公》，嘉庆十二年钞本。

续表

姓名	出生	死亡	即任	在任	寿	葬地
彭显英	正统四年（1439）	弘治三年（1490）	天顺六年（1462）	26	51	雅草坪
彭世麒	成化丁酉年（1477）	嘉靖十一年（1532）	弘治五年（1492）	18	56	雅草坪
彭明辅	弘治乙卯年（1495）	嘉靖四十一年（1562）	正德五年（1510）	16	67	雅草坪
彭宗舜	正德七年（1512年）	嘉靖二十三年（1544）	嘉靖六年（1527）	18	32	雅草坪
彭翼南	嘉靖丙申年（1536）	隆庆元年（1567）	嘉靖三十三年（1554）	14	31	先葬聚龙湖，迁葬雅草坪
彭永年	嘉靖戊午年（1558）	万历十年（1582）	隆庆三年（1569）	11	24	先葬聚龙湖，迁葬雅草坪
彭元锦	隆庆六年（1572）	崇祯五年（1632）	万历十五年（1587）	45	60	雅草坪

说明：公元1368年后均为明朝诸庙号。

从表1可知，明代中期以后永顺土司的寿命都不长，尤其是明嘉靖时期几代土司的寿命极短：彭宗舜32岁，彭翼南31岁，彭永年仅有24岁。其实彭宗舜的哥哥彭宗汉在《历代稽勋录》中有如下记载：“庚辰十五年（1520），公为国征讨，历受风霜，不堪任职，推立长子宗汉石桥公任职。嘉靖丙戌五年春，田州苗贼叛，两广督院湖抚臣檄公兵士一万，公因老疾，令长子宗汉石桥公统进……不意在任不久，无嗣。次子宗舜承替。”①

彭宗舜生于正德七年（1512），由此可以推断，彭宗汉大约10～12岁左右继承司位，嘉靖五年（1526）死时，大约是16～18岁。而且是“不意”而死。

《历代稽勋录》又记载：“丁未二十六年秋八月，会镇竿、腊尔山并贵州都谷、麦地苗叛，抚臣檄公偕长孙翼云督兵前进。已乃翼云病卒，无

① （清）彭肇植：《历代稽勋录》，《忠敬公》，嘉庆十二年钞本。

嗣，继立次孙翼南承袭。即奉调兵抵巢，斩贼三百余级。"①

彭翼南出生于嘉靖十五年（1536），到嘉靖二十六年（1547），仅有12岁左右，其兄彭翼云大约也只有14～15岁，于嘉靖二十六年奉命出征平定这次苗乱，"已乃翼云病卒"即彭翼云不久"病死"。

笔者在读到《历代稽勋录》中关于嘉靖时期永顺这几位土司的寿命相关资料的记载时，引起了极大关注和研究兴趣，究竟是什么原因导致了明嘉靖时期永顺几代土司的短寿？

二 嘉靖时期永顺土司寿命短的原因

我们要对土司死亡原因进行分析，就必须得依赖大量的资料做基础。而《历代稽勋录》的写作目的是对永顺土司歌功颂德，不可避免地存在着曲笔和避讳，譬如：宣慰使彭显英"洪治三年正月十五日卒"，为了避讳将"弘治"故意写成了"洪治。"因而，在《历代稽勋录》中对于土司死亡的原因，留给我们的多是"历受风寒""病卒"等非常模糊的记述，或干脆以"卒""终"等字代替，使人难解其中奥秘。通过正史、地方志、文集，结合近年来对永顺土司都城老司城田野调查的碑刻资料、传说故事等史料整理，拟从如下几个方面对明嘉靖年间永顺土司寿命短的原因进行探讨。

（一）传染性疾病"瘴病"是导致土司寿命短的直接原因

在《历代稽勋录》中，有关土司感染传染性疾病致死者，也大多没有明确记载，我们只能根据该书中记载的土司征战范围，当时参战人的文集、明代人写的书籍及正史等史料的相关信息的钩沉，可以推断出明嘉靖年间的几代永顺土司的短寿，是因为感染上当时明代流行的致死性传染病"瘴病"而死亡。

据《历代稽勋录》：彭明辅，"嘉靖丙戌五年春，田州苗贼叛，两广督院湖抚臣檄公兵士一万，公因老疾，令长子宗汉石桥公统进，克破险寨，斩恶苗岑猛等解验，守臣及兵部提请，奉圣旨：是彭宗汉竭忠奋勇，率领兵士擒斩首恶，其功可嘉，彭宗汉赏银二十两，准令替职。不意在任不

① （清）彭肇植：《历代稽勋录》，《忠敬公》，嘉庆十二年钞本。

久，无嗣。次子宗舜承替”。[①]

这段资料中有两点值得注意：一是“公因老疾”，彭明辅生于弘治乙卯年（1495），至嘉靖五年（1526），只有31岁，还很年轻，因此，这里的“老疾”二字应是“总是生病或老毛病”之意；二是彭宗汉是在嘉靖五年率军去平定广西田州叛乱，在该次战争中“不意在任不久，无嗣”，应是指彭明辅的长子彭宗汉之死，真是出于一场“意外”，死时大约在16～18岁之间，还很年轻，没有后代，于是由彭明辅次子彭宗舜即位。

《历代稽勋录》又记载：彭宗舜“嘉靖丁亥六年，广西田州土官岑猛反，提督两广姚镆督御，檄公兵士六千，听候进剿。本年秋八月，彭宗舜至南宁府驻扎，闻兵威大振，叛首卢苏、王绶自愿投降。不久，兵部尚书王阳明檄文开称广西浔州府地名牛场、花相、黄岭等处贼叛，复调彭宗舜、彭明辅父子率兵抵巢，俘贼获级八百余颗”。[②]

从上述关于彭明辅和其子彭宗舜的记载，再结合相关资料可知，明嘉靖五年和嘉靖六年，朝廷征调永顺土司目的，是为了平定广西田州土官岑猛和卢苏、王绶的叛乱及大藤峡农民起义。

广西田州府，是明代广西势力最大的土官。据《明史》记载，嘉靖四年（1525）广西田州土官岑猛谋不轨，巡抚姚镆调永顺、保靖土兵前去讨之，擒拿了岑猛。五年，改设流官。六年，猛党卢苏、王绶诈称猛不死，再次叛乱。朝廷乃起用王守仁为两广军务，再次调永顺土兵前去镇压。[③]

大藤峡瑶族农民起义，是明中期全国较大的农民起义之一。对于大藤峡起义，王阳明曾经这样记载：

> 又视断藤峡诸处瑶贼，上连八寨，下通仙台、花相诸洞，连绵数十余巢盘亘三百余里，彼此犄角结聚，凭流劫郡县，檄参将张经会同守巡各官集议，于是命浔州卫指挥马文瑞、永顺统兵宣慰彭明辅、男彭宗舜，保靖统兵宣慰彭九霄、辰州等卫指挥彭飞等分兵布哨。以永顺土兵进剿牛场等贼巢，保靖土兵进剿六寺等贼巢……余贼奔至断藤峡、横石江边，我兵追急，争渡溺死者无算，斩获首从俘获男妇牛畜器械等项不可胜计，还兵浔州府驻扎。复进剿仙台诸贼巢，诸军吏各

① （清）彭肇植：《历代稽勋录》，《忠敬公》，嘉庆十二年钞本。

② （清）彭肇植：《历代稽勋录》，《忠庄公》，嘉庆十二年钞本。

③ 《明史》卷二〇〇，《姚镆传》，中华书局，1974，第5277～5279页。

率永顺、保靖壮兵争先陷阵，贼又大败，奔入永安边界立山将险结寨。[①]

《明实录》也曾记载："断藤峡等处瑶贼，上连八寨，下通仙台、花相等桐诸贼，连结数十余巢，盘亘三百余里。流劫郡县，屡征不服，急则入万山丛箐中，自浔梧上下军民，横罹锋镝者数十年。"[②]

由上述资料可知，从嘉靖四年到嘉靖七年，在广西爆发的思州、田州叛乱和规模较大的大藤峡起义，对广西地方的稳定造成了极大的威胁，震撼了嘉靖朝廷，明廷征调湖广、江西、两广等四省兵力前去征讨。嘉靖五年，巡抚姚镆调永顺、保靖土兵前去讨之，擒拿了岑猛。后来猛党卢苏、王绶再次叛乱，加之，大藤峡起义愈演愈烈，迫使嘉靖皇帝派出王守仁前来广西镇压。王守仁被封为左都御史新建伯，总制两广、江西、湖广等四省军务，兼理两广巡抚，于嘉靖六年十一月二十日来到两广总督府所在地梧州上任。王守仁驻守南宁，暗中调兵遣将，首先，迫使思田土司叛将卢苏、王绶投降；然后，再调集永顺、保靖等湖广四省军队，采用突然袭击的手法，先后镇压了大藤峡和八寨农民起义军。《历代稽勋录》中记载彭宗舜时期，"不久，兵部尚书王阳明檄文开称广西浔州府地名牛场、花相、黄岭等处贼叛，复调彭宗舜、彭明辅父子率兵抵巢，俘贼获级八百余颗"[③]，就是指的王守仁征调永顺土司彭宗舜、彭明辅镇压大藤峡起义。

在田州平叛和镇压大藤峡起义的征战中，永顺、保靖土兵死伤严重，其中许多土兵死于疾病，非常悲惨。为此，嘉靖七年六月十五日王守仁亲自书写了一篇《祭永顺保靖土兵文》以示悼念：

维湖广永顺、保靖二司之土兵，多有物故于南宁诸处者。嘉靖七年六月十五日乙卯，钦差总制四省军务尚书左都御史新建伯王委南宁府知府蒋山卿等告于南宁府城隍之神，使号召诸物故者之魂魄，以牛二、羊四、豕四祭而告之曰：

鸣呼！诸湖兵壮士，伤哉！尔等皆勤国事而来死于兹土，山溪险

① 吴光、钱明等编校《王阳明全集》（第四册）卷三七，《世德纪》，浙江古籍出版社，2011，第1446～1447页。

② 《明世宗实录》卷九二，嘉靖七年九月甲戌。

③ （清）彭肇植：《历代稽勋录》，《忠庄公》，嘉庆十二年钞本。

绝，不能一旦归见其父母妻子，旅魂飘摇于异域，无所依倚，呜呼痛哉！三年之间，两次调发，使尔络绎奔走于道途，不获其所，况忍归驱无辜之赤子而填之于沟壑？且兵之为患，非独锋镝死伤之酷而已也，所过之地，皆为荆棘；所信之处，遂成涂炭。民之毒苦，伤心惨目，可尽言乎？还者思、田之役，予所以必欲招抚之者，非但以思、田之人无可剿之罪，于义在所当抚，亦正不欲无故而驱尔等于兵刃之下也。而尔等竟又以疾病物故于此，则岂非命耶？呜呼伤哉！……

予因疾作，不能亲监祭所，一哭尔等，以舒予伤感之怀。临文凄怆，涕下沾臆。今委知府布告予衷，尔等有灵，尚知之乎？呜呼伤哉！①

上述祭文十分悲切，从中可见永顺、保靖土兵死得很惨烈，文中所写的“三年之间，两次调发”，就是指嘉靖五年彭宗汉率土兵平定岑猛之乱和嘉靖六年彭明辅、彭宗舜父子率永顺土兵平定田州及大藤峡的叛乱，而且，值得注意的是祭文中写道：“而尔等竟又以疾病物故于此，则岂非命耶？呜呼伤哉！”可见，永顺、保靖土兵除了死于战争之外，还有许多的士兵及将领死于“疾病”之中。

《历代稽勋录》中虽然没有明白指出，刚刚即位的永顺土司彭宗汉死于这次疾病，只是简单地提及“不意”而死，也就是说死于一场意外。并且祭文最后还提到，“予因疾作，不能亲监祭所”。因为王阳明在两广役后病情加重，不能亲自前往南宁府城隍中祭奠，委托南宁府知府蒋山卿等前去祭告之。其实，王阳明病情加重，也与这次广西疾病流行有关。于是，他上疏乞归，于嘉靖七年十一月二十九日，病逝于归途中江西省南安的船上。不过，永顺土司彭宗汉及永顺、保靖土兵与王守仁本人，究竟死于或者是染上什么样的疾病？在王阳明祭文和《历代稽勋录》中都没有交代。

近年来随着医疗社会史研究的兴起，关于瘴病的研究取得了大量的研究成果，据相关资料记载可知，明代广西是瘴病流行的重灾区。据明代学者章潢所著《图书编》记载来看，广西无瘴的县仅有临桂与灵川二县。其中左右江地区，与云南、贵州交界的地带以及大藤峡地区的瘴气最为严

① 吴光、钱明等编校《王阳明全集》（第三册）卷二五，《外集七》，浙江古籍出版社，2011，第1010~1012页。

重。当时的左江地区有太平、思明、南宁、龙州，右江地区有田州、镇安、泗城州、上林司、奉议州、思恩府。而居于柳州、浔州、平乐府之间的大藤峡（亦名断藤峡）区，瘴疠极盛，号为不可久居之地。①

明朝学者田汝成，曾任广西右参议，分守右江，参与过平定大藤峡起义，据他书中所记，当地人称“大藤峡天险之窟也，密箐重岩，人不旋踵，三时瘴疠，不可久居”。② 明代广西柳州府，“自古为迁谪之乡”，瘴疠严重。地理学家王士性于万历十年（1582）任官柳州时，深有感受：“瘴毒中人，家人病者十九。”③ 他在《广志绎》卷五中曾经这样记述：“广右石山分气，地脉疏理，土薄水浅，阳气尽泄，顷时晴雨叠更，裘扇两用，兼之岚烟岫雾，中之者谓之瘴疟，春有青草疟，夏有黄梅疟，秋有黄茅疟，秋后稍可尔。”④ 清雍正时期云贵总督鄂尔泰，曾经对明代土司制度的施行做过解释：“臣思前明流土之分，原因烟瘴新疆，未习风土，故因地制宜，使之乡导弹压。”⑤ 可见，鄂尔泰认为明朝之所以在西南民族地区设置土司制度的其中原因之一，是在于该地区瘴气郁结。

从上述资料记载可知，明代广西瘴病十分流行。而永顺土司参与的嘉靖四至六年的平定思州、田州之战和平定大藤峡叛乱的两次战争，其活动区域正是处于瘴病最为严重的区域。由此可见，王守仁祭文中所说的疾病正是当时在广西地区十分流行的瘴病，当时的永顺土司彭宗汉及大量的永顺、保靖土兵正是死于此种疾病，而且，王守仁也正是在这两次征战中感染上了此种疾病，使病情进一步加重而致死。

从嘉靖时期永顺土司征战范围来看：北至湖北，东至浙江福建沿海，南至广东广西，西至四川。据章潢所著的《图书编》记载来看，明朝除了广西之外，当时的西南地区云南、贵州、湖广一带也有瘴病流行。近来，据梅莉等学者研究，明清时期云南与广西是瘴病流行严重区，贵州与广东

① （明）章潢：《图书编》卷四〇，《广西图叙》，四库全书本。

② （明）田汝成：《炎徼纪闻》卷二，王云五主编《丛书集成初编》，上海商务印书馆，民国二十五年，第19页。

③ （明）王士性：《王士性地理书三种》，《尺牍下·寄张助父》，上海古籍出版社，1993，第599页。

④ （明）王士性：《王士性地理书三种》，《广志绎》卷五，《西南诸省》，上海古籍出版社，1993，第379页。

⑤ （民国）赵尔巽撰《清史稿》卷五一二，《土司一·湖广》，中华书局，1977，第14205页。

是瘴病流行区，湖广、四川等地是瘴病局部及零星分布地。明清瘴疠的分布主要集中在云南、广西（包括广东与之接壤的地区）、贵州，其他省份只是局部分布，而且是在山区，基本上是少数民族聚居区。[①] 由此可见，嘉靖时期永顺土兵征战的范围大多是瘴病流行最为严重的区域，永顺几代土司的短寿是因为感染上当时传染性疾病“瘴病”所致。

（二）永顺土兵长年征战加速了“瘴病”的滋长蔓延和流传

明代永顺土兵的频繁征战导致大规模人口流动、土兵体质下降、生存条件恶化，加之征战区域独特的地理位置和自然环境条件等，这些因素更加促发了原本就存在的瘴病的滋长蔓延和流传，使官兵的发病率和死亡率超过平时。

明朝从洪武至宣德，卫所兵力强盛，有事用兵，军队征调以卫所军队为主体。明中叶以后，由于军屯被破坏，从而使国家正规军卫所的战斗力削弱，土兵征调日趋频繁。加之永顺土兵对朝廷恭顺，战斗素质较好，又不必要朝廷承担薪饷、武器装备，永顺土兵就自然地成为明廷频繁征调的对象。据记载，明朝正式大规模调用永顺土兵从征，是从明英宗正统十四年（1449 年）三月，朝廷命湖广参将率永顺、保靖土兵往征五开苗（包括黔东南的苗族和侗族）及广西壮人的反抗开始，以后征调永顺土兵的记载不绝于书，从征的足迹几乎遍及全国，成为朝廷的一支劲旅。“永保诸宣慰，世席富强，每遇征伐，辄愿荷戈前驱，国家亦赖以挞伐，故永、保兵号为虓雄，嘉、隆以还，征符四出，而湖南土司均备臂指矣”。[②] 但是，嘉靖抗倭之后，朝廷征调土兵开始减少，《明史》记载：“时保、永二宣慰破倭后，兵骄，所过皆劫掠，缘江上下苦之。……并令浙、直练乡勇，嗣后不得轻调土兵。”[③] 万历末年之征辽沈的惨败，使永顺土兵元气大伤，自此之后再难见到永顺土兵被征调的记载，笔者现根据《历代稽勋录》及《明史》等资料，将明朝嘉靖时期永顺土兵的征战情况粗列于后（见表 2）。

---

① 梅莉、晏昌贵、龚胜生：《明清时期中国瘴病分布与变迁》，《中国历史地理论丛》1997 年第 2 期。

② 《明史》卷三一〇，《湖广土司》，中华书局，1974，第 7983 页。

③ 《明史》卷三一〇，《湖广土司》，中华书局，1974，第 7994 页。

表 2　嘉靖时期永顺土司征战情况

土司姓名	在任时间	征战时间	征战过程	资料来源
彭宗汉	正德十五年（1520）至嘉靖五年（1526）共计约5年	嘉靖四年（1525）	广西田州土官知府岑猛叛明，两广提督盛应期、巡按御史谢汝仪调永顺土兵大征田州	《明世宗实录》卷五十七，嘉靖四年十一月辛酉。
		嘉靖五年（1526）	广西田州土官岑猛苗贼叛乱，两广督院湖抚臣姚镆檄调永顺兵士剿贼，宗汉统进，克破险寨，斩恶苗岑猛等解验，不意在任不久去世。	《历代稽勋录》《忠敬公》
彭宗舜	嘉靖六年（1527）至嘉靖二十三年（1544），共计18年	嘉靖六年（1527）	广西田州土官岑猛反，提督两广姚镆督御，檄公兵士六千。听候进剿。本年秋八月，彭宗舜至南宁府驻扎，闻兵威大振，叛首卢苏、王绶自愿投降。不久，兵部尚书王阳明檄文开称广西浔州府地名牛场、花相、黄岭等处贼叛，复调彭宗舜父子率兵抵巢，俘贼获级八百余颗	《历代稽勋录》《忠庄公》
		嘉靖七年（1528）	王守仁利用征卢苏班回之永顺、保靖土兵在归途所经过的路上与新降附的卢苏合作，分别剿灭八寨瑶及大藤峡之牛场、六寺、仙台、花相等处的瑶民反抗，得到兵部批准和明世宗诏可	《王阳明全集》①
		嘉靖八年（1529）	宁乡县恶贼傅万绶等叛，湖广瞿抚臣檄公兵士千余抵巢，克破地名八面、龙山、岩门，生擒贼首傅万绶等，斩获杨忠升、傅马保贼级三百四十二颗	《历代稽勋录》《忠庄公》
		嘉靖十四年（1535）	永顺土兵奉调镇压湖南宝庆府流民傅历受领导的反抗斗争	《永保土兵在明代历史上的活动轨迹》②
		嘉靖十五年（1536）	巡抚翟瓒调征宁乡寇平之	民国《永顺县志》卷十五《职官二·土司》

① 吴光、钱明等编校《王阳明全集》（第二册），浙江古籍出版社，2011，第524页。

② 范植清：《永保土兵在明代历史上的活动轨迹》，《吉首大学学报》（社会科学版），1989年第4期。

续表

土司姓名	在任时间	征战时间	征战过程	资料来源
彭宗舜	嘉靖六年(1527)至嘉靖二十三年(1544)，共计18年	嘉靖廿一年(1542)	四川之酉阳宣抚司与永顺宣慰司因采大木有矛盾各率土兵仇杀，保靖因在前与永顺有隙，遂乘机煽惑其间，大为川湖地方之患。于是朝廷命川、湖抚臣前去抚戢，以免酿成兵乱	《明史》卷三百十《土司》
		嘉靖二十二年(1543)	檄公其征剿镇筸叛苗，克破腊尔、雷公、木叶等寨，夺回破留抚苗百户姚伏、黄金，俘贼四百余名	《历代稽勋录》《忠庄公》
		嘉靖卅年(1551年)	永顺保靖土兵奉调随总督张岳镇压湘黔交界地区龙许保、吴黑苗所领导的苗民反抗	《明史》卷二百《张岳传》
彭翼南	嘉靖三十三年(1554)至隆庆永年(1567)，共计14年	嘉靖三十三年(1554)	调永顺土兵协剿倭寇于苏州、松江	《明史》卷三百十《土司》
		嘉靖三十四年(1555)	永顺宣慰彭翼南统兵三千，致仕宣慰彭明辅统兵二千，俱会于松江抗倭。永顺兵邀击，贼奔王江泾，大溃。帝降旨奖励，翼南赐三品服	《明史》卷三百十《土司》
		嘉靖三十五年(1557)	南倭复寇，时抚臣檄公兵士一万，赴浙直隶剿贼。彭翼南升云南布政使司右参政	《历代稽勋录》《忠贵公》
		嘉靖四十一年(1562)	广东逆贼张连叛。敕公率兵听候进剿	《历代稽勋录》《忠贵公》
		嘉靖四十四年(1565)	湖广支罗洞土寇黄中叛，奉谷抚臣檄公兵士三千抵巢，克破险寨，黄五挟抚，贼首黄忠畏威，自缚受降	《历代稽勋录》《忠贵公》
		嘉靖四十五年(1566)	施南、散毛凶犯张三、王戊仲等，拨置土官覃宁、覃启，大肆猖獗。公今又冒雪进哨，顺带擒获二司土官及凶犯张三等	《历代稽勋录》《忠贵公》

续表

土司姓名	在任时间	征战时间	征战过程	资料来源
彭永年	隆庆三年（1569）至万历八年（1580）共计11年	万历元年（1573）	广西瑶寇叛，湖广赵抚臣、广西郭抚臣调永顺土兵三千名，专剿太平河等处贼叛。彭永年率兵前至广西地名怀远、谏冲、唐山等巢穴，公奋勇督兵，斩级二百三十二颗，生擒男妇三十五口解验	《历代稽勋录》《忠贵公》
		万历六年（1578）	征永顺白山兵剿广西北山蛮	《明史》卷三百十《土司》

依据表2的统计，我们可以看出明代嘉靖年间的永顺土兵征战，除了上文提到的征战范围大多是瘴病流行最为严重的区域外，还呈现出如下特点。

第一，征战活动十分频繁。以上罗列的史实，足以说明嘉靖时期永顺土兵的军事活动十分频繁，几乎是每两年就有一次大的征调。彭宗舜时期征调相对较多，譬如，嘉靖六年至嘉靖八年连续三年都在外征战，正如王阳明在嘉靖七年的《祭永顺保靖土兵文》中所说："三年之间，两次调发，使尔络绎奔走于道途，不获顾其家室，竟死客乡，此我等上官之罪也。复何言哉！"彭宗舜最后是疲病交加而死，"至是疲病交牵，及其卒也"。[①] 另外，值得注意的是，除了征调之外，嘉靖时期大规模地修建殿宇，需要大量的楠木从广大的西南地区进贡，譬如：彭翼南在位14年，大的军事征调有5次，进献楠木有4次，《历代稽勋录》载："嘉靖丁巳三十六年，遇朝廷修建殿宇，会湖广王抚臣檄公为钦奉大木事。彭翼南乃率众进山，采取合式楠木板枋二千七百余根。解运。""嘉靖己未三十八年秋七月，公采楠木进献"。[②]《明史》也载嘉靖四十二年，彭翼南献大楠木，得到朝廷奖励。嘉靖四十四年，彭翼南又献大楠木，加二品服。[③] 土司进献楠木，需要大规模的集中采伐及人力解运，并不亚于打一场战争。

永顺土兵的长年征战为瘴病的传播提供了如下三个有利的条件：其一，长年征战使土兵逸欲过节，劳累过度，从而导致土兵的体质下降，体

① （清）唐庚、董耀焜、李龙章：《永顺县志》卷八，《录土司辑略》，同治十三年刻本。

② （清）彭肇植：《历代稽勋录》，《忠贵公》，嘉庆十二年钞本。

③ 《明史》卷三一〇《湖广土司》，中华书局，1974，第7994页。

力大为减弱。加之征战期间官兵生活条件降低，对疾病的抵抗力减弱，从而使病原体侵袭的机会增多。其二，军营是土兵的集中聚居地，造成人与病原体的接触机会增加。而且，一旦致命性病菌出现，加之有战事的时候，生活卫生条件又相对较差，所以也往往是疾病最易爆发和传播的场所，病菌容易滋长蔓延。其三，军队的流动性较大，使军队携带病菌随之迁移，从而造成传染病的广泛流行。关于战争对疫病发生的影响，刘璞曾经指出：

> 历史上告诉我们，每当大战时期，必有传染病流行，人民死亡率之高，当超过平时数倍。病死者与战死者相比较，病死者占多数，而战死者占少数。地不论欧亚，时不分今古，绝无例外。所以古人说："兵灾之后，必有凶年"，其原因：就是因为在战争时，人民劳役繁重，再加上迁徙流亡，生产率降低。而军队之奔波转移，风餐露宿。一方面军民身体皆过度疲劳，而营养不足，以致对传染病一般的抵抗力减弱。另一方面则是忽东忽西，来往频繁，住民房之时多，住营房之时少，今日与甲地人民接触，明日又与乙地之人民接触，得传染病之机会太多，而散播病毒之面积太广。遂至传染病辗转相传，流行不止。①

第二，征战区域独特的自然环境。瘴病的产生需要一定的条件，既要有致命性的病菌，又要有适合病菌传染的介质和条件，只有二者同时具备，才可能传播开来。据医学地理学研究，疾病尤其是流行性疾病的分布与地理环境之间存在着密切的联系。而古代的瘴病，"从众多的文献记载来看，虽然一些非传染性的风土病也被包括在内（如岭南脚气又称瘴毒脚气），但主要是指具有传染性的流行性疾病——恶性疟疾"。② 据研究按蚊是传播人疟的唯一媒介，稻田是按蚊的主要滋生地，此外，像池塘、湖沼、稻田、水库、洼地、灌溉沟以及自然界小型积水、缓流水体均能适应按蚊滋生。而广西、广东、福建是我国稻作主要耕作区，为瘴病的传播提

---

① 白冰秋总编《华北军区卫生建设史料汇编（防疫保健类）》，第61页。转引李玉偿博士论文《环境与人：江南传染病史研究（1820～1953）》，第210页。

② 龚胜生：《2000年来中国瘴病分布变迁的初步研究》，《地理学报》1993年第4期，第304页。

供了极为适应的条件。而军队露宿的生活造成人与蚊接触机会的增加。

（三）笃信道教，延缓了传染性疾病“瘴病”的治疗

道教什么时候传入永顺无考，但是，从现存明清两代的方志等相关文献记载来看，永顺道教盛行于土司时期，尤其是嘉靖时期达到极盛。究其原因，除了与明代嘉靖帝崇奉道教相关外，还与土司区“瘴病”的流行，导致永顺土司寿命短进而引起土司区社会恐慌的现实紧密相连。为此，嘉靖时期永顺几代土司的笃信道教，成为他们缓解疾病压力，控制社会稳定的谋略，其结果却延缓了瘟疫“瘴病”的治疗。

明代统治者从朱元璋始都推崇道教，嘉靖皇帝朱厚熜是明代诸帝中崇道最盛的一位，以奉道为首务，使道教的政治地位得到明显提高。在帝王的支持和影响下，道教得到广泛传播，崇道之风遍及全国。永顺土司彭氏家族虽处西南荒僻之地，也积极效仿崇道，民国《永顺县志》载：“案灵官不知何时人，惟道家常称之。……明成祖时道士周思得行其法于京师，成祖闻之，亲祷灵官，有求辄应。遂命设像致祭，列入祀典，是为崇奉之始。……盖亦神道设教之意也。故土司亦立专祠祀之。”[①] 明代永顺土司崇道的方式除了修建道教庙宇外，还在土司名字中添加具有道教因素的字号和道号等。值得注意的是嘉靖年间的永顺几代土司除了延用其祖辈的崇教方式外，还出现了“二次葬”等丧葬习俗方面的变化。

从现存可以查到的关于永顺土司记载最早文献《永顺宣慰司志》（以下简称《司志》）来看，永顺道教兴盛于永顺土司彭世麒和其子彭明辅在任时间，这也与明朝道教较为兴盛的时期相符。彭世麒崇道不仅体现在名字的字号上，“彭世麒，字天祥，号思斋，别号云中子，忠肃公之子也”。[②] 而且，在彭世麒统治时期基本上已经形成了“真祖山”和“雅草坪”两大道教中心。《永顺宣慰司志》系明朝永顺土司彭世麒所写，该《司志》记载：当时在永顺土司王朝老司城建有玉极殿、崇圣殿、观音阁、城隍庙、水府阁、八部庙、社稷坛、福民庙、伏波庙、稷神坛、吴着祠、五显祠12座庙宇。[③] 其中，玉极殿、崇圣殿、城隍庙、水府阁、五显祠五座庙宇属于道教庙宇。关于这五座道教庙宇的具体位置和祭祀的神灵，在《司志》

---

① 民国《永顺县志》卷八，《建置二·祠庙》，民国十九年刻本。
② （清）彭肇植：《历代稽勋录》，《忠毅公》，嘉庆十二年钞本。
③ （明）彭世麒：《永顺宣慰司志》卷之二，《祠庙》，藏于国家图书馆。

和《永顺县志》中均有详细记载。譬如，《司志》记载："玉极殿：在司治东南二里，有山名真祖山，建殿崇奉玉帝。""崇圣殿：在玉极殿右，次建殿，崇奉玄帝"。"水府阁：在司治东南龙洞前"①。玄帝，即玄天上帝，又称真武大帝，它来源于中国古代宗教中的玄武崇拜，系道教崇奉的主神。"真祖山"又名"玄武山"，或者"罗汉山"，距离土司衙署区两里处，就是现在老司城祖师殿所在位置。另外，《司志》又记载："城隍庙：在五显，城隍大王。"② 李瑾《永顺县志》也载："圣英殿：在司治雅草坪。"③ 民国《永顺县志》载："五显祠：在司治圣英殿后。"④ 可见，环"真祖山"周围修建了"玉极殿""崇圣殿""水府阁"三座道教庙宇。而在另一处"雅草坪"修建了城隍庙和五显祠两座道教庙宇。彭明辅时期，新建了道教庙宇圣英殿。民国《永顺县志》记载："五显祠：在司治圣英殿后，武宗正德间彭明辅建。"⑤

嘉靖时期永顺土司寿命短为道教的滋长传播提供了现实前提，更加剧了道教的盛行，为此，他们不仅继续重修道教庙宇，还添加了新的民俗等崇道行为。我们从前文中可知，彭明辅的长子彭宗汉嘉靖五年征战广西意外地染上瘴病而亡，许多士兵就感染上此病，并将其病原体带回了永顺土司区。其次子彭宗舜即位后，于嘉靖六年至嘉靖八年继续征战广西，大量土兵又再次染上瘴病，正如王阳明在《祭永顺保靖土兵文》一文中所说："三年之间，两次调发，使尔络绎奔走于道途……而尔等竟又以疾病物故于此，则岂非命耶？呜呼伤哉！"土兵再次将病原体带回永顺土司区，导致了瘴病的流行和人们的死亡，这不仅引起了整个土司区的极度恐慌，而且，还危及土司政权的稳固。在明代医疗技术低下的时代，人人都将对长生不死的渴求，转化为一种对宗教的虔诚或者神的寄托，道教所宣扬的长生术及修道成仙等思想，正好迎合了土司区人们对死亡恐惧的心理需求。于是，彭宗舜采取了如下两项措施来缓解人们对死亡的恐惧。

第一，重修道教庙宇玉极殿和崇圣殿。这有现在祖师殿大钟铸文"帝

① （明）彭世麒：《永顺宣慰司志》卷之二，《祠庙》，藏于国家图书馆。
② （明）彭世麒：《永顺宣慰司志》卷之二，《祠庙》，藏于国家图书馆。
③ 乾隆《永顺县志》卷三，《祀典志》。
④ （民国）《永顺县志》卷八，《建置志·祠庙》。
⑤ （民国）朱键总纂，张孔修撰《永顺县志》卷八，《建置志·祠庙》。

道遐昌”“道日增辉”“法轮常转”“皇图巩固”① 为证。其中帝道遐昌铸文：“大运嘉靖十年岁次辛卯三月初五日庚寅良吉造。炷匠饶衡等。”皇图巩固铸文：“恩官、前致仕宣慰使司彭世麒，恩官、致仕宣慰使彭明辅，现任宣慰使彭宗舜，官舍彭明伦、彭明义、彭明德，经历司信官徐林。”法轮常转铸文：“右泊合司舍把众信人等，即日上午圣造，言念俊等，百年光景，如白驹易过，‘四重深恩’未报，没齿难忘，食夕拳拳，心怀切切，由是同登处喜，舍资财，铸造洪钟一口，入于本司马浦圣殿，永克供养，上愿：皇风清穆，圣寿长。更祈：官长安荣，封疆永固；不父众信，均使康宁；俗美岁丰，民安物阜。谨意。”从上述铭文可见，彭宗舜于嘉靖十年，同祖父致仕宣慰使司彭世麒和其父亲致仕宣慰使彭明辅一起重修了玉极殿和崇圣殿道教庙宇，祈求长寿、政权巩固和民富安康。

第二，用取名保佑家族长命。首先，彭宗舜为自己名字添加道号“铁苗道人”，据《历代稽勋录》记载：彭宗舜“号中轩，别号铁苗道人，忠敬公次子也”。② 希望道教神灵保佑自己长命。其次，请当时文人王阳明、心学家罗念庵为儿子取名“翼南”，“侯名翼南，冠之岁，大魁罗念庵，字以靖卿，勉其翊靖南服也。复号之曰北江，因其彭氏世居也”。③ 其“翼”通“翊”，辅佐之意。“靖”即“平定，使秩序安定”之意。“翼南”的意思就是平定南方之意。永顺土司的治所老司城位于酉水之北，号“北江”就是意味着希望其儿子成为酉水北岸的霸主。彭翼南名字的本意是“成为一方霸主”。该名字的含义是彭宗舜希望其子能够长寿，建立的政权能够稳固强盛。尽管如此，彭宗舜本人仅活了 32 岁，其儿子彭翼南仅活了 31 岁。

彭翼南于嘉靖三十三年至隆庆元年在任，该时期正是明代道教极为繁盛的时期。嘉靖三十三年倭寇入侵，朝廷调永顺土兵协剿倭寇于苏州、松江。后来彭翼南在嘉靖三十四、三十五年又赴浙直隶抗倭，取得东南战功第一，升云南布政使右参政。福建、浙江则是明代瘴病的流行区域，大量土兵不可避免地又再次染上瘴病，战后又将该病原体带回，导致瘴病的流行和人们的死亡。对于本次抗倭后死亡情况，目前，虽然没有直接资料加

① 《祖师殿大钟铭文》拓片，现藏于吉首大学历史与文化学院资料室。

② （清）彭肇植：《历代稽勋录》，《忠庄公》，嘉庆十二年钞本。

③ 《皇明诰封昭毅将军授云南右布政使湖广永顺宣慰彭侯墓志铭》拓片，现收藏于吉首大学历史与文化学院资料室。

以证实，但是我们从彭翼南一系列做法上可以进行推测。值得我们注意的是，彭翼南也仿效其父亲彭宗舜做了如下两件事。

一是，大修道教庙宇玉极殿和崇圣殿。据乾隆《永顺府志》记载："崇正殿：在旧司城东南，离城三十里，后有玉极殿。二像具系铜铸，土司彭翼南建。"① 据考古资料证明其修建的时间是"明嘉靖三十三年重修"。② 且有老司城的民间传说可以印证，至今在老司城一直流传着这样的传说，彭翼南在浙江望驿战斗时，顿时在朦胧中见到玉帝、张天师等千余神人来相助，在神灵相助下，永顺土兵旗开得胜，为了感谢神灵，从嘉靖三十三年起，彭翼南在老司城大修庙宇三年。祈求神灵保佑。③

二是，为其儿子取名为"永年"，在名字上直接表明"年"，即岁数。可见，彭翼南极希望自己儿子长寿。

祖父辈的短寿，对于彭永年来说是一种巨大的压力。于是，彭永年采取了与其父辈不同的做法，想借助道教神灵的力量，从改变墓葬方式，扭转家族短命的命运。据《历代稽勋录》记载：彭翼南"寿三十二岁（民间以虚岁记），葬地名聚龙湖，寻迁葬本司雅草坪"。④ 雅草坪，也名紫金山，原名寿德山，位于老司城东门，面积约二十余亩，是明朝彭氏土司的历代土司王和土司亲属的埋葬之地。"聚龙湖"，意思是"将龙脉聚集起来"。也就是说，彭永年在其父亲彭翼南死后，请道士看风水，对其父亲墓地进行了迁葬，也称"二次葬"，以改变原来不顺的风水。这种二次葬在今天的永顺县土家族地区仍然保存着，据我们调查二次葬一般是在如下情况下进行：其一是凶死，譬如：瘟疫死、溺死、难产死、吊死等非正常死亡，对死者坟墓进行迁葬；其二是家人有病或者有其他不顺之事时，对祖先遗骨进行迁葬；其三是夫妻合葬，因为死者八字不合，于是将后死者假葬，然后再进行迁葬。但是不管是进行上述哪种形式的二次葬，都必须请道士先做法事，在道士的主持下进行。我们从彭永年对其父彭翼南和后来彭元锦对其父彭永年的墓地迁葬来看，当时永顺土司想借助道教神的力量改变其家族短命的命运，可是，彭永年仍然仅活了 24 岁。

---

① 乾隆《永顺府志》卷五，《坛庙》。

② 湖南省文物考古研究所、湖南省考古学会合编《湖南考古 2002 上》，岳麓书社，2004，第 323 页。

③ 向盛福：《老司城民间故事集》，中国戏剧出版社，2010，第 76~77 页。

④ （清）彭肇植：《历代稽勋录》，《忠贵公》，嘉庆十二年钞本。

土司早亡的阴影一直延续到彭永年的儿子彭元锦时期。彭元锦为改变家族短命的命运继续寻找新的策略。他一方面继续其父亲的做法，对其父亲彭永年的墓地进行迁葬，《历代稽勋录》载：彭永年“寿二十四岁，葬聚龙湖，迁葬本司雅草坪”。[①] 另一方面，对道教庙宇进行修建。据李瑾《永顺县志》记载：“圣英殿：在司治雅草坪，前都督彭元锦建，以祀关帝，其山名回龙。”[②] 对于彭元锦重修圣英殿，民国《永顺县志》载：“圣英殿，在司治雅草坪前，其山名回龙，亦祀关帝，元锦建。（李氏志）……案：又梦帝节降护持，屡战屡胜，又蒙赐予子嗣，因再立殿于回龙山之上，题圣英殿。”[③] 可见，彭元锦在重修圣英殿时，一度将雅草坪的山改名为“回龙山”，其含义为“龙脉转回来”，从而达到繁衍子嗣的目的。

综上所述，每次战乱过后，永顺土兵回到当地，不可避免地将病原菌带往土司区，引起土司区疫情的发生。在明代医疗技术落后的时代，每逢瘟疫发生，毫无疑问会被认为是上天对人间的一种警示和惩罚，这使得统治者和土民们都十分紧张，往往采取驱避疫鬼，求助于宗教神灵和巫术。从百姓自身看，往往认为瘟疫的发生是疫鬼作怪，信巫不信医，求于巫术，必召巫师迎神。《五杂俎》中曾写道：

> 闽俗最可恨者，瘟疫之疾一起，即请邪神，香火奉事于庭，惴惴然朝夕拜礼许赛不已。一切医药，付之罔闻。不知此病原郁热所致，投以通圣散，开辟门户，使阳气发泄，自不传染。而谨闭中门，香烟灯烛焄蒿蓬勃，病者十人九死。[④]

从地方政府看，中国古代比较重视对于鬼神的信仰。每当瘟疫发生之时，举行仪式祈求上天的保护，维护社会稳定，“时福建奏，自去秋八月以来诸郡县疫气蔓延，死者相继。加之水旱盗贼，斗米百钱，民困特甚，武平县复地震有声。礼部请专遣廷臣一人，赍香帛往祭其境内山川等神，

---

① （清）彭肇植：《历代稽勋录》，《忠敏公》，嘉庆十二年钞本。

② 乾隆《永顺县志》卷三，《祀典志》。

③ （民国）《永顺县志》卷八，《建置志·祠庙》。

④ （明）谢肇淛：《五杂俎》，辽宁教育出版社，2001，第128页。

以弥灾疫。诏遣布政司官行礼”。[①] 对上述行为我们不能简单地以封建迷信来看待，对于鬼神的祭拜只是人们应对死亡恐惧的一种举措。列宁曾经指出：

> 由于没有力量同剥削者进行斗争，必然产生对死后的幸福生活的憧憬，正如野蛮人由于没有力量同大自然搏斗而产生对上帝、魔鬼、奇迹的信仰一样。[②]

由上可知，明代永顺土司区由于“瘴病”的流行，导致土司区人口的大量死亡，人们对死亡的极度恐慌，为道教的盛行和传播提供了现实前提；道教所宣扬的、长生术及渡世救人、修道成仙的修炼思想，正好迎合了土司区人们对传染病恐惧的心理需求，补偿了人们心理中一种缺憾，于是加剧了道教的盛行。我们知道过度地笃信道教和巫术鬼神又会给瘟疫的控制带来诸多不便，一定程度上延缓了瘟疫“瘴病”的治疗。

三 结论与讨论

永顺宣慰司彭氏家族虽然在溪州地区称霸一方，成为西南地区的大土司之一，但对中央王朝而言，也仅是偏安一隅的地方豪强而已，与朝廷直辖的中土相比，其重要性逊色多了。因此，从五代十国到元代的正史中，包括明清历朝“实录”在内，对永顺土司的记载就不免显得残缺和简略。但是，我们本次田野调查中发现的《历代稽勋录》所记载内容极为丰富、翔实而准确。该书资料来源除了能够见到的中央王朝官方文书外，还大量地引用了彭氏土司私家珍藏的书籍《土记》和《土传》。刘继先正是将对官方文书与《土记》和《土传》对照，对永顺土司彭氏历代祖先数百年的事迹做了准确翔实记录。尤其是对明代永顺土司的出生年、死亡时间、即任时间、在任时间及埋葬地都有记载，这些材料对于研究明代土司寿命状况可以提供较为可信的资料，然而，该书对于死因几乎没有记载，这对我们研究土司死亡原因无疑造成了极大的困难。

---

① 韦洪、薛国中：《明实录类纂·福建台湾卷》，武汉出版社，1993，第317页。

② 《列宁全集》第10卷，人民出版社，1987，第62页。

除了上述《历代稽勋录》文献文本资料外，近年来随着老司城考古的发掘，出土了大量的土司时期的墓志石刻史料，这对于研究土司时期的社会状况提供了极为珍贵的资料。然而，目前尚未见学术界有人利用这些文献、墓志石刻等史料对土司时期年寿状况及其死亡原因进行研究，这不能不说是土司社会史研究中的一大缺憾。我们知道人口寿命是中国古代社会发展过程中经济、政治、文化等各方面所达到水平的一项综合反映指标。因而，透过土司寿命的探讨，能够对永顺土司社会进行更为深入的研究。

本文以《历代稽勋录》资料为中心，结合正史、地方志、文集及田野调查的大量碑刻的基础上，对明嘉靖时期永顺土司短寿的原因进行了探究。通过对相关资料的排比和爬梳，文章认为明嘉靖年间永顺土司寿命短的原因，主要是土兵在广西之战后感染上的瘴病，而朝廷的不断对永顺土兵的征调，更加剧了瘴病的滋长和流行。因为朝廷的不断征战，一方面促使土兵的身体抵抗力减弱；另一方面使人与病原体的接触机会增多，这无疑为瘴病的流行和传播提供了条件，使瘴病的危害性大大增强。虽然传染性疾病“瘴病”现在已经得以控制，但是，在明代当时的医疗条件下，就常常成为致命性的疾病，几乎是无药可治。“瘴病”的传播加剧了土司区的恐慌，危及了土司的统治，于是土司就借助道教作为其控制社会的一种谋略，这必然加剧了道教在土司区的盛行。然而，笃信道教不仅会给“瘴病”的控制带来不便，而且，还延缓了对“瘴病”的治疗，促使传染病的危害难于控制，死亡率大大提升。本文所依据的《历代稽勋录》仅仅记载的是明代永顺土司的历代功勋和相关生活，而对土民的社会生活缺乏记录。不过，从嘉靖时期的这几代土司寿命极短，而土民们生活条件更为艰辛，我们可以大胆地推测当时整个土司区的土民遭受瘴病的危害更大，死亡率更高。人口寿命主要是由当时的社会发展水平和社会制度等综合作用的结果，因而，利用历史人类学方法，对土司寿命及死亡原因的探讨，可以使我们对土司社会状况有一个更加细微的解读，使土司制度区域性、民族性的特点得以彰显。这不仅能进一步拓宽土司研究之路径，而且似可开辟一土司研究新领域，提升土司研究的理论和方法。

土族的土司制及其式微

祁进玉

（中央民族大学民族学与社会学学院）

摘　要　土司制度是我国在少数民族地区实行的一种特殊地方行政体制。自元至明、清，在少数民族地区实行的土司制是一种重要的民族地区管理制度。随着中央政府权力的加强及实力的增长，地方政权或地方势力的崛起或存在，对中央政府始终是一种潜在的威胁，所以，对于少数民族以及边疆地区实行的“土司制”基本上持否定态度。以至在中原以及汉族地区行之有效的“流官制”，最终取代被统治者仅仅作为一种权宜之计的封土司民的治理模式，便是一种不可逆转的趋势。

关键词　土司制　改土归流　僧官制　羁縻

一

在中国历史上，历朝历代中央政府对少数民族和边疆地区的统治特意实行不同于中原内地的一种羁縻制。唐朝初、中期时，几位皇帝在思想认识上比较开明，对于周边少数民族都意存羁縻，不甚歧视。唐高祖李渊主张“怀柔远人，义在羁縻……就申好睦，静动息民”。[①] 唐太宗李世民曾说：“夷狄亦人耳，其情与中夏不殊，人主患德泽不加，不必猜忌异类。盖德泽洽，则四夷可使如一家；猜忌多，则骨肉不免为仇敌。”“自古皆贵

① 《册府元龟》卷一七〇《帝王部·来远》。

中华、贱夷狄，朕独爱之如一，故其部落皆依朕如父母”。[①] 正是由于唐朝中央政府心存“怀柔远人、义在羁縻”的思想，唐朝在周边地区设置了很多羁縻府、州、县。《新唐书》卷四三《地理志》载：

> 自太宗平突厥，西北诸蕃及蛮夷稍稍内属，即其部落列置州县。其大者为都督府，以其首领为都督、刺史，皆得世袭。虽贡赋、版籍多不上户部，然声教所暨，皆边州都督、都护所领，著于令式。

林幹认为，羁縻府州有三个特点：其一，它所受的上级管辖机构与中原内地不同；其二，羁縻府州大多设在少数民族原来生活的地区，其疆界也是以各该少数民族的部落作为州县的范围；其三，羁縻府州向朝廷应负的政治义务很轻，但从中受到的经济利益则较多。如对于归附朝廷的少数民族来说，他们对中央王朝的“朝贡”，在经济上并没有多少负担，其形式大于内容。仅仅通过朝贡，以表明对朝廷中央的臣属关系；但在每一次朝贡中，从朝廷中央获得不少回赐，回赐物品大多是实用的器具和珍贵的缣帛。这实际上是以“朝贡”——“回赐”的特殊形式，双方进行物物交换。[②] 章群在其《唐代蕃将研究续编》一书，将汉代以来的边政分为三个系统：

> 第一是羁縻州府系统。汉代立西域都护，目的就在经营西域。西域都护以外，尚有护乌桓校尉，以至东汉的度辽将军、使匈奴中郎将、护羌校尉，到唐代的各都护，都属于这一个系统。
>
> 第二是对外经营系统。汉代立西域都护，目的就在经营西域。西域都护以外，尚有护乌桓校尉，以至东汉的度辽将军、使匈奴中郎将、护羌校尉，到唐代的各都护，都属于这一个系统。
>
> 第三是边界镇守系统。唐代节度使的全衔，皆有“镇守”两个字。天宝元年（742）所立的十个节度使，几乎全在边界。[③]

章群认为，第一系统的羁縻州府与第二系统的对外经营系统之不同，

---

① 《资治通鉴》卷一九八，唐贞观二十一年五月条。

② 林幹：《中国古代北方民族通论》，内蒙古人民出版社，2007，第269～270页。

③ 章群：《唐代蕃将研究续编》，联经出版事业公司，1990，第23页。

在前者属于地方行政系统，有治所。第二系统与第三系统的边界镇守系统之不同，在前者常出击，中国领土之广大，或者说国力之扩张，常由都护拓展得来。镇将与节度使，则主防守。[①] 章群也指出，唐时，边疆地区的少数民族也有参与戍边军队镇守边防的情况，一般而言，分为两种情况：一种是个别投募，包括“客将”在内；一种是唐室用其部众。用其部众为兵，也分为两种情况：一是授其酋帅以军衔，使统其部众作战；二是直接用其部众，或使其酋帅统领，或否。两种情况的分别是，一以酋帅为主，一以部族为主。[②] 元朝时，甘青土族地区辖属甘肃等处行中书省，元朝中央政府对土族首领都分别授以官职，令其统治土族。元王朝先后封祁贡哥星吉为金紫万户侯，任甘肃理问所土官；李赏哥为西宁州同知兼指挥使；李南哥为西宁州同知……元王朝的这种做法，是唐、宋王朝对边远地区各少数民族首领“封以官位，授以名号”的继续，通过土官管辖当地的各族百姓。[③] 在元朝时，现今青海（除黄河以北地区外）和甘肃东、中、南部地区分别隶属于陕西行省和吐蕃等处宣慰使司都元帅府。忽必烈采取了胡汉分治的办法，将巩昌（今陇西）、临洮、平凉、庆阳四府农业区并隶于陕西行省，而把牧业区划归吐蕃等处宣慰使司都元帅府。元代甘青地区最大的土官是陇右望族汪氏家族的子孙。据记载，公元1235年，蒙古王子阔端率军攻打陇右时，金朝巩昌便宜都总帅汪世显“率军民万家为口十万来降”。[④] 此外，临洮的赵阿哥潘家族、祁望家族、巩昌李节家族等也是元朝世系的土官。[⑤]

自明至清，基本上也是延续了元朝的治边方略，继续实行“封土司民、以夷治夷”的羁縻政策。明朝的北部边防，除了大量修筑长城外，还在沿边设置了九个军事重镇，统称“九边镇”：辽东、蓟州、宣府、大同、山西、延绥、宁夏、固原、甘肃镇。此外，明朝还在北部边疆地区设置了很多卫指挥使司和千户所，简称“卫、所”。这些卫、所都是军事建制，其设在少数民族地区的，主要是羁縻性质。对于这些羁縻卫、所，明朝任命当地少数民族部落的首领为卫、所长官，仍令统领其部众，驻居原地，

① 章群：《唐代蕃将研究续编》，联经出版事业公司，1990，第24页。

② 章群：《唐代蕃将研究》，联经出版事业公司，1986，第143页。

③ 《土族简史》，青海人民出版社，1982，第35页。

④ 姚燧：《牧庵集》卷二一，《巩昌路总管府事李公神道碑》。

⑤ 廖杨：《中国西北古代少数民族宗法文化研究》，广西师范大学出版社，2005，第272页。

从其本俗，并给以经商贸易的方便。另外，明朝对于愿意前来归附的蒙古各部首领、贵族和官员，实行怀柔和优抚的政策，对于他们分别封以官职，作战有功的更是论功行赏。[①] 明朝统治者出于对巩固边疆地区的需要，制定了一整套土司贡赋、承袭的制度，这就使土司制度得以完备。所有土司，均由朝廷任命，颁发印信、号纸，承袭须经中央政府批准。政府对土司首先要征收赋役，改变了以往只征收土贡、不征田赋的状况。同时，土司必须受地方长官约束，有驻防、守御之责，随时备征调，这比以往的土酋对中央政府的隶属关系也大大进了一步。[②] 曾经在青海土族地区长期传教的比利时神父许让认为，毫无疑问，无论是明朝的汉人皇帝还是清朝皇帝，都把土司制当成权宜之计。明王朝一旦强大和享有内部的和平，就设法吸收自治的夷狄人的领地和边界的首领，如果有可能就把他们变成汉人。只有在无法吸收他们的时候和地方才容忍他们。因此，土司制当然地被看成明代的汉人出于边界防卫而不得不接受的一种策略。他们的想法是在他们自己和中亚的吐蕃、新疆、蒙古之间建立一个缓冲区。在许让神父看来，明朝花费心思建立起了像元代那样作为“边界护卫”而存在的土司制。新的汉人统治者非常高兴接受边界小的部落首领的归顺，这些小部落的首领取得了地方权力和威望，作为交换，他们愿意在边界抵御他们自己的亲属蒙古人、蕃人。这个策略是汉人熟悉的传统的“以夷制夷”。不过，中央王朝同时准备在没有边患时革除这些边界首领，把这些土司们的领地归到汉人直接征税区，其属民直接由汉人的流官管理，即所谓的“改土归流”。[③]

土司制度一旦确立之后，土司在中央政府的认可和支持下，建立了一整套统治机构，包括设立土司衙门、监狱、土差、土兵。而据《明律》规定，各级土司还可以依据当地或本民族的习惯法订立“土规”“土律”等各种法规，以确保、巩固土司的权威与统治。陈永龄认为，土司制度就是：“土司世官其地、世有其土，土民世耕其地，世为其民。”土司与土民的关系是与土地密切相连的。土司的土地本为公有制度，按照过去的法律是禁止自由买卖的。凡在土司辖区耕地的人自然就成为土司的百姓，受其

① 林幹：《中国古代北方民族通论》，内蒙古人民出版社，2007，第274页。

② 李世愉：《清代土司制度论考》，中国社会科学出版社，1998，第4页。

③ 〔比利时〕许让：《甘青边界蒙古尔人的起源、历史及社会组织》，李美玲译，青海人民出版社，2007，第206～207页。

统治，并按照规定向土司负担一系列的纳租和服役的义务。实质上，土司在政治上是封建统治者，在经济上就是当地最大的地主，而土民就是他的农奴了。[①] 据杜玉亭、李世愉等人的研究，土官泛指土职其人，土司不仅泛指土职，也指与土职相联系的政府机构或衙门。明朝中叶以前的所有土职称之为“土官”，明中叶之后开始出现土司之称。及至清，土司之名后来居上，成为对各种土官土司的通称。[②]

历史学家吴晗指出，明王朝对西北少数民族的统治办法有两种：一种是用其酋长为卫所长官，世世承袭；一种因其土俗，建立寺院并赐侣封号，通过宗教治理当地人民。[③] 明朝时，土族地区修建了很多藏传佛教寺院，明成祖授给宗教上层人士如寺主、活佛等印诰，认可他们的社会地位，他们往往“欺凌贫民”。[④] 从清康熙朝开始，官方意识到宗教的重要影响力，对于信仰藏传佛教的藏、土、蒙古等民族实施“因俗以治”的统治政策，沿袭土司制和僧管制的双重管理体制。许让神父认为，喇嘛教在土族的政治、经济生活中有着举足轻重的地位。官方极力笼络藏传佛教上层人物和西北地区的各家土司，辅之以流官治理，最重要的政策之一便是分化瓦解各族群之间的联系，强化各族群之间的社会边界和人为构建族群间之鸿沟，这一点可以从历史史料的相关记载和保存的官方档案中可以找到蛛丝马迹。康熙四十四年（1705），佑宁寺二世章嘉被清王朝封为“灌顶普善广慈大国师章嘉呼图克图”。另外，佑宁寺二世土观被封为“静修禅师驻京掌印喇嘛土观呼图克图”，同出于佑宁寺的二世松布被封为“呼图克图”，以后历世皆承袭此封号。清王朝优待和极力笼络土族地区的宗教上层人物，给予他们特殊的荣誉和享有很高的社会地位，其初衷在于利用土族地区的高僧和藏传佛教寺院在蒙藏地区的深远宗教影响力，以便于加强对土族和蒙藏地区的控制和管理，从而利用藏传佛教来“宣扬妙法”，以达到“裨助于王化”的目的。[⑤]

蒙古帝国与元朝时期安置西北土官的机构主要有：一是畏兀儿亦都护政权；二是吐蕃等处宣慰使司都元帅府及其下属机构；三是阿姆河、别失

① 陈永龄：《青海土族政治的演变》，载《民族学浅论文集》，（台北）弘毅出版社，1995。

② 杜玉亭：《土官土司两类说》，载《中国民族史研究》，中国社会科学出版社，1987。

③ 吴晗：《朱元璋传》，人民出版社，1985，第155页。

④ 《西宁府新志》卷三一。

⑤ 《土族简史》（修订本），民族出版社，2009，第35页。

八里、阿力麻里，甘肃和陕西行省及其下属的路、府、州、县。一般根据边疆民族的社会状况因俗而治。元时，在西北民族地区任用土官。土官受封后成为朝廷的命官，由中央政府授予“宣敕”“虎符”等。为了防止土官利用从属关系培植地方势力，蒙古统治者也实行土流参治的方法加强对少数民族地区的管辖和治理。

元代时，在今土族地区主要的土官有吐蕃人李喃哥、畏兀儿人薛都尔丁、蒙古人祁贡哥星吉。到明代形成李土司、西祁土司（祁贡哥星吉）和冶土司（薛都尔丁后裔）。这些客籍土官世代驻守该地，必然与当地各族交往密切，从而逐渐被同化。[①] 黎小苏在其《青海之土司》（1934）一文中对于当地的土司制度有如下描述：

> 土司为封建时代之遗物，前清时甘肃改省，以各土司有捍卫之劳，无悖逆之事，仍旧设置，故今日青海、甘肃两省仍有土司制度存在。现在杂居各县，部落甚多，相传为吐谷浑之后裔。大都为元后始行归顺，乃授封改姓，世袭其职，或从回教，或同番俗，或与汉人同化。各土司之辖境大小不等，惟各不相属。其职世袭罔替，名称有指挥使、佥事、同知、宣慰使、土千户、土百户等。

早在蒙古人统治时期，在西北地区就封授了大量土官。到了明代这些地区的地方势力更加强盛，于是采取“以本地之人，司本司之事”的措施，在西北甘青地区实行土司制度，并将之纳入中央政府对地方的管理体系和常态化辖属机制。当时“西鄙来降者，辄授以职，使率其部落以卫边塞”。[②]“甘肃临边土司星罗棋布，惟蒙番二族为多，回汉族次之”。[③]

中国历史上历代封建王朝对于边境民族向来持有两种政策，若其听抚，则置以官位，实行羁縻；不听抚，则以武力代剿抚，这就是“德以绥远，威以慑服”的政策。简单地说，就是威德并施的政策。[④] 元初，为了稳定和治理这个民族众多而易于滋生事端的西北边疆地区，中央政府亟须一种变通的治理对策。据《皇清职贡图》记载：

---

① 高士荣：《西北土司制度研究》，民族出版社，1999，第61页。

② 《续文献通考》卷一二九。

③ 《甘肃通志稿·职官》卷七六。

④ 高士荣：《明代西北推行土司制度原因刍议》，《西北史地》1996年第3期。

按明史西羌族类最多，其散处河湟洮岷间者为中国患尤剧。元于河州设吐蕃宣慰司统治番众。明设西宁等四卫土官与汉官参治，俾其世守。[①]

当然，除了封授土官，明朝在西北地区建立卫所制度。卫所制度是一种农兵合一的制度，卫所的守将和士兵亦兵亦农。卫下设千户所、百户所。明代边疆地区的卫所有管军、领土、治民的权力。即具有军政合一的性质。[②] 明洪武六年（1373），“遣西宁州同知李喃哥等招抚其酋长，至者亦悉授官，乃改西宁州为卫”，委任李喃哥为指挥。[③] 该卫主要土官有副千户祁贡哥星吉（其孙祁贤升卫指挥佥事、指挥使），故元甘肃行省右丞祁朵纳尔只失结为西宁卫指挥佥事，李喃哥任指挥同知，上述三位均为土族地区的土司，被委以重任。明代，西北甘青地区的土司“秉忠效力，惟中国之命是承”[④]，其主要职责是朝贡、听从征调、护送使节和僧人、保境安民、守卫边塞等。

明朝初年，明太祖朱元璋派遣官员进入西北民族地区招抚，鼓励故元官吏、土官、部落头人、宗教首领入京朝贡。洪武时规定：“部族之长，亦许岁时朝贡。”[⑤] 高士荣对于明代的朝贡体系有如下论述：这种“朝贡表明了西北少数民族对中央的臣属关系和承担的义务；封官、赏赐既是明王朝对地方首领行使职权，又是笼络手段。因此，明代少数民族的朝贡既是少数民族与明王朝的隶属关系的表现，又是经济联系的一种特殊形式”。[⑥] 然而，西北地区的土司更多的职责仍然是“居则侦保，警则捍卫”。[⑦] 明朝初期，朝廷将一些元朝官吏及当地一些少数民族部落首领，安置于青海东部及甘肃中部，其中有蒙古人、汉人、藏族人，称为“土官”，划给土地、准其扩充部落并统治其居地属民。入清以后称为“土司”，经过漫长的岁月，这些土司及其部属均成了今日土族的一部分。分布在今互助地区的有

---

① 《皇清职贡图》卷五。

② 高士荣：《西北土司制度研究》，民族出版社，1999，第84页。

③ 《明史·西番诸卫》卷三三〇。

④ 《岷州志·艺文》卷一八。

⑤ 《明史·西番诸卫》卷三三〇。

⑥ 高士荣：《西北土司制度研究》，民族出版社，1999，第95页。

⑦ 《明史纪事本末·设立三卫》卷二〇。

祁土司、纳土司、陈土司共六家土司（各为二家）。[①] 西北诸土司在明代的防务系统中有着非常重要的作用，正所谓扼控西北地区、抚谕诸番的前哨阵地。

明朝政府在甘青地区设立卫所，在河州卫和其他西番诸卫建立“土流参治”的政治管理体制有其特殊的目的和诉求。明初，虽然收复了西北甘青地区，但是败退到漠北的蒙古人始终是明王朝的主要威胁和心腹之患。除了蒙古遗部及其潜在的威胁，散处甘青地区的西番对于明政府也是潜在的隐患，如何消除这两方面的威胁和隐患，是明朝政府最为棘手的问题之一。对此，《明史》有明确记载：“原夫太祖甫定关中，即法汉武创河西四郡隔绝羌胡之意，建重镇于甘肃，以北拒蒙古，南捍诸番，俾不得相合。”同时，对于西番也有着较为详尽的记载，如“西番，即西羌，族种最多，自陕西历四川、云南西徼外皆是。其散处河、湟、洮、岷间者，为中国患尤剧。汉赵充国、张奂、段颖，唐哥舒翰，宋王韶之所经营，皆此地也”。[②] 明初，中央王朝对待“北虏”与“西番”的策略有所不同，首先是“拒虏抚番”，其次是隔绝“虏番”。所谓“备虏十九，备番十一”，“制西番以控北虏”表述的就是明朝政府明确的战略思想和策略布置。终明之世，这两条是作为既定国策奉行的。甘青地区河州卫的建置是一个模式，它标志着朱元璋在甘青地区创立“土流参治”的开始。继洪武四年河州卫建立，西宁、洮州、岷州、庄浪、临洮等卫所次第设置，一批批元故官、土官及各地的部族首领随即编入各个卫所，令之世守。利用他们的势力和影响，控制“番众”，稳定地方。从明代历史上考察，甘青地区的“土流参治”制度，以流管土，以土制番，是很有远见的一项战略措施，在安定西北方面，起了积极的作用。[③]

二

明末，西宁李土司“所辖仅万人”，东、西祁土司所辖土民“十数万

① 《互助土族自治县志》，青海人民出版社，1993，第502页。

② 《明史》卷三三〇。

③ 王继光：《明代的河州卫》，载刘光华主编《谷苞先生90华诞纪念文集》，兰州大学出版社，2007，第240～241页。

人”，明廷常以“土人补将校”。[1] 足见甘青土司力量强大和明廷对他们的倚重。陈永龄在《青海土族政治的演变》一文中对于土族地区的土司制是如此描述的：

> 明朝以前，青海土族的政治情况，我们现在还不清楚，明太祖（朱元璋）代替了元朝的统治以后，在青海土族地区，对授了当地原有的地方官吏（包括汉族、蒙族、维吾尔族和土族，其中以蒙族最多）为土司，来统治这地方的土族人民。这些地方官吏都是元朝旧臣，在明初陆续归附明太祖的。土司是世袭的（关于土司制度的起源、官位、等级等可参考《明史》土司列传）。青海土族地区的土司制度一直维持到民国以后，到1929年青海建省设县才完全取消。[2]

陈永龄等人结合杨应琚编纂的《西宁府新志》对土司的记载，认为青海土族的土司都是由明、清相沿下来的，完全是武职土司，在西宁卫所东部驻屯；而且土司的成分包括有汉族、蒙古族和维吾尔族。除了土司制度之外，土族地区还有另外一种政治管辖制度，即土官制。明朝末年，西藏地方势力在青海土族地区建立了寺院（佑宁寺，又名尔郭隆寺，称为湟北诸寺之母）。寺院的建成与当地土族十三个部落的努力支持是分不开的。这十三个部落的头人后来便由西藏达赖喇嘛封授为土官，来管理寺院附近地区的事务。土官也是世袭的。这些土官不是明、清封建王朝所封，他们并不受土司的管辖。土官制度也是1929年青海建省设县时才完全取消的。[3] 这十三位土官由于其所承担的职司和僧俗身份的不同，一般分为六种：第一种，“昂锁”，多为俗官，共三个，规定父子世袭，但凡遇到世袭困难时，兄弟中的喇嘛者也可以世袭。所以，昂锁官职僧俗皆可世袭。第二种，“杨司”，一般只有一个，为俗官，父子世袭，管辖有百姓和土地，即其辖地在今互助土族自治县西桦林。第三种，“官尔”，有两个，即巴洪和沙瓦，都是俗官，父子世袭，辖有百姓和土地。第四种，“尼日湾”（藏语称为“红布”），只有一个，是藏族，亦为俗官，父子世袭，辖有百姓和土地。第五种，“尕尔哇”，皆为僧官，共有三人，规定只能是师徒世袭，

① （清）梁份：《秦边纪略·西宁卫》卷一。

② 陈永龄：《青海土族政治的演变》，载《民族学浅论文集》，台北弘毅出版社，1995。

③ 陈永龄：《青海土族政治的演变》，载《民族学浅论文集》，台北弘毅出版社，1995。

辖有部分土地。第六种，“博勒混”，共有三人，其中有一名是藏族。据陈永龄等人在《青海土族的政治演变》一文中记载：

> 在过去的历史年代中，互助县土族十三部落，每隔一二年就要给西藏贡献布施，“博勒混”就是献送布施的领队代表，都是俗官，父子世袭，但并不管辖有百姓和土地。以上十三名土官中只有两名是藏族，其余十一名都是土族，说明在明末时代土、藏二族在互助、乐都一带杂居的情况。

但凡封有土官的土族地区，大多是封建王朝势力较弱的地方，是寺院宗教势力较强的地方。从整个土族地区的情况加以判断，土司在土族地区有着较强的权势，而土官管辖的百姓和土地也相对较少，权势较小，社会地位也较低。

尽管1930年以后，土官的社会地位已经不同于往日，土官和普通百姓并无两样，但是从寺院方面来看，仍旧承认这些土官旧日的地位。陈永龄认为，寺主与寺院的联系，一直到新中国成立时依然未变。

青海原各土司没有像蜀黔土司那样“纵部劫掠”“行贾梗绝”“称兵作乱”，自明到清初，有“捍卫之劳，无悖叛之事”。在明朝，“李氏、冶氏皆膺显爵而建功勋”，“且俊秀读书，亦应文武试，如祁伯豸兄弟已登科目，立功名”。因为各土司所管民户较寡，土地较少，又与汉民“错杂而居”，众建少力，“故土官易制，绝不类蜀黔诸土司桀骜难驯也”。[①] 甘青土族地区土司制的存废与清代以来推行的改土归流政策有着密切的关联。雍正初年，青海的罗卜藏丹津蒙古部叛乱，清廷派年羹尧、岳钟琪平定了叛乱。甘青土族地区的很多藏传佛教寺院也被牵连，有“湟北诸寺”之称的佑宁寺也没有得以幸免，寺院被焚，却藏活佛等人被杀。此次事件平定之后，清朝政府调整了地方政治体制，在加强了中央政府的控制和权力的同时，也封授了一批土司。然而，也有一些官员提出应该实施“改土归流”政策，强化中央对西北甘青地区的管控。如《河州志》卷二记载，河州知州王全臣曾于康熙四十五年（1706）奏请甘青地区实行改土归流，文中列举了土官霸丁占地、欺凌百姓、鱼肉乡里的种种劣迹。川陕总督岳钟琪于

① 芈一之：《青海土司制度概述》，《青海社会科学》1980年第1期。

雍正三年（1725）奏请在河州、洮州、岷州“无庸设立土千百户，但就其原管番目委充乡约、里长，令催收赋科，久则化番为汉，番作边地良民”。[①]

三

随着中央政府权力的加强以及其实力的壮大，对于少数民族以及边疆地区实行的封土司民的“土司制”基本上持否定态度，因为地方政权或地方势力的崛起或存在，对中央政府始终是一种潜在的威胁。所以，在中原以及汉族地区行之有效的“流官制”最终取代被统治者仅仅作为一种权宜之计的封土司民的治理模式，便是一种不可逆转的趋势。

高士荣认为：

> 民国时期，西北民族地区改土归流的原因归纳起来，主要有以下几点：一是土官的残酷剥削和压迫，阻碍了社会的发展；二是部落制的逐渐解体和地主经济的发展，严重打击了土司制度；三是清代在部分地区改土归流，严重削弱了土司的势力；四是改土归流也是在土司与地方政府之间日益尖锐的矛盾之下产生的。[②]

清代雍正年间发生在西北的罗卜藏丹津反清事件和清末咸丰、同治时期甘青地区的撒拉族、回族起义，在一定程度上削弱了甘青地区土司的势力。清王朝平定叛乱后，废除了撒拉族的土司制度，而土族土司有的迁居西宁，不敢袭职；有的逃往藏区，自动放弃累代相传的封建特权。到民国初年，土族16家土司只剩8家。[③] 经此变故，土族土司的权力也极大地被削弱，其职责也已经发生变化，主要是一些行政性事务，如征税、派差以及行使司法权，土司的土兵人数大大减少。据记载：1930年，土族土司势力最大的祁土司辖土民1054户，男女大小共计6031人，有寺院4座，僧40余人。军队方面，有土千总1人、土把总2人、马兵50人、步兵100人。[④]

---

① （清）龚景瀚：《循化志》卷一，《建置沿革》。

② 高士荣：《西北土司制度研究》，民族出版社，1999，第233~235页。

③ 《土族简史》，第69页。

④ 《青海历史纪要》，青海人民出版社，1987，第636页。

土司的规模及设置有一定的差别，但土司都是本部族的酋长，又代表封建政权行使其对该部族的管理权，辖区内的兵、刑、民、财等行政、司法、军事大权均由土司掌握。土族地区土司的管理机构设置如下①：

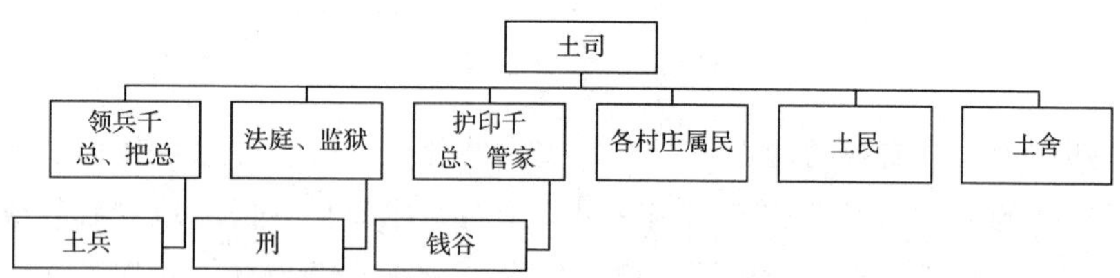

比利时神父许让认为，整个土司制的基础是有权力将其属民束缚在领地上。属民的首要义务是永远不遗弃其领主。属民及其后代被拴在一根永远无法脱离的锁链上，他们不能自行离开自己的领主而到别的领主那里。在先前蒙古尔（土族）的习惯法里规定，对试图遗弃自己领主的人要判死刑。在清朝的最后50年间，当这个权力减弱时，出现了许多背叛的事。甘青地区的土族土司制由于中国社会的急剧变化而面临着即将分崩离析的危险境地，这些土族地区的土司家族也自身难保了。许让神父一边在土族地区传教，一边搜集有关土司及其属民的口述史料，他讲述了一个土司因属民逃亡而引发的长达二十余年的无果诉讼案例：

> 大约1890年，几群蒙古尔人加入到称作“十大族”的蕃部落，这个部落住在古浪辖区的Hasi滩（今天祝县哈溪镇）。这些蒙古尔人是不同土司的属民，他们离开他们的主人，中止对其主人的任何忠诚。因为这种背叛是大规模的，并损害着土司的特权，土司们集体向在碾伯、平番、西宁以至兰州的汉人法庭控告，要求引渡那些不尽职的属民。他们坚持他们的不可剥夺的权力，但是二十多年的诉讼毫无结果，到1914年还是没有任何判决。灰心丧气的土司们吞下了这个苦果。他们古老的制度堡垒打开了，并且注定要毁灭。1918年，我在Hasi滩看到了那些背叛的蒙古尔人，他们的女人们仍然戴着与蕃人不同的蒙古尔头饰，穿着蒙古尔服装，他们还是仍然说蒙古尔语，但以

① 朱普选：《青海土司制度研究》，《西藏民族学院学报》（哲学社会科学版）2005年第3期。

两代后，他们就会成为蕃人。[①]

离开土司的这些属民，还要面对寺院僧侣们奴役的命运。许让神父提到了属于李土司的另一群属民离开了他们的领主，不再忠诚于他，他们到天堂寺（今天祝县天堂镇）的领地里生活。他们遇到了麻烦，因为寺院的活佛命令他们穿蕃人服装。许让写道：

> 尔郭隆寺（佑宁寺）的松巴活佛（松布）得到了一块原属于住在莫伯胜辖区北部的蒙古人的领地。他把几群蒙古尔人集中起来，并建立了四个蒙古尔村子，每个村名用的是这些人以前所住的村子的名字。这些蒙古尔人仍然承认对他们的领主的义务，承担劳役和其他的服务，但不承担土地税，他们的土地税要上交活佛。[②]

许让指出，上述这些事实证明，土司的部族制度到清代末年时基本上已经面临崩溃的境地，同时也说明，土族人口的快速增长使得这块 1368 年皇帝赐给他们的领地变得太狭小了。辛亥革命推翻清朝以后，在西北地区存续了几百年的土司制度赖以安身立命的政治基础不存在了。民国成立后，改西宁办事大臣为青海办事长官，1913 年，改为蒙番宣慰使，1915 年又改为甘边宁海镇守使，隶属于甘肃省政府。[③] 民国元年，甘肃省议会提议实行改土归流，但是议案没有获准通过。不过土司制度的存废已经成为社会各界讨论的焦点，也不可避免地要迎来被废除的一天。近代中国政治演变及其进展，使得土司制的存废已经没有了悬念，剩下的只是这种制度究竟能延续多长时间的问题。

1926 年西宁县农会会长蔡有渊要求甘肃省政府废除土司制度，由他出面向甘肃省政府呈控土族土司李沛霖等八家，省政府曾令西宁行政长官林竞会同教育厅长马鹤天查办此事。林竞等建议“令饬西宁县布告土民，对于国家应尽义务，以后与汉回人民一律平均负担。一面通派员绅指导土民

---

① 〔比利时〕许让：《甘青边界蒙古尔人的起源、历史及社会组织》，李美玲译，青海人民出版社，2007，第 82 页。

② 同上。

③ 高士荣：《西北土司制度研究》，民族出版社，1999，第 218 页。

不再受土司之重叠压迫，以为自动请求改土归流之计划”。[①] 并希望土司“自动请求改土归流”。这一建议曾由甘肃省政府核准施行。此后，土民纷纷自动请求脱离与土司的关系。然而，由于种种原因，废除土司一事被暂时搁置下来。

1929 年，青海建省，土族土司制度仍然存续。西宁县长陈宗汉“将所有差徭直接向土民派收，各土司均无异议”。并向青海省政府建议取消土司制度。

1929 年，青海世袭土司李承襄、祁昌寿、纳守业、吉树德、汪吉祥、李沛霖、祁钦恩、赵永鳌等具名《青海省土司李承襄等呈请将土司制度另易名号不轻事改革文》一文，呈报南京国民政府蒙藏委员会，请求保留土司制，并要求“体令前勋，注销旧案”。此事一经新闻媒体曝光，立即引起全国开明人士与新闻界的关注，并引发土司制存废问题的讨论与热议。

1930 年新设立互助县和西宁县，地方政权及其建制的设置，在一定程度上分明已经威胁到了从明初沿袭至清末的土司制。青海建省前夕，土司虽然很多都名存实亡，但是原来的土地剥削并未减轻，反而加重。因有些土民地区已归各县政府管辖，又多加了一份差徭负担。如马鹤天对 1927 年青海土民承受的双重负担如此描述：

> 碾伯西宁等县各土司治下之人民，大半租其土地，如农奴之于地主。又照例每年藉婚嫁丧祭之名，任意摊派。现在各县又令土民与汉民平均担负差徭，不啻两重负担。[②]

青海省国民政府以马麒主席名义，向南京国民政府呈递《青海省政府咨请蒙藏委员会取消青海土司呈文》一文，要求取缔土司制度。1931 年，土族土司李承襄等迫于民众及地方政府的压力，分别呈请国民党政府蒙藏委员会及青海省政府，“将土司制度另易，并将土兵改编”。青海省政府遂正式呈请国民政府“明令取消青海省土司各职”。

1931 年 8 月，南京国民政府通过“明令撤销土司一案”的决议，下令

---

① 《国民政府内政部给蒙藏委员会的咨文》（1931 年 8 月 13 日），原件存南京史料整理处。

② 马鹤天：《西北考察记——青海篇》，新亚细亚学会，1935，第 74 页。

撤销土司制。[①] 至此，在土族地区存续了六七百年的土司制度被正式废除。然而，青海省政府仍然为“体恤该土司等起见……一由县政府所收该土司原有地粮内，每年酌给若干，以资赡养，并体察情形，各予以区长、村长名义”。[②] 青海省的土族土司制度虽然因被取消而废除了，但是这些土司们依然是食租税的小封建主。[③]

改土归流以后，在政治上废除了土族土司制度，与此同时土族地区的社会经济制度也随之发生了变革。改流以后，土民人身得到了一定的自由，社会经济有了进一步发展。土族地区在设县以前，属民对土司有纳粮的义务，属民纳完土司的粮，不再向政府的大仓纳粮，由土司向大仓纳粮。自 1930 年以后，土族土司制度被废除，土司原来管辖的百姓、土地，一律由县政府直辖，农民直接向大仓纳粮。[④] 随着保甲制度的推行，为了清理原土司属民地产地权，于 1935 年后，青海省政府在土族地区清丈田亩，换发地契。有的土司（如祁土司等）原先土地甚多，出不起丈地款，便放弃地权，改为由谁种地谁出丈地款并领地契。于是，原先租种土司土地的广大属民，由此取得了地权，成为有耕地的自耕农民。这是土族历史上一次规模较大的地权转移。[⑤] 1953 年，中央民族学院土族调查组提供的《青海土族基本情况摘要》一文中，对于土族政治制度的简略描述如下：

> 明清以来，青海土族大部分地区受土司统治，小部分地区受与宗教寺院有关的土官统治。1929 年青海建省设县后，土民全归县政府管理，土司土官名存实亡。解放后，推行民族区域自治，互助县土族自治区（县级）于 1954 年 2 月 21 日正式成立。[⑥]

自此，在中国历史上存续了几百年的治理少数民族与边疆地区的“封土司民”的土司制度寿终正寝、烟消云散了。

---

① 米海萍、乔生华辑《青海土族史料集》，青海人民出版社，2006，第 133 页。

② 《国民政府内政部给蒙藏委员会咨文》（1931 年 7 月 28 日、8 月 29 日），原件存南京史料整理处。

③ 芈一之：《青海土司制度概述》，《青海社会科学》1980 年第 1 期。

④ 陈永龄：《青海土族政治的演变》，载《民族学浅论文集》，（台北）弘毅出版社，1955。

⑤ 《土族简史》（修订本），民族出版社，2009，第 61 页。

⑥ 《青海土族基本情况摘要》，载《中国民族问题研究集刊》（第三辑）（调查资料汇编），中央民族学院研究部，1955。

从争土到划界：广西土司辖地问题浅议

胡小安

（广西民族大学民社学院）

摘　要　本文探讨了广西土司辖地形成的原因及方式，论述了土司辖区在改土归流前后的变化、调整的主要原因。从中可以看出，国家力量已经成为绝对的主导，但也不能忽视土司辖区内各种力量的作用。总之，土司辖区的变动是透视土司政治的一个窗口，可以透视各种势力博弈的过程和演变。

关键词　争土　划界　土司辖地　变化　原因

关于广西土司辖地的形成与变化历史的研究，成果并不多见，韦顺莉做了比较全面的开拓性工作。她指出，土司土地由于民间习惯、内外争夺而变得彼此犬牙交错，飞地普遍；地界纠纷的解决一般有神判、请求汉官审断、立碑划界等几种办法。并在此基础上引起各土司间的对立统一和祖先故事趋同的现象。[①] 文章很有启发性，但必须进一步追问的是：传说故事中反映的是否真的是神判？土司在何种情况下会向汉官请求，官府在何种情况下会主动或被动划界？内外的纷争何种程度上是朝廷造成？广西东部土司的情况又如何？背后反映了一种什么样的历史进程？在前人研究的基础上，笔者草就此文，愿与学界共同探讨这一问题。

---

① 韦顺莉：《论土司地区族群边界的交错与维持——以广西壮族土司为例》，《云南师范大学学报》（哲学社会科学版）2008 年第 6 期。

一　土司辖地形成的方式

（一）所谓“神判分界”

《广西壮族社会历史调查》第四册第21页记载有今大新县境内流传的太平、安平土官争夺领地的故事：

为了划分两个土州（太平、安平）的南北交界，几经交涉仍各不相让。最后终于约定某天，两个土官同时在自己家里煮虾吃后，于天亮时方能出门。太平土官骑羊向北，安平土官骑马向南，在同一条路上以相会之处为州界。奸诈的安平土官自以为得计。只要骑马飞奔，肯定将夺得大量的领地。明知吃亏的太平土官却不动声色，至约定的日子，他不等虾米煮熟，半夜里就拉着羊赶路。这时安平土官刚刚起床，慢条斯理地煮着虾米，心高气傲的等待天亮启程。因柴湿火小，虾米还未煮熟，天已大亮，他才着急的出门，翻身上马，挥鞭飞奔。但已迟了。刚出安平村头不远，只见骑羊的太平土官已冉冉而至。他无可奈何，只得以相遇之处为界。因此安平土州形成东西宽、南北狭的地形，从安平街往南三里，就属太平土州地界。明朝初年，明王朝接受了安平（太）土州的分立。

该地附近上映土司之《许氏宗谱》也记载了一个类似的故事：

上映、下雷州官始祖，系随狄征蛮有功者，许氏同胞兄弟，州界一直未定，因而相争多次。于洪武三年（1370），上司派员监督划分州界，双方议定划分方法：约以夜间鸡鸣头遍，双方各自从州址地出发，行至相遇之处，以相应范围为界。下雷州官，天夜不久，叫手下人学公鸡啼叫，鸡闻鸣声，一呼百应，遂带上司来员出发，而上映州官则守候鸡真鸣叫头遍方出行，刚行到土湖街东头，便遇下雷州官及其方上司来员，当即以此地为界。今下雷至土湖之距离为上映至土湖之距离三倍，缘由于此。①

不知这个故事是何时由何人编制出来。在故事中，太平土官（或下雷土官）开始是一个受害者而最后却是一个因祸得福者，有点吃小亏占大便宜和勤奋者事竟成的意味，类似龟兔赛跑的故事，既像是为太平土官（或下雷）辖地大找依据，又似讥讽他不守规矩而得。这大概是清代土司制度普遍衰落以后民间众多讽刺土官的机智型故事之一种，与神判并无关系。后一个故事当中居然有“上司来员”的形象，有官府主导划界的隐喻，更与神判无关。大约同一时期流传的南丹土官骗取南丹州的故事更赤裸裸地讥讽土官的欺骗过程，更明显是机智型故事的一种，并显然受到汉族民间故事的影响，与上两则故事可以互相参照：

从前土官在南丹并没有什么势力，由瑶族的头人当权。后来土官讨瑶族头人的女儿为妻，生下儿子后，夫妻利用孩子的哭，合谋把瑶族外公的“印戳”骗走了。经过多次派老人到土官家去讲理，土官推辞不归还。最后瑶人决定要打，谁胜谁占江山。土官蛮不讲理地说：“这江山是我的，我喊山山应，你们瑶人说山是你们的，那我们一同去喊山一下，如果山中答应是你的，你就占这个地方；如果我喊，山中答应是我的，那你们就要搬走。”到喊山那天，土官先叫人去山里躲起来，瑶族头人喊，他不答应，土官喊便答应是土官的江山。瑶人不服，提出用射箭来决定，谁的箭射去贴在山崖上，这地方便是他的。结果土官在箭头上涂上糊胶，一射就粘，瑶人把箭磨得像针一样，结果箭射即落，瑶人又输了。瑶人还是不服，双方以武力来解决。土官知道瑶人的刀鞘是牛皮做的，自己的刀鞘是木头做的，于是提议大家用七天七夜时间把刀和刀鞘炖一炖。结果瑶人的皮鞘泡软了，刀拔不出来，结果大败，被赶走了。从此土官掌印坐镇南丹，世世代代当了土皇帝。

① 许继善等：《天等县上映土司许氏宗谱》，1990 年油印本。转引自韦顺莉《论土司地区族群边界的交错与维持——以广西壮族土司为例》，《云南师范大学学报》（哲学社会科学版）2008 年第 6 期。

（二）土司婚姻交换与民间田土买卖

有的土司是通过互通婚姻、互相合作来保持各自的辖地。因婚姻关系而成的土司辖地，我们无法确知，但均为相关传说，韦顺莉在《论土司地区族群边界的交错与维持》一文中举了两个例子：明代养利州土官女儿出嫁万承土官时，将境内柴侣蒙等村做嫁妆送给万承土官，“今永康界间有柴侣蒙等村，原属养利州，先因土官赵武高嫁女，万承土官许永嵩随供女，后不睦，回三村，尚管至今”。[①]《隆山县志》载：“金钗，原名夷江。据前辈相传为忻城土司官有地，因嫁女适安定土司官为媳，吉期在迩，一时采办嫁奁不齐，尚缺金钗一项，乃以夷江地抵作金钗陪嫁。至安定后，遂改以金钗地名。”[②] 后一传说谈到土司嫁女而无法办齐嫁妆，只好以土地来抵用，实在令人难以置信。实际上，我们看到宋代周去非记载邕州溪峒婚俗云：“邕州诸溪峒，相为婚姻。峒官多姓黄，悉同姓婚也。其婚嫁也，惟以粗豪痛扰为尚。送定礼仪，多至千人，金银币帛固无，而酒鲊为多，然其费亦云甚矣。”[③] 我们看到的是以食物为主的婚嫁品。假如找不到当时当地嫁女可以用土地陪嫁的习俗，则此说则有待证实。实际上，土地分给官族和有功土目比较普遍，但给妇女的比较少。

按一般推测，由于土司管辖范围并不大，因此民间田土的买卖可以导致辖地或边界的变动，但这方面的具体例子也几乎没有。因为不但土司辖地的田土买卖大量出现在土司被改流之后，而且由于买卖一般先在同族同村中进行，与异地交易很少[④]，而且由于买卖土地涉及过户换主、交粮纳税等问题，必须向土官领取印证为据；在土官强大的时候一般也不会允许自己辖地的土民与辖区外进行田土交易，因为这样很难实施赋税管理。因此，由这两种行为引起的土司辖地变化的可能性也很小。接下来的问题是，我们在文献中所看到的土司辖地变化的主要因素是什么？应该是土司侵夺、传袭和官府主导的划界。

---

① 康熙《养利州志》。

② （民国）《隆山县志》卷一。

③ （宋）周去非：《岭外代答》卷一〇，《蛮俗·邕州溪洞婚俗》。

④ 罗树杰：《论壮族土司田地权利的转让——壮族土司田地契约文书研究之三》，《广西民族学院学报》（哲学社会科学版）1999 年第 4 期。

（三）土司武力侵夺或子弟传袭

这方面的记载在各地都非常多[①]，广西也不例外。如宋代南丹“莫氏家人，亦有时相攻夺，其刺史莫延萚逐其弟延廪而自立…邻永乐州王氏与为仇，岁相攻”。[②] 再如明初田州属下有上隆、思恩两州。据载，上隆州“在田州城市北八十里。宋隶横山寨，元属田州路”。[③] 思恩“汉属交趾，唐为思恩州，属邕。乃澄州止戈县地。宋开宝间废澄州，以止戈、贺水、无虞三县入上林。治平间以上林之止戈入武缘，隶邕。元属田州路，历代羁縻而已”。[④] 由于文献所限，我们无法知道上隆与思恩两州在明代之前的具体情况。但根据这些零散的史料记载，我们大体能确定此两州原都非田州属地，极有可能是在宋元时期被田州岑氏侵占有的。明代天顺年间巡抚两广都御史叶盛对土司告诫说：

> 今后土官土人当知朝廷恩德，当守朝廷法度，敬顺天道，慰安人心，各守父母基业，自在本分生理。毋争名爵，毋越他境，毋违调遣，毋好争讦，毋为抢夺。[⑤]

这也反映了土司武力侵夺的严重性。

清代雍正年间贵州安龙总兵蔡成贵奏，“广西西隆州古障地之土目王尚义等与贵州普安州棒鲜地方苗目阿成等历年互争歪染、乌舍、坝犁、鲁碟等寨，自相仇杀”[⑥]，等等。

子弟或有功，土目分割土司辖地，乃至形成新的独立土司，正史中有不少记载，后文会详细论述。这也反映在某些土司族谱之中，如《广西壮族社会历史调查》第四册引大新安平街的《建宗祠碑记》云：“三（疑为十误）代而分安平，支祖讳国祐，分立州治理人民，明代以来盛著勋勋甚伙，载在家乘，世职相承，不能悉数。”并说（安平）土官分四大房，长

① 参见田玉隆《土官割据与兼并战争》，《贵州大学学报》（社会科学版）1988 年第 1 期。

② （宋）周去非：《岭外代答》卷一〇，《蛮俗门·蛮俗》。

③ （明）张任：《右江土司志》，《粤西文载》卷一二。

④ （明）张任：《广西郡县志》，《粤西文载》卷一一。

⑤ （明）叶盛：《严禁需索土官疏》，《叶文庄公奏疏》卷三《两广奏草》。

⑥ 《清实录贵州资料辑要》，贵州人民出版社，1964，第 306 页。

房在芦山了遂屯，二房在安平乡那联屯，三房在宝圩孔莽屯，四房在那堪圩百畔屯。[①] 大新县境原茗盈与全茗土司，“传说元初旧峒李氏首领有两个儿子，一从父姓李，一从母姓许，相持不下，于是剖峒为二，各据一方：李姓的居其东，称茗盈；许姓的居其西，称全茗”。[②]

这种侵夺或传袭是土司辖地变化和犬牙交错形成的主要途径之一。民国初年一份档案讲到广西武鸣、隆安所属安定、白山、古零、兴隆、定罗等改流前的九土司情况云：

> 土司初置，原属各自为境，传袭日久，争攘让割，乃至参伍错综，至于今日，益形华离。安定、果化两司尚属完整，其余各土司或分离睽隔，多者析至八九处，各不相联，属地远者距离本治或至二三百里，此司之地插入彼司，甲司之地飞入乙司，畸零插花，至为散乱。[③]

这种情况还一直影响到今天广西西部某些县界的分割。在划界的过程中普通老百姓的土地和关系是如何定的？按照历史调查，很多人是因土司而得以租种土地，他们是依附于土司的。是地随人走还是人随地走？就内部争端或侵夺的问题，往往有土目参与其间，我们要思考的是，土目与土司是否也有分立或契约关系？或者土目通过婚姻关系而具有了与土司争地的资格？所谓僮杀僮不告状，瑶杀瑶不动朝，在何种情况下成为可能？

（四）官府主导的划界

唐宋以前姑且不论，至少从唐宋的羁縻时代开始，官府对溪峒地区就有相当影响，如北宋大量的“蛮夷”、“出宋”或“归明”就是这种影响的表现。[④] 虽然朝廷对“出宋”土酋一般不干预其土地的分界，而且土酋

---

① 《广西壮族社会历史调查》第四册，第21、23页。

② 〔日〕谷口房男、白耀天：《壮族土官族谱集成》，广西民族出版社，1998，第563页。

③ 《谨将广西南宁道武鸣隆安两县所属九土司改流置县计划书缮呈钧鉴》，广西档案馆藏档案，编号：L2-1-98。

④ 《宋史》卷四九四《蛮夷二》、卷四九五《蛮夷三》；《岭外代答》卷一〇，《蛮俗门》：“凡州峒归明者，皆称出宋。”

之所以“出宋”往往也是想借助朝廷的力量发展自己的势力[①]，但朝廷借助土酋“出宋”而在溪峒之中展示自己的力量是无疑的，而且朝廷在各地名义上的设置州县，也可能在土酋阶层产生划界的意识。屡被引用的《桂海虞衡志》“志蛮”云：

羁縻州峒隶邕州左右江者为多。旧有四道浓氏，谓安平、武勒、忠浪、七源四州，皆侬姓；又有四道黄氏，谓安德、归乐、归城、田州，皆黄姓；又有武侯、延众、石门、感恩四镇之民。自唐以来内附，分析其种落，大者为州，小者为县，又小者为洞。国朝开拓浸广，州县洞五十余所，推其雄长者为首领，籍其民为壮丁……有知州、权州、监州、知县、知峒。

各类官职与区划名称，不能表示宋廷对其有效控制，但从后来侬智高反宋时建国设治等措施来看，不能不说这些制度上的东西对溪峒有着不可忽视的影响。这种情况在正式设立了土司制度的明代更加普遍。

二　朝廷操控下的土司辖地变化：以明代思恩、田州为例

自唐、宋以来，黄、岑二氏世代居两江溪峒，进入明代之后，两江的土官与明帝国的关系发生了明显的变化。一方面，国家对两江土司的控制比前朝更为严密，土司制度更为成熟，朝廷对土官的依赖程度也更高。而另一方面，当土司制度完善之后，土官们也能够运用不同的手段来利用国家的资源以实现自身在地方社会利益的最大化。明永乐后期直至正统年间，右江土司岑瑛一步步扩张和升迁的过程，离不开朝廷官员的支持：

是时都阃岑侯瑛，方为思恩州牧，而州治邻属武缘，众皆以瑛举，遂录其事以闻。即命西广巡按御史朱公惠、都指挥裴公玉、参政张公礼、宪副张公翼、宪佥林公坦，躬莅武缘，按考其事，详询耆众，佥以所举瑛为宜。

---

① 如《岭外代答》卷一〇，《蛮俗门》：“（南丹）莫延葚恃此益骄，不奉法，至私刻经略安抚司及宜州溪峒司印，效帅守花书，行移以吓诸蕃落。”

> 洪熙改元，割其邑之述昆、白山、凤化、古参、武颙诸里从恶之民，归属思恩。瑛乃设桥利那马等十三堡守之控之。[①]
>
> 正统庚申岁，公（柳溥）辄具侯（岑瑛）政绩之详，与土地人民之广，直疏于朝，将其州改为府，侯即改注思恩知府。由是侯益尽职，民赖稍安。……寻白于上，复将其府改为军民府……而公又曰："庆之宜山县莫往诸峒瑶僮，累肆攻劫，苟非扼其吭而拊其背，则其毒未艾也。"遂闻其情，悉拨思恩府管束。天顺纪元，公还于朝。岑侯亦以军功之盛，累官至广西都指挥使。[②]

这实际上是土司侵夺土地、扩大辖地的另一种形式，只不过这种行为基本在官府的操控之下。

岑瑛扩张的过程当然也是辖地变迁的过程。其中宜山县述昆乡划归岑土司的具体情形很有意思。据景泰年间兵部尚书于谦得到的报告称：

> 宜山县知县张宗奏称，本县原管述昆等乡，民僮村分，洪武年间开设管治。正统六年间有老人黄祖记等交结思恩府知府岑瑛，奏蒙总兵等官，将前项地方拨与岑瑛管束。自拨之后，韦万秀等不服岑瑛管束，流劫不已。乞照旧仍属宜山县管束，行准副总兵都督佥事武毅等会议得，若依张宗等所奏，将述昆等乡贼峒退还本县，诚恐原拨过武缘上林地方僮瑶数多，一概仿效，动摇为患非小，合无仍令岑瑛管束……合令该府赍文与武毅、李棠等，计议设法将述昆等乡地方，如果众情不愿岑瑛管束，及岑瑛亦愿退还，令其照旧退与宜山县抚管。[③]

辖地的划归先由当地老人（或许由岑瑛指使）提出，经过广西地方大员同意而付诸实施。但此后又有原土著的不满新土司管辖而作乱，使得朝廷重新考虑辖地划分的合理性，因此于谦提出"如果众情不愿岑瑛管束，及岑瑛亦愿退还，令其照旧退与宜山县抚管"，而广西地方官则认为将原属流官县属管辖之地拨给土司的情况很多，如果"一概仿效，动摇为患非

① 梁耕：《镇远侯顾公祠碑》，《粤西文载》卷三八。

② 卢瑞：《安远侯柳公祠碑》，《粤西文载》卷三八。

③ （明）于谦：《论宜山贼疏》，《忠肃集》卷九。

小”，因此“合无仍令岑瑛管束”。其深层矛盾，在于地方官着眼于土官有管束瑶僮地方的能力和应该给予土司应有的利益以使其乐于听从调遣，而朝廷则着眼于土官势力是否过大而不便控制的问题。

此后田州、思恩岑氏几支随着辖地的扩大，内部矛盾越来越多。《明史》称：

(弘治) 十二年，(田州岑) 溥为子猇所弑，猇亦自杀。次子猛方四岁，溥母岑氏及头目黄骥护之，赴制府告袭。归至南宁，头目李蛮来迎。骥虑蛮夺己权，杀其使。蛮率兵至旧田州，骥惧，骥虑蛮夺己权，杀其使。蛮率兵至旧田州，骥惧，诬蛮将为变，乞以兵纳，乃调思恩岑浚率兵卫猛。浚受骥赂，纳其女，挟猛，约分其六甲地……浚从索故分地，不得，怒，约泗城、东兰二州攻劫田州，杀掠万计。

于是广西官府开始介入，“副总兵欧磐、参政武清等诣田州府勘治，遣兵送猛还府。骥惧罪，匿浚家，有司请治浚罪”。[①] 动乱一直持续到弘治十八年（1505），岑猛袭职完全控制田州之后才告一段落，广西地方官看到了强大而不驯服的土司形成尾大不掉之势，开始考虑限制岑猛的势力，措施之一是把田州府降格为田州，岑猛随之降职。《明史》记载：

时岑猛已降福建平海卫千户，迁延不行。及湖至，复陈兵自卫，令祖母岑氏奏乞于广西极边率部下立功，以便祭养，诏总镇官详议以闻。总督陈金奏：“猛据旧巢，要求府佐，不赴平海卫。参政谢湖不即赴任，为猛所拒，纳馈遗而徇其要求，宜逮问。”时猛遣人重赂刘瑾，得旨，留猛而褫湖，并及前抚潘蕃、刘大夏，猛竟得以同知摄府事。猛抚辑遗民，兵复振，稍复侵旁郡自广。[②]

到嘉靖初年，岑猛开始强调索祖先故地，又一次掀起桂西地区之乱。《明实录》记载道：“（嘉靖二年四月）初，田州府土官岑猛率兵攻泗城土舍，拔其六寨，进薄州城，克之。接告急军门言：‘猛无故兴兵攻寨。’猛

① 《明史》卷三一八，《广西土司传二》。

② 《明史》卷三一八，《广西土司传二》。

言接非岑氏后，据其祖业，欲得所侵地。”①

本来朝廷对土司内部一些争端并不直接插手，至少直至清代康熙年间还如此，当时两广总督赵弘灿向康熙皇帝递一份奏折称：“粤西土瑶杂处，性质不驯，动相仇杀，即如去冬都结土目纠众杀掳万承土州地方。奴才恪遵定例，通饬文武官弁，谨守隘口，差官谕解。”并反复强调因为是“土司互相仇杀起衅，并未侵犯内地”②，所以不愿直接派兵介入。同一时期的灵川廖三之乱亦有相同情况。③ 但土官不听官府调遣，影响到朝廷兵力的使用，如果放任则会有更多土官效仿之，后果不堪设想。这在事实上侵犯了内地，因此朝廷一般会考虑直接介入。正如姚镆在出兵疏中说：“臣窃惟广南之瑶僮，非土官不可得而治。土官之桀骜，非诛岑猛则亦不可复得而用。盖近日之土官，猛之威足以胁之，皆视猛以为进退。猛不诛则土官未有惩也。”④

岑猛在姚镆率兵打击之下，最终为其他土司所杀。但田州并未真正平静，其原因在于姚镆等人主张对田州改土归流，不愿复立岑氏后裔。于是不久即发生了土目卢苏、王绶之乱。直到嘉靖七年（1528）王守仁才彻底平定思恩田州之乱。⑤ 其后王氏上善后策，其中涉及土司划界的内容值得深究：

> 臣于思恩、田州平复之后，即已仰遵圣谕公同总镇、镇巡、副参三司等官，太监张赐、御史石金等议，应设流官、土官，何者经久利便？不得苟有嫌疑避忌而心有不尽，谋有不忠。乃皆以为，宜仍土官以顺其情，分土目以散其党，设流官以制其势。
>
> 今欲仍设土官以顺各夷之情，而若非岑氏之后，彼亦终有未服。故今日土官之立，必须岑氏子孙而后可。臣等看得田州府城之外，西北一隅地形平坦，堪以居民，议以其地降为田州，而于旧属四十八甲之内，割其八甲以属之，听以其土俗自治，立岑猛之子一人，始授以

---

① 《明世宗实录》卷二五。

② 《宫中档康熙朝奏折》第五辑，台北故宫博物院，1977，第304、322页。

③ 胡小安：《族群历史的重构：清初桂林廖三事件考析》，《广西民族大学学报》（哲学社会科学版）2013年第1期。

④ 姚镆：《请讨田州府土官岑猛疏》，《粤西文载》卷五。

⑤ 〔日〕谷口房男、翁文刚：《思恩、田州叛乱始末记明代中期广西右江流域土官土目叛乱与改土归流》，《广西民族研究》1989年第3期。

署州事吏目……一分设土官巡检以散各夷之党。臣等议得土官知州既立，若仍以各土目之兵，尽属于知州，则其势并力众，骄恣易生，数年之后，必有报雠复怨，吞弱暴寡之事，则土官之患犹如故也。且土目既属于土官，而操其生杀予夺之权，则彼但惟土官之是从，宁复知有流官知府者？则流官知府虽欲行其控御节制之道，施其绥怀抚恤之仁，亦无因而与各土目者相接矣！故臣等议以旧属八甲，割以立州之外，其余四十甲者，每三甲或二甲立以为一巡检司，而属之流官知府，每司立土巡检一员，以土目之素为众所信服者为之，而听其各以土俗自治。……一田州各甲，今拟分设为九土巡检司，其思恩各城头，今拟分设为九土巡检司。各立土目之素为众所信服者管之，其连属之制，升授之差，俱已备有前议。但各甲城头既已分析，若无人管理，复恐或生弊端。臣等遵照敕谕，便宜事理，已先行牌，仰各头目，暂且各照分掌管办纳兵粮，候奏请命下，然后钦遵施行。[①]

半改流或朝廷操控下重设土司土目的做法是：首先要削弱岑氏家族的势力。思恩府继续用流官来管治，而田州则降府为州，改名田州，任命岑猛之子岑邦相为署州事吏目，受制于流官。然后将思恩、田州各分为九巡检司，田州在此基础上再分为四十八甲，“听土目自治”。这些土巡检司或土目都受制于流官。这样，土目原有的利益也基本得到了承认和保证，使其失去叛乱之心，但同时土官的势力又被分散，基本失去了对抗明王朝的能力。思恩、田州的具体区划如下：

一田州凌时甲，完冠砦陶甲，腮水源坤官位甲，旧朔勒甲，兼州子半甲，共四甲半，拟立为凌时土巡检司，拟以土目龙寄管之。缘龙寄先来投顺，故分甲比众独多。一田州砦马甲、略罗、博温甲，共三甲，拟立为砦马土巡检司，拟以土目卢苏管之。一田州大田子甲、那带甲、锦养甲共三甲，拟立为大田土巡检司，拟以土目黄富管之。一田州万洞甲、周甲共二甲，拟立为万洞土巡检司，拟以土目陆豹管之。一田州阳院右邓甲、控讲水册槐并畔甲共二甲，拟立为阳院土巡检司，拟以土目林盛管之。一田州思郎那召甲、舍甲，共二甲，拟立

① （明）王守仁：《处置平复地方以图久安疏》，《王文成全书》卷一四。

为思郎土巡检司，拟以土目胡喜管之。一田州累彩甲、子轩忧甲、笃忻下甲，共三甲，拟立为累彩土巡检司，拟以土目卢凤管之。（按：田州尚有11个，略）一思恩兴隆七城头，兼都阳十城头，拟立为土巡检司，拟以土目韦贵管之。缘韦贵先来向官，故授地比众独多。一思恩白山七城头，兼丹良十城头，拟立为白山土巡检司。拟以土目王受管之。一思恩定罗十二城头，拟立为定罗土巡检司，拟以土目徐五管之。一思恩安定六城头，拟立为安定土巡检司，拟以土目潘良管之。一思恩古零通感那学下半四堡四城头，拟立为古零土巡检司，拟以土目覃益管之。一思恩旧城十一城头，拟立旧城土巡检司，拟以土目黄石管之。一思恩那马十六城头，拟立为那马土巡检司，拟以土目苏关管之。一思恩下旺一城头，拟立为下旺土巡检司，拟以土目韦文明管之。一思恩都阳中团一城头，拟立为都阳土巡检司，拟以土目王留管之。①

王守仁的奏议，得到了朝廷的批准。岑氏家族在思恩、田州的影响进一步受到削弱，其权力被土目所瓦解分割。这即所谓“众建土官”，以分散土司权力过大、领地过宽的实践。这一思想源于之前大学士丘浚的《广西众建土官议》：

两江地方，二三千里。其所辖狼兵，无虑十数万。今设为府者四，为州者三十有七。其府州正官，皆以土人为之，而佐贰幕职，参用流官。故今百余年间，未闻有屯聚侵掠者。而所以为州县害者，皆是不属土官管束之人，错杂州县间者。其间，虽或亦有有司带管，及设土官巡检者，然流官无权，彼知其不久而轻玩之。而所谓土巡检者，官卑力薄，不足以相钤制。臣愚以为，今日制驭驯服之策，莫急于立土官，请用左右两江之例，而微寓夫设立军卫之意。盖左右两江府州之设，专以其地属之一姓。臣所谓微寓设立军卫之意者，众建官而分其权也……况众设其官，势分力敌，自足相制，不能为乱。而其中不能无自相争讼者，须申上司，奏朝廷，则国家之势益尊，不劳兵戈而一方安靖矣。然所虑为后日患者，地界不明，异时不能无争耳。

① （明）王守仁：《处置平复地方以图久安疏》，《王文成全书》卷一四。

> 宜乘其初，即遣官会同土酋，分立地界。或以溪涧，或以山阜，就于界上立石为识，大书深刻于上曰：某至某为有司界，至某为土官界。其中民地有深入其境者，即以外地无征者与民易之，随其广狭，不复丈量。其土酋所领地，就俾其认纳税粮，定为额数，日后不得有所加增。如此处置，庶几其永无患乎?①

丘文中尤其提出由土官会同流官上司共同划明辖地界限，并立碑为据。回到文章开头提到的韦顺莉立碑划界的论点，恐怕自此才逐渐出现，而且一开始就是官府主导下的产物。此后反映在民间文献中的类似说法逐渐增多。如万历二年（1574）两广总督殷正茂、广西巡抚郭应聘等勒令茗盈、全茗二州土司竖立石碑为记以划分地界："今照前因，合依原议，磨村、斗村、并村、零村、乞村、立村、相村、桐村、楞应村、替村、扫村，并新挖壕界之东，俱给茗盈州官目管业；其哽正村、哽冷村、逊村、凉村、营恩村、浪村、忙村、那陇村、那楞村、弄怀即名陇怀村印田、驮利江鱼梁并新挖界壕之西，俱给全茗州官目管业。"②

另有灵川蓝田瑶族乡现存明代碑刻也透露这样的信息：

> 立合同，以免争占事。韦公佑、陈仁碧、黄聚才、陈发珠、韦发禄等，原系庆远府思恩县镇守东兰、金兰二乡……蒙前上宪张调我等充乡勇、作是锋，引兵征剿。不数年，贼概逃亡。上宪咨部，将十八江水田、山作为隘业给隘丁自耕自食，需约屯粮……至成化二年……因本营黄聚才越界霸占，界限未清，不能前往救援，蒙秦指挥带同各隘头目，会议沥情，禀明上宪台前，恳恩将十八隘田山均匀分派，各管各业。尔韦公佑、陈仁碧正住马鞍隘口，东至阳丈口为界，南至白旗山为界，西至半斤塘为界，北至上石硚为界，各管各业，不得侵占，如有越占，指名禀究，决不宽贷。恐后无凭，各执一纸存照。③

---

① （明）丘濬：《广西众建土官议》，《粤西文载》卷五六。

② 《壮族土官族谱集成》，广西民族出版社，1998，第575页。

③ 《韦公佑、陈仁碧等人订立分占隘田隘山界址碑》，曾桥旺编著《灵川历代碑文集》，中央文献出版社，2010，第42页。

综上所述，明代对桂西土司最强大者之思恩、田州两府的处置，是朝廷操控土司辖地划分的典型。

此外，明代在广西东部地区也设置了近三百个大大小小的土司，已有学者注意到了其设置前因后果的复杂性。[①] 就其辖地的取得和变化过程，可以说自始至终在朝廷的操控之下，虽然其中可能有某些波折。这是与桂西传统土司地区的不同之处。且以桂林古田和上林八寨之例略加说明。

隆庆五年（1571）五月，广西巡抚殷正茂会同两广提督李迁向朝廷奏陈古田善后事宜曰："一、古田版图既复，宜以下陆里分安宁、安和二里，隶常安镇土司；崇良、永盈二里，隶富禄镇土司；仁良、永安二里，隶桐木镇土司；凡残獞在各里者悉以属之。其新兴等四里，不分民獞，俱属于州。其十里田，系歼绝各獞所遗者，候踏勘处分。其复业残民编立里甲保长，听抚獞人每村立一獞长，俱听里长管束，粮差规则悉从轻省，俱听里长催纳，州官严禁不许科扰，以启衅端。上皆从之。"[②]

与此同时，朝廷对与之相连的八寨处置是：

> 右江十寨，隆庆中，总督殷正茂击破古田，即以檄趣八寨归降，得贷死。于是寨老樊公悬、韦公良等踵军门上谒，自言十寨共一百二十八村，环村而居者二千一百二十余家，皆请受赋。右江兵备郑一龙、参将王世科，谓十寨既请为氓，当以十家为率，赋米一石。村立一甲长，寨立一峒老，为征赋计。而以思古、周安、落红、古卯、龙哈立一州，属向武土官黄九畴；罗墨、古钵、古凭、都北、啼咳立一州，属那地土官黄旸；皆为土知州。……久之，十寨复聚党作乱，据民田产，白昼入都市剽掠，甚至攻城劫库，戕官民。总制刘尧诲、巡抚张任急统兵进剿，斩首一万六千九百有奇，获器仗三千二百，牛马二百三十九。帝乃升赏诸土吏功，复分八寨为三镇，各建一城，而以东兰州韦应鲲、韦显能及田州黄冯克为土巡检，留兵一千人戍之。[③]

在东部地区设立土司是为了更好地控制和管理原来不在明朝里甲系统

① 苏建灵：《明清时期壮族历史研究》，广西民族出版社，1993；唐晓涛：《武靖州的设立、迁址及其废置缘由考析》，《云南民族大学学报》（哲学社会科学版）2011 年第 5 期。

② 《明穆宗实录》卷五七，隆庆五年五月辛巳。

③ 《明史》卷三一七，《广西土司传一》。

内的瑶僮，所以一开始就由朝廷给土司划定管理区域和制定相关制度。就古田而言，万历初年同样发生了原土著和新设土司的矛盾，巡抚郭应聘当然力挺土司，从他对土著的告示中可以看出土司生存的背后权力所在，间接说明了朝廷对东部土司的完全操控，他这些话是说给土著听的，在笔者看来同样是说给土司听的："独不思三镇戍兵虽各止二千，自有三州为他做主、有军门为他做主、上有朝廷为他作主。若尔等潜生异心，不服管束，纵使尔能敌三镇，敢敌三州乎、敢抗军门乎、敢复叛朝廷乎？彼八寨素称强梗，尚且自请土官坐镇，为彼钤束细小。今尔等幸有三镇，却乃不知畏服，敢与为仇，岂非自取诛灭之祸乎？"①

总之，土司制度下，官府能够有效地控制土司辖地的划分及调整，从朝廷来说，土司亦朝廷子民，其土莫非王土，当然有权加以处置。

三　改土归流之后：民国时期对原土司地区行政区域的调整

限于篇幅和个人学力，在此不拟对民国时期原土司地区政区划分做详细论述，因为不同时期牵涉的具体背景并不一样，有为了发展经济需要的，有为了建设统一民族国家需要的，也有为了其他目的的，等等。但是对原土司地区政区的调整既体现了国家越来越强大的力量，也可以看得出对土司后裔或土著居民（士绅）的一些影响。兹举两例：

案例一：

案呈万承本为土州，前定归并养利。嗣以近设县治发生争执。民国十八年始经核议脱离养利单独立县。时以养利第六区地方中隔万承属之大岭、柴村等处，不能联络治理，极为不便，遂将该处划归养利管辖。业于民国十八年呈奉前省政府委员会第十一次会议议决通过，并经缮具事实清册呈请转报内政部核准，先后令行遵照在案。讵本案核定之后，该处民众仍以不愿归养利发生异议，迄未实行。上年据养利县长李先华呈请照案执行，后令饬万承县长遵照妥办，去后。又迭据该处十二村民众具呈，仍请饬养、万两县长会衔布告，召集该处民

① （明）郭应聘：《郭襄靖公遗集》卷一四，《抚谕残獞檄》。

众开会，剀切劝导，务使晓然于政府划割之意旨。乃该区民众仍复固执前词，誓不归养利。揆诸原因，实由养方人民前因万承归并养利，互相争执，历有年所，两方感情不能再为融洽，各走极端，不肯退让，因之互相攻讦，并有抗粮殴官之事发生。现在本案确定，虽已数载，在政府迭经令谕，固已竭尽劝导之方，在该区人民则意见甚深，犹未能帖然就范。若仍照案断然执行，第恐操之过急，难免不生枝节。倘以案情纠纷不予处置，任其迁延，又非治理之道。养万人民既不可以强合，政府顾全民意，似不可不略予变通。兹拟准原案先行取销（消），所有大岭、柴村等处地方仍归万承管辖。至养利区域如何增益，拟即归入整理区域案内统筹划割，庶久悬未决之案得以清结而养万两县之人民亦可相安无事，实于施政前途不无裨益。省政府委员会第十五次特别会议决议通过。①

我们看到，政府主导划分行政区划，但也受到地方民情的制约，万承与养利在改土归流之后官府欲合为一县而不可行，万承大岭等十二村誓死不愿划归养利，说明当时传统势力仍然强大，政府不能不综合考虑，故各县普遍有飞地的现象至20世纪30年代。

案例二：

案查前据河池县属那地区公民代表廖裕宗、阳荣等呈将那地划归南丹管辖，复据该区团局长罗柄率民众代表蒙梓贵等具呈反对，并恳准予立县，各等情。当经分饬河池、南丹两县长详查绘图拟议呈核，去后。兹据河池县长罗人杰呈覆，内称：遵查那地全区长约三百八十余里，东界河属长坡区，南界东兰，西界凌云、凤山，北界南丹及黔属罗斛县，道路崎岖险阻，人烟稀疏，面积成已长方形，半与南丹接壤，距南丹县治约三百余里，河池县治四百八十余里，距东兰县治亦四百余里。其人民有主张立县者，有主张归并南丹者，有主张归并东兰者，有主张归并河池者，见解不一。其主张立县者谓那地距离南丹河池东兰均嫌偏远，前隶东兰，以匪多难治而改归河池，此次河池又

---

① 《本府据民政厅呈拟取销万承之大岭、柴村等处地方划归养利管辖一案指令》，《广西公报》第40期（民国21年8月11日），第26~27页。

以施政未便而拟并南丹，想南丹亦有同样情况。不如单独立县，就近统筹。且那地原为土州，团绅多属土官之后，部落思想颇盛，故主张立县者大不乏人。其主张归并南丹者，谓那地半与南丹接壤，旧那地州治及罗翁、吾隘等要镇均距离南丹甚近，只数十里以至一百里，归并南丹治理必较河池易于收效，故主张是说者亦颇占势力。其主张归并东兰者，谓那地土州原归东兰承审，以红河关系，由吾隘搭船至东兰属安篓村水程百余里，由安篓村起岸至东兰县治只三十里，交通便利，实较丹、池两县为优。……不如再行归并东兰，由政府统筹救济，以慰灾黎。附和者亦众。其主张仍隶河池者，谓那地隶属河池以来，遇有匪警，均蒙派练进剿，而那属团学各款向系自收自用，河池只负维持之责而已，以其立县，加重人民负担，归并南丹、东兰各持异议，不如暂维现状。主张是说者实居少数。总核以上各项主张，以言立县，该那地全区粮赋只千余元，户口据该区民团局局长罗柄面称民五以前凡八千户，人口约万（?）余等语，但去年清乡调查户口，结果该区少数匪峒未经调查外，只一千五百余户，人口共六千余，立县资格恐有未备。以言归并南丹，该区为一长方形，其最长边线及各重要村镇均以南丹接近，管辖诚觉相宜。以言归东兰，有红河为之联络，交通亦颇灵便，至该区频年饱经匪患，灾情奇重，与东兰无二，划归东兰，由政府统筹救治，亦属不无所见。……况曩者那地土州归并东兰承审，已感不便，而划归河池。可否再并东兰，自易明晓。至谓仍隶河池，道途险阻，障碍诸多，该区为一长方形，纵约三百八十余里，横约四十余里，与池属长坡区接壤者，只其最短之边线，而由此边线至河池县治，尚有百里之遥，地理上历史上均无隶属河池之必要。故自归并以来，河池每竭其团力以维护该区，兵来匪窜，一往返至少约需时半月，而该区毗连东、凤、天峨、贵州等处，荒山一片，石峒嵯峨，一转瞬而匪徒又啸聚矣，团警疲于奔命，河池与该区交受其困。河池视该区为赘瘤，而该区亦只为河池名义上之附属而已。团、学各款向由该团自收自用，河池全属凡七区，现在团、学各款实行统一，然县地方财务局、教育局所经营者实只六区之团学款项，于那地无与也。似此情形，那地仍隶属河池，亦属等于虚设，于该区与河池毫无裨益，实以划分为宜……拟即照廖裕宗等所请，将该地全区划归南丹管辖，以期施政治匪均资便利。案经本府委员会第十五次特别会议决议通过。[①]

我们在此案中看到政府主导下的划界仍然要注意历史与现实的综合状况，其中说到“那地原为土州，团绅多属土官之后，部落思想颇盛，故主张立县者大不乏人”，说明地方的传统势力在改土归流之后仍然不可轻视，那地最终划归南丹的结果当然表明政府的主导能力。

四 结语

我们不但要了解历史上土司辖地犬牙交错的实在情形，更要了解其形成的过程及其复杂变化情形。其过程大概经历了羁縻或自主时期——土司（朝廷施加影响）时期——改流（国家完全控制）时期，在这个过程中朝廷出于怎样的考量而采取了怎样的措施，从而造成土司辖地的变化，是我们应该重点关注的。这一过程实际上反映了土司时代朝廷对土司的操控程度，并可以借此了解改土归流发生的更多细微状态。

在改土归流之时或之后仍然存在对原土司辖区变动的情况，包括民国时期地方县乡级政区的划定，国家的力量已经成为绝对主导，但也不能忽视原土司辖区各种力量的作用。如何把这一问题放在具体的历史时空之下，区分流官为主的东部和土官为主的西部的不同、内边与外边的不同、时段的不同，应该是我们研究的认知基点。可以说，辖区变动是透视土司政治的一个窗口，可以理解各种势力博弈的过程与展演。

① 《本府据民政厅呈拟取销万承之大岭、柴村等处地方划归养利管辖一案指令》，《广西公报》第40期（民国21年8月11日），第26～27页。

从明朝广西的形势看王阳明对思田土司的治理

张　洁

（贵州省农业工程职业技术学院）

摘　要　明朝中后期，军政日坏，边务松弛，变乱日增。嘉靖初年，桂西思恩、田州土官卢苏、王绶为乱地方，朝野震惊。中央及地方官吏多言对其武力“改土归流”，惟王阳明据广西和国内形势，反对用兵，主张续用土官以治之，采用王朝礼仪，杖卢、王二酋，并将其释放，仍为土官，不仅平息了桂西变乱，疏通了黔江、郁江航道，进而还维护了多民族国家边疆地区的稳定。

关键词　王阳明　桂西　大藤峡　改土归流

近年来，随着改土归流问题研究的深入，学界开始从边疆学的角度关注历史时期土司制度的设置与罢废、土司文化与边疆稳定诸多内容，产出成果颇多。元明清时期推行的土司制度对于我国多民族国家的统一，边疆地区的稳定曾发挥了积极作用。需要注意的是，个别土司的违法乱纪与土司制度本身应该分别论之，不能混为一谈，但从历史发展进程看，土司制度运行的效果，关键是得人，这一施政经验，在明代儒学大师王阳明治理贵州、广西民族地区时体现得尤为突出。

王阳明于正德、嘉靖年间分别到黔桂任职，在贵州虽低为龙场驿臣，但能绥抚水西安氏、化导诸夷，形成“黔中王门”，被学界传为佳话。而在广西招抚思田土官，防范变乱扩大，解除大藤峡“瑶患”，疏通黔江、郁江航道，对于维护多民族国家边疆稳定做出了积极贡献，堪称明朝官员经营民族地区之成功典范。然长期以来，学界关注点主要集中在王阳明哲学思想研究诸多方面，而对其边疆经营思想研究者甚少。为了深化这一题域，本文拟以王阳明招抚广西思田土官，治理变乱事宜为突破口，从明朝广西及国内之形势，王阳明对桂西民族地区的治理诸方面加以说明之，以求教学界方家。

一　明朝广西及国内之形势

明朝广西属全国十三行省之一，范围较今广阔，该区域北接贵州，东北、东南、南邻湖南、广东，西通云南，南屏交趾。该区域如以桂林、柳州至南宁一线为界，可分为桂东和桂西两大板块。桂东由于中央王朝开发甚久，经济较桂西发达，风俗大致与内地同。但在桂西，山势险要，瘴疠横行，土司众多，加之民族文化与内地迥别，一旦治理不当，就会变乱纷起，堪称难治。明朝初年，太祖征广西时，视桂东为稳定桂西之基地，故在命将征讨时，迅速建立桂林、平乐、柳州、梧州、南宁等流官治理府，并建立卫所，以加强统治。而桂西，即所谓的“两江溪洞”地区，环境恶劣、土司众多，朝廷在此因袭元制，奉行“威德同施”“威惠并行”之方针，在明初，收到了明显实效。[①] 但有明一代，广西及其国内形势并不平静，《读史方舆纪要》卷一百六载，“广西在五岭西偏，襟带三江，堤封甚广，然而外迫交趾，内患瑶、僮，诸土司之顽梗，又数数见也”。“三江”，即广西之桂江、黔江、郁江等。“交趾”，即越南。“内患瑶、僮，诸土司之顽梗，又数数见也”，指一旦经营不善，就会引发当地变乱纷起。故有明一代之广西形势是：外有交趾之侵扰，内有瑶、僮及土司之叛服无常。此外，明代的周边形势也不容乐观，一方面要防范北方残元政权南犯，另一方面又得兼顾东南沿海倭寇的侵扰，故明廷在处理桂西内部事宜上，主张以土司守疆、安内，进而维护大一统政权的稳定。

（一）交趾侵扰

交趾即今越南，与我国广西、云南接壤。明代，广西“南控交趾，自

---

① 《读史方舆纪要》卷一〇六，《广西一》，中华书局，2005，第4804页。书载，明初，朝廷对广西土司“约束甚坚，绥怀也亦至，间有调发，赴命恐后，事已则赐赍亦随之，边陲无警者且百年”。

南宁府南及太平府、镇安府、思明府以及思陵州、龙州、凭祥州之西境、南境，皆与交趾接界”[①] 等。由此可见，材料中所涉土司区被视为守土安内的藩篱，是外敌不可逾越的屏障。然明初，安南封建王朝就乘明朝政局未稳，侵扰广西南部边境，威胁边疆安全。《大越史记全书》卷七载，至正二十年，云南陈朝北部边帅黄硕，趁朱元璋和陈友谅在广西龙州和凭祥交战之际，从广西边境掠夺人口。洪武十年，“交人以兵攻永平寨，遂越铜柱二百余里，侵夺思明地”，其后“交人侵迫益甚”。[②] 对此，《明史》卷三百二十一亦载，思明土官黄广成奏言：

> 本府自故元设置思明州，后改思明路军民总管府，所辖左江一路州县洞寨，东至上思州，南至铜柱。元兵征交阯，去铜柱百里立永平寨万户府，置兵戍守，而令交人供其军饷。元季扰乱，交人以兵攻破永平寨，遂越铜柱二百余里，侵夺思明属地丘温、如嶅、庆远、渊、脱等五县地，逼民附之，近又告任尚书置驿思明洞登地……臣尝具奏，蒙遣杨尚书勘实。乞令安南以五县地还臣，仍画铜柱为界。[③]

文中“黄广成”，即思明府土官知府。“思明”，即明代的思明府，位处左江上游，与安南接壤，当为明代南部边陲屏障之一。可见，元末明初，安南王朝乘我明朝政局未稳，破坏疆界条约，推兵北进，严重威胁明朝南部疆土安全。

需要注意的是，明朝建立初期，政局未稳，边境未靖，既要防范北元政府遣军南犯，又得解除川西及云南蒙古残军北上大漠，再次形成弧形包抄，重蹈灭宋故事的威胁，因此在对交趾北犯事宜，多采取“以书诘责”“不许朝贡”[④] 和加强防范诸措施。然安南统治者，竟利用与明朝的宗藩关系，一方面麻痹明朝中央政府，另一方面不时地侵扰南部边境。永乐二年(1404)，思明府知府黄广成奏：“本府与安南接壤，禄州、西平州、永平寨皆先臣故地。迩岁安南屡兴兵侵夺，遂遽有之。”[⑤] 永乐三年，安南侵入

---

① 《读史方舆纪要》卷一〇六，《广西一》，中华书局，2005，第4805页。

② （明）王圻：《续文献通考·四夷考·西南夷》。

③ 此段材料是据《明太祖实录》卷二四八，有增补。

④ 《明太祖实录》卷一三七。

⑤ 《明太宗实录》卷三〇。

云南宁远州猛慢地区，“掳掠人民畜产，征纳差发，驱役百端”。成化四年（1468）夏四月庚戌，“安南国聚兵千余，立栅挑堑，占据广西凭祥县地方。提督军务都御史韩雍等以闻。上敕雍及镇守总兵等官计议长策，严督所属，整兵防御”。[①] 成化十年，安南入寇云南广南府富州，“攻劫边寨，惊散人民”。万历八年，安南与广西所辖雷洞、归顺二土司争夺疆界，危害边疆安全。万历三十五年，安南由龙门港侵入钦州，“掳掠以去”。万历三十六年，安南攻打钦州，守备祝国泰，百户孔榕御敌于龙门港，牺牲[②]等。

鉴于交趾对南部边境危害之重，明廷加强了防范：

> 宣德三年（1428）正月丁亥，命都指挥佥事黄铉、张贵镇守龙州、凭祥、坡垒等处，听总官兵都督山云节制……命弘等守龙州。敕弘曰：尔忠事朝廷，尽心边务，多效劳勋。朕甚嘉之。故既升尔之职，今命尔专领土军与张贵镇守龙州、凭祥、坡垒等处，往来备御，仍听都督山云节制，尔等其益虑忠捆，抚恤军民，慎固边备，以副朝廷眷任之重。敕授曰：前命卿率领官军备御坡垒、丘温等处，今久黎利之请复陈氏之嗣，罢兵息民，已命都佥事黄铉、张贵等率兵守龙州，于凭祥、坡垒往来备御，卿即率所领官军仍回贵州防御。[③]

此外为加强广西南部防务，朝廷还从川北与蒙古军对峙的最前沿“松潘”，调拨军队，以资防守。

从上述资料看，朝廷以区区军队防卫边境安全，足见力量有限，加之明朝桂西瘴疠横行，内地官军难以长驻其地，故为了加强对安南的防范，明廷多用桂西土官，以之卫边。苏濬曾言：“西南土司，与交州为邻，交人所以俯首顿颡不敢窥内地地者，以土酋兵力足以制其死命也，若自弱其兵，自撤其障，恐中国边患甚于土司矣！”[④]《读史方舆纪要》亦称：“夫西南土司，与交州为邻，交人不敢窥内地者，以土酋力足制之耳，而可自

① 《明宪宗实录》卷五三。

② 《明清时期的中越关系：明朝为何撤出越南》，载《东南亚纵横》1994 年第 4 期。

③ 《宣宗宣德实录》卷三五。

④ （明）苏濬：《土司志》，《粤西文载》卷一二。

薄其藩垣哉?"[①]《明史》亦载:"田州邻交阯,深山绝谷,悉瑶、僮盘据,必仍设土官,斯可藉其兵力为屏蔽。若改土为流,则边鄙之患,我自当之,后必有悔。"[②] 由此可见,在当时,桂西土司成了保卫南疆安全和维护领土完整的重要力量,其在防边的作用不可低估。

(二)土司众多,瑶、僮梗塞

明代桂西地区,森林茂密,山多路陡,气候湿热,瘴疠横行,自汉唐以来中原地区的士大夫、官员都将其视为"瘴乡疠域",多不敢赴任。闵珪说,广西"蛮夷边境,地皆炎瘴"。[③] 丘濬亦言,南蛮"地多瘴疠,中原之人惮入其地。未至,固已怯畏"。[④] 此外明朝档案、实录对此亦多记载。《明太宗实录》载,永乐年间"大军征安南,由丘温抵伪都克服之,而经涉鸡陵、隘留、丘温、龙州、太平,俱瘴疠之地,行者艰难"。[⑤]《明宣宗实录》载:"思恩府旧治,地名利桥,委系险恶瘴疠,非人所居。"[⑥]

由于桂西地区瘴疠之地分布很广。明朝对于这样的瘴疠之地,只好"特设土司以治之"。[⑦] 洪武二年(1369)春正月壬戌,湖广行省臣言,广西北部之"庆远府地接八番溪洞,所辖南丹、宜山等处。宋元皆用其夷酋为安抚使,以统之。天兵下广西。安抚使莫天护首来款附,宜如末元制,录用以统其民,则蛮情易服,守兵可减。上从之"。[⑧] 宣德六年(1431)冬十月癸丑总兵官都督山云奏:

> 广西左右两江旧设土官衙门大小四十九处。蛮性无常,仇杀争夺,往往不绝。朝廷每命臣同巡按御史三司官理断。缘诸处皆是瘴乡,兼有蛊毒。三年之间,遣官往彼,死者凡十七人。事竟未完,今同众议,凡土官衙门,除军务重事经诣其处,其余争论词讼,宜就所近卫所理之。左江、太平、思明、龙州、崇善等处于太平千户所:右

① 《读史方舆纪要》卷一〇六,《广西一》,中华书局,2005,第4805页。
② 《明史》卷一九五《王阳明列传》,中华书局,1974,第5166页。
③ (明)闵珪:《论抚讲岑应疏》,《粤西文载》卷五。
④ (明)丘濬:《驭瑶壮议》,《粤西文载》卷五六。
⑤ 《明太宗实录》卷一〇三。
⑥ 《明宣宗实录》卷八四。
⑦ 都安瑶族自治县地方志办公室整理《都安县志稿》,广西民族出版社,2002,第304页。
⑧ 《明太祖实录》卷三八。

江田州、镇安、泗城、上林等处于奉议卫；思恩州于南宁卫；南丹、东兰、那地三州于庆远卫。各令土官及应问之人，克期来集，以俟理断。庶免瘴患，事亦易完。[①]

在当时的情况下，土司制度的实施在桂西地区具有不可替代性，因而土司也受到了朝廷的认同和重用，以至造成当地土司众多，势力强大。如明代广西左右两江土司“有俍兵无虑十数万”。[②] 庆远三土州有“精兵近万”。[③] 田州有“精兵数万，呼即应”，“泗城方千里，兵倍田州”[④] 等。苏建灵先生言，“就广西而言，东部地区实行流官统治，西部则是土司的汪洋大海”。[⑤] 蓝武教授亦言：“明代在今广西境内所设置的土司机构中，大体上以桂西左、右江和红水河流域一带，设置的土司数目最多，势力最强，影响最大。”[⑥]

此外，有明一代，朝廷要经营好桂西地区，还得打通黔江、郁江航道，此二航道交汇处就是大藤峡，该峡系珠江流域西江水系黔江下游的一段峡谷。明时地“跨柳、浔二郡间，夹浔江而南，带象州、永安、修仁、荔浦、平乐、武宣、桂平诸县界”，峡“中瑶蛮盘踞”，甚为险恶，一旦有警，则梗塞桂西航道。[⑦] 其中八寨“地东接柳州，西连东兰，南界思恩，北抵庆远，周环五百里”，“寨各千余人，四山环合”，加之此地瘴疠尤盛，只要瑶人“共据一险，鸷悍难制”。[⑧] 为打通这一地区，疏通两江航运，明成化初年，右佥都御史韩雍出兵此地，但压而不服，罢兵之后，仍由当地民族势力占据，难以通航。[⑨] 宣德五年闰十二月庚申，贵州都司言：“贵州

① 《明宣宗实录》卷八四。

② （明）丘濬：《驭夷狄议》，《明经世文编》卷七三。

③ （明）苏濬：《土官用兵议》，《粤西文载》卷五六。

④ （清）王森：《粤西丛载·广西土官》。

⑤ 苏建灵：《明清时期壮族历史研究》，广西民族出版社，1993，第16页。

⑥ 蓝武：《从设土到改流——元明时期广西土司制度研究》，广西师范大学出版社，2011，第109页。

⑦ 广西从桂东到桂西腹地，大致可以分为西北线和西线，其中西北线路主要由浔江、黔江、柳江、洛清江、龙江、红水河组成，沿以上诸河西北进，可以到达桂西腹地以及今贵州的南部片区。西线由浔江、郁江、左江、右江组成，沿以上诸江西进，可以到达今左右江地区。

⑧ 《广西通志》卷九五，影印文渊阁四库全书本。

⑨ 王阳明：《八寨断藤峡捷音疏》，见《明经世文编》（二），中华书局，第1283～1284页。

累有苗寇，欲回广西官军。（山）云以广西浔州大藤峡等处山瑶持险为害，出没不时，若不加兵守备，切虑乘隙侵犯。”① 足见，两江航道当为维系桂西稳定的关键区域。

鉴于此，朝廷只能实施绥抚之策，采用当地的习俗以治之。正德二年陈金以右佥都御史总督两广军务，在充分了解大藤峡的“险易通塞”情况后，则对此采取了绥抚政策，把少数民族的“群僚”召来与约，议定“凡官民舟楫之经峡者，汝等转相护送之，各有程期；凡民商贩载者，各给汝以鱼盐瓦器……维时，群僚竦息，退而共命”。这种召“群僚与约”的办法由于尊重那个民族的习俗，得到了少数民族头领的拥护，“数月之间，两江晏然，帆樯络绎不绝”。值得注意的是，这样的经营策略，须有远见之官员，一旦由于地方官经营不善，最终就会酿成大患。《读史方舆纪要》载，“嘉靖初，断藤峡等处贼瑶上连八寨，下通仙台、花相等峒，盘亘三百里，流劫浔、梧上下，遂成大寇”。② 但是，为镇压瑶民起事，朝廷又不得不依靠土官作为疏通两江航道的马前卒。《清史稿》卷五一六言：“广西为西南边地，明建广西省，瑶、僮多于汉人十倍，盘万山之中，踞三江之险。明时，因元之旧，所设土司，以资镇压。”这样就形成了一个经营桂西的怪圈，要维护桂西内部的稳定，就得依靠土官，依靠土官又得提高土官地位，最终导致土官桀骜不驯。明朝中后期，“军政日坏，上无可任之将，下无可用之兵，一有警急，必须倚调土官狼兵”，“故此辈得以凭恃兵力，日渐桀骜”。③

（三）其他

明代贵州南部片区，大都受广西统辖，但其地接近湖广经黔入滇道主驿南沿，而从南丹、经都匀至通滇驿路的南六卫，又恰为维护通滇驿路中段之辅驿，战略地位堪为重要。然这一地区，蛮夷众多，叛服不常。《宣宗宣德实录》载，宣德七年九月丁巳，贵州都匀卫陈蒙烂土土司副长官张勉奏：

---

① 《宣宗宣德实录》卷七四。

② 《读史方舆纪要》卷一〇六，《广西一》，中华书局，2005，第4808页。

③ 王阳明：《赴任谢恩遂陈肤见疏》，见《明经世文编》（二），中华书局，1962，第1274页。

本司离卫遥远，地连古州八万生苗。广西苗僚侗寨与所属化从等寨韦翁同等相诱为恶，叛服不常，累逋赋税，或出侵掠。闻官兵追捕，即据险抗拒，或奔窜远伏，官军既回，又出为害。乞如永乐故事，调广西泗城州土兵一千，立堡镇守，遇有缓急，即行剿捕。庶使蛮夷知畏，善良安业。[①]

前说“陈蒙烂土”位处今贵州三都水族自治县烂土乡，又邻近广西。《宪宗成化实录》载，贵州丰宁长官司土官副长官杨泰奏：“峰峒寨蛮贼陆光翁等纠聚烂土等处苗头，及广西荔波等县流贼，杀掠人民财畜，道路阻塞，讫调贵州、广西两处汉、土官军并剿之”。[②] 成化二十二年八月丙申，“烂土等处苗贼洛道等负险稔恶，不听抚谕……声言要犯都匀、清平卫，其势甚炽，非调兵剿之”。[③] 可见，贵州通滇驿路南部，地方民族势力众多，而要维系这一地区的稳定，一定程度上还得依靠桂西土司。林富言，田州“疆境险远，旁通云贵、交趾，关梁、津隘为备非一，若改设流官，则边防之守我独当之。撤戍则兵争莫御，多备则财力不支。故曰夷夏之界不可堕者，此也”。[④] 从以上资料可以看出，明代桂西及其周边地区的稳定，需要土司守边、安内，进而维系通滇驿路南部地区的稳定。

除了以上广西及其周边地区的原因外，特别需要注意的是，明朝之所以在桂西重用土司，还与其建国后，边疆形势紧密相连。当时明朝北部边境有残元势力的军事威胁，西北有漠西蒙古伺机南下，东南有倭寇的频频侵扰，再加上明代中期以后，边务松弛，财力、兵力不支，故要治理桂西，朝廷只有对其实施顺俗而治，才能收到一定实效。如永乐元年三月戊戌，永乐皇帝言，“朕虑土军皆夷人，乐散逸而惮拘束，若役之同于官军，或情有不甚。驽夷之道，当顺情以为治，可斟酌行之”。[⑤] 宣德元年（1426）秋七月戊戌，行在礼部奏：“广西思明府及西平等州，遣头目奉表贺万寿圣节。皆过期始至。请罪之。”然宣德皇帝言：“蛮夷道远，既至

① 《宣宗宣德实录》卷九五。

② 《宪宗成化实录》卷一八五。

③ 《宪宗成化实录》卷二八一。

④ （明）林富：《议上思田等处事宜疏》，《粤西文载》卷七。

⑤ 《太宗永乐实录》卷一七。

矣，不必问。”[①] 儒学大师王阳明在治理桂西民族地区亦云，此地风俗殊异，不能按中原俗视之，应“是以顺其情，不违其俗；循其故，不易其宜，要在使人各得其所”。[②]

二 王阳明对桂西民族地区的治理

如上文言，有明一代，广西形势主要是外迫交趾，内患瑶僮、土官的叛服不常，再加之北有残元政府的军事威胁，东南又有倭寇的频频侵扰。因此桂西稳定实为明朝边政之大事，然要稳定这一地区，就得依靠土官。故明初，朝廷对其采取了“修其教，不易其俗。齐其政，不易其宜”的经营模式收到了良好效果。明中后期，由于军政腐败，桂西变乱纷起，两江航道受阻，如何治理，自然又成了明朝经营桂西之一大心病。为了加强这一地区的治理，议武力改流和土流并治者有之，面对这一形势，明朝大儒王阳明采取了祖宗之法，继续招抚思田土官、教化诸夷等措施，收到了明显成效。

（一）招抚思恩土司

明朝中后期，朝政混乱，边务松弛，桂西变乱纷起。先是田州土官岑猛与思恩土官多年的相互仇杀，导致地方生灵涂炭，继之是思恩、田州土酋卢苏、王绶之争，朝廷派都御史姚镆发兵征讨，由于举措失当，一味征剿，遭到土官头目拼死反抗，叛乱达两年之久，一时朝野震惊。思恩、田州境处广西中部，旁通贵州，南屏安南，又处红水河中段，战略地位甚为重要，一旦处理不好，不但会导致桂西土司人人自危，进而还会自撤屏藩，引发交人北侵。王阳明《赴任谢恩遂陈肤见疏》载：

> 田州切邻交阯，其间深山绝谷，皆瑶、僮之所盘据，动以千百，必须仍存土官，则可藉其兵力以为中土屏障，若尽杀其人，改土为

① 《宣宗宣德实录》卷一九。

② 王阳明：《处置平复地方以保久安疏》，见《明经世文编》（二），中华书局，1962，第1282页。

流，则边鄙之患，我自当之，自撤藩篱，非便安之计，后必有悔。①

《明世宗实录》卷八六载："思恩未设流官，土人岁出土兵三千，以听官府之调遣。既设流官之后，官府岁发民兵数千，以备土人之反。复流官之无益，断然可睹。"《明史》卷三一八亦载：

> 思、田久构祸，荼毒两省，已逾二年。兵力尽于哨守，民脂竭于转输，官吏疲于奔走。地方觩尯，如破坏之舟，漂泊风浪，覆溺在目，不待智者而知之矣。必欲穷兵雪愤，以歼一隅，无论不克，纵使克之，患且不测。况田州外捍交阯，内屏各郡，深山绝谷，瑶、僚盘据。使尽诛其人，异日虽欲改土为流，谁为编户？非惟自撤其藩篱，而拓土开疆以资邻敌，非计之得也。②

侍郎林富亦言："田州界居南宁、泗城，交通云、贵、交阯，为备非一，不宜改设流官"。③

以上诸资料所涉内容主要有三：其一，尽管此二土司危害边疆安宁，漠视朝廷，但所作所为均属个人的违法乱纪过错，而不是土司制度本身出现了问题，考虑当地的实际社会情况，继续设置土司，仍然是有利于朝廷的，故不应改土归流，进而可借助对此二土司的依法惩处，以提高朝廷贯彻"仁德之心"的威望，民心也可以随之统一。其二，思恩、田州二土司邻近交趾，如果贸然实施改土归流，不但会诱发桂西土司人人自危，进而还会导致叛乱范围扩大，进而还会失去朝廷已有的军事屏障，必须派遣重兵驻扎，而且还不能杜绝边患，因而从当时形势言，改土归流有害无益。其三，由于所在的地方，民族众多，地形、地貌错综复杂，完全用流官行使管辖，不仅成本甚高，而且还难以达到治理的预期目标，反而会在无意中滋扰边疆各少数民族，损害朝廷的威望，挫伤边民向化朝廷之心。故王阳明《奏报田州思恩平复疏》云，若以武力剿捕，无论胜败，均有十患；

① 王阳明：《赴任谢恩遂陈肤见疏》，见《明经世文编》（二），中华书局，1962，第1274页。

② 《明史》卷三一八，《广西土司二》，中华书局，1974，第8251页。

③ 《明史》卷三一八，《广西土司二》，中华书局，1974，第8252页。

若用安抚之策，则收十善之效。[①] 他进而认为，“思两广之役，起于土官仇杀。比之寇贼攻劫郡县者，其势差缓”。[②] 臣以为，“且宜释此二酋之罪，开其自新之路。姑务息兵罢的，以休养疮痍之民，绝觊覦之奸，弥不测之变。迨区处既定，德威既洽之后，二酋若改过自新，则我亦何必固求其罪？如尚不悛，执而杀之，不过一狱吏之事，何足重烦天兵，以泄愤于小丑？”进而认为“田州既改土为流”，应“据理审时，详情度势，不急近功，再加远图。应抚应剿或剿抚并行，不宜偏执；应土应流，与土流兼，尤在得人”。[③]

王阳明的陈奏，很快得到了朝廷的认同，对违法土司的具体处置办法，主要体现为：坚持威德招抚之策，主动解散朝廷镇压二土司之军队，采用王朝礼仪，杖责卢苏、王绶。然后开始按王阳明的主张，继续委以土职。为了防范二土司再次起事，以抗朝廷，王阳明在处置这一事件过程中，乘机缩小了此二土司的领地和实权，并提高流官品级，对继续委任的土司以加强监控。此外，朝廷为了使这一监控有充足的后盾，还酌情驻军，以资弹压，经过这一连串有理、有利、有据的措施，严格依法惩处土司的同时，又不缺乏其灵活性，才使得数年的战乱，得以迅速平息。《明史》载：

> 十二月，守仁抵浔州，会巡按御史石金定计招抚。悉散遣诸军，留永顺、保靖土兵数千，解甲休息。苏、受初求抚不得，闻守仁至益惧，至是则大喜。守仁赴南宁，二人遣使乞降，守仁令诣军门。二人窃议曰：“王公素多诈，恐绐我。”陈兵入见。守仁数二人罪，杖而释之。亲入营，抚其众七万。奏闻于朝。请复设流官，量割田州地，别立一州，以岑猛次子邦相为吏目，署州事，俟有功擢知州。而于田州置十九巡检司，以苏、受（绶）等任之，并受约束于流官知府。帝皆从之。[④]

---

① 王阳明：《奏报田州思恩平复疏》，见《明经世文编》（二），中华书局，1962，第1277～1279页。

② 《世宗嘉靖实录》卷七八。

③ 《世宗嘉靖实录》卷八六。

④ 《明史》卷一九五，《王阳明列传》，中华书局，1974，第5166页。

从这一处置结局，不难看出，王阳明在坚持土司制度原则的同时，还不失其变通、灵活之妙。从这一处置办法看，我们还可以窥见汉武帝时处置诸侯王实施“推恩”的影子，并取得良好经营效果。思恩、田州土府改流后，明朝廷将原思恩地分置为 9 个土巡检，将原田州分为 19 个土巡检，此后“乱稍弥”。[①] 王阳明将历史上的故事运用到处置边疆土司，真正做到了有理、有利、有节，朝廷的耗费为之最小化，而坐收了边疆安定的实效，同时又稳定了人心，争取了土司的归附，可以说是一举而三得。《明世宗实录》卷九四载：“新建伯王守仁，乘百年破敞之后，感圣明特起之知，不役一卒，不费斗粟，片言驰谕，而思、田稽颡，虽舜格有苗，何以加焉。”

（二）疏通郁江、黔江航道

大藤峡位处黔江和郁江之交汇处，此一地区治理之当与否，直接关系到桂西之稳定。王阳明《处置八寨断藤峡以图永安疏》言：

> 八寨之贼，每寨有众千余，四山环合，同据一险。无事则分路出劫，有警则奔入其巢，数千之众，皆不纠而聚，不约而同，不谋而合，故名虽为八，实为一寨，此八寨之贼所以势众力大，而自来攻之有不能克者也。各巢之贼，皆倚恃八寨为逋逃主，每有缓急，一投八寨，即无所致其穷诘。八寨为之一呼，则群贼皆应声而聚。故群贼之于八寨，犹车轮之有轴，树木之有本。[②]

守仁为讨伐大藤峡，“故留南宁。罢湖广兵，示不再用。伺贼不备，进破牛肠（亦为厂或场）、六寺等十余寨，峡贼悉平。遂循横石江而下，攻克仙台、花相、白竹、古陶、罗凤诸贼。令布政使林富率苏、受兵直抵八寨，破石门，副将沈希仪邀斩轶贼，尽平八寨”。从而疏通了黔江、郁江航道，材料中的“苏、受”，即田州、思恩土官卢苏、王受。足见，王阳明绥抚土司的政策，已经收到了实效。

在招抚土司和疏通两江航道过程中，王阳明清楚，要使桂西地区长期

---

① 《读史方舆纪要》卷一一〇，《广西六》，中华书局，2005，第 4967、4975 页。

② 《王文成公全书》卷一五，《处置八寨断藤峡以图永安疏》。

稳定，善后措施也甚为重要。他认为：一要在土司区设流官知府，添设流官县治，以弱化土司和加强对土官的监督；二要议设土官巡检，以散各夷之党；三要迁南丹卫于八寨，严密防范瑶民内患再起；四要建思恩府城于荒田驿，增强其防御功能等。《明世宗实录》载，“嘉靖八年十月丙子，先是广西思、田既平，新建伯王守仁，议设流官知府以制之。及平八寨，又议移南丹卫于八寨，改思恩府城于荒田，改设风化县治于三里，添设流官县治于思龙，增筑守镇城堡于五屯”。《广西通志》卷三十四载，思恩府城池，“嘉靖流年新建伯王守仁迁建，今所荒田驿四郊广衍，江山环拱，高二丈二尺，阔一丈一尺，周围三百一十二垛口，六百四十六门”。“南思正楼四座，四隅角楼四座，东西两河至南门，交合俨然壕堑，北倚山麓，无壕池，就土司立丈尺起止界石，遇有颓坏各依界修理。嘉靖八年，总督王守仁拓之，周三百有十丈，串楼二百九十间，东门二，南门北门各一，皆有楼壕深一丈广如之”。从上述材料可见，王阳明对桂西后续治理思考之深。但此时的王阳明，由于重病缠身，一些好的想法还来不及实施，就离开了人世。但其经营桂西民族地区的思想，给其后继者如何经营桂西留下了参考。

（三）推行教育

王阳明在对思恩、田州改流和疏通黔江郁江之后，认为思、田初定，“风化之原，终不可缓”，建议在附近州县学之教官内先“选委一员”，“暂领田州学事”，俟过一二年，休养生息之后，再将思、田学事推展开来。[①] 此外，王阳明平息思、田后，即在田州、思恩、南宁设立书院，延师授业，并在南宁建敷文书院。据民国二十六年版《邕宁县志》载：“我县书院，明朝所立者，皆已久废，惟敷文书院岿然犹存。”“敷文书院，在北门街口，即县学旧址。明嘉靖七年，新建伯王守仁征思田驻邕时建，有正厅，东西廊房，后厅，日集诸生，讲学其中。后人因立公像于后厅，春秋祀之，名为文成公祠”。

敷文书院自王阳明创建以来，经多次重修，一直延至民国初年犹存。后人为纪念王阳明，至今，广西南宁尚存多处阳明先生的纪念遗址。其中现存于南宁市人民公园镇宁炮台内的王阳明全身坐像碑，风景名胜青秀山

---

① 《王阳明全集》，上海古籍出版社，2011，第545页。

上有阳明洞，石壁上镌有“阳明先生过化之地”，落款为“大明嘉靖四十年闰五月吉日左江兵备佥事门生欧阳瑜”，足见王阳明在广西民族地区的化导之功。

三 结论

明朝是我国推行土司制度的一个重要的时期，也是朝廷实施“北防南化”之政策广泛深入西南地区的关键时期。在明朝初期，不管是边疆治理，还是大一统政权的稳定，都曾取得良好的施政成效。但进入明代中期后，由于国内政局动荡，朝政腐败，行之有效的土司制度在执行的过程中，出现了诸多偏差和失误。到嘉靖时，这一情况表现得甚为突出，朝廷尽管多次做出调整，但积习已久，加之地方官员在对土司制度的理解和实施过程中，违制的情况层出不穷，施政成效因此多处所阻，进而损害了制度本身的威严。《读史方舆纪要》载：“嗟夫，中官武弁视土官为外府，而墨吏以渔人，土司尚知奉我之威令乎？故曰：‘黩货则玩，玩则无震’，言两江者，盍亦反其本哉？”[①] 文中的“两江者”，即有明一代生息在广西黔江流域上的土官群体及各族居民。“中官武弁”“墨吏”系朝廷派到广西任职的流官。材料反映的是，外来流官由于没有充分领悟朝廷实施土司制度的精髓，违制现象层出不穷，导致土官与流官冲突，损害了土司制度的威严。由此反观王阳明对桂西民族地区的经营，足见其对土司制度精神实质的精准把握，对广西及国内形势的深刻认识，在处置犯法违规之土司事之得体，不仅维护了土司制度的权威性和合法性，进而也维护了西南政局的稳定，其经营策略，堪称得人心矣。

---

① 《读史方舆纪要》卷一〇六，《广西一》，中华书局，2005，第4805页。

崇左“封眼”习俗初探

杨丽云
（崇左市壮族博物馆）

摘　要　崇左的土司文化作为地方的主体文化，虽经改土归流，土司制度彻底从政治层面消失，但其影响依旧深远。崇左如今仍保留着土司时期的“封眼”习俗。“封眼”习俗的存在反映了当地深厚的土司文化背景，独特的地域环境，以及人们趋利避害的心理需求和集体文化认同。

关键词　土司　初夜权　封眼

崇左地处我国西南边陲，秦以来一直是中央王朝统治的重要对象。崇左的土司制度始设于元，兴盛于明清，后来历经改土归流，彻底从政治层面消失。土司文化作为崇左地方的主体文化，到如今，其影响依旧深远。在崇左，人们如今仍保留着土司时的一些风俗，如在迎娶新娘时，会把土司衙门前石狮子的眼睛用红纸遮盖。当地人称之为“封眼”习俗。本文就以江州村东、西、北街屯的“封眼”习俗为切入口，来探讨土司传统文化保留至今的客观原因、涉及的群体心理以及行为应对。

一　调查点的概况

崇左市江州镇江州村东街屯、西街屯、北街屯位于崇左市南部，距市区20公里，历属江州土司区。三个屯是一个大的整体村落，因江州土司衙门遗址居于三个屯南面最高处，为便于行政管理，按住户朝向，这里被划分为三个屯。

三个屯共1210户，共3510人，人均5分水田，3分旱地，主要种植水稻、玉米等农业作物，还种植少量的龙眼、芒果、蔬菜，养殖牛、鸡、鸭、鱼等。村民的主要收入来源是外出务工。村中最大的姓氏是黄姓，其次是李姓、张姓。村民大多属于壮族。

如今，江州土司衙门遗址还保留着一对石狮、一对石鼓、一只石龟。据考证，江州在唐朝被划为羁縻太州县管辖，宋朝被设为独立羁縻州，元设土司，于1915年改土归流。

二 “封眼”习俗简介

江州村东、西、北街屯的婚礼上，除了遵循传统壮族的风俗，如相亲、合八字、订婚、结婚等仪式外，还有一个特别仪式活动，即给土司衙门前的石狮子“封眼”。在迎娶新娘当天，如果迎娶的新娘将经过土司衙门，则主人家事前派人将剪好的圆形或方型红纸把土司衙门前石狮子的眼睛蒙住。

在过去，即20世纪末之前，“封眼”人一般是屯里的孤寡老人，随着社会的进步，现在只要有人愿意担当，一般人都可以做“封眼”人。主人家会给“封眼”人一个红包。

在调查中我们发现，由于北街屯正好与土司衙门正对，北街屯在迎娶新娘时都要给石狮“封眼”，而东街屯一部分村民由于住在土司衙门附近，在迎娶新娘时会经过土司衙门，因此迎娶当天也会给石狮“封眼”；另一部分村民由于离土司衙门较远，因此他们并不愿意路过土司衙门，而是将迎娶的新娘绕过土司衙门，从另一条路进屯，即“回避”。西街屯由于位于整个村前面，迎娶新娘时并不需要经过土司衙门，因此他们并不会在娶亲当天给石狮“封眼”。

经统计，三屯中目前一共有467对夫妇给石狮封过眼，而为了不经过土司衙门采取“规避”的一共只有9对夫妇。

三 “封眼”习俗成因

据说在土司时代，土司区有不成文的规定，土民新娘的初夜权都要献给土司。也就是说，婚礼当晚，土民的新娘要去土司衙门先跟土司同房后，才能回家跟自己的丈夫生活。土司衙门前的石狮是土司的耳目。谁家迎娶或出嫁，只要被石狮看见了，它就会去禀告土司。为了躲避石狮，人们在婚礼前，派人用红纸蒙住石狮的眼睛防止它给土司通风报信，以保护新娘不受侵犯。①

村中年龄最长的97岁腾爷爷回忆，“封眼”习俗很早就已经流传了，一直延续到今天，主要是人们相信只有在婚礼上实行“封眼”习俗，一对新人才能幸福地生活在一起。另外一位89岁的李奶奶说，在她很小的时候就见人们在婚礼时履行“封眼”习俗。“因为老祖宗这样做，所以大家也跟着这么做”。这是调查中大家一致认同这风俗存在的原因。虽然现在已经没有了土司，但大家都认为婚庆时，路过蒙上石狮的眼，会带来吉利，因狮子是凶猛动物，会吃子吃孙，用红纸蒙住它的眼可以驱邪求福。

四 “封眼”习俗的特点

作为地方特色风俗，“封眼”习俗吸引了不少外地游客的好奇心。此风俗有以下特点。

（一）具有特定的地域性

根据调查和相关书籍记载，“封眼”习俗只在左江流域、曾经的黄氏土司管辖区流行，大致的范围为江州、土忠州、土思明州、迁隆州、万承州、太平州、左州、恩城土州等地。“封眼”习俗不单涉及土司衙门前的石狮子，而扩大到整个左江流域机关单位甚至公司门前的石狮子。在这些区域内，迎亲队伍会派先锋队在前方探路。先锋队一发现经过路线旁有石狮子，立马将备好的红纸贴在石狮子的眼上便于后面的迎亲队伍通过。在宁明县、扶绥县和江州区等机关单位门前的石狮子眼上都可见到贴红纸留下的痕迹。处于主干道旁的石狮子眼上更是密密麻麻地贴了好几层红纸。如2014年7月12日，我们经过崇左市江州区太平街道办事处时，见其门前的两个石狮眼睛上层层叠叠盖了五层红纸，其中一只石狮腿上还系着红布条。从石狮眼上的红纸数量可以知道，最近有五

① 郑超雄、黄继光：《土州土治土司制度面面观》，广西人民出版社，2009，第50页。

对新人喜结良缘并路经此地。“封眼”习俗的独特地域性也体现了崇左民间信仰的乡土性。

（二）操作时间限定性短、过程简单

“封眼”习俗只要在迎亲队伍经过之前完成就行。仪式操作简单，不用烧香、摆供品、作揖、办法事，只需把准备好的红纸涂上浆糊或胶水，直接贴在石狮眼上就算完成了。所贴红纸式样没有统一要求，有方形的也有圆形的，有大的也有小的，只要能遮盖两只狮眼就行。操作“封眼”习俗的人可以是媒人、父母、哥嫂、姐等长辈或平辈，甚至是末成婚的小辈青年也行，但操作前，主人家定要给“封眼”人一个红包以驱邪。可见，“封眼”习俗是比较简单、易操作的活动。

（三）涉及人群灵活多变，可以采取规避方式

石狮子对左江流域的人们来说是凶猛动物，在婚礼当天能尽量避开与之正面相冲是最好的选择。为此，东街屯的部分村民，包括整个黄氏土司统治过的区域里的人们，为了避开石狮，有的宁愿选择弯路、比日常的路程远得多的路线来迎娶新娘，从而规避履行这样的习俗。所以，实行“封眼”习俗的主体在特定的情况下，有较大的选择性。

五 “封眼”习俗传承的原因初探

“封眼”习俗伴随着土司制度出现而形成，但并没有因土司制度的消亡而消失，且继续在人们生活中扮演重要角色。一种风俗的形成并传承有其特定的社会背景、心理功能和环境因素。

（一）悠久的土司历史渊源

崇左土司历史可追溯到唐朝，距今有千年以上的历史。在长期的历史发展中，土司几乎占据所有的政治、军事、经济等最重要的社会资源，把乡村社会变成自己的统治王国，按照利益最大化的原则，制定了围绕土司权力为中心的地方管理体系，视普通平民为家奴。“土司社会是一个十分强调上下尊卑等级的社会。土司区的人们根据政治地位分为‘官’、‘客’、‘目’、‘民’四个等级，其居所距离司城远近各有不同，因而又对应地分

为'街上人'、'补街佬'、'乡下人'和耕种役田外家奴等四种居民"。[①]因政治地位不同，各司其职，其享受的权利与义务也不一样。因经济上的依附关系，作为社会最边缘的乡下人和家奴是土司直接压迫的对象。他们不但要承担繁重的劳役，在通婚对象、服饰、日常公众行为、住所式样等方面都受到严格的限制，特别是人类最避讳的性事上也受土司的干扰。土司规定，土民结婚时，必须送新娘到衙门内与土官同房后才能回家与新郎生活。这意味着土民结婚时，还要贡献初夜权供土司享受。土官妻妾成群，在外还霸占民女，土民敢怒而不敢言。[②] 在受传统儒家文化影响较重的中国社会，性不仅是生养的重要途径，也是受礼俗禁锢的，不容随意侵犯。土官对妇女的性侵，特别是具有象征意义的初夜权，是严重剥夺土民的人格尊严，树立土司在社会中独尊地位的重要方式。由于初夜权的被剥夺，土民的长子与剥夺者之间可能存在血缘关系，这还有助于强化土民对强者的君夫认同，更有利于对其加以控制。面对物质和心理上的双重统治，土民在实际行动上不能有效地阻止土司的行为，只有通过像人类学家弗雷泽所述的模拟巫术的方式，用意识支配客观世界，通过蒙住代表土司权力的石狮眼，防止它给强权的土司通风报信以保护新娘的初夜权不受侵犯，以此来平复对土司侵权行为的不满心理。蒙石狮眼习俗反映了土司时期的社会发展状况，是土司历史延续的一部分，是土司残酷统治历史的活化石。因此，土司假借社会地位上的绝对优势对土民的压榨和性权的侵犯，是"封眼"习俗得以传承提供了重要的外部环境。

（二）趋吉避凶的心理需要

在土司统治时，"封眼"习俗作为婚礼仪式的一部分，将土民的注意力从初夜权被剥夺的痛苦中转移到仪式中，暂时忽略了因地位不平等而造就的不公平，抚慰土民心灵，缓和土司与土民之间对立与冲突的紧张关系，起到了润滑剂的作用。

在左江流域人们的眼里，石狮不仅象征威严雄武，也是凶恶的化身，会吃子吃孙，给人带来祸害的凶物。据说，在2010年东、西、北街坊三屯统一安排请挖掘机来拆迁旧房。挖掘机司机一来到就开始施工，但做了不

① 成臻铭：《清代土司研究——一种政治文化的历史人类学观察》，中国社会科学出版社，2008，第238页。

② 郑超雄、黄继光：《土州土治土司制度面面观》，广西人民出版社，2009，第70页。

到半天就说做不下去了，因为他看见衙门前的两头石狮子开眼动怒了，眼冒火球。于是第二天，村委会就杀鸡烧纸来供奉石狮，以求它不阻挡拆迁工程。之后，司机才放心施工。这事例从一个侧面反映了当地人惧怕石狮的心理。尽管土司统治已经消亡，但人们依然在婚礼上遵循“封眼”习俗，认为只有按照老祖宗传下来的方式行事，婚后的一对新人才能避开石狮的祸害获得平安幸福。正如费孝通所说，“风俗是一种以满足人的精神需求为目的的行为”。为此，人们趋吉避凶的心理是导致此习俗长久存在的主要因素。

（三）集体意识的认同

“集体记忆在本质上是立足现在而对过去的一种重构”。[①] “封眼”习俗，一代传一代，已经在当地人们的集体意识中达成了共识。就像当地人们所说的：“因为老祖宗这样做，所以大家也跟着这么做。”此习俗已经根植于左江黄氏土司统治区内人们的头脑中并一直延续至今。只有遵循群体这种标准化的行为方式，人们才能避免婚礼上因新娘面冲石狮所带来的晦气。伴随着婚礼仪式的过程，“封眼”习俗将继续在左江流域上演。

（四）封闭的生活环境

崇左地处偏僻，经济落后，受外来文化影响较少，使崇左保存了古老的文化基质。崇左居民基本上是世居民族，世代受土司文化的影响。如今在崇左市扶绥县东卜葛村有一位近百岁的老奶奶。她是卜葛土忠州衙署的最后一位丫环，是土司统治的最后亲眼见证者。在2010年之前，江州区的居民住房80%以上是老式泥墙房，外出务工的人还不到全村总人口的四分之一。由于环境封闭，受外界影响少，人们更多保留着本地区最传统的生活方式、生产方式、意识观念和风俗习惯。这为“封眼”习俗得以传承提供了重要的地理环境。

---

① 〔法〕莫里斯·哈布瓦赫：《论集体记忆》，毕然、郭金华译，上海人民出版社，2002，第59页。

六 结语

“封眼”习俗是土司社会分层结构的反映，是底层土民所遵循的一种仪式信念和意识形态。通过对蒙石狮眼习俗的分析可以看出，深厚的土司文化背景是崇左地区“封眼”习俗产生并沿袭的重要历史环境；趋吉避凶的心理和集体意识认同是这一习俗得以保留的主要原因；封闭的生活环境是这一习俗得以传承的重要外部因素。“封眼”习俗不仅表现了人们对生活的一种积极态度，也反映了人们对美好生活的愿望和不屈不挠的斗争精神。

论元明清时期土司区贡赋与环境的兼容

——以贵州及其毗连地带为中心

马国君

（贵州大学中国文化书院）

摘　要　贵州省及其毗连地带地质结构复杂，生态系统多样。元明清时期，该区域土司进献给朝廷的贡赋大都为千姿百态的土特产品，这样的土产由于能与其生态环境、基层管理体制相互兼容，因此当地生态环境良好。其后随着西南边疆局势变化，朝廷在此推行了大规模“改土归流”，导致贡赋类型、开发模式、基层管理体制的紊乱，无意中诱发了生态环境变迁。

关键词　土司区贡赋　经济开发　生态环境　生态安全

贵州推行土司制度始于元代，是我国元明清时期中央王朝在西南民族区域推行的规范的民族政治体制之一，曾有效维护了我国西南内陆边疆的稳定。该制度特点是：朝廷对实施土司制度地区，直接将各民族头人纳入朝廷要员，授予实际官职而加以管理；允许土司区根据实际情况进贡当地土特产品，这样的土产由于与其环境、基层管理体制相互兼容，故既方便了土司区贡赋的完纳，也有利于当地的生态维护。就贵州省及其毗连地带土司区而言，黔西北主要贡纳的是马匹及毡衫，黔北及黔东主要是大木，黔南及毗连地带主要是野生动植物产品等。土司区要持续进贡土产，实际上就得管好生态环境，这样土产与生态环境就结成了牢固的耦合体。

近年来，随着土司问题研究的深入，学界的关注范围也日益展拓。查阅近年研究成果，偶尔涉及土司区贡赋与环境兼容者主要有《生态维护之文化剖析》《土司制度与民族生态环境之研究》《清代至民国云贵高原的人类活动与生态环境变迁》[①] 等。为深化此专题研究，本文拟从土司区贡赋概况、土司区贡赋与环境的兼容、土司区对生态环境的管理诸方面加以分析，以求教学界方家。

一　土司区贡赋概况

自元以来，中央王朝在贵州及其毗连地带设置了众多土司，按其族属与生计模式而言，黔西北主要是彝族土司，实行的是“耕牧混成”生计，进贡的土产是马匹和毡衫；黔北、黔东主要是土家族、侗族土司，实行的是“农耕兼林营”生计，主要是进贡大木；黔南地区，由于坝子甚少，系布依族、壮族土司等代管的苗瑶族系各民族，他们执行“游耕”的生计，故贡赋主要是野生的动植物产品等，以下渐次展开分析。

（一）供应马匹和毡衫

黔西北地区及其毗连地带属高原疏树草坡生态区，该区域不适宜大规模建构固定农田。[②] 一旦改建成固定农田，就会导致植被覆盖率降低，引发水土流失和高原溶蚀湖的消失。但是这样的生态系统，在游牧民族看来，既正常又富饶，可以养育大量的牛、羊，而不会退变为荒漠。文献记载，当地各少数民族在不同的季节进行高原台面、河谷之间的循环放牧，以恢复地力[③]，畜牧业甚为发达。《新唐书》载，“爨蛮西有昆明蛮，一曰昆弥，以西洱河为境”，“人辫首，左衽，与突厥同，随水草畜牧，夏处高山，冬入深谷”。[④] 元代李京著《云南志略》之《诸夷风俗》“罗罗”项载，乌撒路“节气如上都，宜牧养，出名马、牛、羊”。“祭祀时，亲戚必至，宰杀牛羊动以千数，少者不下数百”。嘉靖《贵州通志》卷三载，乌

① 杨庭硕：《生态维护之文化剖析》，载《贵州民族研究》，2003 年第 1 期；周琼：《土司制度与民族生态环境之研究》，载《原生态民族文化学刊》，2012 年第 4 期；马国君：《清代至民国云贵高原的人类活动与生态环境变迁》，贵州大学出版社，2012，第 159 ~ 160 页；等等。

② 《明太祖实录》卷一七一载，洪武十八年二月丁巳，云南乌蒙军民府知府亦德言，“蛮夷之地，刀耕火种”“岁输之粮无从征纳”。卷二三五载，洪武二十七年十一月丁巳，“洪武二十七年，贵州宣慰使安的贡马二十六匹，以免其积岁逋租故也”。

③ 《新唐书》卷二二二，《南蛮下》，中华书局，1975，第 6318 页。

④ 《新唐书》卷二二二，《南蛮下》，中华书局，1975，第 6318 页。

撒卫"土人多牧胡羊"等。彝族文献亦载，乌撒

> 色翁第一牧场，牛马染得遍地红。鲁洪第二牧场，羊群铺得遍地白。米嫩第三牧场，牛羊荞麦相映衬。色图第四牧场，九十九座山，山山牧歌传。①

足见该区域畜牧业之发达。元代时，朝廷在此置亦溪不薛养马场，马场范围就涉及今黔滇川交界地带。当时分布在这一地区的大土司，主要有水西、曲靖、乌撒、茫部、东川、永宁等。

有明一代，这里的畜牧业持续发展。《太祖洪武实录》卷一百四十七载，洪武十五年，傅友德征乌撒，"获马、牛、羊以万计"。明朝开国元勋宋濂称这里出产的优质良马为"龙马"。② 此外还有大量有关明廷在土司区市马，以及土司贡马等文献记载，情况略见表1。

表1　黔西北土司与邻近土司贡马情况

文献记载	资料来源
洪武十五年闰二月壬辰，贵州宣慰司霭翠来朝，贡马二十七匹	《太祖洪武实录》卷一百四十三
洪武十七年，中央王朝在云贵高原定易马额。"乌撒岁易马六千五百匹；乌蒙、东川、茫布皆四千"。同年，中央王朝通过市场与土司进行马匹交易，"蔼翠易马一千三百匹"。"四川、贵州二都司于西番、建昌、罗罗之地易马四千二百五十匹"。在贵州水西地"得马五百匹"。洪武十八年，明官府在贵州都司和四川都司购买马匹13600匹，同时还对支持明军入滇的云贵土司进行奖励	《太祖洪武实录》卷一百六十二；卷一百六十三；卷一百六十六
洪武二十九年，"命给钞价赏水西、金筑、乌蒙马直。初，大军征云南，命水西、金筑、乌蒙出马。水西一千余匹，金筑安抚司及乌蒙军民府出马各五百。至是，命给钞赏之，匹二十锭，凡给四万余锭"	《太祖洪武实录》卷二百四十六
而对贡马的土司，按马匹高下进行奖赏，"上马每匹钞千贯，中马每匹钞八百贯，下马每匹钞五百贯"等	《太宗永乐实录》卷十八
永乐元年十月辛酉，贵州宣慰司宋斌遣兄得义来朝贡马	《太宗永乐实录》卷二十三

① 《支嘎阿鲁王·俄索折怒王》，贵州民族出版社，1994，第208页。

② （明）曹学佺：《贵州名胜志》卷之一，《贵宁道所属》。

续表

文献记载	资料来源
永乐元年十月戊辰，贵州宣慰司安卜葩、普安安抚慈长、乌撒、乌蒙、东川、茫部军民诸土官卜穆等来朝贡马	《太宗永乐实录》卷二十三
永乐二年四月辛卯，贵州水东、乖西二蛮夷长官向四来朝贡马	《太宗永乐实录》卷二十八

从上述可见，明朝初期，黔西北及其毗连地区马匹贸易、贡马十分繁盛。这里各族居民养马是他们的生计，又是他们进行生态维护的有机组成部分，因而能达成畜牧业与环境的兼容。

此外，除了供应马匹外，当地土司还为明朝守军贡毡衫。毡衫系彝族传统服饰之一，是用羊毛擀制而成的纤维片。这样的毡衫具有多重功能，披在身上既可以防雨，又可以御寒，甚至还可以搭建帐篷，故为西南守军所依赖。《太祖洪武实录》卷一百四十三载，洪武十五年闰二月壬辰，贵州宣慰司霭翠来朝，贡马及"毡衫"。《太祖洪武实录》卷一百六十二载，"洪武十七年辛丑，乌撒岁输毡衫一千五百领；乌蒙、东川、茫部皆岁输毡衫八百领"。《东川府志》卷十八《物产·方物附》亦载，"毡服，明东川贡市中，有毡衣四百领"等。

（二）供应木材

黔北、黔东及其邻近地区，属典型的亚热带季风高原山地气候，十分适宜优质林木的生长。历史上这一地区森林资源保存完好，原生植被丰富，其中就生长有数量可观的优质楠杉等。《大明一统志》载，明初黔北地区"楠木、杉木，府县俱有"①，"楠木产正、绥、桐三属"。"绥邑诸山旧多楠，必两人引手方合抱"。《遵义府志》载："四川马湖、永、播而下，产楠木。历代南中不宾，斧斤不得而入焉。明洪武初年，建置城郭都邑，册封蜀王。营建藩府，皆取蜀材。"② 上述材料中的"播"，涉及今遵义地区，以及今清水江上游区域，因在明代时，为播州杨氏统辖，故称。"正、绥、桐"，即当时之"正安、绥阳、桐梓"等地。此外，在黔东地区，清

① 《遵义府志》卷一三，《物产》。

② 《遵义府志》卷一八，《木政》。

水江流域就有“野鸡斑”“脑子香”等优质杉木，五溪“蛮地多楠”等。[①] 都匀邦水地有古树、古木、岩桂“可数人抱、高殆百尺，婆娑可爱”。[②] 明李文凤著《月山丛谈》载，“思恩、荔波二县西北界上与贵州烂土、黎平诸夷相接，不通王化，有美杉生山下”。[③]

以上资料反映黔北、黔东及邻近地区森林茂密，树种繁多，有楠、杉，以及在当时难知其名的古树、古木。这些优质木材，在明洪武年间就引起了政府的高度关注。明成祖迁都北京后，为修建太和殿、中和殿、保和殿等，所需建材规模大，故急命官员在川南、黔北、黔东、湘西采办。当时生息在这一地区的土司有黔北的播州杨氏土司，黔东的思州、思南土司和邻近湖南的永顺土司等，此外还分布有大小近百个小土司。这一地区尽管在明代实施了“改土归流”，但当地依然存在众多的下层土目。再如黔东南苗疆，雍正朝在此置“苗疆六厅”，并置大小上百土司，可以讲，这一区域亦属一真正的土司区。但是这一地区大都为山地，可供开垦的土地有限，故元明清时期官府允许该区域进献大木。《明实录》《明史》等典籍都载有播州杨氏进献木材之事。如“万历十四年，播州宣慰使杨应龙献大木七十”。[④] 万历二十三年，“播州宣慰使杨应龙论斩，得赎输四万金，助采木”。[⑤] 万历二十四年“四川播州土司杨应龙、子杨朝栋各进献木二十根，以备大工之用”[⑥] 等。又如临近黔东之湘西永顺彭氏土司区也多贡大木。私家著述《历代稽勋录》多有记载，现摘抄如下，详情见表2。

表2　永顺彭氏土司进贡木材情形

进贡木材概况	资料来源
乙亥十年，恭遇朝廷营建宫室，公父子各备帑金，采大木进献	游俊：《历代稽勋录笺正》，贵州人民出版社，2013，第192页

① 符太浩：《溪蛮丛笑研究》，贵州民族出版社，2003，第121页。

② （明）曹学佺：《贵州名胜志》卷三，《新镇道所属》。

③ （宋）范成大著，胡起望、覃光广校注：《桂海虞衡志辑佚校注》，四川民族出版社，1986，第153页。

④ 《明史》卷三一二，《四川土司二》，中华书局，1974，第8045页。

⑤ 《四川通志》卷七一，《食货·木政》。

⑥ 《明神宗实录》卷三一〇，万历二十四闰八月癸未。

续表

进贡木材概况	资料来源
戊寅十三年春，荷朝廷轸念远臣父子树立功绩，各有进献大木之枕	同上，第 194 页
仰守巡道、督木道先动支大木银二十两，打造银牌二面、金缎、羊酒、彩币，委该府赍送。甲子四十三年春三月，公进献木植，本省徐抚云及：祖孙采进大木，忠勤素著。移咨兵部杨尚书题。奉圣旨是彭明辅采进大木同效忠勤，准照例升赏，写敕奖励，备咨到公。随差锦衣卫臣杨国钥赍捧敕谕一道："加升公湖广都司都指挥使。赏大红蟒衣三袭。按公两握篆务，不遑启处。即至晚年。"	同上，第 202 ~203 页
癸卯二十二年春，遇朝议建庙，公进献大木二十根	同上，第 213 页
奉圣旨：是彭宗舜采木合式，准于原职上加级服色一阶，授昭勇将军	同上，第 216 页
丁巳三十六年秋七月，恭遇朝廷修建殿宇。会湖广王抚臣檄公，为钦奉大木事。公率众进山，采取合式楠木板枋二千七百余根。解运。公祖孙又共采大木六十余根进献。时，督木刘侍郎奖云：永顺宣慰彭翼南青年事练，见义敢为，征倭奏凯，威信可以服人。秩晋藩参，荣耀光于父祖。荷金币之赐，应所乃尔。己未三十八年秋七月，公采楠木进献。有湖广赵抚臣奖云：彭明辅素称道义，久效忠勤。其孙彭翼南克承祖职，益振家声。往年，著绩浙江，近者各道回省，共称祖孙效忠济美之实。本院深嘉叹赏，今据采报木数，及欲各自进献，俱见忠义之素。仰守巡道动支内银二十两，造办银牌、金币，赍送奖劳	同上，第 226 ~228 页
甲子四十三年春三月，公以进木之枕，湖广徐抚臣准兵部咨。奉圣旨：彭明辅、彭翼南采进大木，用效忠勤，准照例升赏。写敕二道奖励，加升湖南都司都指挥使，赐大红蟒衣三袭；加升公云南右布政使，赐大红飞鱼服三袭	同上，第 233 ~234 页
先是，公采献大木奏修清宁宫，蒙工部题准照例，给与应德诰命	同上，第 233 ~234 页

从史料看，湘西彭氏土司，最大一次性采买合格楠木板枋 2700 余根，足见进献木材规模之大，同时也反映了当地环境良好。

随着林木无序采伐规模的扩大，加之管理无序，给当地生态环境造成了很大的损伤。明嘉靖、万历年间，遵义府已经"采伐凋残，山穷水远"①，楠木已日见枯竭。同样，临近黔东的沅江流域下游地区，随着优质林木砍伐殆尽，木商只好溯江而上，深入苗疆腹地购买木材。明嘉靖年

① 《明神宗实录》卷五四四，万历四十四年四月乙卯。

间，工部侍郎刘伯耀主持湖广木政，派贵州巡抚朱贤在黎平府伐大木，“自沅水经洞庭，翌年抵京，重修陵思殿”。此外，嘉靖二十二年（1543）、嘉靖三十七年，朝廷以贵州办“皇木”，免黎平府正官朝覲。[①] 万历年间，朝廷采办皇木于今施秉县境的杉木河，天柱县境[②]等。但是在黔东南土司区，由于林木经济的拖动，该区形成了大批林木种植、管护诸多内容的相关规约，不仅促进了经济发展，而且还维护了当地的生态安全。

（三）其他

贵州南部及其毗连地带，涉及的土司有八番土司、康佐土司、泗城土司、都阳土司、那地土司、安定土司等。[③] 这一地区属于喀斯特藤乔丛林生态系统，所产产品由于难以与中央王朝的税赋制度规定接轨，故长期处于“生界”状态。为加强对“生界”内苗族和瑶族的控制，朝廷不得不依靠布依族和壮族土司，去对他们实施招抚。但这样的招抚时断时续，从未实现真正的控制，故这一带苗族族称在汉文典籍中一直未能稳定下来，或为“桑州生苗”[④]，或为“克孟牯羊苗”[⑤]，或为“安定瑶”[⑥] 等。对贵州麻山片区而言，此情况一直延续到雍正四年（1726）“长寨之役”后。广西都安片区，一直延续到李宗仁统治广西时，将统治势力才深入都安布努瑶区。

这一地区的居民虽分属于苗族和瑶族，但他们传统经营方式都实施“游耕”。这样的生计模式，在当地地名中多有表现。如广西都安县的“三只羊”，其来源在于这一片区的布努瑶要向当地的壮族地区土司交纳猎获的三只野山羊作为赋税。又如贵州省境内的小麻山，苗语名为“岜麝”，意为“麝香之家”，当地的苗族对布依族土司所交纳的贡赋就是麝香。再如今天贵州之荔波县，明代时属广西南丹土司领地，当地的瑶族上贡给土司的贡品是风干的鸟脯等。壮族与布依族土司收到土产后，按市场价，再

① 《明武宗实录》卷一五二，嘉靖二十二年八月辛酉、三十七年七月丁酉。

② 光绪《天柱县志》卷八，《艺文志》。

③ 韦振苏：《土司制度下安定瑶社会情况调查》，载《布努瑶历史文化研究文集》，贵州民族出版社，2003，第165页。

④ 《元史》卷一七，《世祖本纪》，中华书局，1976，第359页。

⑤ 李汉林：《百苗图校释》，贵州民族出版社，2001，第54～57页。

⑥ 韦振苏：《土司制度下安定瑶社会情况调查》，载《布努瑶历史文化研究文集》，贵州民族出版社，2003，第165页。

将其折算成稻米，上交给朝廷。

贵州各土司除了供应优质木材、马匹以及各种野生动物产品外，还进贡朱砂、水银、黄蜡、雄黄等。万历《贵州通志》卷十五载，镇远府“偏桥司每年额贡黄蜡一十二斤十二两”。卷十六又载，思州府“岁解黄蜡六十三斤。都坪司四十六斤。黄道司六斤半。施溪司四斤半。都素司六斤”等。万历《铜仁府志》载，本府额贡“朱砂、水银、黄蜡，各县司不等”，其中府辖之“省溪司，（额贡）朱砂一十一斤；提溪司，（额贡）黄蜡五十三斤；万山司，（额贡）朱砂五斤八两，水银二十九斤八两；乌罗司，（额贡）黄蜡五十七斤；平头司，（额贡）黄蜡五十三斤”[①] 等。

茶树是常绿木本植物，在元明清时期，贵州土司区所产茶叶也是重要贡品。贡茶品著名的有“东苗茶”、思州茶等。“东苗茶”产区范围涉及今惠水、平塘、龙里、贵定和贵阳市等县的毗连地带。该茶的历史可以追溯到元代，元廷曾在此设置过“白纳茶山长官司”，主管贡茶征集。明代后，这一地带土司继续向明廷进贡茶叶。《黔记》载，贵阳军民府定番州所辖各长官司三年额贡“茶芽五十三斤一十一两六钱五厘”。其中“金筑司十三斤六两一钱二分五厘；方番司二十五斤一两七钱三分；卧龙司一十五斤三两七钱五分”。[②] 需要注意的是，以上贵州土司区所贡的诸类茶叶是一种大型乔木茶，采茶人要爬上树去采摘，这一采摘办法不破坏生态环境，而是与生态环境兼容的。因此土司贡品牵动的是森林的维护，与当地的生态安全互为表里。

可见，在元明清时期，中央王朝对土司区多遵从了因地制宜，适地适策的政策经营模式，因而也维护了当地的生态安全。加之这些产品能与当地环境相互兼容，不但维护了生态环境的稳定，进而也促进了当地经济的发展。

二　土司区贡赋与环境的兼容

从上文看，贵州及其毗连地带各土司区，献给中央王朝的土产千差万别，但是这样的土产品与当地的环境是相互适应的，不但推进了当地经济

---

① 万历《铜仁府志》卷三，《食货志·贡赋》。

② （明）郭子章：《黔记》卷一九，《贡赋志上》。

发展和环境维持，同时也为长江流域和珠江流域生态环境稳定发挥了重要屏障作用。如黔西北及其毗连地带，就自然生态系统而言，属于高原疏树草坡生态系统，这样的生态系统十分脆弱。首先，体现在这一地区海拔高、土层薄、气温低、气候多变等因素，林木的年积材量极低，一旦生态被破坏，要实现封林至少也需数十年以上的时间；其次，这里的大部分地区为石灰岩山区，土层薄、土壤基质颗粒细小，透水、透气性能较差，受雨水冲刷后会出现大面积石漠化；最后，这一地带河谷深，坡度大，基岩与土壤接合不牢，加之土壤过湿，很容易诱发大面积滑坡。

因此，对这样的地带，关键是同时兼容护林与护草，有效控制水土流失，维护地表植被的长期稳定。为了规避这一地区的脆弱环节，当地各民族居民执行的是“混成耕牧”生计。[①] 为充分说明这一生计模式的特点和实质，我们以《滇海虞衡志》“志兽”条为例，加以说明。

> 南中民俗，以牲畜为富，故马最多。春夏则牧之于悬岩绝谷，秋冬则放之于水田草处，故水田多废不耕，为秋冬养牲畜之地。重牧而不重耕，以牧之利息大也。马、牛、羊不计其数，以群为名，或百为群，或数百及千为群。论所有，辄曰：“某有马几何群，牛与羊几何群。”其巨室几于以谷量马牛，凡夷俗无出不然。马出几遍滇。而志载：“某郡与某某郡出马，何其褊也？夷多牲畜，而用之亦甚费。疾病不用医药，辄祷神，贵者敲牛至于数百，贱者敲羊至于数十百，究无救于疾，而牛羊之用已不可计极。巨室丧事来吊，但驱牛马羊成群，设帐幕于各山，牵牛诣灵位三匝，而敲之以成礼，仍归所敲于各帐，计费牛羊亦不可胜计。”[②]

材料中的“南中”乃今川滇黔三省毗连地带之古称，范围涉及今黔西北及其毗连地带。凭借上述记载，“耕牧混成”生计的主要特点是：(1) 牧场与农场轮休交替使用，实施按季节高山垂直放牧。这种有规律的流动，有利于植被的恢复。(2) 畜群和种植的作物都高度混成。畜群包括牛、羊、马、猪等，甚至还放养鸡等家禽，为的是让不同家畜和家

---

① 《威宁彝族回族苗族自治县民族志》，贵州民族出版社，1997，第 26 页。

② （清）檀萃辑《滇海虞衡志校注》，宋文熙，李东平校注，云南人民出版社，1990，第 149 页。

禽觅食不同类型饲草，收到综合利用自然资源的实效。此外，他们种植的作物有旱稻、粟米、红稗、莜麦，以及各种豆类等。以上诸类作物抑或丛生状植物，抑或藤蔓类植物，能够最大限度地遮盖地表，防止当地水资源无效蒸发。（3）农田主要在低下的河谷地带，种植的庄稼有水稻，水稻收割后，大量秆蒿存留在地里，成了牲畜的越冬饲料。而牲畜越冬时留下的大量粪便直接返回土地，提高了田地的肥力，实现了物质和能量的自然循环。由此可见，这样的生计模式对于地段崎岖，小气候构成复杂，植被物种构成丰富的黔西北及其毗连土司区言，具有很强的适应能力。

故该区直到雍正朝改土归流前，生态环境还总体良好。黔北、黔东及其毗连地带森林植被属亚热带湿润性常绿阔叶林带，还兼有部分常绿落叶混交林生态系统，这一地区山多、坝子少，坡度较大，一旦开辟不当就会加速水土流失。对于陡坡坡面而言，这些坡面存在诸多地块裂缝，坡面的土层极为瘠薄，高大乔木的根绝大部分皆生长在岩缝中，而不是长在泥土中，因而在采伐大木过程中必须实施间伐，以防止有限的土层流失，酿成大规模的生态灾变。

对于针叶和落叶混交林而言，地表沉积了厚厚的枯枝落叶，《古州杂记》载，黔东南的“牛皮大箐，深山密菁，遍山数围大木不可亿计，历年落叶堆积深之寻丈”① 等。这些落叶如果混入土中，就会丧失对大气降水的涵养和截流能力。当地居民对于这样的森林区绝对禁止一次性砍伐。明清两代采伐皇木，当地土司是雇用少数民族居民实行。他们往往要从几十、甚至上百平方公里的范围才能找到一二根合适巨木。砍伐时，宁可专门为皇木拖运修路，也绝不会连片砍伐②，因而生态系统所受到的冲击微乎其微。

对于常绿绿叶混交林和亚热带常绿阔叶林而言，此类生态系统一是要维护好植被的层次结构，不能够彻底毁损任何一个层次；二是这两类生态系统都伴生有大量的藤蔓类植物，这些藤蔓植物也是其他植物的生存依托。清改土归流前，这样的藤蔓类植物大都为藤本粮食作物，有的还是重要的蜜源植物，如粉葛。如前文言，当地土司的贡赋有黄蜡，为了黄蜡的

① （清）林溥：《古州杂记》，见《榕江县志》“附录”，贵州人民出版社，1999，第1020页。

② 《云南省志》卷三六，《林业志》，云南人民出版社，2003，第862页。

正常产出，就须维持当地的生态安全。乾隆《永顺府志》卷十一载，“土司向日凡养蜂蜜之家，每月每年征收蜂蜜黄蜡若干，令家政经理”“凡外县穷民，来至土司地方挖山路地，（令）该管舍把”严密管理，因此生态环境良好。武陵山区偏北的施南府建始县，清初“城外尚多深林大菁，虎狼猛除窟宅其中”。然改土归流后，官方及商人组织的木材采伐，往往是先砍伐藤蔓植物，砍伐时为了追求经济利益，还要批量的砍伐统一规格的原木。这样就会同时冲击两个生态脆弱环节，以至于此处的林木一经砍伐，再也难以自我恢复。

贵州南部山区及其毗连地带，喀斯特地貌典型，岩溶发育程度较高。加之所处纬度低，距离海洋又近，致使气候温暖湿润，石灰岩溶蚀速度快。因而这样的地表发育出了连片的峰丛洼地，地下溶洞和众多的伏流群。此类生态系统甚为脆弱，裸露的岩石上无法维持植物的正常生长，高大乔木大都生长在夹有泥土的岩缝中，与其他藤本植物以丛生状态存在。而生于岩缝中的藤蔓，成活后就可以大面积覆盖荫蔽裸露的基岩，降低底层大气的温度，提高藤蔓植物覆盖下的空气湿度，从而使基岩的表面长出厚厚的青苔层来。这样的生态系统中，藤蔓植物不仅种类多，而且数量大，对整个生态系统的稳定发挥着积极作用，因而学界称这样的生态系统为“喀斯特山地藤乔丛林生态系统”。①

这一地区的布依族和壮族土司代管的苗瑶民族主要执行“游耕”生计。② 这一生计模式不仅不会大规模触动丛林中存在的藤蔓类和匍匐类植物，反而还会帮助这些作物的生长繁衍，原因在于这些作物是他们的粮食来源、衣料纤维来源。③ 此外，他们在种植农作物时执行的是免耕。《炎徼纪闻》载，该地居民“耕不挽犁，以钱镈发土，耰而不耘”。④ 据相关史料记载，他们是用耜耒一类的农具在岩泥的土壤中凿洞点种，既不翻土也不中耕。⑤

他们的传统经营方式从表面上看甚为粗拙，但此类生计模式在这样的生态环境中具有很高的适应能力。因此该区域已有的某些地名很有验证价

① （清）张瑛：《兴义府志》卷四三，《物产》。

② （清）严如煜：《苗防备览》卷八，《风俗考上》。

③ 崔明昆：《论狩猎采集文化的生态适应》，载《思想战线》，2002 年第 3 期。

④ （明）田汝成：《炎徼纪闻》卷四，《蛮夷·苗俗》。

⑤ 吴正彪等：《守护精神的家园——文化与田野在黔南》，作家出版社，2006，第 100 页。

值。都安布努瑶区被称作“七百弄”，“弄”，即壮语，意为茂密的森林。而整个都安瑶区有这样的洼地达700多个。凭借这一名称，不难看出，这片藤乔丛林被破坏前，其生态环境保持之良好，野生动物之丰富。我们从以上诸内容可以看出土司区贡赋确实做到了与环境的兼容，但是光认识到这一点还远远不够，如果这样的兼容没有制度性的保障，仍然无法达到这样可持续运行的生态维护管理目标。

三　土司区对生态环境的管理

元明清时期，土司区土司享有“世有其地，世掌其民”之权力，对土地管理都有自己的规划，为了缴纳上述贡赋，还得为赋税产品与环境的相互兼容提供制度性的保障。需要注意的是，这一时期，中央王朝间接出台的相关政策，对土司区生态安全也发挥了积极作用。

（一）汉土疆界与生态环境的维护

元明清时期，贵州及毗连地带各土司区的山林、田土、牧场为土司所有，严格禁止外来民众随意耕牧、狩猎、采挖和砍伐。如武定土司那氏自己曾作《造报暮连乡四至并蓄养杂树清册》，将其土司辖区分为公有林、风水林、水源林、风景林等，并制定具体措施，严加管理。内容包括不得随意砍伐；在一定季节不得放牧牛羊；进行咒语管理等。查阅那氏土司领地，其中涉及这样管理的山场就达50余块。[①] 同时为了严禁外来移民砍柴烧炭，滥伐山场，茂连乡土目那振兴著有《禀复盗砍树木事》《禀明霸山烧炭事》《有害夷地事》等[②]，以维护山场生态之稳定。这样的山场管理，为畜牧业的发展发挥了制度保障作用。

此外，雍正朝在开辟黔东南苗疆后，在今剑河、台江、雷山、丹寨、三都、榕江等地亦多置土司。[③]《清史稿》卷七十五《地理志》载，黎平府辖“东南洪州、北潭溪、欧阳、湖耳司正副长官一。东北新化，西古州，北龙里、中林、八舟、亮寨司长官一。又三郎司、赤溪湳洞司，裁。同知及理苗照磨驻古州。通判驻下江。吏目驻洪州泊里长官司”等。就此

① 《清代武定彝族那氏土司档案史料校编》，中央民族学院出版社，1993，第67～72页。
② 《清代武定彝族那氏土司档案史料校编》，中央民族学院出版社，1993，第93～95页。
③ （清）罗绕典：《黔南职方纪略》卷八，《土司下》。

而言，黔东南苗疆也是地地道道的土司区了，因此在众多土司代辖区，为了保证林木的正常供给，当地有严格的土汉分界，严格限制外来移民进入这一地区进行垦殖和砍伐大木。张广泗说：

> 屯军初到，妄行越界侵占苗人田土、山场，或砍伐苗人竹木，若不严行查禁，将来互行结控，势所不免。嗣后如有屯户人等敢于划定界址之外，侵占苗人田土、山场，并砍伐苗人竹木，或被苗人首告，或经该管卫弁查出，定将该屯均照盗耕种他人田者计亩论罪，强者加一等律治罪，仍追所得花利给主，革除屯军，递回原籍安插。将所遗军田房屋，另照顶补，如百户、总旗、小旗失于察觉，严加惩处，徇隐不报者，照依本犯，一例治罪，倘该管卫弁失于察觉，并徇隐不报者，一并照例参处。①

乾隆十五年，贵州巡抚爱必达说，“新疆一带各苗寨，令地方官稽查，不得听汉人置产，亦不许潜入其地”。②《黔语》载，古州地方，“山箐阻深，生苗据为巢窟，华人无有涉其地者。乾隆五十年，始有人梯山伐木，然亦与内地昆连处，不敢深入也”③ 等。

上述决策，确保了在黔东南苗疆土司区免于流民涌入滥垦、滥采之祸端，进而对屯军的非法行径也采取了有效的控制，因此保证了当地林木生产的正常进行。

（二）民约、风俗与生态维护

对于土司而言，维持好的环境，才能保证土产的正常产出，故各土司区都有相关的民约和民俗加以管理。（万历）《贵州通志》载，位处黔东思州府都坪司之“上、下住溪山，治西三十里，产佳木，可供国用，例有封禁，不得砍伐”。④《肇域志》亦载，思州府辖都坪莪异蛮夷长官司地，其

---

① 《张广泗奏革苗疆派累厘定屯堡章程折》，乾隆三年七月二十八日，见《清代前期苗民起义档案史料》（上），光明日报出版社，1987，第 241 ~ 242 页。

② 《清高宗实录》卷三六二，乾隆十五年四月。

③ （清）吴振棫：《黔语》，贵州人民出版社，1992，第 338 页。

④ 万历《贵州通志》卷一六《合属志》。

“上、下住溪山，在治西三十里，产木，可供国用，封禁不得砍伐”。[①]“都坪司”，即都坪莪异溪长官司的简称，该土司管在城、莪异二里，后山洞诸寨，故称。以上二则材料明确表明该区土司为了维护国木产出的稳定，制定了地方法规，以严禁采伐。

而在黔南等地的小土司有的一直延续到民国时期，在其统辖范围也留下了诸多碑刻，如《长顺木瓜司地护林碑》载：

> 木瓜司石，合族公议高寨山原系祖人公土，今众卜作瑞亭、宗官佳城。瑞亭自愿捐钱十千栽植各处树木，培补风水，此山前后左右木石关系合司风水，任宗官栽补陪护，族众不得擅行砍伐开挖，倘以后子孙有不遵约束，私行伤动者，宗官族长共同议处，不得偏循此禁。[②]

“木瓜司”，即木瓜长官司，治所在今贵州省长顺县西南的睦化乡，该土司的主体民族是布依族，而招抚的对象是麻山支系苗族。清改土归流，随着高产农作物的规模种植，大量外来移民的涌入，木瓜司地生态环境已经遭到了一定毁损，为了维护当地生态安全，以及土产的正常产出，故该司以要培植风水为名，制定了司内山场禁例。

黔北、黔东土司区，当地各族人民的粮食作物除了水稻诸粮食作物外，还种野生藤本粮食作物，如粉葛、蕨等。《苗防备览》卷九《风俗下》载，该区民众“岁歉，入山采蕨、葛根，漉粉充食。比春作，复还其家焉”。此段记载明言，当地各族居民采葛根度荒，度荒时间可达六个月以上，以此佐证，葛根在这些居民中事实上已经作为主粮去使用了。但是这样的粮食作物多生长在“平原荆棘蔓塞”之处，为了保证粮食的供给，他们对盛产葛粉的平原地区严加管护，限制外来移民到此进行垦殖。《保靖县志》卷十二载，土司之法，凡“峰尖岭畔，准其垦种。平原处荆棘蔓塞，不许开垦”。足见，这一习惯法的用意正在于是把长满葛藤的土地确定为当地的成熟耕地，因而才有如此充分的理由禁止外来人开垦。

此外，黔北、黔东等土司区居民，在进行林木贸易过程中还形成了种植楠、杉之习俗，因而产生了一大批林契。《益部方物略记》载：“楠，蜀

---

① （清）顾炎武：《肇域志》，上海古籍出版社，2004，第 2443 页。

② 《贵州长顺木瓜司护林碑刻》，道光二十年刻，碑高 116 米，宽 76 米，见《中国西南地区历代石刻汇编》第十九册（贵州卷），天津古籍出版社，1995，第 111 页。

地最宜者，生童童若栋盖，然枝叶不相碍，叶美阴，人家多植之。”黔北居民种植白杨，于“冬间取其（白杨）皮，斧细，遍撒土中，来年二三月丛生如林”① 等，足见，如此成系统的本土知识和技术，对于维护当地生态环境的稳定可以发挥无法估量的作用。

（三）族际制衡与环境维护

贵州土司区还为和谐的族际关系提供了保障，这一保障对于维护当地生态系统的稳定作用重大。现仅以黔西北为例，略加说明。

黔西北高原疏树草坡生态系统上的各族居民在充分发展畜牧业的基础上，还建构了一套生态适应体制。这一地区是一个多民族杂居的地带，和睦生息着布依族、苗族、仡佬族、彝族等。布依族生息在北盘江流域的河谷坝区，苗族、仡佬族主要生息在该区域的疏林灌草地带。彝族土司占有大量的山地草场，他们执行的是“耕牧混成”经营模式，其畜牧特点是随季节性变化进行高山垂直性放牧，冬天将畜群集中到河谷越冬，夏季则将畜群赶到山上游动放牧，土司征收的赋税以征集活的牲畜为主。农田主要在低下的河谷地带，以及不易放牧的低湿地和退化草地为主，主要种植莜麦和荞子。在河谷地带也可以种植水稻，主要是由布依族居民耕作。自明朝中后期起，大量的汉族逃户涌入彝族区域，大土司为了不打乱原有的传统生计，这些汉族逃户被集中安置在河谷坝区从事水稻耕种。水稻收割时，仅割取稻穗，将大量秆蒿留在庄稼地里，为彝族畜牧业提供了越冬饲料。当地的苗族与仡佬族主要从事刀耕火种和少量的游牧为生。其刀耕火种的对象主要是彝族畜群长期放牧后，草质退化了的劣质牧场。以上两个民族对劣质牧场的利用不仅不妨碍彝族畜牧业的正常运行，而且这种有控制的刀耕火种有利于植被的更新和草场的优化，这两个民族与彝族之间形成的这种文化制衡的优化格局，曾经有效确保了乌江流域、北盘江流域水土保持的高效。

从上可见，贵州这种破碎的生态拼合结构背景不适宜种植单一作物，作物的种类应越多越好，也才能维护当地的生态安全。这就需要借鉴历史上该区域各民族的本土经验，对当地的生态环境能做到对号入座式的精准应对。我们认为，今天在这一地区的经济发展也应多元化，只有这样，才

---

① 道光《遵义府志》卷一八，《木政》。

有益于生态环境的维护。从上述对土司若干制度的分析，我们可以看出，土司制度和自然结构是一个互为表里、相互依托的关系。因此，元明清时期在这一地区推行土司制度纵然有其统治者的目的，但客观上，土司制度的实施不仅维护了当地生态环境的稳定，同时也兼顾了边疆的稳定和国家财政收入的稳定。

四　结论与推演

从元明清时期贵州及其毗连地带土司区贡赋与环境的兼容及其后世的演替，我们可以看到土司区贡赋多样性不是凭空而来的，而是与当地环境通过长期历史磨合的产物。这样的历史磨合，对于当地生态环境的稳定发挥了积极作用，因此总结其间的历史经验和教训就显得非常必要了。

第一，贵州省及其毗连地带土司区自然结构复杂，生态系统多样，在当时的条件下，用一种统治模式经营这一区域，是不利于国家长治久安的，也不利于当地的生态安全。因此要治理这一地区，就得注意环境的多样性，注意产品税赋缴纳的多样性。如果在开发过程中不考虑与环境的兼容，就会坏事。如黔西北及其毗连地带，清“改土归流”后，为了加强与内地的联系，促进当地的经济发展，朝廷允许大量中原移民迁入这一地区，进行大规模的矿业开发，进而还规定了固定粮食税，因此地方土目按照中央政府的要求上缴税收，彝族居民被迫放弃了以牧业为主兼营农业的生产方式。居民结构也从原来的“夷多汉少”，变成了“汉多夷少”。迨至道光年间，黔西北汉族人口已经相当于原居民的1.53倍。[①] 云南“昭郡自改流以来，人民均以农业为本”。[②] 迨至民国时，这一地区“以畜牧是业者甚鲜”。[③] 畜牧生产逐渐演变为农村社会的副业了。而后云贵两省各县养牛，除“畜牧地外，都以役用为主，肉用次之”，“更视为副产之副产了”。[④] 目前川滇黔毗邻地区的疏树草坡面积日趋萎缩，固定农田面积日益扩大，以至于很多高低山坡俱已开挖成田，大道两旁空土也俱耕犁种植，

---

① 温春来：《王朝开拓、移民运动与民族地区农业传统的演变—明清时期黔西北的农业》，载《中国农史》2004年第4期。

② （民国）《昭通志稿》卷一，《方舆志》，1924，第30页。

③ （民国）《昭通县志稿》卷五《农政志·造林·畜牧》，1937，第11页。

④ 蒋君章：《西南经济地理》，商务印书馆，1945，第142页。

由此种下了水土流失的严重隐患，这和改土归流后的经营模式与当地的环境不相兼容有直接关联。

第二，国家在推行经济开发进程中一定要把握度，适时地调整开发模式，挖掘民间本土知识，以为我国的生态建设服务。地理环境不同，开发模式也应呈现一定的差异性，不能一概按照内地开发模式来开发西南地区。我们应该从历史时期土司内部管理机制中吸取生态维护的经验与教训，并对其管理模式进行科学阐释。土司对于其环境有一整套管理体制，这些管理体制内涵了土司对当地生态环境的认识，这样的认识能够为当地生态环境的稳定，提供政治上的保障。清“改土归流”以后，中央王朝按照内地移民的赋税要求开发资源，具体包括对牧地、荒山、荒地的屯垦，农田水利的建设，高产农作物的引进，甚至大规模的开采矿产资源等。这一系列措施最终导致了原生态系统面积锐减，因此也加速了这一地区环境的变迁。对于黔东南土司区而言，清廷承袭了“苗例”传统，在林木生产过程中产生一系列林契，这些林契为此地的生态安全提供了制度上的保障，因此这一地区林木贸易历500年经久不衰。

第三，土司制度是中华民族的伟大创造，中央王朝对土司区这些奇风异俗、地理结构的复杂性有一个博大的胸怀。土司制度只在中国独有，如果从人类学的角度看行政体制的演化，我们可以看到这一点，从我们西南地区政权形式千差万别上看，我们看到的是生态问题，资源管理问题，行政节约的问题，对行政管理的有效问题，民族文化的多元并存问题，民族之间的和谐问题等。我们可以从这些问题中找到一定的借鉴和参考。

论土司区贡赋变化对农业生产结构的影响

——以播州土司区改土归流前后为视野

李红香

（贵州大学　大数据与信息工程学院）

摘　要　播州土司地区涉及今遵义全境、黔南州北部、黔东南州西北部等地，境内生态背景多样，土特产品甚多。故上缴给朝廷的贡赋类型多，差异大，对当地原生的农业生产结构冲击不大，生态环境良好。万历改土归流后，随着贡赋形式的变化，特别是随着单一粮食税额的加大，诱发了当地多元的农业生产结构逐渐向单一的固定垦殖农业发展，无意中诱发了播州地区的生态环境变迁。

关键词　播州　改土归流　贡赋　农业生产结构

明代播州土司统辖区甚广，范围涉及今遵义地区、黔南州北部、黔东南州的西北部等地，这一地区地质地貌类型多样，有山间盆地、高山草场以及亚热带季风丛林等。改土归流前，播州土司交给中央朝廷粮食税甚少，上贡的多为当地土产，如木材、马匹、茶叶等，加之能与当地的生态环境相互兼容，这样的生产模式对当地原生的生产结构冲击不大，生态环境良好。万历年间，对播州改土归流后，为加强该地区的统治，明廷大增粮食赋税，这样的税赋类型，诱使当地的农业生产结构逐渐向单一的固定农耕发展，同时也为以后的生态环境变迁埋下了隐患。本论文拟从播州土司贡赋与多元的农业生产结构、改土归流后贡赋与固定垦殖诸方面加以说明之，以求教学界方家。

一 播州土司贡赋与多元的农业生产结构

“贡赋”主要是指土贡与赋税，元明清时期，西南土司给中央王朝上缴的多为土贡，而赋税甚少，如贵州历史上的播州土司、水西土司、水东土司等，上贡的主要是马匹、毡衫、茶叶以及木材等，上缴的税粮甚少。《太祖洪武实录》卷三十八载，中书省奏播州土司应于洪武四年始，“每岁纳粮二千五百石以为军储”。然朱元璋批曰：“播州，西南夷地，自昔皆入版图，供贡赋，但当以静治之，苟或扰之，非其性矣！朕临天下，彼率先来归，所有田赋随其所入，不必复为定额以征其赋。”《太宗永乐实录》卷四十亦言：永乐四年二月癸酉，四川成都等府及贵、播二宣慰司，酉阳、永宁二宣抚司奏，“官民田荒芜二千六百七十余倾（顷），乞蠲其租赋”等。材料中的“蠲”，意为“免除”，足见，在成都府、贵州宣慰司、播州宣慰司等上十万平方公里的土地范围内，官民田荒芜仅区区“二千六百七十余顷”地，就请求朝廷免除粮食税，足见明朝在土司区所收的粮食税额之低。而在播州五万平方公里的范围内，“每岁纳粮（仅）二千五百石以为军储”，可以想象，这样的税赋政策对当时播州土司区的农业生产结构几乎是没有构成多大冲击，境内生态环境良好。为了充分说明这一问题，进而了解明朝时播州土司地区的农业结构状况，以下从播州土司时期木材、马匹、茶叶诸类土贡加以说明之。

（一）木材

播州土司区地貌复杂，气候多样，雨量充沛。历史上这里原生植被丰富，森林资源保存完好，生长有楠杉等诸类优质树木。道光《遵义府志》卷十三《物产》载，明初黔北地区“楠木、杉木，府县俱有”，“楠木产正、绥、桐三属”，“绥邑诸山旧多楠，必两人引手方合抱”。卷十八《木政》又载，“四川马湖、永、播而下，产楠木。历代南中不宾，斧斤不得而入焉。明洪武初年，建置城郭都邑，册封蜀王。营建藩府，皆取蜀材”。上述材料中的“播”，涉及今遵义地区，以及今黔东南州的西北部、黔南州的北部等地，因在万历改土归流以前，为播州杨氏统辖，故称。其中“正、绥、桐”，即当时之“正安、绥阳、桐梓”等地。

这里丰厚的优质木材，在明朝修建南京城和北京城时，就引起了政府官员的重视。载有播州杨氏进献木材之事。据统计，自洪武五年（1372），播州杨铿归顺明朝伊始，该土司朝贡的次数共达 137 次之多[①]，其中当地所产的优质楠木系重要贡品之一，见表 1。

表 1　历年间播州土司贡木举例

皇帝纪年	材　料	资料出处
万历十三年	时应龙又以开采献巨木六十	《神宗万历实录》卷一百六十九
万历十四年	播州宣慰使杨应龙献大木七十，材美，赐飞鱼服	《明史》卷三百一十二《四川土司二》
万历十六年	四川播州宣慰司使进献大木	《神宗万历实录》卷一百九十九

此外，播州杨氏土司为达到邀功赎罪的目的，极力向朝廷朝贡楠木。万历二十三年，“播州宣慰使杨应龙论斩，得赎，输四万金，助采木”。万历二十四年，“四川播州土司杨应龙、子杨朝栋各进献木二十根，以备大工之用”[②] 等。

需要注意的是，遍查明代有关播州土司贡皇木的记载后发现，播州土司给明廷上贡皇木的频率并不高，上缴的量不大，加之该地崇山峻岭，因此皇木采伐本身就很艰难，而且对优质木材的采购非常有限，就是到了清代，播州土司区还有大型的优质巨木产出。[③] 此外，当地还有严格的习惯法限制，以及种楠等风俗。足见，明朝的播州尽管要缴纳皇木，由于缴纳数量有限，故对当地生态环境的影响并不大，林业在当地的农业生产结构中还占很大比重。

（二）马匹

播州土司区除了茂密的山地丛林外，亦多盆地、疏林草坡、高山草地等地带，这样的地带为播州土司养殖南方蛮马提供了重要场所。[④] 从播州土司归顺明朝后，在《明实录》等典籍中就多有来朝贡良马的记载，而且

① 陈季君等：《播州土司史》，中央民族大学出版社，2015，第 94 页。

② 《明神宗实录》卷三一〇，万历二十四年闰八月己巳。

③ 陈季君：《明清时期黔北皇木采运初探》，载《遵义师范学院学报》2008 年第 6 期。

④ 张祥光：《万历三大战役述略》，见《平播之役 400 年学术讨论会论文集》，贵州人民出版社，2002，第 127 页。

贡马次数极为频繁，数量很大，贡马最多的一次量额达300匹以上[①]，可以称得上西南土司中来朝贡良马之最。下以《明实录》（贵州资料辑要）为例，详情见表2。

表2　明朝播州土司贡马概况

单位：次

皇帝年号	贡马	特殊说明	资料来源
洪武	15	洪武二十五年来朝贡马2次，二十六年2次	《太祖洪武实录》
永乐	9	永乐十五年，一次来朝贡马三百匹	《太宗永乐实录》《仁宗洪熙实录》
洪熙	2		《仁宗洪熙实录》《宣宗宣德实录》
宣德	9	宣德三年、四年、十年来朝贡良马各2次	《宣宗宣德实录》《英宗正统实录》
正统	14	正统三年、四年、六年来朝贡良马各2次，九年3次	《英宗正统实录》
景泰	3		《英宗实录》
天顺	3		《英宗天顺实录》
成化	12	成化十二年来朝贡良马2次	《宪宗成化实录》
弘治	5		《孝宗弘治实录》
正德	9	正德三年、六年、九年来朝贡良马各2次	《武宗正德实录》
嘉庆	14		《世宗嘉靖实录》
万历	8	万历元年来朝贡良马2次	《神宗万历实录》

从表2可以看出，明代播州土司时期贡马次数之频繁，而且这些贡马都为当地优质良马，因此要培养这些马，所需之丰富草场可以窥见一斑。同时为了支持军用，播州土司还得为战争、卫所供应马匹。《明太祖实录》卷一三九载，洪武十四年朝廷谕播州宣慰司杨铿云："尔铿世守播州，作朕屏藩……今大军南征，多用战骑，尔当以马三千，率酋兵二万为先锋，

① 《太宗永乐实录》卷一〇八。

以表尔诚。"《明英宗实录》卷一一三载，正统九年正月乙卯，贵州都指挥同知张锐等奏，"播州、贵州二宣慰司、思南等府，金筑安抚、贵竹等处长官司马匹给与兴隆等一十二卫所，实为军民两便"等。其中材料一中的"南征"指朱元璋派傅友德等人征云南灭蒙古梁王，以绝西南边防隐忧一事。朝廷一次性要杨铿献马"三千"，可见播州土司时期养马之多，已经形成了巨大的生产力，同时也说明播州土司区马场规模之大。

需要注意的是播州土司区实施的是农牧混合经营，这一生计模式对水土资源的利用与固定农耕经营方式截然不同。农耕经营方式出于定居的需要，要对水土资源的结构进行规模性的永久改变。然而农牧混合经营由于人力控制的中心在于牲畜而不在于水土资源结构的改变，同时牲畜对水草的变化十分敏感，还等不到灾变酿成，相关的农牧混合生计民族早就迁徙离去，绝不可能等到灾变后还死守在同一个地方。这种有规律的流动，有利于植被的恢复，一般也不会导致生态环境的破坏，即使有局部的改变，但都处在尽可能保持自然原貌的水平。

（三）茶叶

茶叶树属常绿阔叶林植物，内含诸多维生素，为游牧民族依赖的饮料之一。就播州土司区而言，这儿丛林浓密，气候温暖湿润，十分适宜茶叶的生长。唐代陆羽《茶经》卷下载黔中，茶生"思州、播州、费州、夷州"，"往往得之，其味极佳"。北宋《太平寰宇记》载，"夷州、播州、思州以茶为土贡"等。足见，播州土司区产茶历史悠久，此多为朝廷贡品。此外，在长期茶叶加工过程中，播州人还掌握了红茶的加工工艺，其生产的饼茶多为边茶，销往川西和西藏地区。[①]《明太祖实录》卷二五四载，洪武三十年七月辛酉，朝廷"命户部于四川成都、重庆、保宁三府及播州宣慰司置茶仓四所贮茶，以待客商纳米中买及与西番商人贸易，各设官以掌之"。申时行等重修《明会典》载：洪武十三年，朝廷"令四川……及播州宣慰使司，各置茶仓储茶，以待客商纳米中买及西蕃易马"。《明史》卷八十《食货四》亦载，"洪武末，置成都、重庆、保宁、播州茶仓四所，令商人纳米中茶"等。材料中的"储茶""贮茶"，特指经加

---

① 张祥光：《万历三大战役述略》，见《平播之役400年学术讨论会论文集》，贵州人民出版社，2002，第127页。

工过的茶饼。“西蕃”“西番”均指今川西和西藏地区。上述两段材料弥足珍贵，主要说明问题有三：一是播州土司区茶叶分布面积广，生产规模大，能够为大批量的商业“贮茶”，故为朝廷所重视。二是这里各族居民已经掌握了茶叶的发酵加工工艺。就明朝而言，从播州土司区去川西及西藏，仅靠脚力，需时间大约数月之久，这么远距离的运送茶叶，如果茶叶不经过加工，其携带甚为不便。故需将播州土司区收购到的茶叶加工软化，经长期压实以形成茶饼，经此加工后，茶叶才能长期保存和远距离运送。三是通过茶叶与粮食的交换，说明在土司开发时期，明王朝并不直接干预他们的生计方式和早已形成的族际关系，而且还根据当地经济的特点支持他们发展民族经济。明廷采取拿当地居民生产的茶叶换粮食的做法，一方面说明播州土司区粮食产量有限，原生的农业生产结构还甚为稳定；另一方面又促进了当地土产的大发展，使之成为贵州地区区域经济发展的一个典型。需要注意的是播州土司区所贡茶叶是一种大型乔木茶，采茶人要爬上树去采摘，这一采摘办法也不破坏生态环境。

有明一代，特别是明朝对播州土司改土归流前，除了以上各土贡外，其实也缴纳税粮[①]，但是粮额甚低。《明神宗实录》卷三百五十七载，万历二十九年三月辛酉，川贵总督李化龙言：“环播幅员千里”“旧额粮岁以五千八百石输贵州”等。值得注意的是，明朝对西南土司管理还实施了变通条例，该条例规定，所有土司都有义务向国家交纳税粮。但交纳的税额可以协商约定，再形成常规的制度完纳，这就是所谓的“认纳”。贵州宣慰使安氏领地范围将近三万平方公里，上交给朝廷的税粮也不过三万石。对明廷最忠顺的金筑安抚司，辖地两千多平方公里，上交的税粮也才三千石。按明代军制，一卫驻军是5600余人。贵州最大的土司水西安氏，一年所交的税粮，还不够养活一卫的驻军及其家属。金筑安抚司每年所交的税粮，还不够维持一个千户所的消费。因此在通常的情况下，明王朝西南各土司以杂粮或以畜代税租，这在明代的税收制度中称为“折色”完纳。[②]如洪武十八年，云南乌蒙军民府知府亦德言：“蛮夷之地，刀耕火种”“岁

① 《明宣宗实录》卷四六载，贵州兴隆卫经历陆升言，“本卫官军俸粮计二万余石，除收四川播州等处粮支外，余于重庆等府支”，但鉴于路途遥远，本卫俸粮“乞湖广偏桥、镇远二卫支给为便”。

② 《明史》，中华书局，1974，第1895页。

输之粮无从征纳”。[①] 洪武二十七年，贵州宣慰使“贡马二十六匹，以免其积岁逋租故也”。[②] 然播州土司改土归流前，在五万平方公里的土地上“旧额粮岁（仅）五千八百石”，反映了该区域土地垦殖面积并不大。

总之，在万历播州土司改土归流以前，播州的农业垦殖面积还甚为有限。据研究，在播州土司统辖的五万平方公里的范围内，杨氏土司所拥有的田庄也仅145处。[③] 但改土归流后，明廷在播州土司区加强垦殖，增加粮食税，促使原有多元的农业产业结构发生了变化。

二 改土归流后赋税与固定垦殖

播州土司被改土归流后，明廷为了加强对这一地区的统治，主张在此“丈田粮”“定新额”，招民垦殖。[④] 据道光《遵义府志》卷十三《税赋一》载，“平播后，一府五州县田地，除威远卫及真安土州同，州判俸田于遵、真、仁折兑不征外，共实在田三千九百六十三顷五亩三分零，地八千八百五十一顷四十二亩一分零，共载税粮一万七千四百七十八石三斗三升六合”，其中遵义县“实在田一千六百一十五顷二十四亩五分零，地一千四十五顷一十三亩零，共载税粮七千二百一十二石四斗九合零”；真安州“实在田六百九十三顷六十九亩六分零，地三千一百六十二顷八十七亩八分零，共载税粮三千四百一十六石五斗六升二合零”；桐梓县“实在田五百五十三顷四十九亩九分零，地二千三百一十六顷一亩，共载税粮二千七百四十一石四斗二升二合”；绥阳县“实在田四百八十三顷七十四亩四分零，地一千七百三十三顷八十七亩五分零，共载税粮二千二百八十二石四斗三升一合零”；仁怀县“实在田六百一十六顷九十一亩八分零，地五百九十三顷四十三亩九分零，共载税粮一千八百二十五石五斗二升二合零”。到了清朝，随着外来移民的增加和高产农作物玉米、番薯的传入，播州土司区固定垦殖面积进一步加大，详情见表3。

---

① 《明太祖实录》卷一七一。

② 《明太祖实录》卷二三五。

③ 史晓波：《浅议杨氏治播的积极影响》，载《贵州文史丛刊》2002年第4期。

④ 《明神宗实录》卷三五七。

表 3　播州土司区土地垦殖情况

县名	垦殖数	资料来源
遵义县	原额全熟上中下田二十六万四千四百三十一亩有奇，全熟地十四万三千四百九十九亩有奇。征粮九千四百四十八石九斗有奇	《黔南识略》卷三十《遵义县》
桐梓县	现有成熟田四万二千二百余亩，土八万七千八百余邱。征米九百石八斗有奇	《黔南识略》卷三十《桐梓县》
绥阳县	共成熟田七万二千八百余有奇，山土一十二万九十七亩。改征米一千三百八十六石有奇	《黔南识略》卷三十《绥阳县》
仁怀县		
正安州	现有成熟田八万九千七百六亩有奇，征米一千七百二十二石六斗有奇	《黔南识略》卷三十二《正安州》
仁怀直隶同治	现有成熟田地共二万三千五百六十五亩	《黔南识略》卷三十二《仁怀直隶同知》
平越直隶州	田亩现有成熟田四万二千九百四十八亩，额征秋米三千六十四石二斗有奇，该征米二千二百零七石六斗有奇	《黔南识略》卷七《平越直隶州》
湄潭县	田亩现有成熟田四万八千四百七十九亩有奇，额征正米六百四十八石有奇	《黔南识略》卷七《湄潭县》
瓮安县	县地成熟田五万九千三百一十六亩九分七厘，成熟土五千七十四亩九分九厘，额征秋米一千二百九十一石一斗有奇	《黔南识略》卷七《瓮安县》
余庆县	成熟田二万五千三百三十九亩有奇，额征秋米八百二十石有奇	《黔南识略》卷七《余庆县》

从表 3 可以看出，清代的田地垦殖在原有的基础上进一步扩大，仅遵义一县的垦殖面积就相当于播州改土归流初期垦殖面积的 4 倍之多，就粮食税额言，部分县征米比明初在播州地区的征粮还高。除了固定的农田垦殖外，还开始了大规模的山地垦殖。使得固定农耕成了播州地区改土归流后农业生产的一枝独秀。加之高产农作物玉米与番薯，在明廷对播州土司改土归流后传入贵州，也诱发了当地居民扩大此二作物的种植范围，道光《遵义府志》载，该府“岁视此（包谷）为丰歉”“农家之性命”。《黔南

职方纪略》载，仁怀县“土田最高者为箐地”，“箐地高冷，宜稻、粟、高粱、玉蜀黍，而玉蜀黍尤为日用之需，土人名曰包谷”① 等。由此可以看出，改土归流后的播州土司区山地垦殖规模进一步加大。

这样大规模的固定垦殖，进而诱使各少数民族原有的生产方式向固定农耕开发模式转变。《黔南职方纪略》卷四《遵义县》载，

> 杨氏之灭，杨氏支属及八族子孙散漫境内，又有明代军屯之籍，综错其间，然皆汉户也。苗族惟有红头苗、青头苗、鸦雀苗、革僚四种，咸自邻封并入，不成聚落。或为佣田，或垦山地。其有产业者，悉照汉民一例，纳秋折粮银。遵义诸属大抵皆然。

正安县“苗种旧有革僚、花苗二种……咸依汉户耕作”。桐梓“苗种旧有革僚、鸦鹊、红头三种……无异汉民”。仁怀县“居民汉户为多，青夷、白夷、仲家能通汉语，渐染华风，余尚循夷俗。五土司管辖，通属汉户十之六七，苗户十之三四，然苗汉无猜，土田皆一律编入里甲”。《黔南职方纪略》卷五《平越直隶州》载，明廷“削平播难，苗户凋零，十存一二……于是客民之开垦官荒又复不少”。余庆县“属仅有仡佬一种，户口不多……依傍汉户而居，佣佃为生，均无田土”。瓮安县“所辖地方六里，悉系汉民”。湄潭县“所辖宝善、新化、经正、启祥四里，均系汉户，聚族而居，并无苗户”等，反映出当地的各少数民族要么被同化，要么被迁走，要么已经按照内地汉人的耕作方式在播州地区进行固定农业垦殖。

播州土司区山多地少，这样的生态环境一旦长时间的开发不当，就会对地表环境造成破坏，到了清代后，随着垦殖面积的进一步扩大，许多地段已经成为濯濯童山，几无森林可言。② 对此，光绪年间贵州著名学者郑珍《黎平木诗》对播州土司区改土归流后农业产业结构的大变化甚有说服力，该诗云：

> 遵义竞垦山，黎平竞树木。树木十年成，垦山岁两熟。
> 两熟利诚速，获饱必逢年。十年亦纡图，绿林长金钱。

---

① 杜文铎等点校《黔南识略·黔南职方纪略》，贵州人民出版社，1992，第308页。

② （民国）张肖梅：《贵州经济》，中国国民经济研究所，1939，第H6页。

林成一旦富，仅忍十年苦。耕山见石骨，逢年亦约取。
黎人拙常饶，遵人巧常饥。男儿用心处，但较遵与黎。
我生为遵人，独作树木计。子黎长于遵，而知垦山弊。
手持不急书，未是救眉睫。以我老橐驼，求指经用法。
此法信者难，庸更望其行。似子实难得，所要用力精。
勿拔千岁根，贪取百日稻。送老垦山人，汝材有合抱。[①]

《黎平木诗》的作者郑珍曾广游黔北、黎平之后，悟出了垦山之弊的道理，该诗拿遵义固定农垦和黎平植木作对比，极为形象地说明了当时林业经济和山地固定农耕两种经济开发模式的利弊，可以看出时人已经注意到在播州开展农业垦殖的有限自然条件，以及所产生恶劣的生态后果。进而提出在开发进程中适地适政策的做法，为我们今天在贵州遵义地区实施新一轮的土地利用提供了历史经验和教训。

三　余论

从播州土司地区改土归流前后贡赋变化发现，该区域的农业生产结构由原先的多元平衡的农业复合结构开始向单一的固定垦殖转变，这一转变一方面体现了中央王朝对播州经营的加强；另一方面也为当地的生态灾变埋下了隐患。这一变化所引发的后果提示我们应科学确定农业生产内部的比例及其相互关系，以保证农业生产的健康发展。合理的农业结构，有利于发挥农业内部各部门之间相互促进的关系；有利于农业生态系统的各因素之间保持相对的协调和稳定，故允分合埋地利用自然资源和经济资源，能够满足区域国民经济对农产品的需求。因此，总结播州土司区贡赋变化对农业产业结构影响的历史经验和教训，对于推动贵州经济发展，生态建设有着积极意义。

① （清）俞渭修等：《黎平府志》，普通古籍（刻本），第1892页。

近代滇黔桂改土归流地区矿业生产的估值研究

徐　毅　张紫鹏

（广西师范大学　历史文化与旅游学院）

摘　要　作者分别重建了1850、1916和1933三个年份上滇、黔、桂改流地区矿业产量与产值数据，以此勾勒出近代滇、黔、桂改流地区矿业发展的兴衰过程；并认为，交通不便、比较封闭的原土司地区，在清前期中央王朝改土归流政策的推动下，当地以矿业为主的经济获得了前所未有的大发展，逮至近代，由于当地政府没能抓住近代化的发展契机，逐渐丧失了推动传统矿业转型的良好机遇，再次导致当地经济发展陷入停滞。

关键词　近代　滇黔桂　改土归流　矿业

清前期中央王朝对包括滇、黔、桂在内的西南地区推行了大规模的改土归流，其政策对于原土司地区产生了全面而深远的影响。就经济层面而言，滇黔桂改流地区逐渐发展起来一种以矿产品开发与加工为主的经济结构；到了近代，这些地区的矿业又发生了较大的变化。过去很多学者或在清代矿业开发的整体研究中涉及过有关改土归流地区矿业的产量问题①，或探讨过清代某种具体矿业在改土归流地区的生产以及对其产量的估计②，对于滇黔桂改流地区矿业产量的总体估计，特别是近代以来相关的量化研

---

① 杨寿川：《云南矿业开发史》，社会科学文献出版社，2014。

② 杨煜达：《清代中期（公元1726—1855年）滇东北的铜业开发与环境变迁》，《中国史研究》2004年第3期。

究则较为薄弱。基于此，本文尝试全面估计近代以来滇、黔、桂三省改流地区各主要矿种的产量及探讨其变化趋势。鉴于资料的局限性，我们只能选取近代的三个年份，作为我们估计的时点，它们分别是，1850 年——清代发生大规模社会动荡的前一年；1916 年——处于“中国民族资本主义的春天”时期；1933 年——正值南京国民政府所谓“黄金十年”中期。观察这 3 个年份，有助于我们理解矿业经济乃至中国经济由晚清至民初以至民国中叶的变化。文中选取资料相对集中的铁、金、银、铜、铅、锡等矿产作为清代滇黔桂矿业的主要产品，采用分矿估算、然后加总的“会计核算法”，并根据史料特点，分别使用直接提取与间接估算两种不同办法进行估算。

一　清代滇黔桂改土归流地区分布

滇、黔、桂是多民族地区，所设土司存续长、分布广。顺治朝，清军攻占云贵不久，即先后于云、贵个别地区改流。康熙初年，云、贵进行了较大规模的改流，包括武力解决部分实力颇强的土司，如云南教化、王弄、安南和贵州水西、乌撒等。由乌撒改流而来的威宁府在这一时期从四川改隶贵州。广西也从康熙二年开始陆续实行改流，并延续至康熙六十年（1721）。雍正朝改流最为重要，而具体革除土司数量并无明确记载。据李世愉考察，雍正朝改土归流涉及云南 23 府中的 16 府、贵州 13 府中的 12 府、广西 11 府中的 5 府。[①] 这一政策此后继续在三省施行，直至宣统年间。特别是广西，在光绪、宣统时期革除数十家土司，但该省迟至 1928 年才完成全境改流。由于本文的估算以 1850 年为起点，为便于比较，以下的“改土归流地区”暂限于清代顺治、康熙、雍正、乾隆四朝，不包含其后的改流区域。我们将这四朝期间滇黔桂三省改流地区整理如表 1。

---

① 李世愉：《清代土司制度论考》，中国社会科学出版社，1998，第 59 ~ 60 页。

表 1　清代顺治、康熙、雍正、乾隆四朝滇黔桂三省改土归流情形

时期	省份	所涉府	革除土司	新设流官
顺治	滇	元江	元江土知府	元江府
	黔	广南	广南土府	广南府
		安顺	马乃土司	普安县
康熙	滇	临安/开化	教化长官司、王弄长官司、安南长官司	开化府
		临安	宁州土知州、嶍峨县土知县	
		澄江	铁炉关土巡检	
		大理	云南土知县	云南县
	黔	黎平	曹滴土司、西山阳洞长官司	
		平远	水西宣慰司	平远府
		大定		大定府
		黔西		黔西府
		威宁	乌撒土府	威宁府
	桂	镇安	镇安土府	镇安府通判
		思恩	安隆长官司、上林长官司	西隆州、西林县
		太平	陀陵土知县、思明土知州	
康熙、雍正间	滇	大理	云龙州土知州	
雍正	滇	丽江	丽江土知府	丽江府
		镇沅	镇沅土知府、威远土知州	威远抚夷清饷同知、恩乐县、猛班巡检
		鹤庆	剑川州土州判	维西通判、剑川州州判
		曲靖	沾益土知州	宣威州
		楚雄	姚安府土同知	姚安府同知、姚州州判
		乌蒙/昭通	者乐甸长官司、乌蒙土知府、镇雄土知府	乌蒙府、镇雄州、大关通判、鲁甸通判、镇雄州州同、镇雄州州判、永善县、恩安县
		大理	阿迷州土催、邓川土知州	弥渡通判
		元江	结白巡检司土巡检、了味巡检司土巡检	他郎通判

续表

时期	省份	所涉府	革除土司	新设流官
雍正	滇	永昌	腊撤长官司、户撤长官司、永平县土县丞	
		广南	富州土知州	
		东川		会泽县、歹补巡检、则补巡检
		普洱		普洱府、攸乐同知、思茅通判/思茅同知、宁洱县
		开化		文山县
		广西		五嶆通判、师宗州州同
	桂	庆远	永顺长官司、东兰土知州（降为土州同）、龙门土舍	南丹州州同、那地州州判、庆远府同知、东兰州、宜山县理苗县丞、龙门巡检司巡检
		泗城	泗城土知府、泗城土府同知	泗城府、思恩府泗城理苗同知
		太平	龙州土知州（析为上龙、下龙巡检司）、下龙巡检司土巡检、思明土州、恩城土知州	龙州通判（龙州厅）、宁明州、宁明同知、明江理土督捕同知、崇善县县丞
		思恩/镇安	思明土知府、镇安土府、归顺州土知州、奉议土知州、下雷州土知州（八年革职，十年开复）	镇安府知府、归顺州州同、宾州直隶州州同、奉议州州判、百色厅、归顺州知州
	黔	安顺	镇宁州康佐长官司	威远通判（归化通判）、郎岱同知
		平越	黄平州郎城长官司	黄平州州同
		都匀	平浪长官司（嘉庆初复设）	八寨同知、丹江通判、都江理苗通判、独山州州同、清平县县丞
		贵阳	中曹司副长官、定番州洪番长官司、虎坠长官司、贵定县把平长官司、贵定县把平长官司、龙里县小谷龙长官司	长寨同知

续表

时期	省份	所涉府	革除土司	新设流官
雍正	黔	镇远	镇远县邛水副长官司	清江同知、施秉县县丞、台拱理苗同知、清江理苗通判、施秉县主簿、镇远县县丞
		思南	沿河祐溪长官司、蛮夷副长官司、安化县土县丞	
		石阡	石阡正长官司	
		遵义	仁怀县儒豁长官司	仁怀通判（赤水厅）
		南笼/兴义		南笼府、永丰州、永丰州判、永丰州同、普安州州判、普安县罐子窑驿丞
		黎平		古州同知、永从县县丞、开泰县县丞、天柱县县丞
		铜仁		松桃同知、铜仁县县丞
		大定		水城通判、威宁州得胜坡巡检
乾隆	滇	顺宁	猛缅长官司	缅宁通判
	桂	镇安	湖润寨土巡检司、小镇安土司	小镇安厅

资料来源：整理自李世愉《清代土司制度论考》，中国社会科学出版社，1998，第206～222页、第254～275页。

二 1850年矿业生产估值

我们曾对19世纪中叶云南、贵州、广西的矿业生产进行过全面的考证与估值。[①] 在此，我们将过去的估值研究与三省改土归流地区的具体情况结合起来，估计1850年这些改土归流地区的矿业产量。

（一）铁产量

道光《云南通志》载，当时云南有14处铁厂，其昭通府大关厅椒子

① 徐毅、张紫鹏：《19世纪中叶中国矿业生产的估值研究》，《清史论丛》2015年第一辑。

坝厂、普洱府威远厅猛烈乡厂、丽江府鹤庆州河底厂3处位于改流地区。按清代矿业惯例，课银数量与产品数量正相关。改流地区三厂共占全省课银18.61%，估计其生铁产量为1401吨、铁矿石产量为2445吨。

民国《贵州通志》称该省“铁产地颇多”，援引《乾隆通志》开列产地，涉及贵阳等7府。其中南笼、铜仁为改流地区，估计改流地区占总量比重约29%，估算1850年贵州改流地区生铁产量689吨、铁矿石产量958吨。

广西铁厂具体地域分布尚未见明确记载。可供参照的分布来自嘉庆《广西通志》，即嘉庆六年广西所有炼炉分布于桂林等6府、临桂等10州县。此外，我们还在档案里发现了一处铁厂，即道光二十五年巡抚周之琦所称，兴业县民刘元隆在松尾塘开采铁砂，在泗水江开设铁炉，在车地坪开设土炉。[①] 这些州县并不属改流地区，所以我们可以忽略不计1850年广西改流地区铁产量。

（二）金、银产量

19世纪中叶纳入官方统计的金厂主要分布于云南、甘肃和新疆。贵州和广西的金厂此时已不见于记载。云南黄金开发历史悠久，但清代其规模反不如元、明，更远不如同期的滇银、滇铜。1850年，云南所有4处金厂中麻康、麻姑二厂地处改流区域，产量占全省总量的73.48%。

云南“在中国各地的银矿生产中……更是长期占有特别重要的地位”。[②] 1850年，其25处有课银报解的银厂中有16处位于改流地区，产量占全省比重约85.59%。贵州这时并无专门银厂，如巡抚贺长龄道光二十四年奏称：“黔省……向不产银……每年解部银课系威宁等属柞子、硃砿硔、猓布戛三处铅厂煎炼黑铅中之零碎铅砂。”[③] 1850年，贵州所有产银柞子等三厂均在威宁，全部来自改流地区。广西所有南丹、挂红二处银厂皆在改流地区南丹境内。三省金、银两矿的产量如表2。

① 中国第一历史档案馆藏题本，道光二十五年三月二十一日广西巡抚周之琦题为请准广西郁林州兴业县民刘元隆开采松尾塘一带铁矿事。

② 全汉升：《明清时代云南的银课与银产额》，台北稻乡出版社，1991，第626页。

③ 中国第一历史档案馆藏录副奏折，道光二十四年八月二十五日，贵州巡抚贺长龄奏为查无银矿事。

表2　滇、黔、桂三省金、银两矿的分布与产量

矿种	省份	厂名	位置	是否改流地区	产量（清两）
金	云南	麻姑	开化府	是	50
		麻康	丽江府中甸厅		56
		金沙江	永北厅	否	36
		黄草坝	腾越厅		2
银	广西	南丹	庆远府南丹	是	2428
		挂红			
	贵州	柞子	大定府威宁州		1058
		砞硔塘			
		猓布戛			
	云南	乐马	昭通府鲁甸厅	是	42357
		金沙江	昭通府永善县		7998
		铜厂坡	昭通府镇雄州		7463
		回龙	丽江府		25966
		安南	丽江府中甸厅		16815
		白羊	大理府云龙州		2743
		金牛	东川府会泽县		1932
		角麟	东川府巧家		1119
		棉华地			34042
		三道沟	永昌府永平县		49
		太和	元江府新平县		123
		土革喇	楚雄府㝵嘉州	否	114
		石羊			28
		永盛	楚雄府九台山南		659
		马龙	楚雄府南安		2346
		摸黑	临安府建水县		341
		个旧	临安府蒙自县		15374
		湧金	顺宁府顺宁县		3379

续表

<table>
<tr><th>矿种</th><th>省份</th><th>厂名</th><th>位置</th><th>是否改流地区</th><th>产量（清两）</th></tr>
<tr><td rowspan="7">银</td><td rowspan="7">云南</td><td>子厂矿山</td><td>东川府会泽县</td><td rowspan="5">是</td><td rowspan="7">8712</td></tr>
<tr><td>子厂白达母</td><td>元江府新平县</td></tr>
<tr><td>子厂兴隆</td><td>镇沅厅</td></tr>
<tr><td>子厂白马</td><td>丽江府鹤庆州</td></tr>
<tr><td>子厂兴裕</td><td>开化府文山县</td></tr>
<tr><td>子厂鸿兴</td><td>楚雄府南安</td><td rowspan="2">否</td></tr>
<tr><td>子厂东升</td><td>永北厅</td></tr>
</table>

资料来源：徐毅、张紫鹏：《19 世纪中叶中国矿业生产的估值研究》，《清史论丛》2015 年第 1 辑，社会科学文献出版社，2015。

（三）铜产量

云南铜矿资源非常丰富，“二十一府厅州地方，无不出过铜厂”。[①] 云南铜料被专门称为“滇铜”，地位和作用之重要毋庸赘言。1850 年，云南 35 处铜厂中位于改流地区的有东川汤丹等 6 厂、昭通人老山等 6 厂、大理白羊等 2 厂、丽江回龙 1 厂、临安义都等 2 厂、元江青龙 1 厂，共 6 府州 18 厂，加总合计 1850 年应有产量 3915094 清斤，约占全省产量 46.18% 的份额。

贵州铜矿远不如其铅矿。1850 年，贵州仅陈家沟厂产量有 20000 清斤。“威宁州属陈家沟铜厂，向供大定局鼓铸”[②]，则陈家沟厂位于改流地区。至于广西铜厂，此时已不见于记载。

（四）铅锌产量

云南铅、锌矿资源储量均为全国第一，贵州铅锌矿资源保有量仅居全国第 20 位，但清代铅锌矿最重要产地是贵州而不是云南。“黔铅”堪与“滇铜”齐名，而铅厂也是清代贵州矿业最重要构成。1850 年滇、黔、桂铅锌矿产情形如表 3。

① 吴其濬：《滇南矿厂图略》，上海古籍出版社，1996，第 180 页。

② 《清高宗实录》卷一四九〇，乾隆六十年十一月辛酉。

表 3 滇、黔、桂三省铅锌矿产的分布与产量

<table>
<tr><th>矿种</th><th>省份</th><th>厂名</th><th>位置</th><th>是否改流地区</th><th>产量（清斤）</th></tr>
<tr><td rowspan="2">铅</td><td rowspan="5">云南</td><td>妥妥</td><td>曲靖府寻甸州</td><td>否</td><td>53415</td></tr>
<tr><td>阿那多</td><td>东川府会泽县</td><td>是</td><td>11934</td></tr>
<tr><td rowspan="3">锌</td><td>卑浙</td><td>曲靖府罗平县</td><td rowspan="2">否</td><td rowspan="2">294369</td></tr>
<tr><td>块泽</td><td>曲靖府平彝县</td></tr>
<tr><td>者海</td><td>东川府会泽县</td><td>是</td><td>219769</td></tr>
<tr><td rowspan="4">铅</td><td rowspan="9">贵州</td><td>柞子</td><td rowspan="3">大定府威宁州</td><td rowspan="9">是</td><td rowspan="3">117600</td></tr>
<tr><td>硃碛塘</td></tr>
<tr><td>猓布戛</td></tr>
<tr><td>永兴寨</td><td>都匀府清平县</td><td>56350</td></tr>
<tr><td rowspan="6">锌</td><td>福集</td><td>大定府水城厅</td><td>2122068</td></tr>
<tr><td>莲花</td><td rowspan="2">大定府威宁州</td><td rowspan="2">2625000</td></tr>
<tr><td>妈姑</td></tr>
<tr><td>水洞帕</td><td rowspan="2">大定府</td><td rowspan="2">80003</td></tr>
<tr><td>兴发</td></tr>
<tr><td>广西</td><td>冷峝</td><td>柳州府罗城县</td><td>否</td><td>40390</td></tr>
</table>

资料来源：徐毅、张紫鹏：《19 世纪中叶中国矿业生产的估值研究》，《清史论丛》2015 年第 1 辑，社会科学文献出版社，2015。

（五）锡、水银、朱砂、雄黄产量

根据我们掌握的材料，1850 年锡厂分布于广西、湖南和云南，水银厂在贵州和四川，朱砂、雄黄矿厂仅见于贵州兴义府。锡矿以云南为最，而云南又以“锡都”个旧为最。个旧厂位于临安府蒙自县猛梭寨，不属改流地区。广西仅南丹一处锡厂，地处改流地区。贵州是水银主产地，1850 年其所有 5 处水银厂中有 4 处在改流地区，改流地区水银产量约为 8803 清斤。朱砂、雄黄产量全部来自改流地区（参见表 4）。

（六）硫磺和硝产量

清代，硫磺和硝最主要用途是配制火药，受严格管制。一般是在某时期内少数省份生产，供应本省及他省，如道光时期广西“各标镇协营配造火药”所需硫磺照例“赴湖南采买”。[①] 按光绪《大清会典事例》，贵州驻军用硝“三年在各属采办一次”。[②] 通过考察，我们估计 1850 年贵州产硝 272024 清斤。民国《贵州通志》援引旧志，给出兴义府观音岩等 8 处产地。其中，观音岩、砦年、秧窝属三处，我们以 3/8 比例推算改流地区硝产量约 102009 清斤。

表 4　滇、黔、桂三省朱砂、雄黄的分布与产量

<table>
<tr><th>矿种</th><th>省份</th><th>厂名</th><th>位置</th><th>是否改流地区</th><th>产量（清斤）</th></tr>
<tr><td rowspan="2">锡</td><td>云南</td><td>个旧</td><td>临安府蒙自县</td><td>否</td><td>1311578</td></tr>
<tr><td>广西</td><td>南丹</td><td>庆远府南丹</td><td rowspan="4">是</td><td>8300</td></tr>
<tr><td rowspan="5">水银</td><td rowspan="7">贵州</td><td>回龙湾</td><td>普安县</td><td>7756</td></tr>
<tr><td>羊伍</td><td rowspan="2">八寨厅</td><td rowspan="2">1048</td></tr>
<tr><td>加河</td></tr>
<tr><td>红岩</td><td rowspan="2">修文县</td><td rowspan="2">否</td><td rowspan="2">1405</td></tr>
<tr><td>白岩</td></tr>
<tr><td>朱砂</td><td>坡坳</td><td rowspan="2">兴义府</td><td rowspan="2">是</td><td>3280</td></tr>
<tr><td>雄黄</td><td>板阶</td><td>31417</td></tr>
</table>

资料来源：徐毅、张紫鹏：《19 世纪中叶中国矿业生产的估值研究》，《清史论丛》2015 年第 1 辑，社会科学文献出版社，2015。

三　1933 年的矿业生产估值

进入民国，更多的矿种获得开发，矿区分布也更加广阔。需要指出的是，在清代，锰、钨、锑等近现代工业重要原料并未获得真正开发，其与大理石等非金属矿的产量不可考；煤炭在滇黔桂尚未成为主要能源，无从获得数据进行估算，所以为便于最后的比较，尽管这些矿种在民国时期颇有发展，但我们以下的讨论并不涉及。

（一）铁

我们已经以《云南矿产志略》、（民国）《新纂云南通志》、《云南各种

① 中国第一历史档案馆藏题本，道光二十五年三月初一日，大学士管理工部事务穆彰阿题为遵旨察核广西省委员赴湖南省采买硫磺用过价脚等项银两事。

② 光绪《大清会典事例》卷八九五，《工部·军火·火药》。

矿产产量调查表》、第五次《中国矿业纪要》为基础，推算云南 1933 年生铁产量 5833 吨、铁矿石产量 17499 吨。其中，位于改流地区的维西、鹤庆、丽江、云龙、景谷产量占全省总量的 36.49%，估计云南改流地区 1933 年生铁产量约为 2128 吨，铁矿石产量约为 6384 吨。

据第五次《中国矿业纪要》，贵州铁产量在贵阳“八九十万斤”；平越 30 万斤；桐梓百万斤；绥阳、黔西梓场、石崇山、小湾各数万斤；水城、遵义年产各数万斤；贵定产“七八十万斤”。如将其所谓“数万斤”按 5 万斤、“八九十万斤”按 85 万斤、“七八十万斤”按 75 万斤计算，则合计为 320 万斤，按 2000 斤合 1 吨换算为 1600 吨。又据第七次《中国矿业纪要》，1935 年贵州生铁产量 3000 吨，铁矿石产量 9000 吨。[①] 我们以贵州 1933 年生铁产量 1600 吨，按 1935 年生铁与铁矿石产量比例推算 1933 年铁矿产量为 4800 吨。黔西、水城、贵定属改流地区，则贵州改流地区 1933 年生铁产量为 95 万斤，合 475 吨，铁矿石产量 1425 吨。

据第五次《中国矿业纪要》，1933 年广西生铁产量 3350 吨、铁矿石产量 11500 吨，产地分布于中渡、三江等 13 个县。其中，属改流地区的有南丹（0.6 吨）、凤山、镇边（2.5 吨）和左县，生铁产量共 3.1 吨，按全省铁矿石与生铁产量比例推算广西改流地区铁矿石产量 10.6 吨。

（二）金、银产量

云南金矿数量相比清代中前期增长较大，但“滇省金之产额，向无统计”[②]，银矿则进一步衰落。我们估算 1933 年云南 25 处产地产金 3400 两，18 处银厂产银 7.5 万两。其中位于改流地区的有墨江等 15 处金矿，产量为 1538 两；会泽矿山、鲁甸乐马、兰坪富隆、巧家棉花地、姚安回龙等 12 处银厂，产量约为 5 万两。

贵州金矿 1933 年产量我们暂未发现有记录。第七次《中国矿业纪要》记载 1935 年产量 50 两。据《贵州经济》，这一时期贵州金矿分布在江口梵净山等 8 处。[③] 其中江口、天柱、黎平、都江 5 处位于改流地区，估计 1933 年贵州改流地区金产量约为 31 两。

广西金矿按该省统计局数字，1933 年产量 400 两，35 处在册矿区分布

① 白家驹：《中国矿业纪要》，中央地质调查所编印，1945，第 101、106 页。

② 朱熙人、袁见齐、郭令智：《云南矿产志略》，国立云南大学编印，1940，第 90 页。

③ 张肖梅：《贵州经济》，中国国民经济研究所编印，1939，第 A22 页。

于田阳、邕宁、上林、向都 4 县，年缴矿税 1844.44 元，其中位于改流地区的田阳、向都 33 处矿区共缴税 1757.94 元。[①] 可见，当年广西金矿 94% 的在册矿区和 95% 的矿税都来自改流地区。按 95% 矿税比例推算 1933 年改流地区金产量为 380 两。

（三）铜

按《中国矿业纪要》，1933 年中国铜产量为 483 吨，其中 473 吨来自云南，而在云南，会泽东川铜矿年产量可达 200 余吨，此外保山、永北米里产量共 100 余吨，易门万宝等厂年产八九十吨。可见滇铜此时最重要产地仍是东川。据东川矿业公司统计和永北米里厂调查报告，其 1933 年产量分别为 293.2 吨、143.7 吨。[②] 其中，东川巧家汤丹厂当年产量仅 131 吨，远不及道光年 1000 吨以上的规模。东川属改流地区，则云南改流地区 1933 年铜产量为 293.2 吨，约占全省总产量的 62%。

贵州这一时期的铜产地主要在威宁、毕节、水城、大定等地。据《贵州经济》载，威宁、盘县、大定、丹江、三合 5 县分布有 15 处矿区。这些产地绝大多数为改流地区。但按《中国矿业纪要》所述，威宁、毕节、水城各产区 1932 年改为官营威水矿务局，“未久撤销停办”；大定大兴铜厂 1931 年改归省营，“旋因政变停办”。[③] 有关该省铜产量的资料不多，其 1933 年产量暂无法考证。

（四）铅锌

云南铅锌矿主产地也是会泽。杨寿川据东川矿业公司历年产量统计表和云南省政府秘书处历年产量表，统计出民国时期云南铅锌矿产量[④]，其中，1933 年云南全省产铅 222 吨、产锌 52 吨；东川产铅 190.2 吨、产锌 44.9 吨，分别占全省总产量的 85.68%、86.35%。

贵州铅锌生产不复清代盛况。地质调查所统计 1933 年全国铅锌产量，

---

① 广西省统计局：《广西年鉴第 2 回》（中华民国二十四年），台湾文海出版社，1999，第 349 页。

② 曹立瀛、陈锡嘏：《云南之铜》，转引自杨寿川《云南矿业开发史》，社会科学文献出版社，2014，第 356 页。

③ 金耀华：《中国矿业纪要》，《国立北平研究院地质学研究》1941，第 195～196 页。

④ 杨寿川：《云南矿业开发史》，社会科学文献出版社，2014，第 536、539 页。

贵州已不在其列。第六次《中国矿业纪要》列出威宁、遵义等 15 县 21 处产地，但威宁妈姑架子厂“提炼昔时遗渣，产量不多”；水城万佛厂“久已停采”；仁怀三木凹、丹江演化厂“矿业未详”；其他产地虽多，却“多试采即停”。[①] 所以，贵州 1933 年铅锌产量暂无法考证。

据《广西年鉴第 2 回》，该省 1933 年有桂林、融县 2 处锌矿，百寿、武宣、贵县 3 处铅矿，仅 332.32 吨锌矿产量在册，缺失金属锌及铅产量。第五次《中国矿业纪要》虽记载当年全国锌矿石产量 10565 吨，金属锌产量 147 吨，但也仅有广西锌矿产量 61 吨。我们以 332.32 吨锌矿产量代入矿纪数据体系，将全国锌矿石产量修正为 10836.32 吨，广西锌矿石产量占全国比例约为 3.07%，再以此比例结合矿纪所载金属锌产量，推算广西锌产量约为 4.51 吨。不过，桂林、百寿等地均不属改流地区。

（五）锡

锡成为这一时期云南最重要矿产，出产仍集中在个旧。据第五次《中国矿业纪要》，1933 年云南个旧产锡 7431 吨，而中国其他锡产地合计不过 927 吨，即当年全国 89% 锡产量来自个旧，但个旧并非改流地区。

据《广西年鉴第 2 回》，1933 年该省纯锡产量 499.99 吨，27 区在册锡矿年缴矿税约 3153 元，其中位于改流地区的南丹 4 处锡矿共缴税 346.8 元。富川、贺县、钟山“为广西省锡矿出产最多之区，采矿公司计 500 余家”[②]，但清代属平乐府，不属改流地区。我们以南丹锡矿缴税占全省 11% 比例，推算南丹 1933 年锡产量约为 55 吨。

（六）水银、硫磺

按张肖梅所称，雄黄为“黔省特产”，“以思南、郎岱为最丰”，但其产量未见记载。这一时期朱砂及滇黔桂的硝产量尚未见统计。第五次《中国矿业纪要》记载三省水银、硫磺生产情形如表 5。我们按 3/7 的比例估计云南改流地区硫磺产量为 42.86 吨；按 1/5 的比例估计贵州改流地区硫磺产量为 10 吨。

---

① 金耀华：《中国矿业纪要》，《国立北平研究院地质学研究》1941，第 195～196 页。

② 《广西富贺钟廿二年度纯锡出口之数量》，《矿业周报》，1934 年（307），第 1058～1059 页。

表 5　第五次《中国矿业纪要》所载滇、黔、桂三省水银、硫磺生产情况

矿种	省份	产地	是否改流地区	产量（吨）
水银	贵州	八寨	是	0.4
硫磺	云南	宣威	是	100.0
		会泽		
		开化		
		罗平	否	
		保山		
		平彝		
		宜良		
	贵州	安顺	否	50.0
		贵阳		
		平越		
		余庆		
		思南	是	
	广西	天河	否	—
		罗城		

四　1916 年的矿业生产估值

第一次《中国矿业纪要》所载 1916 年中国矿业统计受到广泛援引。我们从中提取 1916 年滇黔桂各矿种产量，通过 1933 年改流地区占全省产量比重，推算滇黔桂改流地区在 1916 年的主要矿产产量。

值得注意的是，贵州铅锌矿 1916 年产量分布缺乏具体记载。据《贵州经济》，1938 年前后贵州铅锌矿在产者仅威宁、仁怀、丹江 3 处。鉴于 1850 年贵州铅锌产量全部来自改流地区，又威宁等地均属改流地区，妈姑厂更是从乾隆初年持续到民国中叶，所以我们推断改流地区仍承担着 1916 年贵州全部铅锌的生产。

按第一次《中国矿业纪要》，民初中国汞矿“独限于贵州”及他省“邻接贵州之地”，在贵州产量 300 吨，在云南产量 10 吨。据丁格兰 1915 年冬实地调查重要汞矿年产量，其中贵州万山场 1440 担，八寨 300 担，婺川、印江、黄平100担（每担约120斤）。[①] 这当中位于改流地区的为铜仁万山、都匀八寨、镇远黄平。以33担估计黄平产量，按1吨=2000斤，则改流地区产量共106.38吨。云南产量分布暂未发现明确记载。《新纂云南通志》载列该省“水银产地之著名者”17处。[②] 除去民初不在产者尚有7处，其靠近贵州的仅邱北、泸西2处，均不在改流地区，所以这时云南改流地区没有水银产出。

五 余论

通过以上考察，我们获得了1850年、1916年、1933年滇黔桂三省及各省改流地区主要矿产产量，再结合巫宝三等人提供的1933年各矿种修正价格[③]，计算这3个时点上滇黔桂及其改流地区矿业产值。我们的估值结果如以下表6、表7、表8、表9所示。[④]

表6 1850～1933年云南矿业产值

单位：元

矿种	1850		1916		1933	
	全省	改流地区	全省	改流地区	全省	改流地区
生铁	383877	71451	474300	173035	297483	108528
铁矿石	52556	9780	112000	40860	69996	25536
金	10742	7908	68000	30760	340000	153800
银	179175	153348	3640	2427	105000	70000
铜	2959640	1366869	561015	347758	276705	171522
铅	7137	1303	146400	125429	40626	34807
锌	64436	27543	147000	126929	10920	9429

① 丁格兰：《中国汞矿纪要》，《地质汇报》1920年第2期。

② （民国）《新纂云南通志》卷六五，《物产考8》。

③ 巫宝三：《中国国民所得1933年上》，中华书局，1947，第51页。

④ 需要指出的是，1850年生铁和铁矿石产量单位为吨；金、银单位原为清两，按1清两=37.3克、50克=1市两转为市两；铜、铅、锌、锡单位原为清斤，按1清斤=596.8克、500克=1市斤转为市斤，按2000市斤=1吨转为吨；雄黄1933年价格未见统计，以1928年官办价格中位数代替；朱砂缺乏民国时期价格，但其产量本微，暂时略去应不会影响讨论。计算方式为：当年产值=当年产量*1933年该矿种修正价格。

续表

矿种	1850		1916		1933	
	全省	改流地区	全省	改流地区	全省	改流地区
锡	1821459	—	17452500	—	17291937	—
水银	—	—	32120	—	—	—
硫磺	—	—	750	321	15000	6429
合计	5479022	1638202	18997725	847519	18447667	580051

表 7 1850～1933 年贵州矿业产值

单位：元

矿种	1850		1916		1933	
	全省	改流地区	全省	改流地区	全省	改流地区
生铁	121125	35139	127500	37852	81600	24225
铁矿石	13204	3832	24000	7125	19200	5700
金	—	—	—	—	5000	3100
银	1105	1105	—	—	—	—
铜	6983	6983	—	—	—	—
铅	18998	18998	915	915	—	—
锌	604967	604967	2100	2100	—	—
水银	19569	16875	963600	341693	1285	1285
雄黄	750	750	—	—	—	—
硫磺	—	—	750	150	7500	1500
硝	48703	18264	—	—	—	—
合计	835404	706913	1118865	389835	114585	35810

表 8 1850～1933 年广西矿业产值

单位：元

矿种	1850		1916		1933	
	全省	改流地区	全省	改流地区	全省	改流地区
生铁	459255	—	51000	47	170850	158
铁矿石	93960	—	12000	11	46000	42
金	—	—	—	—	40000	38000
银	2536	2536	11200	—	—	—

续表

矿种	1850		1916		1933	
	全省	改流地区	全省	改流地区	全省	改流地区
铅	—	—	1830	—	—	—
锌	5062	—	—	—	947	—
锡	11527	11527	814450	89591	1163477	127985
硫磺	—	—	750	—	—	—
合计	572340	14063	891230	89649	1421274	166185

表 9　1850～1933 年滇、黔、桂改流地区占该省矿业产值比重

单位：%

年份	1850			1916			1933		
省份	云南	贵州	广西	云南	贵州	广西	云南	贵州	广西
生铁	19	29	—	36	30	—	36	30	—
铁矿石	19	29	—	36	30	—	36	30	—
金	74	—	—	45	—	—	45	62	95
银	86	100	100	67	—	—	67	—	—
铜	46	100	—	62	—	—	62	—	—
铅	18	100	—	86	100	—	86	—	—
锌	43	100	—	86	100	—	86	—	—
锡	—	—	100	—	—	11	—	—	11
水银	—	86	—	—	35	—	—	100	—
硫磺	—	—	—	43	20	—	43	20	—
硝	—	38	—	—	—	—	—	—	—
合计	30	85	2	4	35	10	3	31	12

1850 年，云南矿业以铜、锡、银最为突出，铜锡占该省近九成矿业产值，银则受价格拖累；贵州最著者为铅锌，占全省七成以上矿业产值；广西矿业产值约 97% 来自铁。云南矿业产值是黔桂二省之和的近 4 倍。

1916 年，云南传统优势矿产银、铜分别大幅衰减 98% 和 71%，其他各矿均有进步，铅显著增长将近 20 倍，金有超过 5 倍的增长，锡增长将近 9 倍，全省矿业总值增长超过 2 倍，其中近 92% 来自锡矿；贵州铅急剧衰退至不到此前的5%，锌更丧失了大约99%的产量，铁产量略有提高，水银则有约49倍的惊人增长，占全省矿业总值86%以上，而该省矿业总值仅有34%的提升；广西银矿有超过340%的增幅，铁产量萎缩至此前的一成，锡矿则迅猛增长约70倍，占全省矿业总值的九成还多。云南矿业产值已经是黔桂二省之和的9倍以上。

1933年，云南银产量增长近28倍，但也仅恢复至1850年水平的59%，铁、铜、铅、锌则进一步分别失去37%、51%、72%和93%的产量，锡大致平稳，金有4倍的增长，硫磺更是此前的20倍，全省矿业总值下滑3%；贵州此时虽然有了对金的开采，硫磺也增长至此前的10倍，但生铁和铁矿石分别衰减36%和20%，传统优势矿产水银停产，铅锌的产量规模更是已经衰微到没有统计，全省矿业总值仅为民国初年的10%；广西新增了黄金生产，铁颇有回升，锡矿持续增长43%，全省矿业总值增长近六成。云南矿业产值进一步扩大至黔桂二省之和的12倍。

可见在1850~1933年这一时段中，云南矿业规模始终远远大于黔桂二省，而且产值优势不断扩大。贵州矿业规模虽不如云南，直至民初仍然大于广西，但此后黔桂形势逆转，广西持续增长，贵州则一落千丈。各省最初的拳头产品，如滇银、滇铜、黔铅，民初多已大为衰颓。至民国中叶，曾经攸关清朝经济命脉的滇铜早已不复当年盛况，黔铅更近乎湮灭。锡矿是个例外，锡在清代主要用途不过是铜铅鼓铸的辅料。但自近代工业兴起，锡越发成为战略性工业原料。特别是在“一战”期间，旺盛的需求刺激价格，带来产量的大发展。云南矿业产值几乎完全是依赖锡的拉抬，才能在传统优势矿种严重衰败的情形下还能强势发展。广西虽是清代中前期有色金属主产地之一，但至1850年已无优势矿产可言，其矿业产值也是在锡矿的带动下才能在民国时期明显上升。类似的情形也发生在贵州汞矿，水银在近代才开始成为重要的工业原料，稀有的储量使得水银在“一战”期间走俏，价格昂贵，造成贵州汞矿鼎盛一时，也使得贵州矿业产值在黔铅败落后仍能上升，但这是一种畸形的繁荣。民国时期中国自身能够消化的工业原料相当有限，大部分匹配近现代工业的矿产原料只能在海外找到销路。这种出口导向型的矿业经济严重依赖国际市场。贵州汞矿在“一战”前后由巅峰到低谷，以至此后一蹶不振的衰落即是典型案例。不仅是水银和锡，其他诸如钨、锑、锰等矿，甚至铁矿石、生铁与钢的生产都能见到因国际市场需求多寡而荣枯的诸多记录，差别不过是起伏程度和持续时间。

各省改流地区的角色颇有变化。无论云南还是贵州，其改流地区的铁产量始终处于弱势，广西改流地区的铁甚至可以忽略不计。而在有色金属方面，改流地区的其他矿产大多能在该省占据将近一半或更多的份额，这在贵州体现得最为显著。1850 年，贵州除铁和硝以外的其他所有矿产几乎完全集中在改流地区，89% 的铅锌矿厂、68% 的铅产量和 100% 的锌产量都集中于大定府。即便进入民国时期，改流地区仍然是贵州金、铅、锌、汞的主产地。这在 1850 年的广西表现也颇为典型，改流地区虽然完全没有铁和锌产出，但拥有 100% 的银、锡产量。广西改流地区在民国时期才完全落入下风，仅在金一项保有优势。而云南改流地区最初仅在金、银两种贵金属的产出占据优势，其后虽然丧失在金矿的领先，优势矿种却扩大到 4 种。不过就矿业产值分布而言，改流地区所占比重明显下滑。改流地区矿业产值由最初占云南全省 30% 一路降至 3%，由占贵州多达 85% 的份额缩减至 31%，仅在广西由 2% 上扬至 12%，滇黔桂合计由 34% 跌落至 4%。综合三省来看，改流地区不仅所占比重逐步缩小，其实际产值也与三省整体矿业产值的上升趋势相反，明显下滑，由最初的 235 万多元，民初已失去 46%，至民国中叶剩余不到 80 万元，仅为 1850 年的 33%。

我们再将滇黔桂视为一个整体放入全国背景，以当年滇黔桂产值为基期 100，通过指数法进行观察（见表 10）。[①]

表 10　1850～1933 年全国与滇、黔、桂三省矿业产值指数

（以当年滇黔桂产值为 100）

产值指数	1850			1916			1933		
矿种	全国	滇黔桂	滇黔桂改流地区	全国	滇黔桂	滇黔桂改流地区	全国	滇黔桂	滇黔桂改流地区
生铁	1051	100	11	2779	100	32	5627	100	24

① 需要说明的是，如前所述我们没有具体考察滇黔桂各时期的煤产量，而涉及全国范围的讨论，煤又无法忽略，所以我们将 1916 年、1933 年滇黔桂煤产量补入数据表，但鉴于其数量已经很小，如再分析改流地区煤产量没有意义；由于指数的性质，某些年份部分矿种产量滇黔桂无可考，如焦炭、钢，1850 年的硫磺、煤，1933 年的硝，则全国产值无法转为指数，所以将其以“－”代替，这不会影响全国产值总量的指数；表中“小记”指生铁至硝各矿之和，“总计”则更包含煤、焦炭和钢的数量。

续表

产值指数	1850			1916			1933		
矿种	全国	滇黔桂	滇黔桂改流地区	全国	滇黔桂	滇黔桂改流地区	全国	滇黔桂	滇黔桂改流地区
铁矿石	1131	100	9	3618	100	32	6844	100	23
金	51749	100	74	15975	100	45	2920	100	51
银	101	100	86	275	100	16	267	100	67
铜	103	100	46	140	100	62	102	100	62
铅	156	100	78	177	100	85	1732	100	86
锌	101	100	94	192	100	87	260	100	79
锡	100	100	1	104	100	0	105	100	1
水银	158	100	86	101	100	34	100	100	100
雄黄	100	100	100	—	—	—	—	—	—
硫磺	—	0	0	5133	100	21	2854	100	35
硝	4436	100	38	—	—	—	—	—	—
小计	372	100	34	266	100	6	372	100	4
煤	—	0	0	31293	100	—	48413	100	—
焦炭	—	0	0	—	—	—	—	—	—
钢	—	0	0	—	—	—	—	—	—
总计	507	100	34	668	100	6	1108	100	4

资料来源：1850 年全国产量取自徐毅、张紫鹏《19 世纪中叶中国矿业生产的估值研究》；1916 年全国产量取自丁文江、翁文灏编《中国矿业纪要》；1933 年全国产量取自侯德封编《第五次中国矿业纪要》；价格取自巫宝三主编《中国国民所得 1933 年》；滇、黔、桂及其改流地区产值来自本文以上讨论。

1850 年，滇、黔、桂矿产在全国同类产品产值中占据超过四分之一的份额，改流地区也有近一成的贡献。除铁、金、硫磺和硝之外，滇、黔、桂在其他金属矿的产出都有明显的优势。这一时期，中国绝大多数的银、铜、锌、锡，大部分的铅和水银以及所有的朱砂、雄黄几乎都来自滇、黔、桂，三省改流地区贡献了中国 86% 的银、93% 的锌、50% 左右的铜、铅、水银以及全部的朱砂、雄黄。清代奉行银钱并行的币制，其主要币材即是银、铜、铅、锌，由此可见滇、黔、桂改流地区对其时中国经济之重要。而此时的煤铁在尚未启动近代工业化进程的中国并未得到重视，价格低贱，对滇、黔、桂而言无足轻重。即便将缺少煤炭与钢的滇、黔、桂矿业产值纳入全国矿业总产值进行比较，仍占据约20%份额，改流地区也仍有约7%的比重。

1916年，滇、黔、桂矿产在全国同类产品产值中所占份额扩大至将近38%，改流地区则下滑至2.4%。滇、黔、桂继续垄断着锡，并成为中国最主要的水银产地，但银、铜、铅、锌份额全部明显下滑，滇银和黔铅的衰落尤为显著。这一地区已不再是数百年来的中国白银主产地。滇、黔、桂矿产占全国同类产品产值比重能在这样的情形下继续提升，完全得益于第一次世界大战期间国际市场对锡、汞等稀有金属的需求。此时的中国已经处于近代工业化进程当中，煤铁作为近代工业基础的意义越发凸显，而且同样由于适逢“一战”，以汉冶萍为代表的中国钢铁工业也在这一时期迎来其短暂的繁荣。全国煤、焦炭、生铁、铁矿石与钢总产值已经是1850年的5.2倍，占矿业总产值比重已经由1850年的61%提升至77%，而这5种煤铁工业产品在滇、黔、桂的产值还不到全国的1%，仅是滇、黔、桂矿业总产值的4.94%。所以一旦将此时包含煤矿在内的滇、黔、桂矿业产值纳入全国矿业总产值比较，其所占份额就骤降至不到15%，改流地区比重更仅为0.94%。

1933年，滇、黔、桂矿产占全国同类产品产值比重下滑至27%，改流地区份额继续缩减至1.05%。滇、黔、桂仍然是锡和水银这两项产品具有绝对优势。滇铜持续衰落，云南却重新成为中国铜矿最主要产地，这只不过是因为其他地区的铜矿衰弱得更多。随着黔铅的彻底没落，滇、黔、桂已丧失清代以来长期所处的中国铅锌主产区地位。此时的滇、黔、桂金、银两项产出虽然较1916年分别增长4.7倍和7.1倍，但其所占全国份额仅分别提升2.8%和1.1%。显然，这一时期金、银在其他地区有着更为强劲的增长。而就在全国5种煤铁工业产品产值继续增长74%的同时，这一数字在滇、黔、桂反而有超过7%的下滑。滇、黔、桂煤铁工业产值占区域矿业总产值比重由1916年的4.94%降至4.82%，占全国煤铁工业产值比重由0.96%降至0.51%，占全国矿业总产值由0.74%降至0.44%。这使得滇、黔、桂矿业产值占全国矿业总产值份额由1916年的14.98%缩减至9.03%。至于此时的滇、黔、桂改流地区矿业，虽仍然贡献给全国约98%的铜、95%的锡、100%的水银和38%左右的银、锌，但煤铁产业的缺失使其矿业产值与全国总量相比已经微不足道，不过0.35%而已。

值得注意的是，受世界市场影响，中国一些矿种的生产在经历“一战”短暂的繁荣后，已经明显颓败。最典型的案例即是曾经红极一时的水银生产已几近完全停顿。煤铁作为近代工业基础，则呈现畸形的发展。1933年全国生铁和铁矿石产值相比1916年增长71%，煤和焦炭产值增长81%，钢作为煤铁工业最终产品则下滑45%。汉冶萍公司作为近代中国煤、铁工业的代表，在“一战”结束后仅一年就停止炼钢，在1925年停止炼铁，仅大冶铁矿为供应日本而始终维持生产。大幅增长的煤铁原料显然不是迅速衰退的国内炼钢事业能够消费的。实际上，1933年中国34%的煤、51%的铁矿石、71%的生铁和85%的焦炭产量都来自东北沦陷区，大多为日本人所用。

清代矿业主要服务于造币和军工，长期轻煤铁而以贵金属和有色金属为重。滇、黔、桂矿业又素以有色金属见长，使得三省矿业在清代经济有着极其重要的地位。民国初年，滇、黔、桂多数有色金属矿种优势弱化，煤铁开发不足，使其落后于全国矿业开发的步伐。民国中叶，滇、黔、桂只有个别矿种堪称亮点，多数有色金属生产萎缩，煤铁开发甚至逆势退步，在全国矿业整体中的分量继续削弱。在这一过程中，改流地区矿业由最初全国经济命脉的中坚，一再下滑，直至在全国矿业总产值中无足轻重。

通过以上的量化研究可以看出，交通不便、比较封闭的原土司地区，在清前期中央王朝改土归流政策的推动下，当地以矿业为主的经济获得了前所未有的大发展。改流地区一度成为清代的“矿业生产基地”。但是，逮至近代，由于当地政府没能抓住近代化的发展契机，逐渐丧失了推动传统矿业转型的良好机遇，再次导致当地经济发展陷入停滞，其“矿业生产基地”的角色也被其他新兴地区所取代。改流地区矿业发展的这一兴衰历史对于今天我们大力发展这些地区的经济仍具有重要的参考价值。

改土归流后云南民族地区文化教育的发展

马廷中
（西南民族大学旅游与历史文化学院）

摘　要　雍正朝在云南实行改土归流后，进一步推行了文化教育政策，包括建立各级学校、书院，设立义学，推行科举取士。这一措施使儒家文化更加广泛地进入云南民族地区，为民族地区培养了人才，为其社会经济的发展打下了一定的基础。

关键词　改土归流　云南　文化教育　发展

一　发展云南民族地区文化教育的原因

清朝，特别是雍正时期，清政府在云南民族地区进行了改土归流，基本上废除了土司制度。改土归流后，清政府更加注重“教化”，就是要在民族地区广泛建立各种学校，对少数民族群众进行儒家文化的教育。

云南少数民族生活于蛮荒偏远之地，在文化上长期以来游离于中原汉文化之外，存在着“专事斗杀，不讲孝弟忠信，绝先王礼义之教，尚强凌众暴”的落后习俗。对于这种习俗，以前统治者采取的措施一般是“急则用威”“缓则用恩”，结果是“威激而叛”“恩滥而骄”[①]，都不能解决问题，影响了清朝统治者在民族地区的统治。云贵总督蔡毓荣在上清朝皇帝的《筹滇第二疏（制土人）》中，对当时云南民族地区的这种状况进行了较深刻的分析，他说：

---

① 赵廷臣：《广教化疏》，乾隆《贵州通志》卷三十五，《艺文》。

滇省汉土交错，最称难治。治滇省者，先治土人，土人安而滇人不足治矣。然非姑结之以恩而能安，亦非骤加之以威之所得治也。查土人种类不一，大都喜剽劫，尚格斗，习与性成其土目，擅土自雄争为黠悍，急之则易于走险，宽之乃适以生骄，故从来以夷治夷不惜予之。①

这种威与恩的办法都不能解决问题，而这种状况的存在极不利于清朝统治者对云南民族地区统治的加强。

要改变少数民族的“悍俗”，强化对民族地区的统治，必须采用“教化”的办法，“盖以教化无不可施之地，而风俗无不可移之乡也”，就是要用儒家思想去教化少数民族，通过入学习礼的方式，进行文化教育，就能“使明知礼义之为利，则儒教日兴，而悍俗渐变矣”。② “人材之兴惟资教育，风俗之易端赖诗书。盖师道立则善人多，士习端则民风厚，实积渐之使然，而非旦夕之可致也”。③

因此，清朝统治者在改土归流后采取发展云南民族地区文化教育的政策，其根本原因在于加强对民族地区的统治，以兴办各种学校为重要手段，以儒家思想作为教育的重要内容，其目的在于“以弘文教，以变苗俗”，“行之既久，苗民渐可变而为汉，苗俗渐可化为淳，边末遐荒之地尽变为中原文物之邦矣”。④

二　文化教育发展的具体内容

（一）建立各级儒学

清朝各级政府官员都比较重视在云南少数民族地区建立学校，在原土司地区设置府、州、厅、县后，一般都随即建立府学、州学和县学。康熙二十三年（1684），云贵总督蔡毓荣奏准朝廷，将原吴三桂的宫殿改建为昆明县庙学学宫。这次重建昆明县儒学，是历年兵乱后云南省重建儒学的

---

① 蔡毓荣：《筹滇第二疏（制土人）》，乾隆《云南通志》卷二九，《艺文之四》。

② 赵廷臣：《广教化疏》，乾隆《贵州通志》卷三五，《艺文》。

③ 陈宏谋：《义学规条议》，乾隆《云南通志》卷二九，《艺文之十一》。

④ 于准：《苗民久入版图请开上进之途疏》，乾隆《贵州通志》卷三五，《艺文》。

开端。此后全省各府、州、县陆续建立、修复了各级儒学。

随着改土归流的进行，儒学在原土司地区也逐步建立起来。开化（今文山）设府后，康熙六年，知府刘诉建府学。康熙三十一年设师宗、云州、新平、定边、元谋五州县教职，增马龙州、宁州、呈贡县入学额，照中学例取进 12 名。康熙三十三年八月，设云南省曲靖、澄江、广西、元江、开化、顺宁、武定、景东八府学，寻甸、建水、新兴、赵州、剑川、昆明、宜良、楚雄、定远、保山、和曲、禄劝、云州、姚州、河阳、南宁、新平 17 州、县学训导各 1 员；定新平、和曲、禄劝、姚州四州、县童生入学额各 8 名。[①] 在东川、乌蒙等原土司地区，康熙四十二年设东川府学；康熙四十四年十一月，吏部议复：滇省广南、丽江二府均设教授、训导各 1 员，每府额取童生 15 名；其滇省土人有愿考者，准以民籍应试。[②] 雍正三年六月增云南各州县岁科试取进文童额数，安宁、晋宁、寻甸、建水、石屏、新兴、赵州、邓川、剑川、腾越十州，昆明、宜良、南宁、通海、河西、河阳、太和、浪穹、保山、楚雄十县，向系大学，准照府学例，各取进 20 名；陆凉、沾益、宁州、阿迷、宾川五州，呈贡、蒙自、云南三县，向系中学，升为大学，各取进 15 名；和曲州向系小学，升为中学，取进 12 名；添置黑井、白井、琅井三学为小学，各取进 8 名；移定远县训导驻黑井，大姚县训导驻白井，姚州训导驻琅井。[③] 雍正三年十二月设威远同知，取进童生额数 2 名，未设教职，附元江府学考课。雍正五年设东川府、昭通府、镇雄州、永善县教职，取进童生额数：东川、昭通各 10 名，镇雄、永善各 8 名。雍正六年，鄂尔泰建昭通府学、镇雄州学和永善县学。雍正七年，在新设的普洱府建立学校，于元江府学调训导 1 员，入学额数照滇省小学例，取进 8 名[④]；雍正八年十月，添设云南宣威州学正 1 员，州学取进文、武童生各 8 名。雍正十一年，云南巡抚张允随“疏以镇沅、恩乐府县皆新改土为流，请立学，设教职，定学额”。[⑤] 清廷从其请。另外，原定陆凉州学学额：廪膳生 30 名，增广生 30 名，贡生每 16 个

---

① 云南省历史研究所编《〈清实录〉有关云南史料汇编》卷四，云南人民出版社，1986，第 645 页。

② 同上，第 648 页。

③ 同上，第 652 ~ 653 页。

④ 乾隆《云南通志》卷七，《学校》。

⑤ 《清史稿》卷三〇七，《张允随传》，中华书局，第 10555 页。

月挨贡 1 名，恩贡无定额，选贡 12 年逢酉拔 1 名，优贡无定额，岁试取新进文童 12 名，武童 12 名，科试取新进文童 12 名。至雍正二年，又加增岁科试每次取进文童额数 3 名。①

清代在云南建立的儒学，沿袭明朝的有 73 所，新建了 27 所。②

（二）建立书院

康熙二十四年（1685）云贵总督蔡毓荣、云南巡抚王继文在昆明创办育材书院，院址在南门外慧光寺左，为昆明县治所属，又名昆明书院。这是清代云南创建州县书院之始，此后全省或修复书院，或新建书院，先后不一。雍正十一年（1733），清政府谕知各省设立书院，是清王朝倡建书院之始。在这之前，云南地区的官员就已在所辖地区设立书院。雍正五年，知府黄士杰设西林书院；雍正八年，鄂尔泰建凤池书院；雍正十三年，大关同知张坦建景文书院；乾隆二十九年，建奎垣书院于彝良；嘉庆八年，镇雄州知州萧大经倡建凤山书院。开化（今文山）设府后，康熙三十二年，知府李锡建开阳书院；雍正八年，建文山书院于开化府治。

在清代，云南共新建书院 226 所，加上明朝时期建的 70 所，共有 296 所，大多为官办。③

（三）设立义学——普及扫盲教育

改土归流后，清王朝除建立各级学馆和书院外，还在少数民族地区广泛设立义学，"书院之外有社学，有义学。凡汉人在乡之学总曰社学，所以别于府州县在城之学也"。"朝廷为彝洞设立之学及府州县为彝洞捐立之学，则曰义学，盖取革旧之义、引于一道同风耳"。④ 义学又称义塾，一般指私人捐资设立，或利用祠堂、庙宇等公产创办，招收贫寒子弟入学的免费蒙学，是地方政府的基层教育机构。在云南地区，义学主要设在少数民族聚居区，作为封建统治者推行"教化"，巩固封建统治的工具。同时，在民族地区广泛设立义学，普及扫盲教育，对于少数民族群众文化素质的提高具有重要作用。

---

① （民国）《陆凉县志稿》卷四，《学校志二》。

② 云南省教育志编纂委员会编撰《云南省志·教育志》，云南人民出版社，1995，第122 页。

③ 云南省教育志编纂委员会编撰《云南省志·教育志》，云南人民出版社，1995，第129 页。

④ （民国）《贵州通志·学校志四·义学》。

云南义学的建立也较早，1666 年富民县已建义学，1669 年姚州已有义学。雍正元年（1723）批准云南各州县设立社学和义学，雍正三年议准云南威远地方设立义学，选延塾师，令彝人子弟有志读书者入塾诵习。雍正五年又议准云南东川府土人设立义学，“择本省贡生生员，熟习风土、品学兼优之士，令其实心教诲，俟教化有成，其教习贡生生员，该督抚酌量奖赏”。①

各级地方官比较重视义学的建立，特别突出的是在雍正和乾隆时期曾任云南布政使的陈宏谋。他在乾隆二年（1737）和三年曾两次发布《查设义学檄》，认为滇地为遐荒之区，“夷多汉少，土田硗脊，居民穷苦，多有俊秀子弟，苦于无力延师”；同时，少数民族的习俗是“不事诗书，罔知礼法”，因此，当务之急是奖励他们读书，“俾其向学亲师”，这才能够使他们逐渐接受汉文化的熏陶，“以化其鄙野强悍之习”。因此，设立义学是发展文化、改变落后风俗的重要措施，而在滇地尤为重要。但是，根据调查情况，义学在以前办得不太好，问题很多，“或止为成材而设，而蒙童小子未能广行教读，或止设在城中，便于附近汉人子弟，而乡村夷倮，未能多设义学”。要改变这种状况，必须广设义学，“今欲使成人、小子、汉人、夷人不以家贫而废学，不以地僻而无师”。他要求在云南全省对义学的开设情况进行清查，各府州县地方官对办学情况进行详细汇报，“各将本地方有无义学、或训成材生童、或训夷倮幼童、或几处、或在城、或在乡、系何时何官建设、其中有无藏书、有无公田租息、讲堂、书舍若干间、现聘何人为师、年需束修若干、来学生童若干、文课每月几次，夷童若干、有无助给饩廪膏火”，同时还要将设立义学的规划一并上报，“并将各该地方四乡应设义学几处、其教习夷童应用何人为师、年需束修若干，一并妥议详报。至尚未设立之州、县及止设立在城一处、而四乡适中之地尚须增设者，该地方官悉心筹画，设法妥议，详请举行。或倡议捐设，或将地方何项陋规作为义学之用。如无项可动，亦将应设之处、所需若干具详请示。即从前已有义学而日久颓废、或田租被人侵隐，或因近日地方有事废弛未开者，亦即调查。据实具报，以凭核夺”。②

陈宏谋还拟定了义学条例四则，要求各地遵照执行。这四条条例是：

---

① 光绪《清会典事例》卷三九六，《礼部・学校・义学》。

② 乾隆《云南通志》卷二九，《艺文志十》。

(1) 馆师宜慎也。要选择人品端方，学有根柢者为馆师，对于不安本分、于设学的村寨唆讼生事、愚弄夷民者要另行延请，并加以惩戒。(2) 化诲宜广也。对于蒙童在课读之外，还要训以拜跪、坐立的礼仪和君亲节孝的大义；同时，在令学徒环立听讲《圣谕广训》时，还允许该地的耆老民人听讲。(3) 学徒宜分别递升，以示鼓励也。蒙馆义学中成绩优秀者可升入城中经馆；经馆中成绩优秀者，可送入书院读书。(4) 田租归官经理，以杜私隐也。学田的租息不许馆师私收，不许胥役分肥，而应归地方官经收，分给馆师。①

为实施以上规定，官府还采取一些措施，支持地方办学。(1) 拨给义学一些财产。如呈贡县 11 个地区设有义学 52 所，有的经费不够，陈宏谋下令按其所缺数目，在布政司“养廉”费用内捐赠 1252 两银子，交该县各地区买田收租，永供束脩；(2) 刊印了不少书籍，按馆分发。如雍正十三年，布政司曾重刊《朱子治家格言》《四礼》等书分发；乾隆元年又印发过《圣谕广训》等书。

随着义学的建立和发展，师资问题逐步出现，滥竽充数的情况时有发生。乾隆二十六年，云南学政李中简要求朝廷整顿云南各地义学师资。其奏折说，“各府州县育才之地，书院外有义学。书院之师，官为延请。至义学僻在乡村，地方官耳目不及，各听乡塾之便，以致学行未优者，亦得徇情延请。嗣后请责成地方官，非文行兼优者，不得滥充；并将各处义学教习姓名、出身，咨呈学政，如有以监生、武生等混行充选者，听学臣记过，咨明督抚存案”，皇帝批准了此奏。② 经过整顿，义学师资情况有所好转。

在各级政府的重视之下，义学逐步在云南民族地区建立起来。在开化府文山县，雍正十二年，知县曹国弼建义学 9 所，一在南桥寨，一在乐农里，一在老寨，一在黄龙山，一在香腊街，一在牛羊寨，一在八寨寨，一在枯木寨，一在新现；同年，同知周承濂捐设马白寨义学；乾隆二十一年，设文昌宫义学。昭通府，雍正十二年建府义学 2 所，恩安县义学 2 所；镇雄州，雍正七年建义学 1 所，雍正十年，又建义学 1 所，雍正九年，州同知徐柄捐设彝良义学 1 所，州判许燮捐设威信义学 1 所。永善县，雍正

① 陈宏谋:《义学规条议》，乾隆《云南通志》卷二九，《艺文之十一》。

② 云南省教育志编纂委员会办公室编《云南教育大事记》，云南大学出版社，1989，第 23 页。

十二年设米贴村、大井坝义学2所；乾隆二年设城内、副官村义学2所；乾隆三年，设桧溪义学1所；乾隆二十二年设吞都义学1所；乾隆五十四年设井底、鸡爪山、那乡义学3所。大关厅，雍正十二年同知张坦捐设黄水寨、永安乡义学2所；乾隆元年设盐井渡、洛岸村、滩头汛、豆沙关、庙口乡义学5所。丘北县，雍正九年至十一年，设文昌宫、旧城盘龙寺、路堵关圣庙、马者龙、者乡、八达哨义学6所；乾隆三年，设树皮、十四寨倮太邑义学2所。蒙自县，雍正九年，设城西关内义学；雍正十二年设鸡街义学、倘甸义学、大屯义学、新安所义学、个旧厂义学；乾隆五年设龙树义学。广南府，康熙四十四年，知府茹仪凤设城内义学1所；雍正三年，知府潘允敏捐设弥勒湾义学；雍正十二年设普厅、皈朝、暮雨龙、里波、八播、阿科、剥隘义学7所。云南布政使陈宏谋"立义学七百余所，令苗民得就学，教之书。刻孝经、小学及所辑纲鉴、大学衍义，分布各属。其后边人及苗民多能读书取科第，宏谋之教也"。[①]

云南建立的义学较多，据乾隆《云南通志》卷7《义学》条统计，云南全省有义学562所，康熙时建99所，雍正时建463处，仅改流的各府州县就建了148所，其中曲靖府沾益州6所，宣威州8所，临安府阿迷州6所，广西府丘北8所，广南府8所，元江府5所，新平县5所，开化府文山县10所，镇沅府10所，恩乐县6所，威远厅10所，东川府2所，会泽县6所，昭通府4所，恩安县2所，镇雄州5所，永善县4所，大关厅3所，鲁甸5所，普洱府6所，攸乐3所，思茅3所，大理府邓川州5所，鹤庆府剑川州5所，维西5所，中甸4所，丽江府4所。在整个清朝时期，云南全省共有义学683所，其中丽江一县就有义学23所，陆凉一州有义学20所，大姚一县有义学19所。[②]

（四）科举制的实施

清王朝也在云南少数民族地区开科考试，实行科举制度，"将土司族属人等并选苗民之俊秀者使之入学肄业，一体科举，一体廪贡，以观上国威仪，俾其渐摩礼教，熏陶性情，变化其丑类，彰我朝一统车书之盛"，并且，"不论土司族属苗民，即由该训导造册呈送学臣考试，汉民生童不

---

① 《清史稿》卷三〇七，《陈宏谋传》，中华书局，第10560页。

② 云南省教育志编纂委员会编撰《云南省志·教育志》，云南人民出版社，1995，第135页。

许阻抑，卷面不许分别苗汉，取进之额亦不必加增，惟以衡文为去取，一体科举，一例廪贡”。[①]

为了促进科举考试在云南民族地区的实行，针对其文化教育落后的现状，清政府在科举考试中给予少数民族考生种种优待，如专门为少数民族考生划拨录取指标、增加少数民族学生的录取名额、采取措施防止汉族考生冒名侵占录取名额，等等。雍正五年八月，清政府批准川陕总督岳钟琪的上奏：“东川府土人习读蛮书，不谙文艺，请设立义学。俟教化有成，照湖广考取苗徭童生例，另编字号酌量进取，以示鼓舞。”[②] 在本府学额内划出 1～2 名特殊名额，专门取录“土童”。[③] 因云南是多民族的边疆省份，雍正皇帝特别诏令增加云南各州县取进文童额数。命改直省小学为中学，中学为大学，不久礼部遵旨题准……云南之昆明、安宁、晋宁、宜良、南宁（曲靖）、寻甸、建水、石屏、通海、河西、河阳、新兴、太和（大理）、赵州、邓川、浪穹（洱源）、剑川、保山、腾越（腾冲）、楚雄 20 州、县，向系大学（指生员较多的儒学），可参照府学额各取 20 名，呈贡、陆良、沾益、宁州（华宁）、阿迷（开远）、蒙自、云南（祥云）、宾川八州、县，向系中学（指儒学规模为中等），今改为大学，各取进 15 名，和曲州（武定）向系小学，今改为中学，一取进 12 名。此外，又批准巡抚所奏，添设黑井、白井、琅井三所小学，各取进 8 名。[④] 雍正十年十月，朝廷批准云南巡抚张允随的请求，在新改土归流的云南镇源府及恩乐县，照小学例设镇沅府教授 1 员、恩乐县教谕 1 员，二学取进童生各 8 名，分定土著、寄籍各 4 名。[⑤]

清政府还不断地增加云南官学的学额，并采取措施，方便考生参加科举考试。乾隆九年，礼部批复云南总督兼管巡抚事张允随疏奏二项：一是“东川、昭通二府及镇雄州、永善县，自雍正五年，改隶滇省以来，应试生童较多，请于乾隆十年为始，每学设廪、增各 8 名，照例十二年后出

---

① 于准：《苗民久入版图请开上进之途疏》，乾隆《贵州通志》卷三五，《艺文》。

② 云南省历史研究所编《〈清实录〉有关云南史料汇编》卷三，云南人民出版社，1986，第 645 页。

③ 云南省教育志编纂委员会办公室编《云南教育大事记》，云南大学出版社，1989，第 18 页。

④ 同上。

⑤ 云南省历史研究所编《〈清实录〉有关云南史料汇编》卷三，云南人民出版社，1986，第 648 页。

贡”。此项照准。二是“东川、昭通二府生童远赴曲靖应试，跋涉艰难，请于昭通府城添建考棚”。礼部认为云南幅员最广，如果添建考棚，学政官难以顾全，况且二府改隶以来，考生就到曲靖考试，相安已久，不用更改。但为了减少这些地方生童岁科二次远途赴试的艰难，应该下令学臣在按试曲靖时，就将东川、昭通二府及镇雄州、永善县的生童岁科考试接连进行。皇帝批准了礼部的办法。

为了保证少数民族子弟的科举名额不被冒占，清政府还曾下令严格清查云南地区科举考试报名情况，防止汉族考生冒名顶替，以维护少数民族的利益，促进少数民族教育的发展。雍正六年二月，谕礼部：

> 考试冒籍之弊，向来习以为常，理当清查禁约。况今滇、黔、楚、粤等省，苗民向化，新增土司入学额数，为学臣者尤宜加意禁饬，毋使不肖士子冒其籍贯，阻土民读书上进之路。[①]

乾隆三十二年，贵州学政陈筌上奏，请求清查冒名考试者，“黔省所属地方均与各省毗连，每有湖广、四川附近之人，希图贵州人少额多，获售较易，遂私通廪保，窜名冒考，以致土著生童艰于进取，文风日就颓废。查乾隆二十五年奉旨敕令云、贵、川、广各学臣彻底清厘，准其改拨。各生均系违例冒入，褫革本所应得，既邀宽典，自应据实呈首，乃复希冀便宜，多方隐匿，理应严加惩创，以昭定制。臣现饬各府及所属教官，逐一细查，分别办理。其在乾隆二十五年未经清厘以前者，该生不行具首，应科其隐匿之罪，将衣、顶褫革，照违制律问拟杖责，失察教官照例议处；其在二十五年以后者，系已经清厘之后仍敢勾通冒籍，情罪较重，除将该生治罪外，滥保之廪生，一并查究示惩”。[②] 对于陈筌的奏疏，清政府指示，防止冒名考试应采取的办法是：

> 请嗣后令各府考试事毕揭案之后，提调即于一二日内，将录取童生姓名人数造册封固，钤印申送学政存贮。学政不得预先拆开，同临期所送点名册一并核对。如有窜易名姓与前册不符及增添人数者，即

① 云南省历史研究所编《〈清实录〉有关云南史料汇编》卷三，云南人民出版社，1986，第653~654页。

② 《〈清实录〉贵州资料辑要》，贵州人民出版社，1964，第1189~1190页。

立时指交提调官查办。[1]

虽然这是针对贵州有关情况做出的决定，但仍然适用于云南等省。

三 文化教育发展的意义

改土归流后，清政府从维护封建统治出发，改变统治策略，大力发展云南民族地区的文化教育，达到了笼络各族上层统治者，扩大统治基础，稳定民族地区政局的目的。同时，清政府通过发展儒学教育和推行科举，儒家文化更加广泛地进入云南民族地区，在客观上促进了云南民族地区学校教育的普遍兴起和发展，为民族地区培养了人才，为其社会经济的发展打下了一定的基础。

第一，各种学校的设立，在少数民族人民中普及了教育，推动了少数民族地区儒学文化的发展。各种学校的建立，特别是义学直接针对少数民族子弟，大量吸收少数民族青少年入学读书，有利于民族教育的发展，"义学之设，其旨趣略如今之民众教育，而在边省则尤重在开化夷民……先令熟番子弟来学，日与汉童相处，宣讲《圣谕广训》，俟熟习后，再令诵习诗书。以六年为期，如果教导有成，塾师准作贡生，三年无成，该生发回，别择文行兼优之士。应需经书、日用，该督抚照例办给。俟熟番学业有成，令往教诲生番子弟，再俟熟习通晓之后，准其报名应试"。[2] 这是一个汉文化在少数民族人民中逐渐推广濡染的过程。很显然，这种让"熟番"先学，再以之教"生番"的做法，是一种适应民族地区教育发展不平衡情况的措施。从这层意义上讲，以番教番比之以夷制夷，是中央政策的一大进步。同时，少数民族地区的普及教育得到了发展。

第二，科举考试的实行，使云南民族地区的少数民族士子积极投身科举，求取功名，有很多人通过科举考试而跻身于传统士绅阶层的，成了少数民族的知识分子。在滇黔交界的彝族地区，彝良洛泽土目阿妹为子陇时茂兄弟三人延师课读，陇时茂后中武乡榜，开彝良科第之风；昭通白坡土目禄万全次子禄荣宗为儒学生员后，在万山中的龙塘沟建学舍六间，每岁

① 《〈清实录〉贵州资料辑要》，贵州人民出版社，1964，第1190页。

② 《新纂云南通志》卷一三四，《学制考四》。

延师授徒，并馈食米五市石；镇雄陇氏支属罗必寿业耕读，三子皆入学；陇东山列胶庠，子陇崇基能读父书，名位学宫；镇雄土司后裔陇维邦自幼攻读习武，清末中武秀才。实际上清代滇黔交界地区彝族人民考取功名者远不止此，各种资料统计和名录中，因不注明民族，所以不能区分。[①] 据光绪《丽江府志》记载，自改流开科到清末共180年间，丽江纳西族中产生了翰林2人，进士7人，举人60多人（其中武举数人），还有副榜、优贡以及其他贡生200多人，有诗文传世者50多人，其中有的诗文被收进《古今图书集成》《四库全书》之中。[②] 少数民族子弟参加科举考试，扩大了清王朝在云南少数民族地区的统治基础，也促进了少数民族地区文化教育的发展。

改土归流后，清朝各级政府为了加强对云南民族地区的统治，针对云南少数民族生活于蛮荒偏远之地，在文化上长期以来游离于中原汉文化之外，存在着“专事斗杀，不讲孝弟忠信，绝先王礼义之教，尚强凌众暴”落后习俗的现状，采取了发展文化教育的政策，以兴办各种学校为重要手段，以儒家思想作为教育的重要内容。其文化教育政策的主要内容有：建立各级儒学，即建立府学、州学和县学；设立书院；大力发展扫盲教育，普及义学；还实行科举考试，选拔各种人才。各级政府大力发展云南民族地区的文化教育，达到了笼络各族上层统治者、扩大统治基础、稳定民族地区政局的目的。同时，通过发展儒学教育和开放科举，儒家文化更加广泛地进入云南民族地区，在客观上促进了云南民族地区学校教育的普遍兴起和发展，为民族地区培养了人才，为其社会经济和文化教育的发展打下了一定的基础。

---

① 潘先林、潘先银：《“改土归流”以来儒学在滇川黔彝区的传播及其影响》，《云南教育学院学报》1997年第6期。

② 段红云、闵红云：《清代丽江木氏改土归流及行政管理变革》，《思想战线》2005年第2期。

沈德符《万历野获编》“土司职名”条笺注

——兼谈《野获编》土司资料史学价值

陈　潘

（贵州罗甸县第一中学）

摘　要　“土司职名”为《万历野获编》卷三十《土司》之首，仅二百余字，却对明代的宣慰使、宣抚使、安抚使、招讨使等土官职名由来详加叙述，对研究土司制度的发展有一定的史料价值。而《万历野获编》部分土司资料以纪事本末体钩沉史实，可补正史之不足，某些内容反映了明代朝政腐败、官员无知。

关键词　《万历野获编》　土司职名　史料价值

笔记，“不是官修的史籍，而是由在野的文人学士以及贫士寒儒所写的历史纪闻”①，人们习惯上将魏晋南北朝以来“残丛小语”式的故事集称为“笔记小说”，而把其他一切用散文所写的随笔、杂录总称为“笔记”。

笔记小说作者多为知识分子，且具有亲历性、体验性特征，创作态度较为严谨，所以记载较为可信。文人以自己的见闻所记录的朝野故实、典制名物、风俗民情、古迹遗址等，或可补正史之阙，或可与正史相参证，对于真实地反映当时的政治、经济状况，形象地再现当时的社会语境，故具有很高的历史价值。如本文所讨论的沈德符所著《万历野获编》即被朱彝尊评价为“事有佐证，论无偏党，明代野史，未有过焉者”②，堪称有明一代笔记小说之佳作。

① 谢国桢：《明清野史笔记概述》，《史学史资料》1980年第5期，第37页。

② 朱彝尊：《静志居诗话》卷一七，《沈德符》，黄君坦点校，中华书局，1990，第515页。

一 《万历野获编》与土司资料

《万历野获编》是明代沈德符所撰笔记小说。沈德符（1578～1642），字景倩，浙江嘉兴人。沈德符自幼生长于北京，万历三十四、三十五年间，南返故里，“念年将及壮，邅回无成，又无能著述以名世”，遂搜集两宋以来的历史资料，“如欧阳《归田录》例，并录置败簏中”，取“谋野则获”之意，著《万历野获编》二十卷。万历四十六年（1618），沈德符考中举人，次年应礼部试落第后再次返乡，他深感“辍笔已十余年而往矣。壮岁已去，记性日颓；诸所见闻，又有出往事外者。胸臆旧贮，遗忘未尽”，“邃不问新旧，辄随意录写，亦复成帙，绪成前稿，名曰‘续编’，仍冠以万历”。此书原未分类，直至清康熙年间，桐乡人钱枋才分类编排为30卷、48门，其后人沈振搜辑《补遗》4卷。此书内容上记朝章掌故，下及风土人情、琐事轶闻，举凡内阁原委、词林雅故，以及词曲技艺、士女谐谑，无不毕陈。所载史事，尤其是嘉靖、万历两朝掌故，最为详赡，有明一代，此书算得上是一部资料丰富的笔记。

《万历野获编》及《补遗》中均有《土司》专章，共收资料24条，除去“夷姓”“樊哙祠”“缅甸盛衰始末”“老挝之始”“老挝反复”等条外，土司资料计15条。此外《府县》《叛贼》《补遗·兵部》等章中另有土司资料7条，合计22条。

《万历野获编》中土司资料主要涉及以下几个方面：

（1）土司制度。有“一邑二令”“土司职名”“流官属土府”“土官之异”“土酋名号”“土司文职”“土教官”“土司承袭”等条。

（2）土司战争。有“西南诸捷”“武定府初叛”“武定府改流”“武定三叛”“武定四叛”“夷酋好佛致祸”“夷妇宣淫叛弑”“岳凤投缅”“叛酋岳凤”等条。

（3）土兵。有“土兵”“夷兵”等条。

（4）土司个案。有“永顺彭宣慰”“大候州”“六慰”等条。

二 《万历野获编·土官职名》条笺证

“土司职名”为《万历野获编》卷三十《土司》之首，仅二百余字，却对明代的宣慰使、宣抚使、安抚使、招讨使等土官职名渊源、演变详加叙述，对研究土司制度的发展有一定的史料价值。但目前学术界对此并未加以重视，且内容非笺注则不明晰，故于此处加以笺注，以利来者。

本朝土官之名，多仍元旧。

按：宣慰司、宣抚司、安抚司、招讨司、长官司等明代土官职名多沿袭元代。

《元史》卷九十一《百官七》载：宣慰司，掌军民之务，分道以总郡县，行省有政令则布于下，郡县有请则为达于省。……其在远服，又有招讨、安抚、宣抚等使，品秩员数，各有差等。……宣慰使司，秩从二品。每司宣慰使三员，从二品……宣抚司，秩正三品……安抚司，秩正三品……招讨司，秩正三品……西南夷诸溪洞各置长官司。

《明史》卷三百一十《土司》载：迨有明踵元故事，大为恢拓，分别司郡州县，额以赋役，听我驱调，而法始备矣……洪武初，西南夷来归者，即用原官授之。其土官衔号曰宣慰司，曰宣抚司，曰招讨司，曰安抚司，曰长官司。

如宣慰使始于唐，不过一时因事而设，初非兵官，亦非守土吏，事定即罢。

按：“宣慰”一词由来已久，宣慰使一职则始于唐，而《旧唐书·职官志》《新唐书·百官志》均无记载。

《资治通鉴》卷二百二十九《唐纪四十五》载：德宗建中四年十一月丁卯，以给事中孔巢父为淄青宣慰使，国子祭酒董晋为河北宣慰使。胡三省注：宣慰者，宣上命以慰安反侧也。

《资治通鉴》卷二百三十七《唐纪五十三》载：宪宗元和二年秋八月，刘济、王士真、张茂昭争私隙，迭相表请加罪。戊寅，以给事中房式为幽州、成德、义武宣慰使，和解之。胡三省注：宋白曰，乾元元年，户部尚书李峘除都统淮南、江东、江西节度观察宣慰处置使。宣慰之名始此。

《旧唐书》卷一百二十《郭子仪》载：乾元元年九月，奉诏大举子仪与河东节度使李光弼……等九节度之师讨安庆绪，帝以子仪、光弼俱是元勋，难相统属，故不立元帅，唯以中官鱼朝恩为观军容宣慰使。《旧唐书》卷一百八十四《宦官》载：代宗时，子仪北伐，亲王东讨，遂特立观军容宣慰使，命鱼朝恩为之。然自有统帅，亦监领而已。

《册府元龟》卷一百六十二《帝王部·命使第二》载：开元二十一年二月，以检校尚书右丞相皇甫翼充河南淮南道宣慰使、检校尚书吏部侍郎刘彤充江东江西道宣慰使、尚书兵部侍郎李镇充山南道宣慰使，制曰：去年江南、淮南有微遭旱处，河南数州亦有水损百姓等，皇甫翼等咸谓能贤，式将朕命，其间乏绝，应须赈贷，便量事处置，回日奏闻。

《唐会要》等相关记载，不胜枚举。

由此可见，宣慰使一职在有唐一代，多为临时设置官职，承担某种特殊使命，如监军、赈灾等。

又如宣抚使则始于宋，其事权最重，文武大臣至两府始得拜。

按：《资治通鉴》卷二百一十三《唐纪二十九》载：开元十六年正月甲寅，以魏州刺史宇文融为户部侍郎兼魏州刺史，充河北道宣抚使。胡三省注：宣抚使始此。《旧唐书》卷四十八《食货上》有“大和四年五月，剑南西川宣抚使、谏议大夫崔戎”，卷一百四十一《田弘正》有“裴度为宣抚使，尝观兵于沱口”，卷一百五十四《孔巢父》有“广德中，李季卿为江淮宣抚使”，卷一百九十《文苑下》有“唐扶……（大和）十五年，充山南道宣抚使”等语，《文献通考》卷五十九《职官考十三》“宣抚使”条亦载：“唐元和十四年，淄、青、兖、郓等十二州平，诏户部侍郎杨于陵以本官充淄、青等州宣抚使”，可见，宣抚使一职当始于唐。

两府为枢密院、政事堂。《宋史》卷一百六十二《职官二》载：宋初，循唐、五代之制，置枢密院，与中书对持文武二柄，号为“二府”。……枢密院，掌军国机务、兵防、边备、戎马之政令，出纳密命，以佐邦治。卷一百六十一《职官一》载：宋承唐制，抑又甚焉。三师、三公不常置，宰相不专任三省长官，尚书、门下并列于外，又别置中书禁中，是为政事堂，与枢密对掌大政。

《宋史》卷一百六十七《职官七》载：宣抚使，不常置，掌宣布威灵、抚绥边境及统护将帅、督视军旅之事，以二府大臣充。治平末，命同签书枢密院郭达宣抚陕西。三年，夏兵犯顺，以参知政事韩绛为陕西宣抚使，继即军中拜相，仍旧领使。政和中，遣内侍童贯为陕西、河东宣抚使，又兼河北。宣和三年，睦寇方腊作乱，移贯宣抚淮、浙，贼平依旧。靖康初，种师道提兵入卫京城，为京畿、河东北宣抚使，凡勤王之师属焉。及会诸道兵救太原，又以知枢密院李纲宣抚河东、北两路。中兴初，张浚以知枢密院事、孟庚以参知政事、李纲以前宰相，皆出宣抚。

由《宋史》相关记载可以看出，两宋宣抚使皆由政事堂或枢密院两府大臣充任。《文献通考》卷五十九《职官考十三》“宣抚使”条：“两汉以来，大将军之官内秉国政，外则仗钺专征，其权任出宰相之右。……宣抚即两汉大将军之任也”。《宋史》卷一百六十二《职官二》载：靖康元年，知枢密院事李纲言：“在祖宗之时，枢密掌兵籍、虎符，三衙管诸军，率臣主兵柄，各有分守，所以维持军政，万世不易之法。自童贯以领枢密院事为宣抚使，既主兵权，又掌兵籍、虎符，今日不可不戒”，均足见“事权最重”。

而安抚使稍次之，尚得专僇大将。今去“使”字，为从四品从五品官，且属都司或府钤辖，而卑极矣。

按：《旧唐书》卷一百《解琬》：（解琬）……以功擢拜御史中丞，兼北庭都护、持节西域安抚使。卷一〇三《郭虔瓘》：虔瓘俄转安西副大都护、摄御史大夫、四镇经略安抚使。卷一百五十二《高固》：高固，高祖侃永徽中为北庭安抚使。卷一九六上《吐蕃上》：如意元年，吐蕃大首领曷苏率其所属并贵川部落请降，则天令右玉钤卫大将军张玄遇率精卒二万充安抚使以纳之。由《旧唐书》记载可看，安抚使一职仅设于边地。《旧唐书》卷一百一十一《房琯》：韦皋表（房式）为云南安抚使。《资治通鉴》卷二百三十五《唐纪五十一》载：（贞元十一年）九月，丁巳，加韦皋云南安抚使。胡三省注曰：以安抚南诏为官名。故而，唐代设置安抚使，其初衷或为安抚边镇。

宋代在诸路置安抚司或加“经略”，称经略安抚司。《宋史》卷一百六十七《职官七》：经略安抚使一人，以直秘阁以上充，掌一路兵民之事……帅臣任河东、陕西、岭南路，职在绥御戎夷，则为经略安抚使兼都总管以统制军旅，有属官典领要密文书，奏达机事。河北及近地，则使事止于安抚而已，其属有干当公事、主管机宜文字、准备将领、准备差使。另，安抚司亦可为临时派出官员。《宋史》卷一百七十《职官十》：征行，则有招讨使、招安使，或云捉贼、招安、安抚使名者。……廉访民瘼，则有……安抚使、副使……或官卑者止云……安抚……

《元史》卷九十一《百官七》载：安抚司，秩正三品。每司……安抚使一员。《明史》卷七十六《职官五》载：安抚司，安抚使一人，从五品。《明史》《明实录》未见安抚使为从四品之记载。

至若招讨使一官，在唐为制将，遇外夷不廷，及藩镇违命，始暂设遣征。

按：《旧唐书》卷四十四《职官三》载：招讨使，贞元末置。自后，随用兵权置，兵罢则停。

卷十八上《武宗》：（会昌二年）八月，回纥乌介可汗过天德，至杷赖烽北，俘掠云、朔北川……乃征发许、蔡、汴、滑等六镇之师，以太原节度使刘沔为回纥南面招讨使；以张仲武为幽州卢龙节度使、检校工部尚书，封兰陵郡王，充回纥东面招讨使；以李思忠为河西党项都将，回纥西南面招讨使，皆会军于太原。

卷十五上《宪宗上》（元和二年十月）庚申，李锜据润州反……以淮南节度使王锷充诸道行营招讨使，内官薛尚衍为监军，率汴、徐、鄂、淮南、宣歙之师，取宣州路进讨。

吐突承璀，以宦官得之，白居易力谏而改命，其重可知。

按：《旧唐书》卷一百八十四《宦官》载：吐突承璀，幼以小黄门直东宫，性敏慧，有才干。……四年，王承宗叛，诏以承璀为河中、河南、浙西、宣歙等道赴徒州行营兵马招讨等使……谏官、御史上疏相属，皆言自古无中贵人为兵马统帅者……宪宗不获已，改为充镇州已来招抚处置等使。

《新唐书》卷一百一十九《白居易》载：会王承宗叛，帝诏吐突承璀率师出讨，居易谏：“唐家制度，每征伐，专委将帅，责成功，比年始以中人为都监。韩全义讨淮西，贾良国监之；高崇文讨蜀，刘贞亮监之。且兴天下兵，未有以中人专统领者。神策既不置行营节度，即承璀为制将，又充诸军招讨处置使，是实都统。恐四方闻之，必轻朝廷。后世且传中人为制将自陛下始，陛下忍受此名哉？且刘济等洎诸将必耻受承璀节制，心有不乐，无以立功。此乃资承宗之奸，挫诸将之锐。”帝不听。既而兵老不决，居易上言：“陛下讨伐，本委承璀，外则卢从史、范希朝、张茂昭。今承璀进不决战，已丧大将，希朝、茂昭数月乃入贼境，观其势，似阴相为计，空得一县，即壁不进，理无成功。不亟罢之，且有四害。……事至而罢，则损威失柄，只可逆防，不可追悔。”

《旧唐书》卷一百六十八《独孤郁》载：独孤郁……论中官吐突承璀不宜为河北招讨使，乃改招抚宣慰使。

今秩亦与安抚同，然今海内惟四川有天全六番招讨使司一衙门，他方更无此官，不知何故？

按：《明史》卷七十六《职官五》载：安抚司，安抚使一人，从五品。……招讨司，招讨使一人，从五品。但《明太宗实录》卷一百六十三，永乐十三年四月乙未条载：升四川天全六番招讨司为天全六番招讨使司，秩从三品，给印章，命招讨高敬让招讨使。

《明史》卷三百三十一《四川土司》：天全，古氐羌地。五代孟蜀时，置碉门、黎、雅、长河西、鱼通、宁远六军安抚司。宋因之，隶雅州。元置六安抚司，属土番等处宣慰司，后改六番招讨，又分置天全招讨司。明初并为天全六番招讨司，隶四川部司……（洪武）二十一年……诏更天全六番招讨司为武职，令戍守边界，控制西番。

《明史》卷三百三十一《西域三》中虽有“命增置朵甘思宣慰司及招讨等司。招讨司六：曰朵甘思，曰朵甘陇答，曰朵甘丹，曰朵甘仓溏，曰朵甘川，曰磨儿勘”的记载，但明代在西藏采取“多封众

> 建，贡市羁縻”的策略，并未实施全面的直接行政管辖，故而不在此范围。除此之外，查《明史·土司传》，再无招讨使一职。

然而正副两招讨，一高氏，一杨氏，世相婚姻，世相仇杀，仅通西番入贡之路耳，无能为西陲藩蔽也。

> 按：《明太祖实录》卷八十六，洪武六年十一月丙午条：置四川天全六番招讨司，秩从五品，以前土官高英为正招讨，杨藏卜为副招讨。
>
> 杨振业《灵和乘略》载：自是，每二岁朝贡，高杨必偕往，不独行。《明史》卷三百一十一《四川土司一》：正德十五年，招讨高文林父子称兵乱，副招讨杨世仁亦助恶。
>
> 任乃强《民国川边游踪之<天芦宝札记>》中《杨土司世系》：杨怀，冲龄尚气，与高氏朝会争长，致酿兵祸。《高土司世系》：受钦差镇守太监梅忠等按验，与董卜、鱼通二宣慰使司及千户头目等300余名到司构和宁息。
>
> 《明史》卷三百一十一《四川土司一》：（天全）盖其地为南诏咽喉，三十六番朝贡出入之路。

三 《万历野获编》土司史料价值

笔记小说部分史实记载较为详细，可补正史之不足，已成为学界同仁共识。如本文所笺注“土司职名”条，《明史·土司传》仅述“土官、土吏之所始”[1]，而对土司职官由来并未涉及，而“土司职名”条却对唐代以来宣慰使、宣抚使、安抚使、招讨使等职名渊源、演变详加叙述，于历代文献中尚属首次。

粟冠昌在《三议广西土官民族成分问题》中广征博引，得出“广西西部的土官除极少数的几个外，其他的都是‘土酋’，是壮族的上层人物”

---

[1] 《明史》卷三一〇，《湖广土司》。

的结论。[①] 而这“极少数的几个”则包括了“中国人出为土官者，近年思城知州赵天锡”，赵天锡于正史并无记载，而“补史之缺，续史之无”的《广西通志》中也没有详细资料，所幸《万历野获编》“土官之异”条记载了赵天锡“本江南女优，游粤西见嬖于土酋……而（土司）赵氏无他子，遂以夷法，妇袭夫官”，为我们保留了罕见的汉妇为土官的珍贵资料。

《明史》《明会典》等仅就土官承袭程序做了大致规定，但“土官承袭”条对西南三省土司承袭详加记载：“土官（承袭）则全凭宗支一图为据，今惟云南布政司贮有各土司宗系，以故袭替最便。而贵州、广西诸土官，竟自以所藏谱牒上请，以致彼此纷争，累年不决，称兵构难”。这对于研究云南土司承袭、土司战争都具有很大的参考价值。

《万历野获编》土司资料最大的价值即以人物或地域为中心整理史料，完整反映历史事件的全过程，以类似纪事本末体钩沉史实，钱谦益在《补遗跋》中亦称其能“敷陈其本末，疏通其端绪”。如“武定府初叛”“武定府改流”“武定三叛”“武定四叛”“岳凤投缅”“叛酋岳凤”等条。

“武定，南诏三十七部之一。……至元七年改武定路，置南甸县。洪武十四年，云南下，武定女土官商胜首先归附。十五年改为武定军民府，以胜署府事”[②]，武定土官在明代曾多次叛乱，并最终被改土归流，《明史》《明实录》均有记载，但分布较散，《明史·云南土司》“武定”条又过于简略。《万历野获编》“武定府初叛”“武定府改流”“武定三叛”“武定四叛”等条，以时间为线索，以地域为中心，钩沉武定军民府史事，脉络清晰，便于查阅。

特别值得一提的是，沈德符所生活的年代，正值明王朝由盛转衰的时期，贪官污吏横行，皇帝长期不理朝政。因此，沈德符在搜集、整理资料时，评议朝政、批评官员腐败，成为《万历野获编》的主要内容。沈德符客观评价，寓论于史，真实地反映了明代朝政腐败、官员无知。

“流官属土府”条载：思明府所属，尚有禄州、西平二土州，正嘉之间，为交趾所侵陷，思明既不能克复，大司马亦不能讨，漠然置若罔闻。国事如此，何以鞭笞四夷？“土司文职”条在详述土司分隶兵部、户部情况后指出“似此职掌分裂，当以守土管军民者与掌兵不同耶？但自宣慰而

① 粟冠昌：《三议广西土官民族成分问题》，《广西民族研究》1992 年第 2 期，第 40 页。

② 《明史》卷三一四，《云南土司二》。

下，既为文臣，何以俱属都司钤辖？……此皆官制之紊当议者”。

“土酋名号”载：今土司衙门称号，其字多复垒，非内地州县一字二字之例。如湖广都司所属，水尽源通塔平长官司入贡，当事者不知，拆为三地。主事官员连土司名号都不清楚，无知由此可见一斑。

中国古代笔记小说卷帙浩繁，蔚为大观，仅《历代笔记小说集成》[①]中就搜录元代29种、明代161种、清代208种，其中不乏大量土司资料。但是长期以来，学界在土司研究中多关注于正史资料，对野史、笔记小说有所偏废，所引笔记等资料也仅限于《啸亭杂录》等少数几种。甄别使用野史、笔记、小说资料，必将推动土司制度的研究，并能纠正以往研究中的某些观点和认识。

① 周光培：《历代笔记小说集成》，河北教育出版社，1995。

“初夜权”：土家族土司没有享有的文化“盛宴”

田清旺
（湖南吉首大学酉水流域历史与文化研究中心）

摘　要　土家族民间流传着“初夜权”传说，学术界由此认为或至少默认土家族土司享有“初夜权”。但通过查阅正史、方志、野史，并对土司制度、土家族婚俗以及传说分析，土家族土司没有享有“初夜权”。有关土司享有“初夜权”的传说只是土家族对改土归流及其流官治理初期中央和地方政府在意识形态领域肃清土司影响这一“历史真实”的一种社会记忆。

关键词　土家族土司　“初夜权”　改土归流　社会记忆

一　“初夜权”：土家族民间传说和学术界的认知

“初夜权”是指新婚之前，新郎以外的某男子与新娘共宿第一夜的特权，或者新婚夫妇过性生活之前由第三者破坏新娘处女膜的权力。研究表明，作为一种文化事象，“初夜权”早在原始社会就已出现，直至近代一些国家和地区的原始部族中仍有留存。

在土家族聚集的酉水、清江、乌江以及澧水流域流传着“初夜权”的传说，这些传说尽管情节千差万别，但有一点是共同的，那就是土家族土司享有一种特别的权利——初夜权。如湖南湘西永顺县麻岔乡司城村（永顺宣慰司治所遗址所在地）一带流传的《天马山与白鼻子土司王》传说：相传土司王有一个儿子刚出生时鼻梁上就患有一个黄豆大小的疮，据说疮随人而长大，后来他继承土司王位，被人称为“白鼻子土司王”，白鼻子无道，生活荒淫，推行“初夜权”，强迫新娘第一夜与他“过夜”，在寒冷的冬天将银子丢入河中要年轻后生摸取，声称凡没有摸到银子者杀，但结果不管是否摸到银子者皆被杀死。同时他的鼻子隔一段时间就痛痒难忍，每当此时他就会杀人，并且杀的全是壮丁，弄得溪州百姓怨声载道，彭氏亲属也越来越远离他了。皇帝得知此事就派兵剿灭，白鼻子土司王一战就被打败，并在一个小山洞里被杀死。[①] 在湖北来凤县一带流传的《“初夜权”是怎样废除的?》，不仅述说土司享有“初夜权”，而且还述说这种特权是如何被废除的：相传，土司荒淫无道，制定了一个规矩，不管哪个人结婚，他都要同新娘先睡三夜，叫初夜权。有一年，向家坨有一个名叫向嫚幺的姑娘要结婚，家里人唉声叹气，向嫚幺劝大家不要着急。结婚那天，她刚梳妆打扮完毕，就被土司派来的人用大花轿把她抬走了。到了土司城后，向嫚幺将土司王灌醉，又将土王弄在床铺上，随后向嫚幺在丫环的帮助下又先后把土司的妹、妈灌醉，并将她们的衣服脱光，抬到土司睡的床铺上，向嫚幺和丫环两人就连夜跑回家了。第二天，天刚亮，土司的妈冻醒了，发现自己光胯伶当地睡在儿子的床上，儿子还紧紧搂抱着一丝不挂的女儿，她带着哭声喊道：“天哪，莫忙亮吧，不然，我儿娘母就要丢丑哇!”说来也巧，天真的一下黑了。从这以后，土司再也不敢行使“初夜权”了。[②] 重庆酉阳县一带流传的《土家族结婚抬菩萨的来历》传说也有土司享有“初夜权”的内容：“相传酉阳后溪的土家山寨里，有个荒淫无道的总管，姓白，人称色鬼。白总管制定了一条规矩，除白姓人外，不论哪家娶亲办喜事，他都要去‘赶喜’。所谓‘赶喜’，就是赶在新郎前头同新娘先睡三夜。”[③] 鄂西鹤峰县也流传着同样的传说：“田土王在容美无恶不作，残酷压榨土民。有一代土王，是个好色之徒，到处寻找漂色（即漂亮）姑娘，抢到宫里玩乐。还兴了一个规矩，除了姓田的土家人外，外姓人只要娶亲，新娘子就要先到土王宫让田王先睡三夜。”[④] 在土家族民间还认为婚礼“敬土司王”之环节就是土司享有“初夜权”之象征：

---

① 向盛福：《老司城民间故事集》，中国戏剧出版社，2010，第 35 ~ 37 页。

② 归秀文编《土家族民间故事选》，上海文艺出版社，1989，第 78 ~ 79 页。

③ 《土家族婚俗抬菩萨的来历》，载《民间文学》1987 年第 5 期。

④ 董柏权：《从民间传说看土家族历史上的“初夜权”》，《中央民族学院学报》1989 年第 6 期。

迎娶新娘的队伍离开新郎家后，"土老司（巫师——引者注）在（新郎家）堂中做法，用围布将堂屋左角围上，内摆猪头牲醴，新娘穿的衣裙、首饰，安敬土司王。新郎九叩八拜，请土司王行使象征性的'初夜权'。因土司时期，土王见谁家结婚，他都要与新娘先睡三夜，明文规定为'初夜权'。由于惨无人道，在行使'初夜权'时，被人屠刀杀死。传说死后，阴魂不散，若不敬奉请他，他就要作祟，使新婚之夜，夫妻不和。新娘进屋这晚，敬奉时，猪头上要插把屠刀，以示震慑"。①

与土家族民间大量流传的"初夜权"传说情形相反，目前学术界对土家族土司是否拥有"初夜权"关注甚少，更缺乏系统研究，但基本持肯定观点或默认态度。如董柏权先生通过研究土家族"初夜权"传说，认为"似可反映出土家族在土司制度下'初夜权'的存在"。② 彭荣德先生也认为土家族土司享有"初夜权"，只是"强行逼使的'初夜权'并不是历史的真实，历史的真实应该是也只能是古代的祖先们的那种'神交'的'初夜权'的巫祀现象"。③ 即土家族土司享有"初夜权"，但只是远古时期"神交"巫祀现象之遗风。成臻铭先生依据于永顺老司城村的传说，也认为土司拥有"对非彭姓新娘行使三天三夜的初夜权"。④

二 "初夜权"：土家族土司没有享有的权利

土家族地区土司统治始于元代，到清雍正年间改土归流基本结束，前后历时四百余年。在土司制度下，土司是土家族地区最高军政长官，实际上就是辖区的"土皇帝"，他们拥有至高无上的权力，可以"赋敛无名，刑杀任意，抄没鬻卖，所其所为……俗言土司杀人不请旨，亲死不丁忧"⑤，甚至"一娶子妇，则土民三载不敢婚"。⑥ 但是，无论从社会政治与文化，还是从历史文献记载考察，土家族土司并没有享有"初夜权"。

① 杨昌鑫：《土家族风俗志》，中央民族学院出版社，1989，第 83 页。

② 董柏权：《从民间传说看土家族历史上的"初夜权"》，《中央民族学院学报》1989 年第 6 期。

③ 彭荣德：《土家儿女做新娘》，中国民间文艺出版社，1989。

④ 成臻铭：《清代土司研究——一种政治文化的历史人类学观察》，中国社会科学出版社，2008，第 230 页。

⑤ 乾隆《永顺府志》卷一二，《杂记》。

⑥ 《清史稿》卷五一二，《土司一・湖广》，中华书局，第 14204 页。

土司统治下的土家族地区是一个相对独立的王国，尽管有“土不出蛮，汉不入峒”的规定，但由于处于中华帝国腹地，西、北、东三面皆为汉族地区，相对于西南其他少数民族，汉文化对土家族影响更广、更深，而随着书院、教育的兴办以及派送子弟到汉族地区求学，土家族的统治阶层对汉文化有比较全面的了解。土家族地区早在羁縻时期就建有书院，如贵州省沿河土家族自治县大漆乡的鸾塘书院，土司制度建立后，土家族地区建立了更多的书院，如湖南张家界市永定区三岔乡的天门山麓书院、永顺老司城的若云书院、湖南石门县的有丝书院等；明朝建立后，十分重视对少数民族高层开展汉文化教育，洪武二十八年（1395），明太祖宣谕：“诸土司皆立县学”[①]，随后又将是否接受教育作为土司承袭的硬性规定：“弘治十年，诏土官应袭子弟悉令入学，渐染风化，不入学者，不准承袭。”[②] 于是在土家族地区相继开办了培养土司贵族子弟的学校，如永乐六年（1408），酉阳宣抚司建立了土家族地区最早的土司学校；与此同时土司还将子弟派往汉族地区求学，“（明）正德初，永顺彭明辅以辰州学生嗣宣慰，从征十余次，以礼法自守，诸洞翕然响慕”。[③] 土司学校、书院的兴办以及外派子弟求学，为土家人特别是土司了解和掌握汉文化提供了条件，土司中也涌现了一批汉文化造诣较高的学者，他们不仅汉文化水平高，且纷纷著书立说，如容美土司田甘霖著有《敬简堂集》，田舜年著有《白虎堂集》、《清江纪行》和《欢余吟》等，以至于齐祖望在《宜昌府志》发出“容美土司世崇武功，至田世爵以后颇事诗书”[④] 的感叹！由此可见，土家族土司及其上层人士具有较高的汉文化水准，对以儒家思想为代表的汉文化有比较全面的了解和认识。“初夜权”显然与汉文化的传统伦理相违背，因此不论从制度文化还是民俗文化而论土司都不可能享有。

土家族土司区人们因经济地位、政治地位、社会声望和社会权威的差异而形成不同的阶层，土司与下属官员之间，下属与下属官员之间，官员与百姓之间，特别是土司与百姓之间等级森严，对此方志多有记载：“土司自称本爵，土民称之曰爵爷。”土司“每出则仪卫颇盛，土民见之皆夹道而伏”，“土官衙署，绮柱雕梁，砖瓦鳞砌。百姓则刈木架屋，编竹为

① 《明史》卷三，《太祖纪三》。

② 乾隆《永顺府志》卷一二，《杂记》。

③ 乾隆《永顺府志》卷一二，《杂记》。

④ 王承尧、罗午等：《土家族土司史录》，岳麓书社，1991，第173页。

墙。舍巴头目许竖梁柱，周以板壁，皆不准盖瓦，如有用瓦者，即治以僭越之罪，俗云：‘只许买马，不许盖瓦。’”[①] 成臻铭先生通过研究，认为永顺宣慰司区生活着八个社会政治阶层，每一个阶层既有相应的权力，又有相应的义务，而不同阶层的权利和义务即不能混淆，更不能逾越。[②] 社会阶层的形成对土司区社会生活和每一个成员具有重大影响，一方面导致土司区不同阶层具有不尽相同的权利和义务并以习惯法甚至成文法的形式加以固化，阻碍着不同阶层成员之间的交流与互动。因此不同阶层男女之间的婚姻乃至于性关系必将受到约束，且在文化上加以禁止，违者将受到舆论的谴责甚至习惯法的惩罚。另一方面，不同阶层成员享有的权利和履行的义务也不同，这些必将对思维方式和行为方式产生影响，即任何一个成员的言行必须与其所处阶层的规范相一致，并具有遵守规范的“文化自觉”。因此，土司享有“初夜权”，即土司与不同阶层女子发生性关系，显然有悖于土司区社会秩序或者伦理。

土司制度下，土司承袭在不同民族乃至于不同土司区各有其特点，但在中央王朝认同下的世袭制是其共同特点。由于事关土司区社会稳定，中央王朝对土司承袭有明确规定，如《大清会典》规定，土官病故或年老有疾，“准以嫡子嫡孙承袭。无嫡子嫡孙，则以庶子庶孙承袭；无子孙，则以弟或其族人承袭；其土官之妻及婿，有为土民所服者亦准承袭”。[③] 这一规定清楚表明了土司职位世袭的基本顺序：嫡子→嫡孙→庶子→庶孙→弟→族人→妻→婿。在土家族地区，土司一般采取父子（祖孙）、兄弟的承袭方式，以永顺宣慰司为例，历代共有秩官35名，其中承袭为长子的有23人，次子为4人，季子为1人，弟为2人，孙为1人。由此可见土司的承袭不仅要保持政权的延续性，更要保证血统统治的延续性。土司及其上层人物如果享有“初夜权”，与众多女子特别是阶层差别较大的女子发生性关系，一方面导致高贵“血脉”流失；另一方面必然产生民间“太子”或“格格”，由此对土司承袭会带来一系列问题，如遗留于民间的子女是否是“太子”或“格格”？如何认定？他们与“明媒正娶”的夫人所生子女有何区别？这些民间“太子”和“格格”有无承袭的权利？等等。显

① 乾隆《永顺府志》卷一二，《杂记》。

② 成臻铭：《清代土司研究——一种政治文化的历史人类学观察》，中国社会科学出版社，2008，第229~234页。

③ 光绪《大清会典》卷一二，《吏部》。

然，“初夜权”将对土司承袭产生重大影响，甚至威胁土司区社会的稳定和土司政权的生存。因此，从政治文化视角分析，土司不仅不能享有“初夜权”，还从制度文化上予以禁止。

土家族是一个有语言而无文字的民族，其历史与文化没有本民族的文字记载，但不管正史，还是方志乃至于野史始终未见土家族土司享有“初夜权”的记载。改土归流时期，各级官员上报奏章中罗列了土家族土司的种种劣迹，如“桑植土司向国栋，保靖土司彭御彬，暴虐不仁，动辄杀戮，且骨肉相残，土民如在水火”。[①] 值得提及的是历来奏文中也始终没有与汉民族文化格格不入的“初夜权”劣迹。明代溧阳监生冯泰运曾被永顺土司骗至溪州土司区，冯泰运逃离后，四处讲述永顺土司的暴行：

> 彭元锦为政，酷忍不忍闻，其所统三州六长官司，俱夷灭无余，自署其子弟为酋长。今人觐与承袭所列某司某司者，俱伪为之。且禁部中夷人不许读书识字，犯者罪至族。[②]

在满腹经纶的冯泰运视野中，时任土司彭元锦罪状可谓罄竹难书，但“初夜权”这一“乱伦”之举仍不在“暴行”之列。《容美纪游》是清初名士顾彩于康熙四十三年（1704）游历容美土司区所写的一部旅行日志。在长达三个多月的时间里，顾彩游历了大半个容美土司区，详细记录了所见、所闻和所思，内容涉及容美土司区的政治、经济、文化、军事、风俗等方方面面，是目前了解土司制度下土家族地区社会生活最翔实的珍贵资料，但《容美纪游》也没有“初夜权”的记录。

三 “初夜权”：关于改土归流及流官治理早期肃清土司影响的社会记忆

民间传说作为一种文化形式是对社会生活的反映，但是否由此认定土家族“初夜权”传说就是土司具有“初夜权”这一“历史真实”的反映呢？我们认为，传说确实反映着“历史真实”，但这种“历史真实”并非

---

① 乾隆《永顺府志》卷首载“上谕”。

② 沈德符：《万历野获编》卷三〇，《土司·永顺彭宣慰》，中华书局，1959，第763页。

土司享有“初夜权”之“真实”，而是改土归流及其流官治理早期，中央及地方政府为了巩固改土归流的成果，实现对土家族地区长治久安统治而在意识形态中肃清土司影响这一“历史真实”的反映。

法国学者莫里斯·哈布瓦赫在《论集体记忆》中指出：“集体记忆不是一个既定的概念，而是一个社会建构的过程。”① “这种社会建构，如果不是全部，那么也是主要由现在的关注所形塑的”。② 康纳顿则进一步指出：“控制一个社会的记忆，在很大程度上决定了权利的等级。”③ 因此建构和叙述过去在很大程度上取决于“当下”的理念、利益和期待，也就是说，社会记忆是为支持现存社会秩序合法化，即当前的社会、政治、经济、文化等秩序的权力关系服务的。“初夜权”传说就是在改土归流背景下而“建构”的一种社会记忆。

土家族地区大规模改土归流始于雍正五年（1727），到雍正十三年基本完成，通过改土归流，土家族地区废除了土司统治，建立了府县制，并实行流官治理，土家族地区发生了根本性的变化，尤其是土司由社会中心到退出历史舞台的变化，为“构建”土司享有“初夜权”这一社会记忆提供了条件。为巩固改土归流的成果，从根本上维护清王朝对土家族地区的统治，中央、地方政府采取了一系列措施，强化对土家族地区控制：一是在城乡市镇人烟聚集处设立讲约所，按期举行讲约之典，“每逢朔望，或因公下乡，诣约所，敬宣上谕，开导愚蒙，并加察奖赏，务期边疆僻壤，俗尽淳良，渐臻道风同之盛”。④ 永顺府先后在永顺县、保靖县、龙山县、桑植县分别设立讲约所 20 处、6 处、25 处、12 处。⑤ 二是发布各类告示，从政治、经济、社会、文化等方面颁布政令，要求准律执行。三是对土司残留势力残酷镇压，如雍正七年对旧土司总理田尔根的“激变”，“嗣经祥奏，部议以斩、绞、军、流、徙、杖，分别发落”。⑥ 但是改土归流对土家族地区来说毕竟是一场影响深远的社会变革，绝不可能一蹴而就。事实上

① 〔法〕莫里斯·哈布瓦赫：《论集体记忆》，毕然、郭金华译，上海人民出版社，2002，第 93 页。

② 同上书，第 106 页。

③ 〔美〕保罗·康纳顿：《社会如何记忆》，纳日碧力戈译，上海人民出版社，2000，第 1 页。

④ 乾隆《永顺府志》卷一〇，《风俗》。

⑤ 同上。

⑥ 乾隆《永顺府志》卷一二，《杂记》。

流官治理之初，其社会控制力十分脆弱，这既与土家族接受、适应和内化一种全新的政治文化需要一个过程有关，更与土司及其残存势力影响有着密切的联系。改土归流后尽管土司被废除，影响较大的土司还进行了异地安置，如湘西地区的永顺宣慰使彭肇槐安置于江西吉水、桑植宣慰使向国栋迁徙河南、保靖宣慰使彭御彬安置于辽宁辽阳。但土司的影响力不可小视，如土家族仍将“土王神”作为祭祀对象：“土民设摆手堂，谓是已故土司阴署，供以牌位。”[①] 土司残存势力经常引发社会的动荡，如雍正七年(1729)，“旧土司总理田尔根传令各旗，彭志文等四十四人，并随从一百余人，集于南门外河坡，涌入城中，直入署内，将衙役六名枷号西门楼上。驻防游击马腾蛟劝解而散，又齐集宰牛歃血，同往镇竿，控于道宪”。[②] 因此要从根本上消除土司的影响，就必须降低土司在土家人心目中的地位，甚至将土司从信仰体系中予以清除。于是地方政府发布公告，禁止土司祭祀，但“屡出示，禁之不能止”。[③] 在此情况下，应用舆论工具对土司进行人身攻击，乃至于亵渎、诋毁、丑化土司不是不可能发生的，或许享有“初夜权”的高帽戴在土司头上比张贴成千上万的“禁示”，更具有事半功倍的效果。于是土司在土家人心目中的地位一落千丈，800 多年“修炼”之威信荡然无存，甚至成为“口诛笔伐”的对象。“土王神”信仰除在穷乡僻壤苟延残喘外，在“开化”地带人们只能嗤之以鼻，至多只是人们茶余饭后的笑料而已。“初夜权”传说就是在“改土归流”语境下产生并被流传下来的。因此，可以说“初夜权”传说就是意识形态中进行的另一种形式之改土归流，它是改土归流的重要组成部分，也是改土归流这一发生在土家族地区重大社会变革的继续，更是改土归流这一“历史真实”保留至今的社会记忆。

从时空、语境视角分析，“初夜权”传说也具有改土归流及其流官治理时期特征。首先，土司时期土家族是可以同姓为婚的。土家族“初夜权”传说情节千差万别，但其中一个核心环节——土司对部分新娘是不行使“初夜权”的，原因就是“同姓”，其潜在的“台词”就是同姓男女之间不能有性关系存在。大量的史志、碑刻、谱牒记载表明，土司时期土家族婚俗中存在“同姓为婚”的现象，如乾隆《永顺府志》载：“联婚不嫌

① 嘉庆《龙山县志》卷七，《风俗》。

② 乾隆《永顺府志》卷一二，《杂记》。

③ 嘉庆《龙山县志》卷七，《风俗》。

同姓。”[1] 族谱对同姓为婚也有记载，如“容美宣慰使田氏家族，宣慰使田玄之妻系忠洞宣抚使田氏之女、其女嫁忠洞宣抚使田桂芳为妻；田玄长子田霈霖之妻称为‘原配田氏’，田玄次子田既霖之妻称为田夫人；田既霖之女田氏再嫁给忠洞田桂芳之子田雨公。”[2] 长阳土家族自治县《田氏家谱》更显示土家族在改土归流后还保留着同姓为婚的习俗：“在三个支系的七代男性子嗣中，配偶为同姓的分别占百分之六十、百分之三十、百分之六十六。”[3] 永顺老司城遗址考古发现的土司墓碑刻也显示土司时期同姓为婚现象的存在：永顺宣慰使彭显英的二位夫人系江口长官司彭武德长女、次女，而彭显英之次女嫁保靖宣慰使彭文焕；宣慰使彭世麒的一位夫人系江口长官司彭胜祖之次女，其次女嫁保靖宣慰使彭九霄；宣慰使彭明辅的一位夫人系江口土官彭惠之女；宣慰使彭忠轩的一位夫人系保靖宣慰使彭九霄长女；宣慰使彭翼南首娶保靖宣慰使彭尽臣之女、四娶江口官舍彭志显之女，其女嫁保靖宣慰使彭养正。这些史志、族谱、碑刻充分说明土司时期土家人同姓为婚的普遍性，也说明土家人认可同姓男女之间的性关系，或者说土司区同姓男女之间的性关系符合社会伦理、道德规范。以此类推，如果土司享有“初夜权”，其行使的对象应包括土司区所有的新娘，而不能将同姓新娘排斥于外并作为一种忌讳，显然传说中具有的同姓不能为婚的观念不符合改土归流前土家族婚姻习俗。其实改土归流后针对土家族婚俗之“陋习”，地方政府采取一系列措施进行改造和治理，如婚俗中严禁“骨种、坐床恶俗”，并“律应重典”[4]，“保靖向隶土司，不知礼仪，民间娶嫁，皆系背负，或系徒行，殊乖体统……本县捐买竹轿数乘给发乡耆，以备民间嫁娶之用，从前襁负陋习，合行示禁”。[5] 由于地方政府的“训导”和汉文化的润浸，导致土家族地区的婚俗发生变化：“近日，读书补诸生者，多讲名教，亲迎鼓吹，彩轿、庙见、合卺与吾俗渐同。”[6] 而在此过程中，汉族“同姓不婚”的观念渐渐为土家族所接受，并内化为一种道德观念，演变为一种婚姻习俗。因此，“初夜权”的传说应是改土

① 乾隆《永顺府志》卷一〇，《风俗》。

② 宋仕平：《土家族古代社会制度文化研究》，民族出版社，2007，第139页。

③ 同上。

④ 乾隆《永顺府志》卷一一，《檄示》。

⑤ 同治《保靖县志》卷一一，《祥异志》。

⑥ 嘉庆《龙山县志》卷七，《风俗》。

归流后土家族接受“同姓不婚”、同姓男女不能有性关系的观念后才出现的。其次，“初夜权”传说之语境具有典型的改土归流特征。任何一种民间传说都有自身产生的时代背景，并被打上深深的烙印，而语境就是最重要的体现形式之一。土司是封建王朝任命的世袭官职，集政治、经济、军事、文化、族权甚至于神权于一身，掌握着生杀予夺的权力，是独霸一方的“土皇帝”，土家族地区的土司由强宗大姓转化而来，历经羁縻、土司等统治，人们对土司敬畏有加，其死亡后的灵魂——“土王神”被视为保护神而加以供奉，“供土司神位于屋正面，荐以酒醴鱼肉。其本家祖先设主门后”。[①]“各寨有摆手堂，又名鬼堂，谓是已故土司阴署。每岁正月初三至十七日止，夜间鸣锣击鼓，男女聚集跳舞长歌，名曰摆手”。[②] 可见土司时期，土司是土家人心目中的神灵，是典型的“正面人物”。但不管是倾听还是阅读“初夜权”的传说，其语境始终充满着“语言的暴力”，在这些传说中土司的形象往往身材矮小、肥胖，面目丑陋（如脸上生疮或白鼻子），愚蠢，欺压民众，行为暴力，是典型的“暴君”，可谓人人喊打的“过街老鼠”。显然，“初夜权”传说只能产生于改土归流及其以后的时期。

迪尔凯姆在《宗教生活的基本形式》中写道：“宗教现象在本质上可以归结为两个基本的范畴：信仰和仪式。前者属于主张和见解，并存在于许多表象中，后者则是明确的行为模式。”[③] 土司制度下，“土王神”在土家族的民间信仰神团系统中处于核心和主导地位，这种信仰必然体现在仪式中。婚礼是人生礼仪的重要组成部分，对于土家人来说，种族繁衍，血脉延续，是十分重要的事情，而婚姻于文明社会又是繁衍的前提和基础。因此祭祀“土王神”是土家人婚礼中不可或缺的环节，就像基督教教徒在教堂举办婚礼并向上帝祷告一样，通过祭祀，祈求“土王神”保佑夫妻平安、早生贵子、家庭和睦。彭荣德先生曾描述过土家族婚俗中另一种形式的“敬土王神”之环节：“新郎同来接亲，在‘送亲’路上，经过本族巫祠（土家语叫‘耶挫’，汉译为鬼堂或土王庙——引者注）时，新娘必须下轿，与新郎二人同入土王庙里，摆上事先准备好的刀头、水酒，燃香焚纸，双双叩拜土王菩萨，祈求土王保佑夫妻平安，早生贵子。”这或许就

① 嘉庆《龙山县志》卷七，《风俗》。

② 乾隆《永顺县志》卷四，《风土志》。

③ 转引自史宗主编《20 世纪西方宗教人类学文选》（上册），上海三联书店，1995，第 61 页。

是土家族传统婚俗中“敬土王神”之原型，即土司时期，婚礼中的新郎、新娘祭祀“土王神”是在各寨设有的“土王庙”中进行的。改土归流后土司被废除，“土王神”信仰受到压制，土王庙逐渐消失，尽管祭祀“土王神”之仪式在部分偏远地区的婚俗中保留下来，但祭祀地点已由“土王庙”转移到堂屋，由于受土司享有“初夜权”传说的影响，“祭祀土王神”逐渐演变为“土司享有‘初夜权’之象征”。因此，我们认为，个别地方婚俗中的“敬土王神”之习俗是土司时期婚俗中祭祀“土王神”之遗留，只是改土归流后土家人对之进行了重新解读，其本意还是“祈求庇佑”而不是象征“初夜权”。

清代宜山土司政区长寿现象之我见

施铁靖
（河池学院历史系）

摘　要　以蓝祥为代表的清代宜山永定土司的壮族以及其他民族劳动人民，能生息繁衍在青山绿水气候宜人的永定司自然环境里，过着社会安定，负担轻松，“日用饮食衹率常”的农耕恬淡生活，人们的健康长寿，是自然规律的必然反映。在特定的清朝“乾嘉”时代，宜山永定土司政区成为真正的长寿之乡。

关键词　蓝祥　永定土司　周冕　嘉庆皇帝

近年来，笔者依据自己的学术工作计划，开始侧重于唐宋以降桂西北地区土司制度的研究。在搜集资料对明清两代宜山土司政区地理比较研究过程中，发现一个很有意义的人文现象，即宜山土司政区的人们特别长寿。探讨清代宜山永定土司蓝祥为代表的长寿现象，对我们如何构建和谐社会应该有一定的借鉴意义。为此，笔者不揣浅陋，以本文求教于方家。

一

岭南地区自有文字记载以来，有史可稽的百岁老人也不过区区二位：赵佗和吕嘉。

赵佗，南越王，河北真定人。秦朝高级将领，史称“尉佗”。秦始皇三十年（前217），秦朝命尉屠睢率大军经略岭南，遭到西瓯人的顽强抵抗，致使秦军“三年不得解甲弛弩”。[①] 西瓯君译吁宋战死以后，西瓯人

① 刘安：《淮南子·人间训》，上海书店，1986，第七册，第322页。

“相置桀骏以为将，而夜攻秦人，大破之，杀尉屠睢，伏尸流血数十万”。[①] 秦军南征受阻，秦始皇派尉佗率军南援，尉佗一面奉命，一面“使人上书，求女无夫家者三万人，以为士卒衣补。秦皇帝可其万五千人”。[②] 于是尉佗率军南下，终于在秦始皇三十三年（前214）“略定扬越，置桂林、南海、象郡”[③]，尉佗被命“为南海龙川令”[④]。镇守岭南东部六年。

秦二世胡亥元年（前209），陈胜吴广大泽乡起义，中原各地豪杰纷纷起兵响应，统一不久的秦帝国，顷刻土崩瓦解。时已病危的秦将南海尉任嚣委托尉佗说：

> 闻陈胜等作乱，秦为无道，天下苦之，项羽、刘季、陈胜、吴广等州郡各共兴军聚众，虎争天下，中国扰乱，未知所安，豪杰畔秦相立。南海僻远，恐盗兵侵地至此，吾欲兴兵绝新道，自备，待诸侯变，会病甚。且番禺负山险，阻南海，东西数千里，颇有中国人相辅，此亦一州之主也，可以立国。郡中长吏无足与言者，故召公告之。[⑤]

还立下文书，授尉佗代“行南海尉事”。[⑥] 任嚣死后，尉佗按计行事，封锁五岭通道，军事割据岭南。

秦二世三年（前207），胡亥死，秦朝灭亡。“佗即击并桂林、象郡，自立为南越武王”。[⑦] 南越国建立后，赵佗推行“和集百越”政策，将中原先进的农耕文化带到岭南，促进了岭南地区的民族融合和社会进步。赵佗生于秦王政二年（前245），30岁率军南征，31岁任龙川令，37岁代行南海郡尉，38岁自立为南越武工。汉高祖十一年（前196）接受汉朝“南越王”封号，成为汉朝地方实力最强大的诸侯王，赵佗时年49岁。赵佗执政期间，岭南社会和平安定。汉武帝建元四年（前137），赵佗去世，享年108岁，在位70年。

---

① 刘安：《淮南子·人间训》，上海书店，1986，第七册，第322页。
② 司马迁：《史记·淮南衡山列传》，上海古籍出版社，1997，第2328～2329页。
③ 司马迁：《史记·南越尉佗列传》，上海古籍出版社，1997，第2246页。
④ 司马迁：《史记·南越尉佗列传》，上海古籍出版社，1997，第2246页。
⑤ 司马迁：《史记·南越列传》，上海古籍出版社，1997，第2246页。
⑥ 司马迁：《史记·南越列传》，上海古籍出版社，1997，第2246页。
⑦ 司马迁：《史记·南越列传》，上海古籍出版社，1997，第2246页。

吕嘉，土著越人，史籍说他是“越人之雄”，为土著越人之领袖，比赵佗小10岁。赵佗建立南越国后，年仅28岁的吕嘉被任命为丞相，并深得赵佗信任。《史记》称：“其相年长矣，相三王，宗族官仕为长吏者七十余人，男尽尚王女，女尽嫁王子兄弟宗室，及苍梧秦王有连。”[①] 可见吕氏家族在南越国的权势地位，仅次于赵佗家族。到赵佗的玄孙赵兴继位为第四代南越王时，已经120岁的元老重臣吕嘉仍任丞相。新王赵兴在母亲樛太后的支持下，上书朝廷，“请比内诸侯，三岁一朝，除边关。于是天子许之，赐其丞相吕嘉银印，及内史、中尉、太傅印，余得自置”。[②] 吕嘉反对南越国内附，“数谏止，王弗听”。[③] 于是吕嘉阴谋发动叛乱，杀赵兴及樛太后，另立越女所生的术阳侯赵建德为王。尔后，吕嘉与其弟调动军队围歼韩千秋率领的两千汉兵，公开反叛汉朝。

消息传至长安，汉武帝大怒，立即派卫尉路博德为“伏波将军”，统率汉军分三路进攻南越国。元鼎五年（前112）冬，汉军攻破番禺，“吕嘉、建德已夜与其属数百人亡入海，以船西去”。[④] “伏波将军”探知吕嘉等人去向，派人追赶并活捉吕嘉及赵建德，南越国遂灭。祸首吕嘉时年121岁，居丞相位93年。

看来，秦汉时期是中国历史上一个伟大的时代，伟大的时代必然会出现杰出的人物。公元前赵佗开创的南越国，不但开创了岭南社会文化的新纪元，而且还同时产生了两位彪炳史册的百岁人瑞政治家，实在是中外史册所仅见。值得人们深入探讨。

二

当南越国和赵佗、吕嘉一起成为历史名词以后，两汉以降，岭南地区经历三国吴、魏晋、南朝、隋唐、五代、宋、元迤至朱明，正史及地方志书都未记载有超过百岁的人物。可见超过百岁的人瑞，在社会文化史中是何等的弥足珍贵。因此，探讨宜山土司政区长寿现象正是本文用以抛砖引玉的任务和目的。

---

① 司马迁：《史记·南越列传》，上海古籍出版社，1997，第2250页。
② 司马迁：《史记·南越列传》，上海古籍出版社，1997，第2249页。
③ 司马迁：《史记·南越列传》，上海古籍出版社，1997，第2250页。
④ 司马迁：《史记·南越列传》，上海古籍出版社，1997，第2252页。

宜山及其辖下的永定土司政区，地处岭南地区西北一隅。明代，宜山县面积约五千平方公里，永定土司政区面积约一千八百平方公里。[①] 翻检史籍，人们就会发现，清雍正实行部分“改土归流”后，至嘉庆时的永定土司辖区约为八百平方公里。在宜山这片峰峦叠翠，山川秀美的神奇土地上，古往今来发生了许多动人的故事：秦汉时，壮族先民西瓯人在这里对抗中央朝廷，坚持民族独立自由达一个世纪之久[②]；唐代刘三姐山歌唱响壮乡的千山万水；宋代冯京“三元及第”，黄庭坚宜州绝唱；明代韦广奏创土官制度，高嵩伴驾尽忠，狼兵江浙抗倭，徐霞客畅游多灵等。清代间宜山发生的故事，简直数不胜数，而老百姓的长寿现象，则是震动朝廷，名扬清帝国的千古奇事，足以印证宜山在古代是桂西北的“首善之区”。

清代宜山的百岁老人蓝祥，是宜山永定土司加峒村（地在今宜州石别镇与福龙乡相邻的拉弄村一带）壮族农民。据道光《庆远府志》记载，蓝祥生于康熙己酉寅月（即康熙八年，1669 年正月），一生勤劳，只务农事，“不识药炉丹灶为何物，但识困来眠饥来食”。[③] 这种“日出而作，日落而息”的农耕生活，使他终身健康快乐，不知不觉之间，竟使他经历了康熙、雍正、乾隆三朝，乃至嘉庆年间。蓝祥老人能在宜山人文史上闪亮登场，实际上是宜山一位贤明周知县的惠民政风吹动了他。用现时比较时髦的语言来表述就是：蓝祥老人主动会见周知县，开创了双赢的局面，使他们两人同时走进史册。

嘉庆十二年（1807），进士出身的周冕被朝廷任命为宜山知县。周知县上任后经管宜邑三年之后，政通人和，深受宜人拥戴。清人罗南在其《长古》文中这样描述周冕：“周侯爱士更爱民，洛谱所在民气醇。龙江水清虎绝迹，獞土桑柔雉亦驯。”[④] 你看，短短的四句话，就高度地概括了周知县治理宜山，不但民风醇厚，虎患绝迹（暗指恶势力），就连山上的野鸡都像驯养出来的那样乖乖听话。应该承认，在中国古代浩若烟海的史籍中，有很多案例可以证明：在“人治”的社会里，一个清正廉明的县官，

① 施铁靖：《明代宜州土司政区地理研究》，《河池社会科学》2011 年第 4 期，第 67 ~ 73 页。

② 施铁靖：《汉代西瓯历史地理与定周县》，《广西民族研究》2006 年第 3 期，第 125 ~ 130 页。

③ 道光《庆远府志》（点校本），广西人民出版社，2009，第 285 页。

④ 道光《庆远府志》（点校本），广西人民出版社，2009，第 285 页。

对一个县的和平安定、社会进步，有着不可替代的推动作用。例如，习近平总书记在视察南阳地区时，听说清康熙年间内乡县有一位姓高的知县，在县衙门前题写了一副对联：穿百姓之衣，吃百姓之饭，莫以百姓可欺，自己也是百姓；得一官不荣，失一官不辱，勿道一官无用，地方全靠一官。习总书记很欣赏这位高知县的为官态度，并用这副对联来教育我们的党员干部。正是周知县“爱士更爱民”的执政态度，受到宜山士绅和百姓的热情赞誉。三千年前伟大的思想家、政治家“周公认为：‘亦惟十人，迪知上帝命，天畏棐忱，民情大可见。’”[①] 用现在的话来说，其意思就是，只要有十位老百姓发表意见，就是重要的民情。民情代表天命，天命不可违。从这个意义上说，是周知县的惠政之风才吹动了蓝祥老人，而蓝祥，一位懵懵懂懂就经历康、雍、乾、嘉四朝，年龄早已超过两个甲子的老人，他的自觉行为，即应代表民意天命。根据记载，是蓝祥老人主动去拜访周知县的。

《庆远府志》载：“嘉庆十六年（笔者按：《府志》记载错误，应为嘉庆十五年），虞候忽报老人谒，手扶鸠杖腰磬折。”[②] 就是说，蓝祥老人在他的孙子和曾孙的扶掖之下，徒步数十里来到县衙拜会知县周冕。当时蓝祥老人的形象：“貌似猿兮面冻黎，头不童兮发转黑。目光炯炯双瞳方，大耳垂肩如珠缀。十指藤瘦掌龟纹，儿齿□□填其豁。”[③] 极其生动形象地描绘出蓝祥，是一位叟颜童发，身材瘦小，皮肤黝黑，手指枯瘦而手背青筋有如龟背纹络，然而精神矍铄，目光炯炯，身体健康的老人。饱读诗书，深受儒家思想教育的周知县，哪敢怠慢，十分谦恭地在县衙客厅接待了这位布衣老人。周知县在极其亲切的交谈中，才得知老人原来生于康熙己酉年。周知县大吃一惊，屈指一算，距今（嘉庆十五年，1810）整整过了两个甲子又二十二个春秋，做梦都想不到，坐在自己面前这位瘦小老人，竟然是142岁的人瑞寿星！

也许时下社会造假之风盛行，人们同样以为古人可以造假。对此，笔者认为，古人不会为年龄造假：首先，民风淳朴的古人，他们记自己的年龄是按天干地支六十甲子的轮回记忆的，包括出生的时辰，应该是准确的；不可能像现在人们出于某种利益驱动，随意篡改自己的年龄。其次，

---

① 曹德本：《中国政治思想史》，高等教育出版社，2004，第40页。

② 道光《庆远府志》（点校本），广西人民出版社，2009，第285页。

③ 道光《庆远府志》（点校本），广西人民出版社，2009，第285页。

古人如果造假虚报年龄而获益，也是会受到惩罚的。

面对着这位宜山乃至整个岭南历史上旷古未有的142岁的人瑞，周知县面目祥和，谦恭礼下，有如朝拜神仙彭祖一般，其敬仰之情可想而知。在继续咨询蓝祥老人的交谈中，还得知：其长子已在50年前去世；次子蓝禄还在世，已是113岁（后来活到133岁，寿缘仅次于他的父亲）；三子蓝寿109岁尚在村中务农。①

坦率地说，周冕来宜山任知县是幸运的，能遇此千载难逢的机缘，亲耳聆听穷尽史册，旷古未闻的奇人奇事，其庆幸之心情，绝对不亚于他当年进京赶考金榜题名时。会见后他写诗铭志："我闻此语喜欲狂，为公火速书荐章，大吏闻之开口笑，亟将名姓达天阊。"② 兴奋的心情溢于言表。随后迅速呈表逐级飞报，广西巡抚钱楷得到报告后，立即奏报朝廷。

奏章全文如下：

> 广西巡抚臣钱楷跪奏：为恭报耆民年届一百四十二岁，仰恳圣恩旌表，以彰人瑞事。钦惟我皇上治协登咸，德隆参两，皇仁沦浃，敷天安耕凿之庥，寿寓洪延，锡福遍松乔之庆，惟圣主之不言祥瑞，所宝在时和岁丰，而太和之蔚起，敦庞远讫於蛮乡瘴岭。兹据宜山县知县周冕禀报，该县永定土司境内寿民蓝祥，生于康熙八年正月，届今嘉庆十五年一百四十二岁。现存曾孙二人，元孙一人侍养。因该村在崇山峻岭之中，人迹罕到，以至曩时失于查报。今闻见确切，理合取其族邻甘结赍报等情前来。臣查该寿民蓝祥秉性淳良，持躬朴遬，沐四朝之雨露，草木增荣，轶三寿之年华，鲵鲐拔萃，曾元绕膝，已皆白发苍颜，作息治家，不异康衢，击壤古稀，重届春秋，又阅两三番，花甲再周，岁月还余廿二，载视绛年之书亥数倍。蓂旬欣吉日，符庚祥开，椿纪且也，精神矍铄，言动安闲，虽步履稍倩鸠扶，而饮食无烦鲠祝，善称乡里，久孚月旦，公评家集，寿康饶有天伦至乐，作山中之佺羡嘉征。特应于熙朝领海内之耆英盛事，希闻于前史，除饬司取造册结，另行咨部查核外谨会同督臣百龄恭折具奏，伏乞皇上睿鉴。谨奏。嘉庆十五年十一月初十日。③

---

① 宜山政协《宜州文史》（7～13合集），于乔生：《人瑞蓝祥》，第227页。

② 道光《庆远府志》（点校本），广西人民出版社，2009，第285页。

③ 中国第一历史档案馆藏《宫中朱批》04号全宗，类别号01，宗卷号50，第47号文件。

嘉庆皇帝看了钱楷的奏章之后，龙心大悦，遂朱批三字："另有旨。"嘉庆帝的"另有旨"，即嘉庆帝专门为蓝祥之事而颁发的圣旨，主要有三项内容：一是赐蓝祥"六品顶戴"；二是赐蓝祥"寿民诗"；三是赐蓝祥"匾额"。

当时，内阁为嘉庆帝拟旨内容共两道，全文如下：

第一道：

"嘉庆十五年十二月十六日内阁奉上谕：钱楷奏耆民年届一百四十二岁，恳请旌表一折。广西宜山县民人蓝祥寿逾百龄，饮和食德，绛年倍衍，鲐颜喜见曾元，花甲再周，鹤算尤增岁月，洵难老之殊征，亦寰区所罕见。熙朝盛世，宜沛恩施寿民蓝祥加恩赏给六品顶戴，并特颁御制诗章及匾额外，著礼部查照旧例，加等拟旨具奏，以示惠锡敦厐至意。钦此。"①

第二道：

"嘉庆十五年十二月十八日奉旨：广西省寿民蓝祥，著于例赏建坊银一百五十两外，加赏银五十两，缎五匹，俱著于该省藩库动用，并发去御制诗章，御笔匾额，一并赏给。钦此。"②

据载，嘉庆的御制"寿民诗"的内容是：

赐广西宜山县永定土司境内寿民蓝祥一百四十二岁，喜成七言，用志人瑞：

星弧昭瑞应交南，陆地神仙纪姓蓝。
百岁春秋卌年度，四朝雨露一身覃。
烟霞养性同彭祖，道德传心问老聃。
花甲再周衍无极，长生宝箓丽琅函。"③

嘉庆御笔的匾额是四个大字："庆吉颐重。"④

① 中国第一历史档案馆编《嘉庆道光两朝上谕档》，第588页。
② 中国第一历史档案馆编《嘉庆道光两朝上谕档》，第599～600页。
③ 道光《庆远府志》（点校本），广西人民出版社，2009，第285页。
④ 匾额原件，现藏宜州市博物馆。

嘉庆皇帝专门颁旨为蓝祥赐诗、赐匾、赐顶戴之后，钱楷于嘉庆十六年一月十七日给朝廷的奏章中报告嘉庆帝的旨意得到落实。原文如下：

> 臣钱楷跪奏：再，臣于正月（笔者按：指嘉庆十六年）十五日钦奉谕旨，赏给宜山县寿民蓝祥六品顶戴，并颁到御制诗章，御笔匾额。臣当即发交藩司，转发该地方官，传唤寿民，传旨给赏，以仰副皇上赐福引年至意，合并附片奏闻，伏乞睿鉴。谨奏。①

这份奏折的内容相当简要，是落实嘉庆皇帝旨意的情况汇报。写作时间是：嘉庆十六年一月十七日。嘉庆帝在奏折的后面朱批了一个“览”字，表示“知道了”。由于嘉庆皇帝因蓝祥长寿而专门赐诗、赐匾、赐六品顶戴的圣旨颁下，顿时轰动朝野，宜山县和蓝祥老人的名字不仅惊羡广西，而且名扬全国。嘉庆十五年的冬天，蓝祥老人成为大清帝国最令人高山仰止的大明星。

中国自古就有跟风的习惯，文人墨客不吝笔墨纷纷登场，吟诗作赋，大加颂扬。有如清人孙麟绂在他的《长古》文中说：“生长通都大邑年寿才十旬，石渠天禄擒词纪盛偏璀璨，未若僻处山隅五万二千日。”② 清名人江培福也在其《长古》文中写道：

> 我兹作吏来粤西，又说土民有蓝祥，生长永定土司里，山樵谷汲与世忘。身历四朝多甲子，不识不知寿而康。须眉状貌无不古，曾元叠见乐未央。邑宰闻之心窃喜，遣人相迓跻公堂。问年一百四十犹有二，年庚历历可推详。非关辟谷引气术，日用饮食衹率常。受恩累世得天厚，太平之人岁月长。前有鄂州云山老，今与云山后先望。河清海晏皆纪瑞，人瑞尤为史册光。③

可以说，一时朝野各界人士，“题像赞赠诗歌甚夥”。④ 而知县周冕在任内向朝廷举荐人瑞的大德之举，也得到士人们的称赞：“贤哉邑宰善老

① 中国第一历史档案馆藏《宫中朱批》04号全宗，类别号01，宗卷号50，第18号文件。

② 道光《庆远府志》（点校本），广西人民出版社，2009，第285页。

③ 道光《庆远府志》（点校本），广西人民出版社，2009，第285页。

④ 道光《庆远府志》（点校本），广西人民出版社，2009，第285页。

老，邑宰为谁周柳塘（注：“柳塘”是周知县的号）。”[①] 正是周知县的善政，才引出了蓝祥这样的人瑞，周知县得到人们的肯定是值得的。他还找人为蓝祥画像并在画中题诗：

太平之世人多寿，不意遐荒见地仙。亥字重书烦仆数，古希再度又延绵。尧天舜日依光久，蛮洞猺烟抱璞全。洛社香山诸老辈，可同此叟竞高年。匿迹销声远世罴，仙缘益信属山樵。百龄锡后饶强壮，六十年前已杖朝。谋面儿童皆绮夏（老人七十时，所识邻童邓天锡始十岁，陈其钦始十五岁，今天锡已八十二，其钦已有八十有八），倾城士女拜松乔。穷边方物由来罕，扬荐黎鲐达九霄。[②]

后来，周知县遂将嘉庆皇帝御赐蓝祥老人的诗、序以及各级官吏、士人们的题图赠诗，合编为《希闻图集》传世。

另据清人梁绍壬著《两般秋水盒随笔》第812页寿星条载：“家接山叔祖署广西庆远，有详者，年一百四十四岁，分人耕凿自安，不谙朝典，叔祖为详请旌褒，恩赐六品顶戴，并设宴府堂以待之。”[③] 说明当时的庆远知府梁宝绳，也积极地参与了旌褒蓝祥事宜。朝廷恩准由广西藩司拨出建坊银一百五十两；再加赏银五十两、缎五匹和御制诗章、御笔匾额一并赏给蓝祥。之后，庆远府在府城南郊建“庆锡重顺”牌坊[④]，以旌表蓝祥圣朝高寿。三年后，即嘉庆十八年（1813）蓝祥老人无疾而终，享寿一百四十五岁。

蓝祥老人仙逝后，宜山县出资刻御制诗碑一式两块，碑正面镌刻嘉庆皇帝御赐宜山县永定土司寿民蓝祥七言诗、序；碑背面则镌刻有知府梁宝绳及知县周冕的和诗。一块立于府城外东郊的清军庆远协校场（宜州人俗称“标营”）“御碑亭”内；民国年间，抗战军兴，亭、碑均毁于日军飞机轰炸。另一块立于永定长官司衙署门前（原址在今宜州石别三寨村）。[⑤] 此碑现藏宜州市博物馆。

① 道光《庆远府志》（点校本），广西人民出版社，2009，第285页。
② 道光《庆远府志》（点校本），广西人民出版社，2009，第285页。
③ 宜山政协《宜州文史》（7~13合集），于乔生：《人瑞蓝祥》，第227页。
④ 宜山政协《宜州文史》（7~13合集），于乔生：《人瑞蓝祥》，第227页。
⑤ 韦甘睦：《宜州历代诗选》，中国县镇年鉴社，1999，第139页。

清代宜山永定土司境内，确实是有史可稽的长寿之乡。蓝祥老人因知县周冕的善政而名扬天下，成为大清帝国嘉庆年间首屈一指的人瑞寿星。同时，因为他的出现，还将他活着的次子113岁的蓝禄、季子109岁的蓝寿，一并带入史册。通过知县周冕为蓝祥的题画诗中，我们还知道和他同时代的人群中，蓝祥在加峒的邻居小孩10岁的邓天赐，邻居少年15岁的陈其钦，到周知县题蓝祥画诗时（嘉庆十六年，1811），已分别是82岁、88岁的长寿老人了，而且还健康地活着①，“人瑞尤为史册光”。他俩也和蓝氏父子三人一样永垂青史！

其实，宜山永定土司在嘉庆、道光间，还有三位寿星见于史册。据民国七年（1918）覃祖烈编撰的《宜山县志》载：

> 韦重光，宜山永定司莫往里人。生于清嘉庆八年，计至民国七年已一百二十岁，现尚存，子孙四代同堂。
>
> 何永开，宜山永定司莫往里人。生于清道光二年，计至民国七年一百零一岁，现尚存。
>
> 莫景春，宜山永定司梅洞人。生于清道光五年，计至民国七年已九十九岁，现尚存。②

韦、何、莫三老的年龄计算方法是：天（生）地（死）两年，其间闰年闰月计三年，所以实际年龄应包含这五年。如果按现今人们的算法，韦重光是115岁，何永开96岁，莫景春94岁。但不管如何计算，他们三人载入《宜山县志》时，依然健康地活着，若至其三人逝世，还远不止上述的120岁、101岁、99岁呢。他们都有资格同蓝祥父子一样，永垂青史。本文所记的寿星们，从时间上看：康、雍、乾、嘉、道四朝，不过200年；从空间上看：宜山永定司的加峒、莫往、梅洞三处村屯，方圆不过15公里，如果从《宜山县志》中统计，清永定司境内总共才104个村屯，平均每村屯30户，每户平均7人计，整个永定土司也不过25000人，就连续出现以蓝祥为代表的8位有名有姓，并有准确纪年的长寿之人。这远远超过联合国规定的长寿之乡：每10万人拥有百岁寿星7.5人的标准。试想，在

① 道光《庆远府志》（点校本），广西人民出版社，2009，第285页。

② 覃祖烈：《宜山县志》（点校本），宜州市志办公室，2000，第415页。

宜山这片神奇而广袤的山水之中，古往今来，不知还有多少位百岁寿星不见于史籍！

三

清代宜山永定土司政区长寿现象，因嘉庆年间知县周冕的善政，使142岁老人蓝祥惊鸿一现。从表面现象上，似乎事出偶然；然而人们若从深层次去考察，它又是事出必然的结果。笔者认为，任何事物变化的偶然，都蕴含着事物变化的必然。这是我们观察和认识事物发展规律的历史唯物主义观点。从这个观点出发，笔者认为，清代宜山永定土司政区长寿现象，通过蓝祥闪亮登场，启示着深刻的历史原因。兹试述如次。

从事情的经过看，一个“不识不知”“不谙朝典”的蓝祥老人，肯定不知衙门为何物，也肯定不知县官到底为几品？然而他却以142岁的高龄，在儿孙的扶掖下，不远几十里，徒步到县衙来拜访知县大人，这一自觉的行为，是不自觉地代表了宜山百姓给予父母官的最高奖赏。表面上，是老人家个人主观意愿行为，以古代思想家周公的观点看，实则是老人客观地代表了天意、民意去慰问知县大人，起到表彰周知县行善政的社会行为。史籍的记载充分地证明了这一社会行为，周冕也因蓝祥的出现而名动天下，成为大清朝知县中的名吏。

从地理生态环境上看，宜山永定土司政区，地处侵蚀熔岩低山丘陵岩溶地貌。境内风光绮丽，山清水秀，田垌间水网密集；一年之内，季节不分明，光照充足，雨量充沛，温暖湿润，属南亚热带季风气候；四季均可种植作物，水田以种植稻谷为主，旱地则种植玉米、红薯、芝麻、棉花和黄麻。只要人们“日出而作，日落而息”，是可衣可食，非常适宜人居之地。所以有史籍说：“永定土獞与汉人相仿。”[①] 说明永定司的壮民已经和汉族农民一样，过着自给自足的农耕生活。农耕劳作，依天时而动，一年四季，使人进行有规律的生活，实则进入一种“天人合一”的境界。加之空气清新，水甘食足，社会安定，睡眠充分，人类是最易长寿的。蓝祥时代，永定土司境具备了这些条件。这是人们长寿的地理生态因素。

再从社会生态环境上审视，蓝祥们正生活在中国历史上少有的“康乾

---

① 道光《庆远府志》（点校本），广西人民出版社，2009，第297页。

盛世”之中，二百年间宜山社会无动乱，和平安定。数据是最有说服力的，清政府对编户之民，实行“轻徭薄赋”。据载：“本县原额人丁二千三百二十七，康熙二十年、五十年，审增人丁共二千四百八十一，共征丁银并征胖腴水脚共银六百八十八两五钱六分四厘零。康熙五十五年、六十年，雍正四年、九年审增人丁五十二，永不加赋。”永不加赋后，乾隆元年至三十六年，审增人丁九百零，乾隆三十七年至道光六年，审增人丁共二十四万四千八百七十二[①]，这是人丁税。清代宜山县“应征秋粮米三千九百九十一石七斗六升四合五勺。……应征地粮熟银三千二百七十两零二钱四分四厘”。[②] 这两项是皇粮、田赋。据载，宜山县至道光六年（1826），总人口为“二十四万四千八百七十二”。[③] 如果换算成现在的斤两，那么宜山县的人们，在清代平均每人每年须交皇粮 1 斤 6 两左右；每人每年交税银（包括人丁税和地粮熟银）2 厘左右。可见属于土司地区的宜山人民的皇粮、赋、税这三项负担是相当轻微的。在正常年景下，劳动人民还是可以衣食无忧的。勤劳智慧的农户甚至可以丰衣足食。

相对永定土司政区而言，是土司自治地方，清政府给予的优惠政策，使土司政区境内的獞民所负的“皇粮国税”，相当轻松。据载，永定长官司在清代的辖区面积约 800 平方公里，拥有百多个獞、猺、苗少数民族村寨、峒场，分为“四里八甲”行政管理制度。“编四里，曰：莫往、端简、洛富、洛西。分八甲，曰：莫往、头盔、邱累、弄叫、黄琏、黄田、洛富、洛西”。[④] 总共才“应征秋粮折色米一百八十五石一斗八升一合二勺”[⑤]，相当于现在 18510 斤多一点。据《府志》载：清代永定司编为四里，共 104 个村屯[⑥]，每年平均每个村屯交 180 斤米。“应征折粮熟银（即田赋）五十五两五钱五分四厘，内存留银二十四两，起运银三十一两五钱五分四厘”。[⑦] 每年平均每个村屯上交一两银子的田赋。如果平均至每人身上，则土司境的獞民所负担的钱、粮数额，比宜山编民更少。而且“永定

① 覃祖烈：《宜山县志》（点校本），宜州市志办公室，2000，第 216 页。
② 覃祖烈：《宜山县志》（点校本），宜州市志办公室，2000，第 217 页。
③ 覃祖烈：《宜山县志》（点校本），宜州市志办公室，2000，第 216 页。
④ 道光《庆远府志》（点校本），广西人民出版社，2009，第 24 页。
⑤ 道光《庆远府志》（点校本），广西人民出版社，2009，第 159 页。
⑥ 道光《庆远府志》（点校本），广西人民出版社，2009，第 73 页。
⑦ 道光《庆远府志》（点校本），广西人民出版社，2009，第 159 页。

长土司存留役食在府支销银二十四两”。[1] 土司衙门每年还可以得到庆远府二十四两银子的补贴。说明清政府对土司境内各族百姓的征收，是相当轻微的。这是人们长寿的社会生态因素。

另外，清代经“康乾之治”以后，“永定土獞与汉人相仿”，“男剃发留辫，女未嫁者披发，已嫁者挽髻”。[2] “今沐浴圣朝雅化，歌咏太平，亦有日迁善而不知为之者。其秀者彬彬而雅，升列胶庠，诵读之声流于山谷，渐皆耻其俗之陋，而化其性之顽……其居处、服饰、饮食、男女之际皆与华俗无异，欲识其种而不可得矣”。[3] 这些记载，足以说明宜山永定司壮族人民，早与宋、明间那种“称雄斗狠”的獞人，不可同日而语。他们一心向化，抛弃陋俗，已经懂得人与人之间，以礼相待，同时又保留着本民族原有的互相帮助的淳厚民风。人们自身的进步，又推动了民族社会的进步。所以，永定司淳厚的民族风气，能使人们心情怡然，这也是人们长寿的心理生态因素。

结　论

综上所述，以蓝祥为代表的清代宜山永定土司的壮族以及其他民族劳动人民，能生息繁衍在山清水秀气候宜人的永定司自然环境里，过着社会安定，负担轻松，“日用饮食祗率常”的农耕恬淡生活，人们的健康长寿，是自然规律的必然反映。在特定的清朝“乾嘉”时代，宜山永定土司政区成为真正的长寿之乡。

---

① 道光《庆远府志》（点校本），广西人民出版社，2009，第159页。

② 道光《庆远府志》（点校本），广西人民出版社，2009，第299页。

③ 道光《庆远府志》（点校本），广西人民出版社，2009，第300页。

鄂西土司社会身份变迁研究

——兼论土司的“地方化”与“国家化”

岳小国
（三峡大学武陵民族研究院）

摘　要　鄂西地区的方志、土司族谱，及其他历史记忆材料显示，当地土司先祖多为中原流官，早期受中央王朝派遣参与当地军事镇抚、平乱驻防等任务。他们有着模糊乃至想象中的祖先记忆与国家认同。后因局势动荡、政权更迭，这些流官先祖与王朝国家失去联系，继而入土为“酋”，融入地方社会，开启了其“本地化”的历史。元明时期，这些先祖获封土司之职表明其“土酋”身份得到王朝体认，土司区被正式纳入“王化”之域。土司制衔接着地方与国家两个实体，它既是对土司“地方化”的承认，同时也宣示其“国家化”的开启。清代实行改土归流，试图将土司之地完全纳入“国家化”范围，达到去除其“地方化”的目的。土司区文化受到冲击，但其“土著”特性在与外来文化的接触、碰撞中得到最大程度的彰显。因此，改土归流既是土司区“国家化”的深化，同时也激发了区域内民众新的地方认同与族群认同。

关键词　鄂西土司　社会身份　地方化　国家化　身份认同

历史上的鄂西土司区（主要包括今天的恩施土家族苗族自治州、长阳土家族自治县，以及五峰土家族自治县等）地处中原大地与西南边疆结合部，地理位置特殊、战略地位重要，与国内其他土司区存在着重要差异：这里和王朝国家沟通便利且通畅，受内地汉文化影响较深，土司后裔的历史记忆中，普遍存在较强的“汉人情结”与国家认同。众所周知，土司制是元、明、清王朝在边疆少数民族地区推行的一种治理模式，其主要目的是以土官治土民。土司制度沟通着地方社会和王朝国家两个实体，“地方化”“国家化”亦构成了我国历史上土司制发展演变中相互交织、渗透的一体两面。本研究拟通过系统梳理现有的文献资料和民间记忆材料，解读那些建立、维持、改变土司制度的社会进程，并将鄂西“国家化”与“地方化”置于土司制的形成、发展及演变的大背景下进行探讨。

一　鄂西土司的流官先祖：记忆与想象中的“历史存在”

鄂西地区位于湘鄂渝黔四省（区）交界地。该区域在清代以前，长期属于土司统治，生活着土家、苗、瑶、侗等十多个少数民族。从自然地理条件看，鄂西多为丘陵地带，面积不足 3 万平方公里，然而，在不大的区域内历史上受封土司达数十个。仅在明宣宗时期，就存在 30 余个明朝正式认可的土司衙门，如果加上元代、明玉珍政权，以及明太祖所封“为藉而来求立土司衙门的就更多”，超出了 50 个。[①] 在这些土司姓氏中，主要有覃、田、向几大姓，在土司谱书记载和当地口传故事中，土司后裔尤其是大土司后裔普遍保留有中原先祖的历史记忆，而且鄂西土司的历史源流大多可“追溯”至中原地区的一些流官或军事将领。在施南土司的族谱中记有：

> 二世祖覃伯坚生绍兴二年（1132）壬子，娶唐氏，生子普诸。庆元三年丁巳（1197），公已从征平蜀吴曦乱有功，封行军总管，诣任施州，此则我覃氏施州之族所由昉也。公受职时年六十余，后遂家施州。享年七十有五，卒嘉定（应是开禧）二年丙寅。妣唐氏享寿九十，夫妇皆葬施州柳城。[②]

施南土司为恩施十八土司之一，位于宣恩县水田坝，在元代曾一度升

① 杨小华：《鄂西土司知多少》，《中南民族学院学报》1996 年第 3 期。

② 施南土司《覃氏家谱》。

至宣慰司。族谱记载的伯坚公于庆元三年丁巳“从征平蜀吴曦乱有功”，这一内容不够准确，因为吴曦之变发生在开禧三年（1207），而非1197年，并且开禧三年伯坚已去世。这段文字主要介绍了覃氏迁往施州的背景。施南《覃氏族谱》修撰于乾隆四十五年（1780），据谱中内容，先祖覃汝先为陕西汉中南郑县人，南宋淳熙年间移居施州柳城。历唐至元，覃氏多以武功显而抒诚效力屡袭封赐，“汝先长子覃伯坚之后分掌施州”，且伯坚夫妇死后“皆葬施州柳城”。

与宣恩施南土司相邻的鹤峰、五峰等地，为容美土司的属地。容美在清初为楚地最大土司，雍正之朱批谕旨称，“楚蜀各土司，惟容美最为富强”。[①] 关于容美田氏远祖，《清史稿·列传·土司》有记载：

唐元和元年（806），田行皋从高崇文讨平刘辟，授施、溱、溶、万招讨把截使，仍知四川事。宋有田思政，元有田乾亨。

此文献大有将容美始祖“追溯”至唐代田行皋之意，只是从唐到元支系状况记载甚略。而清代容美宣慰田舜年的祖父田玄造黄册宗图则奉田思政为始祖，并言田思政“于元夏（明玉珍的国号）时，袭容美等处军民五路都总管”。[②] 田思政之后族谱资料同样没有准确交代，与田思政处于同一时期的田光宝在正史中却有记载。在《明太祖实录》中，丙午（1366）丁卯，“容美洞宣抚使田光宝遣弟光受等以元所授宣抚敕印来，上命光宝为四川行省参政，行容美洞等处军民宣抚事。仍为置安抚元帅以治之”。至田光宝以后，容美土司支系才渐渐清晰、完整起来。可见，各类资料关于容美土司祖上的记载，时间久远，文献材料薄弱，其世系之传承，难以确知，但所有记载存在一个共性：均言其先祖来自内地流官。

值得一提的是，在鄂西唐崖土司族谱记载中，其流官先祖不是中原汉人而是蒙古族属，后来融入鄂西土家地区。唐崖土司《覃氏族谱》记载：

启祖元朝宗籍，始祖铁木乃耳，是授平肩将军，生颜伯占儿，生文殊海牙，生脱音帖儿，特授宣慰使司之职……脱音帖儿生福寿不花，生

① 鹤峰县民族事务委员会：《容美土司史料续编·（清）朱批谕旨》（内部资料），1993。

② 严守升：《田氏世家》，载《咸丰长乐县志》。

覃启处送，后因边夷南蛮累叛，奉旨征剿，安蛮民，阵守斯地，分茅设土，安营于宣抚山，因斩寇有功于朝，世受皇恩，承职以来，隶属施州卫……

该谱书修撰于民国时期，这里暂不考证家谱中资料的真伪程度及附会内容，很明显谱书所要强调的乃是，其先祖的蒙古宗籍及其显赫的流官背景。

综上所述，在鄂西土司或其后人的历史记忆或想象中，大多包含一些共性特征：土司先祖多为中原户籍，且为朝廷倚重的官员，由于奉命征讨或平息叛乱，进驻鄂西地区，把守要塞，进而在当地扎根并繁衍生息。正史资料显示，谱书中的记载或土司后人口传记忆的内容一部分不合史实或无从考证，且牵强附会之处随处可见。比如，正史中并无关于铁木乃耳的记载，只是提到一位叫塔海贴木儿的，“答答里带人，宣武将军。管军总管。五溪蛮散毛、大盘蛮向木得什用等叛。从行省曲里吉帅师往讨，皆擒之，杀其酋长头狗等”。[①] 不过，史料中并未表明塔海贴木儿与鄂西唐崖有任何实际关联。此外，像“平肩将军”“平肩王”之类“殊荣”或册封多出现在文学作品中，因此，谱书中的记载不排除存在创作或想象的成分。需要指出的是，笔者这里并不是否认鄂西土司与中原流官之间可能存在的历史渊源，而是强调了一种现象：类似这些中原将领临危受命、深入荒蛮之区，平乱抚靖，因功获封，并留守当地，已成为历史上鄂西土司谱书修撰的一种“时尚”。

二　入土为“酋”：特殊时空背景下的“地方化”

在鄂西，覃、田、向等几大土司历史影响深远，基本奠定了今天的土家人聚族而居的局面。追述当地土司发展历程，会发现一种有趣的现象：许多土司家族的谱书中都夹杂有疑似土家语的人名。这类“别样”的名字显示，当地土司很可能经历了一个族际变更或文化融合的过程。

（一）“别样”的土司姓名

据《来凤县志》记载，“来境原七司，散毛为长。墨来送，其始官之

① 《元史·塔海贴木儿传》。

祖。土人谓天曰墨，谓天来送也。为唐贞观安抚使，递传至宋”。[①] 墨来送据传为散毛覃氏土司之始祖，唐贞观人士，谱书资料对其世系无清晰交代。直至宋代覃野毛、覃文猛、覃汝先等先祖时，散毛土司世系才有了详细的记载。始祖“墨来送”是一个土语名字[②]，而覃野毛、覃文猛、覃汝先及其后人的姓名基本和内地汉人无异。

另据元顺帝时记载，至正十一年，师壁峒土官田驴什用，盘顺府土官墨奴什用，降立长官司。师壁峒，即神壁司，其旧地，今为散毛关，前时或属散毛，或并入散毛，官职世系均无可考。“田驴什用”一名似汉语“田”姓与土家语“驴”[③]“什用”的组合。类似的姓名结构还有“覃启处送”“覃值什用”等。这些别样的土司名字融合了汉文化与当地土家文化的重要元素：“覃启处送”“田驴什用”中“处送”“什用”系土语词汇，作用是表示身份、地位，有“官长”“首领”之意。[④] 这些人名或称谓中的“覃”“田”为汉族重要姓氏，而从“来”“启”等词语的用法判断，这些头人很可能系初来乍到，“怪异”的名字正是当地土人对早期到来者——中原流官——的最初称谓，一些称谓同时也掩盖了来者的真实姓名，并被沿用、留传下来。

方志及谱书资料还显示，历史上鄂西土司谱系中，汉族的名字和土语名字常常并列一起，或“始祖”有一个土语名字，或世系中一连串汉族名字间夹杂着少量的土家语名字。地处来凤的百户土司向氏，正史中记载很少，整理、汇总方志资料，大致可复原其早期代际沿袭情况。如果从向麦算起，其承袭者分别为：向麦（“麦”为土语，意思是天[⑤]）—向铁（“铁”为土语，意思是大[⑥]）—坐海乐禅—向剌送（“剌”为土语，指人[⑦]）—向夕—向成……[⑧]来凤的另一个土司漫水向氏早期的承袭关系则

① 乾隆《来凤县志》卷二六，《土司志》。

② 也有研究指出，“墨来送”有“太阳首领”“阳光首领”之意。参见叶德书《古代土家人名训释》，《湖北民族学院学报》2007 年第 3 期。

③ 有研究指出，土语“驴”指老虎。参见叶德书《古代土家人名训释》，《湖北民族学院学报》2007 年第 3 期。

④ 叶德书：《古代土家人名训释》，《湖北民族学院学报》2007 年第 3 期。

⑤ 叶德书：《古代土家人名训释》，《湖北民族学院学报》2007 年第 3 期。

⑥ 叶德书：《古代土家人名训释》，《湖北民族学院学报》2007 年第 3 期。

⑦ 叶德书：《古代土家人名训释》，《湖北民族学院学报》2007 年第 3 期。

⑧ 《施州卫方舆书》，乾隆《来凤县志》卷二六，《土司志》。

为：向宗烈—墨铁送—向金—向洪花—向琼……[1]可以看出，百户向氏与漫水向氏在支系传承上有一个共同特征：土语名字的先祖不多，而且穿插在一大串类似汉族名字的先祖之中。在土司世系中，以“汉族名字”为主体，间或有少量土家语名字，其原因或是不同族群间通婚的结果，或是个体融入一个不同的群体中。而始祖为土家语名，其后世均为汉族名字的情况，譬如，来凤田氏大旺土司支系：驴蹄什用——田应龙——田敬——田友富……则表明：或是土司仰慕汉文化，学习并仿效其姓名文化，或是土司名字出现了更改、变动。

咸丰唐崖土司支系的名字更显复杂与特殊，在当地的历史记忆中，不仅存在早期的土语（先祖）名，而且还有蒙古语的名字。根据唐崖《覃氏族谱》记载，启祖元朝宗籍、始祖铁木乃耳，其后颜伯占儿、文殊海牙、脱音帖儿、福寿不花等一系列先祖的名字应当和蒙古文化有关，与之相对应，族谱中还记载了一些迁徙地点，从山东青州、南京猪市巷，一直到唐崖土司所在的鄂西地区。如果再从族谱记载的覃启处送、覃直什用等土语名字分析，早期迁徙至鄂西的蒙古族先祖显然经历了一个本地化过程。

（二）入土为“酋”

在鄂西方志、土司谱书，或当地口传记忆中，常常提到一种特定的经历：土司先祖家世显赫，作为内地流官融入鄂西后，曾普遍有一段“占山为王”“入峒为寇”的历史。这类故事可分为两种情形：一是土司先祖因战乱与朝廷失去联系，被迫融入地方社会；二是土司先祖因故主动隐姓埋名潜入鄂西地区。

1. 与朝廷失去联络

根据施南土司《覃氏家谱》记载：

> 祥兴年间，峒夷叛乱，魁遣其子安抚使覃友仁领兵追寇至麻寮红土屯驻。适宋亡，友仁遂迎魁公移彼，辟土以居。友仁子绪祖，绪祖子添顺因元末民乱无主，禁凶安良，为众所附，推为台宜寨主。至明祖兴，添顺率义兵归之。

---

① 参见乾隆《来凤县志》。

作为施南土司先祖的另一脉系安抚使覃友仁因追寇屯驻麻寮红土，“适宋亡”，乃“辟土以居”。同样的情况再次发生在友仁孙添顺身上，不过时间是在“元末民乱无主”之际，添顺被“推为台宜寨主”。族谱记载的“王朝流官”覃友仁、覃添顺祖孙，因朝廷更迭，身份遂转变为一“土酋”。类似的故事或经历还包括施南土司四世祖覃耳毛。耳毛于淳祐四年（1244），“受总管职代父任，后峒夷叛服不常，公不时平讨，遣兵驻要害守之，未几而宋亡”。后来耳毛在元初因宋职改镇南五路都督军民府总管。① 覃耳毛驻守要害、防守峒夷之际，遭遇朝廷变更。从耳毛在元初因宋职改“镇南五路都督军民府总管”一职分析，他在宋亡，元势力进入鄂西之前，在峒夷区也曾有一段“寨主”或土酋的经历。值得一提的是，在同一时期，施南土司《覃氏家谱》中记载了多件土司（或其先祖）入土为酋的情节。覃耳毛弟、叔祖散毛祥兴年间任施州元帅，“遣令领兵追寇至大水田屯兵驻镇守，适宋亡众附公推为寨主，号散毛峒”。散毛曾是施州元帅身份，因宋亡而被推举为峒主。

可见，这类“落土生根”的叙述方式在历史上形成了土司流官先祖融入鄂西地区的一种普遍模式。由于王朝灭亡或在乱世中与朝廷失去联系，这些土司先祖为图生存，大多选择占山为王、入峒为主，并经营着自己的一片“天地”。由于拥有一定的军事实力，他们很快成为地方“酋长”，并开启了其本地化的第一步，也是至为重要的一步。

2. 隐姓埋名“入籍”地方

在内地流官“入籍”鄂西的故事或叙事中，也有一部分隐姓埋名，扎根于鄂西地区。这类故事往往情节简略，或语焉不详，有些甚至掩盖了历史的“真伪”。这些流官在入驻鄂西后，不仅改换了姓名，甚至族籍认同也发生了变化。

一个典型的例子来自唐崖土司，在其民国版的族谱中，先祖并非中原地区的汉人流官，而属元朝宗籍，并且有着显赫的家世。族谱显示，这些蒙古先祖在元末明初时逐渐融入鄂西土家社会。其蒙古名字逐渐被融有汉族、土家族文化元素的新名字所取代。“覃启处送”这位先祖的名字即融入了汉姓“覃”，及土家语称谓“处送”。蒙、汉、土家文化变迁、融合后的先祖名字折射出早期三种文化相互接触、吸收与影响的进程。唐崖土司

① 施南土司《覃氏家谱》。

家谱隐含着，土司先祖从蒙元流官到土家地区土酋（“处送”）的转变历程，而从族属上分析，它经历了由蒙古官员到土家酋长的变更。然而，对于唐崖土司族属、宗籍的改变无论是正史材料，还是方志、谱书资料均未给出相应解释。笔者实地调查发现，咸丰县唐崖土司后裔覃氏子孙至今还保留着较强的蒙古族认同——虽然他们在20世纪80年代被认定为土家族。从蒙古族到土家族，为何会经历如此大的变更，各种资料并未道明原委。田野访谈获悉，早期，唐崖蒙古先祖初到鄂西咸丰实为“避难”，因为他们当时军事上“犯了事”，被迫流落到此，更名改姓，并在后期融入当地覃氏宗族中。这一解释大体可信，因为更改族籍事关重大，理应不会无中生有。但是类似这些“不光彩”的情节，通常不大可能载入族谱之中，但会以家族集体记忆的方式在内部口传下来。[①]

其实，在西南少数民族地区，外来流官、土司在历史上隐去身份，以图生存的事例多有存在。在贵州黔东南苗族自治州明代顾氏移民家族的族谱现有汉、苗两种版本，据《炉山顾氏族谱》载，顾氏移民宗族后来发生分衍，有一支进入黔东南苗疆地区，即袭爵指挥千户的顾兴宗支系。[②] 关于这段经历，贵州凯里开怀乡贵州明代指挥千户、广威将军顾良相墓碑记有：明孝宗七八年间，因军事失误，恐上究罪，因埋名隐姓潜逃开怀，取用苗名“邦迪”，并娶苗女文氏生雄邦、松邦等四支顾氏苗族……[③]但谱书上则是另一番记载：在明孝宗派大军进剿苗疆时，（顾兴宗四世孙）良相作明军向导，不忍屠戮无辜，隐入苗区，数万苗民赖他而免遭烧杀。[④] 这个例子和唐崖土司先祖的经历相似，前者在族谱中很婉转地把“入苗”的原因解释为“护苗”，实际乃是军事失误，隐姓埋名以逃避惩罚，而后者在谱书中对族籍转换一事选择了回避。这类“入籍”蛮夷之地的本土化策略，不仅保全了自己，而且势力未受影响，他们靠着自身的实力，在异乡僻壤重新开辟出一番新天地，成为当地有影响的“土酋”。

---

① 岳小国：《对唐崖土司族源研究的一点看法》，《三峡论坛》（三峡文学・理论版）2013年第6期。

② 韩蕾蕾：《顾氏移民宗族与明代贵州开发和民族融合》，《贵州教育学院学报》2006年第6期。

③ 燕宝：《一块今立的古碑：民族融合的见证》，“苗学研究会成立大会暨学术讨论会论文”，1989。

④ 《炉山顾氏族谱》卷二，《良相公事迹传》。

三　土司制：再入“王化”的“土”官

来自中原的流官以应诏征讨、平定叛乱的方式进入鄂西地区，随着王朝更迭，与外界信息隔绝，尤其是宋元之际，天下大乱，这些流官身处异乡，孤立无援，为图生存，他们大多经历了一个占山为王、入峒为酋的阶段，乃至与当地民众通婚，逐渐融入鄂西社会生活中。随着新王朝的建立，王朝国家与鄂西地区的接触、联系渐次恢复，这些担任部落首领、“蛮酋”、“峒主”者在身份上又有了新的变化——他们被纳入“王化”，成为帝国的土司。

土司制的典型特征在于其政权组织与乡土社会的紧密结合，王朝国家对地方社会的治理，借用了地方宗族及宗教等文化手段。[①] 因此，土司制的实质在于以土官治土民。而要成为王朝的土司必须具备两大条件：一要为地方首领，熟悉地方情况；二要有足够的实力，能驾驭一方。在鄂西，那些曾经的流官，在入土为“酋”后，理所当然成为地方社会的一股凝聚力量。元朝在鄂西推行土司制，大大小小“土酋”均获得册封，但职位高低有所不同。鄂西土司职官体系主要包括宣慰司、宣抚司、安抚司、长官司、千户、百户，以及峒主等，而土司受封依据主要有辖区规模、土地与人口数量等。元代的土司制基本参照、沿袭了唐宋，授予世职，“析其种落，大者为州，小者为县，又小者为洞（峒），其酋皆世袭”。[②]

此外，历史上土司先辈的官职、受封情况也系议定土司职务的一个重要依据。忠路、忠孝、金峒三司，皆因洪武间蛮乱民散，废其治。后来，“忠路等以故官子侄来朝，奏请复设，并从之。各赐印章冠带”。[③] 另有木册长官田谷佐、唐崖长官覃忠孝，并言父祖世为安抚，洪武时大军平蜀，民惊溃，治所废。后谷佐等召集三百余户，“请袭，许之”。永乐五年（1407），“镇南长官覃兴等来朝，称系世职，洪武中废，今招徕蛮民三百户，乞仍旧”。既五峰石宝长官张再武亦以袭职请，“从之”。[④] 在鄂西土司

① 岳小国、陈红：《王朝国家的模仿与隐喻——人类学视阈下的土司社会与国家关系研究》，《云南民族大学学报》（哲学社会科学版）2012 年第 4 期。

② 同治《来凤县志》卷二七，《土司志》。

③ 《明史》卷三一二，《湖广土司传》。

④ 《明史》卷三一二，《湖广土司传》。

的废立中，历史上因变乱而中断的土司也得到恢复。“洪武中蛮苗吴面儿之难，诸土司地多荒废，各官罢承袭。永乐二年天富公及散毛宣慰野望之孙，覃友谅以招复蛮民，请仍设治所，乃复设施南、散毛二长官司，命公与友谅各袭先职为长官”。[①] 这表明，那些入籍鄂西的中原流官在经过一段时期的本地化后，客观上已被王朝国家视为“土酋”，土司制度再次将这些中原流官后裔纳入“王化”之内。

四 改土归流：客、土身份的彰显与强化

在历史发展中，鄂西土司区与中原大地形成了一种边疆与内地、边缘与中心的区隔关系。这种差异有自然地理条件上的原因，比如，土司区往往位于深山峡谷、林壑纵深之地，与外界交往、沟通困难，但人为的隔离更是土司区与内地难以逾越的鸿沟。中央王朝制定了“汉不入峒，蛮不出峒”的政策，且立下“汉土疆界碑”，将土司区的民众严格囿于其生活之地。

如果说土司制是以制度的形式严格区隔着土人与汉人、中原与“夷”区的话，那么，从某种程度上讲，经过改土归流，土与客之间的差异在彼此接触交往、相互审视下愈加彰显。王朝国家委任的流官替代了土司统治，而且，伴随着流官的进入，内地移民及其生活习俗也随之进入，并由政府力量强制推行。容美土司区改土归流后设立长乐县，其首任知县毛峻德甫一上任，即颁布诸多文书，昭告土民，批斥过去陋习，并指明新的、文明的礼俗风尚。[②] 改流后，汉土疆界被打破，内地大批移民与流民进入土司区，由此，造成了土、客之间的接触、交往与相互学习。而文化、习俗间的差异在交往中亦凸显出来，“我者”“我类”与“他者”“他类”间的区别、界限应运而生。因此，政府倡导的改流虽为消除与弥合土司区与内地的差异，然而，这一进程本身又导致了土家或本土身份与认同的高涨。社会变革造成了文化流变及社会群体身份的变迁，使得原有的不甚明显的土、客之分变得明确起来。在地域认同与身份认同双重作用下，更易引发土司区民众对自身“土著”身份的坚守与强调。

---

① 施南土司《覃氏家谱》。

② 鹤峰县史志办公室编印《容美土司史料汇编》，1984，第68~82页。

为应对改流中地方势力、地方文化的阻力与破坏，王朝帝国对土司社会组织亦进行了改造。对土司家族轻者迁徙、异地安置，重者杀戮、株连。鄂西众多土司因系主动呈请、和平改流，所以被从轻发落，迁徙省内或省外他处，“畀之田房，妥为安置，予以千总、把总，世袭其职”。[①] 政府此番目的，意在防止土司复辟，因为土司形成的盘根错节的宗族、地缘关系已根深蒂固，且在土司区影响深远。因此，可以说，政府在改土归流中的初衷是推行“国家化”，甚至不惜采取暴力、迁徙等手段，然而，土司区在“国家化”的同时，“地方化”因素也在滋生。

结语　土司区的历史记忆与身份认同

（一）土司制：“地方化”与“国家化”的张力

“地方化”—“国家化”二元对立框架是一种极具张力性的关系范畴，它构成了我国历史上土司制发展演变中相互交织、渗透的一体两面。“地方化”（亦作“本土化”）可在某一“新势力”的地方化或本土化的过程中理解，或者在“新势力”蜕变为“旧势力”的过程中理解。具体说来，鄂西土司的地方化有两层含义：一是土司先祖从外地迁入，融入鄂西社会，即本地化体现为一种文化涵化过程；二是地方族群经历特别的事件或变故，其记忆、认同等发生了改变或是得到强化。而“国家化”则是土司社会进入国家体制，被纳入“王化”的过程或结果，如土司制的实行及废除（改土归流）即是土司社会国家化的重要体现。

鄂西地区土司社会身份变迁的历程表明，土司制自身蕴含着一种动态、复杂的“地方化”与“国家化”进程。土司制度是土司对国家的认同，同时它也是王朝国家对地方的认可与接纳。鄂西土司后裔的族谱记载或口传故事中，先祖多系内地流官。很显然，这类材料附着的信息在于，受封土司并非普通的地方首领，而是与王朝帝国有着历史渊源关系。从时间上判断，土司“汉人先祖”的历史记忆大多产生于改土归流后，其所体现的流官（也即“国家化”）经历不论是历史事实还是记忆、想象，都与土司制度、改土归流，以及土司区民众的国家意识与国家认同相关。土司

① 同治《来凤县志》卷二七，《土司志》。

先祖入土为“酋”，与地方通婚，改用土语名字的“本土化”经历是其主动适应地方社会的一种策略，意在融入鄂西社会。土司先祖扎根地方，发展壮大势力，为土司制的确立奠定了基础。土司制的实施既是土司社会国家化的重要标识，同时也表明其地方化策略的成功——其“土酋”身份得到中央王朝承认。因为王朝设立土司意在安抚、治理地方，因而尤为看重土司的实力，比如管辖区的大小、人口户数的多少，及其历史承袭关系等。故而，土司制旨在平衡地方与国家之关系，它是国家化的重要产物，并融入了较多的“国家元素”，比如，由王朝册封土司并规制其承袭，土司负有纳赋、朝贡觐见及应调出征等义务。但因王朝担心土司坐大，“地方化”对“国家化”造成僭越，于是推行改土归流，以破除或削弱地方势力，由王朝直接治理土司辖区。改土归流也是“国家化”取代“地方化”的措施。但是，王朝国家去除“地方化”的改流一方面达到了“国家化”的目的；另一方面却激发了“本地人”的新的认同观，即客观上又强化了“地方化”。

（二）土司区的土家化与“汉人情结”

本研究要解决的问题并非鄂西土司的“真实”族源及其客观演进，而在于解读那些建立、维持、改变土司制度的社会进程，并将鄂西“国家化”与“地方化”置于土司制的形成、发展及演变的大背景下进行探讨。

土司区的地方化其实也是“土家化”。鄂西作为国内土家族重要的聚居区之一，生活着 210 万①土家人口。历史上的土司制对今天土家民族身份的形成影响甚深——新中国成立后土家族识别的标准之一即和土司统治区有关。然而，吊诡的是，学界对鄂西及其周边地区的土司是否本地族源存在两种截然不同的看法。一种观点认为，鄂西、湘西、渝东等地土司大多不是土生土长的“苗蛮”族，而是“汉人”，特别是高一层的土司，基本上都是外来的汉族大姓，族属亦非现今之土家族，实为南迁汉人。比如永顺、保靖二宣慰使司彭氏族②，以及重庆酉阳冉氏土司等③。另一种观点

① 2010 年全国第六次人口普查统计数据。

② 参见伍新福《湘西地区土司族属初探》，《贵州民族研究》1989 年第 2 期。

③ 参见李伟《冉氏土官土司移民与酉阳民族关系》，《中南民族大学学报》（人文社会科学版）2009 年第 2 期。

则认为，鄂西及周边地区至明以前，基本上属于比较单一的土家民族活动地区。在改土归流以前直接凌驾在土家族民众头上的仍是土家本民族的酋长和头人。[①] 两种观点孰是孰非，恐难以做出简单判定。现有的方志、谱书，及其他历史记忆材料显示，鄂西土家族土司普遍存在浓厚的“汉族记忆”或“汉族情结”，而正史资料却揭示，方志、谱书中的材料多存在不实，乃至错误之处。因此，土家族土司自然稳定的身份是如何被话语建立、维持和改变的问题或许是当前学界应解决的重点议题。

土司时期的鄂西曾是一块闭塞之地，王朝国家制定了“汉不入峒，蛮不出峒”的政策，还划定“汉土疆界碑”[②]，将土司区民众严格限制在这块土地上。此举有助于地方“土著”文化的保留，并不受外界影响。同时，相对封闭的自然及社会环境也可使少量迁入者迅速融入当地，实现“土家化”。因此，鄂西土司的形成，不外乎上述两条进路。

土司制其实也是高度国家化下的“土家化”结果。土司的册立及废除正是王朝国家意志和影响的重要体现，是国家化的产物。作为获封土司，它必须有一定的地方社会及文化基础，充分融入地方社会。而在改流进程中，内地汉文化大量进入，与土司区原来的文化相互交流、碰撞，当地民众的身份与认同进一步彰显。“土”“客”接触、交流在相互吸收、趋于融合的同时，彼此间也产生了认同上的疏离。鄂西残留的土语[③]、保留下来的土语地名[④]等即是最好的例证。

土司区是一个高度“土家化”之区，同时该区域保留着较多的汉人记忆或汉人情结，土司后裔的族谱资料、口传故事，以及当地其他族姓的族谱中也多保留着内地先祖的历史记忆或想象。作为历史上的土司制度对今天族群分布格局、记忆与认同均产生着重要影响。

---

① 杨小华：《鄂西土司知多少》，《中南民族学院学报》（哲学社会科学版）1996 年第 3 期。

② 比如，在容美土司辖区即保留有两块清康熙时期的“汉土疆界碑”。

③ 在今天的鄂西宣恩等地，仍有少量民众可讲土语——尽管土家语在整个西南地区已日趋濒危。

④ 在咸丰县地名中，“把界垭”“把界”等均系土家语。其中，把界是“巴疙”的意思。巴，指土家族；疙，即疙佬，指苗人。资料出处：《湖北省咸丰县地名志》（内部资料），咸丰县地名办公室编，咸丰县国营印刷厂，1984，第 93、106 页。

论戏剧作品中的土司形象

谭为宜
（河池学院）

摘　要　有关土司形象的戏剧作品已成为人们喜闻乐见的文艺形式。如何真实地反映土司制度和塑造土司形象，学术界和文艺界都经历了一个由全盘否定到客观、全面再现的过程。现在看到更多的土司形象，其文化符号的意义大于形象符号的意义。期望我们的文学作品将艺术真实和生活真实巧妙地结合起来，从而产生最佳的艺术效果。这对于人们了解、认识土司制度无疑是有益的。

关键词　戏剧作品　土司形象　文化符号

“土司”作为一个概念，其所指既是一种官职，也蕴含了这一官职所被关照的土司制度。《辞海》对“土司”的解释是：“元明清时期于西北、西南地区设置的由少数民族充任并世袭的官职。”① 本文要探讨的即为一种高度独立于中央集权统治的地方管理官职和这种制度在戏剧作品中的艺术形象。

戏剧艺术的受众是一个较为普遍的群体，几乎不受文化身份的限制，这主要取决于戏剧艺术的平民化，它是一门形象性的艺术，是最接近于生活的艺术。在以往的戏剧作品中，也偶有土司形象出现，如大家熟知的彩调剧《刘三姐》中的莫老爷，各种戏剧（包括傩戏）中侧面表现的专制形象等。真正全面、深入、客观地揭开土司历史生活的神秘面纱，正面塑造

① 《辞海》（缩印本），上海辞书出版社，1990，第511页。

土司形象的首先当属阿来1988年创作的长篇小说《尘埃落定》，作品获得“第五届茅盾文学奖”；2002年又以小说为蓝本，由阿来、郑效农编剧，阎建钢执导的25集同名电视剧在全国热播，土司形象开始堂而皇之地登上文艺舞台。之后，大量描写土司形象的小说和戏剧（广义的戏剧，包括戏曲、影视作品，下同）作品陆续出现，影响较大的戏剧作品还有欧阳黔森编剧、陈健导演的30集电视剧《奢香夫人》（2011），金琛导演的影片《绝代—末代女土司》（2011），以及于荣光执导的40集电视剧《木府风云》（2012）等，这些作品涉及藏族、彝族、纳西族等少数民族的土司历史。艺术创作热同时也影响了全国的土司文化的学术研究热，作为西南边陲的少数民族聚居区的广西，也曾经历过秦以后的“羁縻”史和元以后的土司史，忻城县在全国率先进行了土司文化的研究与开发，南丹县也在2012年召开了有区内外学者专家参加的土司文化研讨会。可见文学与学术之间的亲缘关系是十分密切的。由此，土司的历史形象开始被文艺和学术从两个不同的领域解读。

对于土司制度的历史功过，前人有过不少论述，这种“以夷制夷”的制度，不仅有利于缓和中央王朝同边疆少数民族之间的矛盾，而且“由于土司与辖民之间的亲缘关系，土司比外来官员更了解民情，更适应管理环境，其自治权有亲民、人本和切合实际的一面”。[①] 土司在一定程度上和一定时期内保持了社会的安定和国家的统一，保护了地方文化的独立性和差异性等。同时也应看到，高度自治的土司制度虽然诞生于成熟的中国封建社会，但由于西北、西南少数民族地区封闭的社会环境远未达到中原文明的社会进步程度，因此土司制度还处于封建社会的第一阶段——“领主制”，也就是农奴制阶段，“它是从奴隶社会演化而来的，往往带有奴隶社会的若干特征……春秋战国时代中央王朝的分封制，就是属于领主制的性质”。[②] 在这种“领主制”的封闭小社会里，领主具有奴隶主一般的至高无上的权力，不仅对农奴生杀予夺，甚至还在精神和肉体上进行摧残，包括不准农奴参加科举考试，任意侮辱妇女，甚至拥有初夜权等。以至于到了明代，不少地方的土民忍无可忍，起义斗争不断发生。

如何真实地反映土司制度和塑造土司形象，学界和文艺界都经历了一

① 谭为宜：《由南丹土司史看我国土司制度的形成与衰落》，《河池社会科学》2012年第4期，第24页。

② 梁庭望：《论壮族土司制度的历史定位》，《河池社会科学》2012年第4期，第13页。

个由全盘否定到客观、全面再现的过程，只不过文艺界似乎有更大的周旋空间。

一 被全盘否定的土司形象

在很长一段时间，我们对一种政治现象都用二元的判断方式，要么全盘肯定；要么攻其一点不及其余，全盘否定之，将统治者与被统治者的关系简化为一种绝对对立的关系，连古人的“水能载舟，亦能覆舟”的辩证思想也看不到了，这是政治功利的一种极端表现。因此对于土司这样一个奴隶社会与封建社会杂交而成的余孽，当时自然是要“打翻在地，再踏上一只脚”的了。

在戏剧作品中，土司连成为主角的机会都没有，被人们谈起甚多的就是彩调剧《刘三姐》了，据清道光八年《庆远府志》记载，“刘三太（原文为‘妹’，下同——作者注），相传为唐时下枧村壮女。性爱唱歌，其兄恶之，与登近河悬崖砍柴。三太身在崖外手攀一藤，其兄将藤砍断，三太落水”[①]，待写成故事和电影剧本时，为了塑造阶级性的对立面，砍藤置三姐于死地的就成了财主了。

作为反衬刘三姐富于“斗争性”“革命性”的反派角色的莫怀仁，其土司身份十分明显。以电影为例，莫老爷为维护其统治的正统观念，反对乡民传唱所谓“有伤风化”“传播异端”的山歌，受到乡民抵触，决定以禁止上山采茶相威胁，乡民不服，莫府管家莫进财说道：“你头顶着莫家的天，脚踩着莫家的地，莫老爷说什么是什么，不让你采茶就不能采。”一派横霸一方的土司口吻。莫老爷因为看中了刘三姐的美貌，也为了防止山歌“惑众”，干脆就将刘三姐明抢到府上逼其为妾，阿牛等人只得设法在不惊动莫府的情况下悄悄营救。试问除了具有生杀予夺大权的土司，谁还敢这样无法无天呢?

作为将祭祀、演艺合为一体的傩戏，是一种较为古老的戏剧，我们也能够看到土司的反面形象。至今还活跃在环江毛南族山乡的“肥套”（毛南语，是毛南族还愿活动的总称，是借助傩戏祭祀天地神灵自然万物的仪式，以祈求民族生生不息，冀望来年风调雨顺、五谷丰登的美好愿望。

① 《宜州市志》，广西人民出版社，1998，第714页。

2006年5月20日，该民俗经国务院批准列入第一批国家级非物质文化遗产名录）活动中，就有一出《三娘配土地》的傩戏，是土地、小土地、三娘的三神舞。三娘与土地是毛南民间传说的一对情人，而土司蒙官却垂涎于三娘的美貌，多次派出差兵欲强抢豪夺，三娘与土地不屈服于土司的淫威，在乡亲们的帮助下巧于周旋，但最终还是难逃魔掌，双双殉情，幻化为巴音山顶的一对凤凰，成为毛南族的“梁祝”。毛南人为了纪念他们而奉为神灵加以祭奉。[①]

上述描写并未脱离生活的真实，土司的蛮横、霸道、为所欲为正是这种“世领其土、世有其民”的落后、腐朽的领主制的必然。发生在现实生活中的此类事件甚至还有过之而无不及。问题只在于如此粗线条地、单一地勾勒土司形象显然是不全面的，土司绝不会只停留在欺男霸女的行为上。我们认为，缺乏研究和进一步揭示的原因并不全是人们无法、不愿揭示土司的真实面目，而更多的是不能（缺乏研究）、不敢揭示的文化环境。

二　多维、鲜活的土司形象

改革改放后，国家文艺政策通过拨乱反正，使很多艺术禁区不断被打破，以至于一些尘封多年的历史恢复了本来面目，一些历史定论被颠覆，其中不少是拨乱反正，但也难免会有矫枉过正的地方。当我们在关注一种被遮蔽的常量时，往往会肆意地加以放大，这就不可避免地带来了一些扭曲性的误读。就如同“清皇戏”、“内宫戏”和“抗战戏”一样，热炒的结果是一窝蜂地上影视“大片”，一些缺乏谨慎态度的作品也就跟着出现了，这一点是值得我们在创作“土司戏”的时候高度重视的。但是不管怎么说，改革开放的成果是让我们终于看到了多维、鲜活的土司形象。

（一）专制蛮横的统治者

领主就意味着有至高无上的权力，就意味着专制和独裁。在电视剧《尘埃落定》当中，麦其不仅承袭了清朝皇赐的五品官印，还是中华民国四川省军政府任命的唯一土司，土司下面是头人，头人下面是百姓，然后才是家奴。麦其在与另一个未受皇封的土司汪波进行领地争夺的战争中，

---

① 袁凤辰等编选《毛南族民间故事集》，中国民间文艺出版社，1984，第107～113页。

俘获了一个被汪波抢来的汉族女人做了老婆；后来又看上了领地上查查头人年轻漂亮的妻子央宗，便叫人杀死了查查头人，娶了央宗作为自己的小老婆。为了彻底打垮汪波土司，麦其亲自向国民党政府求助，花了大量的银元买来步枪、机枪、手榴弹等大批现代武器，国民政府特派员黄初民带着军队和武器来到了藏区，终于打败了汪波土司，取得了大量的土地和人口。黄初民为筹集军饷，鼓动麦其种鸦片，并告诉麦其这东西很赚钱，于是麦其强令领地内的土地都种上罂粟，白花花的银元全流进了土司的库房。这一切活动都由麦其说了算，就像是剧中说的那样，“他就是一个土皇帝”。

电影《绝代—末代女土司》是根据云南历史上的真实事件改编的，蓝本源于小说《绝代》。影片讲述了云南金沙江峡谷彝族末代女土司的传奇故事。主人公彝兰美丽、清纯、善良、知书达理，是九山十八寨众头领心目中的压部落花。但是祭师大毕摩受神的旨意，认定龙年龙月龙日出生的彝兰冲撞了天虎神，以致诺苏家族灾难不断，要将她送到虎洞去祭天虎神，谁料雄冠三十七部的老土司大日抹凤世雄竟能假传神意，谓只要他这个地虎神娶了彝兰，就可逢凶化吉，大毕摩尽管明知有假，也只得默认了。遂使彝兰做了比阿爸还大的老男人凤世雄的小妾。由此看来，在土司的辖地，至高无上的并非神灵，而是土司。

（二）纷繁复杂矛盾中的各种人物

土司社会并非一潭死水，土司与农奴并不就是一种单纯的统治与被统治的关系，土司之间也并非井水不犯河水；恰恰相反，他们之间的关系错综复杂，有时甚至是你死我活的斗争。

比如《奢香夫人》，时代背景就是风云变幻的元明交替之际，西南边陲民族割据，矛盾纷纭复杂。元梁王巴扎瓦尔弥一心忠于即将覆灭的元朝，水西部落首领霭翠面对明朝的招抚和元梁王的威逼利诱首鼠两端；永宁部禄照降明，乌撒部诺哲忠元，彼此勾心斗角；而禄照年青的妹妹奢香公主与年长自己二十多岁的霭翠定有婚约，两人阴差阳错几成陌路，迎亲途中又遭遇梁王兵马伏击，有惊无险；苦追霭翠多年的女土司那珠对奢香怀恨在心，欲除之而后快。霭翠的二弟格宗对土司职位觊觎已久，因此奢香也卷入其中。经过几番变故，奢香夫人摄政贵州宣慰府，贯彻着民族团结和睦、维护国家统一、谋求彝民幸福安宁的理念，偏偏又遇上了新上任的贵州都督马烨，奉行敌视少数民族边民的政策，欲激起彝民动乱，趁机向朝廷请兵清剿，从而满足所谓建功立业的一己之私，为此大要阴谋，不择手段，当众捆起奢香鞭打裸背，幸而奢香面对奇耻大辱，依然遵从大义，使马烨的阴谋未能得逞。

看过电视剧《木府风云》的人自然也不会忘记木府的风云际会。木府内部矛盾重重，尽管老土司木旺老成持重，深谋远虑，但他的长子木青与次子木隆之间性格不合，政治主张也截然相反；按传统承继方式长子将接任土司一职，但主张穷兵黩武的木隆又自认为可以给纳西丽江带来繁荣；木府侍女阿勒邱，美丽聪慧，坚韧善良，这位未来木府的女主人其实与木府有血海深仇，她的全家因勾结“叛匪”而被木府军队杀害，只有她和舅舅西和逃脱，西和让阿勒邱混入木府，就是要她博得木府信任，以便有朝一日能里应外合，毁灭木府。爱恨情仇，血雨腥风，最后木旺、木青等人遇害，木增九死一生，终于在老夫人罗氏宁和夫人阿勒邱的帮助下，恢复了丽江的宁静。

从史志中我们不难读到土司内部争权夺利的斗争，以及土司之间的明争暗斗。譬如那地土司“罗德象上任后，官族罗振明勾结哨目宁义兴杀害罗德象。其故后，其子罗明臣承袭，罗明臣袭职后又被官族罗振明杀死，罗明臣夭折无子，只得由罗氏同辈族弟罗德寿承袭”。[①] 这样的记载比比皆是。土司必须应付这样纷繁复杂的局面，剥丝抽茧，各个击破，才能化解矛盾，立足于天下。

（三）保一方平安的领袖

大概是源于我们对封建统治者的污名化，把他们的统治与管理一律视作“黑暗”“腐朽”“反动”，正所谓“天下乌鸦一般黑”，土司的形象在人们的定式思维中甚至还不及地主。似乎土司就是嗜血、暴戾、残忍和专门断送人们幸福的代名词，真是这样吗？稍有一点文化常识并进行客观冷静思考的人就会得出相反的结论，试想，谁不希望自己管辖的人民安居乐业，创造更多的财富，从而享受子民的爱戴和尊崇呢？只不过达到这个目的的方式有太大的不同，设想与实现也存在太大的差异。

---

① 广西壮族自治区南丹县地方志编纂委员会编《南丹县志》，广西人民出版社，1994，第587页。

在《绝代—末代女土司》中，众多彝族部落皆拥兵自重，各自为维护小集团利益，争夺生活资源，维护土司的尊严而长年争斗，以致结成世仇，世世代代“打冤家”。尽管诺黑家族杀害了彝兰的亲生母亲，还杀死了她丈夫与原配妻子所生的大儿子，但彝兰受汉族教师玉堂的点化，明白了“冤冤相报何时了”，尽管得不到周围人的支持，她还是主动与诺黑土司讲和，孤身犯险，用真诚打动诺黑，终止了多年的杀戮血斗，从此迎来了彝家的和平安宁，用事实赢得了人们的尊重和信赖。

同样，《奢香夫人》的故事波谲云诡，水西部落大土司霭翠的婚姻、土司地位和水西部落的生存发展都面临一个又一个的挑战，女流之辈的奢香夫人就更是危机四伏，杀机重重，但为了履行土司的职责，保一方平安，霭翠与奢香都能忍辱负重，审时度势，巧妙周旋，呕心沥血。霭翠病死在任上，奢香毅然接过土司的重担，坚定不移地完成丈夫的遗愿。首先是他们意识到元朝的统治已走到了尽头，降明是理性的选择；其次是为了避免遭到元梁王和乌撒部的诺哲的夹攻而巧于周旋；再次是配合明军，采取各个击破的策略，终于使云贵边地平息战火，维护了国家的统一和民族的团结；最后是心怀鬼胎的马烨借机将奢香抓到贵阳，用彝族最忌讳的侮辱人格的手段“叱壮士裸香衣而笞其背”。借以激怒奢香，扩大事态，就可趁机出兵，剿灭“南蛮”，谁料奢香忍辱负重，说服部众，按兵不动，与宣慰同知刘淑贞到京城告御状，得到马皇后和朱元璋的同情和支持，将马烨下狱，终于兵不血刃，洗雪挞辱，扬眉吐气。奢香夫人治理下的贵州各族人民和睦相处，边区安宁，政绩斐然。这位彝族女政治家、民族团结的先驱死后被明太祖朱元璋谥封为“大明顺德夫人”，并建有大墓被世代祭祀。

三　作为文化符号的土司形象

戏剧与其他文学形式一样，需要在生活真实和艺术真实之间踩钢丝，尽管我们说艺术的真实是对生活进行提炼加工和集中概括，以反映生活的本质真实，但这种主观的创造性活动又往往使我们游离于真实的本质。在戏剧作品中的土司形象，我们更多的是在艺术的真实中看到了土司生活的真实，但其中也不可避免地出现生活的误读，有的是一种脱离生活的概念的诠释，文化符号的意义大于形象符号的意义。

（一）女权主义的诠释

不难看出，《木府风云》里的罗氏宁与阿勒邱在政治上和生活情感上的出色表现，都使木旺、木青、木增祖孙三代土司的形象被边缘化了。木旺在电视剧的第一轮与叛军的战斗中，就英勇地献出了宝贵的生命。木青几乎就没有真正行使过土司的权力就被木隆逼死了。木增由于木隆的误解而被追杀，四处躲藏，危机四伏，他们的困境似乎都在等待着老土司夫人罗氏宁和少土司夫人阿勒邱来解救。为了剧情的需要，甚至安排了能够决定木府生死命运的“暗枭”部队总司令竟然是一个女流之辈的罗氏宁，然后再由她传位给比她还要大智大勇的阿勒邱。

当大批难民就要涌入丽江城，有可能引起动乱的时候，毅然接纳难民并救济难民的，居然是一个土司小妾身份的阿勒邱。

在《绝代—末代女土司》中同样可以看到，刚勇豪强的大日抹凤世雄自从娶了妾室彝兰后，几乎言听计从；仇家诺黑的暗害，大夫人的嫉妒和挑唆，管家的阴谋都丝毫不能伤害、动摇这位绝代、末代女土司的茁壮成长，编导们不仅让大日抹误喝毒酒身亡，还刻意让大夫人和管家也先后自饮毒酒就义，以烘托彝兰在慕莲家族中的一枝独秀。尽管这样安排还有其他深意，但女权主义的解读是十分显著的。

（二）维护民族团结典范的错接

不可否认，大部分土司都会为了民族的团结和谐有所作为，人心思安，人心思定，这也是潮流之所向。但历史的局限性又使他们不可能超脱于现实的认知。换一种说法就是，凡事都有度。比如说《尘埃落定》里的扎西，扎西是其父麦其土司酒醉后和太太发生关系而生的“傻”儿子，但他大智若愚，干了几件惊天动地的大事情，其中一件就是最后让麦其家的仇人（汪波土司、查查头人的儿子等）都成了他的朋友，甚至十八家土司欢聚一堂，俨然上海资本家的“星期六聚餐会”；然而当查查头人的儿子要报父仇来杀他的哥哥和父亲的时候，他都没有制止，甚至还乐观其成，这就有点不可思议了。

《木府风云》里的阿勒邱一面为丽江的安宁殚精竭虑，而另一面又为了剧情发展的需要，让她在关键时刻屡次遮掩了“舅舅”西和（实际上并非他的舅舅，而是利用阿勒邱家族的惨死来实现自己颠覆木府统治的叛民）的阴谋，使木府发生内斗，使丽江风雨飘摇，形成丽江和永宁的对立，危在旦夕，甚至三代土司害死两个，然后在最后时刻挺身而出，“扶大厦之将倾”，民族团结和谐终于到来，似乎非如此不能表现其伟大，是否有些牵强呢？

（三）人性图解的夸大

“阶级性”的一元化审美确实是艺术的褊狭解读，尤其延伸到对于作者的社会身份的识别就更加荒唐；当我们开始张扬“人性”的时候，无疑拓展和丰富了艺术表现的内涵，但笔者以为它们是一种覆盖的关系（即“人性”对“阶级性”的覆盖），而非取代的关系。绝对化的“人性”违背了辩证法。

但是在《绝代—末代女土司》中有些情节似乎值得商榷，土司之女彝兰虽然并非土司亲生，但一直视作掌上明珠，过着公主般的生活，但嫁给凤世雄后，因为偷偷释放了俘虏，按慕莲府家规而被关到营盘（影片中是一处偏僻的茅草屋）去住，彝兰不仅将屋子收拾好了开心地住下来，还借此了解民情，带领乡民垦荒种地，亲手做起农活，其聪慧善良的天性里又多了一份勤劳，似乎一旦用人性将人的本质打通，一切就迎刃而解了。

《尘埃落定》中的扎西，一个土司的“傻”儿子，为了造福农奴，积攒财富，营造和谐社会，居然天才般地率先在辖地里创办了边贸特区，钱庄、酒肆、妓院、税局一应俱全，由领主制的封建社会少爷一跃而成为资本主义社会的骑士、王子，显然是少了一些历史的真实，多了一些后现代的荒诞了。

当然，过分对于文艺作品的苛求，是不利于文艺创作的繁荣的，且文艺作品的表现手法本身就是多样的，将一种创作方法作为金科玉律，或者只能写什么，只能怎么写的时代已经过去了，上述看法只是从某种角度切入的一家之言，笔者期望文艺作品也能帮助人们对过去的一段历史进行生动、深刻、具体的回顾时，避免“太似”与“不似”的两个极端，把握好其间适当的“度”，将艺术真实和生活真实巧妙地结合起来，从而产生最佳的艺术效果。这对于世人了解、认识土司制度无疑是有益的。

儒家文化在民族地区社会变革中的历史作用

——以忻城土县为重点的考察

韦升鸿　唐　凌

（广西师范大学历史文化与旅游学院）

摘　要　忻城莫土司统治延续几百年，创造了独特的历史，其中便与推行儒家文化密切相关。其对儒家文化的推崇，既是因为长期武力统治的疲乏，也是追溯族源、摆脱上流下土卑微地位的需要，更是为了稳固其森严的等级制度及以土司田制为主的封建土地私有制。推行儒家文化虽限于官族、土目子弟等阶层，但民间的文化交流却未曾停止。在学习和吸收中原儒家文化的过程中，忻城莫土司以达到“文治致平”的统治效果，客观上对推进忻城地区的民族文化融合具有重要作用。正是民族文化融合力量的日益强盛，最终促使落后的土司制度退出了历史舞台。

关键词　忻城土县　儒家文化　民族融合

忻城莫氏土司，自其始祖莫保起，移居忻城界，历经明朝、清朝、民国三个朝代，沿袭十七世，共431年，直至民国十七年（1928），才改土县为正县，复称忻城县。

莫氏土司之所以能够长期实施统治，有其自身的原因，其中最为重要的是：他们不断修正与朝廷的关系，制定与完善一套适合本地各个历史时期社会经济发展规律的政策，起到推动社会前进的一定进步作用。[①] 而修

---

① 来宾市文学艺术界联合会：《忻城土司文化探究》，中国文史出版社，2005，第39页。

正与朝廷的关系，需要处理好两种特定关系。[①] 莫氏土司始终保持平衡，驯服朝廷的策略[②]，这种策略涉及如政治、经济、军事、文化等方面。其中，文化方面，莫氏土司对中原文化积极认同，即向中原文化靠拢，配合中央在“蛮地”开办学宫，甚至主动兴办社学、私塾，教授儒学，实行汉化。

明初的朱元璋极为重视文教，谕曰：“朕惟治国以教化为先，教化以学校为本。”由此在全国兴办府学、县学，忻城土县也得以始办县学。然而，忻城地处贫困山区，社会经济落后，土民生活极为艰辛，县学兴办多年而无几人入学。加上土司多方限制，企图垄断进仕之途，地方战乱时兴，更使土民无暇顾及文化教育。而后，朝廷裁撤忻城县学，忻城由此“例不建学”[③]，不建县学并不意味着忻城不需儒学，官族不学儒家文化。“成化十七年（1481），令土官嫡子许入附近儒学。万历四年（1576），题准广西等处，凡土官地方，建有学校者，令提学官严加考试”。[④] 万历十六年，“巡抚广西右佥都御使刘继文，条上制驭粤西土夷功要四事，一曰：训官男以移土习。谓官男自幼不学，耳目闻见不过杀戮之事、淫乱之行，故争哄易生。宜令各土司生子报名道、府，因定嫡庶长幼之序焉。稍长，送入府学，读书习礼，凡三年乃得依序承袭。庶教化行而驯服易，伦序明而争端可息也。”[⑤] 至清康熙二十五年（1686），从广西布政使请，“以粤西土司，僻处边峒，不识诗书，不明礼义，狠悍成性”，嗣后各土司官，有愿送子弟就近府、州、县读书者，令各学校教官收纳训诲。[⑥] 由此推断，

---

① 杨联奋在《莫氏土司凭什么长期统治忻城》一文提出两种特定关系：一是土司政权与朝廷的君主专制是融合的，所实行的政治、经济、文化政策，均符合朝廷总体利益，博得皇帝的认可与庇护；二是土司的政权性质属于中央间接统治形式，正常情况下，与中央尚能保持若即若离的关系，随着社会、经济的发展，关系随之改变，甚至公开对抗朝廷。原文载于政协忻城县文史委员会《忻城文史资料》（土司专辑），（内部刊物），1991，第90～100页。

② 政协忻城县文史委员会：《忻城文史资料》（土司专辑），（内部刊物），1991，第32页。

③ 张咸乾、韦炳猷在《土司统治下的忻城教育》一文中，指出忻城土县不建儒学由两方面可证实，一是忻城土司衙门的组织机构和人员设置，不设学署，且无学官；二是忻城土官不建孔庙。而文中又指出：忻城土官“例不建学”是例不建土民子弟与官族子弟可以共同享受教育权利之学。原文载于政协忻城县文史委员会《忻城文史资料》（土司专辑），（内部刊物），1991，第90～100页。

④ 万历《广西通志》卷一二，《学校》，“猺獞入学”。

⑤ 台北中研院历史语言研究所：《明神宗实录》，卷二〇五，第3824～3825页。

⑥ 唐致敬：《清代广西历史纪事》，广西人民出版社，1999，第94页。

明、清两朝统治者历来均重视对土司官族的教化，土司官族子弟为获功名，同时也出于世袭统治需要，迎合封建朝廷之意，多数就近入读府学、县学，接受正规的儒家文化教育。据民国《续修莫氏族谱》记载：自清嘉庆至光绪末年，莫氏官族中有举人二名、拔贡二名、恩贡四名，岁贡十二名，附贡二名；另外还有廪生、增生、附生一百余名。[①] 这说明，清代的土司官族热衷于接受正规的儒学教育，并参加科举考试，由此而获得功名，光宗耀祖。

据《莫氏宗谱》记载，土官莫廷臣（莫鲁之孙）鉴于先祖“操弓挟矢，绝少文字”，故“日以鄙塞为愧”，便于明嘉靖初年，在县城首办官塾，“延名士，教子侄”，自此“诗书之声渐出蛮乡”。[②] 土官莫镇威，于万历年间，在县城续办官塾，收授本族子弟，并勉其“仕学兼优，斯言将终身诵之”。[③] 这是忻城莫土司对儒家文化由被动接受转而主动学习的转折点。此外，民间私塾也部分兴起，这种私塾由家境比较富裕的土民所建立，虽发展有限，但散布于全县十六里堡。私塾与官塾类似，分蒙馆与经馆，蒙馆主要教授《三字经》《百家姓》等，经馆则授以“四书”“五经”及诗文辞赋等。儒家文化于忻城由此而日渐兴盛。忻城莫土司转而推崇儒家文化，实由多方面因素促成。

一　社会环境驱使，民族融合已成大势所趋

明清时期的广西，是一个民族融合不断发展的地区，其中特别突出的是壮汉民族之间的融合。明代为开发边地，时常进行移民垦边，“其移徙者，明初，常徙苏、松、嘉、湖、杭民之无田者四千余户，往耕临濠，给牛、种、车、粮，以资遣之，三年不征其税”。[④] “徐达平沙漠，徙北平山后民35800余户，散处诸府卫，籍为军者给衣粮，民给田”。[⑤] 忻城莫氏土司的始祖莫保即是跟随明代湖广移民来到忻城地界的，其掌握忻城政权

① 政协忻城县文史委员会：《忻城文史资料》，（土司专辑），（内部刊物），1991，第96页。

② 政协忻城县文史委员会：《忻城文史资料》，（土司专辑），（内部刊物），1991，第94页。

③ 政协忻城县文史委员会：《忻城文史资料》，（土司专辑），（内部刊物），1991，第94页。

④ （清）张廷玉等撰《明史》，卷七七，志第五十三，食货（一），中华书局，1974，第1879页。

⑤ （清）张廷玉等撰《明史》，卷七七，志第五十三，食货（一），中华书局，1974，第1879页。

后，亦劝民垦荒，新开垦荒地亦给予三年免赋的优待。由此推断，忻城莫氏土司在某种程度上受到移民文化及王朝垦边政策的影响。清代以后，由于汉族人口的不断膨胀，以及汉文化的强势地位，迁徙广西的汉族人数越发增多。清道光年间，来自湖南、广东、贵州各省的汉族移民占了广西总人口的七成。[①] 耐安指出[②]，壮族不是单一的“部族”，而是由许多集团经过集结、融合而成的，从某种意义上来看，可以说是“群族”。[③] 此处暂不论这种说法是否符合史实，而其却从另一方面说明，广西自明清以后，民族融合的速度加快了，广西这片土地已成为各民族文化的大熔炉。

在移民运动的推动下，中原文化也随之传入广西。宾兴组织的建立即是证明[④]，清代广西宾兴作为一种独立的组织，其组织形式有多种层次，有里办、联合里办、全县合办等多种形式，各自拥有一定数额的资金和产业。除庆远府与太平府外，广西 13 府州中建有 56 个宾兴组织，实际所建宾兴应多于此数，另有“培育社”“文昌会”等组织。[⑤] 这些组织对推动广西科举事业的发展，促进地方教化乃至维护地方稳定和国家边疆安全都起了一定的作用。[⑥] 宾兴还利于消除移民入仕障碍，这对身处广西的众多移民来说无疑是诱人的，这也是推动广西宾兴组织发展的一大动力。此外，官学、书院、义学、社学等的创办，更为儒家文化在少数民族地区的

---

① 姚莹：《中复堂遗稿》卷二《平贼事宜状》，转引自〔日〕塚田诚之著《论壮族与汉族的通婚（从 17 世纪末到 20 世纪初）》，古永继译，原文载日本《民博通信》第 43 号，1988。

② 耐安，即台湾学者胡耐安，民国时期，先后在国立暨南、中山、边疆大学及省立安徽大学任教，育才甚众。1951 年在台湾政治大学政学系任教，1977 年 9 月因脑血管疾病逝世，终年 79 岁。胡耐安通英、日文，中文造诣尤深。一生著述甚丰，代表作有《中国民族志》《边疆民族志》《中华民族》《边政通论》等。

③ 胡耐安：《中国民族志》，台湾商务印书馆，1964。转引自〔日〕塚田诚之著《明代壮族的迁徙与生态——明清时代壮族史研究（一）》，覃义生译，《广西民族研究》1987 年第 1 期。

④ 宾兴组织，原为一种古老的礼仪，至北宋时期性质开始发生变化。清代广西的宾兴始于康熙年间宾兴租的出现，嘉庆时期创建的宾兴馆则已成为一种捐资助学的组织。它是封建国家和地方士绅合作的产物。对维护边疆地区的教化与稳定乃至维系封建时代晚期的科举考试和统治秩序，都起着不可替代的作用。（详见熊昌锟、唐凌《清代边疆地区的教化与稳定——以广西宾兴组织为视阈的考察》，《中国边疆史地研究》2012 年第 2 期。）

⑤ 熊昌锟、唐凌：《清代边疆地区的教化与稳定——以广西宾兴组织为视阈的考察》，《中国边疆史地研究》2012 年第 2 期。

⑥ 熊昌锟、唐凌：《清代边疆地区的教化与稳定——以广西宾兴组织为视阈的考察》，《中国边疆史地研究》2012 年第 2 期。

发展铺平了道路。明代广西共设置府、州、县学69所，其中新办25所，新办书院66所，兴复前代书院4所。[①] 清代以尊孔崇儒、提倡程朱理学作为发展文教的指导思想，地方儒学和科举都受到重视，广西的府、州、县学由明代的69所发展到84所，新建的15所官学有14所设在原土司地区。[②] 土司地区凡已改土归流的府、厅、州、县，到清末基本上都设立了官学，清朝末年广西原土司地区共设立官学24所，约占当时广西全省官学总数的四分之一。[③] 清代广西新建书院205所，兴复前代书院16所，是有史以来在广西设立书院最多的朝代，且清代广西书院的设置有两大特点：一是从城市伸展到乡村，许多大乡镇都办起了书院；二是在原土司地区大量创办书院，在新办205所书院中就有44所设在原土司地区。[④]

忻城莫氏土司即生存于这样的大环境之中，其虽地处偏远山区，相对平原地区的壮族汉化程度较弱，但主流文化的发展终究是要取代其他非主流文化的。随着民族融合的加强，儒家文化进入忻城已不可逆转。忻城莫氏土司的武力统治早已不得人心。雍正二年（1724）颁布了对土司的禁约，“莫非朕之赤子，天下共享乐利，而土民独使向隅，朕心深为不忍”。[⑤] “此辈粗知文义为之主文办事，教之为非无所不至，诚可痛恨。嗣后督抚提镇，宜严饬各属土官，爱恤土民，毋得视为鱼肉，毋得滥行苛派”。[⑥] 土司的残暴统治为中央朝廷所禁，其不得不寻求更为有效的统治手段，而“此辈粗知文义”是朝廷对土司愚昧不化的指责，若要迎合朝廷，达到“文治致平”的统治，土司学习儒家文化已不可避免。忻城莫土司《教士条规》指出：

> 为士者步亦步，趋亦趋，绝迹嚣尘，不入公室，所谓彼美一方，典型尚在，不与陈长孙杜门清修同，望重于乡里乎？

---

① 广西壮族自治区地方志编纂委员会：《广西通志·教育志》，广西人民出版社，1995，第2页。

② 广西壮族自治区地方志编纂委员会：《广西通志·教育志》，广西人民出版社，1995，第2页。

③ 广西壮族自治区地方志编纂委员会：《广西通志·教育志》，广西人民出版社，1995，第2页。

④ 广西壮族自治区地方志编纂委员会：《广西通志·教育志》，广西人民出版社，1995，第2页。

⑤ （清）道光九年《庆远府志》卷一四，《职官志·土司》。

⑥ （清）道光九年《庆远府志》卷一四，《职官志·土司》。

可见，忻城莫土司为获得人心，德高望重于土民，紧随主流趋势，严加学习儒家文化已成不争的事实。乾隆元年（1736），定罗土巡检徐国丞系由生员承袭，广西学政潘允敏以其能否参加乡试请旨，得旨：承袭土司之生员、廪生，俱准参加乡试。[①] 由此更推动了土司学习儒家文化的热潮。因而，大环境的驱使，加上儒家文化在朝廷推力下的强势地位，使得忻城莫氏土司推行儒家文化成为适应时局的必然要求。

二　武力疲乏，转而寻求文化支撑

莫氏自莫保于洪武初年被夺官为民，“遂偕子孙亲丁数十人移居忻城界”，作《力田箴》，劝勉子孙下力耕耘，使莫氏迅速成长为忻城地界的名门望族。但始终流露出对“改土归流”的不满，直至莫保的“元孙”——莫敬诚，念念不忘其祖父“改流复土”的遗志。莫敬诚借助镇压当地壮、瑶等族人民的反叛，得壮佬韦公泰公举为土官，做忻城的副理知县，踏出了其“改流复土”的重要一步。而后，“忻城蛮谭团作乱”，莫敬诚“随征有功受赏”，从此他便由副理知县晋升为知县，成为忻城第一个世袭的土官。[②] 其子莫凤十三岁即代父出征，助朝廷“协剿”八寨农民起义，创下更大业绩。

可以说莫氏荣登忻城世袭土司职位，多由战功而起，此后的历代子孙也多有奉调“协剿”任务，可谓戎马生涯。而土司作为地方“土皇帝”，就其本身统治而言，在获得某地方的最高权威后，是不愿意过多地参与战事，大动干戈的。特别是土司率领所辖区域土兵帮助中央朝廷“协剿”农民起义，所领军队的全部物资，包括兵员、粮食、武器等，全属自备，参与战事所受损失都要自己承担，这种不讨好的买卖，土司不到万不得已是不愿承受的。因而，莫氏从第四任土官莫鲁始，开始反思其历代土司统治，企图寻找一种更为长治久安的统治方式。《莫谱》说他：

> 为人忠厚，不尚华靡，袭职后，常谓人曰：霜雪之后，继以阳春，天之道也。吾祖父屡著战功，民畏威久矣。今者四方已靖，一邑

① 唐致敬：《清代广西历史纪事》，广西人民出版社，1999，第170页。

② 覃桂清：《广西忻城土司史话》，广西民族出版社，1990，第10～11页。

无嚣，可不事干戈。吾与诸民讲德教，共游光天化日乎![①]

由此可一窥其对武力统治的反感，转而更推崇“文治致平”。莫鲁虽然是年轻接任，还是颇有政治眼光，他回顾祖辈三代用武力镇压创下土司江山的战功，同时也察觉到光一味用武力镇压不行，还要施展笼络人心的德政，才能长久地维护自己的统治地位。[②] 其子莫廷臣延续父志，于忻城始办学馆[③]，教授儒学。至莫镇威时，“地方无事，征调不闻”，则“留心词翰”，教育子侄牢记“仕学则优，斯言终身诵之。威震之余，泽以文教”。[④] 到莫振国时期，更是著有《教士条规》十六则，悬于学堂，督促文教。[⑤]

由此可见，忻城莫氏土司善于因时因势调整统治方针，由武力威慑转而偏向文教治民，文武兼治，从而获得忻城土县的长期稳定，为民族文化融合营造了良好的政治环境。

三　民族认同，儒家文化发挥着纽带作用

土司所辖区域，朝廷历来视为“蛮荒之地”，对土民，带有严重的种族歧视。“以夷制夷”“以蛮治蛮”的政策，从中反映出朝廷事实上把土司官族也列入蛮夷之列。据乾隆二年布政使杨锡绂《汉土文移仪注议》记载：

土官来府城，禀而后入，入则步行。见知府，行一跪三叩礼，不

① 覃桂清：《广西忻城土司史话》，广西民族出版社，1990，第 13 页。

② 覃桂清：《广西忻城土司史话》，广西民族出版社，1990，第 13 页。

③ 这是土司创办的一种官塾，建立于土司衙署所在地，仅官族、土目子弟能入学，主要是延聘外地名士，授以“四书”“五经”及诗文词赋等。《莫氏宗谱》有相应记载。

④ 《莫氏宗谱》，第 71 页。

⑤ 第十五任土官莫振国于康熙五十三年“袭职时，见土人习尚，唱歌跳鬼。瑶壮性悍，屡寻仇杀”。他奋然拍案，曰：“欲洗此陋俗，非读书不可!”（《宗谱》第 71 页）于是捐建义学三间，聚官族子弟、选堡目和土民中较聪颖之少年入学，聘名士以教，并亲手著《教士条规》十六则悬于学堂，以示感化。有不敢来学者，亲往劝告激励。（选自黄维安《忻城土司志》，广西人民出版社，2005，第 203 页。）《教士条规》十六则内容：崇道统；讲性学；博经史；文礼乐；敦实行；谨士趋；尊严师；重益友；会讲章；勤著作；戒怠惰；慎言语；防静弛；遏嗜念；乐为善；速改过。

给坐，不待茶，有话跪禀。如土官和流官同见府官，则土州县居流州县之下，土杂职居流杂职之下。[①]

这一切使土官在政治上受到限制，精神上受到压抑。[②] 在这种政治体制下，土官为摆脱其卑微的地位，不惜杜撰族谱，以证明自己为汉人的后裔。究其根本原因，是历代封建王朝实行民族歧视和强迫同化政策的结果。[③] 忻城莫氏土司，其族源的考证有两种说法，一说是元代自吴来粤的汉人，一说本地的土著壮人，其中较为流行的是外来汉人一说，这也符合《莫氏族谱》的说法。但这并不意味着《莫氏族谱》所言均属史实，其中的许多内容是莫氏杜撰改写而成，这方面已有相关文章论述。[④]

光靠土官族谱，不足以表明自己出身汉族名门，还需要通过历史文化层次的认同，显示自己的根源正统。而实现这一目的最简单同时也是最有效的办法，当属在官族之中推行儒家文化。而当时的中央王朝对边疆少数民族极力推行汉化，土官正好可以利用这一政策，顺水推舟，兴办学宫，汉化本族，使本族在社会生活及文化各方面无异于中原汉族。作为土司来说，尽管在地方占有一定的政治经济地位，但是由于自身的原因，他们在与土著居民的交往中，不得不摆出一种与众不同的姿态，这种姿态最重要的就是要体现出自己与中原文化相联系在一起，自己是属于儒家文化系统的，之所以有资格统治土著，就是因为自己具有与土著不一样的文化。[⑤] 其实，莫氏已属忻城地界“土皇帝”，登位也得到壮佬韦公泰的公举，对于忻城土民，其优越地位是不容置疑的。但仅用有资格统治土著，还不足以说明真正的原因。本文综合有关资料，对莫氏土司积极热衷在其统治区内推行儒家文化有以下方面的看法：一是迎合中央统治需要，避免引火上身，更通过臣服中央的表现，以争取中央更多的支持，维持并巩固其已有的世袭统治地位和权威。二是改变其上流下土的卑微地位，也是其追溯族

---

① 韦顺莉：《荣耀与追求：广西壮族土司民族认同之考察》，《广西民族研究》2007 年第 3 期。

② 来宾市文学艺术界联合会：《忻城土司文化探究》，中国文史出版社，2005，第 33 页。

③ 来宾市文学艺术界联合会：《忻城土司文化探究》，中国文史出版社，2005，第 33 页。

④ 王鉴林《忻城县史考略》一文，对忻城县的历史沿革及忻城土官《莫氏宗谱》均有所考证。原文载于韦立安等《忻城文史资料》（第五辑），（内部刊物），1991。

⑤ 骆昭平、莫山洪：《从广西忻城土司官族诗文看中原文化对壮族土司文化的影响》，《柳州师专学报》2010 年第 5 期。

源优越性，掩饰其“蛮”性的需要。三是经过历代封建王朝统治者改造过的儒家文化，相对于其他学说和思想，更具有巩固统治，稳定社会秩序的作用。土司作为“土皇帝”，直接引入已然成熟的儒学封建统治思想，不仅符合中央统治者的意愿，更节省了其挖掘其他巩固统治思想的成本，弥补了原辖区内因缺乏系统的统治思想而出现的人心涣散，社会失序，思想不统一的问题。因而，推行儒家文化对其可谓一举多得的选择。

正如前人所言：“凡读书怀古者，谁非羽翼之侣，务期寻源溯流，毋使正学为异端所窃也。”[①] 儒家文化即为正学，为追溯族源，修正学统，则“毋使正学为异端所窃也”。若“不与陈长孙杜门清修同，望重于乡里乎?”[②] 所以“杜门清修”儒家文化，才能避免“入则有玷宫墙，出则有坏乡党”的现象发生，也才能实现“文治致平”的理想。揭示出学习儒家文化是增强土司官族优越性的用心与本质。也只有通过学习儒家文化，饱读诗书，著作文章，才能“若汉儒气，唐士风流，更有厚望焉”。[③]

然而，莫氏土司虽出于统治用心而推崇儒家文化，却不曾料到，自己崇尚儒学，追溯族源，企图印证本族是汉人后裔的过程正是一个民族文化认同的过程，儒家文化在这过程中扮演着不可或缺的角色。中原汉族与边疆各少数民族的文化融合，正是始于这样一个民族文化认同的过程。忻城莫氏土司通过交流和学习，不断提高本族的儒学修养，客观上促进了儒家文化在忻城土县的发展。土民则通过日常生活的耳濡目染，逐步认可和接受儒家文化，使儒家思想在忻城土县形成一种潜移默化的影响。两者相互结合，推动了中原儒家文化与边疆各少数民族文化的融合。所谓融合，其影响即是双向的。就广西而言，壮族汉化的历史进程，其实也是汉族壮化的历史过程，二者不可分离。就今天广西的汉文化来说，也吸收和融合了不少壮族文化[④]，因此，边疆各少数民族对汉民族文化认同的过程，同时也是中原汉族对边疆各少数民族文化认同的过程，二者相互交流，彼此影响，共同构成中华民族传统文化的一部分。

---

① 《教士条规》十六则。

② 《教士条规》十六则。

③ 《教士条规》十六则。

④ 宋涛：《广西壮汉民族相互融合现象探析》，《桂海论丛》1999年第4期。

四 儒家思想强化中央集权，凝聚社会力量

在阶级社会里，特别是等级森严的阶级社会中，教育为政治统治服务的目的更为凸显。统治阶级通过教育传播其意识形态，进而达到控制民众思想，达成统一意志的愿望。一个集权社会是不希望有影响其统治地位的异化思想产生的，所以极力加强思想控制。土官政治为一种独裁的政治。[①]在土司的统治区内，等级制度森严。土司社会中可分六个等级，分别是土官、官族或土目、村长或峒主、自由农民或商人和手工业者、农奴、奴婢。各个等级均有其特定的规范和义务，如一般劳动人民无论贫富，不准穿白色或彩色衣服，居室不准建高屋，婚嫁时不准舆马入城市等，土司治下的农稼、饲养、园艺、樵设，以至于一切杂务，无一不付之奴隶轮流供役。[②] 正如土司衙门的大门对联写的"守此土，莅此民，十六堡群黎，谁非赤子；辟其疆，治其赋，三百里区域，尽隶黄封"。"赤子"在此即是"奴隶"。[③] 土司的等级制度，由此可见一斑。忻城莫氏土司为维护这样的等级制度，前期主要依靠军事为后盾及乡约旧俗等手段，而随着政权的稳定，社会、经济的发展，军事及乡俗手段备感乏力，莫氏急需一种更为长治久安的统治手段，而中原的儒家思想就是一个最好的选择。

儒家提倡"礼治"主义，即贵贱、尊卑、长幼、亲疏各有其礼，以此才能达到君君、臣臣、父父、子子、兄兄、弟弟、夫夫、妇妇的理想社会。国家治乱取决于等级秩序的稳定与否。"三纲五常"是维系中国传统社会秩序的最重要的精神力量，是传统社会伦理的核心，久已被视为传统文化中万世不易的"体"，是规范人们行为的至上准则。[④] 封建王朝在土司地区极力推行儒家思想教育，对强化中央集权具有重要意义。而忻城莫氏土司也可通过儒家思想的教化，利用"三纲五常"这一中国传统文化中万世不易的"体"，从而构建其横向与纵向的等级关系网络，稳固其等级森严的社会秩序，强化土司的地方集权统治。

---

① 广西博物馆：《广西土司制度资料汇编》（第 1 ~4 册），广西博物馆，1961，第 368 页。

② 广西博物馆：《广西土司制度资料汇编》（第 1 ~4 册），广西博物馆，1961，第 368 ~369 页。

③ 覃桂清：《广西忻城土司史话》，广西民族出版社，1990，第 41 页。

④ 陈旭麓：《近代中国社会的新陈代谢》，上海社会科学院出版社，2006，第 232 页。

无论兴办学宫，还是推行汉化，其最为重要的目的是稳固统治，不使其统治范围内的各阶级人口出现大的流动，特别是限制下层等级向上层等级的流动，抑或向外迁徙。以此稳定上层等级的地位和权威，获得长久而安定的世袭统治环境。更通过文教措施教化土民，儒家三纲五常，本族旧约习俗，使其失去探索新知的需要，接受宿命的安排，甘愿被剥削和压迫，不愿因反抗而落下不忠不孝的骂名，甚至惹来杀身灭族之祸。由此，土司在统一思想的同时，还稳固了其统治范围内的人口数量。在一个农业社会，统治阶级控制的人口数量，直接影响其赋税、兵防等各方面。当然，土司极力维持的各等级的人数比例，随着社会、经济的进一步发展，人口数量的不断增加，土民素质的不断提升，客观上给土司的统治施以极大挑战，历史事实证明，这种等级森严的土司统治终将为新的统治方式所取代。

此外，在漫长的封建社会时期，忻城土县的土地制度，是以土司田制为主的封建土地私有制。[①] 这是一种以维护土司利益为主的土地所有制，土民只能通过辛勤劳作，获得生存所需要的份额，勉强维持生活。土司将忻城的田地分为三大类：官田、役田和民田，三大类中又分为多种细类，而后通过分派管理、租佃等方式进行经营。其中，官田是土司直接收租的田，据调查[②]，“民国初年，官田尚可收租五万多斤。虽已改流，土官后裔仍然收租，佃户仍照常缴纳”。[③] 由此可见，这样的租佃关系已深入人心，且长期维持稳定不变。役田是土司分给土民耕种，不交租不纳税，只为土司服役的一种田，但土官的一切杂役均由耕种役田的土民承担。民田是土民自己开荒垦造的田，可父传子承，也可买卖。民田中有养膳田，即由儿女耕种，收获归父母养老所用。还有祭祖田，由集体轮流耕种，收获用于每年清明节集体祭祖。这一做法一直沿续到民国三十八年（1949），当时全县计有这类农田（含公田）900 余亩。[④] 忻城土司的长期世袭统治，与上述田地分配及其长期稳定不变的生产关系密切相关。而一种生产关系的

① 来宾市文学艺术界联合会：《忻城土司文化探究》，中国文史出版社，2005，第 147 页。

② 广西少数民族学者刘介于民国 25 年（1936）到忻城进行一次调查，著有《忻城土县的官田》一篇调查报告。

③ （民国）刘介：《忻城土县的官田》，转引黄维安《忻城土司志》，广西人民出版社，2005，第 78 页。

④ 黄维安：《忻城土司志》，广西人民出版社，2005，第 84 页。

稳定，需要一种符合这种生产关系的意识形态作支撑。儒家主张“德治”与“人治”，以道德去感化教育人，以一个有伦理天性的“人”来管理统治，“德治”强调教化，而“人治”偏重于一种贤人政治，提出“为政在人”的“人治”主义。在忻城土县，莫氏土司即是符合伦理天性的“贤人”，以“德治”对土民进行思想教化，使其服帖顺从，以“人治”勉励土民辛勤劳作，自给自足，安守本分。而儒家的“大同”思想主张人人为社会劳动而不是“为己”，给人们勾画了一个相当于西方“乌托邦”式的理想社会。忻城莫氏土司由此而能集中分散的民力，为忻城土县筹建桥梁，修通古道，改善了忻城的交通。如明万历十年后，“地方无事，征调不闻”，土官莫镇威为“复开崎岖险路，使羊肠之道尽变康庄”，亲自抓修路、建桥。[①] 虽然一部分交通的修造最初是为了军事需要，却很大程度上便利了忻城土民的对外沟通，加强了忻城土县与外界的经济、文化交流。

儒家思想进入忻城，既有利于加强封建王朝对忻城土县的控制，强化中央集权；也有利于忻城莫土司稳固制度，集中分散的社会力量，进行政治、经济、文化及公共设施（如桥梁、道路）等建设，客观上推动了忻城土县的经济发展与文化交流，促进了忻城土县各少数民族与汉族的融合。儒家思想在忻城的传播与发展，与忻城土司官族、土民对中国传统儒家文化的认同密切关联。其显示了中原汉族对边疆各少数民族的文化认同，也显示了广西边疆各少数民族在民族融合的过程中，对中原汉族的民族认同，预示着边疆各少数民族对中华民族的归属感，这对维护我国边疆稳定具有重要意义。

五　政府运用行政力量，进一步推动汉族与边疆各少数民族的文化融合

随着世界各国联系的不断加强，全球一体化趋势不可逆转，各国在政治、经济、文化等方面的交流，促使西方外来文化与中国传统文化彼此交融。由汉族文化与边疆各少数民族文化融合而成的中国传统文化（包括儒家文化、土司文化等），构成了世界历史文化遗产的一部分。

在中国传统文化的形成中，政府运用行政力量，强有力地推动了汉族

---

① 黄维安：《忻城土司志》，广西人民出版社，2005，第98页。

与边疆各少数民族的文化融合，这对中国社会历史的发展进程尤为重要。以广西为例，伴随着明清两代经济移民的发展，广西得到进一步开发，但桂东、桂北、桂南的发展与桂西地区相比，极不平衡。究其原因，一是桂西地区的土司势力较强大；二是桂西地区的自然条件相对恶劣，生产所获难以满足人们基本的生存需要；三是由于缺乏教育，民众的思想观念比较落后，满足于自给自足的生活。[①] 清代统治者为稳固统治，积极发展并加强对这些落后地区（特别是土司地区，相对更为落后）的管理。如康熙年间，对土司地区采取“剿抚并用”，雍正时，令嗣后“严饬所属土官，爱恤土民，毋得肆为残暴，毋得滥行苛派，倘申饬之后不改前非，一经发觉，土司参革从重究拟，汉奸立置重典”。[②] 并规定：土官、土民未领本省督、抚咨文执照赴外省者，无论系公务，或系潜往外省生事为匪，均予土官革职，土人治罪。[③] 乾隆三十二年（1767），从广西布政使淑宝奏，广西四十七土司，原以巡道总理、知府兼辖。除庆远府属之永定、永顺正、副长官及思恩府属九土巡检未设流官吏目，又小镇安已改流外，余俱分驻佐、杂弹压……嗣后各土司地方，均归州、县、厅员就近兼辖，并考核土目，予以裁汰补充，清查外籍流寓民人。其原无佐、杂同驻之永定等十二土司，亦令知府各委员依例查办。[④] 光绪三十三年（1907 年）十一月，张鸣岐奏：

> 臣愚以为，今日整顿土属，必先造就土官。而造就土官，必先被以教育。拟饬各该管府、厅、州督同承审州、县，就土官兄弟侄子中，择其年龄资质略合高等小学程度者，按年龄选送四人或六人来省就学。近支无人，再择旁支。所需学费，即责成土官筹解。并饬提学司特立一学堂，专教土族。[⑤]
>
> 又将来各属土官，即以毕业最优等者分别承袭，其支派之嫡庶，服属之亲疏，皆请勿论……所有现在各属土官，其已病故而未请承袭

① 唐凌：《论清至民国桂西地区社会经济变迁中的政府与民间力量》，《河池学院学报》2008 年第 6 期。
② 唐致敬：《清代广西历史纪事》，广西人民出版社，1999，第 133 页。
③ 唐致敬：《清代广西历史纪事》，广西人民出版社，1999，第 168 页。
④ 唐致敬：《清代广西历史纪事》，广西人民出版社，1999，第 246 页。
⑤ （清）朱寿明：《光绪朝东华录》，中华书局，第五册，1958，第 5802 页。

者，凡二十缺，均停止请袭。其已承袭而因案撤任者凡十三员，均不准回任，一律暂由汉员弹压，统俟于将来土司学堂毕业生中择贤承袭。[①]

由此可见，清代随着改土归流的发展，封建王朝对土司地区的统治不断加强。封建政府以行政力量打破土司世袭统治区的封闭状态，革除了汉族与边疆各少数民族之间经济、文化交流的障碍，对民族融合具有重要作用。

伴随着政府控制的不断深入，忻城土县于光绪三十四年（1908）改设弹压委员，废除忻城莫氏土司长达几百年的世袭统治。进入民国，北洋政府延续清制，但对弹压委员的任用更为严格。北洋政府在全国范围内举办声势浩大的县知事试验，通过严格的考试选拔官员。县知事试验由内务部主持，按考试条例规定，曾简任或荐任官满三年以上者，在国内外大学或专门学校学习法律、政治、经济学三年以上有文凭者，才有资格参加考试。[②] 由此推知，通过试验录取的县知事，大部分接受过系统的正规教育，且素质普遍较高。据北洋《政府公报》载：今左县知事一缺，查有分发候补知事楼岑，现年三十岁，系浙江萧山人，前清光绪三十一年蒙咨派日本国游学。三十三年进日本大学专门部法科毕业，又进高等专攻科，宣统三年（1911 年）四月毕业，得有法律学生称号。同年应学部游学生考试，列取中等，赏给法证科举人出身。民国元年（1912）委署浙江地方检察厅检察官，任内代理检察长及建德县初级检察厅监督、检察官各二级。于三年三月上京应第二次知事试验，取列乙等，以知事分发广西任用。[③] 张鸣岐对其评价为“识解明通，年富力强，堪以荐请试署左县知事”。[④] 一些“有

① （清）朱寿明：《光绪朝东华录》，中华书局，第五册，1958，第 5802～5803 页。

② 唐凌：《民国初年广西县知事试验》，《中共桂林市委党校学报》2001 年第 1 期。

③ 《广西巡按使张鸣岐呈：荐任试验及格分发广西之知事楼岑等试署左县等缺，如蒙允准，可否准其暂缓觐见，请训示文并批令》，北洋《政府公报》，中华民国 3 年 11 月 5 日，第 899 号，呈。

④ 《广西巡按使张鸣岐呈：荐任试验及格分发广西之知事楼岑等试署左县等缺，如蒙允准，可否准其暂缓觐见，请训示文并批令》，北洋《政府公报》，中华民国 3 年 11 月 5 日，第 899 号，呈。

富于政事学识及政事经验之人”[①]，更获得保荐免试。如“卸任广西田南观察使、现署古宜统税征收局局长李海恩，籍隶广西，系前清举人，政法毕业，由拣选知县考取内阁中书，由部奏派赴粤任用，旋奉委广东检察厅检察长。后值国变，该员不避艰险，力任维持，全厅赖以保全。嗣电饬回桂，委任司法司司长，重行组织高等地方等厅，办理深资得力。近数年来，历充高等检察厅厅长、田南道观察使、古宜征收局局长等职，均能措置有方，洵属才识稳练、不可务得之员”。[②] 以上仅是考试和保荐两种选拔县知事方式的个案。民国初年，全国失意的官吏和失业的知识分子甚多，仅在北京奔走谋事者即有4万多人。[③] 通过县知事试验而分发到地方的人数也不断增多，以致地方为此还设置了专门进一步培养官吏的政治研究所，如北洋《政府公报》载：窃查前巡按使王祖同以分发来桂候补人员为数日多，仿照直隶、湖南等省研究所办法设立于广西政治研究所，考选分发县知事、县佐入所讲习以培吏材。[④] 此外，北洋政府还制定了相应的官员任用、管理条例，如《知事任用暂行条例》《知事惩戒条例》《文官官秩令》《文官甄用令》等。正如时人陆荣廷所言：“窃维求治之道，以兴贤劝能为先；用人之方，以量材器使为务。”[⑤] 由此推断，民国时期，中央政府派往管理地方的县知事，大部分是接受过专门的正规教育，甚至融合中西文化，具有革新传统、开化民智的能力和素质。

严格的考核选拔制度，对提高官员的素质尤为重要，而地方官员综合素质的提高，对于地方治理具有重要影响，其影响甚至可波及与之交界的其他市、县。当时，忻城土县由弹压委员管理县事，与忻城交界的其他各县，则多数已改正县，如来宾、都安、上林、宜山、柳江、迁江等，广西省府分派县知事进行管理，革除积弊，加强了这些地区的沟通与交流。忻城土县身处此种环境，颇受影响。表现在教育上，如第十三区区立第一国

① 《国务总理孙宝琦、内务总长朱启钤呈大总统，陈明此次各部总长及各地方长官保荐应免知事人员，汇造履历事实并审查报告清单、清册，请鉴核施行文并批》，北洋《政府公报》，中华民国3年3月20日，第670号，公文。

② 《内务部呈，遵批核议宁武将军保荐人才李海恩等，拟恳以县知事免考，汇交第四届试验委员会审查文并批令》，北洋《政府公报》，中华民国4年4月25日，第1064号，呈。

③ 唐凌：《民国初年广西县知事试验》，《中共桂林市委党校学报》2001年第1期。

④ 《广西督军兼署省长陈炳焜呈大总统，裁撤本省政治研究所截至九月底止以节縻费文》，北洋《政府公报》，中华民国5年10月20日，第285号，公文。

⑤ 《耀武上将军、督理广西军务陆荣廷呈，敬举能员廖道传政绩，请擢用文并批令》，北洋《政府公报》，中华民国4年5月30日，第1099号，呈。

民学校，设于忻城思练圩，民国二年开办；第十三区区立第二国民学校，设于忻城大塘圩，民国三年开办；第十三区区立第三国民学校，设于忻城三堡塞，民国二年开办。[①]（忻城土县属宜山承审时，位于第十三区）这几所国民学校的设立，对于改变忻城土县落后的教育，加强忻城土县与外界的文化交往尤为重要。由此，儒家文化在忻城土县的发展，融合了其他外来文化的影响，促进了忻城土县各民族之间的文化认同与融合。

除县知事的影响，对于广西，陆荣廷提出“窃以桂省僻在南边，山川绵亘，以交通之困难，行政每多滞碍，加以地广民瘠，教育、实业诸要政率委顿而不克振兴，非监督震慑不足以资发展”。[②] 之后暂行裁撤原四巡道，将广西分设六道：邕南、郁江、漓江、柳江、田南、镇南。前柳州府属之罗城、柳城、怀远、来宾等县与庆远府属之宜山、河池、天河、思恩等县及南丹、永定、永顺、忻城各土司，同归柳江道管理。从而加强了对广西各地（包括土司地区）的控制。此外，陆荣廷政权利用政府力量清除部分社会邪恶势力及落后的政治制度，创设有利于民族经济融合的环境，其中包括推行“改土归流”政策，“废司设县”等。[③] 由此，也为民族文化融合扫除了障碍，铺平了道路。而对于土司地区的管理，尤其是在验契工作上，容易造成省府与土司之间的冲突，甚至引起部分土司的反抗，导致土司在管理政策上与省府背道而驰。如窃照前据镇南道道尹王藩电称，“罗白土县官梁起祥办理验契异常不力，且迭据龙民、谢蘧宾、黄隆安上诉，勒押索赃，恃恶肆威”等情。据此即经鸣岐将该土官撤职查办，遗缺饬委江州、土州弹压员苏承福就近兼理。旋据王道尹电，详据苏弹压员电称，“已撤罗白土县官梁起祥，霸持印信、粮簿、案卷等项，抗不交出，甚闻有以粮谷改变私产，盖印当卖民人”等语，当经饬由该道尹派委署崇善县知事林成荫驰往，饬令该土官迅将以上各件点交苏委员接受清楚，并查明有无当卖官谷情事，详覆核办。[④] 虽不满于土司的统治，但省府对土

---

① 宜州市地方志办公室：《宜山县志》，2000，第 271 页。

② 《广西都督兼署民政长陆荣廷呈大总统暨致国务院等电》，北洋《政府公报》，中华民国 2 年 3 月 16 日，第 308 号，公电。

③ 唐凌：《陆荣廷政权在边疆民族经济融合进程中运用的政府和民间两种力量》，《广西民族研究》2007 年第 4 期。

④ 《广西巡按使张鸣岐呈：已撤罗白土县官梁起祥隐匿印信等项，抗不交出，并敢挟枪潜逃，亟应咨行严缉解案究办，请训示文并批令》，北洋《政府公报》，中华民国 4 年 1 月 18 日，第 968 号，呈。

司地区的控制并不能一蹴而就。正如张鸣岐所言：

> 土官世守其土，治理未谙，甚或席其淫威，咨为贪暴。又经先后予以撤任，改派汉员驻扎境内代行其职务，名为弹压员，现计各土司之派员弹压者，已居十之八九，而土官世袭之例早经破除，惟是弹压职权轻微，土司壤地错杂，因沿不变，终不足以言治。论政治之统一，谋地方之幸福，本应一律划定疆域，改县设官，特以费重事繁，势难同时并举，惟有先其所急，次第推行之一法。[①]

随着土司地区社会经济、文化的发展，土民对于土司的统治越加不满，加上弹压委员的作用微乎其微，改流置县的呼声越发高涨。核查广西所属土司计共四十有二，自民国四年前巡按使张鸣岐呈将安定等九土司提前改流之后，所余各属土民率皆具禀前来，请予一并设县，以顺舆情而敷文化。[②] 为顺应改流置县的发展潮流，忻城土县也于民国十七年（1928）申报改流，忻城土县由此改为正县，称为忻城县。忻城人民由此迎来了新的发展机遇与挑战，汉族文化与边疆各少数民族文化的融合于忻城地界也表现出新的态势。综上所述，在推动汉族与边疆各少数民族的文化融合的历史进程中，政府的行政力量发挥了不可替代的作用，我们应予以充分肯定。

---

① 《广西巡按使张鸣岐呈，南宁道属安定等九土司拟请改流置县，以顺舆情请示文并批令》，北洋《政府公报》，中华民国4年8月6号，第1166号，呈。

② 《广西督军兼署省长陈炳焜呈大总统，广西南宁、镇南两道所属忠州等十土司业经改设忠县等四县，谨将筹备经过情形暨成立日期恭呈祈鉴文》，北洋《政府公报》，中华民国5年10月3日，第269号，公文。

从申遗看土司制度研究存在的问题

苍　铭
（中央民族大学）

摘　要　在编制土司遗址申遗文本的过程中，暴露出目前土司研究中存在的一些问题，如土司制度推行的地区，对土司制度的评价，土司遗址文化价值的定位等，还都有着不同的看法，这些都为今后的研究提出了新的要求和改进的方向。

关键词　申遗　土司研究　存在问题

2014 年 3 月，国家文物局确定由湖南永顺土司城遗址、湖北唐崖土司城遗址、贵州播州海龙屯遗址联合代表中国土司遗产申遗。中国政府正式向世界遗产中心提交申遗文本，申报世界文化遗产。2015 年 6 月的世界遗产大会将审议该文本，若获通过，三处土司城遗址将被列入世界遗产名录，载入史册。同时，国内列入国家级文物保护单位的其他土司城遗址或衙署，将通过扩展申遗而获得世界遗产的殊荣。中国建筑设计研究院历史建筑研究所承担了申遗文本的编制工作。2013 ~ 2014 年，在北京召开了四次土司遗产申遗文本修订咨询会。现将会议讨论过程中一些有争议的问题做简单介绍。

一　关于土司遗产分布的地理空间问题

世界遗产申报文本由 9 个部分组成，具体是：（1）遗产的辨认，（2）遗产描述，（3）列入理由，（4）保护状况和影响因素，（5）保护和管理，（6）监测，（7）文件，（8）负责机构的联系信息，（9）缔约国代表签名。

第一部分“遗产的辨认”要求从内涵、时间、空间等方面对土司遗产进行清晰定义。土司遗产是土司制度的遗存，其存在的时间学术界没有大的分歧，多认为是13～20世纪。但是，土司制度实施的地理范围学界则有分歧。因此，文本编制单位十分困惑，除了代表申遗的三处土司城遗址外，还有哪些地区的城寨、衙署、遗址属于土司制度遗存。关于土司制度实施的地理范围，主要有三种不同的文献记述和学术观点。

第一种观点：大西南地区说。

《明史》为湖广、四川、云南、贵州、广西土司立传，说明土司制度是特指在这些地区实施统治制度，土司遗产也应该分布在这一区域。《明史·土司传》开篇述论说：

> 西南诸蛮，有虞氏之苗，商之鬼方，西汉之夜郎、靡莫、邛、莋、僰、爨之属皆是也。自巴、夔以东及湖、湘、岭峤，盘踞数千里，种类殊别。历代以来，自相君长。①

清代人撰《明史》时的“西南”是指今武陵山区以西以南地区，包括今湖南、湖北、四川、云南、贵州、广西、海南等地。

《清史稿》为湖广、四川、云南、贵州、广西、甘肃土司立传，说明土司制度特指在这些地区实施的统治制度，土司遗产也应分布在这一区域。《清史稿·土司传》开篇述论说：

> 西南诸省，水复山重……曰苗、曰蛮，史册屡纪，顾略有区别。无君长不相统属之谓苗，各长其部割据一方之谓据蛮。若粤之壮、之黎，黔、楚之瑶、四川之猓猡、之生番，云南之野人，皆苗之类。②

民国人撰《清史稿》时的“西南”也是指武陵山区及以西以南地区。因此历史文献中记述的西南是大西南的概念，与今天的西南行政区概念不同。

第二种观点，中国西部、南部说。这一观点主要是来自龚荫先生的

---

① 《明史》卷三一〇，《土司传一》，中华书局，1974，第7981页。

② 《清史稿》卷五一二，《土司一·湖广》，中华书局，1977，第14203页。

《中国土司制度》，该书是新中国成立后最为系统、部头最大、资料最全、影响最大的土司制度研究著作。《中国土司制度》以明、清两代的行政区划为基础，对各地土司的设置、分布进行了详细统计。土司设置、分布的具体范围是今云南、广西、贵州、四川、广东、海南、湖南、湖北、甘肃、青海、西藏。

第二种观点较第一种多了青海、西藏地区。

第三种观点，西部民族地区说。近年，土司制度研究的地理范围有不断扩大的趋势，将中央政府在民族地区实施的间接统治，都归为土司制度。

以上三种土司制度实施范围的观点，仅仅是有代表性的几种，还有更多的观点没有列入其中。土司制度实施地理范围的不确定性，给土司遗产的辨认提出了难题。经过咨询和研讨，多数评审专家认为土司遗产的范围应确定在历史文献所指范围。即《明史·土司传》和《清史稿·土司传》所指的“大西南地区”。

为此，申遗文本将土司遗产定义如下：

> 土司遗产是13~20世纪中国中央王朝在多民族聚居的西南地区推行“土司制度”时期，少数民族首领“土司”用于行政管理和生活起居的城寨和建筑遗存。其中，首批申报对象的3处遗产点永顺老司城遗址、唐崖土司城遗址、播州海龙屯遗址位于云贵高原的东北边缘山地，在中国现存的土司遗产中，始建年代较早、沿用时间较长、保存完整，属土司制度完备和鼎盛时期（14~18世纪）典型的综合性土司城遗址。①

申遗报告从工作层面界定了土司遗产分布的范围，但是从学术层面还需要进一步的研究，以便更好地支撑这一观点。

二　关于土司遗产的文化价值

申遗报告第二部分是“遗产描述”，其中需要陈述土司遗产的价值。申遗文本只有首先对土司遗产的价值准确定义之后，才能用此定义阐释三

① 《土司遗产》申报预审稿，2013年12月。

处土司遗产的价值。反之，就是需要用三处土司遗产的物证来支撑土司遗产价值主题。

关于土司制度的研究，学界主要是将其作为一种政治或行政管理制度来研究。作为一种遗产，需要阐释的是其文化价值，但学术界的研究明显不足，没有现成的答案。申遗文本编制单位依据国内现有的研究成果，将土司制度的内涵提炼为两句话八个字，即“齐政修教、因俗而治”。

“齐政修教”典出《礼记·王制》[①]，该书云：

> 凡居民材，必因天地寒暖燥湿，广谷大川异制，民生其间者异谷，刚柔轻重迟速异齐，五味异和，器械异制，衣服异宜。修其教，不易其俗，齐其政，不易其宜。中国戎夷，五方之民，皆有性也，不可推移。东方曰夷，被发文身，有不火食者矣。南方曰蛮，雕题交趾，有不火食者矣。西方曰戎，被发衣皮，有不粒食者矣。北方曰狄，衣羽毛穴居，有不粒食者矣。中国，夷、蛮、戎、狄皆有安居。

意思是对边疆民族地区实施礼仪教化，不改变其风俗；管理边疆民族地区、不变更其原有的制度。

“因俗而治”典出《辽史·官制》，该书云“辽国官制分北、南院，北面治宫帐、部族、属国之政；南面治汉人州县、租赋、军马之事。因俗而治，得其宜矣”。[②] 意思是根据不同地区、不同民族的风俗、社会发展状况进行统治和管理。此后的许多文献中都对“因俗而治”进行过阐释。例如：《明宪宗实录》卷一百八十三，成化十四年冬十月壬辰条说：“云南总兵官黔国公沐琮等奏，广西府土官知府昂贵，与弥勒州千夫长龙判等互相仇杀，累遣官抚捕负固不服，上谕兵部臣曰：贵等构乱之初，使守土之臣因俗而治。”《明神宗实录》卷三百三十九，万历二十七年九月己酉条，在记述处理播州土司杨应龙反叛事件时说：“上曰：杨应龙负恩犯顺，自干天顺，诛止首恶，更不株连土司，自我朝开设以来，因俗而治，世效职贡，上下相安何必改土为流，方是朝廷疆宇，其宣谕朕意，共鼓忠愤，有能俘应龙以献，即许代其世职，若合谋成功，各裂土酬赏，一切用兵机

① 《礼记·王制》是古代君主治理天下的规章制度，内容涉及封国、职官、爵禄、祭祀、葬丧、刑罚、建立成邑、选拔官吏以及学校教育等方面的制度。

② 《辽史》卷四五，《百官志一》，中华书局，1974，第685页。

宜，俱听督抚便宜行事，余如拟。”明万历年间编成的《续文献通考》阐述因俗而治的历史时说：“臣等谨按辽史百官志，太祖分北、南院，其实所治皆北面之事，太宗则以国制治契丹，以汉制待汉人，故分为北南面，所谓‘因俗而治’也。”

“齐政修教”突出的是中央政府的权威和儒家文化的教化，“因俗而治”突出的是各民族的文化特点，尊重民族文化的多样性。

土司制度的文化价值确定后，申遗文本编制单位将土司遗产的文化价值表述如下：

> 土司遗产的系列遗存以历史时空、社会背景、文化内涵、遗产属性、物质遗存等方面的典型特征与相互关联，共同反映了中国土司制度历史及土司社会的生活方式和文化特征，见证了多民族统一国家“齐政修教、因俗而治”的传统理念。

历史时空是土司制度实施的地理空间；社会背景是土司制度推行地区的社会发展程度；文化内涵是指土司遗址所表现的文化特点；遗产属性是遗产的民族或族群属性。

湖南永顺土司城遗址、湖北唐崖土司城遗址、贵州播州海龙屯遗址，代表中国土司遗产申报世界文化遗产。三处土司城遗址，因申遗的需要，组织专家学者进行调查研究，找出了支撑“齐政修教、因俗而治”的证据。但是，列入扩展申遗的土司遗产的研究还是空白，是今后需要关注的学术前沿。

三　国外中国土司制度研究的状况

国外学界，特别是西方学者对土司制度的认识和看法，国内没有完整系统的翻译和介绍，涉及土司制度的英文翻译也缺乏统一。例如，关于“土司”一词的翻译，比较常见的是 Native chieftain、Tusi Chieftain、Tusi，应该选用哪个？土司遗产翻译为“Tusi Chieftain Sites”是否能被外国人理解？这些问题都需要探讨。从而使土司遗产的文化价值能够被国外学术界所认识。通过申遗，我们发现需要弥补土司研究国际交流的不足：一方面，需要将国外土司制度的研究成果介绍到国内；另一方面，需要将国内的研究成果介绍到国外。这将是土司制度研究的另一个学术空间。

四　三处遗址的民族属性及反映民族属性的遗存

湖南永顺土司城遗址、湖北唐崖土司城遗址民族属性可以确定为土家族。贵州播州海龙屯遗址确定为仡佬族、苗族，有分歧，需要进一步研究证明。

三处土司遗址中，老司城的遗存的民族属性较为丰富，唐崖和海龙屯的民族属性和特征需要挖掘。例如，唐崖地名的含义和历史变化是否与土家族有关，唐崖出土印章的民族历史文化内涵解读，族谱的民族记忆。

五　土司遗产的比较研究

在土司遗产的辨认中，要求有同类遗产对比分析，需要将中国的土司遗产与国外已经获得世界遗产殊荣的同类型遗产进行比较。文本编制单位提出：除中国的土司制度外，人类历史上的许多由多民族组成的国家为了实现国家统一和多民族的有效管理，产生了古罗马行省制、波斯阿契美尼德王朝行省制、欧洲中世纪封建领主制、印度莫卧儿帝国曼萨卜达里制、印加帝国库拉卡制度、英国殖民地土邦制度等各种制度。这些制度关于小族群管理与土司制度有哪些异同？此外，土司遗产还需要与国内已经获得世界遗产称号的中国少数民族的世界遗产进行比较。如与布达拉宫的比较、与丽江古城的比较等。土司遗产与国内外世界文化遗产的比较，目的是更好地向世界遗产委员会说明土司遗产的价值。但是，这一比较研究在国内民族史、民族学界完全是空白。

国内现存的100余处土司衙署、城寨、遗址，2015年中国土司遗产有望列入世界遗产名录，这将极大地促进土司制度的研究。申遗文本编制提出的问题，实际上就是学术研究不充分的问题，也是未来土司制度研究的学术前沿问题。

宜州村永定长官司衙署遗迹调查研究

谢 铭 庞志明

（河池学院）

摘 要 本文在查阅相关史料及实地调查的基础上，对广西宜州村永定长官司衙署遗迹进行了一定程度的调查研究。永定长官司于明弘治五年设置，至清宣统二年裁撤，统治当地400余年。在这段漫长的历史长河中，永定长官司对维护当地的稳定和促进社会的发展起到了积极的作用，并积淀了宝贵的文化遗产。本文旨在促进人们对永定长官司衙署历史和现状的了解，认识它的价值，以期对衙署遗迹的延传和保护有所启示。

关键词 永定 长官司遗迹 调查 研究

一 永定长官司设立

（一）永定长官司设置的原因

据载："永定永顺正副三司，明以前皆宜山县地。"① 永定长官司于明朝弘治五年（1492年）方才设立，时间较晚，且其处于宜山县（今宜州市）内，面积狭小。既然宜山县治理当地已久，且面积不大，何必另设一个长官司治理？笔者认为，设立永定长官司的原因大体有两方面，一是为了加强控制猺众，二是明正统年间当地爆发民乱。

明朝时当地仍是少数民族居多，他们与汉族差异大，且民风剽悍，治

---

① 乾隆《庆远府志》，广西人民出版社，2009，第250页。

理不易。当时河池称庆远府：

> 庆远一郡，属在万山之中，民居其一二，水、羊、狑、狪、猺、獞六种苗蛮居其七八，古之所称狪蛮，即其地也。苗族犷悍，寻仇沟畔性野好杀，最称难治。而宜山县属南北西三巢，龙门司，与附近府城之清潭、南乡，河池州属之平林一里，思恩县属之都亮，天河县属之福禄里，皆强横不法，较他处为甚忧。[①]

其中特指宜山县境之民强横难治，可见一斑。而永定长官司管辖的地域内壮族瑶族人居多，他们“男衣短窄，裂布束胫，出入常配刀……又好掠缚人入山谷中，刳大木，中凿为窍，纳一足械之，索赀以赎。伏草射人，攻剽村落，为患与民”。[②] 风俗明显与汉族不同，两者间不免发生冲突和矛盾，如果不分“狪蛮”与汉族之间的差别而在政治制度上实行简单的州县管理，容易形成民族间的纠纷，导致社会的不安。因此早在明正统四年（1439）就有南丹土官莫祯指出庆远府内东兰、南丹等土官管理的地方历来安定，而宜山等流官管治的地方则常年兵连祸结。正统六年，时任监察御史的宜山人韦广最早向朝廷提出在宜州壮瑶少数民族地区设置长官司进行管理，这样可以加强控制猺众。

正统六年，宜山知县与思恩土府结谋将宜山县之归善、洛三诸乡峒划归思恩土府，引起当地民众的不服和反抗。史载：

> 正统六年，因蛮民弗靖，有司莫能控御，耆民黄祖记与思恩土官岑瑛交结，欲割归之思恩，因谋于知县朱斌备。时瑛方雄两江，大将多右之，斌备亦欲藉以自固，遂为具奏，以地改属思恩。土民不服，韦万秀以复地为名，因而倡乱。成化二十二年（1486），覃贤管等复乱，屡征不靖。弘治元年（1488）委官抚之，众愿取前地，别立长官司。都御使邓廷瓒为奏，置永顺、永定二司，各设长官一，副长官一，以邓文茂等四人为之，皆宜山洛口、洛东诸里人也。自是宜山东南弃一百八十四村地，宜山西南弃一百二十四村地。[③]

① 乾隆《庆远府志》，广西人民出版社，2009，第333页。

② 乾隆《庆远府志》，广西人民出版社，2009，第298页。

③ 《明史》，中华书局，第1158页。

《广西通志》云："弘治间……都御使邓廷瓒闻于朝，置永定、永顺正副二司。"[①] 由史料可知，明朝正统六年，宜山知县朱斌备与思恩土府勾结，上奏朝廷获准将宜山之归善、洛三诸乡峒划归思恩土府，当地民众不服并强烈抗争，甚至于攻打土司州县形成民乱，明王朝连年调兵镇压安抚，终于以土民归顺为条件达成协议，朝廷批准在当地设置长官司治理。永定长官司任命当地有名望的韦槐为长官，实行土司自治，既缓解了由来已久的民族差异间矛盾冲突的问题，又安抚了当时的民心。有利于巩固地方的统治，维护当地社会稳定。

（二）设立的情况

1. 永定长官司的承袭

明朝弘治五年设立永定长官司，至清宣统二年（1910）裁撤，历经418年，由首任长官韦槐开始统治了当地逾400年。永定长官司的承袭比较稳固，首任长官韦槐："宜山洛口人，旧《志》云东兰土州人。弘治五年，以槐为土人推服，始授为长官司，世其职。"[②] 永定长官司明朝时期承袭七代，韦槐及其后人传宝、继祖、启邦、莫氏、荫发、世兴、英，承袭长官职位，均为子承父职。然而其中韦启邦生性凶横，多行不法，肆意劫盗，更在嘉靖年间带兵夜闯庆远府衙，劫掠了庆远府飞库银。后于万历十六年被庆远府知府擒拿诛杀。当时启邦儿子年幼，因此由其妻子代理长官司官职，等他的儿子荫发成年后才承袭了官职。清朝时承袭九代，韦氏盛春、国相、廷璧、日隆、调元、尔昌、兆熊、学韩、秉钺相继承袭长官之职。韦秉钺是最后一任土官。适值宣统二年全省开办地方自治，永定长官司因此被裁，其辖区划归宜山县第十区。计永定长官司自韦槐以下承袭16任土官。

2. 兵制与粮赋

永定长官司的武装力量主要是土兵，最初额定土兵100名，有5名防守县城，兵田600亩。康熙年间，又于辖区内的大将堡设防兵12名。永定长官司即主要依靠这一百多名土兵的武装力量实行统治，维持当地的安定和日常秩序并拱卫县城。土兵主要驻守在长官司衙署通往县城及各地的交

---

① 嘉庆《广西通志》，广西人民出版社，1988，第1734页。

② 乾隆《庆远府志》，广西人民出版社，2009，第251页。

通要道和重要关卡哨里，对于保境安民效果显著。如司内有林甲隘，在“司西南九十里，崇山峻岭，密林深菁，路通思恩府安定土司。先年寇贼出没，土官韦国相于康熙年间设立头目一人，领土兵十名防御后，寇贼屏息”。[①]

永定长官司的财政收入主要靠征收辖区内的税收、粮赋。史载清末其粮赋：“实征熟民田 45 顷 55 亩 4 分 8 厘。应征秋粮折色米 185 石 1 斗 8 升 1 合 2 勺，折粮熟银 55 两 5 钱 5 分 4 厘。内存留银 2 千两。起运银 31 两 5 钱 5 分 4 厘，遇润加征银 4 两 28 分 3 厘。”[②]

3. 辖区及人口

永定长官司的辖区位于宜山县南，北距县城约 65 里，最初划分宜山县的洛富、洛分、洛东、洛南 4 里及洛西半里。后又划莫往峒、南乡、清潭、都博等里地属永定长官司。清末时辖区：东至屯岭 30 里，西至鳞甲隘 40 里，南至拉卜村 8 里，北至高家坪 7 里。南北距约 20 里，东西距约 80 里。全司辖区划分为 5 里：大显里、莫往里、端简里、洛富里、洛西里。2 峒：东边峒、西边峒。端简里有一回龙圩（后称梅峒圩）。辖区相当于今天石别的三寨、清潭、梅峒、洛西一部，洛富、屏南一部，以及与忻城、都安两县毗邻一带。辖区初编户口有 440 户，共 2041 人。

4. 永定长官司衙署历史概况

永定长官司衙署是当地的官府衙署，同时也是永定长官司土官的住所，是土官办公和居住的地方。它是为当地统治阶级上层服务的建筑类型，土司文化的集中体现。永定长官司作为一个土司衙署，继承了汉族建筑的传统风格，同时又受当地少数民族文化的影响，混合有壮瑶文化特色。所以它具有多元的丰富内涵，是研究永定长官司历史的实物史料。

历史上对于永定长官司的记载多侧重于它的设立背景、政区设置、土官承袭等方面，而对于永定长官司衙署则鲜有记录。其中《宜州市志》有载：“长官司署初设于宜州村（今属福龙乡），后迁至三寨村（今属石别乡）的独秀山麓。”[③] 可见历史上永定长官司衙署搬迁过，原址在宜州村，后来搬迁到了三寨村。笔者此次考察的目标就是位于宜州村的永定长官司

① 乾隆《庆远府志》，广西人民出版社，2009，第 51 页。

② 乾隆《庆远府志》，广西人民出版社，2009，第 159 页。

③ 《宜州市志》，广西人民出版社，1998，第 29 页。

衙署。至于其衙署为何搬迁，何时搬迁，尚未得知。《庆远府志》也有云："永定长官司，石垣，周二十丈，高五尺。"[①] 这是对永定长官司衙署比较明确的记载，即长官司衙署四周建有石砌的围墙，长宽约为66米，墙高约1.6米，围墙起到保护内部衙署的作用。

二 永定长官司衙署遗址现状

（一）遗址的地理位置

笔者所考察的永定长官司衙署位于今宜州市西南的宜州村，它是永定长官司最初设立的衙署。宜州村北距宜州县城约32公里，处于群山之间，且不处于县与乡镇间的交通主干道上，交通很不方便。村子通往外界的通道是一条连接着二级公路的泥路，此路窄小而弯曲，且路面坑坑洼洼坎坷难行。由此可推断在古代道路更差，要到永定长官司衙署的交通也更加不便。宜州村依山而建，坐西向东，道路正好沿着山脚经过，贯穿整个村子，周边还有几个村庄。如今从远处看，宜州村只不过是一个普通的小村子，人口不多，约有三四十户人家，房屋大部分是水泥楼房，也有几间破败的砖瓦房依稀可见。村路的另一边有一条小河，小河之外则是一大片开阔平坦的农田，由村子向外看去视野开阔、风景怡人。古代的土官们在此衙署往外看去，靠山面水，可见管辖下的劳动平民，又可见统御的其他村落。如今时过境迁，永定长官司衙署就坐落在这村子靠后的山脚下，衙署遗址周围修建了许多新式房屋，有一些就建在原本衙署的范围内。原本辉煌一时的长官司衙署如今沉寂埋没，被新建的房屋所掩盖。

如今永定长官司衙署遗址基本上由遗留下来的房屋构成，史书上记载的石墙已经不复存在，只能寻找到少许的石墙地基。新中国土地改革时期政府把衙署的房屋分给当地居民居住，后来当地居民还在原长官司衙署的范围内修建了许多房子，它们杂乱无章地紧挨着衙署遗迹而立。长官司衙署原本的大体布局已经被破坏，只能由现有的建筑和历史记述及村民们的描述来推测其原来的面貌。

---

① 乾隆《庆远府志》，广西人民出版社，2009，第88页。

（二）遗址的现状

经笔者考察现存的永定长官司衙署遗址有房屋 6 座，房屋呈现为 3 进式的规格，有一条道路由村外公路往里直通衙署中央，是衙署的中轴线。其中保存最为完好的是最后一进的三座房屋，这三座房屋呈一字排开，就位于山脚下。三座房屋位处中间的一座为正房比两侧的更大，两侧房屋分列左右，相互对称。第二进遗留有两座房屋，它们坐落在最后一排房屋的正前方，被衙署中央的道路所分开。这两座房屋大小一样，以道路为线相互对称。第一进房屋只保留有一座，由村外往衙署里看，这座房正好在第二进房屋右侧一座的正前方。遗址遗留的房屋共计六座，大小不等，屋内共分有 15 个房间。房屋都是砖木结构，建筑运用了抬梁式木构体系，属于立人架平房。这充分体现了汉族建筑的特色，与当地明朝时干栏式民居有明显的区别。土司衙署建筑雕龙画凤，砖瓦结实耐用，占地面积大，非当地民居可比，这也可以看出当地土司拥有的政治和经济特权。

永定长官司衙署遗留下来的房屋历经沧桑变革，在新中国土地改革时期政府把衙署的房子分给了当地人居住，成了民房，现在遗存的六座房子还有两座有人居住，其余的已成空房。由村子往长官司遗迹内进入，有一条直接通往衙署中央的小路，宽约 2.5 米，小路可算作整个衙署的中轴线。由小路往里走，最先出现的是第一进遗留下的一座房屋，它在小路的右侧，至今仍有人居住。这座房屋不大，且从外部就可以看出较多翻修过的痕迹，不过它整体的造型，别致典雅的屋檐房梁设计，以及房门上方墙上残留的壁画还可证明它原来衙署房屋的身份，并透露出从前其官宦大户之家沉稳大方的气息。房屋前有一条宽 1.4 米的走廊，走廊边沿铺有方形的石块，石块古旧，大小不一。房子的门口不大，原本的门已经不知在何时被拆除，现在的门是后人安装上去的，门楹上有一门牌，门牌上写着：福龙，宜州村 42 号。房屋正面的墙壁刷有白石灰，墙面有修补过的痕迹，墙上部靠近屋檐的地方还保留有少量的壁画，但壁画已经模糊不清。房屋在外部测量纵向长 8.5 米，横向宽 4.84 米，占地面积 41.1 平方米。由正门进入可以看到分为纵向前后两间房，房间内都是如今住户所用的现代家具用品，中间有一堵墙把房子分为两半。这座房现居住的户主名叫韦新鸿，他的祖籍在此，在新中国土地改革时期，他们一家分到了这座房子居住。

继续往里就是现存的第二进的两座房屋，两座房分列中间道路的两侧。他们的大小相同，屋檐房梁的构造样式也一样，目前这两座房都已经无人居住，笔者也未能进入房子内部考察。而经外部测量两座房屋都是纵向长 8.5 米，横向宽 4.8 米，占地面积 40.8 平方米，两座房均破损较多。两座房屋靠近道路一侧的墙明显使用现代的红砖砌成，与房子其他墙壁深灰色的旧砖块不同，且墙面有较新的修建痕迹，由此可推断这两面墙是现代的人修建的。两座房子的正门都是现在的人所造并安装的，左侧那座房的门梁上有门牌写有：福龙，宜州村 43 号，右侧那座房子的门牌则是：福龙，宜州村 44 号。两座房屋正面的墙壁都刷有白石灰，现在已经破损较严重，有大面积剥落的情况，仅有凸出于正面墙壁的柱子上端仍保留有极少的壁画，其余本应在墙上有的壁画都已经消失。左侧房子的屋顶高低不平，应该是支撑的房梁有损坏导致塌陷而造成的。这两座房屋靠近中央道路的那一面墙所用的材料与房屋他处的材料不同，是后人所修建上去的。根据它们的痕迹和形状推断，这两座房本来应该是连在一起的一座较大房屋，而它处在整个衙署的中央原本极有可能是衙署办公的大堂。

第二进保留的房屋后面有一条排水沟，排水沟宽 1.55 米，而水沟正后方是一个院子，院子比两座房屋的地基高 1.4 米，道路即直通这个院子的中央而止。院子横向长 14.7 米，纵向宽 5.8 米。院子表面现在已经被铺上了一层水泥，院子后面就连接着存留的第三进中间的那座房屋，房屋现已经无人居住。房屋横向长为 14.7 米，纵向宽 10.97 米。房前有一条较大走廊，宽为 1.55 米，走廊的边沿砌有较大的石条，石条大小相当。走廊外沿立有三根柱子，顶部支撑着房子的屋檐，走廊下有三个台阶，台阶也是由石条铺砌而成，宽度为 2.6 米。两侧的台阶各对着一个房门，走廊的两头各有一堵墙，两堵墙都有一个顶部为拱形的小门，用于方便人们的横向出入。经查看发现房子中间原有一个比较大的正门，但已经被人砌墙所堵，墙面还有明显的缝隙痕迹，显现出一个方形门户的形状。堵住房门的墙上现有一木质窗子，窗子方正，为雕花镂空造型。其风格古朴，雕刻精美，应该是衙署所留之物。正面墙壁的上部有许多保存较好的壁画，壁画内容丰富，图案精美，内多花草竹石，蝴蝶游鱼之类。蕴含富足有余和幸福安康之意。屋内横向分为 3 间，中间的房间较大，宽有 4.95 米，两侧房间较小，皆为 4.15 米。在右侧的房间门口有两个门牌，门牌写着：福龙，宜州村 46 号和福龙，宜州村 47 号。其余两间房门口没有门牌，在隔开右侧与中间两间房的墙上有一小门供人通过，房间的墙厚 27 厘米。这座房屋较大，应是第三进的正房，且从房屋的样式和位置来看应该是供住宿用的房屋。房屋后面是一块菜地，在菜地边沿发现一些石块，石块砌成一排，应该是史书上记载的围墙的地基，菜地纵向宽 8.2 米，大概是以前永定长官司衙署的后花园或者菜地。

在上述房屋的右侧也保存有一座原土司衙署的房子，从整体上看这座房子比中间的那座更小，也更矮，似乎是在修建时刻意如此，以突出中间房屋的重要性。这座房屋比较破旧，现在也已经无人居住，笔者也未能进入其中考察。从外部测量这座房子横向长 14 米，纵向无法测量，不过据观察应该与中间房屋宽度相当为 10.97 米。房子的整体造型与中间房屋有所差别，屋前的走廊较小且没有柱子。房屋正面有两个门口，左侧门口的门牌上标有：福龙，宜州村 59 号；右侧门口的门牌上标有：福龙，宜州村 60 号。房屋正面墙上的白灰许多已经掉落，而墙顶部尤为严重，还有明显的雨水冲刷的痕迹。墙上部保留有一幅壁画，虽然有部分已经缺失，但剩下的部分还清晰可见。壁画底色为黑色，绘画着神龙腾云驾雾的图案。从外部可以看出这座房子被横向分为三个房间，中间的房间比两侧的要大，而两侧房间大小相当。

在第三进左侧还保留有一座房子，房子前有一个小院子，院子现在已经铺了一层水泥，房子比中间的那座稍矮。这座房子整体保存较好，现在仍有人居住，住户户主名叫梁广安。根据梁广安的自述，他出生于宜州市石别乡，小时候随家搬来了宜州村居住，后于新中国土地改革时期分到了这座房子居住，房子的门牌为：福龙，宜州村 37 号。房子的地基较高，约高出院子 1 米。房屋正面的中央有一个门口，门前是一条宽约 1.5 米的走廊。在房屋正面的墙壁上部有一排壁画，且基本保存完好，图案还清晰可见。壁画黑底白图，画有大幅的花朵和成对的狮子等精美图案。房屋横向长 14 米，纵向宽 10.97 米，占地面积 153.6 平方米。而房子内部横向分为 3 个房间，中间的房间比较大，横向宽为 4.5 米，两侧房间大小相当，横向宽为 4.15 米。

从现有的房屋数量和布局情况等可推测原本衙署整体为方形，内有三进式的房屋，每进有三座较大的房子，共为九座。据村民们介绍原本土司衙署内有祠堂和庙塔，但现在都已不复存在。

衙署虽经历长年的风雨侵袭和人为破坏，但其原有的几座重要的房屋和众多精美的壁画还保留了下来，总的来说衙署遗址保留还算比较完好。

历史上广西有众多土司，但经历岁月的变迁，朝代的更替，土司原有的建筑大部分已经损毁。就河池而言，历史上存在的东兰、南丹、永定等土司的衙署建筑基本上已经没有了，忻城土司衙署则是重建上去的。而这个遗址的房屋是原有的土司建筑，比其他土司的衙署建筑保留更好，已经有了500多年的历史，作为历史的实物和见证，这些古老的建筑弥足珍贵。因此我们应该及时采取适当的措施保护它们，以免它们沦为废墟消失于历史中。

（三）遗址遭到破坏的原因

1. 自然因素

历史的痕迹经不住时光的消磨，更不用说土司衙署的这些雕梁画栋青砖古瓦，永定长官司衙署的修建到现今已有520多年的历史。长时间的风吹雨打建筑物被慢慢地腐蚀而衰败，现存最后一进右侧的房屋正面墙上有明显的雨水冲刷痕迹，墙面破损，壁画大块脱落。而衙署所在地属亚热带季风气候，这里四季分明，夏季高温多雨，冬季寒冷干燥。夏季降雨量大，雨水极易渗透进房屋，侵蚀墙壁造成墙面的剥落与墙体的老化腐朽。春秋季节昼夜温差大，遗迹房屋所处气温急剧变化，导致其墙体热胀冷缩频繁，长此以往就会造成墙体开裂，出现缝隙等问题。而且衙署遗迹背靠山林，各种虫蚁繁多，对遗迹房屋的木质结构造成极大的损害，笔者考察中即发现有许多虫蛀的情况。

2. 经济影响

在历史发展的过程中，经济影响也是造成衙署遗址破坏的一个重要因素，特别是现代经济快速发展时期遗址受破坏的情况更为严重。首先是永定长官司衙署遗址对当地居民来说具有的经济价值极少，这个没有开发的衙署遗址不能给他们带来经济收入。没什么经济价值的遗址对村民来说并不是重要的东西，因此无须特意保护它，而破坏了也不算大事情。其次在改革开放之后当地经济迅速发展，变得富裕起来的村民们急欲改善生活，而建新房居住就是头等大事。于是许多村民拆除了长官司衙署遗留下来的房子，并在其地基上修建新房，严重破坏了衙署遗址。同时也有人把新房连接着现存的衙署房屋而建，它们杂乱无章地分布着，将衙署的布局和风貌破坏殆尽。

3. 人为破坏

在漫长的历史中，人类活动对永定长官司衙署的建筑产生极大的影响，按史书所说原本的衙署占地面积达4400多平方米，而现在仅剩六座破损的房屋，其余都被拆除，可以说人为的破坏是衙署破坏的主要原因。在朝代更替，历史变革的动荡时期，这种问题更加突出。据村民讲述，在新中国土地改革时期，政府把原来衙署的房屋分给当地居民居住，由于缺乏文物保护意识村民们随意改造和拆建分给他们的这些房屋，大大破坏了遗址的房屋和衙署的原貌。这些主要是当地居民人为对永定长官司衙署遗址造成的破坏。

4. 保护意识不强

永定长官司衙署遗迹受损的现状，与人们对它的保护意识不强有极大的关系，其中有当地村民方面的原因，也有政府的原因。当地村民并没有把衙署遗迹当作文物看待，也不理解其中的价值，更谈不上对遗迹的保护意识。所以他们对待衙署遗迹的态度只取决于自身的实际需要，对于遗迹该修的修，该拆的拆，该建的建。当地政府也忽视了长官司衙署遗迹的文化意义和历史价值，衙署遗迹没有被列为文物保护单位，目前仍没有设置相应的保护机制，也没有做出有实质性的保护行为，而把长官司衙署分给当地居民居住使用更是造成了严重的后果。

三 永定长官司衙署遗迹的价值及开发与保护

（一）衙署遗迹的价值

建筑是文化的载体，它反映着当时社会的文化内涵和历史气息，可以说有怎样的文化就会有怎样的建筑诞生。永定长官司衙署作为一个土司衙署，它包含着深刻的土司文化，而土司文化的民族性和特殊性使其具有重要的开发研究价值。

1. 历史价值

首先作为一个土司衙署的遗址，所保留的房屋是衙署原本的建筑，拥有500多年的历史，属于古建筑和历史文物，它本身就具有重大的历史价值。且其保存比较完好，包含着建筑之初的历史气息，我们可以借助衙署的遗址探寻当地土司时期的历史，其具有的意义和价值巨大。

2. 建筑价值

现存的房屋建筑是永定长官司原有建筑，它保存了当时明代的建筑样式，具有研究建筑历史的价值。明朝时宜州地处偏僻，壮民居多，民居多为干栏式建筑，宜州安马乡古育屯即保留有一些干栏式建筑的民居。而土司衙署房屋有明显的汉族建筑传统，区别于当地民居。现存房屋上还有许多精美的壁画，既有观赏价值又有研究价值。

3. 政治价值

永定长官司衙署建筑体现了当时的封建等级制度，它占地面积大，建筑精美，是集当地财力物力而建，与当地民居相差甚远，庄严豪华的外表无不透露出当时统治阶级的高高在上。同时土司制度是中央封建王朝统治边疆少数民族地区的一种政治制度，这就决定了土司制度与中央王朝政治制度、民族政策密不可分。土司衙署是土司制度的产物，而且是其中的关键组成部分，永定长官司衙署遗迹的研究能从一定程度上反映出以前宜州地区的政治制度和社会生活。

4. 民族文化价值

永定长官司衙署的建筑包含很多当地的民族文化特色，在雕梁画栋间体现当地人的智慧和喜好。随着时代的变化，当地少数民族的文化特色越来越少，古老的传承正面临着被时代湮没的危险，此时对土司文化进行深入的研究，有助于保护和弘扬地方民族文化。

（二）衙署遗址的开发与保护

永定长官司的存在是特定历史的产物，必然随着时间前进的步伐而走向终结。但是我们应该认识到历史上永定长官司曾经为维护国家统一和宜州当地社会安定与发展做出的贡献。而如今永定长官司衙署遗迹所具有的许多价值也应该被人们所了解，对衙署遗迹面临的问题我们应当采取相应的保护措施，从现在起做到对衙署遗迹实际有效的保护。而根据实际情况，笔者认为对它的保护和开发可以从以下几个方面入手。

1. 将衙署遗址列为文物保护单位

宜州村永定长官司衙署遗址没有得到合理的保护，导致其日益破损，其中主要原因是宜州当地的政府对其支持的力度不够，这也让对其保护工作缺乏依据，显得心有余而力不足。我们从宜州文管所得知他们目前准备将永定长官司三寨村的衙署遗迹列为文物保护单位，而宜州村的永定长官司衙署遗迹却不在此列。作为息息相关的同一个土司的遗迹，应该一起列为文物保护单位，这样有利于保护永定长官司的整体性和更多的珍贵历史文物。在将其列为文物保护单位的基础上，可以根据文物保护的相关法律法规进行有理有据的保护和进一步的研究开发等。

2. 政府与村民保护相结合

目前，遗址保护还面临一个重要的问题，就是保存的房子已经分给村民居住，虽然有村民已经搬了出去，但仍有两户村民居住在原衙署的房屋里。要马上让村民迁出去是不现实的，我们应该让政府和村民合作，由政府出面，根据实际需要拨资金让村民修缮房屋，并定时考察和维护。直到村民自愿搬迁出去，再由政府直接地将遗迹保护起来。

3. 抢救壁画

永定长官司衙署存留的房屋上有许多精美的壁画，它们内容丰富，描绘生动美观。且能在明代保留至今，历史悠久，非常珍贵，是衙署遗迹保护的重要内容。壁画原本在每座房屋上都有，但是许多已经损毁，现存比较完整的有 17 幅。而它们也在不断地受到侵蚀和破坏，必须尽快采取抢救保护措施。抢救壁画首先应该修理好屋顶，防止屋顶漏水破坏壁画，因为壁画在墙上靠近屋顶的地方容易受雨水侵蚀。其次对壁画进行拍照，搞清楚壁画的样子。最后请专业人员按壁画原来的样子和颜色描绘好，力求还原它们的原貌。

4. 联合开发

宜州村永定长官司衙署遗迹并不完整，而且区位不佳，交通不便，名气也不大，如果单独开发成旅游项目的话难度比较大。而永定长官司还有一个三寨村的衙署遗迹，那里靠近二级公路，交通方便，两者距离很近，相差不到三公里。如果两者联合起来作为一个整体开发的话，可以充分利用土司资源，更加有利于发挥永定长官司的整体价值，增强吸引力。同时永定长官司距离出名的忻城土司比较近，相距约 20 公里，两者也可以合作开发，以合作提高名气，并学习借鉴忻城土司开发的经验。

5. 加大宣传力度

永定长官司衙署遗迹的损坏主要与人为因素有关，比如人为的破坏、没有对遗迹进行适时的维护，而这样的行为到目前仍有。导致种情况发生的原因主要是当地人并没有认识到永定长官司衙署遗迹属于文物古迹，村民们只觉得它们是“老房子”，更没有认识到遗迹具有的珍贵价值。所以首先要向当地村民宣传关于永定长官司衙署遗迹的知识，让村民们认识遗迹的价值，并促进他们自觉地保护衙署遗迹。同时向当地政府宣传，提高他们对永定长官司衙署遗迹保护工作的认识，促进政府真正重视文物保护的工作，并采取切实可行的行动。使政府更好地处理社会发展，经济建设和文物保护之间的关系，确保衙署遗迹保护工作能够顺利进行。

中国少数民族文化遗产现状分析

陈同滨　李　敏　吴　东　韩　蕾

（中国建筑设计研究院　建筑历史研究所）

摘　要　通过研究统计可以看出，目前我国少数民族文化遗产的总数及比例过小，少数民族间文化遗产不平衡，特别是历史上存在过的少数民族及其政权，存在较大的文化遗产缺口。以上研究旨在为今后的研究和保护提供重要的参考。

关键词　中国　少数民族　文化遗产　现状　考察

一　少数民族文化遗产的概念

本课题主要研究少数民族遗留下来的物质文化遗产，包括少数民族的古建筑、古墓葬、村寨、聚落遗址、城址、文化景观等各类文化遗产。本研究中的少数民族，不仅包括了现存的55个少数民族，而且更为重要的是，包括这些民族记载于史的各个时期的民族和部族，以及已经消失、仅载于史的民族，他们都留下了丰富的文化遗产。

少数民族文化遗产具有突出的类型丰富特征，故在遗产保护方式与途径上也具有多样性的特征。目前我国政府主要是通过公布各类保护称号和地位，给予各类文化遗产相应的法律地位和相应措施予以保护。保护称号和地位包括：世界文化遗产、各级文物保护单位、历史文化名城、名村、名镇；历史街区、风景名胜区、地方性优秀历史建筑等。其中尤以“世界文化遗产”的遗产保护等级最具影响力。鉴于研究的目的在于研究国家层面的少数民族文化遗产保护体系、研究其均衡性与缺口，为国家文化遗产保护工作提供参考数据，故暂时只取上述国家级保护途径，更多地方性保护称号不在统计之列。

在这里，我们以地理文化区域为基本划分方式、以主题框架[①]对应的遗存类型为参照指标，同时再加上人口、历史政权等参照体系，从而为我国的少数民族文化遗产保护工作提供一个重要的缺口分析（参见图1）。

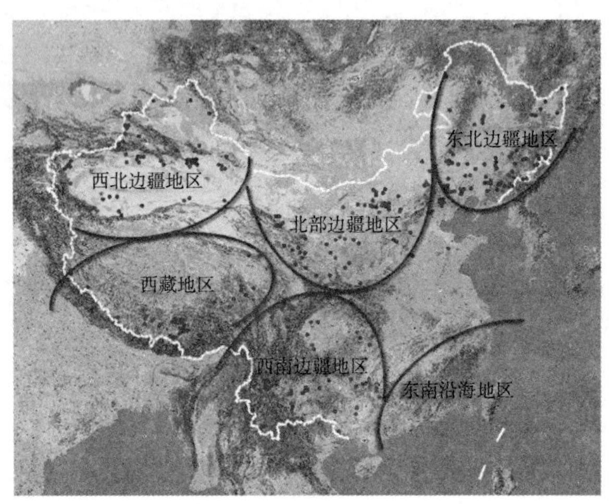

图1　少数民族文化遗产分布图

二　初步结论

（一）关于保护现状的基本统计数据：少数民族遗产数总和比例过小

在中国现有的45处已列入《世界遗产名录》中，有31处文化遗产。在2013年1月世界遗产中心网站公布的中国《世界遗产预备名单》中文化遗产共28处，少数民族的有14处，占到了50%。

全国现有六批全国重点文物保护单位共2348处，其中262处为少数民族文化遗产，仅占全国重点文物保护单位的11.16%。其中属于当代55个

① ICOMOS的《世界遗产名录：填补空白——未来行动计划》（2005年）提出的遗产主题框架，见本文第四节。

少数民族的文化遗产125处，属于历史少数民族的文化遗产共137处。

在现有的498个全国历史文化名城村镇中，约有71处与少数民族文化遗产有较为密切的关联，占总数的约14.26%。

在现有的225处国家级风景名胜区中，目前约有70处位于少数民族聚居区，约占总数的31%。以上情况参见图2。

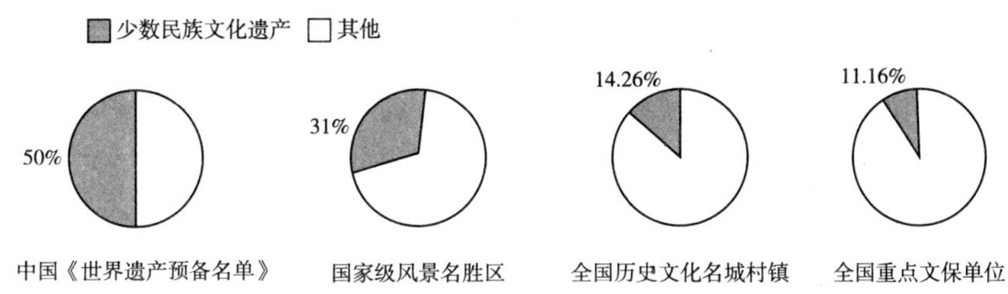

图2　中国文化遗产保护体系中的少数民族文化遗产所占比例

相对而言，世界文化遗产、风景名胜区等保护称号，少数民族文化遗产的数量较全国重点文物保护单位要多。可见更广阔的视野、理念和价值标准对于我们理解、认识与保护少数民族文化遗产有着积极的意义，有利于我们更加全面、均衡地保护少数民族文化遗产。

（二）少数民族间文化遗产不平衡

各民族拥有的文化遗产数量也存在较大的不均衡，较集中地分布于藏族等民族，而壮族等人口众多的民族，遗产数却非常少，与其人口及文化不成比例。另有水族等18个少数民族没有自己的文化遗产，指数为零（见图3）。

（三）按价值主题和遗产类型评估，分布不均衡或缺失

按照价值主题和对应遗产类型的主题框架，可将每个少数民族（包括当代55个民族和历史少数民族及其建立的政权）的文化遗产按照主题和对应类型进行保护体系构建，以实现少数民族文化遗产的全面保护。从现在的情况来看，各民族文化遗产按价值主题和遗产类型分布不均衡，即使是遗产数量相对较多的藏族，也是大部分遗产为宗教建筑、陵墓和遗址，而缺失大部分的遗产类型，更不必说其余遗产数量很少或没有的民族。

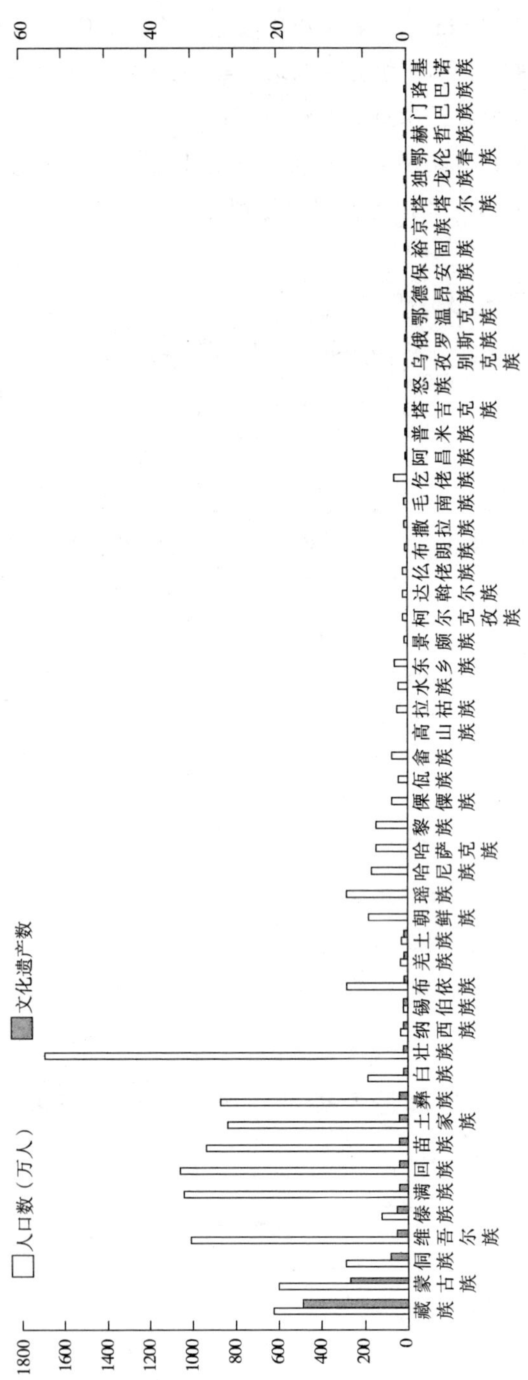

图 3　全国少数民族人口数量与文化遗产数量对比图

（四）按地理文化区域评估，分布不均衡

我国少数民族文化遗产的分布与民族聚居区一致，大致可分为东北边疆地区、北部边疆地区、西北边疆地区、西南边疆地区、西藏地区、南部边疆地区以及其他地区（非少数民族聚居区）。每个区域都有自己的文化特点，包括生产模式、居住方式、信仰、社会组织、文明特征、建筑方式（干栏、窑洞等）。从而每个区域的少数民族文化遗产也应该具有这些方面的区域代表性。

（五）历史上存在过的重要少数民族及其政权，存在较大的文化遗产缺口

我国历史上存在过匈奴、党项等众多的少数民族，其中很多已经消失或融于其他民族。目前属于历史少数民族的文化遗产共 137 处，远远无法见证其漫长的演变历史和丰富的文化内涵。

三 综合评估及建议

基于对中华文明“多元一体”——无论是历史上还是当代——这一文明特征的认识与保护，本研究各项评估皆以多元文化价值的认定与保护为目标。从民族人口、地理文化单元、价值主题、历史少数民族等角度切入、进行评估，综合使用这些分析工具，从而最终达到给出一个较为全面、客观的评估结论，从而为我国的文化遗产保护事业的战略格局提供有效参考。

由综合评估及下列评估表可以初步发现，我国的少数民族文化遗产分布存在民族性、地区性及类型性的不均衡。其中民族性表现为个别民族遗产数量较多，而水族、景颇族等 38 个民族没有自己的文化遗产；地域性的不均衡表现在东南沿海等地区的少数民族文化遗产稀少；类型性的不均衡表现在宗教建筑等类型的集中和工业技术遗产等类型的缺乏（参见表 1、表 2、表 3）。

表 1　按地理区域评估

A：数量较多，分布均匀

B：数量一般，分布较均匀

C：数量很少，分布不均匀

地理区域	文化遗产数量	分布均匀程度
东北边疆地区	A	C
北部边疆地区	B	B
西北边疆地区	A	A
西南边疆地区	A	B
西藏地区	B	C
东南沿海地区	C	C

表 2　按民族均衡性评估

文化遗产数量	评估等级	民族名称
文化遗产数量较多（全国重点文物保护单位 10 个以上）	A	藏族、蒙古族
文化遗产数量较少（全国重点文物保护单位 1 ~10 处）	B	侗族、维吾尔族、傣族、满族、回族、苗族、土家族、彝族、白族、壮族、纳西族、锡伯族、布依族、羌族、土族
无列入国家保护的文化遗产（全国重点文物保护单位）	C	朝鲜族、瑶族、哈尼族、哈萨克族、黎族、傈僳族、佤族、畲族、高山族、拉祜族、水族、东乡族、景颇族、柯尔克孜族、达斡尔族、仫佬族、布朗族、撒拉族、毛南族、仡佬族、阿昌族、普米族、塔吉克族、怒族、乌孜别克族、俄罗斯族、鄂温克族、德昂族、保安族、裕固族、京族、塔塔尔族、独龙族、鄂伦春族、赫哲族、门巴族、珞巴族、基诺族

表 3　按文化遗产类型评估

A：遗产数量较多　B：遗产数量一般　C 遗产数量过少

遗产类型	数量水平
考古遗产	B
岩石艺术遗址	B

续表

遗产类型	数量水平
原始人类化石遗址	B
历史建筑和建筑群	A
城市和乡村居住地/历史城镇和乡村	B
民间建筑	B
宗教财产	A
农业、工业和技术财产	C
军事财产	C
文化景观、公园和花园	C
文化路线	C
陵墓和遗址	B
象征遗产和纪念碑	C
现代遗产	C

四 研究前景

从近10年来的世界文化遗产保护动态和理论分析，“基于价值”的保护理论受到普遍的关注和认同。其代表性文件为ICOMOS的《世界遗产名录：填补空白——未来行动计划》（2005年）及后续的报告《什么是突出普遍价值》（2008年）。

“基于价值”的保护理念提出了三种价值分析框架：第一种为“价值主题框架”，包括：（1）社会表达，（2）创造精神的体现和延续，（3）精神体现（宗教），（4）利用自然资源，（5）人类移动，（6）发展技术；第二种为“类型学框架”包括（古遗址、古村落、文化景观等）；第三种为区域—时代框架（基于区域和世界历史，如古埃及、中国汉代等）。

上述的三种框架，尤其是“类型学框架”，是在对世界遗产保护公约40年实践的基础上提炼的，具有很强的指导性和参考价值。对我国文化遗产的未来研究中，可为民族建筑遗产的辨认和保护构建一个较为明晰、完善的战略体系，从而明确地看到未来我国少数民族文化遗产保护的方向所在。这一研究的深入和继续，将有效推动我国民族文化遗产的保护，为中国乃至世界人类文化多样性做出应有的贡献。

西南地区土司衙署的保护和研究

——以广西忻城莫氏土司衙署为例

陈寿文

（广西忻城县土司博物馆）

摘　要　本文以广西忻城莫氏土司衙署为例，论述了规模宏大、保存完整的壮族土司衙署，以及这里保留下来的历史悠久、内涵丰富的土司文化遗产，提出应认真研究土司遗址的历史文化价值，科学管理、积极利用这一文化遗产，使其服务于社会，惠及当地民众。

关键词　西南地区　土司衙署　保护　研究

西南土司制度存在数百年之久，留下了丰富的文化遗存，主要遗存有衙署、城址、陵园、遗址、墓葬和文物等；损毁成为遗址的有城堡、营盘、寺庙、塔阁等；可移动文物有铜器、玉器、铁器、金器、碑刻、石刻、印章、纸质类的公告文史资料等。这些文化遗产是研究土司制度政治、经济、文化的珍贵资料。

探寻是为了发现，研究是为了保护，而保护就是为了科学传承发展。西南地区土司制度发展到鼎盛时期，大大小小的土司有几百个。但是，由于改土归流等多种原因，土司衙署古建筑保存至今的很少很少。今天，我们去探寻西南地区距今500年、被誉为“壮乡故宫”的国家重点文化保护单位——忻城莫氏土司衙署，探寻其历史价值，保护其珍贵遗产，传承民族优秀文化。

一　规模宏大、保存完整的忻城莫氏土司衙署

广西忻城莫氏土司衙署，始建于明万历十年（1582），后经历任土司的不断拓建，才形成了如今规模宏大、保存完整的土司建筑群。1906 年忻城土司终结后至民国时期，莫氏土司衙署作为忻城弹压府第、民国时期的县衙。

新中国成立后，忻城县人民政府十分重视对土司衙署的保护和维修，文物保护工作也得到自治区文化厅的大力支持，积极争取到保护经费近 800 万元，对莫氏土司衙署的古建筑群回收并进行了全面维修。1963 年，莫氏土司衙署被广西壮族自治区人民委员会定为自治区级文物保护单位；1996 年 11 月 20 日，中华人民共和国国务院把莫氏土司衙署列为国家级重点文物保护单位。

（一）保存完整，规模宏大

忻城莫氏土司衙署由第七任土司莫镇威始建于明朝万历十年，后经历任土司的不断拓建，才形成了如今规模宏大、保存完整的土司建筑群。自清光绪三十二年（1906），土司莫绳武“因案去职”“原领纸号缴销”，莫氏土司家族退出忻城政治舞台后，莫氏土司衙署也因此作为忻城弹压府第、民国时期的县衙到新中国成立初期忻城县人民政府的办公场所等，它一直是忻城各个历史时期的重要行政机关。

新中国成立初期，莫氏土司衙署暂作县政府机关驻地。后来筹建办公用房时，有人主张推倒土司衙署所有古建筑，在原地重建新房。当时第一任县长樊茂春力排众议，认为“前人之功不可毁啊”，便另择地址，在人迹罕至的盘鹤岭也称对门岭（即今县委、县政府机关驻地）建房，使具有近 500 年建筑历史的土司衙署才得以保存下来。

明万历十年，屡建战功、屡得奖赏的忻城土官莫镇威，踌躇满志，大兴土木，在苍翠如屏的翠屏山脚下兴建了土司衙署。保存至今的莫氏土司衙署建筑群以土司衙署为中轴线，以莫氏土司祠堂、三清观为东轴线，以代理土司官邸、大夫第为西轴线，以院（园）组成路，再由路组成群，形成了有莫土司衙署、莫氏土司祠堂、三清观、代理土司官邸、大夫第、练兵场、汉堂邸等规模宏大的建筑群，保护面积 38.9 万平方米，占地面积 4

万平方米，建筑面积1万多平方米。土司衙署主体建筑以大门、一堂（正堂）、二堂、三堂、后苑形成纵路，东西两侧由兵房、牢房、东花厅、西花厅、东西厢房及赏竹园、东西苑组成横路，纵横对应而错落有序的“三园四院”，形成了独具中原和西南壮族特色的衙署建筑，那深幽的殿堂、精致的屋脊翘角、镂空的花窗、精美的浮雕图案都具有浓郁的壮族建筑特色，被誉为“壮乡故宫”。

（二）建立机构，立法保护

为加强管理，做好莫氏土司衙署建筑群的日常修缮，保证莫氏土司衙署的对外开放，传承民族优秀的历史文化，忻城县人民政府采取了积极有效的措施，确保对莫氏土司衙署的保护。一是成立保护机构，强化管理。新中国成立初期，莫氏土司衙署由县文化馆管理。1984年，县政府决定成立县文物管理所；1987年成立了县土司博物馆，博物馆设在莫氏土司衙署内，具体负责莫氏土司衙署的日常管理、维护和对外开放。同时，强化领导管理机构，高配置配齐管理人员，加大对被挤占的古建筑群的回收力度，加大经费投入维修，切实加强文物保护的力度。忻城县土司博物馆第一任馆长蓝承恩主动要求辞去县委组织部副部长职务，县委于1987年批准并任命其到土司衙署去当馆长。在任期间，他鞠躬尽瘁，呕心沥血，多方争取资金，完成维修计划，使整个土司建筑得以完整展示。至2000年年底，挤占练兵场、大夫第的单位、居民全部搬离，回收的古建筑全部得到修缮后对外开放。二是出台相关文件，加强保护。1988年、1992年忻城县人民政府分别下发了《关于加强土司建筑群保护和管理的决定》及《关于划定忻城莫土司衙署所属建筑及其保护范围和控建地带的通知》两份文件；2006年县人民政府编制了《广西忻城莫土司衙署文物保护规划》文本，报经国家文物局审核通过，经广西壮族自治区人民政府公示。至此，忻城制定了一部保护莫土司衙署的法律文本，建立了比较完备的遗产地保护制度，形成了比较完善的遗产地保护体系。

二　历史悠久、内涵丰富的忻城土司文化遗产

忻城县，位于广西中部，于唐代贞观初年建置，为羁縻之州治。据

《明史》载："忻城，宋庆历间置县，隶宜州。"[①] 实行流官制度。到了元代，又实行土官制度。明代洪武元年（1368），实行流官制度。据史料载，莫氏土官始祖莫保，于元朝至正年间（1341～1368）被授予庆远府宜山（今宜州市）八仙屯千户职，兼管忻城，明洪武年间，被罢官为民，率其家眷、亲丁，徙居忻城延寿里板县村，后因镇压农民起义有功被推为忻城协理知县而开始走上统治忻城的政治舞台。永乐二年（1404），当时忻城发生陈公宣领导的壮瑶农民起义，攻县治，烧官署，县宰苏宽弃城而逃，莫保玄孙莫敬诚参加镇压，壮老韦公泰等举莫保之孙敬诚为土官，请于上官，具奏，朝廷授予莫敬诚土知县之职，协理县事并获世袭，莫氏土司与流官合治忻城，形成流土合治局面。但流土合治权不相统，土官掌实权，流官握空印居府城。直至弘治九年（1496），孝宗皇帝准总督邓廷瓒奏："裁忻城县流官，留土官知县掌县事。"[②] 从此，莫敬诚之孙莫鲁独掌忻城县事，忻城亦降为土县，莫氏土司家族开始袭任并独统忻城，直到清光绪三十二年（1906），土司莫绳武"因案去职""原领纸号缴销"，从而莫氏土司家族退出忻城政治舞台，结束了对忻城的统治。莫氏土司统治忻城的时间，从莫敬诚算起，历经470年；从其始祖莫保协理算起，时间跨度长达550年。

广西忻城莫氏土司衙署建筑群，作为莫氏世袭土司统领忻城的办公场所兼私人住宅，其历史悠久，内涵丰富，它保存至今，弥足珍贵，为对西南地区乃至中国土司制度的研究提供了宝贵的实物例证。

（一）具有很高的建筑文化艺术

忻城莫氏土司衙署，是忻城第七任土官莫镇威始建的一座官衙，是目前我国目前保存最完整、规模最大的土司建筑群之一。它见证着西南土司制度的兴盛与衰亡的历史过程，它凝聚了古代西南地区宫廷建筑文化和审美艺术文化等多方面的结晶。

1. 两全其美的精致选址

从选址来看，古代官衙的建造一看风水宝地。莫镇威认为翠屏山北面山地前有四季清泉长流的官塘，背靠陡壁险峻的翠屏山，依山傍水，是块

① 《明史》卷三一七，《广西土司一》，中华书局，1974，第8211页。

② 《明史》卷三一七，《广西土司一》，中华书局，1974，第8210页。

难得的风水宝地。二看地势是否险要，攻守胜算如何，都是必须考虑的问题。而翠屏山背面陡峭险峻，猿猴难攀，进可攻，退可守，是块理想的军事要地；翠屏山远近看像一把太师椅，一定保佑莫氏土司稳坐江山，代代昌盛。莫氏土司第三次迁衙到风景俊秀的翠屏山北麓之后，一坐忻城江山就是500年。

2. 自然巧妙的完整布局

莫土司衙署建筑群，构思相当巧妙，布局完整自然。它一方面利用了山光水色的天然条件，给建筑增添色彩，从而形成山水与建筑自然结合的独特风格；另一方面更加突出的是有效利用地势安排建筑，维护莫氏土司的安全，实现其“本支百世”的长远目标。所以，以土司衙署为中轴线，在东面紧靠衙署的地方建造土司祠堂作为东轴线。宋朝理学家朱熹《家理》中说：“君子将营宫室，先充祠堂于正寝之东”，已示敬祖；这不仅表明对祖宗的崇拜，祈求祖宗的保佑，更是起到抵御外侵的一道屏障。往西是代理土司官邸、练兵场作西轴线，以及牢固的东、西、北三大城门，以防来犯者长驱直入直捣衙署，确保其衙署安全稳固。整个衙署布局形式与中原地区大型官邸建筑几乎一样，由纵向的院落组成路，再由路组成群，其间无不彰显壮汉建筑文化的交融渗透。另外，或者因地而建，或者特别输入莫镇威的理念，从大门到一堂、二堂、三堂以致后院，石梯的级别是一堂比大门高、二堂比一堂高、三堂比二堂高，喻示着土司及后人“高官厚禄时时有、步步高升代代兴”的政治理念。

3. 寓意丰富的独特装饰

土司建筑装饰中，为避开帝王常用的金黄色彩，大量使用富贵和权威的赤色；建筑群的装饰中，大量运用了动物蝙蝠、蝴蝶、鹿子、鹭丝、螭吻、狮、虎、鹤、鱼、兔、象、麒麟、喜鹊等，植物有松、竹、梅、葫芦等；文字有：“卍”、大篆和小篆“寿”字，大门、楼梯、柱础都大量雕用石鼓，显示作为一方头人的高贵和权威，并体现土司追求“福、禄、寿”的思想观念。更有意思的是，在衙署的屋脊上，饰有一种似凤非凤、似龙非龙的草本植物图案，名曰草龙，亦称凤草，用意十分隐晦。因为在封建时代，皇帝自诩为“真龙天子”，其他人是不可以用的，否则就承担篡位的罪名，被灭门九族的下场。所以，忻城莫氏土司在屋脊上塑上这种图案，以应其“龙凤绕脊、瑞气盈门”的心理要求。

纵观土司建筑群，从选址、建设、装饰、使用等来看，无不隐含着莫氏土司祈求高官厚禄、家丁兴旺、世代相传“本支百世”的理念。

（二）深厚的文学艺术功底

土司文学是指历史时期各族土司及其家族成员创作的文学，是少数民族地区在元明清时期文化教育建设的重要成果之一。明清时期，在土司诗文创作较有成就的西南少数民族地区土司中，主要有湖南永顺土司、湖北容美土司、四川石柱土司、云南木氏土司、广西忻城土司等。笔者爬梳有关史料，辑录出历史时期西南地区主要土司文人一览表中，忻城莫氏世袭土官莫元相、莫景隆等是壮族土司文学中的代表，还有历代官族诗人莫震、莫云卿、莫煦南等，都有诗、文、楹联、宗谱流传后世，并有诗文作为代表作录入广西壮族文学名录。莫土官们及官族诗人们流传于世的诗、文、楹联、宗谱，亦被视为一部广西壮族土司的秘史，一部忻城土司的秘史，一部壮民族的秘史。笔者认为，可以通过这些诗、文、楹联、宗谱、家训等的探讨，揭示这部秘史的丰富内涵。

1. 充满哲理、富有文采的土司家族内部约束条文

据史料记载，广西忻城莫氏历任土司著有《官箴》《遗训》之类条文，在当时无法无制的情况下曾经起到一定的社会治理作用。这些《官箴》《训荫官》《遗训》《劝官族示》等，都渗透了尊儒重道、忠君报国、勤俭持家等思想。如第四任土官莫鲁《官箴》中有：“子蒙世袭，恐负君恩，戴星出入，不暇饔飧”，“仁民爱物，为官根本”；“锦可学织，琴也须弹”。第七任土官莫镇威《训荫官》云：“为官有本，慎乃修身”，“祖宗父母，恩罔极矣”，“君为舟，民为水，水滥舟覆……宁朴勿华，宁俭勿奢”。其《庙祝记》云：“尙蒙皇恩浩重，获袭斯土，上既不能竭力，致身少效犬马之劳”等，这些都是莫氏土司维护其统治地位的思想理念。如莫氏先祖莫保移居忻城后就写下《力田箴》：“勿荒于嬉，山头岭角皆金珠；勿荒于业，耕耘收获是根本”，告诫子孙要以农为本，勤劳创业；告诫子孙莫要贪婪，要勤俭持家。土官莫宗诏《劝官族示》内容是：劝官族一要读书，则明事理，不至犯上作乱，绝暴戾凌人；二要耕田，服劳奉养；三要学曲艺，勿游走好闲；四要行商贸易，治产积居，亦延数世之富。

这些“训官”“遗训”“族示”“家训”的内容和规定就是当时的法规，土司家眷及官族任何人不得违反，违反轻者受到批评、训责，重者受到经济、肉体乃至被驱逐出家族。在思想上、政治上对土官、官族的教育、约束起到法制的作用，对社会治安及土民的生产生活、社会道德伦理等方面也起到威慑的作用，对改变土司、官族的观念行为及其对改变土民中的陋习，对当时的历史发展和社会进步、走向文明，起到一定的促进作用。从这些"训官""遗训""家训"当中，可见其文采非凡、用词精确，充满哲理，颇有唐宋大家的遗风，具有较高的文学价值和教育价值。

2. 具有很高文学价值的诗文

元明清时期的西南地区历代土司也十分重视学习和推广汉文化，通过与汉族文化精英的学习和交流，使其自身和官族子弟不断提升文化修养，涌现出不少土司文人和官族子弟诗人。忻城土官莫元相、莫景隆等是壮族土司中的佼佼者，此外还有官族诗人莫震、莫云卿、莫煦南等都有诗文被选入广西壮族文学史书。其中以官族诗人莫震、十四任土司莫元相成果最为突出。莫震诗歌著作有《廉书》一卷、《草草诗》二卷。《壮族文学史》云："在莫震以前，广西地区只有忻城土知县莫元相、莫景隆留有诗文数篇，莫震才是学有专著、诗成专集的第一人。"① 充分肯定了莫震在壮族文学史上的重要地位。莫震现存的28首诗手抄本现存在桂林图书馆内。就内容而言，有题咏田园风光的，有描写民族风情的，有遣怀述志的，有反映劳动人民辛勤劳动生活的，也有斥责不义小人、揭露社会病态的。特别是其田园风光的描写如诗如画，意境清新幽远。

第七任土官莫镇威撰写的《游西山迎晖楼赋·山色上楼多》一诗，一扫古往今来许多文人墨客诗文中秋天都是秋风萧瑟、秋气悲凉的情调，把忻城山城深秋时节早晨和傍晚都描写成绚丽多彩的迷人景色，用"雁行""禽语""青柏""江枫"极具地方特色景物来描写忻城明丽秀美、具有浓浓诗情画意的自然风光；用"磬响"、"樵夫"及"石丈"一声唤的情景从侧面真实地反映了当时忻城土县一派安定宁静、土民安居乐业的社会现实。

历史上土司文学的体裁主要以诗歌为主，也有一定数量的散文作品。有少量辞赋体创作的忻城土司莫元相，熟练地运用赋的表现手法，写出了不同凡响的《翠屏山赋》。翠屏山是莫府的后龙山，山上原始森林繁茂，山险路陡，山后是悬崖峭壁，猿猴难攀。《翠屏山赋》赞美翠屏山无异于天台仙境，对它壮丽雄奇迷人的景色作了生动地描绘，或比喻，或联想，

① 欧阳若修、周作秋等编著《壮族文学史》，广西人民出版社，1986。

或引用，或夸张，或详写，或简略，或浓墨重彩，或淡雅朴质，有正面描写，有侧面烘托，有四时景象的描绘，有常态风光的描摹，或天上仙境，或人间天堂，或虚幻，或实在，可谓酣畅淋漓，气势磅礴，表现其丰富的想象、大胆的构思、敏捷的文思和横溢的才华。由于《翠屏山赋》有较高的文学价值，被录入《壮族文学名录集》作为范文教材。

（三）绚丽多彩的壮锦艺术

壮锦也叫土锦，是中国四大名锦之一，是广西壮族文化的瑰宝。忻城是壮锦的发源地，生产至今已有1000多年的历史，在土司统治时期，由于莫氏土司的重视，壮锦织锦技艺的发展达到有史以来的高峰时期。据有关史料记载，元代费著编写的《蜀锦谱》中就已把“广西壮锦”列为特贡品之一。据《后汉书·南蛮传》记载，早在汉代，壮族先民已织出了“斑布”，是为“壮锦”的前身。新中国成立后，考古工作者在广西贵县罗泊湾汉墓的七号残葬坑内，出土了橘红色回纹锦残片数块，证实汉代广西已有织锦了。乾隆《庆远府志》、嘉庆《广西通志》都记载，说：“土锦，各处皆有，永定、忻城精致。”忻城壮锦以织品厚重，色彩斑斓、做工精细、精致美观而成为历任土司给朝廷的贡品。一直到了明、清时期，壮锦生产已遍及壮族地区，成为壮族人民的被服所需和市场的畅销品。民国时期一直到新中国成立后至今，壮锦织锦技艺文化一直在壮族地区传承延续，壮锦工艺已被列入国家非物质文化遗产保护名录。

壮锦使用的是竹笼式的织锦机，自汉代起到宋元时期，织锦工艺有了很大的改进，到明万历年间，工艺已趋成熟。这种土锦用棉纱和五色绒组成，以棉纱为经，以丝绒为纬，其造型精湛，织工精致，色彩绚丽，图案别致，主要纹样有几何“卍”字纹、水波纹、云雷纹、线纹、蔓纹、圈点纹；图案有几何图案、动物图案、植物图案，如龙、凤、狮、虎、鹿、喜鹊、蝴蝶、菊花、梅花、桂花、茶花等；主要颜色有黑、白、黄、蓝、红、紫等；主要品种有被面、抱褛面、背带心等。壮锦较著名的图案有“狮子滚球”“双龙戏珠”“新春红梅”“凤串牡丹”“四宝围篮”“大小‘卍’（万字）”“万事如意”“榴夹玫瑰”“蝴蝶朝花”等。近几十年来又增添了“桂林山水”“粮食丰收”“葵花向阳”“民族团结”等反映壮族人民新生活、新风貌的图案，使其更加丰富多彩。

土锦（壮锦）既是一种美丽的艺术品，又是进贡朝廷的地方特产。壮锦的发展，与西南地区各土官的重视和官妇带头织锦分不开，土官的重视与引导，使得土锦生产蔚为壮观，成为当时壮族地区手工业的主要项目。如明朝成化年间，忻城莫氏土官莫鲁，在其《官箴》再训中要求家人“锦可学织，琴也须弹”；明末清初，第十三世土官莫猛妻韦氏“亲自纺织，一署大小侍婢，终年不费一钱，悉自为之”。至清嘉庆年间，仅县厢就有木制织锦机130多架，织锦之声不绝于耳。莫氏土司官族举人莫震曾写有一首竹枝词：“十月山城灯火明，家家织锦到三更，邻鸡乍唱停梭后，又听砧声杂臼声。”从文学的角度反映了当时土民织锦的繁忙景象。土锦的操作技巧、织锦技法都是当地土民发明创造与不断改进的结果，莫氏土司的重视，大大推进了土锦的发展步伐。

（四）留下价值珍稀的馆藏文物

莫氏土司统治期间，积极发展壮锦生产，修山隘、开乡道、架桥梁、创办义学、注重发展地方经济，与忻城土民共同创造丰富的历史文化。忻城莫氏土司统治忻城历经元、明、清三个朝代，时间达500年，留下丰富的文化遗产。不仅有规模庞大的土司建筑群、价值很高的摩崖石刻，还留下多座土司时期建构的奇秀俊伟的石拱桥以及不少的珍贵文物，有多座石拱桥至今还为当地群众使用。县土司博物馆设在土司衙署内，博物馆内珍藏了明清以来大量的文物，有金器、银器、石器、瓷器、碑刻，其中有国家二级文物25件、国家三级文物119件。这些丰富而珍稀的馆藏文物，对研究忻城、广西乃至全国土司制度下的政治、军事、文化、教育均有不可估量的价值。随着2010年忻城县土司文化陈列馆建成并对外开放，这些馆藏的文物通过陈列展示其自身的历史价值，大大丰富了忻城土司文化的展示内容。

三　认真研究、丰硕成果彰显土司深厚的历史文化价值

莫氏土司衙署悠久的历史和完整的保护引起了专家学者及新闻媒体的关注，国内外专家、学者纷纷莅临考察，也激起县内有志于历史研究人员的探究热情，新的研究成果不断涌现。忻城县委、县政府在保护土司文化遗产的同时，也十分重视加强土司制度土司文化研究工作的开展，积极争

取得到上级文化、科研等部门的支持。1988 年 8 月，在自治区人民政府顾问、原自治区人民政府副主席张声震倡导以及广西民委的支持下，由广西民族研究所、广西民族研究学会和广西少数民族古籍整理办公室联合主办、忻城县人民政府承办的首届土司制度学术研讨会在广西忻城县召开。与会者有来自北京、四川、云南、贵州、湖北、广东等地的专家、学者以及广西各地有关研究人员共 67 人，向会议提交的论文达 31 篇。广西师范大学粟冠昌教授（壮族）、云南民族学院龚荫副教授等，分别就广西土司制度的起源、土司制度的作用与流弊等问题，向大会作了专题发言，受到与会代表的欢迎。忻城土司制度与文化研究亦以这次学术讨论会为契机，加强和区内外专家学者的学习交流，积极投入对忻城土司的研究，成果突出。

1990 年，我市老作家覃桂清根据《重新续修莫氏族谱》及古籍记载，深入民间采访，编写《广西忻城土司史话》一书，并由广西民族出版社出版，为忻城土司文化的研究提供了新的资料。

1991 年，忻城县政协文史委员会编辑的《忻城文史资料》（土司专辑）中，转载了很多区内专家论文。除蓝承恩、杨联奋的论文外，还载有莫树雄撰写的《忻城土县建置始末与莫氏土官世袭概况》《土县的里堡与圩市》《忻城土兵布防及其历次征战简况》，韦立安撰写的《土县田赋》《会党在忻城武装斗争纪略》《莫氏土官的婚姻》《忻城莫氏历任土官生平》，张咸乾、韦炳猷合撰的《土司统治下的忻城教育》，张咸乾撰写的《忻城土县的田地》，梁相成撰写的《土司衙署与莫氏祠堂简介》等 10 多篇论文；并载有相关资料的辑录。

1996 年，《忻城文史资料》中，载有土鉴林撰写的《宗教文化漫谈及忻城的史迹》，韦业猷撰写的《思练八景今昔》。

1997 年，《忻城文史资料》中，载有王鉴林撰写的《忻城县史考略》，韦立安撰写的《忻城土县莫氏历代土官历史功过》，韦业猷撰写的《忻城莫氏土司刍议》，张咸乾撰写的《忻城莫氏土司先祖考》。同年，广西人民出版社出版的《忻城县志》中，载有陈嘉宗编写的《第十七篇 · 土司》。

1999 年，柳州地区行署教育局编纂、黄汝迪撰稿的《柳州地区教育志》中，载有《忻城土司教育》一章。

2000 年，由莫汉中主编、黄汝迪副主编内部出版了《忻城莫氏土司官族诗文选注》一书。

2001 年，黄雪梅、黄汝迪合撰的《壮族文学宝库中的一颗明珠——广西忻城土司官族诗人莫震诗歌赏析》，在《柳州师专学报》上发表。

2002 年，黄雪梅撰写的《裁流复土与莫氏袭官——广西忻城土司秘史之一》《莫氏袭官与忻城土县的社会经济——广西忻城土司秘史之二》，均载于《柳州师专学报》上。10 月，蓝承恩编著、唐建生整理出版了《忻城土司制度论文集》。

2003 年，黄雪梅撰写的《莫氏袭官与忻城土县的教育文化——广西忻城土司秘史之三》在《柳州师专学报》上发表。

2005 年 7 月，忻城县政协韦业猷编著的《忻城土司志》，由广西人民出版社出版。10 月，来宾市文联、忻城县文联编撰的《广西忻城土司文化探究》一书由中国文史出版社出版。

2006 年 7 月，黄汝迪、黄雪梅编著的《广西忻城土司诗文选注》一书，由中国广播电视出版社出版；10 月，蓝承恩编著的《忻城莫氏土司 500 年》一书，由广西人民出版社出版。

2007 年，忻城县成功举办了首届土司文化旅游节，会议期间召开了“土司制度与土司文化研讨会”，来自广西区内外专家学者 50 多人并上交论文 50 篇，县政协整理出版了《忻城土司文化研究论文集》一书。

2008 年 4 月，忻城县召开第二届土司文化旅游节，会议期间召开了“忻城土司文化与旅游产业发展研讨会”，来自区内外专家学者 60 多位提交论文 60 篇，并相继出版《忻城土司文化与旅游产业发展研究论文集》一书。

2009 年 4 月，忻城县召开全国土司文化研讨会，来自国内 70 多名专家学者与会并提交论文 70 篇，中央民族大学出版社出版了由曾艳主编、覃录辉、黎瑞江、韦江胜副主编的《土司文化探究——全国土司文化研讨会论文集》一书。

四　科学管理，积极利用，展示土司文化遗产的价值

忻城莫氏土司衙署于 1996 年被国务院列为全国重点文物保护单位。它是我国现存土司建筑规模最大、保存最完整的土司建筑群，被誉为“壮乡故宫”，具有较高的历史文化价值和旅游开发价值，是研究土司制度不可

多得的实物资料。忻城在做好对这一珍贵文化遗产管理保护的同时，也在积极利用文化遗产服务社会，教育子孙，让保护文化遗产的成果惠及当地民众。

（一）利用莫氏土司衙署大力推介宣传土司文化

三十多年来，电影、电视工作者利用这块宝地拍摄了电影《流亡大学》、《石达开》、《马骨胡传奇》、《潘曼》、《血丝鸳鸯镯》、《忻城古月》、《合浦珠还》、20集音乐电视剧《刘三姐》、30集电视剧《一代廉吏——于成龙》和《寻找刘三姐》等近20多部影视作品，莫氏土司衙署也因此闻名遐迩。自1992年对外开放以来，游客、学者、外宾纷至沓来，它成为八桂大地的旅游胜地。

（二）举办土司文化旅游节，打造土司文化品牌

近几年来，忻城县委、县人民政府成功举办了五届土司文化旅游节后，莫氏土司衙署更是名声在外，土司文化旅游在区内外已经形成了独特的文化旅游品牌，填补了广西土司文化旅游的空白。目前，以忻城莫氏土司衙署为核心的土司历史文化旅游资源研发，已经得到了广西壮族自治区人民政府的重视，忻城已经被列入广西特色旅游线路，融入红水河流域圈，正打造莫老爷、刘三姐文化精品旅游线路，忻城土司文化旅游正顺势勃发。

五　忻城莫氏土司衙署的保护研究及深入利用的构想

（一）继续做好莫氏土司衙署的保护工作

一是认真按照莫氏土司衙署的保护规划开展保护工作，全面加强古建筑日常维护、监测、修整、修缮等工作，完善安防系统和排水系统，确保莫氏土司衙署建筑群的历史原真性和完整性；二是进一步保护莫氏土司衙署的周边环境，严格控制莫氏土司衙署重点保护区域内居民房的体量、高度、风格，保证莫氏土司衙署建筑群周围整体风貌的协调性；三是整治土司老街的电杆、电线、网线、电话线，科学合理地、彻底地进行土司老街风貌改造，打造具有土司时期小商品贸易功能的商业步行街。

（二）继续加强忻城土司文化研究队伍的建设

目前，忻城县土司文化研究人员还处于各自为政、研究面窄、缺乏导向的现象，学习、交流、提高的机会有待增加，要改变这个局面：一是组建忻城土司文化研究中心。除我县有关部门领导担任研究办公室主任外，应聘请区内外专家作顾问或理事，提高研究平台。二是以科研机构、高等院校研究相关课题为主线，忻城本地专家学者为辅线，推动忻城土司文化研究向更远更宽的方向发展。三是定期召开忻城土司文化学术研讨会，为学者们创造互相学习的机会，激发研究热情，进一步提高作品的产量和质量，培养土司文化研究人才。四是研究方向要寻找忻城土司、壮族土司乃至西南地区土司文化研究的共性和个性，探讨土司研究的深度和广度，分配研究课题，定期验收学术研究成果。

（三）继续挖掘土司文化内涵，打造出具有发展潜力、有影响力的土司文化产业

一是精心设计，精致包装，打造出特有的莫氏土司“文化符号”；二是挖掘整理，打造土司舞台文艺精品，推出“莫府风云，梦幻芝州”特色精品晚会；三是精心打造忻城莫氏土司“福·禄·寿”文化旅游工艺品。

（四）打造“莫家大院”，创建 AAAA 景区

一是继续利用节庆和影视拍摄基地大力开发土司文化旅游，拍摄有影响的偶像影视剧及旅游宣传片，多点、多线地加大宣传，打造忻城土司“莫家大院”，创建国家 AAAA 旅游景区；二是加强旅游服务设施建设，完善旅游的“吃住行，游购娱”项目，让游客玩得开心、住得安心、购得欢心；三是打造莫老爷、刘三姐文化精品旅游线路，积极推进忻城的广西特色旅游线路工作，做大做火土司文化旅游品牌。

2014 年 8 月，第四届“中国土司制度与土司历史文化国际学术研讨会”将在忻城隆重召开，届时，广西忻城莫氏土司衙署将成为全国新闻媒体关注的焦点，大批国内外专家学者将云集莫老爷的故乡——广西忻城，探讨土司历史，展示研究成果。忻城土司文化的保护与研究工作将乘着此次盛会的翅膀，飞得更高更远。

旅游视角下忻城土司文化资源深度开发的战略机遇及其品牌强化策略

蓝　武

（广西师范大学历史文化与旅游学院）

摘　要　忻城县经过多年努力，在土司文化资源开发与利用方面业已取得较大成就。但因缺乏深度开发，导致土司文化资源利用率、认同度、知名度和影响力低，土司文化旅游品牌效应尚不明显。在文化旅游已成为当今国内外普遍推崇的重要旅游形式和土司文化富藏区新的经济增长点的背景下，忻城县应抢抓战略机遇，全面规划，合理布局，对土司文化资源进行深度开发，实施土司文化旅游品牌强化策略，将资源优势转化为经济优势，实现土司文化价值的最大化。

关键词　旅游　忻城　土司文化　深度开发　文化品牌

一　问题的提出

当今世界，文化已成为一国综合国力的重要组成部分，文化、经济和政治相互交融，在综合国力竞争中的地位和作用越来越突出，许多发达国家已将文化产业作为战略性支柱产业和重要经济增长点加以大力扶持。文化资源的开发与利用在当今各国经济社会发展中正在发挥着越来越重要的作用。

土司文化是一种特色文化，是中国民族文化的重要组成部分。土司文化资源的开发与利用不仅成为当前我国土司文化资源富藏区经济社会发展的重要增长点之一，而且成为当下学界民族文化研究的热门课题。如何对土司文化资源进行合理开发与有效利用，将文化资源优势转化为经济优势，实现文化价值与经济价值、社会效益和经济效益的统一，不仅是当前中国民族文化遗产保护、开发与利用中的重要关注点，也是当下中国土司制度与土司文化研究的重要课题。

忻城县是广西壮族自治区来宾市所辖的一个县，属多民族聚居的县份，建县历史悠久，有着数百年的文明史、丰富灿烂的民族文化和独具魅力的土司文化遗产，尤其是被誉为“壮乡故宫”的莫氏土司衙署，堪称忻城县引以为自豪的亮丽名片。近年来，在县委、县政府的高度重视与大力推动下，忻城县在土司遗址的保护利用、土司文化的展示、土司制度的研究等诸方面取得了令人瞩目的成绩，打下了良好的开发基础。可以说，在目前全国所有开展土司制度学术研究的县级单位中，忻城县是相关研究成果最多的县份之一；在目前全国所有开展土司文化资源保护、开发与利用工作的县级单位中，忻城县是工作做得最好的县份之一。这其中，除因忻城县具有令人艳羡的、足可依托的既完整又极富特色的土司文化资源外，还与忻城县高瞻远瞩，积极、主动地融入学界，紧跟世界文化旅游发展步伐密不可分。但是，由于种种原因，忻城土司文化资源开发尚缺乏一定深度，导致土司文化资源开发尚未形成规模化，缺乏联动性，土司文化资源利用率低，土司文化品牌效应尚不明显，土司“文化生产力”发展尚显滞后。

当前，忻城土司文化资源面临的并非开发与不开发的问题，而是如何在原有的开发基础上进行深度开发的问题。开发是肯定的。目前我们必须思考的问题是，如何突破现有的土司文化资源保护、开发与利用格局，推进土司文化资源的深度开发，深入挖掘土司文化资源，不断丰富土司文化内涵，科学发展土司文化旅游，全力打造县域特色文化旅游品牌，将资源优势充分转化为经济优势，实现土司文化资源利用价值的最大化，全面推进忻城县民族文化大发展大繁荣，走出一条具有自身特色的民族文化资源保护、开发与利用之路，这既是世界性文化产业发展大趋势对忻城县提出的新的、更高的要求，也是忻城县实现可持续发展战略必须思考的重要现实问题乃至最佳选择。这是因为，深度开发与利用土司文化资源，对于进一步丰富忻城县文化内涵，彰显忻城县民族文化特色，扩大忻城县的知名度与美誉度，增强忻城县的文化影响力与竞争力，提升忻城县的文化软实力，充分发挥土司文化资源推动忻城县经济社会发展的功能，无疑具有十分重要的现实意义。鉴于此，笔者不揣浅陋，特从旅游的角度，就当代忻城县土司文化资源深度开发的战略机遇及其品牌打造问题略陈浅见，希冀基于应用对策的研究取向，既可坚定各方保护、开发与利用土司文化资源、打造土司文化品牌的信心与决心，亦能推动中国土司制度研究和土司文化资源保护、开发与利用的不断深入，为高校科研服务地方经济社会发展竭尽一己绵薄之力。

二 旅游视角下忻城土司文化资源深度开发的战略机遇

就目前国内外旅游业发展的总体趋势及中国土司文化研究的前沿动态来看，忻城县土司文化资源的深度开发正迎来难得的战略机遇期。

（一）从世界旅游业发展的总体趋势来看

毫无疑问，全球化已成为当今世界各国各民族共同直面的重要生存与发展背景，文化全球化已成为不以任何人的意志为转移的客观趋势，对文化遗产的发掘、保护与利用已成为全球化时代公共文化事业的一部分。诚如学者所言："当下全球文化的同质化趋势越来越猛烈，进一步大力发展以挖掘保护重要文化遗产和优秀民间文化艺术，为公众提供公共文化服务为主要任务的文化事业是时代的要求。"① 从旅游的角度来看，当今全球旅游业开拓发展的趋势，

> 已从强调传统的"3S"（Sunlight，阳光；Sandy beach 沙滩；Seawater，海水）向强调更为广袤而深邃的"3N"（Natural，自然；Nostalgia，怀旧；Return Native，回归乡土）转变……随着人们生活水平的不断提高，旅游已从过去对经济属性的关注，过渡到对文化属性的关注，旅游的发展与文化的结合成为必然趋势，这种趋势，为世界

① 赵心宪等：《从文化特色到经济特色——渝东南少数民族文化产业品牌开发调查》，中国经济出版社，2012，第52页。

各国旅游业开发新的旅游资源提供了一个全新的思考角度。①

相关研究认为，旅游业已成为当今全球范围内最具活力的新兴产业之一，而文化旅游则成为当今世界各国普遍推崇的重要旅游形式之一。

文化是旅游的灵魂，旅游是文化的载体，没有文化的旅游是苍白的，是缺乏美誉度和可持续发展力的。从世界旅游业发展史来看，自20世纪80年代以来，文化旅游即已发展成为国际旅游业中增长速度快且极具活力的旅游项目，对文化资源的挖掘和对文化遗产的保护与研究，成为全球化时代国际文化旅游开发的前提基础与先决条件。1998年8月制定的《国际文化旅游宪章》明确指出：

各种文物藏品、文化景观、历史性场面、遗迹、人为环境，也包括那些属于过去但仍在继续中的传统，以及仍然有效的经验和其他一些习惯行为……是形成各国各地区的地方特征的基本要求，也是现代生活不可分割的一部分。文化遗产是记录社会经济发展和变化的基本参照点，也是促进这种发展和变化的有效手段，是未来文化发展的宝贵财富和重要基础。在这个迅速全球化的时代，对任何一个地方或地区的文化多样性及文化遗产的保护、保存解释和展现，对当地人来说都是重大的责任……是人类共同的义务。

毋庸置疑，土司文化是我国特有的一种民族文化，对土司文化遗产的“保护、保存解释和展现”，是我们义不容辞的“重大的责任”和“共同的义务”，土司文化旅游亦理所当然成为国际文化旅游的组成部分。因此，全面推进土司文化资源的深度开发，让土司文化走出静态资源的局面，实现土司文化与旅游的深度融合与有效对接，将土司文化资源优势转化为旅游资源优势，促进民族地区文化旅游的可持续发展，最大限度地发挥土司文化资源促进地方旅游业乃至经济社会发展的动力作用，已成为当今土司文化资源开发因应世界旅游业发展的总体趋势的必然选择。

---

① 徐秋明：《地方文化研究与旅游文化资源开发——以广西桂东南旅游文化为例》，载《经济与社会发展》2008年第11期。

（二）从国内旅游业的发展变化趋势来看

随着我国旅游业和文化产业的高速发展，民族文化资源的保护及其旅游开发已成为民族地区经济社会发展的重要课题。党的十八大报告明确指出：

> 文化是民族的血脉，是人民的精神家园。全面建成小康社会，实现中华民族伟大复兴，必须推动社会主义文化大发展大繁荣，兴起社会主义文化建设新高潮，提高国家文化软实力，发挥文化引领风尚、教育人民、服务社会、推动发展的作用。

这表明我们党和国家对文化建设的高度重视。《中共中央关于深化文化体制改革推动社会主义文化大发展大繁荣若干重大问题的决定》等一系列扶持文化产业发展的政策和措施的出台，无疑为土司文化资源的保护及其深度开发提供了正确的政策指引，指明了正确的发展方向。

相关研究认为，“二十一世纪是亚太旅游世纪，其中热点区域是东盟和中国”①，这无疑给我国旅游业带来了良好的发展机遇。就国内旅游市场来看，进入21世纪以后，文化旅游市场和休闲旅游市场逐渐升温，传统的观光旅游市场逐渐降温，广大旅游者的旅游目的与价值取向发生了明显的变化，这对土司文化资源的旅游开发无疑是一个前所未有的良好机遇。当前，大力挖掘文化资源，加快发展文化产业，已经成为我国培育国民经济新的增长点、推动经济结构战略性调整和转变经济发展方式的重要举措。随着经济结构调整战略的大力实施，人民群众消费水平的不断提高，休闲度假成为时尚，旅游产业开始成为第三产业中发展速度快、效益明显的龙头产业，在拉动地方经济发展中发挥着越来越重要的作用。

旅游业界普遍认为，文化性的旅游资源是中国最具国际比较优势的资源，而在资源地的基础上形成旅游目的地的格局也必然是长期持续的一个格局。在这方面，文化资源富集区无疑具有得天独厚的比较优势。忻城县作为我国土司文化资源的富藏区之一，丰富而厚重的土司文化资源，是其

---

① 黄昌礼、龙符、王立辉：《关于构建中国东盟壮泰佬“毕侬”友好之旅跨国区域旅游区的建议》，载《文山日报》2008年11月24日第3版。

发展文化旅游的优势与潜力所在。面对亚太地区旅游目的地和我国旅游市场出现的新变化，我们明确提出忻城县要对土司文化资源进行深度开发，大力发展土司文化旅游，正是迎合了当前国内旅游市场转型发展的趋势。因此，忻城县应抢抓机遇，将文化旅游摆上突出位置，大做文化与旅游融合的文章，建设好土司文化旅游这一品牌，提升县域旅游产业的品位和影响力，促进县域旅游业的快速发展。

（三）从广西区域旅游业的发展态势来看

新中国成立以后，经过 50 多年的努力，广西旅游“已由漓江风光‘一枝独秀’发展成为‘百花齐放’的旅游大省”①，取得了令人瞩目的成就。进入 21 世纪以来，广西前所未有地面临着多区域叠加发展的战略机遇，包括国家西部大开发战略的深入实施、中国—东盟自由贸易区的建立、北部湾经济区开发和珠江—西江经济带发展上升为国家战略等，这都为广西区域经济社会的发展提供了良好的平台和千载难逢的发展机会。近年来，随着我国旅游业的快速发展，广西紧紧抓住多区域叠加发展的良好机遇，充分开发和合理利用本土丰富的旅游资源，使旅游业得到长足的发展。目前，广西正在大力实施建设“旅游强区”战略，以旅游带动社会经济的增长。② 随着区域经济开发与合作的不断推进以及本土旅游业的全面发展，将极大地带动本土文化旅游的不断升温，土司文化的旅游开发有望成为新的旅游投资热点，土司文化资源的深度开发将成为区域旅游业深入发展的必然要求。

据报道，随着 2014 年广西全区文化工作会议的顺利召开，“加快文化产业发展，增强文化产业整体实力和竞争力”成为今年全区文化工作的一项重要内容，全区文化产业发展因此将开创新的局面。一批重大文化产业项目建设将稳步推进，具体包括：继续推动南宁五象新区重大文化产业项目规划建设，推进中航航空文化产业园、中国柳州国际奇石文化产业园、帆船产业园、动漫创意产业园等重大项目规划建设，加快桂林万达文化旅游城、桂林灵川希宇文化创意产业园项目建设，来宾市、钦州市继续建设金龟岛民族风情文化博览园和钦州千年古陶城。乘着“旅游强区”战略实

---

① 苏星：《从“一枝独秀”到“百花齐放”——广西旅游业的发展轨迹》，载《当代广西》2009 年第 16 期。

② 徐洪琼：《广西旅游景区空间结构分析》，广西师范大学 2013 年硕士学位论文。

施的东风，沐浴着全区文化产业发展的春风，我们完全有理由相信，忻城土司文化资源的深度开发定会迎来千载难逢的良好机遇。

（四）从忻城“旅游活县”的发展战略来看

近年来，忻城县委、县政府带领全县各族人民，聚精会神搞建设，一心一意谋发展，全面贯彻落实科学发展观，紧紧围绕“农业稳县、工业富县、旅游活县、科教兴县、依法治县”五大战略，走好“特色农业产业化、特色工业化、特色城镇化、特色经济民营化、特色文化旅游产业化”五条特色道路，将走好“特色文化旅游产业化”作为“旅游活县”的工作目标。为此，忻城县对土司文化资源的保护、开发与利用给予了足够的重视，积极举办全国土司文化研讨会，在土司衙署修复、土司研究机构完善、土司文化陈列馆建设、土司制度研究、土司文化旅游开发等诸方面均取得了显著的成绩，为中国土司制度研究与土司文化遗产保护及利用做出了重要的贡献。与此同时，忻城县积极采取有效措施，以土司文化为特色旅游产业化发展的重要依托，加快实施“两河两城”（即双胜河改造、红水河旅游度假区，建造土司古城、扩大新城区规模）建设。自 2007 年以来，忻城县曾先后连续成功举办了几届“三节一会”（即土司文化旅游节、金银花节、桑蚕节、商贸洽谈会），展示忻城悠久壮族历史文化底蕴，打响土司文化品牌，推动旅游、桑蚕、金银花等特色产业的发展，“文化搭台，经贸唱戏”，进一步发挥了文化活动的载体作用。2008 年，忻城县制订了《莫土司衙署文物保护规划》，对国家级重点文物保护单位——莫氏土司衙署实施重点保护。2009 年，“忻城土司风情旅游水街建设规划”通过专家评审，着力打造土司文化旅游城，从而拉开了“壮乡水街”建设的大幕。所有这些，无不表明忻城县对土司文化保护、开发与利用的高度重视。而要打造以土司文化为依托的特色文化旅游品牌，加快特色旅游产业化发展步伐，实现忻城县旅游业从初始起步阶段向特色文化旅游产业化发展的转变，势必要求我们在深入挖掘土司文化资源，丰富土司文化内涵，提升特色文化软实力上下功夫。学界普遍认为，就全国县域而言，忻城县对土司文化资源的前期开发与利用还是比较成功的，这无疑为“旅游活县”战略决策下今后忻城土司文化资源的深度开发创造了必要的条件，奠定了良好的基础。

（五）从土司文化研究的前沿动态来看

经过近半个世纪的研究，中国土司文化研究已日趋成熟。尤其是近年来，国家对繁荣和发展哲学社会科学极为重视，对中国土司文化研究给予关注与支持，再加上广大学者的共同努力，使得现阶段中国土司文化研究史上前所未有的“旺季”，取得了前所未有的辉煌成就。土司文化研究因此成为近年来区域民族史与边疆史地研究的一个热门领域，迎来了其学术发展史上的“黄金时代”。据笔者初步统计，2008～2014年，先后获得国家社科基金资助立项的各类土司文化研究项目计有15项[①]；2009～2014年，先后在广西、湖南、云南、重庆等地召开的全国性土司文化研讨会计有6次[②]，如果再加上在此期间召开的其他区域性土司文化研讨会，则共有12次之多[③]；2000～2014年，学界相继出版的有关土司制度与土司文化的学术专著计有27部。[④] 若谓近年来中国土司文化研究成绩斐然，蔚为大观，绝非过誉。随着学者们对中国土司文化研究的不断深入，土司文化的价值越来越为人们所熟知，土司文化的地位越来越凸显，关于土司文化保护的申遗工作也被提上了议事日程。2013年12月4日，国家文物局在湖南长沙召

---

① 譬如，蓝武主持的2008年度国家社科基金西部项目“华南边陲传统民族社会的国家认同——以壮族土司制度为实证”，李世愉主持的2012年度国家社科基金重大项目“中国土司制度史料编纂整理与研究”，龚荫主持的2012年度国家社科基金重点项目“基于宦谱家谱诰敕谕旨等的土司制度研究”，葛政委主持的2013年度国家社科基金青年项目“容美土司国家认同研究”，陈季君主持的2014年度国家社科基金一般项目“播州土司文化与中国古代国家认同研究”，等等。

② 这6次全国性土司文化研讨会具体包括：2009年4月在广西来宾市忻城县召开的“全国土司文化研讨会”，2010年8月在广西桂林市召开的“海峡两岸‘土司制度与边疆社会’学术研讨会”，2011年8月在湖南吉首市召开的“第一届中国土司制度与民族文化学术研讨会”，2012年9月在云南昆明召开的“第二届中国土司制度与边疆社会国际学术研讨会”，2013年10月在重庆涪陵区召开的“第三届中国土司制度与土司文化暨秦良玉国际学术研讨会”，2014年8月在广西来宾市忻城县召开的“第四届中国土司制度与土司文化国际学术研讨会”。

③ 譬如，2012年12月在广西壮族自治区河池市南丹县召开的“南丹土司文化研讨会”，2014年5月在贵州省遵义市召开的“播州土司历史文化研讨会”，2014年5月在湖北省宜昌市咸丰县召开的“唐崖土司学术研讨会”，等等。

④ 譬如，成臻铭著《清代土司研究：一种政治文化的历史人类学考察》（中国社会科学出版社，2008），彭福荣、李良品著《石砫土司文化研究》（重庆出版社，2009），蓝武著《从设土到改流：元明时期广西土司制度研究》（广西师范大学出版社，2011），龚荫著《中国土司制度史》（四川人民出版社，2012），李良品等著《土司时期西南地区土兵制度与军事战争研究》（重庆出版集团，2013），等等。

开土司遗址申遗工作会议，并与湖南、湖北、贵州三省政府签署《关于保护土司遗产的联合协定》，分散在三地的土司遗产被整体打包为“中国土司遗产”。2014 年 3 月，中国土司遗产正式向世界遗产中心提交申遗文本，国家文物局规定：由湖南永顺土司城遗址、湖北唐崖土司城遗址、贵州播州海龙囤遗址联合代表中国土司遗产作为中国 2015 年申报世界文化遗产项目。这是一项有深远意义的举措，土司文化因此有望成为我国对外文化交流、展示我国民族文化特色的一张重要的国际名片。这对中国土司文化遗产的保护无疑是一次千载难逢的大好机遇，对忻城土司文化资源的深度开发无疑是一大福音！

总而言之，文化资源是文化旅游发展的基础，当下忻城土司文化资源的旅游开发正迎来良好战略机遇。我们应该乘势而上，充分利用这一难得的良好机遇，对土司文化资源进行深度开发，将目光从仅仅关注土司文化意义本身转向现实市场需求，合理构建土司文化品牌，实现土司文化的价值与功能。

三　忻城土司文化旅游品牌的强化策略

在这良好发展机遇下，如何强化土司文化旅游品牌，理所当然地成为土司文化资源深度开发的关键。这是因为，进一步强化土司文化旅游品牌，既是土司文化资源深度开发的结果，也是土司文化资源深度开发的重要标志。

品牌是实力的象征，是质量的标志。在当今激烈的旅游市场竞争中，品牌形象的塑造及其强化已成为旅游目的地扩大市场份额和占领市场制高点的关键，实施文化旅游品牌强化战略是推动文化旅游产业发展的重要手段。毋庸置疑，忻城县经过多年的努力，在土司文化旅游品牌建设上确实已经取得一定的成效，产生了明显的市场效应。但是，诚如学者所言：“为避免品牌随着时间的推移而弱化，品牌管理者可以实施品牌的强化策略来维护与加强品牌资产的基础，扩张品牌力。”① 因此，面临当前难得的发展机遇，鉴于目前忻城县土司文化旅游品牌的市场号召力尚属有限的实际情况，如何进一步强化忻城县土司文化旅游品牌，不断提升忻城县土司

① 庄晖、高松、王方华：《品牌的强化策略》，载《上海企业》2002 年第 5 期。

文化旅游的知名度、影响力与竞争力，扩大土司文化旅游产品的市场占有率，就成为我们不得不认真思考的重要问题。

所谓品牌强化策略，就是指“品牌管理者通过实施一系列的市场活力、品牌战略、产品开发战略等来加强品牌力”①，“‘品牌强化’其实就是把旅游产品中的每一个细节做好，做得有自己的特色，其目的是让消费者满意，让消费者在心理上得到认可”。② 积极有效地对土司文化旅游品牌进行传播和强化，可以使旅游产品的品牌形象所创造的价值最大化，从而增加土司文化旅游产品的市场份额，确保其于激烈的旅游市场竞争中经久不衰，魅力永续。据此，针对忻城土司文化旅游品牌强化策略问题，笔者特提出以下几点建议。

（一）进一步加大宣传力度，不断强化消费者对土司文化旅游品牌的认知

品牌是一种无形资产，品牌影响力的提升离不开全方位、立体式的营销推广与广告宣传活动，通过活动造势来提升品牌的影响力，强化消费者对品牌的认知，提高品牌在消费者心目中的地位，这是强化品牌的有效策略之一。因此，我们要充分利用报刊、户外、广播、电视等传统媒介和数字杂志、数字报纸、数字广播、手机短信、移动电视、网络、桌面视窗、数字电视、数字电影、触摸媒体等新媒体形态，构建完整的品牌宣传网络体系，进一步加大对忻城土司文化旅游的宣传力度，增加土司文化旅游品牌与消费者之间的互动，提升品牌的亲和力，激发消费者对旅游产品的兴趣和消费欲望，让更多的人了解并重视忻城土司文化，从而提高忻城土司文化旅游品牌的知名度和影响力，增强消费者的品牌信念，强化消费者对土司文化旅游的品牌认知，确立消费者对土司文化旅游产品、服务、形象的信任，进而产生品牌偏好和消费行为。这里所谓“品牌认知”，是指“消费者对该品牌的认识，它包括品牌的知名度、品牌所代表的产品属性、品牌所提供的利益以及品牌所满足的需求”③，它是实施品牌强化战略的重要一环。

---

① 庄晖、高松、王方华：《品牌的强化策略》，载《上海企业》2002 年第 5 期。

② 胡春丽、李永文：《加强旅行社管理——走品牌强化之路》，载《科协论坛》（下半月）2011 年第 1 期。

③ 庄晖、高松、王方华：《品牌的强化策略》，载《上海企业》2002 年第 5 期。

（二）加强“品牌形象”塑造，不断提升土司文化旅游的市场竞争力

“品牌形象”是品牌的外在表现，它体现的是游客对旅游产品的认知与评价，“它代表的是品牌的实力，它可以影响整个旅游产业的生存环境”。[①] 就旅游业而言，品牌形象代表的不仅是旅游产品本身，更是消费者的一种价值选择，只有形成良好的旅游品牌形象，才能获得较强的市场号召力，从而提升土司文化旅游的市场影响力与竞争力及其在消费者心目中的地位。忻城县若想在广大消费者的心目中树立起过硬的土司文化旅游品牌，务必提升旅游产品质量，完善旅游基础设施，提高旅游服务水平，强力塑造土司文化旅游“品牌形象”。对于消费者而言，他们不惜花费金钱赴土司文化富藏区旅游，最关心的莫过于自己的付出是否得到满意的回报，自身的需求能否得到相应的满足，如果他们能够得到称心如意的土司文化旅游产品[②]，就会对其产生信赖、认同和偏好，那么土司文化旅游产品就会在消费者心中产生良好的形象和较高的美誉度，也就无形中建立起自身良好的“品牌形象”，从而为县域旅游业带来可观的经济效益和社会效益。

（三）加大旅游产品开发力度，丰富旅游产品内容，传播旅游品牌文化

就旅游业而言，土司文化资源旅游开发的重点就是设法将文化资源优势转化为旅游资源优势，将历史上的土司文化遗存转化为现实的可视性强的土司文化旅游项目。土司文化旅游产品内容上的优势是其品牌成功的基础，而土司文化旅游产品所体现的文化则让品牌的基础更加持久、更加牢固。从目前来看，忻城县以莫氏土司衙署为核心的土司文化资源虽然比较完整和集中，但是规模较小，需要在土司文化旅游的统一品牌下进行深度

① 胡春丽、李永文：《加强旅行社管理——走品牌强化之路》，载《科协论坛》（下半月）2011 年第 1 期。

② 关于“旅游产品”的定义，众说不一。或认为旅游产品是包括景点景区、基础设施、服务设施等在内的综合体；或认为景点景区就是旅游产品；更有甚者，将旅游产品等同于旅游商品。在此，笔者倾向于第一种观点（参见谭成文等《论古文化旅游产品的开发——以洛阳市为例》，载《人文地理》2001 年第 2 期）。

挖掘，整合相关资源，完善基础设施，扩大经营范围，在此基础上推出一系列具有地域和民族特色的土司文化旅游从属产品，不断丰富统一品牌下的旅游产品内容，从而形成规模效应。结合历史来看，这方面的工作应该是可行的。笔者斗胆断言，以忻城莫氏土司五百年世袭统治的势力范围、强大声威及影响所及，土司时期遗留下来的绝不止目前肉眼所能看到的这些包括莫氏土司衙署及其附属的莫氏祠堂、三界庙、练兵场等在内的小范围的文物遗址及有限的实物资源。因此，一方面，建议市、县各级考古、文物、文化等相关部门联合攻关，在忻城全县范围内对原莫氏土司世袭统治所及范围进行拉网式排查，对土司文化资源进行一次全面和彻底地普查，力争发掘出更多的土司实物资料；另一方面，深入挖掘那些与土司文化旅游有关的民间故事、神话传说、宗教信仰、服饰民俗、谚语、方言、山歌、民间艺术、壮锦技艺等非物质文化遗产，以便丰富土司文化内涵和土司文化旅游产品内容。这些土司文化资源或散埋于地下，或散存于民间，成为潜在的旅游资源。如有可能的话，建议有关部门拨出专款在全县范围内广泛开展土司文物考古和征集活动，借此吸引社会各界对土司文化旅游品牌建设工作的关注。在此基础上，结合当代消费者对旅游产品需求出现的多样化、专业化、个性化的趋势，开发出多样化、个性化的旅游产品，丰富土司文化旅游产品内容。这一方面可以增加土司文化旅游产品的附加值，创造出更多的经济效益；另一方面可以借助多元化的旅游产品进一步扩散和传播旅游品牌文化，扩大品牌的社会效益，从而强化土司文化旅游品牌。

（四）以市场为导向，不断强化对土司文化旅游品牌的创新

旅游产业之间的竞争，在很大程度上可以说是品牌之间的竞争。在当前“品牌竞争愈加激烈，品牌所面临的市场环境急剧动荡”① 的时代背景下，忻城土司文化旅游务必以市场为导向，加强对旅游市场的综合调研，科学合理地制定旅游发展规划，针对当今多元化的旅游客源市场需求，有针对性地加强在客源目标市场的宣传促销，提高旅游品牌的市场占有率，使旅游产品保持长久的生命力，保持市场领先优势，使土司文化旅游这一特色品牌能够永久地留驻消费者心间。就旅游业而言，创新是旅游品牌的

① 庄晖、高松、王方华：《品牌的强化策略》，载《上海企业》2002 年第 5 期。

灵魂，是旅游品牌保持经久不衰的内在动力。诚如学者所言：

> 对于旅游业来说，创新是永无止境的，旅游品牌建立之后，并不是一劳永逸了，在现代激烈的竞争中，只有稳定、持续地创新，品牌才不会消失。①

在当前诸多土司文化富藏区大打土司文化旅游品牌的时代背景下，忻城县务必高举创新的大旗，充分发挥自身土司文化资源的特色和比较优势，在产品、营销、服务、文化定位、产品形象等方面不断创新，尽量避免在同位竞争与同质竞争中两败俱伤，实施错位开发和差异发展，确保土司文化旅游品牌的“忻城”特色。

（五）实施品牌延伸策略，不断强化土司文化旅游的品牌效应

所谓品牌延伸策略，是指“在同一品牌下导入新的产品线”②，“将现有成功的品牌用于新产品或修正过的产品的一种策略”。③ 诚如学者所言，“一个好的品牌不仅会直接地带动相关产业的发展，而且还会产生延伸性影响”④，“恰当的使用品牌延伸策略不但不会损害品牌资产的基础，而且还可以加强原有的品牌认知及品牌联想，是品牌强化策略的一个手段”。⑤ 所谓品牌联想，依据著名营销学大师大卫·艾克的定义，是指“任何与品牌记忆相联结的事物，是人们对品牌的想法、感受及期望等一连串的集合，可反映出品牌的人格或产品的认知”。⑥ 建立强有力的品牌联想，既是强化品牌效应的重要策略，“也是提升品牌资产的有效途径”。⑦ 就忻城而言，一方面，基于目前土司文化旅游品牌已具一定市场效应的实际，要充分借助这一品牌形象，开发相关的其他类别的产品，带动相关产业的发

① 胡春丽、李永文：《加强旅行社管理——走品牌强化之路》，载《科协论坛》（下半月）2011 年第 1 期。

② 庄晖、高松、王方华：《品牌的强化策略》，载《上海企业》2002 年第 5 期。

③ 刘鑫婷：《论媒介组织如何强化自身品牌》，载《中国传媒科技》2012 年第 6 期。

④ 樊泳湄、梁获：《深度开发文化资源　提升云南民族文化生产力》，载《学术探索》2004 年第 11 期。

⑤ 庄晖、高松、王方华：《品牌的强化策略》，载《上海企业》2002 年第 5 期。

⑥ 操雯雯：《品牌化道路的新出口——品牌联想的概念、构成维度及测量方法》，载《商场现代化》2010 年第 34 期。

⑦ 吴新辉、袁登华：《消费者品牌联想的建立与测量》，载《心理科学进展》2009 年第2 期。

展，实现品牌的策略性延伸，这是强化土司文化旅游品牌的又一重要手段。另一方面，通过对忻城土司文化旅游品牌进行延伸，开发品牌资源，挖掘品牌价值，扩大品牌容量，提高品牌的“话语权”，反过来又可以进一步巩固土司文化旅游品牌在消费者心中的地位，扩大土司文化旅游品牌的市场影响力，进而达到强化土司文化旅游品牌效应的目的。两者相互影响，相得益彰。我们可以考虑以土司文化旅游品牌为核心，在全面深入挖掘各种土司文化潜在资源的基础上，拓展相关系列产品线或产品结构，开发相关系列附产品。通过对主品牌的纵横向延伸，形成品牌群，为各个新子品牌“确定差异化的定位”，“以主品牌带动新子品牌，扩充品牌内涵，也实现了品牌群的同步增长”①，从而达到强化品牌效应的目的。

四　简要结语

综上所述，当前，从旅游的角度而言，忻城县土司文化资源的深度开发正迎来千载难逢的战略机遇。与此同时，如何强化忻城土司文化旅游品牌也成了土司文化资源深度开发过程中不得不面对并加以有效应对的重要问题。可以说，土司文化旅游品牌的强化是旅游视角下土司文化资源深度开发的题中应有之义，是土司文化资源深度开发的必然结果。两相联系，不可分割。

应该强调的是，在对忻城县土司文化资源进行深度开发和实施土司文化旅游品牌强化战略之时，必须坚持实事求是的科学态度。毋庸置疑，土司文化是忻城县的一张亮丽的名片。经过多年的努力，忻城县土司文化资源的旅游开发业已取得一定业绩，产生一定的品牌效应，为今后土司文化资源的深度开发和土司文化旅游品牌的强化奠定了坚实的基础。我们要立足于现有的土司文化资源特色与比较优势、开发基础和利用条件，全面规划，合理布局，遵循“在保护中开发，在开发中保护”、保护与开发并重的原则，对土司文化资源进行综合性深度开发和优质品牌打造，充分发挥这一特色民族文化资源带动县域经济社会发展的功能。与此同时，我们要尽量避免非理性的深度开发与品牌强化策略，“既要防止借旅游开发，过度采掘和滥用歪曲民族文化的现象，又要防止借继承创新之名篡改和无端

① 刘鑫婷：《论媒介组织如何强化自身品牌》，载《中国传媒科技》2012 年第 6 期。

修正民族文化的现象”。[①] 深度开发土司文化资源，强化土司文化旅游品牌，是扩大土司文化影响力的重要手段，也是土司文化富藏区新的经济增长点所在，而经济效益的提高又能反哺土司文化的研究及其资源的有效保护与深度开发，进一步强化土司文化旅游品牌，这样的良性循环才是最佳的开发与利用效果。

① 赵心宪等：《从文化特色到经济特色——渝东南少数民族文化产业品牌开发调查》，中国经济出版社，2012，第129页。

以“七”为节

——唐崖、海龙屯土司建筑群空间尺度设计思想及其反映的汉地特质

于志飞
（中国文化遗产研究院）

摘　要　本文通过对唐崖、海龙屯两处土司建筑群空间的尺度考察，可以清晰地显示，土司城址的营造依照了汉地的传统思想，并遵循了中央王朝颁布的职官等级制度。这一结论充分表明，土司制度的建立，加强了西南少数民族地区与中央王朝的政治、文化交流。

关键词　土司建筑　设计思想　汉地特质

唐崖、海龙屯是西南地区两处重要的土司城址遗存，其保存至今的城垣防御体系、建筑群遗址等包含了珍贵的历史信息。目前，两处遗址与湖南永顺老司城遗址共同申报世界文化遗产，因此开展了较为全面的考古工作。唐崖土司城衙署遗址与播州海龙屯“新王宫”遗址的核心区域均已进行考古发掘，格局重新展露，显示了明代土司衙署平面的真实面貌。面对遗址，疑问也随之产生：两处土司城址是依照本地习俗营造？还是依照汉地传统思想营造？或直接遵循着中央王朝颁布的制度营造？或是本地营造思想与汉地营造思想杂糅的产物？通过对衙署遗址的考察、分析，这些问题或许能够得到一些解答，并使我们重新揭示早已湮没的西南土司与中央王朝政治与文化的交流史。

一 建筑群格局概述与营造尺长还原

唐崖土司城衙署遗址位于城的几何中心，坐西朝东，与土司城整体朝向一致。其东以“荆南雄镇”石坊作为整组建筑群的入口，整个衙署有石墙环绕，平面不规则。衙署利用山势坡地，凿为数层平台，形成西高东低、具有严整东西向中轴线的建筑组群。已发掘的中路建筑群，自“荆南雄镇”坊后依次为逐渐升高的五层平台，暂编号为台1～台5。台1上东缘中部有建筑遗迹一处，推测为仪门，但因破坏较甚，格局不清晰。台2位于台1居中西部，为一月台。台3为当地民间所称“大衙署”遗址的基台，其居中后部为一房址，今仅存台基，此应即“大衙署”主殿所在。台4居中偏西一房址，为台4上主殿。南北两侧各有对称的房址二处，但破坏较甚。其后台5，民间称为“官言堂”，台上偏西有南北并列的房址三座，居中一座尚有部分柱础遗存，是为此台主殿，两侧房址破坏过甚。后部即“内宅”遗址，尚未完整揭露。

海龙屯“新王宫”遗址位于囤顶中部偏西处，坐西南朝东北，亦有石墙环绕。地形处理亦为顺山势凿为数层平台，台上有序布置建筑，具有明显的中轴线。遗址保存状况较唐崖为好，各台由块石砌为堡坎，房屋存有石台基、石柱础、少量铺砖与砖墙。现中轴线上自下而上暂编为台1～台6。台1位于正门外侧，是入口平台，附近称“下马磴”，当为土司下马入衙之处。台2为台1、台3间的过渡空间，后部对称设八字石墙。台3前沿有牌坊遗址一处，东西连墙，是为衙署正门。台4上中部为天井，三面围合廊庑、前部凸出为仪门。台5左右并列五路房址，各自形成院落，其中路房址目前为清以后所建“海潮寺”覆盖，左右两路基本对称，中为天井，前后为房址，施工考究，应具有重要功能。外侧两路破坏较甚，应为较次要的附属房屋。台6布局方式与台5类似，并列四路，中轴线上为一大型殿址，面阔五间，民间称之为“龙位坪”，是衙署建筑群中最大建筑。左路房址总平面呈“凸”字形，前为廊庑围合的天井，后部房址面阔三间，是仅次于主殿的建筑。右路前为面阔五间的房址、后为一方形院落，中部有泉池一。此组房址之外又有一路破坏较甚的房址。以上为“新王宫”主体建筑群，其周边尚有平台、建筑若干。

两处遗址各层台平面格局规整，建筑群轴线分明，显然经过了十分缜密的规划设计与建造。在唐崖衙署台 4 主殿房址的柱础顶面上，遗留有一十字刻痕，正对建筑群的“四正”方向（见图 1－1），当为营造施工过程中所留，由此可见工程实施之谨严。其形式一如公元前 2 世纪的陕西西汉景帝阳陵陵庙中心础石（见图 1－2）与河北邺城遗址核桃园村出土公元 6 世纪的北朝建筑础石（见图 1－3），可见这是可上溯至两千余年前的传统做法。

1-1 湖北唐崖土司城衙署台4房址础石十字刻线

1-2 陕西西汉景帝阳陵陵庙中心础石十字刻线

1-3 河北邺城遗址出土北朝建筑础石十字刻线

图 1　汉代以来柱础石十字刻线实例

唐崖土司衙署各层台面上遗存的房址中，仅中轴线上“大衙署”台 4 主殿、“官言堂”存有部分柱础，尚在原位。分析后可得面阔数据：“大衙署”面阔五间，明间、次间均为 4.2m，各间柱础无存。台 4 主殿面阔三间，每间均为 4.2m。“官言堂”开间与台 4 主殿相同。

海龙屯“新王宫”遗存的房址柱网实测表明，其主体建筑除“龙位坪”主殿心间 5m，次间、稍间约 4.75m 外，其余大部房址主体开间尺寸均约 4.2m，与唐崖衙署建筑开间尺度相同。

结合开间尺度、比照出土构件数据，两处衙署建筑群的营造尺得以还原。唐崖衙署房址“大衙署”、台 4 主殿础石均为 0.6m 见方，“官言堂”

础石为0.42m见方。海龙屯“新王宫”遗址础石则多为方0.42m、0.45m、0.51m见方几种。结合4.2m间广的实测值及建筑建造的时代，推测两处衙署建筑群营造尺约为30cm，据此得知4.2m即为14尺。这种营造尺长，可能体现该地相对于中原地区营造用尺的一种滞后性。唐以后中原王朝地区营造尺发展变化为：唐29.4cm、宋30~30.5cm、元31.5cm、明31.73~31.97cm。可见唐崖土司官署营造尺长相当于唐宋之际，可能是该地区工匠保持的营造尺“古制”。

二　空间尺度与比例设计方法分析

（一）空间的肌理——基本模数与“平格”设计

唐崖衙署建筑主要间广均为14尺，与之关联的是，其中路建筑群的总面阔为42m即140尺（两侧发现了石墙遗迹，当为其院落界限），恰为14尺的10倍。据此在实测平面图上绘制方14尺的网格，发现整个建筑群很可能是以14尺网格为基准进行规划设计的。设定4.2m即14尺为G，则总面阔为10G、总进深为21G、台1进深为6.3G、台2为3.5G×2.5G、台3为8G×5G、台3、4间相距1.5G、台4为10G×4.5G、台5为10G×4G（见图2-1）。

以14尺网格覆于海龙屯“新王宫”遗址平面图，也与其格局契合。如台2为4G×1.5G、台3自台4外扩均为1G、台4为7G×4G等，且各层台上建筑多数柱础均基本对位于网格，以建筑柱网为对位要素的设计意图甚为明了（见图2-2）。

以基准尺度网格作为整个建筑组群规划模数的设计方法，在清“样式雷”图档中称为“平格”。河北平山出土战国中山王墓“兆域图”证明，这是早自战国秦汉时期就出现的一种规划设计方法，并在中原官式建筑设计中广泛应用，绵延数千年。在日本正仓院藏相当于唐代的“殿堂平面图”（见图3）与清代留存的“样式雷”图样中，皆可见到这种基准尺度网格即“平格”。大量实例表明，这是已知古代中原王朝官式建筑群规划设计广泛应用的基本方法。①

---

① 傅熹年：《中国古代城市规划、建筑群布局及建筑设计方法研究》，中国建筑工业出版社，2001。

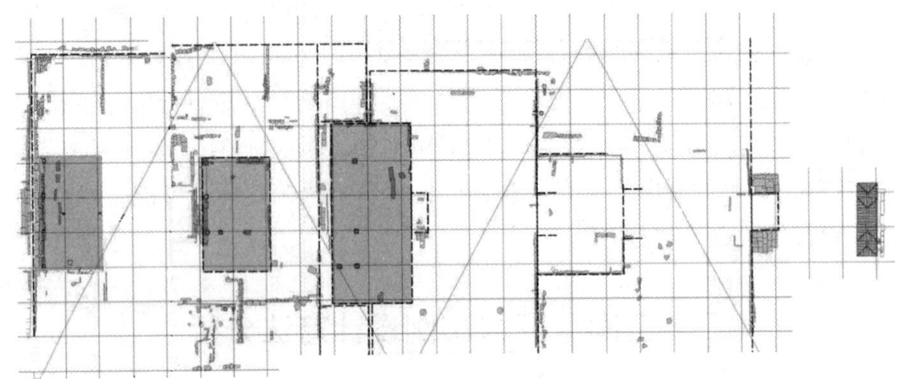

2-1唐崖土司城衙署中路建筑平面“平格”设计及扩大模数比例（10G×11G）分析

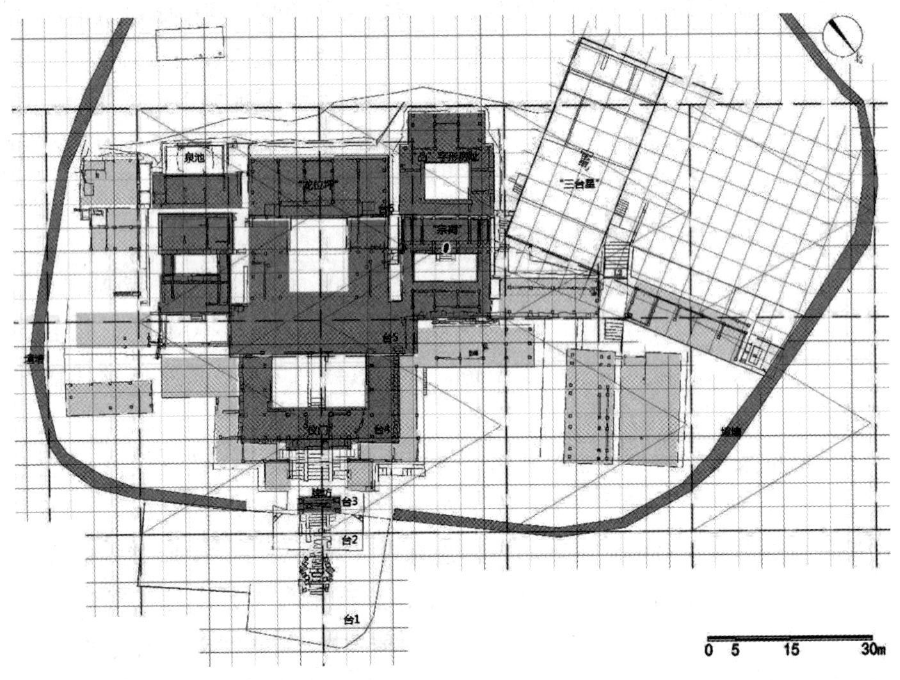

2-2海龙屯“新王宫”建筑群平面“平格”设计及扩大模数比例（8G×9G）分析

图2　唐崖土司城衙署、海龙屯“新王宫”遗址平面实测图尺度设计分析（网格单元 G＝4.2m＝14尺）

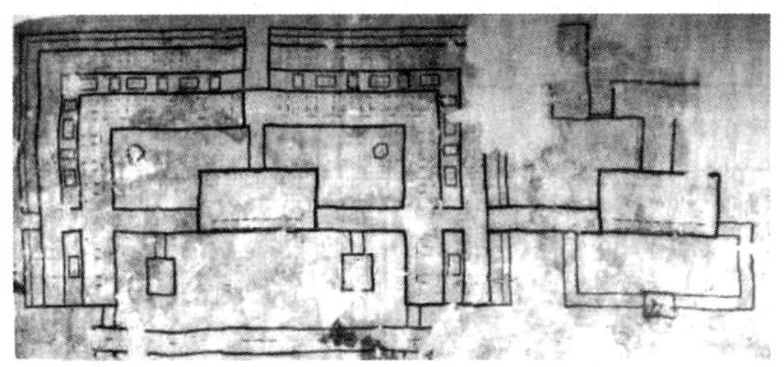

图 3　日本正仓院藏“殿堂平面图”（7~8 世纪）①

（二）空间的构架——扩大模数与深广比例

两处衙署遗址中，不但存在着 14 尺这一“平格”尺度模数，也存在着以 14 尺倍数为基准的扩大模数与具有特殊意义的深广比例，控制着整体空间尺度。

唐崖衙署以 10 倍之 14 尺——140 尺为扩大模数，首先确定了衙署建筑群的总面阔，而自台 1 前踏步东缘至“大衙署”殿址东缘这一以台 2（月台）为中心的殿前广场空间东西向尺度，是为 154 尺；自“大衙署”殿址东缘至台 5 西缘这一密布建筑的空间东西向尺度，亦为 154 尺。而台 5 之后的“内宅”遗址据目前考古清理所见的格局，并非中轴对称。则知中路建筑的礼仪与行政建筑群空间，至台 5 即结束。因此，唐崖土司衙署中路建筑群空间设计，可认为是由两个广 10G×11G 的空间前后相重而成。（见图 2－1）

海龙屯“新王宫”则以广 112 尺（8G）、深 126 尺（9G）为扩大模数，控制建筑群空间比例。面阔广度上，中轴线左、右各偏 8G 距离，正为中央三路建筑的外缘；向西北侧偏移 2G 距离，则为“姚家函”旁面向东南一组建筑的后檐；偏移 3G 距离，则与衙署垣墙外缘相切。进深上，以中央三路建筑西北缘的堡坎一线，向东北偏移 9G，则与衙署垣墙外缘相切；向西南偏移 9G，则为“书房”建筑后檐，此处也即中央三路建筑后部边缘位置。进一步分析，发现广 56 尺（4G）为进一步分割空间所用的基准长度。如中轴线东南侧一路建筑的内缘正相对于中轴线偏移 4G，中轴

① 宫内厅正倉院事務所：《正倉院寶物 4 · 中倉 I》，每日新聞社，1994。

线西北侧一路建筑虽偏移约3.5G，推测此种调整是为了扩大地位较为重要的西北一路建筑规模。但台5西北角一处颇为特殊的略低于台5的外凸小台边缘，正与4G对位，似乎是有意而为。中央三路建筑西北缘外偏4G，则为台5之西北边缘；东南缘外偏4G，则与衙署垣墙内缘相切。而台6西北侧一组偏转建筑群（“三台星”）主轴线的阶梯式独立建筑台基总规模，恰为4G×9G。（见图2-2）

值得注意的是，唐崖衙署的10G×11G与海龙屯“新王宫”的9G×10G设计比例，同样反映于整个衙署垣墙围合所成空间的深广比例上。唐崖、海龙屯衙署空间总体深广均近于38G×40G，海龙屯“新王宫”空间总体深广约为35G×38G，其广/深比值均近于1:1.1，与前述两衙署扩大空间比例模数比值近似，且两衙署占地规模也基本相同。这进一步说明了它们规划设计的整体性，竟也与中原王朝都城设计方法十分相似。如明北京城以紫禁城之深广尺度为比例模数确定内城规模与比例[①]，隋大兴-唐长安城不但以18尺-900步-1800步-18里作为基准广度数值、更以8:9或9:10作为基准比例确定殿宇宫室、市井、城郭、苑囿的深广比例。[②] 这与土司衙署设计方法，均呈现出高度的一致性。它的使用，使得大型建筑组群的空间布局变得条理分明，并富于统一的“韵律”与“节奏”，更有利于彰显土司的威仪。

这种比值约1:1.1的空间比例，内部恰好为一内切的等边三角形。张杰先生指出，这反映了上古以来确立的基于天文观测中60度方位角的“天数”观念，对于中国古代负有“沟通天人”责任的帝王来说，是一个重要的“天数”，因此它对中国古代带有礼制色彩的建筑空间比例设计影响至为深远。[③] 在自新石器时代以来的诸多大型建筑、都城、宫室、陵墓遗址中，均能找到它的踪迹。我们发现元大都外郭城、元中都宫城、元上都宫城、明中都宫城这些与唐崖、海龙屯土司时代相近的都城空间深广比例也都接近此数。因此，这种设计理念在处于近古的元明时代仍有着强有力的影响，唐崖、海龙屯发现的建筑群空间比例规律说明，这种影响已直达黔、鄂边地的深山之中（见图2、图4）。

---

① 傅熹年：《中国古代城市规划、建筑群布局及建筑设计方法研究》（下），中国建筑工业出版社，2001，第9页。

② 于志飞：《隋唐都城尺度设计方法新探》，《中国文物科学研究》2012年第4期。

③ 张杰：《中国古代空间文化溯源》，清华大学出版社，2012，第44~65页。

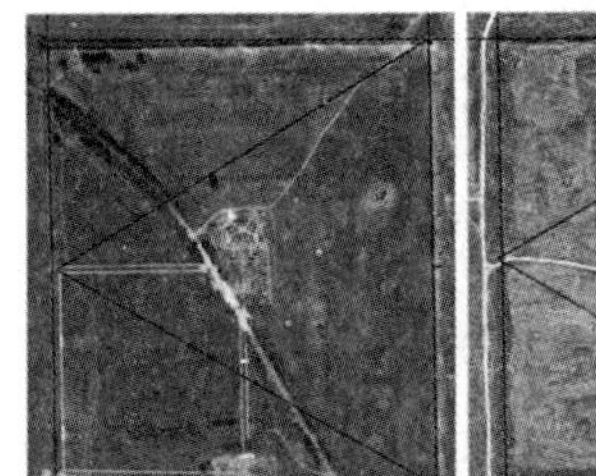
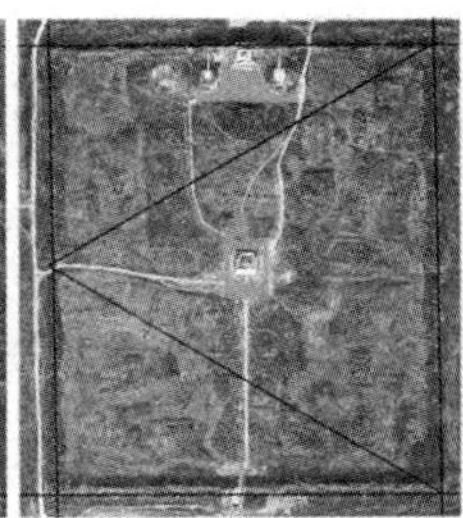

图4 元中都、上都宫城、元大都外郭城、明中都宫城（自左至右）平面格局内接等边三角形设计分析

（三）空间的焦点——“择中”意识与60度视域设计

在中国古代建筑群空间布置中，往往将核心建筑有意置于几何中心，以凸显其显要地位，是为“择中”观念。这在都城、宫殿设计中尤为明显，如汉长安未央宫中心置前殿、唐长安大明宫中心置紫宸殿，象征其“紫极”意义，皆为典型实例。唐崖、海龙屯两处土司衙署的空间设计中，也存在着明确的“择中”意识。

唐崖衙署垣墙内空间的几何中心，恰为“官言堂”所在的台5，而主殿“大衙署”恰好位于中路建筑组群几何中心。这种定位方法，令我们联想到在北京紫禁城中，以保和殿为全宫几何中心、而以太和殿为前三殿院几何中心的设计现象。唐崖衙署中轴线上的三座建筑中，民间称前殿为“大衙署”、后殿为“官言堂”，这似乎表明前殿是举行土司升殿等大型仪式活动的场所（殿前广场空间也是有力说明）；中殿殿前空间狭小，表明其可能是一处过渡性空间，而后殿似为日常理政所在，故有“言”的功能，这与紫禁城前三殿颇为相似。其“择中”观念的影响，表现为“大衙署”是土司礼仪空间的核心、“官言堂”作为土司日常办公所在，成为整个衙署的中心（见图5右）。

海龙屯“新王宫”的“择中”设计则与唐崖土司衙署有所不同，其几何中心并未选在主殿“龙位坪”处，却是主殿西北侧的“凸”字形房址主室。从功能上看，此室紧贴主殿，且出土了棋子等物，当为杨氏土司的日常居寝之所，地位重要，因此被置于中心。且其前部台4上的一处房址，残存铺砖竟有两层，且铺法考究，据考古人员初步推测可能为宗祠。将“寝宫”置于宗祠之后的同一轴线上，更加强化了这一路建筑的崇高地位。

这种现象，可能是囿于后部为陡坡的地形，土司的居所方被置于“龙位坪”一侧，而不是中轴线上。虽然偏移于中轴线，却仍以此为全“宫”之中，礼制要求毫不退让。经过巧妙的设计，形成了以“宫门”－“龙位坪”一线庄严对称的中轴线礼仪“显性”核心空间与紧贴“龙位坪”的土司宗祠、“寝宫”轴线上的“隐性”核心空间。因之形成的格局既庄严又不失生动，后部的山丘也被保留而可以荫蔽、护卫“王宫”（见图5左）。

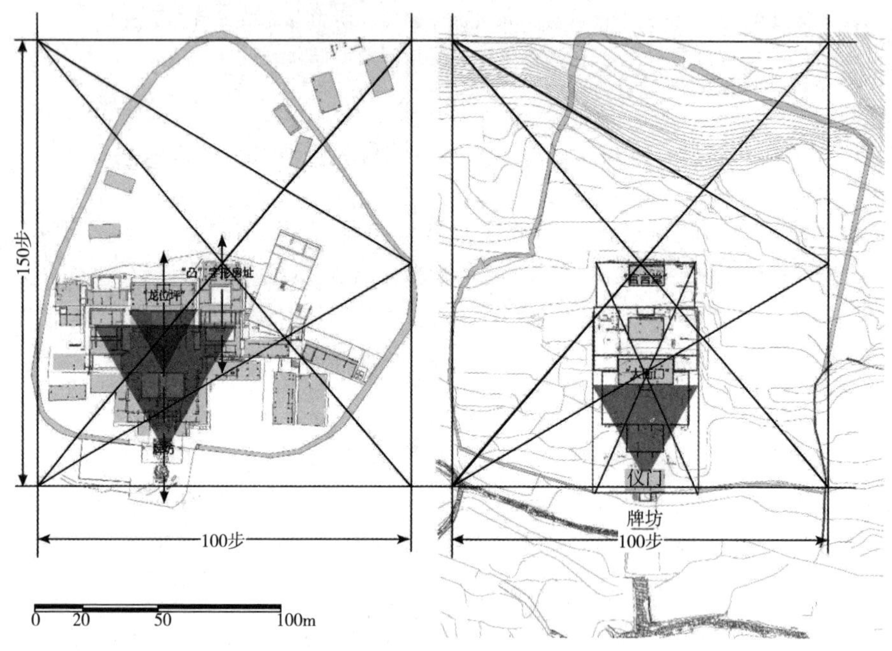

图5　等比例尺下海龙屯“新王宫”（左）与唐崖土司衙署（右）平面比例与尺度设计分析

在紫禁城前三殿院中，站在太和门北，太和殿至东西两廊庑间的范围，恰卡在60度视域内，这一角度正是人眼所感知的最佳视域角度（见图6）。唐崖、海龙屯的两处衙署建筑空间中，也不乏找到这种设计思想。唐崖衙署中，仪门至“大衙署”主殿间的空间，形成60度视域；海龙屯“新王宫”中，站在台1前缘面向“王宫”的60度视域内，恰好卡住中央三路建筑，站在台5前缘的60度视域内，恰好卡住“龙位坪”主殿。这种设计，使得来访者在进入时，核心对象恰好能够完整充满视域，加强了建筑形象对来访者心理的感染力。而这一视域角度，也符合前文所述的空间比例法则。

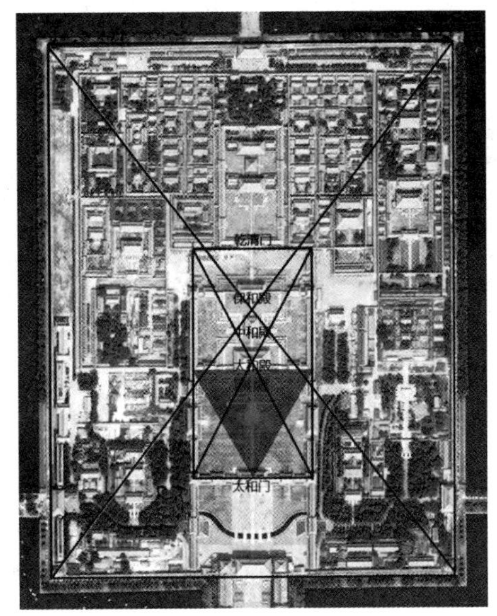

图 6　北京紫禁城平面“择中”与 60 度视域设计分析

这些设计方法的存在说明，两处土司建筑的设计者已相当熟稔中原建筑设计与规划的方法，并因地制宜、恰到好处地将其应用到了营造实践中（见图 5、图 6）。

（四）空间的制度——海龙屯、唐崖衙署与“蛮夷长官司署图”

明代嘉靖本《思南府志》有“蛮夷长官司署图”① 一幅（见图 7），所示的中轴线上依次布置牌坊、仪门、司厅、三间小堂、后宅，这与唐崖土司衙署中轴线上的“荆南雄镇”坊、仪门、“大衙署”、台 4 土殿、“官言堂”形成比较吻合的序列对应关系。思州田氏土司是黔中历史上最著名的土司之一，世袭千年，领地幅员辽阔，素有“思播田杨，两广岑黄”之说。“思播田杨”，意为思州乃田氏土司的天下，播州乃杨氏土司的天下。思南府在今贵州西北思南县，地当黔、湘、鄂三省交界地区诸土司分布的核心地带，距唐崖土司城约 200 公里。据《明史·地理志》载，“思南府，元思南宣慰司，属湖广行省。洪武四年改属四川。六年十二月升为思南道

① 潘谷西：《中国古代建筑史·元明建筑》，中国建筑工业出版社，2009，第 53 页。

宣慰使司，仍属湖广。永乐十一年二月改为府，属贵州布政司。隆庆四年三月徙治平溪卫。寻复故”，“蛮夷长官司”为“洪武十年十月置，属思南宣慰司。永乐十二年三月属府”。此图反映的衙署规制，应正是中央政府授权的“官制”，代表了该地区土司衙署的“标准”范式。我们甚至可以在汉地保存至今的元明清时代衙署中找到“同源”的设计，如山西霍州州衙，建筑序列依次为牌坊、大门（谯楼）、仪门、戒石亭、月台、大堂、二堂、内宅，与唐崖衙署中路建筑群布局类似，尤其是其大堂前两廊庑间空间约42m。山西绛州城隍庙位于州衙东侧，虽非衙署，级别相类。其中路建筑东西尺度亦约42m，且呈现出的建筑序列结构与空间比例，与唐崖衙署中路建筑组群类同（见图8）。这些也从侧面证明了西南地区土司衙署应当存在着源于汉地的统一建筑规模与布局制度，并与州衙一级相当。

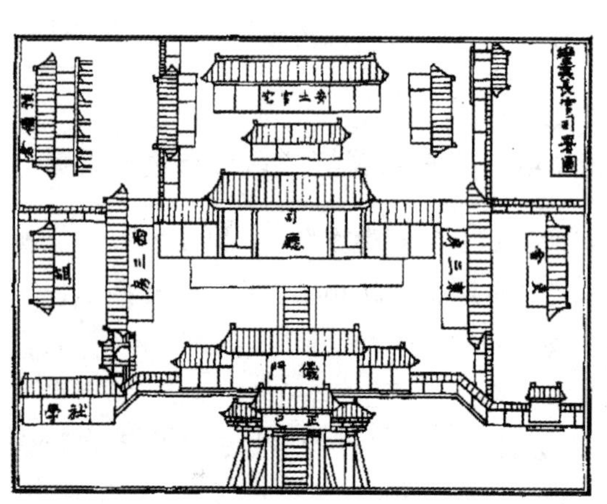

图7 《思南府志》蛮夷长官司署图

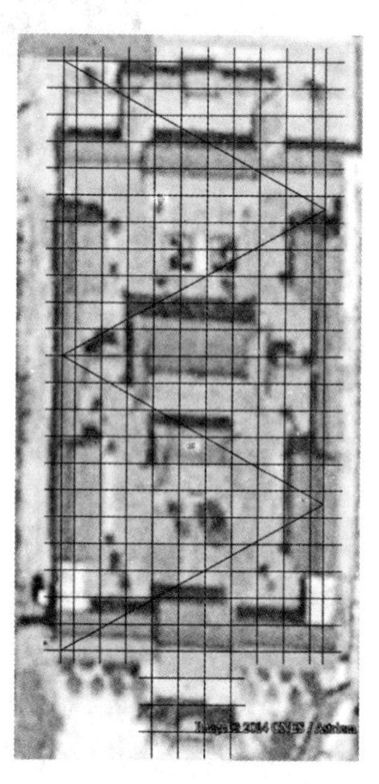

图8 绛州城隍庙平面尺度分析（1格为4.2×4.2m）

而唐崖衙署牌坊、仪门、月台（台2）、“大衙署”主殿与海龙屯“新王宫”牌坊、仪门、台5、“龙位坪”主殿，其间的距离关系竟也几乎一致：牌坊至仪门前缘3G、仪门前缘至台前缘4G、台前缘至主殿前缘6G，反映了中轴线上建筑序列的“同构”与“同尺”性质。又，前文已明两衙署均有14尺“平格”设计，总体空间广为35G、38G，即合490尺、532尺，按唐以来五尺为一步计算，则为98步、106步，近于百步之广，当是规制同源的设计。

唐崖、海龙屯土司衙署的单体建筑规模，也当是遵循中原王朝官式建筑的规制而定。唐崖覃氏土司的官位品级，元代为宣慰使司（从三品），明洪武四年降为长官司（正六品）；永乐二年升授宣抚司（从四品），天启年间复为宣慰司（从三品）。其在明代大部分时间均为从四品。海龙屯杨氏土司元明时代均为宣慰司（从三品）。而《大明令》对于官员房舍的规定是“三品至五品，厅堂五间七架……六品至九品，厅堂三间七架……正门三间三架”。分析表明，唐崖土司衙署正殿“大衙署”为五间，其后二殿则为三间；海龙屯“新王宫”仪门三间、“龙位坪”主殿五间、“寝宫”三间，基本符合这一规制。

（五）空间的内涵——“以七为节”

数字在中原古代王朝礼制中的重要象征意义，毋庸赘述，浩繁的典籍中往往不厌其烦地描述礼服、礼器、礼制建筑的数量、尺寸及其代表的特殊含义。我们注意到唐崖土司衙署与海龙屯“新王宫”两处土司城核心建筑群空间设计尺度共性中，14尺是一个重要因素。

在两处土司城其他历史遗存中，我们可以看到相关联的以14尺及其衍生数据作为设计尺度的现象。唐崖张王庙石刻所成空间广28尺（即14×2）、石马高7尺（即14尺/2）；“荆南雄镇”坊通面阔及檐口高度21尺（即14尺×1.5）、石匾下皮距地面14尺；土王墓前院空间广28尺（即14尺×2）、覃鼎夫妇墓前石坊明间广7尺（即14尺/2）、墓冢直径14尺。海龙屯“九关”中，铜柱关、万安关、西关、后关关门均广7尺、铁柱关关门广6尺、其余四关关门则广8~9尺不等，其中7尺广度的关门最多。这些现象既进一步反映出设计规划的整体性与延续性，更暗示“七”可能在两处土司建筑群设计中具有特殊的象征意义。

《周礼》载“侯伯七命，其国家宫室车旗衣服礼仪皆以七为节”，这与土司建筑的尺度特性当有所关联。土司制度肇始的元时代，元都城大都正是汉人刘秉忠设计，其参照《周礼》王城规制的“面朝后市、左祖右社”，形成大都城市空间的基本结构。而唐崖土司城中，衙署北侧有一建筑群遗址，民间称其为“大寺堂”（疑为“大祠堂”之误），可能是覃氏土司的祭祖祠堂所在。此城东向，“大寺堂”位置正相当于“左祖”。而海龙屯“新王宫”“龙位坪”主殿前左侧的疑似宗祠建筑，亦为“左祖”位置。这些现象，十分明确地表明土司城建筑的布局深受汉地以《周礼》为中心的营国思想影响。另外，唐崖土司衙署附近曾发现一镌有“万寿宫界碑”的石碑，城内土司墓葬被称为“土王墓”，海龙屯衙署则被民间称为“新王宫”，可见，土司虽被朝廷敕封为宣慰司、宣抚司等三、四品之官，并非王侯，然而由于其本身作为边地统治者的羁縻性质，虽无名却有实，故有王宫、王墓之说。因此其城池营造，或许就更加刻意附会了中央王朝的“帝都”“王城”制度。因此，汉地礼制中的种种数字象征意义，自然也应当被应用到了土司城建筑的规划与设计之中。但在“数”的使用上，土司们未敢“僭越”使用“九”，而形成了“以七为节”的尺度格局，甚至这正是中央王朝正式颁赐的制度。

三 结语

元、明、清时期，西南土司直接由中央政府统辖，汉化进程显著。元时，唐崖与海龙屯的土司甚至被朝廷赐以蒙古姓氏，如《覃氏族谱》载覃氏土司名曰铁木乃耳、颜伯占儿、文殊海牙、脱音帖儿、福寿不花，而播州十七代土司杨汉英则被赐名赛因不花、十八代土司杨嘉贞被赐名燕里不花，均说明这两处土司与中央王朝有着相当密切的关系，其间交流频繁。彼时元王朝在短短百年间新造三座按汉地营国制度设计的都城，说明了元代对于汉地营国制度典籍进行了系统的整理与研究，而西南土司城的营造规制，应当也就在这一时期确立。

明建立后，延续了元的土司制度。《明史》云：“迨有明踵元故事，大为恢拓，分别司郡州县，额以赋役，听我驱调，而法始备矣。”① 明政府曾多次按照中原习俗赐予西南土司官爵、印章、冠带、服色、敛具等，对西南土司的汉化影响深刻。唐崖、海龙屯土司城衙署的种种营造设计手法，与具有数千年传统的中原官式建筑设计方法间高度关联，正是这一时代地域政治文化交流在建筑规制与技术上的生动展现。

---

① 《明史》卷三一〇，《土司传·序》。

人类学空间视角下“申遗”实践的反思

——以永顺老司城遗址为例

李凌霞

（吉首大学　历史与文化学院）

摘　要　文化遗产的概念从其由联合国教科文组织创设并推广以来就贯穿着空间的维度。人类学关于空间的研究不仅注重空间的客观存在，更注重空间的主体经验，特别是空间生产的权力及实践机制。从人类学的空间视角反思湖南永顺老司城遗址“申遗”实践，可以发现外部观察者和传承主体在遗产定位上存在观念冲突，文化遗产的保护和传承应回归传承主体的本土视角。

关键词　人类学　申遗　反思　老司城遗址

文化遗产的概念从其由联合国教科文组织创设并推广以来就贯穿着空间的维度。人类学关于空间的研究不仅注重空间的客观存在，更注重空间的主体经验，特别是空间生产的权力及实践机制。从人类学的空间视角来反思文化遗产的申报和保护，可以避免当前文化遗产保护中重视物化环境而不重视遗产传承主体、“原真性”过度消费等现象。目前湖南永顺老司城遗址正在以文化景观类别申报世界文化遗产，也就是拟将遗产传承主体与其构建的物质性空间共同作为申报和保护的对象。老司城遗址作为当地土家族祖先的遗产，承载着当地人对土司统治时代的集体记忆和情感，是具有权威性、神圣性的空间。不过在老司城“申遗”的过程中，当地政府将老司城遗址公园、博物馆的规划设计置于商品化的消费逻辑中，按照消费者对“异文化”、怀旧需求重新塑造文化遗产的展示空间，遗产传承主体也成为展示的对象而客体化、商品化。

一 人类学的空间研究

近年来，许多国家和地区都在积极向联合国教科文组织（UNESCO）申报自己地方的文化遗产，国内也掀起一股“遗产热”。按照联合国教科文组织的定义，“文化遗产”包括文物、建筑群和遗址（site）。[①] 被世界遗产中心认可并纳入名录的文化遗产都会被称为遗产地（World Heritage Site）。“Site”一词将每个文化遗产项目与特定的地理位置和环境联系起来，它首先意味着文化遗产在经纬度上标注的具体地点，其次还包含着有形的物质遗存空间及其附着的日常生活意义。1992 年，联合国教科文组织还专门新辟“文化景观”这一类别，更凸显了文化遗产的空间属性。[②] 既然无论是文化遗产的概念还是其申报和保护的实践，都无法回避“空间”的维度，那么以人类学的空间视角来审视文化遗产申报和保护的实践，无疑有着重要的启迪意义。

“空间”历来是建筑学、地理学家关注的主题，自 20 世纪后期才作为独特的社会文化概念受到人类学研究的重视，在此之前，人类学家仅仅将空间视为民族志描述的基本范畴之一，对家户空间、仪式空间、市场空间有所分析。20 世纪二三十年代，涂尔干和莫斯将空间作为先验的分类概念，用以研究人类知识的起源和心智的基础。[③] 功能学派的代表人物埃文森·普理查德在对努尔人的研究中，开始将空间分为生态空间和社会空间，强调空间的意义依附于社会关系而存在，是亲属关系和社会结构的反映。[④] 列维·斯特劳斯则将空间当成探究人类心灵通则的一个维度。[⑤] 特纳认为空间的意义在于其在仪式中所承载的象征意义。[⑥] 施坚雅则以传统中国的案例提出空间由市场力量造就。[⑦] 总的来看，早期人类学家对空间的

---

① UNESCO. 1966. Declaration of the Principles of International Cultural Co-operation. http://en. unesco. org.

② 北京大学世界遗产研究中心：《世界遗产相关文件选编》，北京大学出版社，2004，第 40 页。

③ 涂尔干、莫斯：《原始分类》，汲喆译，上海人民出版社，2004，第 106 页。

④ 埃文森·普理查德：《努尔人》，褚建芳等译，华夏出版社，2002，第 128 页。

⑤ 列维·斯特劳斯：《人类学讲演集》，张毅声等译，中国人民大学出版社，2007，第74 页。

⑥ 维克多·特纳：《仪式过程：结构与反结构》，黄剑波等译，中国人民大学出版社，2006，第 28 页。

⑦ 施坚雅：《中华帝国晚期的城市》，叶光庭等译，中华书局，2000，第 623 页。

看法存在争议，主要持两种观点，一种强调空间的独立性，是先验的普遍存在；另一种则认为空间并不独立，是人类活动的结果。[①] 直至20世纪六七十年代，西方思想家列斐伏尔以权力的视角重新审视空间再生产机制后，人类学家才不再对空间进行本体论追问，而将研究的重心放在空间发展和延续的社会条件上。[②] 按照列斐伏尔的观点，空间是个人或集体发展和表达自我的地方，人们在其中繁衍生命、遭遇禁忌、经历死亡；空间不再是一种被客体化的容器，而是社会关系再生产的场所，它的意义不在于其能被感知的物理存在性，而在于不断被占有、被铭刻、被生产、被消费的特性。他认为在前资本主义社会，象征权力的政治和宗教场所是理解社会空间生产的关键；在资本主义社会，同质化的空间生产由全球化的市场机制推动，为了对抗这种抽离地方差异的异化空间的蔓延，需要通过强调人的主体实践来推动差异空间的创造。[③]

以保护地方文化多样性为宗旨的全球性文化遗产保护实践，就是一种差异空间再生产的过程。从词源的意义上看，遗产指的是由祖先遗留下来的财产，不仅包括有形的物质财产，还包括某个特定群体的集体记忆，是将群体“过去”、“现在”与“将来”联系起来的纽带，也是自己群体建构与其他群体差异时被强调和发现的“传统”。[④] 在文化遗产申报和保护的实践中，人们与被占用的场所和地点形成有意义的新联系，空间被赋予新的意义，差异性的空间被建构、被铭刻，与他性空间的距离得以建立起来。世界的、国家的、民族的、各政治地域单位的、人群的、家族的“文化遗产”被标识的过程，也是不同层次的空间组织生产机制建立的过程。其中，政策制定者、消费者的文化遗产与当地居民的遗产之间存在着明显的定位差异和激烈的观念互动，从人类学空间研究的视角对此重新进行批判性的理解和分析，能更好地发现和解决文化遗产申报和保护实践中出现的问题。

---

① 黄应贵：《空间、力与社会》，《广西民族学院学报》（哲学社会科学版）2002年第2期。

② Low. Setha&Lawrence-Zuniga，Denise，The Anthopology of Space and Place（Oxford：Blackwell Publishing Ltd，2004），p. 13.

③ 列斐伏尔：《空间与政治》，李春译，上海人民出版社，2008，第21页。

④ Leanen. M，“Looking for the Future Through the Past，” In Uzzell，D. L.，ed，Heritage Interpretation. Vol I：The Natural and Built Environment（London& New York：Belhaven Press，1989），p. 89.

二　祖先遗产的空间记忆

史密斯认为，建筑、遗址、地点等遗产的真正意义，不在于其物质性本身，而在于它们所表达和传递的文化知识和群体记忆。[①] 人们通过遗产共享关于某个特定人群共同体的集体记忆，以此来认识“我们是谁”“我们可能成为谁”。遗产及其所承载的历史事件和生活经验，是特定群体得以凝聚和延续的基础。遗产作为群体维持、发展及传递他们对“过去”经验的共同记忆之结果，因而也成为建构自我认同的本土化资源。

湖南永顺宣慰司衙署遗址，也即老司城遗址，是永顺土司将近600年施政的物质遗存，承载着当地历史与文化厚重感。在当地土家族人的心目中，老司城曾经是土司生前居住之所；也是死后变成“土王”“土鬼”受到供奉之地。这具有权威性、神圣性的空间在历史的演变过程中逐渐发展成为文化认同的对象。因此，在土司统治区域，越是远离这个空间的土王子民，越需要广修“土王祠”并举行“摆手舞”等祭祀土王的仪式活动。从某种意义上来看，老司城的空间体系是土司统治时期社会组织权力和等级结构的缩影。

老司城遗址共包括五大区域：宫殿区、衙署区、宗教区、苑墅区和墓葬区。[②] 虽然历经清初的战火、改土归流以及新中国成立以来的一系列冲击，老司城遗址的大部分地面建筑已经不复存在，但是残存的地基仍然透露出一些重要信息。它的布局处处显示出土司借助空间体系所建构出来的权威性和神圣性。

老司城的布局上以供奉祖先的祠堂作为核心，其他功能均围绕祠堂展开，整体的规划上寄托了明清时期晋身为帝国边疆官员的彭氏土司对中央王朝的归附和向往。老司城的排水和取暖设施相当完备，并采用大规模人工填土夯筑的方式，在不同的阶梯平台上修建庞大的砖木建筑群。遗址布局所反映的建造知识已经相当专业化，并非当地土民原有的建筑知识所能应付，必须聘请专业汉人来建造，外来的建造知识本身就蕴含着优越性和权力。史载土司彭世麒在明代曾经从外延请汉人辅助其革新制度、修祠

---

① Smith. Laurajane, Use of Heritage (London&New York: Routledge, 2006), p. 2.

② 柴焕波：《湖南永顺县老司城遗址》，《考古》2011年第7期。

堂、建书院。[①] 宫殿区中央有一座供奉彭氏土司祖先的祠堂，朱熹《家礼》中对祠堂规格有礼制上的规定“三间，外为中门，中门外为两阶，皆三级，东曰阼阶，西曰阼阶。……若家贫地狭，则止为一间，不立厨库。……祠内放四龛，供奉先世神主”。[②] 根据老司城遗址的发掘报告，彭氏祠堂的建筑规格基本上符合明代礼制，而祠堂修建于明万历十九年(1591)，正是在明嘉靖大礼议朝廷确定了品官之家可以建祠堂祭祖以后。[③] 这反映了永顺土司对明代士大夫宗族礼仪的推崇。衙署区位于宫殿区的南侧，衙署正堂为土司举行重大仪式的处所，一般土司接受朝廷任命的仪式，或者土司有功而得到朝廷褒奖或敕封的典礼都在这里举行，且朝廷褒奖以及立功的物证也被保存在专门的地方，即当地人口中的“冷洞”和“热洞”。衙署最外一间为经历司衙署即为朝廷委派流官的办公场所，显示土司对上级行政权威的尊崇。衙署遗址周边还包括一大批与传统官署规制相匹配的祭祀场所，如山川坛、厉坛、日月坛、社稷坛等。另外，在老司城的宫殿区和苑墅区还散布着不少在汉人社会中常见的庙宇建筑，如供奉祖师菩萨的“祖师殿”、崇奉玉皇大帝的“玉皇阁”、祭祀城隍的“城隍祠”以及关帝庙、伏波宫等。[④] 总之，老司城空间体系所具有的权威象征，是土司借助王朝制度来强化其在民间社会优越地位和权力的结果。

老司城空间体系的权威性也通过等级秩序的建构得以表达。按照当地人的说法，老司城的选址即有“万马归朝”的寓意，它所在的凤凰山位于太平山、螺丝湾等群山环抱当中，远眺群山犹如万马向凤凰山奔腾朝拜，象征着天下尽向土司王朝叩拜臣服。传说当年土司王法力无边，责令群山朝拜，唯有“飞霞阁”一山相背，不肯臣服，于是土司王令铁匠打造铁链勒住山腰、镇住山头，判罚其罪。[⑤] 实际上，根据清顺治年间谈迁的游记，老司城所在地原名为“断头”，后来建立衙署后才由土司另改他名，赋予新的象征意义。[⑥] 这种空间体系的等级秩序亦在老司城格局构造上有所表现。民间社会中至今流传的小调《唱老司城》中提及：

---

① 永顺宣慰使彭忠轩墓志铭，嘉靖二十三岁十一月十一日，此碑现藏于永顺县老司城。

② 朱熹：《家礼》卷一，文渊阁四库全书，第 1 页。

③ 谢华：《湘西土司辑略》，中华书局，1959，第 52 ~ 54 页。

④ 彭世麒：《永顺宣慰司志》，清初抄本，第 1 ~ 2 页。

⑤ 彭剑秋：《溪州土司八百年》，民族出版社，2001，第 123 页。

⑥ 谈迁：《北游录》，《纪闻上 · 永顺保靖二司土风》，续修四库全书，上海古籍出版社，1995，第 382 页。

一唱金銮殿，内罗城里面，前有玉屏拱书案，后有福禄寿三山，十八代，世袭传，江山八百年。二唱关帝宫，整鼓配铜钟。赤兔马，追长风，保土王，代代隆，代代出英雄。三唱祖师殿，鲁班下凡造，楠木柱，马桑料，横梁千柱都搁到，手段真巧妙。四唱玉皇厅，厅上供皇经，龙虎山上有真经，土王请到老司城，风调雨也顺，万民沾皇恩。①

可见，在民间记忆中，老司城的宫殿居于核心地位，关帝宫、祖师殿、玉皇厅等具有汉文化色彩的建筑居于从属地位，这显示了传统土司统治时代，土司在现实中的行政权威曾经一度深入人心，老司城的自然地理位置以及建筑空间格局都被赋予了特殊的等级象征，土司透过尊卑有别的空间等级秩序建构，教导土民顺从天命，加强和维系其统治的合法地位。

老司城空间体系的权威性在土王信仰体系下得到进一步巩固，因而也被赋予神圣色彩。土司统辖区域内曾经广泛修建的“土王祠”体现出土司在土民心目中的神圣权威。位于老司城遗址衙署区中央的彭氏祠堂，本是彭氏土司供奉其祖先的宗祠，不过却被当地人称为“土王祠”，面前有一大块空地被称为“摆手坪”，其侧有一幢被称为“摆手堂”的木质建筑，原是土民进行“摆手”祭祀活动的场所。清代彭施铎的《竹枝词》就唱道：“福石城中锦作窝，土王宫畔水生波，红灯万盏人千叠，一片缠绵摆手歌。”在土民心目中，土司死后变成了“土王”“王鬼”，成为大家共同崇奉的对象。对土王的祭祀传统正是土司现实政治权威在宗教层面的反映。根据民国十九年（1930）版的《永顺县志》记载“土王祠，阖县皆有，以祀历代土司，俗曰土王庙。每逢正旦后元宵节前，鸣锣击鼓，舞蹈长歌，名曰摆手”。② 即便是在改土归流近两百年后的民国时期，土司统治区内的土王祠仍然“阖县皆有”，表明民间对土王的祭祀传统一直持续。

雍正改土归流后，老司城的衙署、宫殿及庙宇基本上被废弃、被拆解，甚至砖瓦木材也被末代土司挪作他用。不过老司城遗址所承载的历史记忆早已成为这个区域人群共同体挥之不去的组成部分，老司城不只是他们情感的故乡，更是具有文化认同的“神圣空间”。在后现代的今天，随

---

① 彭剑秋：《溪州土司八百年》，民族出版社，2001，第95页。

② （民国）《永顺县志》卷八，《建置志》。

着世界范围内“遗产热”，老司城遗址又重新进入了人们的视线当中，2001 年被国家确定为全国重点文物保护单位，2010 年被列为国家考古遗址公园，2012 年进入国家世界文化遗产预备名录。现代新情景下的国家行政管理、社会再生产、商业消费等使得文化遗产的空间被重新结构、转化。

三　文化遗产的空间消费

空间在列斐伏尔的认知中扮演着多重角色，在资本主义政治经济条件下不断被生产，同时也被消费着。① 文化遗产从其概念形成开始，就与消费的关系密不可分。联合国教科文组织曾经在《保护世界文化和自然遗产公约》中警告式地提及旅游业对世界文化及自然遗产保护所带来的威胁。② 不过很多地方把世界文化遗产的申报与发展旅游业的设想结合在一起，期望将文化遗产转化为丰厚的旅游资源。按照布迪厄的观点，被认可或者被重视是一种象征资本，寻求来自他人的关注、欣赏和尊重能带来相应的利润。③ 进入世界文化遗产名录无疑是地方上发展旅游业的一张金字招牌，随着文化遗产和旅游业联系的日益紧密，文化遗产也成为被消费的空间，被客体化、商品化。

文化遗产空间消费的滥觞与全球范围内乡愁情绪的弥散不无关系。早在 19 世纪后期，随着民族主义浪潮席卷全球，基于整合民族国家认同的需要，追寻“原真性”的集体乡愁就已经在全球范围内蔓延开来。那些来自过去的符号资源，由于具有高度公共的、广泛共享的和为人熟悉的特性，往往能够在千百万人中激荡起一浪高过一浪的怀旧情绪。④ 民族主义者往往声称能够从代表他们族群的文化资源中，寻找能够证明其历史源远流长的要素，并将之推崇到一定高度，甚至将其纳入民族国家的文化表征范畴中，于是对于民众有特殊象征意义的仪式、习俗、纪念碑、服饰等“传统”重新被创造和发明出来，被赋予民族国家的象征意义。⑤ 到 20 世纪后

---

① 包亚明：《后现代性与地理学的政治》，上海教育出版社，2001，第 10 页。

② 北京大学世界遗产研究中心：《世界遗产相关文件选编》，北京大学出版社，2004，第 10 页。

③ 布迪厄：《实践感》，蒋梓骅译，译林出版社，2003，第 187 页。

④ 罗兰·罗伯森：《全球化：社会理论和全球文化》，梁光严译，上海人民出版社，2000，第 230 页。

⑤ 霍布斯鲍姆：《传统的发明》，顾杭等译，译林出版社，2004，第 11 页。

期，随着消费至上时代的到来，人与人之间的疏离程度加剧，个人自发性的怀旧成为乡愁的主要维度，为了迎合怀旧式的消费需求，商品被包装成过去的、“他者”的形象推向市场。[①] 旅游业中的乡村游、民族文化旅游就是为满足游客对“原真性”“怀旧”需求应运而生的产品。现代性的话语中的乡村与城市，分别喻示着“传统”与“现代”的划分，乡村代表着静止、落后的空间，城市则代表开放、先进的空间。正因为乡村在现代化进程中发展相对迟缓，才保留下许多能够让怀旧的人们找寻的“传统”和“原真性”。

全球范围内旅游业的繁荣在很大程度上刺激着文化遗产空间的再生产。随着旅游业的发展，对于居住在工业化城市的消费者来说，吸引他们前往的具有被消费潜能的地区，往往是一些具有神秘色彩的边缘乡村。在跨越时空的旅行中，城市的消费者偶尔到那些相对落后的、穷困的地方，消费其所尚存的“原真性”。对于居住在乡村或者边缘地方上的人们来说，文化遗产提供了吸引消费者前往消费的可能性，成为一种获利的工具。他们也乐意于对文化遗产进行“再包装”，使其在外观上具有足够的吸引力，特别是“原真性”的展示。在这个过程中，文化遗产与遗产传承主体的空间关系发生了变化，本来是文化遗产中最具有创造性和活力的部分——人，被客体化，成为“原真性”文化展品的一部分。

老司城的“遗产化”进程已与当地旅游的发展密不可分。永顺县政府表示，启动老司城遗址的“申遗”工作是为了更好地对其实施保护，不过负责人也直言不讳，“申遗”的最终目的在于为地方旅游争取到一张世界名片，带动地区经济的发展。老司城的“申遗”工作与旅游设施建设早已经共同推进。按照联合国教科文组织对文化景观类文化遗产的要求，永顺县政府在申报方案中提出“原生态、原遗址、原文化、原居民”四大原则，希望以“原真性”的标准来推进老司城遗址的“遗产化”。[②] 在具体保护措施方面，地方政府于 2012 年以“国家考古遗址公园文化旅游产业建设项目”的形式引入企业资本，对遗址的游览路线及展示场所进行重新规划，拟建成一个考古遗址博物馆和一个土家族生态博物馆，前者用来展示在遗址中出土的各类文物；后者将居住在遗址附近的村民统一重新安置

---

① 费瑟斯通：《消费文化与后现代主义》，刘精明译，译林出版社，2000，第 2 页。

② 李平、杨生文：《老司城遗址：见证彭氏土司 800 年传奇》，《世界遗产》2013 年第 1 期。

在周边，向外部展示土家族人的日常生活。

“土家族特色”被视为老司城遗址公园建设项目所要展示的重点。土王祠、摆手堂因其具有典型的土家族建筑特征，加上其所处的位置较为中心，因而被挑选出来拟作为文化展示的重点，较早被加以重建修葺，成为老司城遗址地表上具有标志性和象征性的公共建筑。关帝庙和伏波庙等遗址不在文化展示的重点之列，因而未曾重修。祖师殿是老司城唯一保存较完整的汉式建筑，在文化遗产的解说中却被定位为“土家族”建筑。“摆手舞”“哭嫁歌”“茅古斯”等民俗事项，在当地人的日常生活中本来分别在不同时节举行，不过因其强烈的视觉冲击力以及“土家族特色”而被选择，即将作为遗址公园中所重点展示的重要文化景观。

地方政府让商业资本介入老司城遗址公园的景观化处理，实际上已经将文化遗产的空间生产置于商品交换的运营逻辑中，在满足了游客“异文化”消费的同时，压抑了当地居民对现代化生活的追求。游客到老司城遗址公园认识和体验土家族文化，要求企业在设计遗址公园的参观路径以及整体景观空间时，势必要考虑如何迎合大众文化对新奇“异文化”的消费需求。于是为了突出所谓的民族风格，通往老司城各处景观的道路采用大小相仿的鹅卵石铺设，跨越河段的桥梁被修建成风雨桥，宫殿区边上的民居建筑都被修建成木质平房，正街临河地段的民居拟修建成吊脚楼样式，不合规范的都被拆除重建。在地方政府和开发企业的眼中，木质结构式的建筑及其仿古设计反映的是当地土家族的传统文化，但这并不被当地村民所认可。老司城遗址所在的司城村早已出现建筑空置及居民锐减的现象，越来越少人在传统民居中生活，有些木质建筑已经因为无人居住而荒芜。为了保证一定数量原居民居住，当地政府新修建的仿古民居只好采取外墙木质、内部水泥的建筑结构。

遗址公园、博物馆等文化遗产的展示空间，除了教育功能外，本身就具有消费的性质和特点，为了让观看者认识它，它也连带性地成为某种表演性质的工具，其结果是某些局部会被人们有选择地强调和突出，而另外一些则被遮蔽和隐藏。即使是生态博物馆，所实施的圈地式文化遗产保护，也阻隔了本地社区跟外界的交流，村民将会被置于一种相对封闭的文化空间中供人观看，陷入被客体化的“失语”状态中，为迎合游客对于“原真性”的喜好，他们会被重新塑造。原本处于不同时节的节庆元素会为配合游客的观看而被编排到一起，所谓的日常生活空间也就变成了“异化”的表演空间，真正复杂、活态的日常生活受到压抑和忽略。因此，遗址公园、博物馆等文化遗产保存方式，必须要能够照顾到遗产传承主体的生活实践、思考模式、价值观与社会运作的内在规则，特别是以遗产传承主体的观点来反思如何将在开发过程中被商品化、客体化的遗产重新置于其日常生活当中，调动当地社区的精英和群众参与，这样文化遗产才不至于在空间消费中丧失“原真性”，遗产保存才能充分实践。

四　结语

文化遗产及其相关产业给地方带来了很多发展的机遇，不过目前很多地方在申报和保护文化遗产的过程中往往注重物质性环境，而忽略了遗产传承主体。这种态度导致文化遗产空间再生产过程中当地居民的客体化、商品化。从人类学空间视角反思湖南永顺老司城遗址“申遗”实践，可以发现政策制定者、消费者的遗产定位与当地居民存在冲突，在当地土家族人的眼中，老司城遗址是承载了土司统治时代集体记忆的权威性、神圣性空间，是祖先在特定历史情境下的生活实践结果。对于政策制定者来说，有必要按照联合国教科文组织、游客等外部观察者对于“原真性”的要求，重新塑造老司城遗址的空间景观意象。这种空间景观意象的再生产与当地土家族人的生活实践以及集体记忆没有太大关系，甚至压抑了当地人日常生活的真实与常态。如何能让文化遗产不至于在空间消费中丧失“原真性”，需要回归遗产传承主体的本土视角，从他们的生活实践、思考模式、价值观和社会运作规则去寻找文化遗产的保护和传承的途径。

附　未收论文目录

1. 关于中国土司制度的源流与研究问题（龚荫）
2. 古代少数民族社会治理与结构变迁（彭永庆）
3. 浅谈土司的家族意识（徐金文、覃秋盛）
4. 什么是近世中国的“地方”？——兼谈宋元之际地方观念的兴起（李弘祺）
5. 明清时期麻容定寮所与容美土司的关系研究（向海霞）
6. 羌族土司研究考述（彭陟焱、叶健、邹莹）
7. 清中期广西瑶人空间分布的变化（1723－1820）（胡列箭）
8. 从民国报刊资料看彝族土司岭光电两次赴南京请愿事迹——以四川、南京报刊为核心（关昉）
9. 傣族土司的特点（线世海）
10. 广西明代土司“观阳子”生卒年和主要事迹初考（杨文定）
11. 桂西定罗土司辖境的族群分布与族群互动（李虎）
12. 近代政治变迁背景下土司群体与嘉绒地方秩序的重构——以四川省档案馆藏川西等地历史文献为分析基础（叶小琴）
13. 西南边疆民族认同的多元化选择（徐则平）
14. 论壮族土司制度对壮族形成和发展的促进作用（黄金东）
15. 明代湖广土司征调考（王晓宁）
16. 明清至民国时期广西土司“改土归流”摭论（徐建华、陈光田、李梦秋）
17. 述论木里土司统治的由来、特点及终结原因（秦和平、秦星昊）
18. 双面枭雄：乌江流域土司传说与民族记忆研究（王剑）
19. 论广西忻城“裁流复土”现象（李西玲）

20. 康熙、雍正朝对云南地区的治理（方悦萌）
21. 民初滇西沿边地区设流与中英外交之争（姚勇、陈国保）
22. 容美土司与南明政权的关系变化探究（黄佳熙）
23. 越南阮朝土司制度探析（王柏中）
24. 从《殿粤要纂》看明代广西民族分布及土司地区情形（方素梅）
25. 冕宁县土司制度探析（韩正康）
26. 清代的厅制与西南土司地区的治理（尤佳）
27. 明代调迁桂东南的土司狼兵及其后裔的历史人类学研究（唐晓涛、卢旭、邓世日）
28. 从“擅入苗地妄拿苗人案”看清代湘西之苗例与神判（谢晓辉）
29. 述明代之土兵（杜志明）
30. 政教合一是莫氏土司统治的政治思想基础（唐建生）
31. 清朝云南文化治边思想与实践（马亚辉、王巧娟）
32. 国家大一统的角度来看播州土司的灭亡（胥思省）
33. 蜀汉南中变乱考论（何畏）
34. 真州土司世系演变及其征调活动略述（陈运洪）
35. 鄂尔泰西南治理中的“汉奸”问题之研究（张姗）
36. 改土归流后广西土司势力长期存在的原因浅析（钱宗范、李敏）
37. “COMMISSIONER LI AND PREFECT HUANG/HOANG：SINO-VIETNAMESE FRONTIER TRADE NETWORKS AND POLITICAL ALLLANCES THROUGH THE LATE SOUTHERN SONG”（安齐毅）
38. 巴黎外方会传教士笔下的四川土司史料管窥（李华川）
39. 论改土归流之后永顺府城市建设的特点（袁新）
40. 土司时期玉米、番薯在广西的传播差异原因新解（罗树杰）
41. 试述土官制度形成于宋（何先龙）
42. 论忻城土司的教育（蓝柯、李果河）
43. 认同视野下土司时期的广西民间文学（普列文）
44. 《明史》与《清史稿》中的土司概念（戴晋新）
45. 论土司文化研究中的女性角色（谢秋慧）
46. 论广西土司文学的开放性特征（周佐霖）
47. 云南土司城遗址的文化内涵（顾霞）
48. 简论土司治理边疆中西南少数民族宗教文化的作用（孔含鑫）

49. 论《卯洞司志》的价值（聂亚林、黄柏权）
50. 元代云南与西南金齿等诸蛮的关系（裴淑姬）
51. 改土归流之后鄂西土家族地区官学教育的历史考察（赵桅）
52. 传统中国民族区域政治文化及其现代性问题（彭武麟）
53. 从莫氏土司陵园说开去（覃智能）
54. 再论忻城土司的历史价值（莫军苗）
55. 清代府官制度研究（姚柯楠、刘绍明）
56. 借鉴忻城经验发展南丹土司文化旅游的几点思考（江日清、韦福）
57. 壮族土司遗产——广西忻城莫土司衙署建筑群的申遗探析（陈寿文）
58. 充分利用土司文化打造忻城特色旅游（朱梁群）
59. 校地共建遵义文化旅游发展机制的基本设想——以播州土司文化旅游资源开发为例（崔保亚）
60. 广西忻城土司歌圩文化与旅游开发（向延斌）
61. 问学：遗址・制度・文化语境中的土司遗产保护（牛长立）
62. 忻城应建两个博物馆（周永光）
63. 浅谈土司的家族意识（徐金文、覃秋盛）
64. 清雍正朝乌蒙、镇雄土司“改流”动因考（张振兴）
65. 从地方政府作为角度看土司文化的保护（韦凯钟、李春连）
66. 论当下土司文化研究的文化生态环境（蓝丽萍）
67. 煌煌天保庙，殷殷爱国情——镇安土府故地天保庙祭祖安神仪式（陆春秀、岑仕达）
68. 凉山土司的衙署遗址（姜先杰）
69. 鹤峰容美土司文化遗产现状及其保护与开发（田敏、张旭）
70. 缅甸土司制度的形成与演进——以掸人地区为例（赵永胜）
71. 简论土司治理边疆中西南少数民族宗教文化的作用（孔含鑫）

图书在版编目(CIP)数据

土司制度与土司文化论集 / 李朝晖，李世愉主编
. -- 北京：社会科学文献出版社，2016.8
ISBN 978-7-5097-9172-1

Ⅰ.①土… Ⅱ.①李… ②李… Ⅲ.①土司制度-中国-文集 Ⅳ.①D691.4-53

中国版本图书馆 CIP 数据核字(2016)第 108909 号

土司制度与土司文化论集

主　　编 / 李朝晖　李世愉

出 版 人 / 谢寿光
项目统筹 / 宋月华　李建廷
责任编辑 / 周志宽　李　壮

出　　版 / 社会科学文献出版社 · 人文分社（010）59367215
地址：北京市北三环中路甲 29 号院华龙大厦　邮编：100029
网址：www.ssap.com.cn
发　　行 / 市场营销中心（010）59367081　59367018
印　　装 / 三河市东方印刷有限公司

规　　格 / 开　本：787mm × 1092mm　1/16
印　张：35.75　插　页：0.5　字　数：593 千字
版　　次 / 2016 年 8 月第 1 版　2016 年 8 月第 1 次印刷
书　　号 / ISBN 978-7-5097-9172-1
定　　价 / 158.00 元

本书如有印装质量问题，请与读者服务中心（010-59367028）联系